भारतीय इस्लामी संस्कृति

भारतीय इस्लामी संस्कृति

जाफ़र रज़ा

लोकभारती प्रकाशन

लोकभारती प्रकाशन
पहली मंजिल, दरबारी बिल्डिंग, महात्मा गांधी मार्ग
प्रयागराज-211 001

वेबसाइट : www.lokbhartiprakashan.com
ईमेल : info@lokbhartiprakashan.com

शाखाएँ : 1-बी, नेताजी सुभाष मार्ग, दरियागंज
नई दिल्ली-110 002
अशोक राजपथ, साइंस कॉलेज के सामने
पटना-800 006
1, अनमोल सोराबजी सन्तुक लेन, धोबी तलाव,
मरीन लाइंस, मुम्बई-400 002

पहला संस्करण : 2013

मूल्य : ₹995

This book is printed on **Print on Demand** Technology : 2026

BHARATIYA ISLAMI SANSKRITI
by Prof. (Dr.) Jafar Reza

ISBN : 978-81-8031-626-5

संस्कृति के उन महान् निर्माताओं की
पुण्य-स्मृति में जिनकी कलाकृतियाँ
स्वर्ग को भारत-भूमि पर
उतार लायीं।

अगर फ़िरदौस बर रू-ए-ज़मीन अस्त,
हमीन अस्तो, हमीन अस्तो, हमीन अस्त।

अनुक्रम

अध्याय : चार

व्यवहृत लोकधर्म

अध्याय : पाँच

सामाजिक विद्याएँ

अध्याय : छह

वैज्ञानिक विद्याएँ

अध्याय : सात

संगीत पीठिकाएँ

अध्याय : आठ

वास्तुकला का उत्कर्ष

अध्याय : नौ

कला के विविध आयाम

प्रस्तावना

संस्कृति का धार्मिक चिन्तन हो, जिसके विविध आयामों में भारतीय इस्लामी संस्कृति एक अभाज्य प्रकरण है अथवा संस्कृति का साधारण अधार्मिक चिन्तन हो, प्रत्येक सांस्कृतिक चिन्तन उच्च जीवन-मूल्यों को किसी-न-किसी रूप में स्वीकार करता है। जीवन-मूल्यों की पहचान प्रत्येक समाज अपने-अपने तौर पर करता है। सहस्रों वर्षों का भारतीय इतिहास बताता है कि इसमें अत्यधिक अनेकता में एकता का एक सूक्ष्म तार जुड़ा रहा, जो किसी राजनीतिक बल-प्रयोग के आधार पर नहीं, वरन् ऋषियों-मुनियों के विवेक, विद्वानों एवं चिन्तकों के विचार तथा सदाचारी जनों की साधना एवं कलाकारों की रचनाओं से अस्तित्व में आया है तथा यही माध्यम है, जिसके माध्यम से हम भविष्य में भी अपनी अनेकता में एकता की परम्परा को परवान चढ़ा सकते हैं। इस समय की सबसे बड़ी चुनौती भी यही है कि भारतीय राष्ट्रीयता तथा संस्कृति अनेकता में एकता के एक सूक्ष्म सन्तुलन पर आधारित है, जिसके बिगड़ने से देश में ऐसा ऊहापोह उत्पन्न हो सकता है, जो न केवल हमारी जनतान्त्रिक व्यवस्था को, वरन् राष्ट्रीय अक्षुण्णता को क्षतिग्रस्त कर सकती है। हमारी इस पुस्तक की रचना का उद्देश्य है कि इस समस्या पर, जो वर्तमान देश के लिए अतिभयावह रूप धारण करती जा रही है, निष्पक्ष भाव एवं वैज्ञानिक दृष्टिकोण से प्रकाश डाला जाय।

भारतीय संस्कृति में मुसलमानों की भागीदारी देश के दूसरे सबसे बड़े बहुसंख्यक वर्ग के रूप में है। अंग्रेज़ी साम्राज्य ने भारतीय उपनिवेश के धर्मों एवं संस्थाओं की भर्त्सना ही नहीं की, वरन् बहुत चतुराई से उन्हें दो परस्पर विरोधी खण्डों में विभाजित कर दिया, जिससे अनेक प्रकार के भ्रम उत्पन्न हो गये, जिन पर पुनः विचार करने की आवश्यकता है। पाश्चात्य धार्मिक पूर्वाग्रहों से ओतप्रोत लोग वर्तमान में भी मौजूद हैं। इसका कारण यह है कि जिस प्रकार अतीत के अन्य अवशेषों के सम्बन्ध में होता है, उसी प्रकार सामाजिक चेतना सामाजिक सत्ता के साथ अनुलग्न रहती है, विचारधाराओं का प्रभाव क़ायम रहता है और शैक्षणिक कार्यों में त्रुटियाँ रह जाती हैं। समुचित ढंग पर संगठित शिक्षा-दीक्षा,

सुव्यवस्थित वैज्ञानिक एवं अनीश्वरवादी प्रचार और जनता के सांस्कृतिक स्तर और उसकी सामाजिक चेतना के कार्यकलाप के निरन्तर बढ़ते रहने से पाश्चात्य के अवशेष धीरे-धीरे विलुप्त हो जायँगे।

अब समय आ गया है कि हम अपनी शाश्वत संस्कृति के विभिन्न पक्षों पर उदारतापूर्वक विचार करें। प्रस्तुत पुस्तक इसी उद्देश्य से अपने मन्तव्यों को आपकी सेवा में प्रस्तुत करती है। इसे प्रस्तावना, उपसंहार, सन्दर्भिका तथा नामानुक्रमणी के अतिरिक्त नौ अध्यायों में विभाजित किया गया है, जिनका विवरण निम्नलिखित है :

पहला अध्याय 'इस्लामी संस्कृति के मूलस्रोत' की विवेचना पर आधारित है। इसमें सांस्कृतिक संज्ञान के विभिन्न पक्षों को उजागर किया गया है। इस्लामी संस्कृति के दो मूल पक्ष हैं—ज्ञानपरक एवं कलात्मकता। इन दोनों पक्षों को सविस्तार स्पष्ट किया गया है।

दूसरा अध्याय 'धर्मशास्त्र : सिद्धान्त एवं स्वरूप' पर आधारित है। इस्लामी ज्ञान का मूल क़ुर्आन है, जो उसका सैद्धान्तिक रूप प्रस्तुत करता है। उसका व्यावहारिक स्वरूप इस्लामी पैग़म्बर के जीवन, कथनों एवं आचरण के आधार पर निश्चित होता है। अतः इस अध्याय में क़ुर्आन से सम्बन्धित मूल विद्या का, जिसको इल्मे-क़ुर्आन कहते हैं, संश्लिष्ट अध्ययन है। क़ुर्आन के व्याख्यानों पर आधारित इल्मे-तफ़सीर तथा विशेषकर भारतीय तफ़सीरों की चर्चा की गयी है। इस्लामी शरीअत का व्यावहारिक पक्ष इल्मे-फ़िक़्ह (धर्मशास्त्र) है, जिसके विभिन्न महत्त्वपूर्ण पक्षों पर प्रकाश डाला गया है। धर्म को स्थापित करने में शास्त्रार्थ को विशेष महत्त्व प्राप्त है। इसके समानान्तर इस्लाम में इल्मे-कलाम (शास्त्रार्थ-विद्या) है, जिसको स्पष्ट किया गया है।

तीसरा अध्याय 'भारतीय परिवेश के क़ुर्आनी आयाम' से सम्बन्धित है। एक सामी धर्म होने के नाते इसकी समानताएँ यहूदी तथा ईसाई धर्मों से अधिक होनी चाहिए। इनके धार्मिक ग्रन्थों का अध्ययन किया जाय, तो अनेक घटनाएँ तथा व्यक्तियों के नाम के अतिरिक्त भाषा एवं चिन्तन के मानक अलग-अलग हैं। हिन्दू धर्म में घटनाएँ तथा व्यक्तियों के नाम अलग हैं। परन्तु मूल सन्देश, शब्दावली तथा उनके प्रस्तुतीकरण पर ध्यान दें, तो हिन्दू धर्मग्रन्थों तथा क़ुर्आन में बड़ी समानताएँ हैं। इस अध्याय में वेदों और क़ुर्आन के बीच समानताओं को देखकर पाठक चकित रह जायँगे।

चौथा अध्याय 'व्यवहृत लोकधर्म' पर आधारित है। इस अध्याय में इस्लामधर्म के मूल सिद्धान्तों की सामूहिक रूप में चर्चा की गयी है तथा कर्बला में इमाम हुसैन के महान् बलिदान के धार्मिक पक्ष की चर्चा की गयी है। साथ ही इमाम हुसैन की अज़ादारी से सम्बन्धित सांस्कृतिक एवं धार्मिक पक्षों को स्पष्ट

किया गया है, जिसमें अज़ादारी किसी एक धर्म की वस्तु न होकर भारतीय जनमानस की आत्मा से सम्बद्ध होकर विभिन्न धर्मों एवं सम्प्रदायों के बीच सौहार्द एवं समन्वय का प्रतीक बन गयी है। सूफ़ीमत से भारतीय जनमानस सहज रूप में ही जुड़ा हुआ है। उसके विभिन्न सैद्धान्तिक पक्षों की चर्चा की गयी है, जिसके मूल में भारतीय चिन्तन एवं संस्कृति की पहचान स्वाभाविक रूप में की गयी है।

पाँचवें अध्याय में वे 'सामाजिक विद्याएँ' वर्णित हैं जिनका मुसलमानों ने विशेष रूप में व्यवहार किया। इस अध्याय में इतिहास-लेखन, दर्शनशास्त्र, तर्कशास्त्र, नीतिशास्त्र एवं सौन्दर्यशास्त्र में मुसलमानों के अवदान को स्पष्ट किया गया है। यह अध्याय सामाजिक विद्याओं के माध्यम से मुस्लिम समाज की शैक्षिक स्थिति को तत्कालीन परिप्रेक्ष्य में प्रस्तुत करता है। इन सामाजिक विद्याओं में मुसलमानों का योगदान निरन्तर चल रहा है।

छठे अध्याय में 'वैज्ञानिक विद्याएँ' हैं। विज्ञान की दृष्टि से प्राचीन काल में मुसलमानों का अवदान अद्वितीय रहा है। मुस्लिम वैज्ञानिकों के माध्यम से ही यूरोप विज्ञान से परिचित हुआ। यह अलग बात है कि बाद में यूरोप ने विज्ञान को उच्चतम शिखर पर पहुँचाया, परन्तु मुसलमान विज्ञान में उच्च आविष्कार करना तो दूर रहा, अन्धकार की ओर बढ़ गये। फिर भी यदि विश्व के शीर्ष वैज्ञानिकों की उपलब्धियों को देखा जाय, तो वर्तमान में भी उनमें कुछ हस्ताक्षर मुस्लिम वैज्ञानिकों के मिल जायँगे, जिन्हें नोबेल पुरस्कार से भी सम्मानित किया गया है। इस अध्याय में गणित, भौतिकी, रसायन, ओषधि एवं चिकित्सा से सम्बन्धित मुसलमानों के अवदान की चर्चा की गयी है। रमल तथा जफ़र मुसलमानों के विशेष विज्ञान थे, जो मिटने के कगार पर हैं, उनकी समुचित जानकारी उपलब्ध की गयी है।

सातवाँ अध्याय 'संगीत पीठिकाएँ' प्रस्तुत करता है। संगीत के प्रति कुछेक मुस्लिम उलमा की तीव्र प्रतिक्रिया रही है। वे इसे अइस्लामी मानते हैं, परन्तु इतिहास उनका साथ नहीं देता। मुसलमान संगीत के रसिया प्रत्येक काल में रहे हैं। इस अध्याय में अरबों में प्रचलित संगीत तथा प्राचीन भारतीय संगीत की पीठिका के साथ ही भारत में संगीत के विकास में मुसलमानों के अवदान की चर्चा की गयी है। इसमें राग-रागिनियों तथा वादक का भी वर्णन किया गया है। भारतीय मुसलमानों ने दरबारों से घरानों तक संगीत में विशिष्टता प्राप्त की है। उनकी चर्चा के साथ ही धार्मिक संगीत का भी वर्णन किया गया है।

आठवाँ अध्याय 'वास्तुकला का उत्कर्ष' है। भारत में मुसलमानों के आगमन के पूर्व वास्तुकलात्मक उपलब्धियों की पीठिका में मुस्लिम वास्तुकला के विकास का सम्यक् संज्ञान प्रस्तुत किया गया है। दकन में मुस्लिम वास्तुकला तथा

विभिन्न प्रान्तीय सल्तनतों में मुस्लिम वास्तुकला पर आधारित भवनों का विश्लेषण भी किया गया है तथा उनके कलात्मक पक्ष को विशेष रूप से उजागर किया गया है। मुग़ल साम्राज्य के महत्त्वपूर्ण भवनों की विशेष रूप से चर्चा की गयी है। भारत में मुसलमानों के माध्यम से ही वास्तुकला का उत्कर्ष सम्भव हो सका, जिसका सर्वाधिक गौरवपूर्ण उदाहरण ताजमहल है।

नवाँ अध्याय 'कला के विविध आयाम' प्रस्तुत करता है। इसमें सुलेखन (ख़त्ताती) तथा चित्रकला विशेष रूप से उल्लेख्य हैं। यद्यपि मुस्लिम उलमा का एक दल चित्रकला के अत्यन्त विरुद्ध रहा है, परन्तु चित्रकला के प्रति आकर्षण स्वाभाविक रूप में जिस प्रकार विकास प्राप्त करता है, उसकी अनिवार्यता को नकारा नहीं जा सकता। चित्रकला के प्रति भावनात्मक आकर्षण, सर्जनात्मक शक्ति एवं सौन्दर्यानुभूति विकासक्रम में सुलेखन प्रयोग के माध्यम से विकसित हुई। सुलेखन में भारतीय मुसलमानों के अतिरिक्त अन्य धर्मावलम्बियों ने यथेष्ट उपलब्धियाँ दर्ज करायी हैं। उनका संक्षिप्त विवरण इस अध्याय में है। साथ ही अन्य कलाओं में पच्चीकारी अथवा जड़तकला, गचकारी एवं संगतराशी, काठ-तक्षकला, हाथी दाँत एवं हड्डी आभूषित कला, शीशा एवं बिल्लौर कला और टंकन कला में मुसलमानों की उपलब्धियाँ प्रस्तुत की गयी हैं।

प्रस्तुत पुस्तक एक व्यापक परिप्रेक्ष्य में भारतीय इस्लामी संस्कृति का परिचय प्रस्तुत करने का प्रयास है। इसमें लेखक को कितनी सफलता मिली है, इसका निर्णय तो प्रबुद्ध पाठकगण ही करेंगे। लेखक आपके सुझाव की प्रतीक्षा करेगा।

—जाफ़र रज़ा

'शबिस्तान'
786, शाहगंज, इलाहाबाद-211003
'नवरोज़' 1432 हि०
21 मार्च, 2011

अध्याय : एक

इस्लामी संस्कृति के मूलस्त्रोत

भारतीय इस्लामी संस्कृति का अध्ययन उसकी समग्रता एवं आकार-प्रकार के संज्ञान की अपरिहार्यता का द्योतक है। 'भारत + इस्लाम + संस्कृति' के भाव में एक जहाने-ताज़ा आबाद है। इसके संज्ञान हेतु कई पारिभाषिक रूप बनते हैं। पहली समस्या, 'संस्कृति' क्या है? फिर प्रश्न होगा कि क्या संस्कृति का कोई धार्मिक आधार होता भी है या नहीं? उसके बाद ही 'भारतीय संस्कृति' तथा 'इस्लामी संस्कृति' की बात हो सकती है, जिनके समन्वय से 'भारतीय इस्लामी संस्कृति' का उदय होता है। इस प्रकार की समस्या इस आधार पर उत्पन्न होती है कि एकल विचार की व्याख्या करना अत्यन्त कठिन होता है। यद्यपि एकल विचार स्वतः एकल नहीं होता, वरन् अपने साथ असंख्य छोटी-छोटी बातें तथा उससे सम्बन्धित विचारों को अपने दामन में समेटकर लाता है। सुक़रात से एथेन्सवासी इसी कारण क्षुब्ध थे कि वह एकल विचार—जैसे न्याय, पौरुष, सतीत्व तथा रजोवृत्ति को परिभाषित करने पर विवश करता था। लोग उत्तर देते, तो उनसे जिरह शुरू कर देता, जिससे लोगों के नाक में दम आ गया था। यहाँ एकल विचार की व्याख्या करने के बजाय उचित ही होगा कि इनके सम्बन्ध में कुछेक मूल महत्त्व की बातें जान ली जायँ :

'संस्कृति' शब्द 'सम्' उपसर्ग के साथ संस्कृत की (डु) 'कृ' (ञ्) धातु से बनता है, जिसका मूल अर्थ साफ़ या परिष्कृत करना है।[1] संस्कृति के लिए इस्लामी साहित्य में 'तहज़ीब', 'तमद्दुन' तथा 'सक़ाफ़त' तीन शब्दों का प्रयोग

---

1. हिन्दी साहित्य कोश, भाग-1, पृ० 712

मिलता है। 'तहज़ीब' का अर्थ है, सुधारना, पवित्र करना। 'तमद्दुन' से तात्पर्य है, नागर एवं सभ्य तथा 'सक़ाफ़त' है, 'तहज़ीब' और 'तमद्दुन' का सम्यक् विकास। संस्कृति का अंग्रेज़ी पर्याय 'कल्चर' है। उचित होगा कि इसकी कुछेक परिभाषाएँ देख ली जायँ, क्योंकि समकालीन भारतीय चिन्तन में भी 'संस्कृति' से अभिप्राय 'कल्चर' ही होता है।

विख्यात मानवशास्त्री एडवर्ड बर्नेट टायलर का मत है : "**संस्कृति वह जटिल तत्त्व है, जिसमें ज्ञान, नीति, विधि, रस्म-रिवाज तथा वह समस्त योग्यताएँ एवं स्वभाव एवं विशेषताएँ सम्मिलित होती हैं, जिनको मानव सामाजिक प्राणी होने के आधार पर ग्रहण करता है।**"[1] अमेरिकी मानवशास्त्रियों ए० एल० क्रोबर तथा लीड लुखान ने संस्कृति की 164 परिभाषाएँ दी हैं,[2] जिनमें संस्कृति को '**पाण्डित्यपूर्ण आचरण**' से लेकर '**मस्तिष्क में विचारों की शृंखला**', '**तर्कपूर्ण व्याख्या**', '**सांख्यिकीय कथा**', '**मनोवैज्ञानिक प्रतिरक्षा की यन्त्रावली**' आदि कहा है। इसी तरह यह भी कहा गया, "**समस्त विश्व में जितनी भी उच्चकोटि की बातें कही गयी हैं, उनका संज्ञान करना संस्कृति है।**" दूसरी परिभाषा में कहा गया : "**संस्कृति शारीरिक अथवा बौद्धिक शक्ति के प्रशिक्षण, दृढ़ता अथवा विकास अथवा उससे उत्पन्न विश्वास का नाम है।**" फिर यह भी कहा गया : "**मानव स्वभाव, आचरण एवं व्यवहार तथा सुरुचि की पावनता का नाम संस्कृति है।**" एक अन्य परिभाषा है : "**संस्कृति आन्तरिक रूप में प्रकाशमान् करती है।**" सी० राजगोपालाचारी का विचार है : "**संस्कृति मात्र साहित्य, संगीत, चित्रकला अथवा नृत्यकला नहीं है। ये जनसाधारण द्वारा स्वीकृत आचरण एवं व्यवहार के उदाहरण हैं, जिनमें स्वतन्त्रता की कल्पना नहीं है वरन् आत्मानुशासन तथा बौद्धिक प्रशिक्षण का चिन्तन उत्पन्न होता है। यह सदियों के संघर्ष तथा सामाजिक व्यवस्था की प्राप्ति के बाद उत्पन्न होता है। आत्मानुशासन अथवा बौद्धिक प्रशिक्षण तथा प्रतिबन्धों में मौलिक अन्तर है।**"[3] परन्तु विख्यात समाजशास्त्री डॉ० सैय्यद आबिद हुसैन का विचार है : "**संस्कृति नाम है मूल्यों के समन्वित विवेक का, जो एक मानव वर्ग रखता है, जिसे वह अपने सामूहिक संवेदना में एक निष्पक्ष रूप देता है, जिसे साधारणजन अपनी भावनाओं, रुचियों, अपने स्वभाव एवं व्यवहार में स्पष्ट करते हैं, जिसे वे भौतिक वस्तुओं पर डालते हैं।**"[4]

---

1. Primitive Culture, Vol. I, p. 1
2. Culture : A Critical Review of Concepts and Defences, p. 252
3. Our Culture, p.36
4. क़ौमी तहज़ीब का मस्अला, पृ० 8

सांस्कृतिक आयाम

उपर्युक्त परिभाषाओं से स्पष्ट होता है कि संस्कृति मानव-जीवन के उच्च मूल्यों का नाम है, जिनसे जीवन का प्रशिक्षण एवं संज्ञान प्राप्त होता है। इसका कार्यक्षेत्र सीमित नहीं होता, वरन् उसमें विशालता, उदारता एवं व्यापकता की प्रधानता होती है। संस्कृति की प्रेरणाएँ मानव-जीवन को प्रत्येक स्तर पर प्रभावित करती हैं। उसमें संकीर्णता को स्थान नहीं मिलता। संस्कृति में कुछेक पक्ष सम-सामयिक अथवा स्थानीय मूल्यों पर आधारित हो सकते हैं, परन्तु उनका मुख्य रूप अन्तर्राष्ट्रीय होता है। ज्ञातव्य रहे कि प्रत्येक मानव-समाज निजी संस्कृति पर आधारित होता है, जिसमें दूसरी संस्कृतियों से भिन्न बातें भी होती हैं, परन्तु उनकी भिन्नता के बीच भी एक सूत्र अन्तर्राष्ट्रीयता का होता है, जो उनके सीमित समाज को सांस्कृतिक आधार पर समस्त विश्व की संस्कृति से जोड़ देता है।

धार्मिक संस्कृति का कोई आधार होता भी है या नहीं, अत्यन्त विवादित विषय है। अनेक विशेषज्ञ संस्कृति के धार्मिक आधार को स्वीकार नहीं करते । वे हिन्दू, मुस्लिम तथा ईसाई संस्कृतियों के परस्पर प्रभाव पर तो बल देते हैं, परन्तु हिन्दू संस्कृति, मुस्लिम संस्कृति अथवा ईसाई संस्कृति की पारिभाषिक शब्दावली को नकार देते हैं। वास्तव में देखा जाय, तो उनके सामने धर्म का एकल रूप होता है। वे धर्म को मात्र आध्यात्मिक मूल्य के रूप में ग्रहण करते हैं तथा उसके सामाजिक परिवेश एवं कार्यकलाप को अस्वीकार कर देते हैं। उनके विचार में धर्म मात्र आध्यात्मिक होता है। धर्म हृदय पर अंकित आध्यात्मिक घटनाओं का नाम है, जो मनुष्य का कायाकल्प कर सकती है। ऐसे लोग धर्म को किसी शास्त्रीय दृष्टिकोण से स्वीकार करने को तैयार नहीं होते, बल्कि उसे एक आध्यात्मिक विवेक मानते हैं, जिसमें विश्वास, कर्म, कर्मकाण्ड आदि को आत्मानुभूति तथा ईश-प्राप्ति का माध्यम मानते हैं। मानव जब कभी अपनी आत्मा को बाह्य जगत् से अलग करके अपने भीतर की ओर केन्द्रित करता है तथा एकाग्र मन के साथ तपस्या करता है, तो एक प्रकार की अनोखी तात्त्विक आश्चर्यपरक आन्तरिक घटना के बीच से होकर निकलता है, जो उसके अन्दर की आग में धीरे-धीरे सुलगती रहती है तथा उसका धुआँ व्यक्तित्व पर हावी हो जाता है। धर्म के इन प्रभावों से कोई व्यक्ति इनकार नहीं कर सकता, चाहे उसकी शिक्षा-दीक्षा आधुनिक वैज्ञानिक परिवेश में हुई हो तथा वह जीवन में धार्मिक कर्मकाण्ड में विश्वास न रखता हो। सत्य तथा सत्य की खोज में अन्तर है। नैसर्गिक रहस्यवाद तथा नैसर्गिक विश्वासों में भी घोर अन्तर है। इसको उदाहरण से समझना हो, तो मैं कहूँगा कि इसकी बेहतरीन मिसाल वर्तमान में भारतीय संस्कृति है, जो एक ही समय में धर्म-निरपेक्ष भी है तथा पूर्णरूपेण

धार्मिक भी। हमारी संस्कृति की जड़ें धार्मिक मूल्यों में गड़ी हुई हैं, परन्तु हमारी सरकार धर्म-निरपेक्ष है।

भारतीय संस्कृति मूलतः वैदिक संस्कृति ही है तथा उसका निर्माण-स्थल वर्तमान भारत की सीमाओं के बाहर है : **''नवीन राष्ट्रीयता की दृष्टि से तो भारत की सीमा रावी से पहले ही बँध जाती है। अधिकांश वैदिक भारत तो उसके बाहर ही था। और फिर दो सदियों से तो भारत यही पढ़ता रहा है कि उसका इतिवृत्त विदेशी आक्रमणकारियों के हाथ पराजय का ही रहा है। यदि इतिहास आर्यों से प्रारम्भ न हो तो क्या बहुत पुष्ट हो जायगा? यूरोपीय जातियों की उपलब्धि का मूल उनकी जाति न होकर कृतित्व है । उनकी भाषाएँ किन्हीं अन्य भाषाओं पर आश्रित नहीं हैं । जैसे उन भाषाओं की संस्कृत-सजातीयता उन्हें पराधीन नहीं बनाती, ऐसे ही आर्यों का यूरोपीय न होना भारतीय होना उन्हें कम नहीं बनाता। भारत के राष्ट्रीय स्वाभिमान का आधार आर्य जाति नहीं है, बल्कि भारतीय भाषाएँ, धर्म और संस्कृतियाँ हैं।''**[1]

भारतीय संस्कृति को परिभाषित करने में कई प्रकार की कठिनाइयाँ हैं, क्योंकि सहस्रों वर्षों के भारतीय इतिहास में उसके मूल आधारों पर अनेक प्रभाव पड़ते रहे हैं, जिससे उसका रूप न्यूनाधिक परिवर्तित होता रहा है। भारतवर्ष अनेक जातियों, धर्मों तथा संस्कृतियों का संगम-स्थल रहा है। हिन्दू धर्म के ही प्राचीन वैदिक रूप तथा बाद के पौराणिक रूपों में यथेष्ट अन्तर है। इसके अतिरिक्त समय-समय पर विभिन्न प्रदेशों में बौद्ध, इस्लाम, ईसाई आदि धर्मों का प्रभाव पड़ता रहा है। इन सबके बाद भी भारतीय संस्कृति की कुछ विशेषताएँ हैं, जो उसे अन्य संस्कृतियों से भिन्न करती हैं। भारतीय संस्कृति की प्रमुख विशेषता सहिष्णुता एवं समन्वयात्मक भावना है। दूसरी विशेषता उसके दर्शनों के मन्तव्यों में प्रतिफलित है कि जीवन का लक्ष्य मोक्ष अथवा निर्वाण है। वह इस जीवन और जगत् के मूल्यों को चरम नहीं मानता, परन्तु विश्वास रखता है कि कर्मों का फल अवश्य ही मिलता है।

इस्लामी संस्कृति का मूल क़ुर्आन है। इसी धर्मस्रोत से इस्लामी सांस्कृतिक आन्दोलन उत्पन्न हुआ, जिसने यूरोप में संस्कृति एवं ज्ञान के दीप प्रज्वलित किये, फिर समस्त संसार में इसी दीप से अनेक दीप जलाये गये। अब इस विडम्बना को क्या कहिये कि जिस प्रकार भारतवासी, जो अपनी संस्कृति एवं ज्ञान-विज्ञान में अग्रणी थे, उसी प्रकार मुसलमान, जो अपनी संस्कृति एवं ज्ञान-विज्ञान में समस्त विश्व में लब्धप्रतिष्ठित थे, वे भी अपनी संस्कृति एवं ज्ञान-विज्ञान का अध्ययन पाश्चात्य विद्याओं के आधार पर करने लगे।

---

1. वैदिक संस्कृति, पृ० 30

इस्लामी सांस्कृतिक आयामों को प्रायः यूरोपीय विद्वानों की व्याख्याओं के आधार पर समझा जाता रहा है, जो बड़े ताम-झाम से लोगों को विश्वास दिलाते रहते हैं कि इस्लाम का दृष्टिकोण सैद्धान्तिक एवं आत्मपरक तो है, परन्तु इसमें प्रयोगाश्रितता के तत्त्व नहीं हैं। यद्यपि तथ्य यह है कि पाश्चात्य व्यावहारिक सिद्धान्त, जो पूर्णरूपेण भौतिकवाद पर आधारित है, स्वतः अत्यन्त सीमित एवं जड़ है, जबकि इसके विपरीत इस्लामी विद्या एवं शास्त्र का कार्यक्षेत्र असीमित एवं अपार है, जिसमें भौतिकवादी सुख-सम्पदा में आध्यात्मिक एवं धार्मिक भलाई के तत्त्व भी सम्मिलित हैं।

इस्लामी संस्कृति के विषय में पश्चिमी विद्वानों के पूर्व निश्चित एकांगी चिन्तन का एक कारण यह भी है कि प्रायः इस्लामी संस्कृति का अध्ययन सलीबी युद्धों की घृणाओं के ऐनक से किया जाता है, या फिर एक विशेष दृष्टिकोण के इस्लामी विद्वानों की रचनाओं तक ही सीमित रहते हैं, जो इस्लामी समस्याओं एवं सन्दर्भों से अधिक कुछेक नामवर व्यक्तियों के कार्यकलाप के प्रतिरक्षा पर अधिक बल देते हैं। काश! इस तथ्य की ओर भी उनकी निगाह उठती कि यह इस्लामी विद्याओं की सकारात्मक एवं प्रयोगात्मक वृत्ति ही थी, जिसने यूरोप को उसके अन्धकार काल में विशुद्ध आन्तरिक-विद्या सिद्धान्त से बाहर निकालकर पाश्चात्य को अध्ययन, मनन एवं प्रयोगात्मकता के डगर पर डाला। इस्लामी संस्कृति के कारण ही यूरोप को ज्ञान का प्रकाश प्राप्त हुआ और यह यूरोप का दुर्भाग्य है कि वह तात्त्विक ज्ञान को नहीं मानता। यद्यपि, पैग़म्बरों एवं धर्मात्माओं की बात नहीं सामान्य व्यक्ति का ज्ञान भी ईशकृपा से ही प्राप्त होता है, क्योंकि मानव-जीवन ही ईशकृपा का साक्षी है।

पाश्चात्य शोषक वर्गों के सिद्धान्तकारों ने यह साबित करने की कोशिश की है कि धार्मिक भावनाएँ मनुष्य के अन्दर प्राकृतिक रूप से अन्तर्निहित होती हैं, परन्तु वास्तव में धर्म का उदय सामाजिक विकास के एक विशेष आयाम में ही होता है। यह कहा गया कि धर्म की उत्पत्ति प्राकृतिक और सामाजिक व्यापारों के सच्चे कारणों को समझ नहीं पाने के कारण हुई। धर्म की उत्पत्ति की जड़ में प्रकृति की स्वतः स्फूर्त शक्तियों का और सामाजिक उत्पीड़न का आतंककारी प्रभाव है। मूलतया धर्म का लोकातीत इस्लाम ने स्पष्ट किया कि वह आस्था मात्र नहीं है। मनुष्य जब प्राकृतिक शक्तियों पर अधिक निर्भर करता था, तो उसने उन्हें लोकातीत गुण प्रदान कर रखे थे। प्राकृतिक शक्तियों के लिए वह देवता, दानव आदि कल्पनाएँ गढ़ लेता है। आदिम मानव अपने भोलेपन के कारण विश्वास करता था कि इन लोकातीत शक्तियों को यदि प्रसन्न नहीं रखा गया, तो वे हानि और कष्ट पहुँचायेंगी और उनकी पूजा करके उन्हें यदि सन्तुष्ट रखा गया, तो वे हमारी मदद करेंगी। धार्मिक उपासना का यहीं से सूत्रपात हुआ और

उसने प्रार्थना, बलि तथा अन्य धार्मिक रिवाजों का रूप धारण किया। पूजा-पाठ से पुरोहित, ओझा, धार्मिक व्यवसाय, पादरी और अन्य अस्तित्व में आ गये। साथ ही इससे तरह-तरह के धार्मिक संगठनों और संस्थाओं का जन्म हुआ।

इस्लाम ने ब्रह्माण्ड के विषय में सुनियोजित सूचनाएँ उपलब्ध कर धार्मिक व्यवसायों की दुकानें ही बन्द करा दीं। वर्गों तथा शोषण के आरम्भ होने से मनुष्य स्वतःस्फूर्त सामाजिक शक्तियों के दबाव के अधीनस्थ हो गया था। वह इन शक्तियों के आगे उतना ही निस्सहाय था, जितना कि बर्बर मानव प्रकृति की आदि शक्तियों के आगे असहाय था। शोषकों के विरुद्ध संघर्ष में शोषितों की बेबसी ने इस विश्वास को जन्म दिया कि उस पार की दुनिया में मनुष्य के लिए बेहतर जीवन का सामान है। यह उसी प्रकार से हुआ जिस प्रकार कि प्रकृति से लड़ने में मानव की असमर्थता ने उसमें देवी-देवताओं, भूत-प्रेतों और चमत्कारों आदि में आस्था पैदा की थी। शोषक समाज ने उन पर जो दुःख और कष्ट लाद रखे थे, जाँगर चलानेवालों ने धर्म का शरण लेकर उनसे उद्धार पाने की कोशिश की। इस्लाम ने कथित धर्मों के प्रतिगामी चलन पर रोक लगायी। उसने मानव को आत्मिक उत्पीड़न और बौद्धिक दासत्व से मुक्त किया। शोषकों के शासन को मज़बूत करने के लिए साधन के रूप में धर्म के प्रयोग पर रोक लगायी।

साम्राज्यवादी शक्तियों ने सदियों तक निजी सम्पत्ति और शोषण को पुनीत बनाकर रखा। उसने भाग्य की ग़ुलामी और दुष्कृत्य एवं हिंसा के प्रति अप्रतिरोध सिखाया। ऐसा करके उसने सर्वसाधारण के क्रान्तिकारी उत्साह को कुण्ठित बनाया और उन्हें हाथ-पर-हाथ धरे रखकर दूसरों का मुँह जोहना सिखाया। वह सुखी भविष्य के लिए और शोषण के विरुद्ध क्रान्तिकारी संघर्ष की ओर से आम जनता को विरक्त करता था। धर्म उन शोषक वर्गों की चाकरी करता रहा, जो इतिहास के रंगमंच से धक्के देकर हटाये गये थे। इसका अर्थ यह हरगिज़ नहीं है कि हर धार्मिक व्यक्ति प्रतिक्रियावादी होता है।

पाश्चात्य चिन्तन में धर्म की प्रतिगामी भूमिका से प्रकट होता है कि वह विज्ञान का कट्टर शत्रु रहा है। उसने वैज्ञानिक विश्व-दर्शन से सदा वैर रखा है। कलीसावाद ने सदियों तक विज्ञान का निर्ममतापूर्वक विरोध और वैज्ञानिकों का निर्दयतापूर्वक दमन किया है। उन्होंने प्रगतिशील विचारों के प्रचार पर रोक लगायी, उनका प्रसार करनेवाली पुस्तकों को नष्ट किया और उनके लिखनेवालों को तहख़ानों में बन्द करवाया गया अथवा आग में जलाकर स्वाहा किया। कलीसावादी मध्ययुगीन अदालतों ने अनेक प्रगतिशील व्यक्तियों को लकड़ी के तख़्तों में बाँधकर आग में जलवा दिया। इन शहीदों में गिओर्डिनो ब्रुनो और लुकिलो वानिनी जैसे प्रख्यात वैज्ञानिक भी थे। परन्तु कलीसावादी सारी सरगर्मियाँ भी, भौतिक उत्पादन की आवश्यकताओं से प्रेरित वैज्ञानिक प्रगति को रोकने में

असमर्थ रहीं। वर्तमान में भी देखा जाय, तो महती वैज्ञानिक उपलब्धियों का खण्डन करने में असफल होकर स्थापित करना चाहता है कि वैज्ञानिक उपलब्धियों और धर्म में विरोध है, वे धर्म के साथ मेल नहीं खाती हैं। विज्ञान मनुष्य को दुनिया और उसके विकास के नियमों का सच्चा ज्ञान प्रदान करता है। मनुष्य को प्राकृतिक एवं सामाजिक शक्तियों पर क़ाबू पाने और उत्पादन का संगठन करने में मदद देता है। इसके विपरीत, पाश्चात्य धर्म-चिन्तन विश्व के मूल-तत्त्व को विकृत करता है, उसकी ग़लत व्याख्या प्रस्तुत करता है, मनुष्य के दिल और दिमाग़ को कुण्ठित करता है और विज्ञान और प्रगति की विजय में उसके विश्वास को नष्ट करता है।

इस्लाम मानव हृदय पर घटित होनेवाले आध्यात्मिक प्रभावों के उत्पन्न होने के विरुद्ध नहीं है, परन्तु धर्म को मात्र आध्यात्मिक घटनाओं तक सीमित नहीं करता वरन् एक सम्यक् आर्थिक एवं सामाजिक व्यवस्था प्रस्तुत करता है। इस व्यवस्था में देश, राष्ट्र, रंगभेद, जाति आदि के आधार पर वर्गों के विभाजन की अनुमति नहीं देता। इस्लामी धार्मिक व्यवस्था में मानव अपने आचरण एवं व्यवहार के मानक पर दूसरों से वरीयता प्राप्त कर सकता है। इस्लामी संस्कृति मानव के आचरण एवं व्यवहार को पुनः परिभाषित करती है। इस्लामी संस्कृति से तात्पर्य उस संस्कृति से होता है, जिसमें इस्लाम के सिद्धान्तों एवं स्वरूप के आधार पर सामाजिक जीवन की सर्वमुखी उन्नति, सुधार तथा व्यवहार को सुव्यवस्थित करना होता है, जिसके कार्यक्षेत्र में रहन-सहन, खान-पान, साहित्य एवं कला, ज्ञान-विज्ञान आदि सभी कुछ आ जाता है।

इस्लामी विद्याओं के गतिशील एवं उन्नतशील आन्दोलन के कारण ही यूरोप में विश्लेषण एवं अन्वेषण के सिद्धान्तों का प्रारम्भ हुआ, जिसने वैज्ञानिक कार्य-पद्धति को जन्म दिया। प्रारम्भ में इसे 'युक्तिमूलक मानवता' की स्थिति प्राप्त हुई, कालान्तर में वैज्ञानिक अन्वेषणों की ओर मानव ने प्रस्थान किया। इस्लाम में प्रारम्भ से एक विशिष्ट विश्लेषण-सिद्धान्त 'उसूले-दरायत' प्रचलित था, जिसमें किसी तथ्य को स्वीकार करने के पूर्व उसके न्यायोचित होने के सभी पक्षों का विश्लेषण करना आवश्यक, है। इसी विश्लेषण पद्धति ने विज्ञान एवं गणित में मुखरित होकर अनेकानेक रूप धारण किये। इस्लामी विद्याओं ने यूरोप में हंगरी तथा अन्य देशों में स्पेन तथा सिसली के मार्ग से प्रवेश किया। टोलीडो तथा कोरडोवा के निकटवर्ती क्षेत्रों में अंसख्य शैक्षिक संस्थाएँ थीं, जिनके अलग-अलग छात्रावास थे। इन छात्रावासों में ज्ञान-विज्ञान के जिज्ञासु निवास तथा ज्ञानार्जन करते। सिसली में नारमून तथा फ़ैड्रिक द्वितीय तथा उसके उत्तराधिकारियों ने दर्शनशास्त्र, विज्ञान, चिकित्सा तथा अन्य विद्याओं के अनेक अनुवाद लातिनी भाषा में कराये। अनुवादकों में अधिकतर यहूदी थे। फ्रांसीसी तथा जर्मन पादरियों

को इस्लामी विद्याएँ इन्हीं यहूदियों के माध्यम से प्राप्त हुईं। विलियम ऑफ़ नारमण्डी के साथ अनेक यहूदी, जो इस्लामी विद्याओं में पारंगत थे, इंग्लिस्तान गये जहाँ ऑक्सफ़ोर्ड में उनका पहला स्कूल स्थापित हुआ। इसी स्कूल में राजर बेकन (मृ० 1293 ई०) ने अरबी भाषा सीखी तथा इस्लामी विद्याएँ प्राप्त कीं। वही पाश्चात्य में प्रयोगाश्रित विद्याओं का प्रवर्तक हुआ। वह निःसंकोच स्वीकार करता है कि उसने अरस्तू (मृ० 322 ईसापूर्व) का दर्शन इब्न-रुश्द (मृ० 1198 ई०) की रचनाओं के माध्यम से संज्ञान प्राप्त किया।[1] पाश्चात्य में प्रयोगाश्रित विद्याओं के विकास-क्रम को समझने में इस तथ्य पर ध्यान रखना चाहिए कि इसके महान् प्रवर्तक मूलतः मुसलमान थे, जिनके नामों को पाश्चात्य में भाषान्तरित करके अपना बना लिया है। अतः कम ही लोग जानते हैं कि इब्न-रुश्द (मृ० 1198 ई०) ही 'अविरोस' (Averroës) तथा अबूमूसा जाफ़र कूफ़ी, जाबिर-बिन-हय्यान (मृ० 815 ई०) तथा 'गेबर' (Geber) के नाम से पाश्चात्य में विख्यात हैं। इस प्रकार के अनेक उदाहरण हैं, जैसे—अलफ़रगानी (मृ० 833 ई०) को 'अलफ़रगानूस' (Alfarganus), इब्न-सीना (मृ० 1037 ई०) को 'अवीसीना' (Avicenna), इब्न-तूफ़ैल (मृ० 1186 ई०) को 'अबाबासर' (Ababacer), अबू अब्दुल्लाह (मृ० 1527 ई०) को 'बॉबदिल' (Boabdil), अबूनस्र फ़ाराबी (मृ० 950 ई०) को 'अलफ़रब्यूस' (Alfarbius), अलहैसाम, अबूअली हसन (मृ० 1039 ई०) को 'अलहज़न' (Alhazen), अबू मअश्शर (मृ० 886 ई०) को 'अलबूमज़र' (Albumazar) आदि।

सर्वज्ञानसम्पन्न क़ुर्आन-शरीफ़ के व्याख्यात्मक संकेतों के अतिरिक्त विद्वानों एवं चिन्तकों ने क़ुर्आनी विद्याओं पर असंख्य ग्रन्थों का निर्माण किया है। चूँकि ज्ञान स्वतः असीमित है अतः इसमें अंसख्य प्रकारों का अस्तित्व अपरिहार्य है। इन प्रकारों के उप प्रकार की शाखाएँ भी अनेक हैं, जो परस्पर एक-दूसरे से उलझी हुई हैं, जो धरती में धँसी हुई हैं, जिसे उन्होंने मूल रूप प्रदान कर दिया है। अतः प्रत्येक नये मूल से एक नवीन वृक्ष अस्तित्व में आ गया। इस गहन एवं अन्धकारमय वन में कोई प्रवेश करे तो कैसे करे। जिज्ञासा एवं अन्वेषण की सुरुचि को तृप्त करने हेतु क्या और कैसे प्रयोजन करे। अतः साधारण जिज्ञासुओं तथा छात्रों की सुविधा हेतु विद्याओं को विभिन्न प्रकारों में सम्पादित किया गया। पहले उनको लिखित रूप में एकत्रित किया गया, फिर विद्वानों एवं चिन्तकों ने अपनी अभिरुचि एवं आवश्यकता के आधार पर उन्हें विभिन्न प्रकरणों में विभाजित कर दिया। प्रथम, दो प्रकार निर्धारित किये—पहला, ईश्वर से सम्बन्धित ज्ञान जो असीमित एवं अपार है। दूसरा, मानव से सम्बन्धित ज्ञान, जो

1. The Making of Humanity, pp 201-202

सीमित एवं निश्चित है। इसको प्राप्त करने के दो माध्यम हो सकते हैं—'वहि' (ज्ञान प्रकाश) तथा 'कश्फ़', जो ईश्वर के विशेष बन्दों को ईशकृपा से प्राप्त होते हैं। इनके अतिरिक्त वे विद्याएँ, जो अर्जित की जा सकती हैं, जिनका आधार अनुभव, बुद्धि, प्रयोग आदि हैं, प्रत्येक व्यक्ति के अधिकार-क्षेत्र में होता है। चाहे उसके प्राप्त करने में अपना सम्पूर्ण जीवन समर्पित कर दे अथवा स्वयं कोई प्रयास न करे वरन् उसे आयु एवं अनुभव के तूफ़ान के सुपुर्द कर दे, जो स्वतः ज्ञान प्रदान कर देती है। परन्तु यह सम्भव नहीं है कि कोई व्यक्ति पूर्णतया ज्ञानविहीन हो। क्योंकि ईशकृपा सभी को किसी-न-किसी रूप में प्राप्त होती है। किसी व्यक्ति का मनस्पटल ऐसा नहीं हो सकता, जिस पर कुछ लिखा ही नहीं गया हो।

विद्याएँ विद्वानों की अपनी-अपनी सुरुचि के आधार पर अनेकानेक हो गयी हैं। उदाहरणार्थ—'उलूमे-शरई' (धर्मशास्त्र) तथा 'उलूमे-ग़ैरशरई' (धर्मशास्त्र से पृथक् शास्त्र) अथवा 'हिकमते-नज़रई' (सैद्धान्तिक विद्या) और 'हिकमते-अमली' (व्यावहारिक विद्या) अथवा 'उलूमे-मक़सूदबिज़्ज़ात' (स्वतःउद्देशीय विद्या) और 'उलूमे-ग़ैरमक़सूदबिज़्ज़ात' (उद्देश्यविहीन विद्या) अथवा 'हकमी' (ज्ञानपरक विद्या) तथा 'ग़ैरहकमी' (स्वतन्त्र विद्या) इत्यादि। इन विद्याओं की असंख्य शाखाओं का वर्णन किया गया है, जिनका नाम लेना भी यहाँ सम्भव नहीं है। हम अपने अध्ययन की सुविधा हेतु इस्लामी विद्याओं को दो खण्डों में विभाजित कर सकते हैं—एक, वे विद्याएँ जिनका विषय इस्लाम से सम्बन्धित है। जैसे, 'इल्मे-तफ़सीर' (क़ुर्आनी व्याख्या विद्या), 'इल्मे-हदीस' (हदीस विद्या), 'इल्मे-फ़िक़्ह' (धर्मशास्त्र), 'इल्मे-तसव्वुफ़' (सूफ़ी-मतविद्या), 'इल्मे-कलाम' (शास्त्रार्थ विद्या) इत्यादि। इन विद्याओं में इस्लामी विद्वानों ने अपने-अपने दृष्टिकोण, विचारधारा एवं सुरुचि के आधार पर मूल्यवान् एवं ज्ञानवर्द्धक अवदान किये हैं, जिनका उद्देश्य इस्लामी विधि के मूल तत्त्वों का अध्ययन-मनन है। ताकि मुसलमान अपने जीवन को ईश्वर के आदेशानुसार तथा इस्लामी पैग़म्बर के आधार पर निर्मित कर सकें तथा अन्य व्यक्तियों के लिए भी एक आदर्श जीवन का उदाहरण बन सकता है। दूसरे, वे विद्याएँ जिनका सम्बन्ध समस्त मानव-जाति से है तथा जिनमें मुसलमान अथवा ग़ैर-मुस्लिम के बीच कोई भेद नहीं है। जैसे—'उलूमे-तारीख़' (इतिहास विद्याएँ), 'उलूमे-फ़लसफ़ा' (दर्शन विषयक विद्याएँ), 'उलूमे-साइन्स' (विज्ञान विद्याएँ) आदि। प्रस्तुत अध्ययन में हमारा प्रयास होगा कि यथासम्भव उपर्युक्त दोनों खण्डों की विद्याओं की चर्चा में भारतीय परिवेश भी स्पष्ट किया जाय तथा उसमें मुसलमानों के अवदान की भी चर्चा की जाय, जिससे विद्याओं के वाङ्मय में भारतीय मुस्लिम विद्वानों के अवदान का संज्ञान किया जा सकता है।

पाश्चात्य में इस्लामी विद्याओं के अध्ययन-अध्यापन में प्रारम्भ से ही तटस्थता का अभाव रहा है। यदि वे निष्ठा एवं सच्चाई से इस्लामी विद्याएँ ग्रहण करते, तो निश्चय ही तुलनात्मक अध्ययन से ज्ञान के नये मार्ग प्रशस्त होते, परन्तु उनका आचरण एवं व्यवहार शत्रुता एवं दुराग्रह पर आधारित रहा है। उन्होंने इस्लामी विद्याओं के अध्ययन-अध्यापन में नकारात्मक पक्षों को स्थापित करने में रुचि दिखायी। फलस्वरूप पाश्चात्य जगत् में इस्लामी विद्याओं के विषय में अत्यन्त भ्रामक एवं निराधार बातें प्रचलित हो गयीं। सलीबी युद्धों में पराजय के कारण ईसाइयों के मन में मुसलमानों के प्रति घृणा एवं विद्वेष प्रवेश कर गया था। यहूदी विद्वानों ने घृणा एवं विद्वेष की अग्नि को और भी भड़काया। उनमें कुछेक यहूदी विद्वानों ने इस्लामधर्म धारण किया, तो उन्होंने भी यहूदी चिन्तन को इस्लामी चिन्तन के रूप में प्रस्तुत किया। इससे ईसाइयों के साथ ही मुसलमान भी प्रभावित हुए। उदाहरणार्थ—मानव बुद्धि का महत्त्व, ईशसन्देश का मानव बुद्धि पर अवतरित होना, ईश्वर का अस्तित्व एवं ऐक्य, दैवी ज्ञान की सम्भावनाएँ इत्यादि महत्त्वपूर्ण समस्याओं में अबूनस्र अलफ़ाराबी (मृ० 950 ई०) तथा सन्त थॉमस इकोनास (मृ० 1292 ई०) के विचारों में गहरी समानता है। सन्त इकोनास की अनेक समस्याएँ इब्न-रुश्द से भी सम्बन्धित थीं। दोनों बुद्धि के प्रयोग पर समान रूप में सोचते हैं इत्यादि।[1] परन्तु इसमें सन्देह नहीं कि तातार आक्रमण (1221 ई०) के विनाश तक, जो मुसलमानों में बौद्धिक प्रयोगाश्रितता तथा विज्ञान एवं गणित आन्दोलन के अन्त का कारण हुआ, जिसके बाद इस्लामी प्रयोगाश्रित ज्ञान आन्दोलन पुनः जीवित न हो सका परन्तु इस्लामी विद्वानों के विश्वव्यापी प्रभाव यूरोप, एशिया तथा विश्व के अन्य क्षेत्रों पर स्थायित्व ग्रहण कर गये हैं, तथा वर्तमान में भी स्पष्ट देखे जा सकते हैं। इस सार का विस्तार आगामी पृष्ठों में आयेगा।

ज्ञानपरक पीठिका

इस्लाम में ज्ञान के महत्त्व का अनुमान करने के लिए यह जानना महत्त्वपूर्ण है कि 'ज्ञान' का अरबी पर्याय शब्द 'इल्म' है, जो अपने धातु सहित क़ुर्आन में 2,125 बार आया है।[2] इतनी बड़ी संख्या में इस शब्द का आगमन ही इस्लाम में ज्ञान के महत्त्व को स्पष्ट कर देता है। क़ुर्आन में इस अरबी शब्द के धातु से कई महत्त्वपूर्ण शब्द बनते हैं। जैसे 'अलीम' (ज्ञानी), 'उलाम' (परमज्ञानी),

---

1. Introduction to the History of Science, Vol. 6, pp. 960-61
2. अलमुअज्जिम-उल-फ़ेहरिस, पृ० 596-609

'आलिम' (विद्वान्) के समान शब्द बनते हैं। इसके अतिरिक्त क़ुर्आन में 'इल्म' के साथ-साथ 'हिकमत' (विज्ञान) का प्रयोग भी हुआ है, जिससे 'इल्म' शब्द के भाव का आधार व्यापक हो गया है। इसी प्रकार 'इल्म' के साथ इसी धातु से अनेक शब्द बनते हैं। जैसे—'याक़ुलून' (ज्ञानी), 'यफ़क्करून' (चिन्तक), 'तबद्दरून' (विचारक), 'तफ़क़्हून' (शास्त्री), 'तशअरून' (प्रचारक) आदि का प्रयोग दीख पड़ता है। इससे इस्लामी चिन्तन में ज्ञान के व्यापक क्षेत्र का संज्ञान होता है। क़ुर्आन में इन शब्दों का क्रियारूप में भी प्रयोग किया गया है। इनसे वर्तमान में प्रचलित कुछेक शब्दावलियों की ओर ध्यान आकर्षित होता है। जैसे—'तदब्बुर' (चिन्तन), 'तफ़क्कुर' (विचार) तथा 'तजरिबा' (प्रयोग) की ओर ध्यान आकृष्ट होता है, जिनको अज्ञानवश कुछ लोग पाश्चात्य चिन्तन का प्रताप मानते आये हैं। क़ुर्आन की शब्दावली में यह 'इल्मे-ऊला' (प्रथम ज्ञान) के उपरान्त की सीमा है। इसके पश्चात् 'इल्म' से 'तालीम' (शिक्षा) के आयाम आयेंगे, जिनमें 'क़लम' (लेखनी) तथा 'तहरीर' (रचना) के माध्यम से समस्त सम्भव विद्याओं का अध्ययन-मनन किया जा सकेगा।

ज्ञान का मूलस्त्रोत ईशत्व है। वही समस्त ज्ञान का आधार है : "**आपका पालनहार जानता है।**" (क़ुर्आन 73/20) दूसरे स्थान पर कहा : "**मन की बातें ख़ूब जानता है।**" (क़ुर्आन 2/235) ईश्वर के अतिरिक्त किसी के पास न तो दैवी सम्पत्ति है और न ही दैवी ज्ञान। क़ुर्आन ने स्पष्ट किया है : "**आप कहिए कि हमारा यह दावा नहीं है कि हमारे पास दैवी सम्पत्ति है या हम अन्तर्यामी हैं।** (क़ुर्आन 6/50) ईश्वर ही समस्त प्राणियों एवं दृश्य जगत् का ज्ञान रखता है : "**वह निहित एवं प्रत्यक्ष सबका जाननेवाला श्रेष्ठ एवं उच्च है।**" (क़ुर्आन 13/9) ईश्वर ही आकाश एवं धरती के समस्त रहस्य तथा दरियाओं एवं समुद्र के भेदों पर छाया हुआ है : "**और उसके पास निहित जगत् के ख़ज़ाने हैं, जिन्हें उसके अतिरिक्त कोई नहीं जानता तथा वह समस्त सूखे एवं भीगे वस्तुओं को जानता है। कोई पत्ता भी गिरता है, तो उसे उसका संज्ञान है। धरती के अन्धकार में कोई दाना अथवा कोई सूखी या गीली वस्तु ऐसी नहीं है, जो प्रज्वलित पुस्तक के भीतर सुरक्षित न हो ।**" (क़ुर्आन 6/59)

ईश्वर ने समस्त प्राणियों एवं दृश्य जगत् के ज्ञान को 'प्रज्वलित पुस्तक' (क़ुर्आन) में संरक्षित करके मानव के सुपुर्द कर दिया है कि वे ज्ञान को जीवन का आधार बनायें। समस्त इस्लामी संस्कृति एवं विद्याएँ, चाहे धार्मिक हों या अन्य प्रकार की, मानव-जीवन पर आधारित समस्त साहित्य, इतिहास, दर्शन, आदि अथवा सैद्धान्तिक एवं प्रयोगात्मक विद्याएँ, जैसे—विज्ञान, प्रौद्योगिकी, गणित, सांख्यिकी, भौतिकी, खगोलशास्त्र आदि को क़ुर्आन से समुचित मार्ग निर्देशन प्राप्त हो सकता है।

ईश्वर ने मानव को सर्वश्रेष्ठ आधार पर आकार प्रदान किया है : "**हमने मानव को सर्वश्रेष्ठ आकार में उत्पन्न किया।**" (क़ुर्आन 95/4), अतः उसे ज्ञान से भी परिपूर्ण किया गया है। सर्वप्रथम कुछ संज्ञाओं का संज्ञान प्रदान किया गया : "**और अल्लाह ने आदम को समस्त संज्ञाओं की शिक्षा दी ।**" (क़ुर्आन 2/31) वर्तमान युग में भी शिक्षा की प्रवेशिका का आधार है ज्ञान से अज्ञान की ओर ले जाने का श्रेष्ठ माध्यम वस्तुओं के नामों से परिचित कराना है। इसी से विश्व के भौतिक सन्दर्भों एवं समस्याओं के अन्वेषण एवं प्रयोग की आधारशिला बनती है, जिसे विज्ञान तथा प्रौद्योगिकी कहा जाता है। प्रारम्भिक ज्ञान प्राप्त हो जाने के बाद ही सैद्धान्तिक समस्याएँ उत्पन्न होंगी। अतः ईश्वर ने मानव को 'बयान' सिखा दिया, ताकि वह अपने दैवी ज्ञान को सैद्धान्तिक एवं आत्मिक बना सके तथा उसमें व्यावहारिक एवं प्रयोगात्मक अनुभव प्राप्त कर सके : "**इनसान को पैदा किया और उसे बयान सिखाया है।**" (क़ुर्आन 55/2-4) एक अन्य स्थान पर 'बयान' सिखाने की चर्चा भिन्न रूप में हुई है : "**यह साधारणजनों के लिए एक तथ्य है तथा ऋषियों के लिए उपदेश एवं संज्ञान है।**" (क़ुर्आन 3/138) यह 'बयान' लिपिबद्ध भी किया जायगा, ताकि आगामी पीढ़ियों के लिए सुरक्षित रखा जा सके : "**जिसने क़लम के द्वारा तालीम दी।**" (क़ुर्आन 96/4) फिर 'इल्म' के साथ 'रहमत' भी प्रदान हुई। अर्थात् इल्म अल्लाह की रहमत है, जिससे मानव को शुभ-अशुभ का संज्ञान होता है, परन्तु चूँकि 'हुदा' (निर्देश) भी 'रहमत' के साथ है, अतः अज्ञान का उद्देश्य सत्यमार्ग पर स्थापित होना है : "**हम उनके पास एक ऐसी किताब लाये हैं, जिसमें ज्ञान एवं सूचना के साथ सविस्तार वर्णन है तथा वह धर्मपरायण जनों के लिए निर्देश एवं दया है।**" (क़ुर्आन 7/52)

ज्ञान की चर्चा में इस तथ्य की ओर भी ध्यान को आकृष्ट करना है कि इस्लामी पैग़म्बर को क़ुर्आन में **'रहमत्तुललिल-आलमीन'** (समस्त जगतों के लिए दयावान्) कहा गया है : "**और हमने आपको समस्त जगतों के लिए केवल दयावान् बनाकर भेजा है।**" (क़ुर्आन 7/52) जगतों का यही प्रयोग अर्थात् **'रब्बुल-आलमीन'** (समस्त जगतों का पालनहार) ईश्वर अपने लिये भी करता है : "**सभी प्रकार की प्रशंसा ईश्वर के लिए है, जो समस्त जगतों का पालनहार है ।**" (क़ुर्आन 1/1) दोनों स्थानों पर 'जगतों' का प्रयोग ठीक बराबर-बराबर है, न एक अंगुल कम न एक अंगुल ज़्यादा। दोनों स्थानों पर 'जगतों' के प्रयोग से स्पष्ट है कि जिस प्रकार अल्लाह समस्त जगत् के लिए है, उसी प्रकार इस्लामी पैग़म्बर का सन्देश समस्त जगत् के लिए है, मात्र किसी विशेष सम्प्रदाय के लिए नहीं है, उसका आधार संकुचित नहीं व्यापक है। **'रहमत्तुललिल-आलमीन'**(सभी दुनियाओं के लिए दयानिधान) को अल्लाह का प्रथम सन्देश

'इल्म' के रूप में प्रदान हुआ, जिससे सिद्ध हुआ कि रसूल 'तलमीज़ुर्रहमान' (ईश्वर के शिष्य) हैं। अल्लाह पढ़ाता है, ये पढ़ते हैं, वह क़लम के माध्यम से इल्म सिखाता है और यह सीखते हैं। अल्लाह ने ही उन्हें सभी इल्मों की तालीम दी है। उन इल्मों की भी, जिनका किसी को इल्म नहीं। क़ुर्आन के शब्द देखिये : "**और उस अल्लाह का नाम लेकर पढ़ो, जिसने पैदा किया है। उसने इनसान को जमे हुए ख़ून से पैदा किया है। पढ़ो और तुम्हारा पालनहार बड़ा दयालु है, जिसने क़लम के माध्यम से तालीम दी है और इनसान को वह सब-कुछ बता दिया है, जो उसे नहीं मालूम था।**" (क़ुर्आन 96/1-4) इस आयत से प्रमाणित होता है कि इस्लामी पैग़म्बर पर श्रुतिप्रकाश का प्रारम्भ ज्ञान-विज्ञान से हुआ तथा ईश्वर ने अपनी प्रथम विशेषता अपना रचनाकार होना तथा दूसरी विशेषता ज्ञान प्रदान करना विधिवत् कर दिया है।

ईश्वर द्वारा ज्ञान-विज्ञान प्रदान करने की चर्चा क़ुर्आन के अनेक आयतों में आयी है : "**वह जिसको चाहता है ज्ञान प्रदान करता है और जिसे ज्ञान प्रदान कर दिया गया है, उसे मानो अपार शुभ प्रदान कर दिया गया और इस बात को बुद्धिमान् के अतिरिक्त कोई नहीं समझता है।**" (क़ुर्आन 2/269) एक अन्य स्थान पर भी कहा गया है : "**कह दीजिये कि वे लोग, जो जानते हैं, उनके बराबर हो जायँगे, जो नहीं जानते हैं।**" (क़ुर्आन 39/9) फिर स्पष्ट किया गया : "**ईश्वर धर्मपरायणों और जिनको ज्ञान प्रदान किया गया है, उनकी पदोन्नति करना चाहता है।**" (क़ुर्आन 98/11) पुनः स्पष्ट किया गया है : "**वास्तव में क़ुर्आन खुले हुए चिह्नों का नाम है, जो उनके छातियों में संरक्षित है, जिन्हें ज्ञान प्रदान किया गया है।**" (क़ुर्आन 29/49) ज्ञान का आधार न्याय है : "**ज्ञानी साक्षी, जो न्याय पर स्थापित हैं।**" (क़ुर्आन 3/18) और फिर ज्ञानियों की विशेष चर्चा : "**जो इल्म में रसूख़ रखते हैं।**" (क़ुर्आन 3/7) इस अन्तिम आयत से स्पष्ट है कि ज्ञानियों में इस्लामी पैग़म्बर के अतिरिक्त कुछ अन्य विशेष व्यक्ति भी हैं।

क़ुर्आन की अत्यन्त प्रसिद्ध आयत है : "**इसकी व्याख्या का ज्ञान मात्र अल्लाह को है और उन्हें, जो इल्म में रसूख़ रखनेवाले हैं।**" (क़ुर्आन 3/7) '**रासख़ून-फ़िल-इल्म**' (इल्म से रसूख़ रखनेवाले) पर अनेक विद्वानों ने नाना प्रकार की व्याख्याएँ की हैं। इसकी प्रामाणिक व्याख्या हज़रत अली ने 'नह्ज-उल-बलाग़ा' में स्पष्ट कर दी है कि 'रासख़ून-फ़िल-इल्म' से भी अभिप्राय इस्लामी पैग़म्बर तथा उनके बाद इमाम ही हैं। हज़रत अली ने 'नह्ज-उल-बलाग़ा' के इस प्रवचन में क़ुर्आन की सूरह 'अल-मुजादिला' की आयत की

ओर भी संकेत किया है। उनके शब्द देखिये : "**निःसन्देह इमाम क़ुरेशवंशज होंगे, जो उसी क़बीले की एक शाखा बनी हाशिम के वंशज में उभरेंगे, न इमामत किसी अन्य को सुशोभित करती है और न उनके अतिरिक्त कोई इसका योग हो सकता है।**"[1] इस स्पष्ट वक्तव्य के बाद किसी प्रकार का भ्रम शेष नहीं रह जाता कि '**रासख़ून-फ़िल-इल्म**' से अभिप्राय हज़रत अली तथा उनके बाद इमाम हैं।

समस्त पैग़म्बरों, नबियों, अन्तिम पैग़म्बर हज़रत मुहम्मद तथा हज़रत अली एवं अन्य इमामों का ज्ञान ईश्वर द्वारा प्रदत्त है। प्राणियों एवं दृश्यजगत् के विषय में उनका ज्ञान ईश्वरी ज्ञान का द्योतक एवं माध्यम है। उनके माध्यम से ही शुद्ध ईश्वरी ज्ञान प्राप्त हो सकता है। समस्त प्राणियों का ज्ञान ईश्वरी ज्ञान का प्रतिबिम्ब है। भौतिकज्ञान ईशज्ञान का माध्यम है : "**अल्लाह के प्रति सचेत उसके बन्दों में मात्र ज्ञानी ही हैं।**" (क़ुर्आन 35/28) दूसरे स्थान पर स्पष्ट किया गया : "**हमने बुद्धिमान् जनों के लिए समस्त चिह्नों का सविस्तार वर्णन कर दिया है।**" (क़ुर्आन 6/98) ज्ञान-विज्ञान के माध्यम से ही किसी देश की आर्थिक, सामाजिक एवं राजनीतिक व्यवस्था सुदृढ़ की जा सकती है। ज्ञान-विज्ञान के द्वारा ही किसी समस्या के निदान हेतु सही निष्कर्ष तक पहुँचा जा सकता है। अतः क़ुर्आन ने बताया : "**और हमने उनके देश को सुदृढ़ बना दिया था और उन्हें ज्ञान एवं उचित निर्णय करने की क्षमता प्रदान कर दी थी।**" (क़ुर्आन 38/20) अतः, ज्ञान-प्राप्ति हेतु ईश्वर से दुआ करते रहना चाहिए। क़ुर्आन निर्देश देता है : "**और यह कहते हैं कि मेरे पालनहार मेरे ज्ञान में वृद्धि कर दे।**" (क़ुर्आन 20/119)

ज्ञान-विज्ञान के विविध एवं विभिन्न सन्दर्भों एवं समस्याओं पर इस्लामी पैग़म्बर की अनेक हदीसें सुविख्यात हैं, जिनका शीर्षक है 'जवाम्अ-उल-किलम' अर्थात् इस्लामी पैग़म्बर के वक्तव्य अपने सारगर्भिता में समस्त ज्ञान-विज्ञान के प्राण हैं।[2] हदीस शरीफ़ की पुस्तकों में ज्ञान-विज्ञान को अत्यन्त महत्त्व दिया गया है तथा उनको प्रारम्भिक अध्यायों में सम्मिलित किया गया है। 'सहीह बुख़ारी' में 'किताब-उल-इमाम' के बाद ही 'किताब-उल-इल्म' है। हदीस शरीफ़ की अन्य सप्त पुस्तकों में भी ज्ञान-विज्ञान को मूल महत्त्व दिया गया है। अल्लामा अबू जाफ़र मुहम्मद-बिन-याक़ूब कुलयनी (मृ० 939 ई०) की प्रसिद्ध पुस्तक 'अलकाफ़ी' में प्रस्तावना के रूप में ही 'किताब-उल-अक़्ल-वल-जेहल' सम्मिलित

---

1. नह्ज-उल-बलाग़ा, प्रवचन सं० 142, पृ० 381-82
2. अलसाफ़ी, पृ० 80-81, किताब-अल-मुहासिन, पृ० 225

है। उन्होंने गहन विश्लेषण एवं अन्वेषण करके इस्लाम पैग़म्बर की तैंतीस हदीसें सम्पादित की हैं, जो विचार एवं चिन्तन, तर्क-वितर्क के आधार पर महत्त्वपूर्ण हैं। उक्त पुस्तक में इसके पश्चात् एक अध्याय सम्मिलित किया गया है, जिसमें ज्ञान-विज्ञान के दायित्व तथा उसके अनिवार्य होने पर तर्क किया गया है। फिर इमाम मूसा काज़िम (मृ० 799 ई०) के प्रमाण से इस्लामी पैग़म्बर की यह हदीस प्रस्तुत की है : "**प्रत्येक मुसलमान के लिए ज्ञान अर्जित करना दायित्व है। ईश्वर ज्ञान-प्राप्ति के इच्छुक छात्रों से प्रेम करता है।**"[1] इसी प्रकार की एक अन्य हदीस भी है, जिसमें इस्लामी पैग़म्बर कहते दीख पड़ते हैं : "**मुझे ज्ञान की श्रेष्ठता ईश-वन्दना की विशेषता से अधिक प्रिय है और तुम्हारे लिए यही सर्वाधिक श्रेष्ठ आचरण है।**"[2]

इस्लामी पैग़म्बर की हदीसों में ज्ञान-विज्ञान के सम्बन्ध में अनेक वक्तव्य मोतियों के समान विभिन्न पुस्तकों में बिखरे हुए हैं, उनमें से कुछेक की चर्चा की जा सकती है : "**ज्ञान इस्लाम का आधार है। ज्ञान प्राप्त करो, क्योंकि ईश्वर को पसन्द करने हेतु ज्ञानार्जन अनिवार्य है। ज्ञानार्जन ईश-वन्दना है। ज्ञान उच्चता प्रदान करता है। ज्ञान से आचरण में आभा उत्पन्न होती है। ज्ञान से ईश-वन्दना का विकास होता है। छात्र की मृत्यु शहीद की मृत्यु है। ज्ञान की खोज करना जिहाद है। ज्ञान प्रदान करना शुभ दान है। ज्ञान प्रदान करना ईश्वर के निकट होने का माध्यम है। ज्ञान से हराम (वर्जित) तथा हलाल (अनुज्ञ्य) के बीच विभेद करने की योग्यता पैदा होती है। ज्ञान ईश्वर के खोज करने के मार्ग में प्रकाशस्तम्भ है। ज्ञान एकान्त का साथी है। ज्ञान पथिक का रहनुमा है। ज्ञान शत्रु के मुक़ाबले में हथ्यार है। ज्ञान मित्रों के बीच आमोद-प्रमोद का साधन है। ज्ञान की क्षति अज्ञान है। ज्ञान का विघटन उसे अज्ञानी के सुपुर्द करना है। थोड़े समय तक ज्ञान की चर्चा करना 1,000 रातों की ईश-वन्दना से श्रेष्ठ है, जिनकी प्रत्येक रात में 1,000 रिकअतें नमाज़ पढ़ी गयी हों। ज्ञान पर आधारित तर्क-वितर्क एवं चर्चा करना 12,000 बार क़ुर्आन के पढ़ने से श्रेष्ठ है।**"[3] इस्लामी पैग़म्बर के लब्धप्रतिष्ठ सहयोगी हज़रत अबूज़र ग़फ़्फ़ारी ने उनसे पूछा—किसी ऋषि के शव-यात्रा में सम्मिलित होना श्रेष्ठ है अथवा किसी विद्वान् की सभा में उपस्थित होना? इस्लामी पैग़म्बर ने उत्तर दिया : "**ज्ञान के स्मरण में समय व्यतीत करना अल्लाह की राह में बलिदान हुए 70 हज़ार**

---

1. तहत-उल-अक़ूल-अन-आल-उर-रसूल, पृ० 41
2. अलसाफ़ी, पृ० 55-80, जाम्अ-उल-अख़बार, पृ० 47
3. अलसाफ़ी, पृ० 55

शहीदों के जनाज़ों में सम्मिलित होने से भी श्रेष्ठ है।"[1]

इस्लामी पैग़म्बर की सुविख्यात हदीस है : "**मैं ज्ञान का नगर हूँ तथा अली उसके द्वार हैं।**"[2] हज़रत अली (मृ० 661 ई०) की ज्ञानवर्द्धक रचना 'नह्ज-उल-बलाग़ा' है, जिसमें वार्त्तालाप, पत्र, वक्तव्य एवं अन्य तहरीरों में ज्ञान के समस्त आयाम एकत्र कर लिये गये हैं, कहीं संक्षेप में कहीं सविस्तार परन्तु इनके अतिरिक्त कितने ही अन्य सन्दर्भ भी होंगे जिनके विषय में हज़रत अली के विचार एवं चिन्तन को सुरक्षित नहीं रखा जा सका। समय के अन्तराल के कारण उनका कोई पता नहीं मिलता। एक अवसर पर हज़रत अली ने अपनी ज्ञानवर्द्धक रचनाओं की रचना की है : "**ज्ञान गोपनीय है मेरी छाती के तहों से लिपटा हुआ है कि उसे स्पष्ट कर दूँ, तो तुम उसी प्रकार बल खाने लगोगे, जिस प्रकार गहरे कुएँ में रस्सियाँ काँपती और थरथराती हैं।**"[3]

हज़रत अली ज्ञान के उद्देश्यपूर्ण होने पर बल देते थे। ज्ञान को मानव-जीवन में सुधार लाने का माध्यम मानते थे, क्योंकि ज्ञान स्वतः उपयोगिता रखता है। मात्र सुखान्तः सुखाय अथवा आमोद-प्रमोद नहीं होता। उनका वक्तव्य है : "**हृदय के नेत्रों से देखनेवाले तथा समझदारी के साथ कार्य करनेवाले के कार्य का प्रारम्भ इस प्रकार होता है कि वह पहले यह जान लेता है कि यह कार्य उसके लिए उपयोगी है अथवा हानिकारक । यदि उपयोगी होता है, तो आगे बढ़ता है, हानिकारक होता है, तो ठहर जाता है। इसलिए जाने-बूझे बढ़नेवाला ऐसा है, जैसे कोई ग़लत मार्ग पर चल निकले, तो जितना इस मार्ग पर बढ़ता चला जायगा उतना ही उद्देश्य से दूर होता जायगा और ज्ञान के प्रकाश में कार्य करनेवाला ऐसा है, जैसे कोई प्रकाशमान् मार्ग पर चल रहा हो, तो अब देखनेवाले को चाहिए कि वह देखे कि आगे की ओर बढ़ रहा है अथवा पीछे की ओर पलट रहा है। तुम्हें जानना चाहिए कि प्रत्येक प्रत्यक्ष का वैसा ही अन्तरंग होता है, जिसका प्रत्यक्ष अच्छा होता है उसका अन्तरंग भी अच्छा होता है और जिसका निहित बुरा होता है उसका अन्तरंग भी बुरा होता है।**"[4] हज़रत अली के अनुसार ज्ञान के लिए कर्म अनिवार्य है : "**वह ज्ञान अत्यन्त मूल्यहीन है, जो जीभ तक रह जाय तथा वह ज्ञान बहुत ऊँचा है, जो अंग-प्रत्यंग से**

---

1. तनवीरे-मजालिस (परिचय-मुजतबा हसन कामूँपुरी), पृ० 6
2. जाम्अ-उल-सहीह-उल-मिश्कात-उल-मसाबीह, भाग-2, हदीस सं० 5804
3. नह्ज-उल-बलाग़ा, प्रवचन सं० 5, पृ० 108
4. नह्ज-उल-बलाग़ा, प्रवचन सं० 152, पृ० 403-404

स्पष्ट हो।"[1] ज्ञान को कर्म से समन्वित रखा जाय तो जीवन में निराशाओं का अन्त हो जायगा। आशा की नयी किरणें प्रज्वलित हो उठेंगी : "**पूर्ण विद्वान् वह ज्ञानी है, जो लोगों को ईश्वर के दयानिधान होने की कल्पना से निराश न करे तथा उसकी ओर से प्राप्त सुख-सम्पदा से निराशा न उत्पन्न करे।"**[2]

हज़रत अली ज्ञानार्जन को धर्मार्जन मानते थे। इस धर्म में संसार भी सम्मिलित है। उन्होंने कुमेल-इब्न-ज़याद नहफ़ी को सम्बोधित करके कहा था : "**हे कुमेल! ज्ञान से परिचित होना ही धर्म है, जिसका अनुपालन किया जाता है।"**[3] अतः ज्ञान को उचित हाथों में रहना चाहिए : "**बहुत-से पढ़े-लिखों को धर्म के प्रति अज्ञान नष्ट कर देता है तथा उनके पास, जो ज्ञान होता है, उसे किंचित् भी लाभ नहीं देता।"**[4] परन्तु इससे यह अभिप्राय लेना कि इस्लाम में ज्ञान वही है, जो वर्तमान में विद्वानों के पास है, नितान्त भ्रामक विचार है। इस्लाम में ज्ञान एवं ज्ञान-प्राप्ति को मात्र धर्माचार्यों तक सीमित नहीं रखा है, बल्कि यह विद्वानों ही के पास नहीं वरन् पाखण्डियों के पास भी हो सकता है अतः ज्ञान को सभी स्रोतों से प्राप्त करना चाहिए। चाहे वे स्रोत इस्लामी हों, ग़ैरइस्लामी हों, अथवा पाखण्डियों के पास ही क्यों न हों : "**ज्ञान-विज्ञान की बात जहाँ कहीं हो उसे प्राप्त करो, क्योंकि ज्ञान-विज्ञान पाखण्डियों के छाती में भी होती है। परन्तु जब तक उनकी ज़बान से निकलकर धर्मपरायण व्यक्तियों के सीने में पहुँचकर अन्य ज्ञान-विज्ञान के साथ बहल नहीं जाता, तड़पता रहता है।"**[5] फिर इसको भी स्पष्ट कर दिया कि ज्ञान पाखण्डियों की वस्तु नहीं है वरन् धर्मपरायण जनों की खोयी हुई सम्पत्ति है : "**ज्ञान-विज्ञान धर्मपरायणों की खोयी हुई वस्तु है, उसे प्राप्त करो, यद्यपि किसी पाखण्डी से ही प्राप्त करना पड़े।"**[6] और फिर जब ज्ञान-विज्ञान प्राप्त करो, तो उसे किसी कंजूस के समान पोटली में बाँधकर न रखो, बल्कि उसके लाभ को व्यापक कर दो। कंजूस अपनी पोटली की रक्षा में प्राण लगाये रखता है, परन्तु पोटली अन्त में समाप्त हो जाती है, जबकि ज्ञान स्वयं ज्ञानी की सुरक्षा करता है। हज़रत अली का वक्तव्य देखिये : "**ज्ञान किसी**

1. नह्ज-उल-बलाग़ा, पृ० 830
2. नह्ज-उल-बलाग़ा, पृ० 830
3. नह्ज-उल-बलाग़ा, पृ० 850
4. नह्ज-उल-बलाग़ा, पृ० 835-36
5. नह्ज-उल-बलाग़ा, पृ० 827
6. नह्ज-उल-बलाग़ा, पृ० 827

भी धन से श्रेष्ठ है, क्योंकि ज्ञान तुम्हारी रक्षा करता है तथा धन की तुम्हें रक्षा करनी पड़ती है। धन व्यय करने से घटता है, परन्तु ज्ञान व्यय करने से बढ़ता है तथा धन-सम्पत्ति के परिणाम एवं प्रभाव उसके नष्ट हो जाने के साथ ही नष्ट हो जाते हैं।"[1] और फिर एक शुद्ध एवं सच्चे अध्यापक के समान हज़रत अली जीवन भर प्रत्येक व्यक्ति को वर्ग, जाति, देश आदि के भेद के बिना शिक्षा-दीक्षा प्रदान करते रहे। उनका प्रसिद्ध वक्तव्य है : "**सलोनी-क़ब्ल-अन-तफ़क़दूनी**"(मुझको खो देने से पहले, मुझसे प्रश्न करते रहो।)[2]

ज्ञान-विज्ञान के सम्बन्ध में हज़रत अली का एक महत्त्वपूर्ण वक्तव्य है : "**तुम्हीं बताओ कि वास्तविक अर्थों में धर्माचार्य कौन है? धर्माचार्य वह व्यक्ति है, जो जनसाधारण को ईश्वर के दया से निराश न करे, ईश्वर के प्रकोप से निडर न बनाये । ईश्वर की अवहेलना में ढील न दे। क़ुर्आनविहीन होने की रुचि के कारण क़ुर्आन के प्रति असम्बद्ध न हो । देखो, उस ज्ञान में कोई गुण नहीं है, जिसमें बुद्धिमत्ता न हो। देखो, उस ज्ञान में कोई गुण नहीं है, जिसमें चिन्तन न हो। देखो, उस रचना में कोई अच्छाई नहीं है, जिसमें विचार न हो। इन गुणों से अलंकृत विद्वान् वास्तविक रूप में चिन्तन का जिहाद तथा अपनी इच्छाओं का बलिदान देनेवाले लोग हैं।"**[3] हज़रत अली के इस वक्तव्य को इस्लामी पैग़म्बर की हदीस के साथ रखकर चिन्तन करें, तो ज्ञान के विषय में इस्लामी दृष्टिकोण अधिक स्पष्ट हो जाता है। हदीस शरीफ़ इस प्रकार है : "**क़यामत के दिन अल्लाह सबको एक मैदान में एकत्र करेगा, उस समय अल्लाह की राह में क़ुर्बान होनेवाले शहीदों के ख़ून से आलिमों की रौशनाई ज़्यादा वज़नी निकलेगी।"**[4] इस प्रकार ज्ञान के विभिन्न आयामों पर इस्लामी दृष्टिकोण को समझा जा सकता है।

इमाम मुहम्मद बाक़िर का प्रसिद्ध वक्तव्य है : "**यदि मेरे पास कोई ऐसा अनुयायी युवक आये, जो ज्ञान अर्जित न करता हो, तो मैं उसकी तमबीह करूँगा।"**[5] इसी प्रकार इमाम जाफ़र सादिक़ (मृ० 765 ई०) ने बलपूर्वक आदेश दिया है : "**लिखा करो और अपने ज्ञान को अपने भाइयों में फैलाओ। मृत्यु आ जाय, तो अपनी सन्तान के लिए विरासत में पुस्तकें छोड़ जाओ। वह**

---

1. नह्ज-उल-बलाग़ा, पृ० 850
2. बिहार-उल-अनवार, भाग-1, पृ० 97
3. अलकाफ़ी भाग-1, पृ० 36, तम्बीह-उल-ख़्वातिर, पृ० 227
4. अलसिदूक़-उल-अमाली, पृ० 98
5. किताब-उल-मुहासिन, पृ० 228

समय भी आयेगा जब लोगों को पुस्तकों के अतिरिक्त किसी अन्य वस्तु के प्रति रुचि न होगी।"[1] एक अन्य अवसर पर इमाम जाफ़र सादिक़ ने कहा : **"अपनी पुस्तकों की रक्षा करो। तुम्हें इनकी आवश्यकता होगी।"**[2] ज्ञान के उपदेश को स्पष्ट करते हुए इमाम जाफ़र सादिक़ का वक्तव्य है : **"मेरे विचार में चार प्रकार के ज्ञान सर्वाधिक उचित हैं। एक, वह ज्ञान जिससे ईश्वर को पहचाना जा सके। दूसरे, वह ज्ञान जिससे ईश्वर के प्रभुत्व एवं उपकार का संज्ञान हो सके। तीसरे, वह ज्ञान जिससे ज्ञात हो सके कि अल्लाह बन्दे से क्या चाहता है और चौथे, वह ज्ञान जिससे पता चल सके कि बन्दा किन बातों के करने से धर्म की सीमा के बाहर हो जाता है।"**[3]

ज्ञान के आकार-प्रकार के निर्धारण में इस्लामी विद्वानों ने अनेकानेक प्रकार के पक्ष उजागर किये हैं, जिनकी संक्षेप में चर्चा करना भी यहाँ न तो सम्भव है और न ही आवश्यक है। इमाम अबू हनीफ़ा (मृ० 767 ई०) का विचार है कि ईश्वर का ज्ञान वास्तविक, आदिक एवं अरचित है। इमाम अबूमुहम्मद-बिन-हज़्म (मृ० 1012 ई०) के विचार में ईश्वर पर ज्ञान का अभिप्राय काल्पनिक है, वास्तविक नहीं है।[4] ईश्वर का ज्ञान अवैयक्तिक है। अतः रचित है।[5] ज्ञान के विषय में इस्लामी शब्दावली के आधार पर कई प्रकार के विभेद किये गये हैं, जिनमें 'इल्म-उल-अक़ायद' (धर्म विश्वासों पर आधारित ज्ञान) तथा 'इल्म-उल-कलाम' (शास्त्रार्थ पर आधारित ज्ञान) में अनेक प्रकार की बहसें हुई हैं, जिनको परिभाषित रूप में 'अलइल्म-बिल्लाह' (मानव का ईश्वर से सम्बन्धित ज्ञान) कहते हैं।

इस बहस के दो पक्ष महत्त्वपूर्ण हैं कि क्या मानव ईश्वर से सम्बन्धित ज्ञान अपने ज्ञान के माध्यम से प्राप्त कर सकता है। दूसरा यह कि इस मानव विश्वास के आधारभूत तत्त्व क्या हैं। इस प्रकार 'अलइल्म-बिल्लाह' की बहस वास्तविक रूप में विश्वास एवं धर्म की वास्तविकता से सम्बन्धित है। इस्लाम ने इस ज्ञान की प्राप्ति हेतु क़ुर्आन तथा पैग़म्बर एवं उनके परिवारजनों को माध्यम माना है। परन्तु शैख़ इब्न-तैमिया (मृ० 1328 ई०) सहित कुछेक विद्वान् **'हसबना-किताब-उल-अल्लाह'** (हमारे लिये अल्लाह की किताब काफ़ी है।) की व्याख्या में अपनी कल्पना को आधार बनाते हैं और यह कहते हुए दीख पड़ते हैं कि मात्र

---

1. कश्फ़-उल-मुज्जहा-लेसमरा-उल-मुहज्ज, पृ० 35
2. अलकाफ़ी, भाग-1, पृ० 35
3. किताब-अल-मुहासिन, पृ० 233
4. अलफ़िक़ह-उल-अकबर, पृ० 16-33
5. किताब अलफ़स्ल फ़ी अलमिलल-व-अलअहवा-व-अलनहल, भाग-2, पृ० 126-27

मुँह से धर्म का स्वीकार करना ही पर्याप्त है, जिससे वह 'मोमिन' (धर्मपरायण) हो जाता है। चाहे अपने मन में 'कुफ़्र' (अधर्म) पर विश्वास करता हो।[1] वास्तविक रूप में देखा जाय, तो इस तर्क का आधार इस्लामी चिन्तन को एक ऐसी दिशा में ले जाना है, जिसके आधार पर कालान्तर में कुछेक प्रभावशाली व्यक्तियों को धार्मिक संरक्षण प्रदान करना था, जो अपने सामान्य जीवन में खुले तौर पर इस्लामी आदर्शों का खण्डन करते थे, परन्तु स्वयं को मुसलमान ही नहीं मुसलमानों का धर्माचार्य बताकर इस्लामी सत्ता पर अधिकार जमाये रहे। इमाम ग़ज़ाली (मृ० 1111 ई०) के विचार में ज्ञान-विज्ञान एवं ईश्वर पर विश्वास दोनों वास्तविक रूप में एक ही वस्तु के दो नाम हैं।[2] इमाम फ़ख़्रउद्दीन राज़ी (मृ०1209 ई०) के विचार में अल्लाह के व्यक्तित्व का ज्ञान प्राप्त करना सम्भव एवं सिद्ध है, क्योंकि समस्त दृश्यजगत् एवं रचनाओं से ईश्वर का होना स्वतः प्रमाणित होता है। मानव विभिन्न प्राणियों एवं वायुमण्डल के चिह्नों के माध्यम से भी अल्लाह को पहचान सकता है।[3]

उपर्युक्त विचार-विमर्श से स्पष्ट हो जाता है कि इस्लाम का ज्ञान सम्बन्धित चिन्तन क़ुर्आन पर आधारित है, जिसके आधार पर अल्लाह का व्यक्तित्व **'हकीम'** (विद्वान्), **'समीअ'** (श्रोता), **'अलीम'** (सर्वज्ञ), **'ह.फ़ीज़ुन-अलीम'** (सर्वज्ञ परिरक्षी), **'वासिउन-अलीम'** (सर्वज्ञ परिज्ञान), **'अज़ीज़ुल-अलीम'** (सर्वज्ञ शक्तिमाप) है। अल्लाह ही ज्ञान का स्रोत एवं भण्डार है। उससे अधिक किसी अन्य को ज्ञान प्राप्त नहीं है। उसने अपने नबियों एवं पैग़म्बरों को ज्ञान प्रदान किया। इस्लामी पैग़म्बर का ज्ञान भी अल्लाह द्वारा प्रदत्त ज्ञान है और अल्लाह के बाद सबसे अधिक भी है। इस्लामी पैग़म्बर से हज़रत अली तथा उन्हीं के क्रम में अन्य इमामों को ज्ञान प्राप्त हुआ। समस्त मानव का ज्ञान सीमित है जिसको वे इन्द्रियों, अनुभवों, चिन्तन, बुद्धि एवं विश्लेषण द्वारा प्राप्त कर सकते हैं। ज्ञान का एक माध्यम **'इलहाम'** (उत्प्रेरणा) भी है, जो ईश्वर को पहचानने की स्थिति में प्राप्त होता है। परन्तु तपस्या के माध्यम से साधारण जन भी दैवी अनुभव के समान स्थितियों से परिचित होता रहता है।

इस्लामी ज्ञान की विशिष्टता यह है कि उसका आधार साधारणतया सुकृति-ज्ञान के सिद्धान्त, जिज्ञासा एवं अनुमान के स्थान पर निश्चय पर आधारित है। इसकी दूसरी विशेषता परिणामवादिता है। ज्ञान के माध्यम से व्यक्ति एवं समाज

---

1. किताब-अलईमान, पृ० 157
2. अलतम्बीह-वउल-रद-अला-अह्ल-उल-अहवा-वउल-बिदअ, भाग-1, पृ० 2-3
3. किताब-अलअरबईन, पृ० 86

के लाभ एवं उन्नति के लिए क्रियाशील होना आवश्यक है। इस्लाम ऐसे ज्ञान को प्रोत्साहित नहीं करता, जो उद्देश्यविहीन, लाभरहित एवं अनुपयोगी हों। लेकिन ज्ञान की इस्लामी उपयोगिता एवं उद्देश्य पाश्चात्य के उपयोगी एवं उद्देश्यपूर्ण सिद्धान्त से नितान्त पृथक् है, क्योंकि इस्लाम में उपयोगिता एवं उद्देश्य दोनों का आधार सांसारिक जीवन तथा परलोक दोनों के उपचार पर आधारित है। यह पाश्चात्य परिणामवादी सिद्धान्त से भी नितान्त भिन्न है। क्योंकि इस्लामी उपयोगिता में शोषण के लिए लेशमात्र भी स्थान नहीं है।

इस्लाम ने ज्ञान को व्यक्तिगत एवं सामाजिक भलाइयों की प्राप्ति का माध्यम माना है। ज्ञान को बुद्धि विकास से अधिक मानव में स्नेह, सहानुभूति तथा समन्वय का माध्यम माना है। इस्लामी ज्ञान की एक अन्य विशेषता उसकी सम्पूर्णता है। इस्लामी ज्ञान में जीवन के समस्त समस्याओं एवं परिवेशों को समन्वित करके देखने की प्रक्रिया होती है। बाह्य के साथ आन्तरिक इन्द्रियों एवं चिन्तन के साथ बुद्धि एवं आत्मा और दुनिया के साथ आख़रत! अपने अतिरिक्त अन्य धर्मों के भी सारतत्त्व सम्पादित किये, जिससे पहली बार ज्ञान का विश्वकोश उत्पन्न हो सका। इस प्रकार वर्तमान युग में जिसे विश्वकोश कहा जाता है, इस्लाम ने ही प्रदान किया है।

कलात्मक आधारभूमि

ललितकलाओं के विषय में इस्लामी दृष्टिकोण के निर्धारण में हज़रत अली का विख्यात वक्तव्य : **"प्रत्येक व्यक्ति का मूल्य वह कला है, जो उस व्यक्ति में है।"**[1] निर्देशक सिद्धान्त की स्थिति रखता है, जिसके आधार पर ललितकलाओं के सकारात्मक पक्षों—कार्यक्षेत्र तथा उपयोगिता पर उपयोगी चर्चा हो सकती है। इसके विपरीत पाश्चात्य की ललितकलाओं सम्बन्धी विचारधारा नकारात्मक तथा अनुपयोगी पक्षों तक सीमित है। पाश्चात्य दृष्टिकोण के अनुसार, ललितकला को अनुपयोगी माना गया है, इसमें दृश्यकला के सभी रूप, सृजनात्मक कला, हस्तकला तथा चित्रकला, मृद्भाण्ड कला एवं बुनाई कला, धातु-शिल्पकला तथा काष्ठकला भी सम्मिलित हैं। इस प्रकार इस्लामी और पाश्चात्य सिद्धान्तों के परस्पर विरोधी वृत्तियों पर ध्यान रखने के बाद ही किसी सम्यक् निष्कर्ष तक पहुँचा जा सकता है। इसके अतिरिक्त कुछेक मुस्लिम उलमा की विचित्र अवधारणा है, जो किसी ऐसी वस्तु को इस्लामी मानने को तैयार होते, जिनका आधार प्राचीन अरब संस्कृति एवं सभ्यता में न खोजा जा सके, उनके विचार में

1. नह्ज-उल-बलाग़ा, पृ० 827

इस्लामी होने के लिए अरबी होना अनिवार्य है और चूँकि अरबी संस्कृति एवं सभ्यता में ललितकलाएँ (कविता-संगीत के अतिरिक्त) लगभग अप्राप्य या नवीन काल की उत्पत्ति हैं। अतः इसको इस्लामी परिधि के बाहर कर दिया, फिर पाश्चात्य लेखकों के द्वारा यह विचार सर्वमान्य हो गया कि ललितकलाओं के विषय में इस्लाम का रवैया सहयोगात्मक एवं आत्मीय नहीं है। हालाँकि अरब देश से अलग हटकर अगर अन्य इस्लामी देशों जैसे ईरान, भारत, मिस्र, स्पेन आदि में इस्लामी ललितकला की उपलब्धियों पर दृष्टिपात किया जाय, तो उनके सामने यूरोप की सम्पूर्ण उपलब्धि कोई स्थिति नहीं रखती। यहाँ इस समस्या पर सविस्तार चर्चा न करके इस दृष्टिकोण के सम्बन्ध में सामूहिक रूप में ही विचार किया जा सकता है कि कला का मूल उद्देश्य सौन्दर्य की रचना है।

इसी प्रकार इस्लामी उलमा की उन व्याख्याओं पर भी निगाह रखने की आवश्यकता है, जो ललितकलाओं को इस्लाम में वर्जित करने के पक्ष में हैं तथा अपने पक्ष को प्रबल बनाने हेतु क़ुर्आन की आयत प्रस्तुत करते हैं। परन्तु यदि स्वयं क़ुर्आन से तर्क प्राप्त करना चाहें, तो इस समस्या का समाधान हो जाता है। जैसे यह आयात : **"हे धर्मभीरु, मदिरा, जुआ, बुत, पासा यह सब गन्दे शैतानी कार्य हैं। अतः उनसे बचा करो ताकि सफलता प्राप्त कर सको।"** (क़ुर्आन 5/90) इस चर्चा में क़ुर्आनी शब्द 'अलअंसाब' मूल विचार की ओर संकेत करता है। इस शब्द का अनुवाद 'बुत' (मूर्ति) किया जाता है। इस आयत की व्याख्या में जलालउद्दीन सुयूती (मृ० 1504 ई०) ने 'अलजलालीन' में तथा शाह वलीउल्लाह (मृ० 1762 ई०) ने 'फ़त्हउर्रहमान' में वर्णन किया है कि 'अलनिसाब-अलअसनाम' वास्तव में बहुत बड़े पत्थर थे, जिनकी अरब में पूजा होती थी और बलि चढ़ायी जाती थी। इससे स्पष्ट है कि शराब, जुआ और पासा के समान जिस बुत को शैतानी कार्यों में सम्मिलित किया गया है, उसका विशेष परिप्रेक्ष्य है। यह कोई सार्वजनिक आदेश नहीं है, परन्तु इस्लामी पैग़म्बर के वक्तव्यों में सौन्दर्य रचना और आकृति बनाने की मनाही मिलती है। इनके विपरीत पाश्चात्यविद् तथा ललितकलाओं एवं संस्कृति के कुछेक विद्वानों का विचार है कि इस्लामी पैग़म्बर ने सौन्दर्य रचना और आकृति बनाने की मनाही नहीं की है वरन् इसे कुत्सित कार्य ही कहा गया है। इसको वर्जित करने का विचार आठवीं सदी के धर्मशास्त्रियों का बौद्धिक आविष्कार और जिन हदीसों को प्रमाण के रूप में प्रस्तुत किया जाता है, वे छद्म एवं असत्य हैं।[1]

इसमें सन्देह नहीं कि इस्लामी उलमा ने ललितकलाओं के विभिन्न रूपों पर, काव्य के अतिरिक्त जिसकी वैधता पर प्रश्नचिह्न नहीं लगाया है, जिनमें

1. Early Muslim Architecture, Vol. I, pp. 267-71

चित्रकला, मूर्तिकला, वास्तुकला, संगीत और नृत्य के विषय में तीव्र मतभेद किये हैं उनमें कुछेक उलमा का विचार है कि इस्लाम के प्रारम्भिक काल में चित्रकला और मूर्तिकला की वैधता पर प्रश्नचिह्न यहूदियों के प्रभाव में लगा, जिनके धर्म में चित्रकला तथा मूर्तिकला अवैध है। तूरात की दस वसीयतों में दूसरी वसीयत में चित्रकला तथा मूर्ति-निर्माण का विरोध किया गया है।[1] इस तरह यह धर्मादेश मात्र इस्राइली प्रभाव हो सकता है। कुछेक विद्वानों का कथन है कि ईसाइयों में मूर्तियों तथा अन्य प्रतीकों को तोड़ने का विचार मुसलमानों के प्रभाव में उत्पन्न हुआ अन्यथा उनके धर्मग्रन्थों के ऊपर चित्रकारिता का प्रचलन प्राचीन काल से था। मुस्लिम विजेता धन-प्राप्ति के उद्देश्य से मूर्तियाँ तोड़ते थे, परन्तु इसको इस्लामधर्म के प्रचार का नाम देते थे। इससे ईसाई इतने प्रभावित हुए कि उन्होंने स्वयं भी मूर्तियाँ तोड़ना शुरू कर दिया तथा मसीही, पवित्र आत्माओं तथा कलीसा के मनीषियों के चित्र एवं प्रतीक बनाने पर प्रतिबन्ध लगा दिये, परन्तु ईसाइयों में अन्य व्यक्तियों के चित्र बनाना या उनकी मूर्ति-रचना कभी भी वर्जित नहीं रही है। विख्यात विचारक शैख़ मुहम्मद अब्दहू (मृ० 1905 ई०) के विचार में चित्रकला तथा मूर्ति-निर्माण धार्मिक रूप में वर्जित नहीं हैं, परन्तु इसके विषय में एक अर्हता आरोपित करते हैं कि यह अच्छी तरह से सन्तोष कर लेना चाहिए कि इस प्रकार इससे ख़ुदा की पूजा नहीं की जायगी।

विश्व के अनेक धर्मों में ललितकलाओं को ईश-वन्दना का माध्यम माना गया है, इसमें सन्तत्व, तपस्या तथा आध्यात्मिकता को मूल महत्त्व प्राप्त है। इस्लाम में भी ललितकलाओं को अल्लाह की इबादत तथा आध्यात्मिकता के उन्नयन हेतु प्रयोग किया गया है। सूफ़ियों की समा-महफ़िलों में संगीत एवं नृत्य का प्रदर्शन होता है जिसको वे अल्ला की इबादत और आध्यात्मिकता के उन्नयन का माध्यम मानते हैं। इस्लामी वास्तुकला का वैभव मस्जिदों के रूप में वर्तमान है, जिसका उद्देश्य पूर्णरूपेण अल्लाह की इबादत है। चित्रकला तथा मूर्ति-रचना प्रत्यक्ष रूप में न सही परोक्ष रूप में अल्लाह की इबादत में सहायक होती है। मानव तथा अन्य प्राणियों के चित्र और मूर्तियाँ न सही, वृक्षों, फूलों-फलों आदि आकृतियाँ इबादतगाहों, मज़ारों तथा अन्य धार्मिक भवनों में बाहुल्य से दीख पड़ती हैं। इस्लामी इतिहास के प्रारम्भिक काल से भवनों की दीवारों पर प्राणियों के चित्र बनाये जाते रहे हैं, जिनके प्रारम्भिक उदाहरण, कसरा, उमरा और सामर्रा आदि में आज भी देखे जा सकते हैं।

ललितकलाओं के प्रति मुस्लिम धर्माचार्यों की अरुचि का कारण उससे सम्बद्ध भोग-विलास हो सकता है। इस्लाम में भोग-विलास को अच्छी निगाहों से

---

1. किताब-अलख़िराज, 20 : 3-5

नहीं देखा जाता है। इसके प्रेरक वस्तु एवं कारण सभी अवांछनीय घोषित होते रहे हैं। साधुता, शुद्धता और ईश-वन्दना को मुसलमानों में सर्वश्रेष्ठ स्थान प्राप्त रहा है। इस्लाम के प्रारम्भिक काल की विशेषताओं एवं आदर्शों पर ध्यान दिया जाय तो उसमें साधुता, शुद्धता तथा ईश्वर के मार्ग में संघर्ष करना सर्वश्रेष्ठ माना गया है। इनमें ललितकलाओं को उसी सीमा तक स्वीकार किया जा सकता था कि उनके आध्यात्मिक प्रयोजनों में सहयोग कर सकें इसलिए यह स्वीकार करने में आपत्ति नहीं होनी चाहिए कि मुसलमानों में ललितकलाएँ धार्मिक जीवन का अभिन्न अंग नहीं बन सकीं वरन् संकोच करने के बावजूद धार्मिक स्थितियों में उनकी पैठ किसी-न-किसी रूप में रही है। क़ुर्आन और धार्मिक भवनों के बाह्य सौन्दर्य के उन्नयन हेतु कलाओं का प्रयोग किया है। मुसलमानों ने हस्तकला तथा नक़्क़ाशी बनाने में वास्तुकला तथा भवनों की साज-सज्जा, विभिन्न भेंट-पुरस्कार, वस्तुओं पर वनस्पतियों, पहाड़ों, नदियों, पक्षियों तथा अन्य जीव-जन्तुओं को चित्रित करने तथा सांख्यिकीय रूप बनाने में ऐसी उपलब्धियाँ प्रस्तुत कीं कि अद्वितीय हो गये। अपनी पहचान अपने कला के माध्यम से प्रस्तुत करने तथा अमीर-उल-मोमिनीन अली (मृ० 661 ई०) के उपर्युक्त वक्तव्य कि प्रत्येक व्यक्ति का मूल्य उसकी वह कला है, जो उस व्यक्ति में है, ललितकलाओं के माथे पर शीर्षक के रूप में अंकित कर दिया।

❑❑❑

अध्याय : दो

धर्मशास्त्र : सिद्धान्त एवं स्वरूप

क़ुर्आन ने ज्ञान को दो प्रकरणों में विभाजित किया। प्रथम, 'मुहकमात' अर्थात् निश्चित सिद्धान्तों में विश्वास करना। इसको दो भागों में विभाजित किया गया है। धर्म के मूल सिद्धान्त जैसे—**'तौहीद'** (एकेश्वरवाद), **'अद्ल'** (न्याय), **'रिसालत'** (दैवीसन्देशवाद), **'इमामत'** (उत्तराधिकारवाद), **'आख़िरत'** (प्रलयवाद) तथा धर्मसिद्धान्त की शाखाएँ जैसे—**'नमाज़'** (ईश-वन्दना), **'ज़कात'** (धर्मकर), **'रोज़ा'** (उपवास), **'हज्ज'** (तीर्थ), **'जिहाद'** (संघर्ष) आदि। द्वितीय, **'मुतशाहबहात'** अर्थात् वे समस्याएँ जिनके स्पष्टीकरण हेतु क़ुर्आन से प्रमाण प्रस्तुत किया जाता है। क़ुर्आनी आयतें देखिये : **"उसने आप पर वो किताब उतारी है जिसकी कुछ आयतें मुहकम तथा स्पष्ट हैं, जो मूल पुस्तक है तथा कुछ मुतशाबेह हैं। अब जिनके मन में टेढ़ापन है, वे इन्हीं 'मुतशाबहात' के पीछे लग जाते हैं ताकि उपद्रव कर सकें तथा मनमानी व्याख्या कर सकें।"** (क़ुर्आन 3/7) इससे प्रमाणित होता है कि **'मुतशाबहात'** में तर्क-वितर्क एवं व्याख्या सम्भव है, परन्तु उसके सभी परिणाम **'मुहकमात'** के अधीन रहेंगे। दूसरे शब्दों में इस प्रकार कहा जा सकता है कि अल्लाह, रसूल, आख़िरत आदि पर तर्क-वितर्क नहीं किया जा सकता परन्तु मानव-जीवन की समस्त समस्याओं में ज्ञान से अज्ञान की खोज की जा सकती है और इसी पर प्रयोगाश्रित विज्ञान का आधार लिया जा सकता है।

इमाम मूसा काज़िम (मृ० 799 ई०) का वक्तव्य है कि एक बार इस्लामी पैग़म्बर मस्जिद में पधारे, तो आपने देखा कि सभी लोग एक ऐसे व्यक्ति को घेरे हुए हैं, जो उनके विचार में वंशावली ज्ञान, युद्धविद्या, इतिहास तथा काव्य एवं साहित्य का अध्येता अथवा आचार्य था। इस्लामी पैग़म्बर ने लोगों के ज्ञान-चिन्तन का संशोधन करते हुए ज्ञान की सीमाओं का निर्धारण किया : **"मुहकम**

आयतों, न्यायोचित दायित्व तथा स्थापित आचरण का ज्ञान है, जिनसे परिचित व्यक्ति को लाभ तथा अपरिचित को हानि नहीं होती।''[1] इस्लामी पैग़म्बर की इस हदीस के आधार पर मात्र तीन प्रकार की विद्याएँ ही वास्तविक रूप में मानव विद्याएँ हैं—प्रथम, 'आयत मुहकमा' अर्थात् ईश्वर से सम्बन्धित समस्याएँ एवं आयाम। द्वितीय, 'मानव आचरण'। तृतीय, इस्लामी शरीअत (धर्मशास्त्र) की समस्याओं एवं आयामों से परिचित होना। इनसे ज्ञान की दिशा एवं कथ्य का निर्धारण होता है। इस्लाम में एकेश्वरवाद को मूल सिद्धान्त माना गया है। मानव आचरण में समस्त दृश्य-जगत् (बल्कि अदृश्य-जगत् भी) के उपचार हेतु कार्यशील होना है। धर्मसिद्धान्त के आयामों से मानव-जीवन में विधि एवं संस्कार उत्पन्न करके सम्मानपूर्ण जीवन व्यतीत करने की ओर अग्रसर किया जाता है। यहूदी तथा मसीही विद्वानों ने भी स्वीकार किया है कि ज्ञान एवं विद्याओं के उद्देश्यों के निर्धारण में कोई जाति मुसलमानों के समकक्ष नहीं है।[2]

इल्मे-क़ुर्आन

क़ुर्आन-विद्या की बहस में पहली बात यह है कि क़ुर्आन को इस्लामधर्म का मूलस्रोत ही नहीं समझना चाहिए, वरन् क़ुर्आन ही मूल इस्लामधर्म है। इसके भाष्य एवं संज्ञान हेतु विभिन्न इस्लामी विद्याओं का जन्म हुआ। क़ुर्आन को **'किताब-उल-मुबीन'** (खुली किताब : क़ुर्आन 10/61), **'किताब-उल-मुनीर'** (प्रज्वलित ग्रन्थ : क़ुर्आन 3/184), **'उम्म-उल-किताब'** (मूलग्रन्थ : क़ुर्आन 3/7), **'लेतब्बीननह-लिन्नास'** (लोगों के लिए वक्तव्य : क़ुर्आन 3/187) तथा **'हदा व रहमत'** (मार्ग-निर्देशक एवं दयाप्रद : क़ुर्आन 7/52) माना जाता है।

'क़ुर्आन' (ईश्वरीय शब्द), **'हदीस-उल-क़ुदसी'** (फ़रिश्ता के शब्दों में ईश्वरीय आदेश), **'हदीस-उन्-नबी'** (पैग़म्बर के शब्दों में ईश्वर का आदेश) के बीच अन्तर स्पष्ट किया गया है। मक्का तथा मदीना में उतरे सूरहों में भेद करने के सिद्धान्त प्रतिपादित हुए। इसके अतिरिक्त क़ुर्आन की भविष्यवाणियाँ, भूगोल जिसको 'अर्ज़-उल-क़ुर्आन' कहा गया, शब्द एवं पारिभाषिक शब्दावली के कोश, विविध विषय, ऐतिहासिक एवं पौराणिक स्थान एवं व्यक्तियों के विषय में अनुक्रमांक लिपि, वर्तनी आदि पर निरन्तर अनेक विद्वान् शोध एवं अनुशीलन करते रहे हैं तथा इन पर विस्तृत चर्चाएँ हुई हैं, वर्तमान में भी इसका क्रम निरन्तर चल रहा है, जिनकी यहाँ सामूहिक रूप में चर्चा करना भी सम्भव नहीं

1. अलकाफ़ी, भाग-1, पृ० 32
2. Knowledge of Triumphant, p. 2

है।

इल्मे-तफ़सीर

'तफ़सीर' अरबी शब्द है, जिसका अर्थ व्याख्या एवं विवेचन है। यह शब्द विभिन्न विद्याओं विशेषकर दर्शनशास्त्र की पुस्तकों में व्याख्या के रूप में ही प्रचलित है। इस्लामियात में तफ़सीर से अभिप्राय क़ुर्आन की तफ़सीर है, जो स्वतः एक महत्त्वपूर्ण विद्या का नाम है। तफ़सीर विद्या मूलतः हदीस विद्या की एक प्रमुख शाखा है। तफ़सीर में अल्लाह के वक्तव्यों का अर्थ अथवा क़ुर्आन के शब्दों तथा उसके अर्थों की व्याख्या होती है।[1] अर्थात् तफ़सीर स्वतः ईश वक्तव्य से सम्बद्ध है तथा हदीस इस्लामी पैग़म्बर के वक्तव्य को कहते है।[2] अतः तफ़सीरों की चर्चा हदीसों से पूर्व कर देना उचित होता है। अध्ययन के सुविधानुसार तफ़सीरों को तीन खण्डों में विभाजित किया जाता है—मूल आयाम एवं समस्याएँ, भारतीय तफ़सीरें तथा भारतीय परिप्रेक्ष्य में क़ुर्आनी विषय।

तफ़सीर इस्लामी विद्याओं में प्राचीनतम विद्या है। इस्लामी विद्याओं को प्राचीन विद्वान् तीन भागों में विभाजित करते थे। एक, वह विद्या जो अच्छी तरह पकायी गयी हो तथा जल गयी हो। इस प्रकार के सभी चिन्तन स्वतः विद्या का रूप धारण कर गये हैं। इन पर सभी विद्वान् एकमत हैं। ये विद्याएँ हैं—'इल्मे-बदीअ' (काव्यशास्त्र), 'इल्मे-अरूज़' (छन्दःशास्त्र), 'इल्मे-क़ाफ़िया' (तुकान्तशास्त्र) तथा 'इल्मे-नहव' (व्याकरणशास्त्र)। ये विद्याएँ साहित्य विषयक हैं, जिनके विषय में विद्वान् एकमत हैं कि ये वही विद्याएँ हैं, जो विभिन्न काल में पकती रही हैं अतः जल चुकी हैं। अब इनके विधान में किसी प्रकार का परिवर्तन लाना अनुचित है। दूसरी, वह विद्या जो भलीभाँति 'पकी' है, परन्तु 'जली' नहीं है। इस प्रकार के समस्त चिन्तन स्वतः विद्या नहीं बन सके हैं वरन् उनके कुछ आयाम विद्या का रूप धारण कर चुके हैं। इनके आयामों एवं समस्याओं पर अभी चिन्तन-मनन की आवश्यकता शेष है। इनसे सहमत भी हुआ जा सकता है और इनका विरोध भी किया जा सकता है। दोनों प्रकार के कार्य वांछित हैं। ये विद्याएँ हैं—हदीस तथा फ़िक़्ह। तीसरी विद्या वह है, जो न 'पकायी' जा सकी और न 'जलायी' गयी। इस प्रकार का कोई चिन्तन अपने-आपमें विद्या नहीं है। इसको उसी सीमा तक विद्या कहा जा सकता है कि उसमें विद्या होने की सम्भावनाएँ हैं। इन पर पूर्णरूपेण चिन्तन एवं बौद्धिक प्रयोग किये जा सकते हैं। ये विद्याएँ हैं—'इल्मे-माअनी' (भावार्थविद्या), 'इल्मे-बयान'

---

1. अलनसरिया, पृ० 25-26
2. मुक़द्दमा-ए-तफ़सीरे-क़ुर्आन, पृ० 6

(शैलीविद्या) तथा 'इल्मे-तफ़सीर' (व्याख्याविद्या)। सम्भवतः इल्मे-तफ़सीर की यही विडम्बना थी कि इमाम अहमद-बिन-हम्बल (मृ० 855 ई०) ने कह दिया कि तीन बातों में कोई तथ्य नहीं है, और वे हैं—'तफ़सीर', 'मलाहिम' तथा 'मग़ाज़ी'।[1] तफ़सीर को 'मलाहिम' (वध) तथा 'मग़ाज़ी' (शोषण विवरण) के समकक्ष घोषित करने की इब्न-तैमिया (मृ० 1328 ई०) ने तर्क किया है कि इनके लिए कोई प्रमाण नहीं है, क्योंकि इसमें 'मरासील' (बाह्य प्रभाव) का आधिपत्य है।[2]

क़ुर्आन की व्याख्या में बाह्य प्रभावों के आधिपत्य तथा उसके फलस्वरूप प्रामाणिकता के शून्य होने का कारण क़ुर्आन के सन्दर्भों एवं संज्ञान में इस्लामी विद्वानों एवं शास्त्रियों के अनेक एवं विरोधाभासी वक्तव्य हैं, क्योंकि उनमें प्रत्येक व्यक्ति ने अपनी रुचि, स्वभाव एवं परिवेश के अनुसार क़ुर्आनी संज्ञान को अपने लिये उपयोगी बनाकर प्रस्तुत किया है। यह वस्तुस्थिति प्राचीन में भी प्रचलित थी। तथा उससे बढ़कर वर्तमान में इस्लामी विद्वानों एवं शास्त्रियों का व्यवहार है। हालाँकि इस सन्दर्भ में क़ुर्आन ने 'रासख़ून-फ़ी-इल्म' (क़ुर्आन 3/7) का सिद्धान्त प्रदान कर दिया है, जिसकी चर्चा ऊपर की पंक्तियों में हो चुकी है। ऐसी स्थिति में होना तो यह चाहिए था कि इधर-उधर भटकने की बजाय क़ुर्आनी विद्या एवं तफ़सीर के लिए क़ुर्आन द्वारा प्रतिपादित नियमों का पालन किया जाता, जिसके अनुसार इसके अधिकारी विद्वान् हज़रत अली (मृ० 661 ई०) तथा उनके बाद अन्य इमाम हैं, जिन्होंने इस्लामी पैग़म्बर से सीधे क़ुर्आनी ज्ञान प्राप्त किया अथवा ऐसे माध्यमों से प्राप्त किया, जो सीधे इस्लामी पैग़म्बर से जुड़ते हैं। शीआ सम्प्रदाय इस्लामी पैग़म्बर से लेकर बारह इमामों तक के सम्पूर्ण क्रम को 'मासूम अनलख़ता' (पाप एवं त्रुटिरहित) मानता है। अतः उनके विचार में इससे श्रेष्ठ कोई अन्य क्रम नहीं हो सकता। इमाम हम्बल के विचार में भी यही क्रम 'सिलसिलातुल-ज़हब' (स्वर्ण श्रृंखला) है, जो सर्वाधिक विश्वसनीय है, परन्तु सुन्नी सम्प्रदाय का बहुसंख्यक वर्ग 'रासख़ून-फ़ी-इल्म' में इस्लामी विद्वानों के साधारण वर्ग को भी सम्मिलित करता है, जिनमें कुछेक का व्यवहार इतना विद्वेषपूर्ण एवं आक्रामक है कि इस्लामी पैग़म्बर के परिवारजनों द्वारा बतायी गयी हदीसें, जो सुन्नी सम्प्रदाय के स्रोतों में प्रायः हज़रत अब्दुल्लाह-बिन-अब्बास (मृ० 687 ई०) के सन्दर्भ से उद्‌धृत हुई हैं या फिर उनसे अलज़हाक-बिन-मुज़हिम अलहिलाली (मृ० 733 ई०) अथवा अतिया-बिन-सअद

---

1. उर्दू दायरा-ए-मुआरिफ़े-इस्लामिया, भाग-6, पृ० 515
2. मुक़द्दमा-फ़ी-उसूल-उल-तफ़सीर, पृ० 14

अलओफ़ी (मृ० 729 ई०), मुहम्मद-बिन-अलसायब अलकल्बी (मृ० 763 ई०) आदि के माध्यम से। सुन्नी सम्प्रदाय के कुछेक शास्त्रियों ने अलज़हाक को अविश्वसनीय,[1] अतिया को कमज़ोर, झूठा तथा गालियाँ बकनेवाला,[2] अलकल्बी को जाल करनेवाला[3] घोषित किया है। इन व्यक्तियों का विश्वसनीय होना अथवा न होना हमारा विषय नहीं है। परन्तु उनके विरुद्ध पक्षपातपूर्ण व्यवहार अवश्य ही उजागर है।

'रासख़ून-फ़ी-इल्म' के सम्बन्ध में हज़रत अली ने अपने एक वक्तव्य में इसके विभिन्न पक्षों को स्पष्ट कर दिया है। तथा इसकी परिधि को भी स्पष्ट कर दिया : **''वे लोग कि मिथ्या वचन करते हुए तथा हम पर अन्याय करते हुए यह प्रतिपादित करते हैं कि वे ही रासख़ून-फ़ी-इल्म हैं न कि हम। चूँकि अल्लाह ने हमको ऊँचा किया है और उन्हें गिराया है, और हमें इमाम का पद प्रदान किया है तथा उन्हें वंचित रखा है। और हमें (ज्ञान के क्षेत्र में) उन्हें दूर कर दिया है। हमसे ही मार्ग निर्देशन की इच्छा तथा पथभ्रष्टता के अन्धकार को छाँटने की कामना की जाती है।''**[4] क़ुर्आन की व्याख्या, भावार्थ अथवा उसका तुलनात्मक अध्ययन हो, क़ुर्आन की आयतों के मक्का-शरीफ़ में श्रुतिप्रकाश का सन्दर्भ हो अथवा उनके मदीना-शरीफ़ के सन्दर्भों की चर्चा हो, क़ुर्आन के स्पष्ट आदेशों की बात हो अथवा उसके संकेतों एवं प्रतीकों की समस्याएँ हों, क़ुर्आन से सम्बन्धित कोई भी विषय हो, इस्लामी इतिहास साक्षी है कि इस्लामी पैग़म्बर तथा उनके बाद इमामों के वक्तव्यों को नज़रअन्दाज़ करके जब कभी भी कोई व्याख्या करने की चेष्टा हुई, सत्य एवं यथार्थ की धज्जियाँ बिखरकर रहीं या फिर मिथ्या एवं दोषारोपण कुछेक के लेखनी में ह्रदय की कालिमा स्याही बनकर टपकी है और ख़ूब टपकी है।

इस्लामी पैग़म्बर के परिवारजनों के प्रति शत्रुता की समस्याएँ मनोवैज्ञानिक समस्याओं की तरह पेंचदार हैं, जिनमें क़ुर्आन के व्याख्यातागण भी जाने-अनजाने उलझते रहते हैं। यह समस्या विवादास्पद बनायी गयी कि इस्लाम पैग़म्बर के परिवारजनों में पत्नियाँ भी सम्मिलित हैं अथवा नहीं। इसके सबसे बड़े दावेदार अकरमा-बिन-अबूजहल थे, जो सौगन्ध खा-खाकर लोगों को विश्वास दिलाते थे कि परिवारजनों में पत्नियाँ भी सम्मिलित हैं। चूँकि अकरमा इस्लामी पैग़म्बर के

1. अलतहज़ीब-उल-तहज़ीब, पृ० 136
2. अलतहज़ीब-उल-तहज़ीब, पृ० 278
3. अलतहज़ीब-उल-तहज़ीब, पृ० 231
4. नह्ज-उल-बलाग़ा, प्रवचन सं० 142, पृ० 381-82

चाचा हज़रत अब्बास-बिन-मुत्तलिब के शिष्यों में कहे जाते थे। अतः उनके इस वक्तव्य को कुछेक विद्वानों ने प्रामाणिक मान लिया तथा इस तथ्य से आँखें मूँद लीं कि अकरमा की सबसे बड़ी पोषक उम्म-उल-मोमनीन हज़रत आयशा थीं, जो अपने इस तर्क द्वारा उन्हें परिवारजनों में सम्मिलित कर देना चाहते थे। यद्यपि शीआ-सुन्नी सभी विद्वान् एवं धर्मशास्त्री एकमत हैं कि 'हदीसे-किसा' के अवसर पर जब इस्लामी पैग़म्बर की धर्मपत्नी उम्म-उल-मोमनीन हज़रत उम्म-सलमा ने इस्लामी पैग़म्बर से प्रार्थना की थी कि उन्हें भी 'अह्लबैत' (परिवारजनों) में सम्मिलित कर लिया जाय, तो इस्लामी पैग़म्बर ने उनके अनुरोध को अस्वीकार करते हुए कहा था कि तुम्हें दुःखी होने की आवश्यकता नहीं है। तुम्हारा अन्त सत्य पर होगा।[1] स्पष्ट है कि यदि एक पत्नी परिवारजनों में सम्मिलित नहीं हो सकती तो दूसरी कैसे हो जायगी। फिर इस्लामी पैग़म्बर के परिवारजनों के विषय में हज़रत आयशा का व्यवहार कोई ढकी-छुपी बात नहीं है। प्रसिद्ध इतिहासकार अलतबरी ने लिखा है कि हज़रत आयशा कभी भी हज़रत अली की चर्चा शुभ शब्दों में नहीं करती थीं।[2] इन तथ्यों के आधार पर अकरमा का मन्तव्य स्वतः खण्डित हो जाता है। कालान्तर में इमाम हम्बल (मृ० 855 ई०) के सुपुत्र हाफ़िज़ अबू हातिम ने शोध करके उद्‌घाटित कर दिया कि अकरमा, ख़ारिजी सम्प्रदाय के थे। इसी कारण सुन्नी सम्प्रदाय के अधिकांश विद्वान् एवं शास्त्री, जिनमें इमाम मालिक (मृ० 795 ई०) तथा इमाम यहिया-बिन-सईद अंसारी भी सम्मिलित हैं, अकरमा-बिन-अबूजह्ल को बुरा मानते थे।[3] इमाम अलतहावी, अबूजाफ़र अहमद (मृ० 933 ई०) ने विभिन्न तर्क-वितर्क से प्रमाणित किया है कि इस्लामी पैग़म्बर के परिवारजनों में पत्नियाँ सम्मिलित नहीं हैं।[4]

एक और उदाहरण-शराब के हराम होने के सम्बन्ध में, क़ुर्आन की आयत अत्यन्त प्रसिद्ध है : **"हे धर्मपरायणजनों, नशे की स्थिति में नमाज़ के निकट भी न जाना।"** (क़ुर्आन 4/43) इसके सम्बन्ध में इमाम तिरमिज़ी (मृ० 892 ई०) ने किसी भ्रमवश यह लिख दिया कि अब्दुर्रहमान-बिन-औफ़ ने शराब की दावत की थी, जिसमें हज़रत अली भी सम्मिलित थे और नशे की स्थिति में नमाज़ पढ़ा दी तो यह आयत उतरी। इस समस्या पर 'तफ़सीरे-तबरी', 'दुर्रे-मंसूर'

1. तफ़सीरे-क़ुर्आन, भाग-6, पृ० 121
2. तारीख़-अर्रुसुल-वअलमुलूक, भाग-5, पृ० 16
3. मनाक़िबे-अह्लबैत, पृ० 108
4. अलजिरह-वउल-तअदील, भाग-3, पृ० 8

आदि ने विस्तारपूर्वक विवेचना की गयी है। अबू दाऊद सुलैमान-बिन-अशअस (मृ० 888 ई०) का वक्तव्य है कि मदीनावासियों में किसी ने दावत की थी, जिसमें अब्दुर्रहमान-बिन-औफ़ भी आमन्त्रित थे। तफ़सीरे-तबरी ने कहा कि नमाज़ हज़रत अली ने नहीं पढ़ायी वरन् अब्दुर्रहमान ने पढ़ायी। 'दुर्रे-मंसूर' में है कि दावत हज़रत अली ने की थी, परन्तु नमाज़ हज़रत अबूबकर ने पढ़ायी। इमाम अहमद (मृ० 855 ई०) तथा इमाम नसअई, अब्दुर्रहमान (मृ० 915 ई०) ने लिखा है कि यह आयत द्वितीय ख़लीफ़ा हज़रत उमर (मृ० 644 ई०) के विषय में उतरी थी।[1] अब इस ख़तरनाक वक्तव्य के पक्षों पर विचार कीजिये। यदि हज़रत अली ने शराब की दावत की थी, तो एक ओर हज़रत अली का चरित्र-हनन होता है तो दूसरी ओर इसका लक्ष्य स्वयं इस्लामी पैग़म्बर भी बनते हैं, क्योंकि यदि हज़रत अली के घर पर शराब की दावत हुई, तो उनके पास अपना कोई घर था ही नहीं। वे इस्लामी पैग़म्बर के साथ ही उनके घर पर रहते थे। इससे यह आक्षेप लगा कि इस्लामी पैग़म्बर के घर पर शराब की दावत हुई, जिसमें हज़रत अली ने शराब का सेवन किया। इससे इस ओर भी ध्यान जायगा कि घर में शराब रहती थी। भला इस कुतर्क को कौन स्वीकार करेगा। यह तो खुली हुई शत्रुता है और कुछ नहीं है। यही वह मंज़िल है कि इनसानी ज़ेहन सिकन्दरी कहा जाता है!

इल्मे-तफ़सीर की विभिन्न काल में विकास-क्रम पर विचार करें तो ज्ञात होता है कि इस्लामिक पैग़म्बर के जीवन तथा राशदीन खलीफ़ाओं के काल (632-61 ई०) में क़ुर्आन की व्याख्या करते हुए किसी आयत के सन्दर्भ में व्याख्याता सहाबी अपनी ओर से एक शब्द भी नहीं जोड़ते थे। इसका सर्वश्रेष्ठ उदाहरण 'अब्ब' तथा 'ख़बज़' की व्याख्या से सम्बन्धित घटनाएँ हैं।[2] फिर मतभेद होने लगा तो यह शर्त लगायी गयी कि विचाराधीन आयत के उतरने के समय, जो सहाबी उपस्थित थे, वही सहाबी उसकी व्याख्या कर सकते हैं। वह भी उसी सीमा तक जितना उन्होंने इस्लामी पैग़म्बर से सुना है। बस उसी के भीतर रहना है, किसी प्रकार आगे नहीं बढ़ा जा सकता। परन्तु यह स्थिति कब तक रहती। अतः क़ुर्आन की व्याख्या करने में चिन्तन एवं मनन का अधिकार दिया गया।[3] फिर क़ुर्आन का व्याख्याता होने हेतु कुछेक अर्हताएँ प्रतिपादित की गयीं, जिनमें व्याकरण, दर्शन तथा अध्यात्म में प्रवीणता अनिवार्य मानी गयी। यदि किसी व्यक्ति में यह तीनों अर्हताएँ विद्यमान हों, तो उसको क़ुर्आन की व्याख्या करने

1. अनवार-उल-क़ुर्आन, पृ० 203
2. तारीख़-अर्रुसुल-वअलमुलूक, भाग-30, पृ० 33
3. मुक़द्दमा अलतफ़सीर, पृ० 422-23

का अधिकार बनता था। यदि किसी व्यक्ति में इनमें से किसी एक अर्हता की कमी हो तो, उसकी क़ुर्आनी व्याख्या पर प्रश्नचिह्न लग जाता था। उसकी व्याख्या को 'तफ़सीर-बिर-राय' (व्यक्तिगत कल्पना पर आधारित) मानते थे तथा उसे 'बातिल' (निरस्त) घोषित कर देते।[1] इस प्रकार इस्लाम के बहुसंख्यक सम्प्रदाय की क़ुर्आनी व्याख्याओं के दो विभिन्न एवं विरोधाभासी रूप हैं। एक यह कि अपनी ओर से कुछ नहीं कहना चाहिए। तफ़सीर का नाम सुनते ही कानों पर हाथ रख लेते थे। प्रसिद्ध विद्वान् सईद-बिन-मुसय्यब से यदि किसी ने क़ुर्आन की व्याख्या के विषय में प्रश्न किया तो स्पष्ट कह देते थे कि मैं क़ुर्आन के विषय में कुछ भी नहीं कहता।[2] दूसरा व्यवहार यह था कि क़ुर्आन पर चिन्तन-मनन, व्याख्या, तर्क-वितर्क की सभी जनों को अनुमति है, जिसको इमाम ग़ज़ाली (मृ० 1111 ई०) ने सिद्धान्त रूप में प्रतिपादित कर दिया, तो क़ुर्आनी आदेश 'रासख़ून-फ़ी-इल्म' फ़रियादी बनकर रह गया!

हमारे प्राच्य विद्वान्, जो ईश्वर को भी तीन भागों में विभाजित करने में निपुण हैं, अपनी कृपा से तफ़सीर के तीन टुकड़े क्यों न करते। उन्होंने तफ़सीर को अनेक प्रकारों में विभाजित कर दिया—'तफ़सीर-बिर-रवायत' (वक्तव्यों के आधार क़ुर्आनी व्याख्या), 'तफ़सीर-एतक़ादी' (धर्म विश्वासों के आधार पर क़ुर्आन की व्याख्या), 'तफ़सीरे-मुतसुफ़ाना' (सूफ़ीमत पर आधारित क़ुर्आनी व्याख्या), 'तफ़सीरे-शीअई' (शीओं की क़ुर्आनी व्याख्या) तथा वर्तमान युग की 'तफ़सीरे-तजदीदे-इस्लामी' (इस्लामी नवीनीकरण पर आधारित क़ुर्आनी व्याख्या)। अब इनसे कौन प्रश्न करे कि यदि क़ुर्आनी व्याख्याओं को शाब्दिक, व्याकरणात्मक, साहित्यिक, ऐतिहासिक तथा धर्मशास्त्रीय कहा जाय, तो उनके नियमित प्रकारों की सीमा में किस प्रकार आयेंगी। सत्य यह है कि क़ुर्आनी व्याख्याओं के प्रकारों की नियमित करना, जो क़ुर्आनी भावार्थ के स्रोतों को प्रभावित करें अथवा ज्ञान-विज्ञान के समन्वय का परिणाम हों, किसी रूप में भी उचित नहीं कही जा सकीं। यद्यपि कुछेक मुस्लिम क़ुर्आनी भाष्यकारों ने भी क़ुर्आन आधुनिक दर्शन तथा विज्ञान एवं प्रौद्योगिकी में परस्पर समन्वय स्थापित करने की दृष्टि से उन्हें ज्ञानवर्द्धक भाष्यों की उपाधि प्रदान कर दी है, जिसके आधार पर शास्त्रीय शब्दावलियों को क़ुर्आन की आयतों में विद्यमान होना प्रमाणित किया जा सके। वर्तमान अनेकानेक विद्याओं तथा विज्ञान एवं प्रौद्योगिकी का स्रोत क़ुर्आन से स्थापित किया जा सका। इन विचारों को

---

1. मुक़द्दमा अलतफ़सीर, पृ० 425
2. मुक़द्दमा-फ़ी-उसूल-उल-तफ़सीर, पृ० 31

सीमित क्षेत्र में सर्वप्रथम इमाम ग़ज़ाली ने 'फ़ह्म-उल-क़ुर्आन-व-तफ़सीर-बिर-राय-मिन-ग़ैर-नक़्ल' के शीर्षक से प्रस्तुत किया कि क़ुर्आन में समस्त सम्भव विद्याओं के मार्ग निर्देशक सिद्धान्त वर्तमान हैं।[1] फिर एक पृथक् पुस्तक 'जवाहर-उल-क़ुर्आन' की रचना करके प्रतिपादित किया कि समस्त प्रत्यक्ष एवं निहित विद्याओं का मूल स्रोत क़ुर्आन है।[2] इस विचारधारा को कालान्तर में अत्यन्त सर्वप्रियता प्राप्त हुई, जिनमें कुछ पुस्तकों के मन्तव्यों पर विचार-विमर्श करना भी यहाँ सम्भव नहीं है।

इस प्रकार का कोई प्रयास हमें अपने लिये निर्धारित विषयवस्तु की सीमाओं से बाहर कर देगा। वरन् इस तथ्य को ध्यान में रखकर कि इसी स्थान से काल्पनिक व्याख्याओं की राहें खुलती हैं। उदाहरणार्थ—क़ुर्आन की आयतों के सांख्यिकी मूल 'हिसाब-उल-जुमल' (अरबी वर्णमाला में अक्षरों के मूल्य की गणना) को आधार बनाकर विभिन्न काल की घटनाओं तथा ऐतिहासिक तथ्य किस प्रकार उद्घाटित किये जाते रहे हैं। उसके कुछ उदाहरण देखिये : क़ुर्आन की आयत है : **''आप सूर्य ढलने से रात के अन्धकार तक नमाज़ स्थापित करें।''** (क़ुर्आन 17/78) 'रात के अँधेरे' के लिए क़ुर्आन में **'ग़सक़ुललैल'** शब्द का प्रयोग हुआ है। 'ग़सक़ुललैल' की सांख्यिकी 1261 है। इस पर बाबी सम्प्रदाय ने (जो कालान्तर में इस्लाम की परिधि से बाहर निकलकर बाबी धर्म के रूप में जाना जाता है।) तर्क स्थापित किया कि 1261 हि० (1845 ई०) तक नमाज़ स्थापित करना अनिवार्य था। 1261 हि० के बाद मुहम्मदी शरीअत निरस्त हो गयी। उसके बाद बाबी शरीअत का काल प्रारम्भ हुआ। अब उनके आदेशानुसार नमाज़ स्थापित की जायगी अथवा नहीं की जायगी।[3] इसी प्रकार क़ुर्आन की एक आयत है : ''**वलक़द-नसरकुम-अल्लाह-बबद्र** (और अल्लाह ने बद्र में तुम्हारी सहायता की है।)'' (क़ुर्आन 3/123) यह निर्विवाद है कि यह आयत बद्र-युद्ध (624ई०) से सम्बन्धित है। परन्तु क़ादियानी सम्प्रदाय के (जो कालान्तर में इस्लाम की परिधि से बाहर निकलकर क़ादियानी धर्म के रूप में जाना जाता है।) प्रवर्तक मिर्ज़ा ग़ुलाम अहमद क़ादियानी का वक्तव्य है कि उपर्युक्त आयत की सांख्यिकी 1525 है, जो क़ादियानी धर्म के सच्चे

1. अहया-ए-उलूम-उद्दीन, भाग-1 (4), पृ० 259-64
2. जवाहर-उल-क़ुर्आन, पृ० 28-29
3. बह्स-उल-इरफ़ान, पृ० 146

अनुयायियों की संख्या है।[1] प्रसिद्ध इस्लामी विद्वान् मिर्ज़ा अहमद अली अमृतसरी ने अपनी ज्ञानवर्द्धक पुस्तक 'बाबियतो-मिर्ज़ायत का तक़ाबुल' में इन लोगों के स्वयंभू वक्तव्यों का रोचक विश्लेषण किया है।[2] वर्तमान युग के मिस्री साहित्यकार मुस्तफ़ा सादिक़ अर्राफ़ई भी 'हिसाब-उल-जुमल' के आधार पर विश्लेषण करके दावा करते हैं कि विश्व इतिहास के प्रत्येक काल की घटनाओं के रहस्य क़ुर्आन से पता की जा सकती है।[3] इस प्रकार के स्वयंभू एवं काल्पनिक प्रतिवेदनों से मुसलमानों के विभिन्न सम्प्रदाय सुरक्षित नहीं रह सके हैं। जहाँ तक कि शीआ सम्प्रदाय में अख़बारी पन्थ तथा सुन्नी सम्प्रदाय में अह्ले-क़ुर्आन अथवा परवेज़ीपन का अस्तित्व हुआ। क़ुर्आन की काल्पनिक व्याख्याओं के अनेक प्रकार हैं। उनके सहस्त्रों उदाहरण प्रस्तुत किये जा सकते हैं।

क़ुर्आन के सर्वप्रथम व्याख्याता स्वयं इस्लामी पैग़म्बर हैं, जिन्होंने अपने सहयोगियों के अनुरोध पर या फिर स्वयं ही क़ुर्आन की किसी आयत की। इस प्रकार की व्याख्याएँ हदीस की पुस्तकों में संकलित एवं सुरक्षित हैं। क़ुर्आन के सर्वप्रथम संकलनकर्त्ता हज़रत अली ने क़ुर्आन को सम्पादित करके उसकी प्रति इस्लामिक पैग़म्बर की सेवा में प्रस्तुत कर दी थी।[4] हज़रत अली ने क़ुर्आन के पाठ्य को सम्पादित करने के अतिरिक्त क़ुर्आनी शब्दावली की भी व्याख्याएँ लिखी थीं, जो इमामों के वक्तव्यों में क़ुर्आन के अवतरण के सन्दर्भ में महत्त्वपूर्ण हैं। अल्लामा फ़ज़्ल-बिन-हसन अलतबरसी (मृ०1153 ई०) ने स्वयं हज़रत अली का एक वक्तव्य उद्धृत किया है : **"मैंने उनके सामने पूरा क़ुर्आन प्रस्तुत किया, जो अवतरण तथा व्याख्या पर आधारित था।"**[5]

इसके विषय में मुहम्मद-बिन-सीरीन का कथन है कि यदि वह पुस्तक लोगों के हाथ आ जाती तो एक बहुत बड़ा ज्ञान भण्डार उसमें होता।[6] शैख़ जलील-अबूअब्दुल्लाह-मुहम्मद-बिन-सीरीन की पुस्तक 'तफ़सीरे-नुअमानी' में हज़रत अली का एक वक्तव्य उद्धृत किया गया है, जिसमें क़ुर्आन की आयतों के साठ प्रकार बताये गये हैं तथा उनमें हर एक के उदाहरण भी प्रस्तुत किये गये हैं। सैय्यद मुर्तुज़ा-इल्म-उल-हुदा (मृ० 1044 ई०) ने इस पुस्तक का सारांश प्रस्तुत

---

1. एजाज़े-मसीह, पृ० 183
2. बाबियतो-मिर्ज़ायत का तक़ाबुल, पृ० 31
3. एजाज़-उल-क़ुर्आन, पृ० 151
4. तारीख़-उल-ख़ुलफ़ा, पृ० 116
5. अलएहतेजाज, पृ० 5
6. तारीख़-उल-ख़ुलफ़ा, पृ० 184

किया, जिससे शैख़ हुर्र अलआमिली ने 'वसायल-उल-शीआ' में धर्मशास्त्र विषयक समस्याओं की चर्चा की है। अल्लामा बाक़िर मजलिसी (मृ० 1699 ई०) ने अपनी विश्वकोश पुस्तक 'बिहार-उल-अनवार' में क़ुर्आन से सम्बन्धित एक अध्याय स्थापित किया, जिसमें क़ुर्आन के आयतों के प्रकार और कुछ आयतों की व्याख्या में नोमानी की चर्चा की है। इसी प्रकार अली-बिन-इब्राहीम की तफ़सीर में क़ुर्आन की आयतों के प्रकार हज़रत अली के वक्तव्य से उद्धृत हैं।[1]

हज़रत अली के ज्ञानवर्द्धक एवं विचारोत्तेजक क़ुर्आनी व्याख्या से आत्मतृप्ति करना हो, तो 'नह्ज-उल-बलाग़ा' का अध्ययन कीजिये। स्पष्ट रूप में ज्ञात होगा कि हज़रत अली के समस्त अभिभाषणों (ख़ुतबात) तथा अन्य रचनाओं का स्रोत क़ुर्आन है, जिसके आयामों एवं समस्याओं की व्याख्या हो रही है। कुछेक अभिभाषणों का शीर्षक ही क़ुर्आनी आयतें हैं। उदाहरणार्थ : **"तुम्हें परस्पर स्पर्द्धा पूँजी एवं सन्तान के बाहुल्य ने भ्रान्त कर दिया। यहाँ तक कि तुमने कब्रों से भेंट कर ली।"** (क़ुर्आन 102/1-2), **"वह पुरुष जिन्हें व्यवहार अथवा अन्य क्रय-विक्रय से सम्बन्धित कार्य अल्लाह की चर्चा से अनभिज्ञ नहीं कर सकते।"** (क़ुर्आन 24/37), **"हे मानव तुझे पालनहार के विषय में किस वस्तु ने भ्रमित कर रखा है।"** (क़ुर्आन 82/6) इन आयतों के विषय में हज़रत अली के विस्तृत अभिभाषण हैं।[2] हज़रत अली के समस्त अभिभाषण ज्ञान-विज्ञान, दर्शन, इतिहास, साहित्य एवं कला के विभिन्न पक्षों का असाधारण आकलन प्रस्तुत करते हैं। खेद है कि विषय-परिधि की सीमाएँ उनको उद्धृत करने से रोकती हैं। परन्तु इसमें कोई भ्रम नहीं कि क़ुर्आनी व्याख्या का प्रथम सम्पादन हज़रत अली द्वारा ही सम्पन्न हो सका। इसके बाद इमाम मुहम्मद बाक़िर (मृ० 733 ई०) द्वारा की गयी क़ुर्आनी तफ़सीर है, जिसकी चर्चा इब्न-नदीम ने अपनी सूची में की है।[3] इसी पुस्तक से अबूबशीर यहिया-बिन-क़ासिम तथा अन्य क़ुर्आनी व्याख्याताओं ने क़ुर्आन से सम्बन्धित विभिन्न वक्तव्य उद्धृत की हैं। इसके बाद इमाम हसन असकरी की तफ़सीरे-क़ुर्आन से सम्बन्धित रचनाएँ हैं, जिन पर हसन-बिन-ख़ालिद बर्क़ी ने एक सौ बीस खण्डों पर आधारित तफ़सीर सम्पादित किये। परन्तु इमाम हसन असकरी के नाम से प्रकाशित प्रसिद्ध तफ़सीर को अनेक विद्वान् इमाम की रचनाओं में सम्मिलित नहीं करते।[4]

1. बिहार-उल-अनवार, भाग-2, पृ० 163
2. नह्ज-उल-बलाग़ा, प्रवचन स० 218, 219, 220, पृ० 599-612
3. अलफ़ेहरिस, पृ० 37
4. मुक़द्दमा-ए-तफ़सीरे-क़ुर्आन, पृ० 86-88

इमामों के बाद उनके शिष्यों की भी तफ़सीरें हैं, जिनमें हज़रत अली के प्रिय शिष्य अब्दुल्लाह-बिन-अब्बास (मृ० 687 ई०) हैं, जो गर्वपूर्वक कहा करते थे कि मुझसे क़ुर्आन की तफ़सीर के विषय में जो कुछ पूछना हो पूछ लीजिये, क्योंकि मैंने क़ुर्आन को पूर्णरूपेण अमीरल-मोमनीन हज़रत अली से कण्ठस्थ किया तथा ज्ञानपूर्ण तर्क प्राप्त किये हैं।[1] उनकी एक तफ़सीर की चर्चा की जाती है, जो हमीदिया पुस्तकालय इस्तमबोल में सुरक्षित है। उनकी इसी तफ़सीर पर 'अलक़ामूस-उल-मुहीत' के प्रसिद्ध लेखक अलफ़िरोज़ाबादी की पुस्तक 'तनवीर-अलमिक़यास-मिन-तफ़सीर-इब्न-अब्बास' के रूप में प्रकाशित हो चुकी है। हज़रत अली के सूफ़ी शिष्य ख़्वाजा हसन बसरी (मृ०728 ई०) से सुनकर मुअतेज़ला पन्थ के विद्वान् उमर-बिन-उबेद ने भी एक तफ़सीर सम्पादित की थी।[2] सय्याद-उल-उलमा मौलाना सैय्यद अली नक़ी ने इमामों के शिष्यों तथा उनके शिष्यों की चर्चा विभिन्न वर्गों में विभाजित करके की है। फिर नवीं शती से शीआ तफ़सीरकारों को पृथक् वर्ग में प्रस्तुत किया है, जिनकी संख्या सौ से अधिक है।[3] इनमें अनेक तफ़सीरकारों की चर्चा इब्ने-नदीम ने भी अपनी 'फेहरिस्त' में किया है।

बहुसंख्यक इस्लामी सम्प्रदाय के अलतबरी (मृ० 922 ई०), अलज़मख़शरी (मृ० 1143 ई०), फ़ख़्रउद्दीन अलराज़ी (मृ० 1209 ई०) तथा अलबैज़ावी (मृ० 1246 ई०) की तफ़सीरें अधिक प्रसिद्ध एवं सर्वप्रिय हैं। इमाम अबू जाफ़र मुहम्मद-बिन-जरीर तबरी का पाण्डित्य वैभव इतिहासकार के रूप में सर्वविदित है परन्तु हदीसकार, धर्माचार्य तथा तफ़सीरकार के रूप में भी उनका उच्च स्थान है। हम्बला सम्प्रदाय के कुछ विद्वानों ने उन पर शीआ होने का आरोप किया है, क्योंकि वे इमाम अहमद-बिन-हम्बल को मात्र हदीसकार मानते थे, धर्माचार्य स्वीकार नहीं करते थे। परन्तु मौलाना अबुल औला मौदूदी (मृ० 1979 ई०) का मत है : **"इमाम तैमिया के विषय में तो सब जानते हैं कि जिस व्यक्ति में शीअत की गन्ध भी हो, वे उसको क्षमा नहीं करते, मुहम्मद-बिन-जरीर तबरी की तफ़सीर के सम्बन्ध में अपने फ़तुआ में कहते हैं कि समस्त प्रचलित तफ़सीरों में उनकी तफ़सीर सबसे अधिक सही है।---यद्यपि सुन्नी इमामों में कौन है, जिसका कोई वक्तव्य किसी धर्मशास्त्रीय समस्या अथवा किसी हदीस के संशोधन की स्थिति में शीओं से न मिलता हो।"**[4]

---

1. मआरिफा-अख़बार-उर-रिजाल, पृ० 35
2. वफ़ायात-उल-अयान-व-अनबा-उज़्ज़मान, भाग-1, पृ० 486
3. मुक़द्दमा-ए-तफ़सीरे-क़ुर्आन, पृ० 88-92
4. ख़िलाफ़तो-मुलुकियत, पृ० 289

मौलाना मौदूदी के वक्तव्य का अन्तिम वाक्य स्पष्ट कर देता है कि 'सुन्नी धर्मशास्त्रीय समस्या अथवा किसी हदीस के संशोधन की स्थिति में' शीआ धर्मशास्त्र ही निर्णायक होता है, अतएव शीआ धर्मशास्त्र ही सर्वहिताय है! अलज़मख़शरी (मृ० 1144 ई०) की ख्याति एवं सर्वप्रियता उनके असाधारण ज्ञान एवं संवेदनशीलता के कारण है। वे धर्मशास्त्रीय कोश विशेषज्ञ तथा नैतिकता के आचार्य थे। उनकी 'तफ़सीर अलकश्शाफ़' आदर की दृष्टि से देखी जाती है, जिसकी तफ़ताज़ानी (मृ० 1390 ई०) तथा सैय्यद शरीफ़ ज़रजानी (मृ० 1413 ई०) के समान धर्मशास्त्र विशेषज्ञों ने व्याख्या लिखी है। फ़ख़्रउद्दीन अलराज़ी (मृ० 1209 ई०) की 'तफ़सीर अलकबीर' को अनेक रूपों में सर्वप्रियता प्राप्त हुई। यह सर्वाधिक विस्तृत तफ़सीर भी है, जिसमें ज्ञान-विज्ञान के अनेकानेक सन्दर्भ क़ुर्आन से स्थापित किये गये। यही उसके फैलाव का कारण भी है, जिसमें मूल क़ुर्आनी व्याख्या गौण हो गयी है; जिस पर व्यंग्यात्मक रूप में कहा गया—इसमें सब-कुछ है, बस क़ुर्आन की तफ़सीर नहीं है।[1] अलबैज़ावी को सर्वाधिक लोकप्रियता इस कारण भी प्राप्त हुई कि वह शिक्षण पाठ्यक्रम में सम्मिलित रही थी। इनके अतिरिक्त इस्माईल हक़्क़ी बरोसा की तफ़सीर को भी महत्त्व प्राप्त रहा। परन्तु क़ुर्आन पर आधारित अपने तर्क-वितर्क पर अल्लामा फ़ज़्ल-बिन-हसन अलतिबरसी (मृ० 1153 ई०) की प्रसिद्ध क़ुर्आनी व्याख्या 'मजमअ-उल-बयान-फ़ी-उल-तफ़सीर-उल-क़ुर्आन', अली-बिन-इब्राहीम अलकुम्मी (मृ० 919 ई०), मुहम्मद अलईसा की तफ़सीरें तथा फ़ैज़ काशानी (मृ० 1680 ई०) की 'तफ़सीरे-साफ़ी', शैख़-अलतायफ़ा मुहम्मद अलतूसी (मृ० 1068 ई०) की 'अलबुनयान' तथा मुहम्मद हुसैन तबातबाई (मृ० 1299 ई०) की 'अलमीज़ान' का महत्त्व कुछ कम नहीं रहा है। विस्तृत तफ़सीरों में अबुल हसन अलअशअरी (मृ० 941 ई०) ने सूरा 'कहफ़' तक की तफ़सीर लिखी है, परन्तु उतने में ही सौ पुस्तकें बन गयी हैं। नवीं शती के व्याकरणाचार्यों एवं साहित्यकारों में अबू तालिब अलमुफ़ज़्ल-बिन-सलमा अलकूफ़ी की 'मानी-उल-क़ुर्आन' तथा दसवीं शती के इब्न-अलअम्बारी की 'मुशकिल-उल-क़ुर्आन' है, जो अनेक वर्षों तक अपने शिष्यों को तफ़सीर लिखवाते रहे लेकिन सूरह 'तहा' तक ही पहुँचे थे कि मृत्यु को प्राप्त हो गये।[2] इस प्रकार के अनेक उदाहरण मिलते हैं।

उपर्युक्त तफ़सीरों के आकार-प्रकार का विवेचन किया जाय, तो इस तथ्य से आँखें बन्द नहीं की जा सकतीं कि इस्लाम के बहुसंख्यक वर्ग के प्रारम्भिक

---

1. अलसक़ाफ़त-उल-इस्लाम, भाग-1, पृ० 290
2. तबक़ात-उल-अदिब्बा, पृ० 332

तीन तफ़सीरकार अलतबरी, अलज़मख़शरी तथा अलबैज़ावी ईरानी विद्वान् थे तथा अब्बासी ख़लीफ़ाओं के प्रभावाधीन थे। अपने विशेष दृष्टिकोण से क़ुर्आन की आयतों की तफ़सीर करते तथा उन आयतों के उतरने के विषय में मन्तव्यों एवं अन्य उद्धृत आधारों को ध्यान में रखकर अपने विचारों को प्रामाणिकता का वस्त्र पहनाते थे। विशेषरूप में अलज़मख़शरी के विषय में कहा जाता है कि वे अपने निश्चित दृष्टिकोण के आधार पर उपयोगी मन्तव्यों की खोज में क्षीण एवं अप्रामाणिक स्रोतों तक को समाविष्ट कर लेते थे।[1] कालान्तर में उनके अनुसरण में उसी प्रकार की तफ़सीरें लिखी गयीं, जिनमें तफ़सीरकारों ने अपने मनचाहे वक्तव्यों के लिए उपयोगी स्रोतों को आधार बनाया। इन उद्धृत मन्तव्यों के निरन्तर सन्दर्भ दिये जाने का एक कारण यह भी है कि इस्लामी राज्य के भौगोलिक सीमाओं में विस्तार हुए तो विभिन्न धार्मिक एवं सांस्कृतिक ग्रन्थ भी मुसलमानों के हाथ लगे। इन ग्रन्थों का प्रभाव अपरिहार्य सिद्ध हुआ। विशेष रूप में यहूदी प्रभाव ने इस्लामी चिन्तन को कई प्रकार से विभाजित किया।

प्राचीन युग में यहूदी अपनी मिस्री पुस्तकों के साथ मिस्र से पूर्व की ओर देश निष्कासित हुए थे। वहाँ से बाबुल पहुँचे, फिर अपने देश लौट आये, तो उनकी धार्मिक एवं सांस्कृतिक पुस्तकों में पूर्व देशीय अर्थात् बाबुल तथा मिस्र के ज्ञान भण्डार भी सम्मिलित हो चुके थे। इन यहूदियों का मुसलमानों से सम्पर्क हुआ, जिनमें अनेक यहूदी मुसलमान भी हो गये, तो उनके ज्ञान भण्डार से मुसलमानों का प्रभावित होना अनिवार्य था। यहूदियों ने अपनी धार्मिक कथाएँ एवं परम्पराएँ उदारतापूर्वक मुसलमानों में फैला दीं, जिनको मुसलमानों ने बिना किसी जाँच-परख के धारण कर लिया। उस समय यह तर्क दिया गया कि यह मात्र उद्धृत कथाएँ हैं, जिनका इस्लामी धर्मशास्त्र के आदेशों से कुछ लेना-देना नहीं है। अतः इन पर विशेष ध्यान देना आवश्यक नहीं हो सकता। इस्लामी तफ़सीरकारों के इस सुविधावादी आचरण के कारण तौरेत से उद्धृत कथाएँ लेकर क़ुर्आन की तफ़सीर में भर दी गयीं, जिनको परिभाषित रूप में 'इसरायलियत' कहा गया है। अल्लामा इब्न-ख़लदून (मृ० 1406 ई०) ने इसरायलियत के बाहुल्य के कारणों का विश्लेषण किया है। उसके विचार में इसके कारण हैं— अरब देश पर बद्दू अरबों का आधिपत्य, अशिक्षित होना, जिज्ञासा के प्रति स्वाभाविक रुचि जो मानव को उकसाती रहती है कि अज्ञात तथ्यों की जानकारी प्राप्त करे। विश्व की उत्पत्ति कैसे और क्योंकर हुई, मानव अस्तित्व के रहस्य क्या हैं। इन प्रश्नों का उत्तर वही लोग दे सकते थे, जिनके पास दैवी पुस्तक का

1. उसूल-उल-तफ़सीर, पृ० 19

ज्ञान हो। क़ुर्आन के पूर्व तौरेत का श्रुतिप्रकाश हो चुका था। अतः मुसलमान स्वाभाविक रूप में यहूदियों की ओर मुड़े।[1]

विचारणीय है कि यदि मुसलमानों ने यहूदियों से कथाएँ एवं परम्पराएँ तथा उद्धृत विचारधाराएँ प्राप्त करने के बजाय क़ुर्आन तथा पैग़म्बर के जीवन एवं उनके परिवारजनों का दामन पकड़ा होता, जिसके विषय में इस्लामी पैग़म्बर सहेज गये थे, तो इस्लामी चिन्तन की स्थिति कुछ और ही होती।

क़ुर्आन समस्त अन्य आसमानी किताबों में आधुनिकतम पुस्तक है। क़ुर्आन की भाषा जीवित एवं प्रचलित भाषा है, जिसको विश्व की बहुत बड़ी आबादी बोलती है तथा उसी के माध्यम से अपने जीवन के समस्त कार्य सम्पन्न करती है। विश्व के अनेक देशों की राजकीय एवं व्यावहारिक भाषा अरबी है। अतः इस विस्तृत भौगोलिक सीमाओं की भाषा में ध्वनियों, शब्दों एवं विन्यासों में अन्तर होना अपरिहार्य है। क़ुर्आन की तफ़सीरों की बदौलत अरबी भाषा का शास्त्रीय एवं साहित्यिक मानक किसी काल में भी प्रभावित नहीं हो सका। क़ुर्आन के शब्दों एवं शब्दावलियों के विभिन्न पक्षों पर निरन्तर विचार-विमर्श एवं चिन्तन-मनन होता रहा है। इसके अनेक विश्वकोश भी सम्पादित होते रहे हैं। इनका साहित्यिक एवं भाषिक दृष्टिकोण से शोध एवं अन्वेषण वर्तमान में भी चल रहा है। आधुनिक अनुशीलन ने मनोवैज्ञानिक तफ़सीर का मार्ग प्रशस्त कर दिया है। मानव मनोविज्ञान के विभिन्न पक्षों का विश्लेषण किया जा रहा है। मनोवैज्ञानिक दृष्टिकोण से क़ुर्आन की आयतों के शिल्प एवं कथ्य पर विचार करके उस आयत के परिवेश एवं वातावरण का तुलनात्मक अध्ययन किया जा रहा है, जिससे क़ुर्आनी संज्ञान की नयी खिड़कियाँ खुलती जाती रही हैं। अब यह विचारधारा बल प्राप्त कर रही है कि मानव संज्ञान के बिना तफ़सीर सम्पन्न नहीं हो सकती।[2]

भारतीय तफ़सीरें

ऐतिहासिक रूप में भारतीय तफ़सीरों का क्रम आठवीं शती से प्रारम्भ होता है, जब भारत में मुसलमानों का आगमन हुआ। कहते हैं कि अलअरा के राजा महरोप राय के अनुरोध पर 883 ई० में मंसूरा (सिन्ध) के प्रशासक अब्दुल्लाह-बिन-उमर-बिन-अब्दुल अज़ीज़ ने किसी ईराक़ी मूल के सिन्धवासी से 'हिन्दिया' भाषा में क़ुर्आन की तफ़सीर लिखवायी। चूँकि उस व्यक्ति का जीवन भारत में

---

1. अलमुक़द्दमा, पृ० 383-84
2. मुक़द्दमा-तफ़सीर-अलफ़ातहा, पृ० 16

बीता था, अतः वह भारत की अनेक भाषाएँ एवं बोलियाँ जानता था। परन्तु उसने सूरह 'यासीन' तक ही तफ़सीर लिखी थी।[1] इसके पश्चात् लगभग पाँच सौ वर्षों तक भारतीय तफ़सीरों का पता नहीं मिलता। यद्यपि अनेक लब्ध प्रतिष्ठित मुस्लिम विद्वानों एवं सूफ़ियों के नाम मिलते हैं, जिनकी चर्चा विभिन्न पुस्तकों में बड़े महत्त्व के साथ होती रही है। अब तक के अनुशीलन के अनुसार सर्वप्रथम भारतीय तफ़सीर 'ग़रायब-उल-क़ुर्आन-व-रग़ायब-उल-क़ुर्आन' है, जो निज़ामउद्दीन हसन-बिन-मुहम्मद-बिन-हुसैन शाफ़ई क़ुम्मी की है, जो निज़ाम-उल-अरज़ अथवा निज़ाम नीशापुरी दौलताबादी के नाम से भी प्रसिद्ध हैं। यह तफ़सीर अरबी भाषा में दौलताबाद (दकन) में सम्पन्न हुई—पहला और तीसरा खण्ड 1330 ई० में तथा दूसरा खण्ड 1327 ई० में, जिसका विवरण प्रत्येक खण्ड के अन्तिम पृष्ठ पर अंकित है। यह विषयवस्तु की दृष्टि से उच्चकोटि की तफ़सीरों में है। वर्तमान अनुशीलन के अनुसार निज़ाम नीशापुरी ही फ़ारसी भाषा में क़ुर्आन के सर्वप्रथम अनुवादक भी हैं।

इसी काल की दूसरी अरबी तफ़सीर पश्चिमी भारत के विख्यात सूफ़ीसन्त शैख़ अलाउद्दीन अली-बिन-अहमद-बिन-अली अलमहायमी हिन्दी (मृ० 1431 ई०), जो शैख़ मख़दूम अली फ़क़ीह के नाम से भी प्रसिद्ध है और सर्वसाधारण में 'तफ़सीर रहमानी' तथा 'तफ़सीर महायमी' के नाम से प्रसिद्ध है। कुछ विद्वानों ने इसको सर्वप्रथम भारतीय अरबी तफ़सीर भी माना है। लेकिन यह बात इसलिए सही नहीं है कि शैख़ मख़दूम फ़क़ीह से एक शती पूर्व निज़ामउद्दीन नीशापुरी की तफ़सीर सम्पन्न हो चुकी थी।[2] तीसरी अरबी तफ़सीर मुहम्मद-बिन-अहमद मियाँ जी (मृ० 1547 ई०) की 'तफ़सीर मुहम्मदी' है।[3] इसके बाद शैख़ ख़िज्र नागौरी (मृ० 1592 ई०) की तफ़सीर है, जो अप्राप्य है। इसका नाम 'मम्बा-अयून-उल-मआनी-व-मम्बा-नफ़ायस-उल-अयून' है। कुछेक विद्वान् इसे 'तफ़सीर कबीर' के समान भी कहते हैं। सम्भवतः यह इसके बृहद् आकार के आधार पर हो, जो चार खण्डों पर आधारित है। इसी काल में अकबर महान् के दरबारी रत्न शैख़ फ़ैज़ी (मृ० 1595 ई०) ने 'सवातेह-उल-इलहाम' लिखी, जिसकी विशेषता यह है कि पूरी तफ़सीर में कोई अक्षर ऐसा प्रयोग नहीं हुआ है, जिसमें बिन्दु हों। क़ाज़ी नूरउल्लाह शूशतरी (मृ० 1610 ई०), जो जहाँगीर के प्रकोप से शहीद हुए अतः 'शहीदे-सालिस' (तृतीय शहीद) कहे जाते हैं, जिनका मज़ार आगरा में लोगों के श्रद्धा का केन्द्र है। उन्होंने 'अनवार-उल-तंज़ील-व-असरार-

1. किताब-अजयाब-उल-हिन्द, पृ० 3
2. तज़किरा-ए-उलमा-ए-हिन्द, पृ० 147, हदायक़-उल-हनफ़िया, पृ० 317
3. The Contribution of India to Arabic Literature, p.15

उल-तावील', 'अलकश्शाफ़-अन-हक़ायक़-उल-तंज़ील', 'तफ़सीर-आया-ततहीर' तथा 'कश्फ़-उल-अवार-फ़ी-तफ़सीर-आया-अलग़ार' रचना की। इसके बाद हैं अबूसईद अहमद (मृ० 1707 ई०) अमेठी (सुल्तानपुर) वासी, जो मुल्ला जीवन-बिन-अब्दुल्लाह अलहनीफ़ी अलमालिकी के नाम से भी जाने जाते हैं, उनकी 'अलतफ़सीरात-उल-अहमदिया-फ़ी-बयान-उल-आयात अलशरीआ' है। अपनी कलात्मकता का परिचय देते हुए अब्दुल उहद-बिन-इमाम अली इलाहाबादी ने क़ुर्आन के प्रथम खण्ड 'पारा अम' की तफ़सीर 'जुब्ब-शग़ब' अथवा 'फ़ैज़-उल-ग़ैब' के नाम से 1890 ई० में लिखी। इसकी विशेषता यह है कि इसमें अरबी अक्षरों में मात्र उन्हीं अक्षरों का प्रयोग किया गया है, जिनमें बिन्दु है। क़ाज़ी मुहम्मद सनाउल्लाह पानीपती (मृ० 1810 ई०) की 'अलतफ़सीर-अलमज़हरी', मुफ़्ती सैय्यद अहमद अब्बास (मृ० 1888 ई०) की 'रवाद्ह-उल-क़ुर्आन-फ़ी-फ़ज़ायल-उम्मना-अर्रहमान' आदि महत्त्वपूर्ण हैं। अरबी भाषा में तफ़सीर पर आधारित समस्त पुस्तकों की सूची प्रस्तुत करना हमारा उद्देश्य नहीं है, परन्तु यह स्पष्ट कर देना कि अलग-अलग क़ुर्आनी अध्यायों की तफ़सीर करना अथवा प्रसिद्ध अरबी तफ़सीरों पर टिप्पणी लिखना भारतीय मुस्लिम उलमा की हाबी रही है।

भारत की फ़ारसी भाषा में तफ़सीरों का प्रारम्भ निज़ाम नीशापुरी की अरबी तफ़सीर के फ़ारसी अनुवाद से होता है, जिसकी चर्चा ऊपर की पंक्तियों में आ चुकी है। फिर मुहम्मद-बिन-अहमद ख़्वाजगी शीराज़ी की संक्षिप्त तफ़सीर है, जो वास्तविक रूप में अल्लामा अलतबरसी (मृ० 1153 ई०) की 'तफ़सीर मजमा-उल-बयान' का सारांश है। उत्तरी भारत की प्रथम भारतीय तफ़सीर 'बह्र मव्वाज' है, जो मुल्ला ख़्वाजगी शीराज़ी के शिष्य क़ाज़ी शहाबउद्दीन अहमद (मृ० 1445 ई०) की रचना है, जो जौनपुर के शर्क़ी सुल्तान के नाम समर्पित है। इसके बाद से ही फ़ारसी में तफ़सीरों का महत्त्वपूर्ण क्रम प्रारम्भ होता है, जिनमें कुछ महत्त्वपूर्ण नामों की चर्चा की जा सकती है। जैसे—हकीम फ़त्हउल्लाह शीराज़ी, मिर्ज़ा नूरउद्दीन आली (नियमत ख़ान आली), बहाउद्दीन मुहम्मद ताजउद्दीन इस्फ़हानी, सैय्यद अब्दुल्लाह शूशतरी, शैख़ अली हज़ीन, सैय्यद याद अली नसीराबादी इत्यादि। शाह वलीउल्लाह (मृ० 1766 ई०) ने 'फ़त्ह अर्रहमान-बा-तर्जुमा-अलक़ुर्आन' लिखी। फिर उनके सुपुत्र शाह अब्दुल अज़ीज़ (मृ० 1824 ई०) ने 'फ़त्ह-उल-अजीज़' लिखी, जो 'तफ़सीरे-अज़ीज़ी' के नाम से अधिक जानी जाती है। फ़िदा अली ऐश ने क़ुर्आन पर फ़ारसी में भाष्य लिखकर प्रकाशित किया। एक महत्त्वपूर्ण तफ़सीर सैय्यद अबुल क़ासिम रिज़वी कश्मीरी लाहौरी (मृ०1909 ई०) की 'लवामा-उल-तनज़ील-व-सबाता-उल-ताबीर' है। उनकी योजना थी कि क़ुर्आन के प्रत्येक पारे की तफ़सीर में

एक पुस्तक प्रकाशित करेंगे। 13 पुस्तकें सम्पन्न हो सकी थीं कि मृत्यु को प्राप्त हो गये। उनके सुपुत्र एवं प्रसिद्ध विद्वान् सैय्यद अली हायरी ने चौदहवीं पुस्तक से प्रारम्भ करके तीस पुस्तकों तक लिखकर अपने पिताश्री का शेष कार्य सम्पन्न किया।

उर्दू भाषा में फ़ारसी भाषा के समान तफ़सीर के प्रारम्भिक चिह्न भाष्य सहित अनुवादों में मिलते हैं। इस प्रकार के टिप्पणी सहित अनुवादों में हकीम मुहम्मद शरीफ़ ख़ान-बिन-मुहम्मद अकमल ख़ान (मृ० 1807 ई०), शाह वलीउल्लाह के सुपुत्रों शाह अब्दुल क़ादिर (मृ०1815 ई०) एवं शाह रफ़ीउद्दीन (मृ० 1818 ई०) की चर्चा की जा सकती है। उर्दू में क़ुर्आन की पहली तफ़सीर ग़ुफ़रान-मआब मौलाना सैय्यद दिलदार अली के सुपुत्र मौलाना सैय्यद अली मुजतहिद (मृ०1843 ई०) ने लिखी, जिसका नाम 'तौज़ीह-मजीद-फ़ी-तनक़ीह कलाम-अल्लाह-उल-हमीद' है। परन्तु अपनी विशिष्ट आलंकारिक शैली के कारण 'तफ़सीरे-ज़बुर व बैयन्ना' कही जाती है। यह तफ़सीर सात पुस्तकों तथा 2,447 पृष्ठों पर आधारित है। दक्षिण भारत में शरफ़-उल-मुल्क के सुपुत्र क़ाज़ी बद्रउद्दौला (मृ०1863 ई०) ने 'फ़ैज़-उल-करीम' के नाम से तफ़सीर लिखी। फिर सैय्यद मुहम्मद हुसैन (मृ०1877 ई०) का अनुवाद एवं तफ़सीर 'तनवीर-उल-बयान' है।[1]

इस काल में मसीही धर्मप्रचारकों ने नित्य प्रतिदिन के शास्त्रार्थों से धार्मिक सौहार्द का वातावरण दूषित हो गया था। पंजाब से इमाम उद्दीन मसीही अमृतसरी (मृ० 1844 ई०) ने क़ुर्आन का उर्दू अनुवाद रोमन लिपि में प्रकाशित किया। फिर अमाद उद्दीन मसीही ने भी अपना उर्दू अनुवाद 1894 ई० में रोमन लिपि में प्रकाशित किया। इन अनुवादों के कारण मसीही शास्त्रार्थी ढीठ हो गये। साधारण मसीहीजन और उनके अनुयायी मुसलमानों के बीच क़ुर्आनी चमत्कारों, हदीसों तथा तफ़सीरों पर वाद-विवाद करने लगे। उनसे प्रभावित होकर सर सैय्यद अहमद ख़ान (मृ०1898 ई०) ने प्रतिरक्षात्मक संघर्ष किया। उन्होंने स्वयं क़ुर्आन की तफ़सीर लिखना प्रारम्भ किया। इसका पहला खण्ड 1880 ई० में प्रकाशित होना था कि सम्पूर्ण देश में मुसलमानों की ओर से तीव्र प्रतिक्रिया हुई तथा विरोध किया गया, परन्तु सर सैय्यद ने इसकी तनिक भी चिन्ता न की, अपना लेखन-कार्य आगे बढ़ाते हुए 'तफ़सीर-सूरह जिन', 'तफ़सीर-अस्समावात', 'इज़ाला-उल-ग़ैब-अनक़िस्सा-ज़िलक़रनैन', 'तरक़ीम-फ़ी-क़िस्सा-असहाब-उल-कहफ़' आदि भी प्रकाशित कर दिये। इस पर मुस्लिम उलमा की ओर से अत्यन्त तीव्र प्रतिक्रिया हुई। उलमा ने सर सैय्यद के विचारों, विश्वासों एवं रचनाओं के

1. मुक़द्दमा-ए-तफ़सीरे-क़ुर्आन, पृ० 92

विरुद्ध में पुस्तकें लिखीं। इस्लामी तफ़सीरकारों ने सर सैय्यद द्वारा उठाये गये प्रश्नों के उत्तर में तफ़सीरें लिखीं, जिनमें अम्मार अली रईस सोनीपती (मृ०1886 ई०) की 'उमदत-उल-बयान', रऊफ़ अहमद नक़्शबन्दी की 'तफ़सीरे-रऊफ़ी', सैय्यद अमीर अली की 'मवाहब-उल-रहमान' तथा अब्दुल हक़ हक़्क़ानी (मृ० 1916 ई०) की 'फ़त्ह-उल-मन्नान' जो तफ़सीर हक़्क़ानी के नाम से अधिक प्रसिद्ध हैं। न्याय दृष्टि से देखा जाय तो सर सैय्यद का विरोध उनके प्रतिरक्षात्मक दृष्टिकोण को नज़रअन्दाज़ कर देने के कारण उत्पन्न हुआ था। इसमें कोई सन्देह नहीं कि सर सैय्यद के अनेक मन्तव्य उनकी कल्पना पर आधारित थे, जिनका वास्तविकता से सम्बन्ध नहीं था।

इन शास्त्रार्थ पर आधारित रचनाओं के अतिरिक्त इस काल तथा कालान्तर में क़ुर्आन की तफ़सीरों पर आधारित अत्यन्त महत्त्वपूर्ण पुस्तकें अस्तित्व में आयीं, जिनमें हाफ़िज़ फ़रमान अली (मृ० 1915 ई०) तथा हाफ़िज़ मक़बूल अहमद देहल्वी (मृ० 1921 ई०) के अनुवाद एवं तफ़सीर की सर्वप्रियता वर्तमान में भी स्थापित है। इनके अतिरिक्त सिद्दीक़ हसन ख़ान, सनाउल्लाह अमृतसरी, मुहम्मद एहतेशाम उद्दीन मुरादाबादी, अब्दुल हकीम ख़ान, वहीदउज़्ज़माँ हैदराबादी, इन्शा अल्लाह ख़ान लाहौरी, फ़त्ह मुहम्मद ख़ान जालन्धरी, फ़िरोज़ उद्दीन स्यालकोटी, मीर मुहम्मद सईद हैदराबादी, मिर्ज़ा अहमद देहल्वी, सैय्यद अली हायरी लाहौरी, सैय्यद मुहम्मद मुहसिन जंगीपुरी, सैय्यद अहमद हुसैन अमरोहवी, सैय्यद एजाज़ हुसैन अमरोहवी, मुहम्मद हारून ज़ंगीपुरी, सैय्यद राहत हुसैन गोपालपुरी, सैय्यद मुहम्मद बशीर, सैय्यद मुहम्मद रज़ी ज़ंगीपुरी, मिर्ज़ा अहमद अली, सैय्यद युसुफ़ हुसैन आदि की तफ़सीरें प्रसिद्ध हैं, विशेष ख्याति डिप्टी नज़ीर अहमद (मृ० 1912 ई०) अपनी संक्षिप्त तफ़सीर की मुहावरादार एवं चटख़ारादार भाषा के कारण प्राप्त हुई। महमूद हसन (मृ० 1919 ई०), शब्बीर अहमद उस्मानी (मृ० 1949 ई०) तथा अशरफ़ अली थानवी के अनुवाद एवं तफ़सीरें अपने प्रभाव क्षेत्र में लोकप्रिय हैं।

उर्दू तफ़सीर रचना में नवीनता एवं चिन्तन स्वतन्त्रता का पौधा, जो सर सैय्यद लगा गये थे, कालान्तर में बढ़ता गया। इस पौधे की जानकारों ने कलात्मकतापूर्ण काट-छाँट भी की, जिससे यह पौधा अधिक रोचक बन गया। अपनी नवीनता एवं विचार स्वतन्त्रता की विशेषता में अबुल कलाम आज़ाद, हमीद उद्दीन फ़राही, ख़्वाजा अब्दुल हई, अब्दुल माजिद दरियाबादी, उबेद उल्लाह सिन्धी और अबुल औला मौदूदी की चर्चा की जा सकती है, जिनके चिन्तन में ज्ञान तथा समय परिवर्तन की छाप दिखायी पड़ती है। प्राचीन विद्वानों द्वारा सम्पादित सिद्धान्तों के आधार पर उर्दू की सर्वश्रेष्ठ तफ़सीरों में सैय्यद अली नक़ी नक़वी (मृ० 1988 ई०) की तफ़सीर की चर्चा की जा सकती है, जो सात

खण्डों पर आधारित है। इसके अतिरिक्त इनकी भूमिका एक अलग पुस्तक 'मुक़द्दमा-ए-तफ़सीरे-क़ुर्आन' के नाम से प्रचलित है, जो अपनी उपयोगिता में अद्वितीय है। सैय्यद ज़ीशान हैदर जवादी इलाहाबादी (मृ० 2000 ई०) ने 'अनवार-उल-क़ुर्आन' के नाम से अनुवाद एवं संक्षिप्त तफ़सीर की है, जो सर्वसाधारण में अत्यन्त लोकप्रिय है। उर्दू के कुछेक कवियों ने क़ुर्आन की काव्यबद्ध तफ़सीरें भी लिखी हैं। उनमें अब्दुल सलाम (मृ० 1938 ई०) तथा आग़ा शायर क़ज़लबाश देहल्वी (मृ० 1940 ई०) की काव्यबद्ध तफ़सीरें अधिक प्रसिद्ध हैं।

तफ़सीर विद्या के सिद्धान्तों पर भी भारतीय तफ़सीरकारों ने विशेष ध्यान दिया है। शाह वली उल्लाह मुहद्दिस देहल्वी (मृ० 1762 ई०) प्रथम भारतीय तफ़सीरकार हैं, जिन्होंने प्रचलित अनुसरणवादिता की डगर से हटकर तफ़सीर-विद्या पर विचारप्रधान एवं सिद्धान्तपरक पुस्तक 'अलफ़ौज़-उल-कबीर' की रचना की। इसके बाद सर सैय्यद अहमद ख़ान हैं, जिन्होंने अपने उदार विचारों के आधार पर तफ़सीर विद्या पर 'मकातबात-उल-ख़लान' तथा 'तहरीब उसूल अलतफ़सीर' लिखीं, जिसमें भारतीय उलमा के अतिरिक्त पाश्चात्य शिक्षित व्यक्तियों को भी प्रभावित किया। तफ़सीर के वैचारिक पक्षों पर मौलाना अबुल कलाम ने अपनी तफ़सीर के प्राक्कथन में चौदह बिन्दु प्रस्तुत करके तफ़सीर के सिद्धान्तों के नवीन मार्ग को प्रशस्त किया। मौलाना अबुलऔला मौदूदी ने इस्लामधर्म के प्रचार-प्रसार को विश्वव्यापक बनाने के उद्देश्य से तफ़सीर-विद्या के सिद्धान्तों को सहज एवं सुगम भाषा में प्रस्तुत करने पर बल दिया। उन्होंने इस्लामी आन्दोलनों को देशीय परिप्रेक्ष्य में प्रस्तुत किया। उर्दू में तफ़सीर-विद्या की प्रस्तुति में प्राचीनता एवं नवीनता के सम्मिश्रण की सुन्दर प्रस्तुति है। अल्लामा सैय्यद ज़ीशान हैदर जव्वादी ने 'मुताला-ए-क़ुर्आन' में विश्वकोशात्मक सूचनाएँ एकत्र कर दी हैं।

वर्तमान भारत की राजभाषा हिन्दी है, जो मुसलमानों की धार्मिक भाषा नहीं रही है। उत्तरी भारत का वह क्षेत्र, जो अब हिन्दी क्षेत्र कहलाता है, उर्दू भाषा का उद्गम स्रोत रहा है। इस क्षेत्र में मुसलमानों ने उर्दू भाषा को अपने ज्ञान एवं धर्म की भाषा के रूप में स्वीकार किया तथा उर्दू भाषा में ही इस क्षेत्र के मुसलमानों का ज्ञानवर्द्धन एवं धार्मिक व्यवहार होता रहा है, जिसकी चर्चा पहले गत पृष्ठों में की जा चुकी है। परन्तु भारत देश विभाजन के बाद हिन्दी भाषा को भारत में राजकीय एवं व्यावहारिक भाषा का स्थान प्राप्त हुआ। उर्दू के स्थान पर हिन्दी भाषा की शिक्षा मुसलमानों में प्रचलित हो गयी, तो क़ुर्आन-शरीफ़ के हिन्दी अनुवाद की आवश्यकता भी प्रतीत हुई। हिन्दी में क़ुर्आन की महत्त्वपूर्ण तफ़सीर तथा अनुवाद ख़्वाजा हसन निज़ामी (मृ० 1955 ई०) ने प्रकाशित किया।

इसका मूलपाठ्य औरंगज़ेब के हस्तलिखित प्रति पर आधारित है। उन्होंने हिन्दी भाषा में अनुवाद एवं तफ़सीर करने के बजाय डिप्टी नज़ीर अहमद द्वारा किये गये उर्दू अनुवाद को नागरी लिपि में लिख दिया। इस अनुवाद एवं तफ़सीर को हिन्दी कहने के बजाय नागरी लिपि में उर्दू कहना अधिक तर्कसंगत है। वर्तमान में नन्दकुमार अवस्थी के अनुवाद एवं भाष्य को विशेष महत्त्व प्राप्त है, जिन्होंने सहज हिन्दी भाषा में क़ुर्आन का तर्जुमा भाष्य सहित करने के अतिरिक्त क़ुर्आन को अरबी लिपि में साथ-ही-साथ प्रकाशित किया और उच्चारण की सुविधा हेतु अनेक प्रकार के प्रयोग किये। यह प्रयोग भी हिन्दी लिपि से परिचित जन भी उस समय तक नहीं समझ सकते, जब तक क़ुर्आनी उच्चारणों से परिचित किसी 'क़ारी' से सीख न लें। फिर भी सामूहिक रूप में यह एक महत्त्वपूर्ण कार्य है। यह चर्चा रह जायगी यदि मौलाना अब्दुल करीम पारेख के हिन्दी भाषा में प्रकाशित 'तशरीह-उल-क़ुर्आन' की चर्चा न की जाय। उन्होंने क़ुर्आन के भावार्थ सहज एवं सुलभ शैली में प्रस्तुत करके हिन्दीभाषियों को ज्ञानार्जन का अवसर प्रदान कर दिया है।

भारत की अन्य भाषाओं में भी क़ुर्आन के अनुवाद भाष्य सहित किये गये हैं। इन भाषाओं में बँगला, तमिल, सिन्धी, पंजाबी, पश्तो, कश्मीरी तथा गुजराती की विशेष रूप में चर्चा की जा सकती है। इन समस्त अनुवादों की सामूहिक चर्चा भी यहाँ सम्भव नहीं है। ए० जी० ईलियस ने अपनी सूची में इन भाषाओं के अनुवादों की विस्तृत जानकारी उपलब्ध करायी है।[1] बँगला भाषा में क़ुर्आन का सर्वप्रथम अनुवाद ग्रीश चन्द्र सेन ने किया, जो तीन भागों में कलकत्ता से 1881-86 में प्रकाशित हुआ। इसके बाद क़ुर्आन का अनुवाद तफ़सीर सहित नईम उद्दीन और ग़ुलाम सरवर ने किया, जो करातिया से पहली बार 1887-90 ई० में प्रकाशित हुआ। परन्तु अनुवादकों ने उसमें हुई असंख्य त्रुटियों के आधार पर वापस ले लिया तथा उसे संशोधित रूप में 1891 में पुनः प्रकाशित किया। इसी परम्परा में अब्दुल हकीम और मुहम्मद अली हसन ने संयुक्त अनुवाद 1938 में प्रकाशित किया, जिसकी भाषा सहज, स्वाभाविक एवं मुहावरायुक्त है। इसके अतिरिक्त अब्बास अली तथा तसलीम उद्दीन के अनुवाद हैं। अब्दुर्रहमान ख़ान ने सम्पूर्ण अनुवाद 1952 में प्रकाशित किया। अकरम ख़ान ने 'पारह अम' तथा प्रारम्भ से 'सूरह अलइमरान' तक का अनुवाद किया। उन्होंने 'पारह अम' का अनुवाद अलीपुर सेण्ट्रल जेल में किया। बंगाल के क्रान्तिकारी कवि नज़रुल इस्लाम ने 'पारह अम' का काव्यबद्ध अनुवाद किया। डॉ० मुहम्मद मशहद उल्लाह का अनुवाद 'महावाणी' के नाम से प्रकाशित हो

1. Catalogue of Arabic Books in the British Museum, vol. 1, pp. 879-903

चुका है।

पाकिस्तान के अस्तित्व में आने के पूर्व भी सिन्धी, पंजाबी और पश्तो में क़ुर्आन के अनुवाद एवं भाष्य उपलब्ध थे, जिनमें अज़ीज़ उल्लाह मुतवल्ली का सिन्धी अनुवाद भाष्य सहित 'क़ुर्आन मजीद मुतरज्जिम सिन्दी' है, जो आठ सौ पृष्ठों पर आधारित है, बम्बई से 1877 ई० में प्रकाशित हुआ। पंजाबी में बारकउल्लाह का अनुवाद फ़ारसी भाष्य सहित 1871 ई० में प्रकाशित हुआ। मुहम्मद अनवार अली ने 'तफ़सीर सूरह अर्रहमान मंज़ूम बाज़बान पंजाबी मुस्समी बह तय्यब-उल-बयान-फ़ी-तफ़सीर अर्रहमान' भी उसी वर्ष 1871 ई० में प्रकाशित की, जिस पर फ़ारसी में भाष्य हैं। मुहम्मद अमीन ने पश्तो में 'तफ़सीर तीसियर अफ़गानी' दिल्ली से 1871 में प्रकाशित किया, जिसमें पश्तो की दो धार्मिक कविताएँ भी हैं। इस सन्दर्भ में यहाँ इतना कह देना उचित होगा कि सिन्धी, पंजाबी और पश्तो पाकिस्तान की क्षेत्रीय भाषाएँ हैं, जिनको पाकिस्तान के अस्तित्व में आ जाने के बाद विशेष प्रोत्साहन मिला है। इन भाषाओं में क़ुर्आन के अनेक महत्त्वपूर्ण अनुवाद एवं तफ़सीरे प्रकाशित हुई हैं।

भारत की अन्य भाषाओं में कश्मीरी, तमिल और गुजराती क़ुर्आनी अनुवादों के लिए विशेष हैं। कश्मीर उस क्षेत्र की भाषा है, जहाँ बहुसंख्यक मुसलमान आबाद हैं। कश्मीरी भाषा भारत के जम्मू-कश्मीर प्रदेश के अतिरिक्त पाकिस्तान अधिकृत आजाद कश्मीर की भाषा है। इन क्षेत्रों की राजभाषा उर्दू है। परन्तु अब कश्मीरियत का ज़ोर है। इसमें धार्मिक साहित्य का बाहुल्य है, जिनमें क़ुर्आन के अनुवाद एवं भाष्य भी हैं। भारतीय कश्मीर में दो अन्य क्षेत्रीय भाषाएँ भी प्रचलित हैं—जम्मू क्षेत्र में डोगरी तथा लद्दाख क्षेत्र में बलती आदि। इन भाषाओं में क़ुर्आन के अनुवाद मिलते हैं। तमिल में क़ुर्आन का अनुवाद भाष्य सहित हबीब मुहम्मद अलख़ैरी ने बम्बई से 1879-84 में प्रकाशित किया। यह अनुवाद तमिल भाषा की अरबी लिपि में है, जिसको 'अरवी' कहते हैं। किताब का नाम अरबी भाषा में है। इसी प्रकार गुजराती में क़ुर्आन के सर्वप्रथम अनुवाद भाष्य सहित अब्दुल क़ादिर-बिन-नुअमान ने 'क़ुर्आन नवा तर्जुमा गुजराती ज़बान मा' 1879 ई० में बम्बई से प्रकाशित किया। भारत की अन्य भाषाओं में भी क़ुर्आन के अनुवाद भाष्य सहित मिलते हैं, जिनकी चर्चा विस्तार से बचते हुए विस्तार से नहीं की जा रही है।

भारत में क़ुर्आन के अंग्रेज़ी अनुवादों का प्रारम्भ मुसलमानों ने किया। सर्वप्रथम एक अंग्रेज़ी अनुवाद 1899 ई० में स्यालकोट से प्रकाशित हुआ, जिस पर अनुवादक का नाम नहीं था। सम्भवतः यह मुस्लिम रूढ़िवादी उलमा के भय के कारण था कि वे कुफ़्र का फ़तवा न लगा दें। वरन् डॉ० अब्दुल हलीम ख़ान पटयालवी ने साहस करके क़ुर्आन का अनुवाद तफ़सीर सहित 1905 ई० में

अपने नाम से प्रकाशित किया। जे० एम० रॉडवेल तथा नवालडैक के समान मिर्ज़ा अबुल फ़ज़्ल इलाहाबादी ने क़ुर्आन के सूरों को उनके अवतरण के क्रम के आधार पर सम्पादित करके शाब्दिक अनुवाद तथा संक्षिप्त भाष्य के साथ 1911 ई० में प्रकाशित किया, जो पढ़े-लिखे वर्ग में विशेषकर सर्वप्रिय हुआ।[1] निश्चय ही अवतरण के आधार पर क़ुर्आन का सम्पादक प्रशंसनीय है। परन्तु इसमें भूल एवं त्रुटि की सम्भावनाओं को नकारा नहीं जा सकता। फिर इसमें अपनी इच्छाओं का समावेश भी अपरिहार्य है। अब्दुल्लाह यूसुफ़ ने अपनी तफ़सीर 1916 ई० में, मुहम्मद अली अहमदी ने 1917 ई० में और बादशाह हुसैन सीतापुरी ने 1931 ई० में प्रकाशित की। बादशाह हुसैन ने क़ुर्आन का आधा भाग ही अनूदित किया तथा उसकी तफ़सीर की थी, मृत्यु को प्राप्त हो गये। इस शुभ कार्य को इफ़्तेख़ार हुसैन जज ने सम्पन्न किया। इन अंग्रेज़ी अनुवादों एवं तफ़सीरों में एस० वी० मीर अहमद अली के अनुवाद एवं तफ़सीर को विशेष स्थान प्राप्त है, जो अनुवाद की शुद्धता एवं शैली के वैभव में अद्वितीय है। अब्दुल्लाह यूसुफ़ अली का अनुवाद सर्वाधिक प्रचलित एवं लोकप्रिय है। प्रत्येक वर्ष सऊदी अरब सरकार की ओर से लाखों की संख्या में मुद्रित कर हाजियों में वितरित किये जाते हैं। मुसलमानों की अनेक धर्मप्रचार संस्थाएँ भी क़ुर्आन के विभिन्न अंग्रेज़ी अनुवाद प्रकाशित कर जनता में निःशुल्क वितरित करती रहती हैं। क़ुर्आन के अंग्रेज़ी अनुवादों का क्रम वर्तमान में भी चल रहा है। शेर अली अहमदी, ख़ादिम रहमानी नूरी तथा अब्दुल माजिद दरियाबादी के अनुवाद क्रमवार प्रकाशित हुए हैं। सेठ मुहम्मद अली हबीब का अनुवाद टिप्पणी सहित प्रकाशित हो चुका है। मुहम्मद मारमा डेविक पिकथाल के टिप्पणी सहित अनुवाद को सर्वप्रियता प्राप्त है, जो हैदराबाद (दकन) से सर्वप्रथम 1938 ई० में प्रकाशित हुआ।

अन्य विदेशी भाषाओं में सद्रउद्दीन अहमदी के जर्मन अनुवाद की चर्चा की जा सकती है, जो 1939 में बर्लिन से प्रकाशित हुआ। फ्रांसीसी भाषा में अनुवाद होकर 1840 ई० में प्रकाशित हुआ। दूसरे फ्रांसीसी अनुवाद की अनुवादक फ़ातिमा ज़ैदी थीं, जो लिसबान से 1861 ई० में प्रकाशित हुआ। तुर्की में इस्माईल आफ़न्दी ने क़ुर्आन का अनुवाद किया। इस तरह के अनेक उदाहरण अन्य विषयों में दिये जा सकते हैं। इन अंग्रेज़ी तथा अन्य विदेशी भाषिक अनुवादों पर ध्यान दें तो उनमें धार्मिक शास्त्रार्थ से बचने की प्रवृत्ति दीखती है। इसके अतिरिक्त क़ुर्आन में इस्राइली कथाएँ भी नहीं मिलतीं, जो अरबी तफ़सीरों में स्थान पा गयी थीं, जिनकी चर्चा ऊपर की पंक्ति में की जा

---

1. तरतीबे-नुज़ूले-क़ुर्आने-मजीद, पृ० 27, मुज़हिब-उल-तफ़सीर-उल-इस्लामी, पृ० 346

चुकी है। अंग्रेज़ी तथा अन्य विदेशी भाषाओं में क़ुर्आनी अनुवाद की एक प्रमुख विशेषता उनका भाषिक रूप में सहज एवं स्वाभाविक होना भी है। व्याख्या के साथ टिप्पणी में स्वाभाविक अभिरुचि का विशेष ध्यान रखा गया है, जिससे चिन्तन एवं मनन के नये द्वार खुलते हैं। विशेषकर उन पाठकों के लिए जो अपने परिवेश, समाज तथा निजी जीवन में क़ुर्आन के आदेशों से मार्ग निर्देशन प्राप्त करना चाहते हैं।

इल्मे-हदीस

इल्मे-हदीस को इस्लामधर्म में इल्मे-क़ुर्आन के बाद सर्वाधिक महत्त्व प्राप्त है। क्योंकि क़ुर्आन के बाद हदीस ही वह आधार-शिला है, जिस पर इस्लामी सिद्धान्तों का भवन स्थायित्व ग्रहण करता है। यदि क़ुर्आन की इन सुविख्यात आयतों के आधार पर तर्क स्थापित किया जाय : "**वह (पैग़म्बर) अपनी इच्छा से कोई बात नहीं कहता। उसकी बात श्रुतिप्रकाश है, जो निरन्तर अवतरित होती रहती है।**" (क़ुर्आन 53/3-4) तो पैग़म्बर की हदीसों तथा क़ुर्आन की आयतों में समानता दीख पड़ेगी। मौलाना सैय्यद अली नक़ी (मृ० 1988 ई०) ने इन आयतों के भाष्य में लिखा है : "**इसमें क़ुर्आन का कोई विशेष प्रयोजन नहीं है। वरन् क़ुर्आन के शब्द पैग़म्बर के बात करने के सम्बन्ध में हैं, जिसमें पैग़म्बर के वे वक्तव्य भी सम्मिलित हैं, जो हदीस कहलाते हैं। यह अन्य बात है कि क़ुर्आन शाब्दिक श्रुतिप्रकाश के रूप में अवतरित हुआ है और पैग़म्बर की हदीसें भावार्थप्रधान श्रुतिप्रकाश के रूप में ईश इच्छा के अनुरूप हैं। तथा इस प्रकार यह आयत है। इस्लामी पैग़म्बर के कथन के सत्यत्व का प्रमाण है।**"[1] विद्वान् भाष्यकार ने एक अन्य स्थान पर क़ुर्आन तथा हदीस की स्थितियों का विवेचन करने के बाद लिखा है : "**क्योंकि क़ुर्आन में शब्दों को विशेषता प्राप्त थी। नमाज़ में उसका पढ़ना उसके अंग के रूप में अनिवार्य था तथा वैसे भी विभिन्न अवसरों पर उसके उच्चारण करने को इबादत कहा गया था। अतः उसकी यथावत् सुरक्षा का अधिक प्रबन्ध हुआ। उसे यथासमय पैग़म्बर के सहयोगियों से लिपिबद्ध कराया गया, उसे असंख्य व्यक्तियों ने पूर्णतया अथवा आंशिक कण्ठस्थ किया। अतः उसे निरन्तरता का ऐसा स्थान प्राप्त हुआ कि वह प्रमाणरूपेण भी अनन्त्व घोषित किया गया। हदीसों को किसी विश्वास या धर्मशास्त्र के प्रमाण के रूप में प्रस्तुत किया जाता है, तो उन्हें कम व्यक्तियों ने सुना तथा उनसे भी कम व्यक्तियों ने कण्ठस्थ किया। अतः अस्थायित्व में प्रमाणरूपेण उनको वह अनन्त्व प्राप्त न हो सका तथा उनके**

1. तफ़सीरे-क़ुर्आन, 53/3-4

कहनेवालों की जाँच-पड़ताल का प्रश्न उत्पन्न हो गया।''[1]

इस्लामी इतिहास के प्रारम्भिक काल (661 ई० तक) में हदीस को क़ुर्आन के समतुल्य वरन् कुछेक अवसरों पर वरीयता प्राप्त रही। जैसा कि प्रथम खलीफ़ा हज़रत अबू बकर के शासनकाल (632-34 ई०) में इस्लामी पैग़म्बर की सुपुत्री हज़रत फ़ातिमा ज़हरा के द्वारा पिता की सम्पत्ति के रूप में 'फ़िदक' की माँग करने पर हुआ। यद्यपि परिवारजनों को मृतकों की सम्पत्ति पाने का अधिकार क़ुर्आन की आयत में वर्तमान है : **''जो कुछ माता-पिता और सम्बन्धियों ने छोड़ा है, हमने सबके लिए उत्तराधिकारी एवं वारिस निश्चित कर दिये हैं। तथा जिनसे तुमने वचनबद्धता की है उनका अंश भी दे दो। निःसन्देह अल्लाह सभी वस्तुओं पर साक्षी और संरक्षक है।''** (क़ुर्आन 4/33) परन्तु हज़रत अबू बकर ने उत्तर दिया कि मैंने इस्लामी पैग़म्बर को कहते सुना है कि हमारा कोई वारिस नहीं है। हमने जो कुछ छोड़ा है, वह सबका है।[2] इस निर्णय का दूसरा पक्ष अत्यन्त भयावह सिद्ध हुआ। अमीर मुआविया तथा अन्य उमैय्या वंशी ख़लीफ़ाओं ने हज़रत अली तथा पैग़म्बर के अन्य परिवारजनों की स्तुति में हदीसों की तुलना में उमैय्या वंश के प्रमुख व्यक्तियों की प्रशंसा में झूठी एवं असत्य हदीसें गढ़ने के लिए लोगों को लोभ, रिश्वत तथा धन वितरण के द्वारा तत्पर किया। यदि इस्लामी पैग़म्बर के किसी सहयोगी अथवा महत्त्वपूर्ण व्यक्ति ने ऐसा करने से इनकार किया, तो उस पर कठोर अत्याचार किये गये। परिणामस्वरूप उमैय्या वंशी प्रमुख व्यक्ति की झूठी प्रंशसा में गढ़ी हुई छन्द हदीसों का भण्डार एकत्र हो गया। तात्कालिक शासक वर्ग जो चाहते थे और जिस प्रकार चाहते थे, हदीसें गढ़ ली जाती थीं। यज़ीद-बिन-वलीद-बिन-अब्दुल मलिक (मृ० 744 ई०) उमैय्या वंशी ख़लीफ़ाओं में अपने घृणित आचरण के कारण अत्यन्त कुख्यात हैं, जिसने इस्लामी विश्वासों एवं सिद्धान्तों की खुले-आम धज्जियाँ बिखेरने से कभी संकोच नहीं किया। उसने एक हदीस बनवायी कि तात्कालिक ख़लीफ़ा आख़रत की जवाबदेही से मुक्त है। उसको कोई पाप नहीं लगता। इस घृणित कथन पर तात्कालिक 40 विशिष्ट लोगों ने हस्ताक्षर किये।[3] इन झूठी छद्म एवं काल्पनिक कथनों को, जिनको हम किसी प्रकार भी हदीस नहीं

1. मुक़द्दमा-ए-तफ़सीरे-क़ुर्आन, पृ० 11
2. तारीख़-अर्रुसुल-वअलमुलूक, भाग-4, पृ० 1, अलइक़्द-उल-फ़रीद, भाग-2, पृ० 253, कंज़-उल-उम्माल-फ़ी-सुन्नत-उल-अक़वाल-वअलअलफ़ाज़, भाग-2, पृ० 153, अलइमामा-वलसियासा, भाग-1, पृ० 14
3. तारीख़-उल-ख़ुलफ़ा, पृ० 263

कह सकते, अल्लामा जलालउद्दीन सुयूती ने अपनी सुविख्यात पुस्तक 'लवाली-ए-मसनुआ' में एकत्र करके उनको 'इल्मे-रिजाल' के आधार पर विश्लेषण कर निरस्त किया है। परन्तु इसको क्या किया जाय कि वर्तमान में भी कुछ लोग इन असत्य कथनों को उमैय्या वंशी लोगों की प्रशंसा में उद्धृत करते रहते हैं। इसी कारण इल्मे-रिजाल के विषय में अब्दुल क़य्यूम ने स्वीकार किया है : **''यह (इल्मे-रिजाल) अन्तिम कला इसलिए जन्मी कि कुछ लोग (विशेषकर वर्तमान में) हदीस की वास्तविकता पर सन्देह करते हैं, जिसके उत्तर में हदीस के विद्वानों ने अपने तर्क के आधार पर हदीस की सच्चाई एवं प्रमाणिकता को स्थापित करते हैं।''**[1]

हदीस विद्या के कार्यक्षेत्र में हदीस का इतिहास, पाठ्य एवं परिमाण के विवेचन के सिद्धान्त एवं प्रणाली 'नासिख़ व मंसूख' (प्रमाणित एवं निरस्त), 'ग़रीब' (क्षीण), 'इख़तलाफ़ी' (विवादग्रस्त), 'मुसतलहात' (पारिभाषिक) आदि सम्मिलित हैं, जिनका विस्तारपूर्वक विवेचन किया गया है। इस प्रकार हदीस को चार खण्डों में विभाजित किया गया—'सहीह' (सत्य), 'हसन' (शुभ), 'मुहक़्क़' (प्रामाणिक), 'ज़ईफ़' (अप्रामाणिक)। परन्तु वास्तविक रूप में देखा जाय तो हदीसों को परखने और जाँचने की दो पद्धतियाँ ही हैं—'रवायत' (कथन) तथा 'दरायत' (विन्यास)। कथन के सिद्धान्तों का प्रतिपादन दो प्रकार से किया गया। प्रथम, प्रमाण अर्थात् 'रावी' (हदीस कहनेवाला) का क्रम निरन्तर हो। द्वितीय, रिजाल अर्थात् हदीस कहनेवाले के विश्वसनीय होने के सिद्धान्त, जिसमें हदीस कहनेवाले से सम्बन्धित समस्त जानकारी एवं उसकी गतिविधियों का अनुशीलन किया गया हो। हदीस कहनेवाले की मातृभूमि कहाँ थी? उसके पूर्व की घटनाएँ किन लोगों से सम्बद्ध रहीं। उसकी स्मरण शक्ति, योग्यता, व्यवसाय आदि। इसने एक पृथक् एवं अस्थायी विद्या का रूप धारण कर लिया, जिसको 'इल्मे-रिजाल' कहा गया। हदीस कहनेवालों में एक-एक व्यक्तियों के विश्वसनीय अथवा अविश्वसनीय होने पर विस्तारपूर्वक चर्चाएँ की गयीं। फलस्वरूप 'सहाबा' (पैग़म्बर के सहयोगीगण), 'ताबेईन' (सहाबा के बाद की पीढ़ी) तथा 'तबआ-ताबेईन' (ताबेईन के बाद की पीढ़ी) में उलमा (विद्वानों), 'सुलहा' (धर्मशास्त्रियों), 'ज़ुहाद' (तपस्वियों) तथा अन्य महत्त्वपूर्ण लोगों के जीवन एवं कृतित्व के सम्बन्ध में एक अपूर्व भण्डार एकत्र हो गया, जिनकी संख्या पाँच लाख है। इनमें से कुछ कम बारह हज़ार लोगों ने इस्लामी पैग़म्बर से भेंट करने का गौरव प्राप्त किया था।[2] इस जाँचने-परखने में मनोविज्ञान, मुखाकृति

1. उर्दू दायरा-ए-मुआरिफ़े-इस्लामिया, भाग-2
2. अलअसाबा-फ़ी-तमय्यज़-उल-सहाबा की भूमिका

एवं मानव स्वभाव के रहस्यों के अनगिनत पक्षों पर विचार किया गया। बासोर स्मिथ लिखता है : **"यहाँ पूरे दिन का प्रकाश है, जो हर वस्तु पर पड़ रहा है तथा प्रत्येक व्यक्ति तक पहुँच सकता है।"**[1] एक ऐसे समय में जब संचार माध्यम न होने के बराबर थे, इन आश्चर्यचकित सूचनाओं का एकत्र करना, उनका विवेचन, तुलना तथा प्रामाणिक निर्णय लेना जिसमें वस्तुगत दृष्टि पर आँच न आने पाये, एक ऐसी भव्य उपलब्धि है, जिसका उदाहरण नहीं मिल सकता।

विन्यास के सिद्धान्त ने इल्मे-हदीस को अधिक विकसित कर दिया। उसके अनेक खण्ड स्थापित हुए :

प्रथम—'अलजिरह-वलतादील' अर्थात् विशेष शब्दों में हदीस कहनेवाले के आचरण, नैतिकता, विश्वसनीयता, न्यायप्रियता अथवा उसकी कमियों और ऐब पर बहस करना।

द्वितीय—'रिजाल-उल-हदीस' अर्थात् हदीस कहनेवाले की कथन-शक्ति का विवेचन करना।

तृतीय—'मुख़तलिब-उल-हदीस' अर्थात् उन हदीसों पर विवाद करना, जिनमें स्पष्ट रूप में विरोधाभास दीख पड़े।

चतुर्थ—'इलालुल-उल-हदीस' अर्थात् गोपनीय तथा सूक्ष्म कारणों पर बहस करना, जिनसे प्रत्यक्ष रूप में हदीस में कोई दोष न देखने के बावजूद हदीस की प्रामाणिकता को सन्दिग्ध कर देती है।

पंचम—'ग़रीब-उल-हदीस' अर्थात् पाठ्य से आग्रही शब्दों का चयन करना तथा उन पर विवाद करना।

षष्ठ—'अलनासिख़-वलमंसूख़' अर्थात् उन समस्याओं पर बहस करना जिनसे कोई हदीस प्रमाणित अथवा निरस्त घोषित होती है।

सप्तम—'मोज़ू-उल-हदीस' अर्थात् उन हदीसों पर विचार करना, जो काल्पनिक गढ़ी हुई तथा असत्य हों, उन विन्यास सिद्धान्त पर इब्ने-हदीस के विद्वानों ने असाधारण पुस्तकों की रचना की है, जिनकी सामूहिक रूप में चर्चा करना भी यहाँ सम्भव नहीं हो सकता।

इल्मे-हदीस को सात कालों में विभाजित किया गया है—

(1) प्रारम्भिक काल—सातवीं शती,

(2) हदीसें एकत्र हुईं, परन्तु सम्पादित नहीं हुईं—आठवीं शती,

---

1. Mohammad and Mohammadanism, p.15

(3) इल्मे-हदीस का स्थापना काल—नवीं शती से दसवीं शती के मध्य तक,

(4) इल्मे-हदीस का उत्कर्षकाल—मध्य दसवीं शती से तेरहवीं शती के मध्य तक,

(5) इल्मे-हदीस का विवेचनकाल—तेरहवीं शती से सोलहवीं शती तक,

(6) इस्लाम बहुसंख्यक सम्प्रदाय में स्वतन्त्र विचार पर प्रतिबन्ध एवं अनुसरण काल—चौदहवीं शती से सत्रहवीं शती तक,

(7) हदीस पर पाश्चात्य विद्वानों के आक्षेप तथा कुछेक मुसलमान वर्गों में हदीस के प्रति उदासीनता का काल—अठारहवीं शती से वर्तमान युग तक। इन समस्त युगों से सम्बन्धित तथ्यों पर सविस्तार चर्चा करना यहाँ सम्भव नहीं है। परन्तु इल्मे-हदीस की उपयोगिता के विषय में इतना अवश्य कहा जा सकता है कि इल्मे-हदीस के माध्यम से ही मुसलमानों में ज्ञार्नाजन हेतु यात्राएँ एवं भ्रमण करने का स्वभाव विकसित हुआ। उनमें प्रत्यक्षदर्शी होने की प्रवृत्ति भी उत्पन्न हुई। इससे अनेक विद्याओं एवं कलाओं का जन्म हुआ तथा उनमें नये आयाम प्रस्तुत हुए। उदाहरणार्थ—भूगोल, इतिहास, जीवनी लेखन, वंश लेखन, आश्चर्यप्रद वस्तुओं का निरीक्षण इत्यादि। इनका प्रारम्भिक रूप कला के रूप में विकसित हुआ, परन्तु कालान्तर में अस्थायी विद्या का रूप धारण कर लिया।

इस्लामी पैग़म्बर के हदीसों के सम्पादन का क्रम हज़रत अली से प्रारम्भ होता है, जिन्होंने सर्वप्रथम हदीस सम्पादन के सिद्धान्त प्रतिपादित किये। उनके शिष्य अब्दुल्लाह-बिन-अब्बास (मृ० 687 ई०) ने सम्पादन कार्य की निरन्तरता बनाये रखी। वह पुस्तक रूप में न थी। मात्र कण्ठस्थ करने पर आधारित थी। उमैय्या वंशी ख़लीफ़ा उमर-बिन-अब्दुल अज़ीज के शासनकाल (717-20 ई०) में उनके आदेशानुसार इमाम अबूबकर-बिन-हज़्म ने पुस्तक रूप में इस्लामी पैग़म्बर की हदीसों का सर्वप्रथम सम्पादन किया। दूसरी शती हिजरी (आठवीं शती) में अब्दुल मलिक-बिन-जरीह (मृ० 767 ई०) तथा उनके पश्चात् इमाम मालिक (मृ० 795 ई०) को हदीसों के सम्पादकों के रूप में विशिष्टता प्राप्त है। सुन्नी सम्प्रदाय 'सहा-सित्ता' (छह सत्यग्रन्थ) को मानता है। यह हदीस की छह पुस्तकें हैं, जिनके नाम के छह सही शब्द का प्रयोग होता है। इमाम मुहम्मद-बिन-इस्माईल अलबुख़ारी (मृ० 870 ई०) की 'जाम्अ-उस-सहीह-उल-बुख़ारी', इमाम

मुस्लिम-बिन-हज्जाज (मृ० 875 ई०) की 'जाम्अ-उस-सहीह-उल-मुस्लिम', इमाम अबू दाऊद अलसज़स्तानी (मृ० 889 ई०) की 'अलसुन्नन', इमाम मुहम्मद तिरमज़ी (मृ० 892 ई०) की 'जाम्अ-उल-सहीह-उल-तिरमज़ी', इमाम अबू अब्दुर्रहमान-अलनसअई (मृ० 915 ई०) की 'अलसुन्नन', इमाम अबू अब्दुल्लाह-बिन-माजा (मृ० 886 ई०) की 'अलसुन्नन'। परन्तु कुछ लोग इब्न-माजा के बजाय इमाम मालिक-बिन-अनस (मृ० 795 ई०) की 'अलमुवत्ता' को मानते हैं। इनके अतिरिक्त अनेक लोग इमाम वली उद्दीन अलख़तीब (मृ० 1341 ई०) की 'मिशकात-उल-सबीह' को तथा इमाम अबू मुहम्मद-अलबग़ावी (मृ० 1132 ई०) की 'मसाबीह-उल-सुन्नत' को भी हदीस की प्रामाणिक पुस्तक मानते हैं। परन्तु सुन्नी सम्प्रदाय के समस्त विद्वान् इन सभी पुस्तकों में इमाम अलबुख़ारी की किताब 'जाम्अ-उल-सहीह-उल-बुख़ारी' अलजामे अलसहीह को सर्वश्रेष्ठ मानते हैं, जो सर्वसाधारण में 'बुख़ारी शरीफ़' के नाम से अधिक प्रचलित है।

इमाम बुख़ारी ने अपना समस्त जीवन हदीसों के सम्पादन एवं अध्ययन-अनुशीलन में व्यतीत किया था। उन्होंने छह लाख हदीसें एकत्रित की थीं, जिनमें 17,397 हदीसों को पूर्ण प्रमाण के साथ प्रस्तुत किया। उनमें से कुछ हदीसों की पुनरावृत्ति हो गयी है। यदि इस पुनरावृत्ति को समाप्त कर दिया जाय, तो हदीसों की कुल संख्या 2,762 होती है, जिनको उन्होंने 97 ग्रन्थों तथा 3,450 अध्यायों अथवा शीषकों में विभाजित किया है। सुन्नी मुसलमानों का विश्वास है कि क़ुर्आन शरीफ़ के बाद कोई धार्मिक पुस्तक 'सहीह बुख़ारी' से बढ़कर नहीं है।

शीआ सम्प्रदाय हदीस के अन्य चार ग्रन्थों पर विश्वास रखता है, जिनको 'कुतुबे-अरबा' (चार ग्रन्थ) कहते हैं। इनमें हदीसें सीधे इमामों द्वारा कही गयीं। इन चार ग्रन्थों के नाम हैं—'अलकाफ़ी-फ़ी-इल्म-उद्-दीन', 'मन-ला-यहदुरुहू-अलफ़िक़्ह', 'तहज़ीब-उल-अहकाम' तथा 'अलइब्तेसार-फ़ी-मुखतलिफ़ा-फ़ीही-मिनअल-अहकाम'। इनके सम्पादकों के नाम 'तीन मुहम्मद' कहे जाते हैं, जिनके क्रमशः नाम हैं—'मुहम्मद अलकुलैनी' (मृ० 940 ई०), 'मुहम्मद-बिन-बाबवय' (मृ० 991 ई०) तथा 'मुहम्मद अलतूसी' (मृ० 1067 ई०)। कालान्तर में कुछ अन्य महत्त्वपूर्ण पुस्तकें भी हदीस पर आधारित प्रकाशित हुईं। उनके सम्पादक भी 'तीन मुहम्मद' कहलाये—(मुहम्मद-बिन-मुर्तुज़ा, जो मुल्ला मोहिसन फ़ैज़ के नाम से अधिक प्रसिद्ध हैं—मृ० 1680 ई०) की 'अलवाफ़ी'। (मुहम्मद-बिन-हसन, जो हुर्र आमली के नाम से जाने जाते हैं—मृ० 1692 ई०) की 'वसाअले-उल-शीआ और 'अमल-उल-आलिम' और (मुहम्मद अलबाक़िर मजलिसी—मृ०

1699 ई०) की 'बिहार-उल-अनवार'। इनमें सबसे सर्वाधिक प्रमाणित पुस्तक 'मुसतदरक अलवसायल' है, जो अल्लामा हुसैन अलनूरी अलतबरसी (मृ० 1902 ई०) द्वारा सम्पादित है, जिन्होंने अल्लामा हुर्र आमली की 'वसायल-उल-शीआ' पर पुनः शोध एवं अनुशीलन के बाद प्रकाशित किया। हदीस विद्या से सम्बन्धित विभिन्न कलाओं एवं विद्याओं पर असंख्य पुस्तकें प्रकाशित हुई हैं, जिनकी चर्चा करना यहाँ सम्भव नहीं।

हदीसों के भारतीय परिप्रेक्ष्य पर विचार करते हुए इस तथ्य से दृष्टिगत नहीं करना चाहिए कि कुछ हिन्दू विद्वानों के विचार में 'मुहम्मद' अथवा 'अहमद' ही नराशंस हैं। नराशंस वैदिक भाषा का शब्द है, जिसके दो अंग है। 'नर' अर्थात् मानव + 'आशंस' अर्थात् स्तुतियोग्य।[1] 'मुहम्मद' तथा 'अहमद' के शब्दार्थ भी यही है।[2] ऋग्वेद में कहा गया है :

"नराशंस वाजिनं वाजयन्निह क्षयद्वीरं पूषणां सुम्नैरीमहे।
रथं न दुर्गाद् वसवः सुदानवो विश्वस्मान्नो अहंसो निष्पिपर्तन।।"

(ऋग्वेद 1-106-4)

अथर्ववेद में उसकी पहचान के रूप में कुछ चिह्नों की चर्चा की गयी है। उदाहरणार्थ—उसका वाहन ऊँट होगा। अर्थात् वह रेगिस्तानी क्षेत्र का वासी होगा : "**उष्ट्रा यस्य प्रवाहणो।**" (अथर्ववेद 20-127-2)। उसकी सन्तान की संख्या बारह होगी, अर्थात् बारह इमाम : "**वधूमन्तो द्विर्दश।**" (अथर्ववेद 20-127-2) आदि। इसी प्रकार अन्तिम बुद्ध को 'बुद्ध मैत्रेय' कहा गया तथा उसके आगमन की भविष्यवाणी बौद्ध शिलालेखों पर अंकित की गयी है।[3] 'मैत्रेय को क़ुर्आनी शब्दावली में 'रहमत' कहेंगे। क़ुर्आन की प्रसिद्ध आयत है, जिसमें अल्लाह अपने अन्तिम रसूल को सम्बोधित करते हुए कहता है : "**अपने-आपको संसारों के लिए मात्र रहमत बनाकर भेजा है।**" (क़ुर्आन 21/107) इन तथ्यों को मात्र सुखद विश्वास करके नज़रअन्दाज़ नहीं किया जा सकता।

भारत की श्रेष्ठता के विषय में कई हदीसें मिलती हैं। एक प्रसिद्ध हदीस है कि इस्लामी पैग़म्बर ने फ़रमाया—"**मुझे भारत की ओर से दैवी सुगन्ध की अनुभूति होती है।**" एक अन्य स्थान पर यही हदीस इस प्रकार कही गयी—

---

1. नराशंस और अन्तिम ऋषि, पृ० 5
2. अलफ़रायद-उद्दर्रिया, पृ० 142
3. Mohammad in World Scriptures, p.15

"मुझे भारत की ओर से शीतल वायु के आगमन की अनुभूति होती है।"[1] हज़रत अब्दुल्लाह-बिन-अब्बास का कथन है कि एक अवसर पर इस्लामी पैग़म्बर ने कहा—**"हज़रत आदम स्वर्ग से वृक्ष की एक शाखा लाये थे, जिसको उन्होंने भारतभूमि में लगा दिया। वह विशाल वृक्ष बन गया। इसी वृक्ष की शाखाएँ समस्त संसार में फैलीं। अरब में भी इसी वृक्ष की शाखाएँ हैं। इसी वृक्ष के तना से हज़रत मूसा ने अपनी लाठी बनायी। उसी लाठी में फ़िरऔन के अत्याचार एवं घमण्ड को धूल चटा दिया।"**[2]

भारतीय जाट जाति के कुछ लोग अपने व्यापारिक आवश्यकता अथवा किसी अन्य कारण के आधार पर अरब देश में निवास करते थे। 'जाट' शब्द का अरबी रूप 'ज़त' है।[3] एक हदीस में हज़रत ईसा तथा हज़रत मूसा का हुलिया बताया गया है कि हज़रत ईसा लाल रंग के, गठे बदन, चौड़ी छाती के व्यक्ति थे तथा हज़रत मूसा गेहुँआ रंग शरीर तथा ऊँचे क़द के जवान थे। सम्भवतः वे 'ज़त' के वासियों में से थे।[4] इन जाटों को इस्लामी पैग़म्बर बहुत पसन्द करते थे। एक बार उन्होंने स्वयं भी उन्हीं के समान अपने बाल कटवाये थे।[5] भारत के प्रति इस्लामी पैग़म्बर का विशेष अनुराग था। 632 ई० में नजरान से बनीहारिस का एक प्रतिनिधि-मण्डल इस्लामी पैग़म्बर की सेवा में उपस्थित हुआ, तो इस्लामी पैग़म्बर ने प्रतिनिधि-मण्डल के सदस्यों को देखकर कहा—यह कौन लोग हैं, यह तो जैसे भारत के लोग लगते हैं। यही हदीस इस प्रकार भी कही गयी है कि भारतवासियों का एक प्रतिनिधि-मण्डल इस्लामी पैग़म्बर की सेवा में उपस्थित हुआ, तो पैग़म्बर साहब ने प्रतिनिधि-मण्डल के प्रति अपनी सहज आत्मीयता प्रदर्शित करते हुए 'कफ़िल' (कुशल) शब्द का प्रयोग कर उनका हाल-चाल पूछा।[6] इस्लामधर्म के विकास हेतु 'ग़ज़वा-उल-हिन्द' के अन्तर्गत सुब्हान मौला के द्वारा बयान की गयी है—इस्लामी पैग़म्बर ने कहा है कि मेरी उम्मत के दो वर्गों को अल्लाह ने नरक की अग्नि से सुरक्षित कर दिया है। एक वह वर्ग, जो भारत से जिहाद करेगा और दूसरा वह वर्ग, जो हज़रत

---

1. सुबहा-उल-मिर्जान फ़ी-फ़ज़ायल हिन्दुस्तान, पृ० 57
2. तारीख़-अर्रुसुल-वअलमुलूक, भाग-1, पृ० 580
3. अलफ़रायद-उद्दर्रिया, पृ० 288
4. तजरीदे-सहीह बुख़ारी, पृ० 251
5. मजम्आ-बिहार-उल-अनवार-फ़ी-ग़रायब-उल-तंज़ील-व-लतायफ-उल-अख़बार, भाग-2, पृ० 62
6. मलफ़ूज़ात, पृ० 167

ईसा के साथ रहेगा।[1]

उपर्युक्त चिन्तन पीठिका पर ध्यान दिया जाय, तो अकबर महान् के काल (1556-1605 ई०) से भारतीय इतिहास में उभरते हुए प्रकाशपुंज के स्रोत की पहचान करने में कठिनाई नहीं होगी, जिसको भारतीय इतिहास में 'रौशन ख़याली' (उदारता) कहा गया। इसी के नाम पर कुछेक कठमुल्लाओं द्वारा अबुल फ़ज़्ल (मृ० 1602 ई०) तथा उसके सहधर्मियों को कलंकित करने का प्रयत्न भी किया गया, यद्यपि उनका प्रयास यथार्थ रूप में इस्लामधर्म को भारतीय परिप्रेक्ष्य में देखने का प्रथम प्रयास था। उन मूल आयामों एवं समस्याओं का संज्ञान करने का प्रयत्न था, जो इस्लामधर्म के समानता एवं बन्धुत्व के सन्देश को भारतभूमि के कण-कण में रचा-बसा देना चाहते थे। अतः सबसे पहले उन बिन्दुओं की खोज हुई, जो भारतीय मुसलमानों और हिन्दुओं के बीच अर्थपूर्ण आदान-प्रदान का माध्यम बन सके। इसका पहला आयाम हिन्दू धर्मशास्त्रों का फ़ारसी भाषा में अनुवाद किया जाना था। वेदों में अथर्ववेद को प्रधानता दी गयी, क्योंकि इसमें पूर्व के तीनों वेदों (ऋग्वेद, यजुर्वेद तथा सामवेद) का सार था। गोपथ ब्राह्मण में कहा गया है :

"श्रेष्ठोहि वेदस्तपसोऽधिजातो।
ब्रह्मा ज्ञानं हृदये संबभूव।।"[2]

अथर्ववेद का फ़ारसी अनुवाद सर्वप्रथम मुल्ला अब्दुल क़ादिर बदायूनी ने 1575 ई० में प्रारम्भ किया। इसमें उसने एक धर्मान्तरण किया। नये मुसलमान से विशेष सहायता ली, जो दकनवासी पण्डित था, परन्तु आगरा में रहता था। मुल्ला बदायूनी इस कार्य को सम्पन्न न कर सके। बाद में इसी कार्य को फ़ैज़ी तथा हाज़ी इब्राहीम थानेसरी ने अपने हाथों में लिया, परन्तु वे भी इसे सम्पन्न न कर सके। वरन् 'रामायण' का गद्य अनुवाद फ़ारसी में मुल्ला बदायूनी, नक़ीब ख़ान तथा सुल्तान थानेसरी ने संयुक्त रूप में सम्पन्न किया, जिसका अधिकांश भाग बदायूनी का है। मुल्ला अब्दुल क़ादिर बदायूनी अपने संकुचित दृष्टिकोण, पक्षपात एवं साम्प्रदायिकता में कुख्यात हैं, जो अबुल फ़ज़्ल पर अकबर महान् को पद भ्रष्ट होने का आरोप लगाते थे। परन्तु स्वयं भी हिन्दू धर्मग्रन्थों का अनुवाद करके अकबर की सेवा में समर्पित करते थे। किसी अनाम कवि ने रामायण को फ़ारसी कविता का वस्त्र पहनाया, जो इण्डिया ऑफ़िस लाइब्रेरी में उपलब्ध है। 'महाभारत' का संस्कृत से फ़ारसी अनुवाद अबुल फ़ज़्ल के निदेशन में चार मुस्लिम उलमा मुल्ला बदायूनी, नक़ीब ख़ान, मुल्ला सुल्तान थानेसरी तथा मुल्ला

---

1. अलसुन्नन, नसअई, भाग-2, पृ० 63
2. गोपथ ब्राह्मण, भाग-1, पृ० 9

शीरी ने संयुक्त रूप में 1586 ई० में सम्पन्न किया, जिसकी भूमिका स्वयं अबुल फ़ज़्ल ने लिखी है। इस ग्रन्थ का नाम अकबर ने 'रज़्मनामा' रखा। इसके अतिरिक्त भी महाभारत के कई अनुवाद हुए, जिनकी भूमिकाएँ भी अबुल फ़ज़्ल ने लिखीं। महाभारत का एक अनुवाद शहज़ादा दाराशुकोह (मृ० 1658 ई०) की कृति है।

महाभारत का दार्शनिक भाग श्रीमद्भगवत्गीता है। इसका काव्यबद्ध फ़ारसी अनुवाद शैख़ 'फ़ैज़ी' (मृ० 1595 ई०) ने अकबर महान् के आदेश पर किया। फ़ारसी में इसके दो गद्यानुवाद अबुल फ़ज़्ल के बताये जाते हैं। शहज़ादा दाराशुकोह ने श्रीमद्भगवत्गीता के छठें पर्व का फ़ारसी भाषा में अनुवाद किया। श्रीमद्भगवत्गीता का एक अन्य फ़ारसी अनुवाद सैय्यद अब्दुर्रहमान चिश्ती (मृ० 1654 ई०) ने किया।

इन प्रयत्नों से हिन्दू-मुस्लिम समन्वय के आधार सुदृढ़ हुए। एक-दूसरे के धर्मों में मानव हितों के संरक्षण के संयुक्त तथ्यों का संज्ञान हुआ, तो धर्मान्ध के बादल छँटने लगे, उदारता की आभा फैलने लगी। ब्रह्माण्ड रचना, आत्मा, ईश्वर आदि विषयों के सम्बन्ध में हिन्दुओं के धर्मविश्वासों को समझने की इच्छा हुई, तो पुराणों के फ़ारसी में अनुवाद प्रारम्भ हुए। उनमें ब्रह्मपुराण को प्राथमिकता प्राप्त है, जिसमें ब्रह्म संरचना के आयाम प्राचीन कथाओं के माध्यम से वर्णन किये गये हैं। अब्दुर्रहमान चिश्ती ने ब्रह्माण्ड संरचना विषयक शंकर-पार्वती संवाद का फ़ारसी भाषा में 1631 ई० में अनुवाद किया। पंचम महापुराण 'भागवतपुराण' जो वेदान्त की कथाओं पर आधारित है, उसके दशम स्कन्ध का फ़ारसी गद्य में अनुवाद किसी अनजान व्यक्ति ने शाहजहाँ युग में किया, इसी प्रकार एक अन्य अनाम अनुवाद 11वें स्कन्ध से सम्बन्धित है, जिसके लिए अनुमान किया जाता है कि शाहजहाँ काल का है। हिन्दूधर्म में उपनिषदों को जीवन एवं ब्रह्माण्ड के रहस्यों के संज्ञान का माध्यम माना गया है, जिनकी संख्या 180 बतायी जाती है। उनमें से मात्र बारह शेष रह गयीं।[1] उपनिषद् का फ़ारसी अनुवाद शाहज़ादा दाराशुकोह ने काशी के पण्डितों की सहायता से 1656 ई० में सम्पन्न किया, जो 'सिर्रे-अकबर' के नाम से प्रसिद्ध है। हिन्दुओं में धार्मिक तपस्या की पद्धतियों में योग को विशेष महत्त्व प्राप्त है। यह एक चिन्तन पीठ के रूप में भी विकास के विभिन्न आयामों के बीच से गुजरा है। इसके प्रवर्तक पतंजलि (दूसरी शती ई० पू०) हैं। इस चिन्तन पीठ में मुसलमानों ने विशेष रुचि ली। हठयोग की प्रसिद्ध पुस्तक 'अमृतकुण्ड' के दस अध्यायों का अनुवाद

---

1. हिन्दू धर्मकोश, पृ० 117

शाह मुहम्मद ग़ौस ग्वालियारी (मृ० 1562 ई०) ने किया। वेदान्ती पुस्तकों में योगवासिष्ठ को मूल महत्त्व प्राप्त है, जो अद्वैतवाद पर आधारित है। इस सिद्धान्त ने मुस्लिम सूफ़ियों को विशेष रूप में प्रभावित किया और उन्होंने इसे 'वहदत-उल-वजूद' के नाम से इस्लामी अध्यात्म का प्रमुख अंग बनाकर सर्वप्रिय कर दिया। योगवासिष्ठ के कई महत्त्वपूर्ण अनुवाद फ़ारसी में हुए, जिनमें अकबर महान् के आदेश से शैख़ 'फ़ैज़ी' का अनुवाद अत्यन्त प्रसिद्ध है, जिसका नाम 'शारिक़-उल-मारफ़त' है। एक अन्य अनुवाद भी अकबर महान् के आदेश से फ़रमान अली नामक व्यक्ति ने किया। शहज़ादा सलीम (जहाँगीर) के अनुरोध पर योगवासिष्ठ का अनुवाद निज़ामउद्दीन पानीपती ने किया था तथा शाहज़ादा दाराशुकोह के नेतृत्व में हबीब उल्लाह ने भी अनुवाद किया था।

इल्मे-फ़िक़्ह

'इल्मे-फ़िक़्ह' का प्रामाणिक भावार्थ धर्मशास्त्र के सिद्धान्तों का संज्ञान, धार्मिक विद्या तथा आत्मा को दायित्व एवं अधिकारों का बोध प्रदान करना है। धर्मशास्त्र के सिद्धान्तों के चार आयाम हैं : प्रथम, 'अलहाकिम' अर्थात् जिससे आदेश पारित हो। द्वितीय, 'हकम' अर्थात् जिसको आदेश दिया जाय तथा जिसके लिए आदेश का पालन अनिवार्य हो। तृतीय, 'अलमहकूम-बह' अर्थात् जिस पर आदेश पारित किया गया, उसकी क्रिया सम्पन्न हुई। चतुर्थ, 'अलमहकूम-अलेह' अर्थात् जिस पर आदेश पारित किया गया, उसका बाध्य है। वह व्यक्ति जिस पर आदेश पारित किया जाता है, इस्लामी धर्मशास्त्रीय पारिभाषिक शब्दावली में 'मुकल्लिफ़' कहा जाता है। इस्लामी धर्मशास्त्र के अनुसार अल्लाह के आदेश का मानना तथा उस पर आचरण करना सभी 'मुकल्लिफ़ों' के लिए अनिवार्य है। क़ुर्आन का आदेश है : **"आदेश मात्र ईश्वर के अधिकार में है। वही सत्य बताता है और वही सर्वोच्च न्याय करता है।"** (क़ुर्आन 5/57) एक अन्य स्थान पर फिर कहा गया है : **"आदेश करने का अधिकार मात्र ईश्वर को है और उसी ने आदेश दिया है कि उसके अतिरिक्त किसी अन्य की पूजा-अर्चना न की जाय।"** (क़ुर्आन 12/40)

इल्म-फ़िक़्ह का उद्देश्य ईश्वर की आदेश का संज्ञान है, जिसका स्रोत इस्लामी फ़िक़्ह है। उनके माध्यम से उन लोगों की करनी एवं कथनी की परख की जाती है, जिनके लिए यह आदेश पारित किये गये। ईश्वर के आदेशों के दो प्रकार हैं, जिनको इस्लामी धर्मशास्त्र की शब्दावली में 'हुकुमे-तकलीफ़ी' (शाश्वत आदेश) तथा 'हुकुमे-वज़ई' (आरोपित आदेश) कहा गया है। प्रथम प्रकार के आदेशों का पालन करना अनिवार्य है। परन्तु दूसरे प्रकार के आदेशों का पालन करना अनिवार्य नहीं है, क्योंकि यह भी सम्भव है कि उसका पालन करना

उसकी क्षमता से बाहर है। इन दोनों प्रकार के आदेशों के भी अनेक प्रकार हैं, जिनकी सामूहिक चर्चा भी सम्भव नहीं है। सुन्नी सम्प्रदाय धर्मशास्त्र के चार स्रोत मानता है—'क़ुर्आन' अर्थात् अल्लाह के आदेश, 'सुन्नत' अर्थात् इस्लामी पैग़म्बर के कथन एवं जीवनी, 'इजमाअ' अर्थात् किसी विषय पर धर्मशास्त्रियों का एकमत होना तथा 'क़यास' अर्थात् जहाँ समस्या स्पष्ट न हो, स्वयं अनुमान कर लिया जाय। शीआ सम्प्रदाय धर्मशास्त्र में 'क़यास' अर्थात् अनुमान को ठीक नहीं मानता वरन् इसके स्थान पर 'अक़्ल' (बुद्धि) को प्रधानता देता है। यदि ध्यानपूर्वक देखा जाय, तो 'इजमाअ' तथा 'क़यास' हो अथवा 'इजमाअ' तथा 'अक़्ल' हो दोनों स्थितियों में 'क़ुर्आन' तथा 'सुन्नत' को आधारभूत महत्त्व प्राप्त है। शेष दोनों सहायक स्रोत हैं। इस प्रकार इस्लामी धर्मशास्त्रीय पीठों के बीच काल्पनिक आधार पर निर्मित दीवार स्वयं धराशायी हो जाती है, तथा इसमें कट्टरपन्थ निराधार है। यहाँ इन धर्मशास्त्री स्रोतों की सामूहिक चर्चा की जा सकती है।

क़ुर्आन :

इस्लामी धर्मशास्त्र का मूल स्रोत है, परन्तु वर्तमान में प्रचलित विधि पुस्तकों के समान विधि पुस्तक नहीं है। इसमें सन्देह नहीं कि क़ुर्आन में न्यायिक स्थितियों के अनुसार साधारण नियम एवं सिद्धान्त वर्तमान हैं, जो वैयक्तिक एवं सामाजिक जीवन के अत्यन्त महत्त्वपूर्ण पक्षों को सुसंगठित करते हैं। उनकी व्यापकता एवं गहनता से विधि रचना में दैवी आदेशों की अपार व्यापकता की अनुभूति होती है। क़ुर्आनी सिद्धान्त एवं नियम मानव-चिन्तन को जगाते हैं, जीवन को विकासशील ब्रह्माण्ड से समन्वित करते हैं। मानव अपने रचनात्मक कार्यों से प्रेरित होकर नवीन एवं आधुनिक बोध हेतु चेतना एवं विश्वास को उद्घाटित करने में अपनी समस्त योग्यता को अर्पित कर देता है, तो उसका व्यक्तित्व सत्य ब्रह्म सत्य बन जाता है। वह अतीत का संरक्षक होता है तथा भविष्य का निर्माण करता है। परन्तु सामाजिक चेतना के परिवर्तन के मूल्यों एवं उद्देश्य से अनभिज्ञ नहीं हो सकता। अतः समसामयिक माँगों को क़ुर्आनी आदेश के आधार पर विवेचना की आवश्यकता प्रत्येक युग में रहती है।

सुन्नत :

इस्लामी धर्मशास्त्र का दूसरा सर्वाधिक महत्त्वपूर्ण स्रोत इस्लामी पैग़म्बर का जीवन, उनका कथन एवं कार्य है, जिनको क़ुर्आन की आयतों के समकक्ष माना गया है। इस समस्या पर इल्मे-हदीस के सन्दर्भ में गत पृष्ठों में चर्चा की जा चुकी है। शीआ सम्प्रदाय सुन्नत में इस्लामी पैग़म्बर के जीवन एवं कृतित्व के

साथ ही इस्लामी पैग़म्बर के परिवारजनों विशेषकर इमामों को भी सम्मिलित करता है। क्योंकि उन्हीं के द्वारा इस्लामी पैग़म्बर के जीवन एवं कृतित्व की समुचित व्याख्या सम्भव हो सकती है। सुन्नी सम्प्रदाय में विशेषकर हनफ़ी पन्थ में सुन्नत में 'इसतहसान' अर्थात् धर्मशास्त्री प्राथमिकता को सिद्धान्त रूप में स्वीकार करता है, जिसमें घटनाओं का विश्लेषण करना भी सम्मिलित होता है। उन्होंने धर्मशास्त्रीय समस्याओं के निराकरण में हदीसों से कोई कार्य नहीं लिया। शाह वली उल्लाह मुहद्दिस देहल्वी (मृ० 1762 ई०) के विचार में धर्मशास्त्री आदेश सभी जातियों के साथ समान नहीं हैं। अतः समस्त मुसलमानों पर उन आदेशों का पालन अनिवार्य नहीं हो सकता।[1]

इजमाअ :

इस्लामी धर्मशास्त्र का तीसरा महत्त्वपूर्ण स्रोत 'इजमाअ' है, जिस पर इस्लाम के प्रारम्भिक काल में बड़ी बहसें हुई हैं। वर्तमान में अतीत की बहसें मात्र ऐतिहासिक तथ्य के रूप में शेष रह गयी हैं। उन्होंने किसी स्थायी चिन्तन पीठ का रूप धारण नहीं किया। इसका कारण कूटनीतिक सुविधावादिता हो सकती है, क्योंकि बनीउमय्या तथा बनीअब्बास दोनों पैतृक साम्राज्य पर स्थापित खिलाफ़तें इस्लामी पैग़म्बर के जीवन को आदर्श बनाना स्वीकार नहीं कर सकती थीं, क्योंकि उनका शासन निरंकुश व्यक्तिप्रधान साम्राज्य था। अतएव वे किसी प्रकार सहन नहीं कर सकते थे कि इस्लामी धर्मशास्त्र की कमान खलीफ़ाओं तथा उनके पोषित क़ाज़ियों के हाथ से निकलकर साधारण मुसलमानों, धर्मशास्त्रियों एवं विद्वानों के बीच स्थायी संस्था बन जाय। वर्तमान युग में स्थितियाँ पूर्णतया परिवर्तित हो गयी हैं। अब 'इजमाअ' (सर्वसम्मति) को सर्वप्रियता प्राप्त हो रही हैं। प्रजातान्त्रिक शासन-व्यवस्था में सर्वसम्मति को सर्वप्रिय संस्था की स्थिति प्राप्त हो गयी। जमहूरी इस्लामी ईरान ने अपनी स्थापना (11 फ़रवरी, 1979 ई०) के साथ 'क़ुवत-क़ज़ाया' स्थापित कर दी है, जिसने 'इजमाअ' को स्थायी संस्था का रूप प्रदान कर दिया। सऊदी साम्राज्य ने भी जनता के दबाव से विवश होकर (1977 ई० में) 'मजलिस-उलमजमा-उल-फ़िक़्ही' स्थापित कर दिये, जिनमें सुन्नी सम्प्रदाय के चारों पन्थों के प्रतिनिधि सम्मिलित हैं। परन्तु शीआ सम्प्रदाय को इस मजलिस से बाहर रखा गया है।

क़यास :

विधि रचना में इस्लामी पैग़म्बर के हदीसों को नज़रअन्दाज़ कर देने की स्थिति में, उन समस्याओं एवं आयामों में जहाँ क़ुर्आन मौन है अथवा आदेश

1. Reconstruction of Religious Thoughts in Islam, p. 181

स्पष्ट नहीं है, 'क़यास' (अनुमान) अनिवार्य हो जायगा। अल्लामा इक़बाल के कथनानुसार : **"अबू हनीफ़ा के धर्मशास्त्रीय पन्थ की स्थिति यह हुई कि रचनात्मक स्वतन्त्रता तथा अनिवार्यता को तो उसने नज़रअन्दाज़ कर दिया और यह आशा बाँध ली कि शुद्ध तर्क-वितर्क के आधार पर एक ऐसी धर्मशास्त्रीय व्यवस्था की रचना की जा सकती है, जो तर्क के आधार पर सर्वोच्च होगा....मालिक तथा शाफ़ई की कटु आलोचना का ही यह सुपरिणाम था, जिसने धर्मशास्त्र के स्त्रोतों के आधार पर अबू हनीफ़ के अनुमान सिद्धान्त को, जिससे अनुभव के अनुपात में अमूर्त को वरीयता प्रदान करने तथा तथ्य के स्थान पर कल्पना से रस ग्रहण करने की वृत्ति स्पष्ट थी।"**[1]

अक़्ल :

शीआ विश्वास के अनुसार क़ुर्आन धार्मिक चिन्तन की तीन पद्धतियाँ प्रस्तुत करता है—(1) 'ज़वाहिरे-दीन' अर्थात् धर्म का बाह्य रूप, (2) 'कमाले-मआरेफ़त बज़रीया-ए-बन्दगी' अर्थात् ईश्वर को पहचानने का उच्चतम शिखर, ईश-वन्दना के माध्यम से तथा (3) 'अक़्ली दलायलो-बराहीन' अर्थात् बौद्धिक तर्क-वितर्क। क़ुर्आन का आदेश है कि बौद्धिक तर्क-वितर्क से ईश्वर को पहचानो : **"धरती तथा आकाश के अधिकार दिखलाते हैं और इसलिए कि वे विश्वास करनेवालों में सम्मिलित हो जायँ।"** (क़ुर्आन 6/75)। बुद्धि को इस्लामी धर्मशास्त्र का अविभाज्य अंग मान लेने की स्थिति में 'इजतेहाद' (चिन्तन-मनन द्वारा समस्याओं का समाधान) अपरिहार्य हो जायगा। क्योंकि धार्मिक चिन्तन में बौद्धिक तर्क-वितर्क के विवेचन एवं विश्लेषण से नवीन तथ्यों को केन्द्रीय स्थान प्राप्त हो जायगा। अल्लामा जलाल उद्दीन अबूमंसूर हसन-बिन-यूसुफ़ अलहिल्ली (मृ० 1325 ई०) ने बुद्धि को अनुमान के स्थान पर शीआ धर्मशास्त्र का चौथा अंग माना है।

ऐतिहासिक रूप में देखा जाय तो धर्मशास्त्रियों का समुदाय इस्लामी पैग़म्बर के जीवनकाल से ही दीख पड़ता है, जिसमें हज़रत अली पुरुषों में तथा हज़रत फ़ातिमा ज़हरा महिलाओं में विशेष हैं। उनके अतिरिक्त हज़रत उमर, हज़रत सलमान फ़ारसी, हज़रत अबूज़र ग़फ़्फ़ारी, हज़रत अब्दुल्लाह-बिन-मसऊद और हज़रत अब्दुल्लाह-बिन-अब्बास पुरुषों में तथा हज़रत आयशा, हज़रत फ़िज़्ज़ा महिलाओं में विशेष हैं। कालान्तर में विभिन्न देशों पर विजय प्राप्त करने के कारण पराजित राष्ट्रों की परम्पराएँ भी दबे पाँव इस्लामी धर्मशास्त्र में प्रवेश करने लगी, तो इस्लामी समाज परस्पर समस्याओं में ग्रस्त हो गया। उन पर विभिन्न

1. Reconstruction of Religious Thoughts in Islam, pp. 185-86

विद्वान् एवं धर्मशास्त्री अपने-अपने विवेक के अनुसार निर्णय करने लगे। अब्बासी ख़लीफ़ा हारून-अलरशीद (मृ० 809 ई०) के दरबारी क़ाज़ी एवं इमाम अबू हनीफ़ा के प्रिय शिष्य इमाम अबू यूसुफ़ (मृ० 798 ई०) ने आवश्यकता अनुसार धर्मशास्त्र के सिद्धान्त प्रतिपादित किये, परन्तु उनका संकलन सुरक्षित न रह सका। फिर इमाम शाफ़ई (मृ० 819 ई०) ने धर्मशास्त्र के सिद्धान्त सम्पादित किये। अतः उन्हीं को सुन्नी सम्प्रदाय के धर्मशास्त्र का प्रवर्तक माना जाता है। उनके बाद इमाम अहमद-बिन-हमबल (मृ० 855 ई०) ने 'किताब-उल-इलल' तथा 'किताब-उल-नासिख़ वअलमंसूख़' लिखी। हनफ़ी पन्थ की महत्त्वपूर्ण पुस्तकों में इमाम अबू यूसुफ़ की 'अलख़िराज' एवं 'किताब-उल-आसार', मुहम्मद-बिन-हसन शीबाई (मृ० 804 ई०) की 'अलजाअम-उल-कबीर' एवं 'अलजाअम-उल-सग़ीर', हसन-बिन-जयाद लूलूई (मृ० 819 ई०) की 'अमुजर्रद' कालान्तर में हनफ़ी पन्थ के अहमद-बिन-उमर ख़स्साफ़ (मृ० 874 ई०) की 'अलअस्आफ़-फ़ी-अहकाम-उल-औक़ाफ़', अहमद-बिन-मुहम्मद तहावी (मृ० 1933 ई०) की 'मआनी-उल-आसार' एवं 'मुशकिल-उल-आसार', इब्न-उल-हमाम (मृ० 1456 ई०) की 'अल-तहरीर' आदि की चर्चा की जाती है। इसके बाद से ही सुन्नी सम्प्रदाय में अनुसरण युग का प्रारम्भ हो गया। अतः स्वतन्त्र एवं स्थायी पुस्तकों की रचना के स्थान पर प्राचीन पुस्तकों के सम्पादन एवं भाष्य प्रस्तुत करने पर सन्तोष किया जाने लगा।

शीआ धर्मशास्त्र को पुस्तक रूप में सम्पादित करने की स्थिति सुन्नी सम्प्रदाय की तुलना में लगभग डेढ़ शती बाद उत्पन्न हो सकी। इसके कई कारण हैं। उदाहरणार्थ, यह कि 259 हि० (873 ई० तक) इमामों का क्रम वर्तमान था। इमाम उपस्थित थे, तो वही सर्वश्रेष्ठ धर्मशास्त्री भी थे, जिनसे आवश्यकता अनुसार धर्मशास्त्री विषयों का निर्देशन प्राप्त हो जाता था। उनके अतिरिक्त उनके प्रमुख सहयोगियों में कुछेक को स्वयं इमाम की ओर से धर्मशास्त्रीय विषयों की चर्चा करने, इस्लामी पैग़म्बर के हदीसों का वर्णन करने तथा इमाम के वक्तव्य के आधार पर निर्णय करने की अनुमति प्राप्त थी, फिर लगभग 67 वर्षों तक (940 ई०) तक का समय उप इमामों से प्रत्यक्ष रूप में संवाद करने का अवसर प्राप्त रहा, जो स्वयं इमाम से निर्देश प्राप्त करते थे। यदि इस्लामी इतिहास पर दृष्टिपात किया जाय तो 10वीं शती के अन्त तक के काल में शीआ सम्प्रदाय को अत्यन्त कठिनाइयों एवं दमन शक्तियों का सामना करने में बीता। इस काल में अधिकतर शीआ अपने प्राण रक्षा हेतु छुपते-फिरते थे। साधारणतया अपने धर्म को छुपाते थे। इस धर्म को छुपाने की प्रक्रिया को धर्मशास्त्र में 'तक़िया' (अतिरोहण) कहते हैं। शीआ धर्मशास्त्र के अनुसार धर्मातिरोहण की स्थिति में

शीआ धर्मशास्त्र का अनुपालन समाप्त हो गया था, फिर भी स्थितियों के परिवर्तित होते ही अबू जाफ़र मुहम्मद-बिन-याक़ूब कुलयनी (मृ० 940 ई०) ने 'अलकाफ़ी-फ़ी-इल्म-उद्-दीन' का सम्पादन किया, जिसमें धर्मशास्त्र के अध्याय सम्मिलित हैं, फिर शैख़ सदूक़ मुहम्मद-बिन-बाबवय (मृ० 991 ई०) ने 'मन-ला-यहदुरुहू-अल-फ़िक़्ह' की रचना करके शीआ धर्मशास्त्र का सर्वप्रथम सम्पादन किया। उनके कार्य को शैख़-उल-तयफ़ा ख़्वाजा नसीरउद्दीन अलतूसी (मृ० 1067 ई०) ने दो पुस्तकें 'तहज़ीब' तथा 'अलइसतिबसार' की रचना करके आगे बढ़ाया। शीआ धर्मशास्त्रियों में अबुल क़ासिम जाफ़र-बिन-हसन-बिन-यहय्या हिल्ली (मृ० 1277 ई०) जिन्हें 'मुहक़्क़िक़्क़े-अव्वल' (प्रथम अन्वेषक) भी कहते हैं, सर्वसाधारण में सम्मानपूर्वक स्वीकार्य थे। उनकी पुस्तकें 'किताब-मुख़तसर-नाफ़अ' तथा 'किताब-शराअ' वर्तमान में भी शीआ धर्मशास्त्र के मूल ग्रन्थ के रूप में माने जाते हैं। उनके अतिरिक्त शम्सउद्दीन अबू अब्दुल्लाह मुहम्मद-बिन-मक्की अलआमली (मृ० 1384 ई०) जो 'शहीदे-अव्वल' (प्रथम शहीद) कहे जाते हैं, उनकी पुस्तक 'लुमअह-उल-दमिशक़िया', शैख़ ज़ैन-उल-आबिदीन हसन-बिन-ज़ैन-उद्दीन अलआमिल अलजुबाई (मृ० 1597 ई०), जो 'शहीदे-सानी' (द्वितीय शहीद) कहे जाते हैं, उनकी 'रौज़त-उल-बहीया', शैख़ जाफ़र नजफ़ी (मृ० 1812 ई०) की 'किताब-कश्फ़-उल-ग़िता' आदि की चर्चा की जा सकती है। शीआ धर्मशास्त्रियों में शैख़ मुर्तुज़ा-बिन-मुहम्मद अमीन अंसारी तश्तरी (मृ० 1585 ई०) जिनकी जनोपाधि 'आलुम-उल-हुदा' (धर्मनिर्देशन का सर्वोच्च विद्वान्) को कालजयी धर्मशास्त्री की स्थिति प्राप्त है। उन्हीं से 'मरजअ-ए-तक़लीद' (अनुपालन हेतु सर्वश्रेष्ठ धर्मशास्त्री) की कल्पना उत्पन्न हुई। उन्होंने तथा उनके अनुयायियों ने, जो स्वयं प्रकाण्ड धर्मशास्त्री माने गये, शीआ धर्मशास्त्र को नवीन आयाम से परिचित कराया। शैख़ मुर्तुज़ा आलम-उल-हुदा (मृ० 1044 ई०) ने 'इजतेहाद' (धर्मशास्त्र की समस्याओं का समाधानकर्त्ता) के निर्देशक सिद्धान्त सम्पादित किये, जिनके चार प्रकार हैं—प्रथम, 'क़त' अर्थात् जिन विषयों में क़ुर्आन की आयत अथवा पैग़म्बर की सुन्नत उपलब्ध है, उन्हें उसी प्रकार अक्षरशः स्वीकार करना। द्वितीय, 'ज़न' अर्थात् जिन विषयों के अरचित होने की सम्भावनाएँ उत्पन्न हो सकती हों, उन पर वस्तुपरक दृष्टि से विचार करना। तृतीय, 'शक' अर्थात् जिन विषयों में निर्देशक सिद्धान्तों से सहायता न मिलती हो अथवा समुचित निर्णय तक पहुँचने में कठिनाई हो उनमें इजतेहाद के चार प्रकार के प्रयोजन करना है, जिनको 'उसूल-अलअमलया' कहते हैं। अर्थात् 'अलबरा' (यथासम्भव स्वतन्त्रता प्राप्त करना), 'अलतख़ीर' (अन्य धर्मशास्त्रियों की सम्मति से लाभान्वित होना), 'अलअसतहाब' (प्रचलित सिद्धान्तों का अनुपालन करना, जहाँ तक कि वे ग़लत दीख पड़ें) 'अलअहतियाद' (सन्देह

होने की स्थिति में संकोच करना) तथा चतुर्थ, 'वहम' अर्थात् जिन विषयों में ग़लती की सम्भावना है, कोई अन्तिम निर्णय नहीं हो सकता। ये निर्देशक सिद्धान्त दूरगामी परिणाम के द्योतक हुए।

प्राचीन युगीन धर्मशास्त्री अपने को निर्णयात्मक आदेश इमाम तक सीमित रखते थे। परन्तु इन निर्देशक सिद्धान्तों के आधार पर उन समस्याओं पर भी निर्णय होने लगे, जिन पर इस्लामी पैग़म्बर अथवा इमामों के कथन नहीं थे। इससे शीआ धर्मशास्त्र के चतुर्थ अंग बुद्धि को सर्वोच्च स्थान प्राप्त हो गया। फलस्वरूप कुछेक अवसरों पर एक ही समस्या पर विभिन्न धर्मशास्त्रियों ने अलग-अलग निर्णय किये। इससे समस्या उत्पन्न हुई कि किसी धर्मशास्त्री के लिए किसी अन्य धर्मशास्त्री (जीवित अथवा मृत) का अनुपालन उचित है या नहीं। इस प्रश्न पर कि शरीअत के आदेशों में धर्मशास्त्री और उसके धर्मशास्त्रीय शृंखला में कौन अनुसरण का केन्द्र होगा? आयत-उल्लाह अली मुशकीनी अरदिबीली का उत्तर है : **"धर्मशास्त्री वह है, जो लोगों की धार्मिक, सामाजिक एवं सामूहिक समस्याओं तथा जीवन की अन्य संघप्रद समस्याओं को तर्क-वितर्क के आधार पर उनके स्त्रोतों से उद्धृत करे। दूसरे शब्दों में धर्मशास्त्री वह होता है, जो ब्रह्मविधि तथा मानव-जीवन जिन्हें ईश्वर ने अपने बन्दों के लिए निश्चित किया है उनके स्त्रोतों से उद्धृत है, ताकि वे स्वयं तथा अन्य मानव भी आदेशों पर क्रियाशील हो सकें।"**[1]

शीआ सम्प्रदाय में 'इजतेहाद' को स्थायी संस्था की स्थिति प्राप्त है। इस संस्था के ऐतिहासिक विकास पर दृष्टिपात किया जाय, तो मुजतहदों के चिन्तन में समसामयिक अनुभूतियाँ अपरिहार्य रूप में दीख पड़ती हैं। बारहवें इमाम के तिरोहण धारण करने के प्रारम्भिक काल में (873 ई० के बाद) इमाम से सम्बन्धित सभी विषय स्थगित माने गये थे। उदाहरणार्थ—जिहाद करना, धर्मादेश लागू करना, जुमा की नमाज़ स्थापित करना, आधिपत्य द्वारा ग्रहण धन का वितरण, दण्ड की सीमाएँ निश्चित करना, इस्लामी कर (ख़ुमुस तथा ज़कात) की उगाही करना आदि। स्पष्ट है कि यह निर्णय राजनीतिक कारणों से किये गये। अतः राजनीतिक स्थितियों के सामान्य होते ही आदेशों में भी परिवर्तन हो गया। यहाँ तक कि शीआ मुजतहदों का वर्ग राजनीतिक सत्ता के लिए बहुत बड़ी चुनौती बन गया। यहाँ गत सहस्त्र वर्षों में शीआ मुजतहदों के विभिन्न आयामों में उपलब्धियों का सामूहिक वर्णन भी सम्भव नहीं है, मात्र कुछ नामों को स्मरण किया जा सकता है, जिनको शीआ सम्प्रदाय का इतिहास

---

1. तक़लीद, पृ० 6

कभी भी स्मृति नहीं कर सकता। जैसे—शैख़ मुफ़ीद अबू अब्दुल्लाह मुहम्मद (मृ० 1022 ई०), आलम-उल-हुदा अली-बिन-हुसैन अलमूसावी (मृ० 1044 ई०), जो सैय्यद मुर्तुज़ा के नाम से अधिक विख्यात हैं, शरीफ़-अलरज़ी अबू हसन मुहम्मद (मृ० 1029 ई०), जो सैय्यद रज़ी के नाम से जाने जाते हैं। मुहम्मद-बिन-अलहिल्ली (मृ० 1370 ई०), मुहम्मद बाक़रीन मुहम्मद तक़ी मजलिसी (मृ० 1700 ई०), भारतीय विद्वान् बहाउद्दीन मुहम्मद-बिन-हसन (मृ० 1725 ई०), मुहम्मद बाक़िर, वाहिद बिहबहानी (मृ० 1792 ई०), शैख़ मुहम्मद हसन-बिन बाक़िर नजफ़ी (मृ० 1850 ई०), हसन-बिन-अली तबातबाई बरोज़र्दी (मृ० 1962 ई०), अलहकीम सैय्यद मुहसिन-बिन-महदी (मृ० 1970 ई०), सैय्यद-अलक़ासिम-अलख़ूई (मृ० 1992 ई०) तथा रूहउल्लाह-बिन-मुस्तफ़ा अलमूसवी (मृ० 1989 ई०), जो इमाम ख़ूमैनी के नाम से विख्यात हैं।

इमाम ख़ूमैनी इस्लामी इतिहास में ही नहीं वरन् विश्व इतिहास में कालजयी व्यक्तित्व रखते हैं। उनके धर्म चिन्तन का प्रतीक जमहूरी इस्लामी ईरान है। वर्तमान युग में इजतेहाद के विभिन्न चरणों को निश्चित कर दिया गया है, इनमें सबसे उच्च स्थान 'मरजअ' अथवा 'आलम' अथवा 'आयत-उल्लाह-उल-उज़्मा' हैं, जो एक समय में एक से अधिक हो सकते हैं। उनका चयन धर्मशास्त्रियों एवं विद्वानों के सर्वसम्मति से होता है। उनके बाद 'आयत-उल्लाह' होते हैं, जो श्रेष्ठ मुजतहदों का वर्ग है। इनकी संख्या निश्चित नहीं है, फिर 'हुज्जत-उल-इस्लाम' होते हैं। यह साधारण मुजतहदों का वर्ग है। अन्तिम शिखर 'सक़्ह-उल-इस्लाम' की है, जो मुजतहदों का प्रथम चरण है।

भारत में इजतेहाद का क्रम मौलाना सैय्यद दिलदार अली नसीराबादी (मृ० 1820 ई०) से प्रारम्भ होता है, जो अपनी मृत्यु के बाद 'ग़ुफ़रान-मआब' (महामहिम मुक्तिदेय) की उपाधि से सुशोभित हुए। उनके पुत्रों-वंशजों में अनेक नामी मुजतहिद हुए, जिसको 'ख़ानदाने-इजतेहाद' कहा जाता है। इसमें अनेक मुजतहिदों ने विभिन्न विषयों पर असाधारण पुस्तकें छोड़ी हैं। भारत में मुजतहिदों के दो अन्य परिवार भी महत्त्वपूर्ण हैं। मौलाना सैय्यद नज्म हुसैन मुजतहिद का परिवार तथा मौलाना सैय्यद नासिर हुसैन मुजतहिद का परिवार, जिनकी पुस्तक 'अबक़ात' प्रसिद्ध है। हौज़ा-ए-इल्मिया, क़ुम (ईरान) से प्रत्येक वर्ष हज़ारों मुजतहिद प्रशिक्षित होकर विश्वभर में कार्यभार सँभालते हैं। भारत के प्रत्येक ऐसे नगर, जिनमें शीआ-सम्प्रदाय निवास करते हैं, मुजतहिद अवश्य दीख पड़ते हैं।

सुन्नी सम्प्रदाय में इजतेहाद को स्थायी संस्था की स्थिति कभी भी प्राप्त नहीं रही है। यद्यपि आठवीं शती तक इजतेहाद की स्थापना धर्मशास्त्रियों के वैयक्तिक

विवेक पर आधारित थी, इसके निर्देशक सिद्धान्त निश्चित नहीं थे। इस्लाम के प्रारम्भिक काल में पैग़म्बर के सहयोगी ही धर्मशास्त्री के रूप में सर्वमान्य थे। यदि उनके बीच किसी धर्मशास्त्रीय विषय पर मतभेद हुआ, तो परस्पर एक-दूसरे के सम्मान को ध्यान में रखते हुए, इन समस्याओं में अपने मत पर रहते थे। उदाहरणार्थ—फुफी तथा भतीजी की सम्पत्ति के विषय में हज़रत अबू बकर धर्मशास्त्रियों के विचार से सहमत नहीं थे।[1] इस्लामधर्म से पलट जानेवाली बन्दी महिलाओं के विषय में हज़रत अबू बकर तथा हज़रत उमर के बीच में मतभेद था। अतः हज़रत उमर ने अपने ख़िलाफ़त काल में हज़रत अबू बकर के निर्णय के विरुद्ध बन्दी महिलाओं को स्वतन्त्र कर दिया था। विजय द्वारा प्राप्त भूमि के वितरण की समस्या पर भी दोनों के बीच मतभेद था। हज़रत अबू बकर वितरण के पक्ष में थे, परन्तु हज़रत उमर की राय थी कि उसे वक़्फ़ कर देना चाहिए। भेंटस्वरूप प्राप्त वस्तुओं के विषय में भी हज़रत अबू बकर और हज़रत अली के अलग-अलग मत थे।[2] हज़रत उमर इजतेहाद में क़ुर्आन के आदेशों को समयानुसार परिप्रेक्ष्य के आधार पर स्थापित करने के पक्ष में थे।[3] उनके अनेक निर्णय इस सम्बन्ध में प्रस्तुत किये जा सकते हैं। जैसे—दैवी ग्रन्थधारक (यहूदी, ईसाई आदि) के साथ खान-पान तथा उनकी महिलाओं से विवाह की अनुमति है : **"दैवी ग्रन्थधारकों का भोजन भी तुम्हारे लिये हलाल है, और तुम्हारा भोजन भी उनके लिए हलाल है तथा धर्मपरायणों की स्वतन्त्र एवं सतीत्वपूर्ण महिलाएँ या उनके द्वारा की गयी स्वतन्त्र महिलाएँ जिनको तुमसे पहले किताब दी गयी तुम्हारे लिये हलाल है।"** (क़ुर्आन 5/6) परन्तु हज़रत उमर ने यहूदी क़साइयों की दुकान नगर के बाहर निकलवा दी, तथा सीरिया-विजय के बाद वहाँ की सुन्दर युवतियों से मुसलमानों में विवाह की लालसा बढ़ी तो उन्होंने दैवी पुस्तकधारी परिवारों की युवतियों का विवाह वर्जित कर दिया। इसी प्रकार क़ुर्आन ने एक तलाक़ से दूसरे तलाक़ के बीच अन्तराल अनिवार्य किया है : **"तलाक़ दो मरतबा दी जायगी, उसके बाद या नेकी के साथ रोक लिया जायगा या अच्छे आचरण के साथ स्वतन्त्र कर दिया जायगा।"** (क़ुर्आन 2/329) क़ुर्आन में एक अन्य स्थान पर है : **"फिर यदि तीसरी बार भी तलाक़ दे दी, तो महिला उस पुरुष के लिए हलाल न होगी, यहाँ तक कि**

---

1. तारीख़-अर्रुसुल-वअलमुलूक, भाग-2, पृ० 257
2. जाम्अ-उल-सहीह-उल-मुस्लिम, भाग-2, पृ० 76
3. तारीख़-उल-ख़ुलफ़ा, पृ० 86-97, मुरूज-उल-ज़हब-वमआदिन-उल-जौहर, भाग-2, पृ० 246

दूसरा पति करे।" (क़ुर्आन 2/230) हज़रत उमर ने एक साथ तीन तलाक़ की अनुमति दे दी। इस प्रकार के अनेक उदाहरण हैं, जिन्हें विस्तार से बचते हुए यहाँ लिखना उचित नहीं है।

हज़रत उमर के विशेष इजतेहादों को शाह वली उल्लाह मुहद्दिस देहल्वी (मृ० 1762 ई०) ने 'फ़िक़्ह उमर' का नाम दिया है। सर्वसाधारण हज़रत उमर के रोबदाब से काँपते थे, परन्तु हज़रत अली ने अनेक अवसरों पर उनके निर्णयों के विरुद्ध निर्णय दिये, जिनको हज़रत उमर ने बिना किसी संकोच के स्वीकार कर लिया। क़ुर्आन सुन्नत तथा धर्मशास्त्री समस्याओं में हज़रत अब्दुल्लाह-बिन-मसऊद विशेषज्ञ के रूप में सर्वमान्य थे, परन्तु हज़रत उमर धर्मशास्त्रीय समस्याओं में अनेक अवसरों पर उनसे मतभेद करते थे। इब्न-क़ीम अलजौज़िया का कथन है कि इस प्रकार के मतभेदों की संख्या सौ विभिन्न समस्याओं से सम्बन्धित थे।[1] ज़ैद-बिन-साबित तथा अब्दुल्लाह-बिन-अब्बास पैतृक-सम्पत्ति के विषय में अलग-अलग विचारधारा रखते थे।[2] विभिन्न काल में सुन्नी धर्मशास्त्रियों के ऐसे वर्ग रहे हैं, जो विभिन्न समस्याओं मेंएक-दूसरे से असहमत रहते थे, तथा अपने विवेक के आधार पर इजतेहाद करते थे। यहाँ उनमें से कुछ महत्त्वपूर्ण नामों की चर्चा करना भी सम्भव नहीं है वरन् उनमें नौ धर्मशास्त्रियों की चर्चा करना आवश्यक है, जो भिन्न-भिन्न पन्थों के प्रवर्तक हुए। उन्हें सुन्नी सम्प्रदाय में 'इमाम' कहा जाता था। उनके नाम हैं—इमाम अबू सईद हसन-बिन-यसार बसरी (मृ० 728 ई०), इमाम अबू हनीफ़ी नोमान-बिन-साबित-बिन-ज़ोता (मृ० 767 ई०), इमाम औज़ाई अबू उमरू अब्दुर्रहमान-बिन-उमरू-बिन-मुहम्मद (मृ० 773 ई०), इमाम अबूसुफ़ियान-बिन-सईद-बिन-मसरूक़ सूरी (मृ० 776 ई०), इमाम लैस-बिन-सईद (मृ० 791 ई०), इमाम मालिक-बिन-अनस असबही (मृ० 795 ई०), इमाम सुफ़ियान-बिन-ऐनियह (मृ० 813 ई०), इमाम मुहम्मद-बिन-इदरीस शफ़ई (मृ० 819 ई०) तथा इमाम अहमद-बिन-हम्बल (मृ० 855 ई०)। परन्तु इमाम अबू हामिद अलग़ज़ाली (मृ० 1111 ई०) का विचार है कि इनमें पाँच महानुभाव ही मुजतहिद हैं—इमाम अबू हनीफ़ी, इमाम मालिक, इमाम शफ़ई, इमाम हम्बल तथा इमाम सुफ़ियान सूरी।[3]

सुन्नी सम्प्रदाय के विचार में नवीं शती ई० में इजतेहाद का सूर्य अस्त हो गया। इसके बाद अनुसरणवाद का बोलबाला हुआ। विद्वज्जन पैग़म्बर की हदीसों

---

1. आलाम-उल-मौक़ईन-अन-रब्बुल-आलमीन, भाग-2, पृ० 218
2. अलमहसूल, भाग-2, पृ० 76
3. अहया-उलूम-उद्दीन, भाग-1, पृ० 41

तथा उनके सहयोगियों के कथन के अध्ययन में अधिक सतर्क हो गये। मानो, किसी अन्य प्रकार के संज्ञान की आवश्यकता न रह गयी हो। यदि किसी विवशतावश मन सन्तुष्ट न होता, तो पूर्व के इमामों में से किसी का मन्तव्य, जो उसे उचित प्रतीत होता, स्वीकार कर लेता। इसी प्रकार सर्वसम्मति का पक्षधर बनकर अन्वेषण एवं चिन्तन पर नियन्त्रण आरोपित करने के तर्क में कहा जाता है कि चूँकि 'ख़िलाफ़ते-राशिदा' के उपरान्त (861 ई० के बाद) 'ख़िलाफ़त' अनधिकृत लोगों के हाथों में चली गयी, जिनके कार्य धर्मशास्त्रीय मानक पर पूरे नहीं उतरते थे, परन्तु धर्मशास्त्रियों का एक वर्ग व्यक्तिगत कारणों से अनधिकृत लोगों के कार्यों को धर्मशास्त्र के अनुरूप प्रमाणित करने में लग गया था, अतः यदि इजतेहाद को रोक न दिया जाता, तो ऐसे-ऐसे इजतेहाद किये जाते कि इस्लामधर्म ही ख़तरे में पड़ जाता। उनकी धृष्टता इतनी बढ़ गयी थी कि मुसलमानों का धार्मिक जीवन अत्यन्त ऊहापोह एवं विशृंखलता में ग्रस्त हो गया। एक कार्य एक स्थान पर हलाल, तो दूसरे स्थान पर हराम था। इनको 'मख़ारिजो-हील' के नाम से धर्मशास्त्र का एक अध्याय माना गया।[1] इस वस्तुस्थिति के विरुद्ध इब्न-तैमिया (मृ० 1328 ई०), जिनका प्रशिक्षण हम्बली पन्थ के आधार पर हुआ था, 'इजतेहादी आज़ादी' का नारा लगाकर सुन्नी सम्प्रदाय के समस्त धर्मशास्त्रीय पन्थों के विरुद्ध विद्रोह पर उठ खड़े हुए। उन्होंने पुनः समस्त सिद्धान्तों का विश्लेषण करने पर बल दिया तथा धर्मशास्त्रीय पद्धति के प्रवर्तक इब्न-हज़्म (मृ० 1064 ई०) के समान हनफ़ी पन्थ के अनुमान सिद्धान्त एवं सर्वसम्मति सिद्धान्त को निरस्त कर दिया कि सर्वसम्मति ही समस्त अन्धविश्वासों का मूल कारण है। कालान्तर में अल्लामा जलालउद्दीन सुयूती (मृ० 1505 ई०) ने इस इजतेहाद के अधिकार के दावे को अधिक शक्ति प्रदान की तथा प्रत्येक शती के प्रारम्भ में एक 'मुजहिद' (अन्वेषक) के होने का दृष्टिकोण प्रस्तुत किया। वर्तमान युग के विख्यात बुद्धिजीवी अल्लामा अबुल ओला मौदूदी (मृ० 1979 ई०) ने इस चिन्तन को अधिक व्यापकता प्रदान की। उनका विचार है : "**यह आवश्यक नहीं है कि एक शती का मुजहिद एक ही हो। एक शती में अनेक व्यक्ति अथवा समूह यह सेवा प्रतिपादित कर सकते हैं, यह भी आवश्यक नहीं है कि समस्त इस्लामी जगत् के लिए एक ही मुजहिद हो। एक समय में अनेक देशों में अनेक व्यक्ति धार्मिक पुनरावृत्ति हेतु संघर्षशील हो सकते हैं।**"[2] अल्लामा मौदूदी ने उनके नाम भी

---

1. आलाम-उल-मौक़ईन-अन-रब्बुल-आलमीन , भाग-2, पृ० 3
2. तजदीदो-अहया-ए-दीन, पृ० 40

दिये हैं—उमर-बिन-अब्दुल अज़ीज, अबू हनीफ़ी, मालिक, शाफ़ई, हम्बल, ग़ज़ाली, इब्न-तैमिया, अहमद सरहन्दी, शाह वलीउल्लाह आदि।[1] इसमें सन्देह नहीं कि इजतेहाद की यही विचारधारा मुसलमानों के अनेक धार्मिक आन्दोलनों में दीख पड़ती है, जो एशिया, अफ़्रीक़ा, अमेरिका, यूरोप तथा इस्लामी देशों में क्रियाशील है। उदाहरणार्थ सनोसी आन्दोलन, पान-इस्लामइज़्म, बाबी आन्दोलन, अख़वानुल-मुसलमीन आन्दोलन, वहाबी आन्दोलन, जमाअत इस्लामी आन्दोलन आदि।

अल्लामा इक़बाल (मृ० 1938 ई०) के विचार में इजतेहाद की कल्पना में सत्य मार्ग के अन्वेषण, विवेचन एवं निष्कर्ष प्रतिपादन के असीमित आयाम हैं, जिनको इस्लाम के पतनोन्मुख जगत् में सर्वाधिक प्रज्वलित बिन्दु कहा जा सकता है तथा वर्तमान इस्लामी चिन्तन की पहली धड़कन है।[2] इसी आधार पर इजतेहाद के समापन की सर्वसम्मति के प्रवर्तक इमाम ग़ज़ाली को आक्रामक आलोचना का सामना करना पड़ता है। डॉ० तहा जाबिर फ़य्याज़ अलअलवानी लिखते हैं : **"इमाम ग़ज़ाली ने इस उम्मत की दुःखती हुई नाड़ी पर हाथ रख दिया, जो राशदीन ख़लीफ़ाओं के बाद चिन्तन एवं राजनीतिक नेतृत्व में मतभेद की स्थिति में उभरा और जिसने हमारे इतिहास को ऐसा दाग़ लगाया, जिससे आज तक हमें निजात नहीं मिल सकी तथा यह अभ्यास एवं प्रयोग उन शासकों तथा राजनीतिज्ञों के कारण अस्तित्व में आया, जो इस्लामी तथा धर्मशास्त्रीय राजनीति से अनभिज्ञ थे।"**[3]

इजतेहाद के समापन के कारण शासकों के पोषक क़ाज़ियों को खुली छूट मिल गयी, जो अन्नदाता की भाव-भंगिमा के संकेत पर इस्लामी धर्मशास्त्र को तोड़ने-मोड़ने में कोई संकोच नहीं करते थे। मुस्लिम देशों तथा उन अन्य देशों में जहाँ मुसलमान बसते थे, समय की माँग थी कि विभिन्न समसामयिक समस्याओं पर पुनः चिन्तन-मनन के बाद धर्मशास्त्रीय निर्णय प्रतिपादित किये जायँ, परन्तु चूँकि इजतेहाद के दरवाज़े सर्वसम्मति से बन्द कर दिये गये थे। अतः शासक वर्ग अपनी इच्छानुसार जैसा चाहता था, क़ाज़ी तथा मुफ़्ती से फ़तवे लिखवा लेता था, फिर पुरस्कार एवं पद की लालसा में क्या-क्या फ़तवे नहीं दिये गये—बड़े-बड़ों के क़दम डगमगाये हैं क्या-क्या! कुछ उदाहरण

---

1. तजदीदो-अहया-ए-दीन, पृ० 52-121
2. Reconstruction of Religious Thoughts in Islam, p. 161
3. अदब-उल-इख़्तेलाफ़-फ़ी-इस्लाम, पृ० 129.

देखिये[1]—कोई लालची मुतवल्ली पूछता है, मेरा वक़्फ़ बेकार और बेफ़ायदा है। उसको उपयोगी बनाने हेतु विक्रय कर देना आवश्यक है, तो जवाब मिलता, इमाम अहमद के पन्थ में अनुमति है। आपराधिक गतिविधियों में सीमाओं को पार करने पर दण्ड के विषय में पूछा जाता, तो उत्तर मिलता, इमाम मालिक ने अनुमति दी है। शतरंज खेलने या घोड़े का मांस खाने की इच्छा की जाती, तो उत्तर मिलता कि इमाम शाफ़ई ने हलाल माना है। कोई पूछता महिला अथवा गुप्तांग को छूने में वज़ू के विषय में क्या आदेश है, उत्तर मिलता कि इमाम अबू हनीफ़ा के विचार में वज़ू नहीं टूटता आदि-आदि। सभी प्रकार की समस्याओं पर किसी-न-किसी धर्मशास्त्रीय पन्थ की ओर से अवचित उपलब्ध था, जिससे इच्छानुसार लाभ उठाया जा सकता था।

इसी इजतेहाद समापन की पीठिका में भारतीय मुस्लिम राज्यों की धर्मशास्त्रीय व्यवस्था का अध्ययन किया जा सकता है, जिसका आधार हनफ़ी पन्थ पर था। दरबारों में सुन्नी सम्प्रदाय के विद्वानों विशेषकर हनफ़ी पन्थ को वरीयता प्राप्त थी, जो धर्मशास्त्रीय समस्याओं के अतिरिक्त अन्य राजकीय विषयों पर भी वर्चस्व रखते थे। अकबर महान् के शासनकाल (1556-1605 ई०) तथा कुछेक अल्पकालीन शासकों के अतिरिक्त मुसलमानों का शासन लगभग 650 वर्षों तक रहा, जिसमें हनफ़ी पन्थ को राजकीय मान्यता प्राप्त थी। इनमें कई शासक इस्लामी शरीअत के पोषक एवं स्वयं धर्मशास्त्री थे। उदाहरणार्थ, मुहम्मद-बिन-क़ासिम सक़फ़ी, शम्सउद्दीन अलतुतमश, ग़यासउद्दीन बलबन, फ़िरोज़ शाह ख़िलजी, ग़यासउद्दीन तुग़लक़, मुहम्मद-बिन-तुग़लक़ तथा औरंगज़ेब आलमगीर आदि। हनफ़ी पन्थ के आधार पर ही सभी मुक़द्दमों पर निर्णय किये जाते थे। हनफ़ी पन्थ के ही मुफ़्ती और क़ाज़ी नियुक्त किये जाते थे। क़ाज़ी को स्वतन्त्र न्यायाधीश की स्थिति प्राप्त थी। उसका कोई भागीदार नहीं होता था वरन् उसको कुछ गम्भीर एवं उलझे हुए मुक़द्दमों में अन्य मुफ़्तियों एवं क़ाज़ियों से विचार-विमर्श का अधिकार था। कोई क्रमबद्ध अदालत नहीं थी, जिसमें क़ाज़ी के निर्णय के विरुद्ध सुनवायी हो सके। अदालती कार्यवाही के लिए भी कोई निश्चित प्रक्रिया नहीं थी। क़ाज़ी और उसका 'कातिब' (लिपिक) अपनी इच्छानुसार अदालती कार्यवाही की प्रक्रिया निश्चित कर लेते थे। वकील होते थे, परन्तु साधारणतया लोग स्वयं उपस्थित होते और बयान देते। क़ाज़ी निर्णय देता कि प्रमाण एवं साक्ष्य प्रस्तुत करने का भार किस पर है। यह आवश्यक नहीं था कि यह भार वादी पर हो वरन् अधिकांश साक्ष्य

1. अदब-उल-इख़तेलाफ़-फ़ी-इस्लाम, पृ० 130-131

प्रस्तुति का भार उस पर होता, जिस पर धर्मशास्त्रीय विधि के उल्लंघन का आरोप होता। सुनवायी के बीच भी साक्ष्य प्रस्तुति का भार परिवर्तित होता रहता था। कभी एक पक्ष पर कभी दूसरे पक्ष पर। साक्ष्य एवं प्रमाण का समान नियम था, जो आपराधिक एवं जायदाद सम्बन्धी मुक़द्दमों पर समान रूप में लागू होता था। प्रतिवादी के अपराध स्वीकार न करने की स्थिति में वादी को दो ऐसे गवाह प्रस्तुत करना होता था, जिन्होंने अपराध को अपनी आँखों से देखा हो, तथा उनके बयान से वादी के मौखिक कथन की प्रामाणिकता स्थापित होती हो। लिखित अथवा घटनाक्रम प्रमाण स्वीकार नहीं किये जाते थे। साक्ष्य के लिए दो बालिग़ मुसलमानों का होना अनिवार्य था, जो विश्वास करने योग्य हों। कुछ स्थितियों में एक पुरुष के स्थान पर दो महिला की गवाही भी मान ली जाती थी। क़ाज़ी मुक़द्दमे की समस्त कार्यवाही अपने विवेक के आधार पर करता था। उसका निर्णय अन्तिम होता था।

मुग़लों के शासनकाल में उदारता आयी, तो अदालती बातों में यह परिवर्तन किया गया कि मुस्लिम क़ाज़ियों के अधिकार-क्षेत्र में मुसलमानों से सम्बन्धित सभी मुक़द्दमें चाहे वे अपराध से सम्बन्धित हों, सम्पत्ति से सम्बन्धित हों अथवा धर्मशास्त्रियों से सम्बन्धित हों यथावत् बने रहें, परन्तु हिन्दुओं के मात्र आपराधिक मुक़द्दमों पर निर्णय कर सकते थे, जो हनफ़ी पन्थ के आधार पर होता था। शेष सम्पत्ति अथवा धार्मिक विषयों में पण्डितों को अधिकृत कर दिया गया, जो दरबारों से सम्बद्ध होते थे वही हिन्दू जनता के मुक़द्दमों पर निर्णय करते थे।[1] मुग़लों के राज्यकाल ईस्ट इण्डिया कम्पनी के अन्तर्गत हुए, तो भी यही व्यवस्था चलती रही। नियम दो 1772 ई० के अनुसार समस्त मुक़द्दमें, जो उत्तराधिकार, विरासत, विवाह तथा जाति तथा रीतियों अथवा संस्थाओं, मुसलमानों को क़ुर्आन के अनुसार तथा हिन्दुओं को शास्त्र के आधार पर प्राप्त होगा।[2] इस्लामी हनफ़ी पन्थ के अपराध कानून में बर्तानिया सरकार ने कुछ अहम् परिवर्तन कर दिये। परन्तु उसका नाम यथावत् रखा, जो 1862 ई० में 'कोर्ट ऑफ़ क्रिमिनल प्रोसीजर' तथा 'इण्डियन पेनल कोड' के अस्तित्व में आ जाने के बाद समाप्त हो गया परन्तु साक्ष्य का क़ानून अगले दस वर्षों तक चलता रहा। यहाँ तक कि 'ईवीडेन्स ऐक्ट 1872' ई० ने उसे भी समाप्त कर दिया। 'वक़्फ़ ऐक्ट 1913' ने मुस्लिम वक़्फ़ों को बर्तानिया के कानून के अन्तर्गत कर दिया। यहाँ तक कि 'शरीअत ऐक्ट 1937' के प्रतिपादित होने के बाद हनफ़ी

---

1. Administration of Justice in Medieval India, pp. 32-33
2. Anglo Mohammadan Law, p.25

धर्मशास्त्र, जो भारत में शताब्दियों से लागू था, समाप्त हो गया। यह नयी विधि बर्तानिया की साधारण विधि और न्याय सिद्धान्त पर आधारित था, जिसमें स्थानीय आवश्यकताओं के अनुरूप कुछ संशोधन-परिवर्तन कर लिया गया था। आसिफ़ फ़ैज़ी के कथनानुसार : "**अतः यह मुस्लिम विधेयक, जो भारत को प्राप्त है, शरीअत है, जिसको अंग्रेज़ों के सामान्य विधेयक तथा न्याय सिद्धान्त के आधार पर भारतीय सामाजिक एवं सांस्कृतिक आवश्यकता अनुसार परिवर्तित किया गया है और शताब्दियों से इसका प्रयोग हो रहा है, जिससे इसका प्रारम्भिक रूप बहुत सीमा तक परिवर्तित हो चुका है।**"[1]

शरीअत क़ानून को लागू करने में बर्तानिया सरकार दो प्रकार के विरोधाभास की शिकार हुई। प्रथम, यह कि इस क़ानून के कारण जनता में असन्तोष उत्पन्न होना स्वाभाविक था कि बर्तानिया सरकार उनकी धार्मिक बातों में अनुचित हस्तक्षेप कर रही थी। बर्तानिया सरकार इस प्रकार का अकारण असन्तोष नहीं चाहती थी। द्वितीय, यह कि सामाजिक स्थितियों में परिवर्तन, पाश्चात्य शिक्षा के प्रभाव, यूरोपीय देशों से व्यापारिक सम्बन्ध, जो वहाँ के नियम एवं विधि का आदर करने पर विवश करते थे तथा सबसे बढ़कर सुधार एवं उन्नति करने की इच्छा विवश करती थी कि शरीअत क़ानून में संशोधन-परिवर्तन हो। परन्तु इस तथ्य को नकारा नहीं जा सकता कि भारतीय मुसलमानों ने बर्तानिया सरकार द्वारा आरोपित क़ानून शरीअत को कभी पसन्द नहीं किया। विवशतापूर्वक ही स्वीकार किया। इन परिवर्तनों के पक्षधरों का पक्ष था कि यदि मिस्र, तुर्की आदि देशों में इस्लामी शरीअत क़ानून में परिवर्तन सम्भव है, तो भारत में सम्भव क्यों नहीं है। यद्यपि न्याय की दृष्टि से देखा जाय, तो जिन देशों में शरीअत क़ानून में परिवर्तन हुआ, इस्लामी धर्मशास्त्रियों अथवा मुजतहिदों के परामर्श से नहीं किया गया वरन् समसामयिक राजनीतिक कारणों से परिवर्तन किये गये। इन परिवर्तनों के पीछे भी बर्तानिया सरकार का हाथ होने से इन्कार नहीं किया जा सकता।

देश-विभाजन (1947 ई०) के पश्चात् भारत के दो अलग-अलग राष्ट्र अस्तित्व में आ गये—भारत तथा पाकिस्तान। बाद में पाकिस्तान पुनः विभाजित हो गया—पाकिस्तान और बाँग्लादेश। भारत में धर्मनिरपेक्ष प्रजातन्त्र है। पाकिस्तान तथा बाँग्लादेश में इस्लामी प्रजातन्त्र है। पाकिस्तान तथा बाँग्लादेश ने अपने राष्ट्रीय हितों को ध्यान में रखते हुए अपने अलग-अलग शरीअत क़ानून

---

1. Outlines of Muhammadan Law, p. 51

बनाये हैं, जिनके विषय में सविस्तार चर्चा करना यहाँ सम्भव नहीं है, परन्तु भारत के संविधान में उद्देशिका के रूप में घोषित किया गया है : **"हम, भारत के लोग, भारत को एक सम्पूर्ण प्रभुत्वसम्पन्न समाजवादी पन्थनिरपेक्ष लोकतन्त्रात्मक गणराज्य बनाने के लिए तथा उसके समस्त नागरिकों को सामाजिक, आर्थिक और राजनैतिक न्याय, विचार, अभिव्यक्ति, विश्वास, धर्म और उपासना की स्वतन्त्रता, प्रतिष्ठा और अवसर की समता प्राप्त कराने के लिए तथा उन सब में व्यक्ति की गरिमा और राष्ट्र की एकता और अखण्डता सुनिश्चित करनेवाली बन्धुता बढ़ाने के लिए दृढ़संकल्प होकर अपनी इस संविधान सभा में आज तारीख 26 नवम्बर, 1949 ई० मिति मार्गशीर्ष शुक्ला सप्तमी, संवत् दो हज़ार छह विक्रमी को एतद्द्वारा इस संविधान को अंगीकृत, अधिनियमित और आत्मार्पित करते हैं।"**[1] भारत के संविधान में धर्म की स्वतन्त्रता का अधिकार, अन्तःकरण की और धर्म को अबाध रूप से मानने, आचरण और प्रचार करने की स्वतन्त्रता, धार्मिक कार्यों के प्रबन्ध की स्वतन्त्रता, किसी विशिष्ट धर्म की अभिवृद्धि के लिए करों के सन्दाय के बारे में स्वतन्त्रता, कुछ शिक्षा संस्थाओं में धार्मिक शिक्षा या धार्मिक उपासना में उपस्थित होने के बारे में स्वतन्त्रता के विषय में निश्चित अनुच्छेद रखे गये हैं।[2]

इल्मे-कलाम

यह इस्लामी धार्मिक विद्याओं की एक शाखा है, जिसमें इस्लामी धर्म सिद्धान्त के सम्बन्ध में विचार एवं अनुशीलन किया जाता है, जिन पर आस्था रखना इस्लामी दृष्टिकोण से अनिवार्य है। इल्मे-कलाम में धर्म सिद्धान्तों की सत्यता स्थापित करने हेतु तर्क-वितर्क से उनकी रक्षा की जाती है।

इल्मे-कलाम का प्रारम्भ कब हुआ तथा मुसलमानों में इसका प्रचलन कब से है, इसके विषय में निश्चित रूप में कुछ नहीं कहा जा सकता, परन्तु इतना निर्विवाद है कि प्रथम सदी हिजरी (7वीं सदी ई०) के अन्तिम दो दशकों में विवशता एवं भाग्य तथा न्याय आदि विषय मुसलमानों के बीच शास्त्रार्थ में प्रचलित थे तथा इसका पहला संस्थान ख़्वाजा हसन बसरी (मृ०728 ई०) का मदरसा था। इसी सदी के अन्तिम दो दशकों में मआबद जहनी तथा ग़ीलान दमिश्क़ी नामक दो व्यक्ति मुसलमानों में हुए थे, जिन्होंने मानव की स्वतन्त्रता

1. भारत का संविधान, 1950
2. भारत का संविधान, 1950

तथा उसके सर्वाधिकार होने की तीव्रतापूर्वक वकालत की थी। दूसरी ओर कुछ ऐसे लोग भी थे, जो विवशतावादी थे। स्वतन्त्रता एवं सर्वाधिकार के समर्थकों को 'क़द्री' तथा उनके विरोधियों को 'जब्री' कहा गया है। धीरे-धीरे दोनों वर्गों के मतभेद इतने बढ़े कि इस विवाद में धर्म, ज्ञान-विज्ञान तथा मानव के जीवन-मरण की सभी समस्याएँ सम्मिलित हो गयीं। विवशतावाद एवं भाग्यवाद की समस्याएँ मुख्य विवाद का विषय रहीं। विभिन्न कालों में 'क़द्रियों' को 'मुतज़िला' तथा 'जब्रियों' को 'अशाअरा' के नाम से याद किया गया। पाश्चात्यविद् तथा उनके समर्थक यह विश्वास करते हैं कि इस्लामी उलमा में तर्क-वितर्क पर आधारित विचार-विमर्श यहीं से हुआ, परन्तु सत्य यह है कि इस्लाम में तर्क-वितर्क का मूल स्वरूप क़ुर्आन है, फिर इस क्रम को इस्लामी पैग़म्बर की हदीसों तथा हज़रत अली के विभिन्न वक्तव्यों ने आगे बढ़ाया।

क़ुर्आन ने 'ईमान' (विश्वास) का आधार बुद्धि एवं चिन्तन पर रखा है। क़ुर्आन निर्देशित करता है कि लोगों को पूर्णतया चिन्तन-मनन के बाद ही इस्लाम स्वीकार करना है। क़ुर्आन 'ईमान' तथा 'अक़ीदा' के विषय में 'तआबद' (बन्दगी करना) को पर्याप्त नहीं मानता है। अतः धर्म के मौलिक सिद्धान्तों के विषय में विचार-विमर्श एवं शोध को अनिवार्य मानता है। इल्मे-कलाम इसी क्रम को आगे बढ़ाता है। यानी, यह विद्या हमें बताती है कि कौन-सी वस्तु इस्लामधर्म के मूल सिद्धान्तों से सम्बद्ध है, उसे किस तर्क से स्थापित किया जा सकता है तथा यदि उनके विषय में कोई भ्रान्ति है, तो उसका किस प्रकार निवारण किया जा सकता है।

❑❑❑

अध्याय : तीन

भारतीय परिवेश के क़ुर्आनी आयाम

क़ुर्आनी आयाम में भारतीय परिवेश की खोज करने में क़ुर्आन की दो प्रकार की आयतें विषय रूप में मार्ग निर्देशन करती हैं। प्रथम, वे आयतें जिनमें विश्व के समस्त भूक्षेत्रों पर नबियों और पैग़म्बरों के अवतरित होने की चर्चा है। द्वितीय, वे आयतें जिनमें कुछ धार्मिक वर्गों की चर्चा की गयी है। सर्वप्रथम पहले प्रकार की आयतें देखिये : "**और प्रत्येक समाज के लिए एक रसूल है, और जब रसूल आ जाता है उनके बीच न्यायोचित निर्णय हो जाता है। और उन पर किसी प्रकार का अत्याचार नहीं होता है।**" (क़ुर्आन 10/47) फिर दूसरे स्थान पर कहा गया : "**हमने आपको सत्य के साथ शुभ सन्देशक तथा सुसचेतक बनाकर भेजा है और कोई जाति ऐसी नहीं है, जिसमें कोई सुसचेतक न आया हो।**" (क़ुर्आन 35/24) इसकी तफ़सीर में सैय्यद-उल-उलमा सैय्यद अली नक़ी नक़वी (मृ० 1988 ई०) लिखते हैं : "**क़ुर्आन की यह सर्वसाधारण के बीच घोषणा, इसका प्रमाण है कि प्राच्य एवं पाश्चात्य में जहाँ-जहाँ मानव निवास करते हैं, कभी-न-कभी प्रारम्भ में कोई मार्ग निर्देशक अवश्य आया है, जिसकी शिक्षा को त्यागकर लोग पदभ्रष्ट हो गये।**"[1]

द्वितीय प्रकार की आयतों में धार्मिक समूह की चर्चा देखिये : "**जो लोग सामान्यतया ईमान लाये या यहूदी, नसारा एवं नक्षत्रोपासक हैं और उनमें से जो वास्तविक रूप में अल्लाह और आख़िरत पर ईमान लायेगा तथा शुभ कार्य करेगा उसके लिए पालनहार के यहाँ पारितोषक एवं पुण्य है तथा कोई दुःख अथवा भय नहीं है।**"(क़ुर्आन 2/62) 'नक्षत्रोपासक' 'सायबीन' का शाब्दिक अनुवाद है। 'नसारा' वर्तमान में ईसाइयों को कहते हैं। 'नसारा' कहे जाने का

---

1. तफ़सीरे-क़ुर्आन, 21-25/213

कारण यह है कि ये लोग नासरा क्षेत्र में आबाद थे। जिस प्रकार यहूदा-बिन-याक़ूब की वंशज होने के कारण यहूदी कहे गये उसी प्रकार प्राचीन में नासरा में निवास करने के कारण 'नसारा' कहे गये। एक अन्य आयत भी इसी भावार्थ की है : "**निश्चय ही वे लोग जो धर्मपरायण हैं अथवा यहूदी और नक्षत्रोपासक और ईसाई हैं उनमें से जो भी अल्लाह और आख़िरत पर वास्तविक रूप में ईमान लायेगा और शुभ कार्य करेगा उसके लिए न भय है और न उसे दुःख होगा।**" (क़ुर्आन 5/69) इन दोनों आयतों में एक बात महत्त्वपूर्ण है कि पहली आयत में नक्षत्रोपासकों की चर्चा ईसाइयों के बाद है, जबकि दूसरी आयत में उनसे पहले है। इससे नक्षत्रोपासकों के महत्त्व का अनुमान किया जा सकता है। क़ुर्आन फिर कहता है : "**निश्चय ही जो लोग ईमान लाये और जिन्होंने यहूदियत धारण की अथवा नक्षत्रोपासक हो गये या नसरानी और अग्निपूजक हो गये या द्विईश्वरवादी हो गये, अल्लाह क़यामत के दिन उन सबके बीच निश्चित निर्णय कर देगा।**" (क़ुर्आन 22/17) इस आयत में नक्षत्रोपासकों की चर्चा ईसाइयों तथा अग्निपूजकों से भी पूर्व है, जिससे उनका महत्त्व धार्मिक समूह के रूप में स्पष्ट होता है तथा सैय्यद-उल-उलमा की उपर्युक्त तफ़सीर भी प्रमाण प्राप्त करती है कि समस्त भूखण्ड में कोई-न-कोई धर्म निर्देशक अवश्य आया, जिसके उपदेशों को भुलाकर बाद में लोग पदभ्रष्ट हो गये। इस सन्दर्भ में क़ुर्आन की यह आयत भी महत्त्वपूर्ण है : "**और हमने आपसे पहले भी बहुत से रसूल भेजे हैं, जिनमें से कुछ की आपसे चर्चा की है और कुछ की आपसे चर्चा नहीं की है।**" (क़ुर्आन 40/78)

उपर्युक्त चर्चित नबियों तथा पैग़म्बरों पर कितने धर्मग्रन्थ अवतरित हुए, उनके विषय में अधिक जानकारी नहीं है। क़ुर्आन ने मात्र तीन अन्य ग्रन्थों की चर्चा की है। तौरात, ज़बूर तथा इंजील। चौथा ग्रन्थ स्वयं क़ुर्आन है। क़ुर्आन ने इनको तीन प्रकारों में विभाजित किया है—'मुजिज़ात' (चमत्कार), 'सहीफ़े' (ग्रन्थ) तथा 'रौशन किताब' (प्रज्वलित पुस्तक)। क़ुर्आनी आयत देखिये : "**यदि यह लोग आपका खण्डन करते हैं, तो उनके पूर्ववालों ने भी यही किया है कि जब उनके पास पैग़म्बरगण चमत्कार, ग्रन्थ एवं प्रज्वलित पुस्तक लेकर आये।**" (क़ुर्आन 35/25) चमत्कारों में पुस्तक भी सम्मिलित है। इस प्रकार तीन प्रकार दैवी पुस्तकों के लिए है। विचारणीय है कि क़ुर्आन में जिन अवतरित पुस्तकों की चर्चा है उनमें नक्षत्रोपासकों एवं अग्निपूजकों की पुस्तकों की चर्चा नहीं है, जो क़ुर्आन के इस आदेश के अन्तर्गत आते हैं कि "**जिनमें कुछ की चर्चा आपसे की है और कुछ की आपसे चर्चा नहीं की है।**" परन्तु इन सब पर समस्त धर्मपरायण जनों का विश्वास करना अनिवार्य है। क़ुर्आन कहता है : "**हे धर्मपरायणों रसूल और ग्रन्थ, जो रसूल पर अवतरित हुई है और वह ग्रन्थ, जो**

इससे पूर्व अवतरित हो चुके हैं, सब पर ईमान लाओ।" (क़ुर्आन 4/36)

उपर्युक्त आयतों के प्रकाश में पाँच धार्मिक समूहों की चर्चा मिलती है—'मुस्लिम' (धर्मपरायण), 'नसरानी' (ईसाई), 'यहूदी', 'मजूसी' (अग्निपूजक) तथा 'सायबी' (नक्षत्रोपासक)। इनमें प्रथम तीन धार्मिक समूहों के अपने धर्मग्रन्थ हैं, जो ईश्वर द्वारा अवतरित हैं। उनके धार्मिक समूह होने में भी कोई सन्देह नहीं है। अग्निपूजक भी धार्मिक समूह होने के आधार पर सर्वमान्य हैं। परन्तु उनकी धार्मिक अवतरित पुस्तक की चर्चा नहीं है वरन् नक्षत्रोपासकों का अस्तित्व एवं उनके धर्मग्रन्थ का अवतरित होना, दोनों ही अस्पष्ट हैं। अतः ख़राफ़ी इराक़ी लोगों के एक समूह ने अब्बासी ख़िलाफ़त के प्रारम्भिक काल (650-786 ई०) में स्वयं को 'सायबीन' (नक्षत्रोपासक) में सम्मिलित कराकर विशेष अधिकार प्राप्त कर लिये थे।[1] इसके पश्चात् 'मजूसियों' (अग्निपूजकों) को ईरान तथा 'सायबीन' (नक्षत्रोपासकों) को प्राचीन ईराक़ के धार्मिक समूह के रूप में माना जाने लगा। यद्यपि ऐतिहासिक परिवेश में यह वर्ग-विभाजन निरर्थक है क्योंकि प्राचीन ईराक़ के भौगोलिक एवं सांस्कृतिक सीमाओं में प्राचीन ईरान भी सम्मिलित है। अथवा दूसरी स्थिति में प्राचीन ईरान की सीमाओं में प्राचीन ईराक़ भी सम्मिलित है। यथार्थ यह है कि प्राचीन ईराक़ व जज़ीरा (दजला एवं फ़ुरात नदियों के बीच की धरती) प्राचीन युग में सांस्कृतिक एवं सामाजिक केन्द्र के रूप में विख्यात थी। जिसकी चर्चा विभिन्न इतिहासकारों ने की है।

क़ुर्आन ने 'मजूसियों' (अग्निपूजकों) की चर्चा धार्मिक समूह के रूप में की है, जो आर्य जाति का एक समूह है, जबकि दूसरा बड़ा समूह भारत में ईरान से भिन्न एवं पृथक् मानकों पर विकसित होकर आधी दुनिया में फैल गया। इसको तफ़सीरकारों में कुछेक ने 'सायबी' (नक्षत्रोपासक) कहा है। परन्तु तफ़सीरकारों का बहुसंख्यक वर्ग इस विषय में कुछ नहीं कहता। मौलाना अबुल कलाम आज़ाद (मृ० 1958 ई०) भी हिन्दुओं को 'सायबियों' एवं 'मजूसियों' से भिन्न मानते हैं। परन्तु उनसे श्रेष्ठ मानते हैं : **"मैं कहता हूँ कि हिन्दू इन दोनों जातियों से यानी मजूसियों और सायबीन से भी अनेक रूप में श्रेष्ठ स्थिति तथा उच्चतर धार्मिक एवं नागरिक दशा रखते हैं। अतः यदि इन दोनों की गणना दैवी पुस्तक धारकों में हुई, तो यह संकेत है इस ओर कि हिन्दुओं की गणना वरीयता से होगी।"**[2] परन्तु दसवीं शती के विद्वान् क़ाज़ी सअद उन्दुलुसी ने हिन्दुओं के बहुसंख्यक वर्ग को सायबी माना है : **"सायबी हिन्दू जिनका बहुसंख्यक वर्ग है,**

---

1. सीरत-उन-नबी, भाग-4, पृ० 601
2. जाम्अ-उल-शवाहिद, पृ० 55

विश्व को शाश्वत मानते हैं, उनको विश्वास है कि विश्व को रचनाकार ने उत्पन्न किया। ये नक्षत्रों का आदर करते हैं।"[1] बारहवीं शती के विद्वान् अबुलफ़त्ह मुहम्मद शहरिस्तानी (मृ० 1153 ई०) ने लिखा है : **"परन्तु हिन्दू एक बड़ी जाति है और उनका एक बड़ा धर्म है। उनके विभिन्न धार्मिक विश्वास हैं। उनका एक सम्प्रदाय ब्रह्मवादी है, जो द्विईश्वरवाद का अनुयायी है तथा ब्राह्मी धर्म को सत्य मानता है परन्तु अधिकांश हिन्दू सायबी धर्म के अनुयायी हैं। उनका एक वर्ग अध्यात्म को मानता है। उनका एक वर्ग ईश्वर को साकार मानता है तथा एक वर्ग मूर्तिपूजा को सत्य कहता है।"**[2] भारतीय तफ़सीरकारों में क़ाज़ी सनाउल्लाह पानीपती (मृ० 1810 ई०) हिन्दुओं को दैवी धर्म का धारक मानते हैं। उन्होंने सूरह 'अलअनआम' की एक आयत की तफ़सीर के सन्दर्भ में लिखते हैं : **"भारतवासियों के धर्मसिद्धान्त प्रायः तो क़ुर्आन तथा इस्लामी पैग़म्बर के जीवन से समानता रखते हैं तथा जहाँ विरोध है वह असुर शक्तियों की कारस्तानी का परिणाम है।"**[3]

इस विवाद को दृष्टिगत करते हुए कि 'सायबीन' से अभिप्राय भारतवासी हैं अथवा नहीं, क्योंकि इसका स्पष्ट प्रमाण क़ुर्आन से नहीं मिलता, जिससे इस विषय में कुछ कहना काल्पनिक ही होगा, परन्तु इस सीमा तक दावा करने में कोई आपत्ति नहीं हो सकती कि अनेक नबियों तथा पैग़म्बरों का भारतभूमि से सम्बन्ध किसी-न-किसी रूप में रहा है, जो धर्म इतिहास में मूल महत्त्व रखते हैं। विशेषकर उनमें हज़रत आदम, हज़रत शीस, हज़रत नूह, हज़रत इदरीस की चर्चा की जा सकती है।

हज़रत आदम

इब्न-जरीर तबरी, इब्न-अबी हातिम तथा हाकिम नीशापुरी ने लिखा है कि हज़रत आदम जन्नत से निकलने के बाद सर्वप्रथम भारतभूमि पर आये तथा 'सरानदीप' ('स्वर्णद्वीप' या 'सिंहलद्वीप' या श्रीलंका) की किसी पर्वत-शिखा पर सर्वप्रथम अपने चरण रखे।[4] तत्कालिक भारत में 'सरानदीप' सम्मिलित था। उस स्थान की पहचान 'दजना' कहकर की गयी है।[5] 'दजना' शब्द संस्कृत शब्द 'दक्षिण' का तद्भव हो सकता है। सरानदीप पर्वत पर मानव पग के

1. तबक़ात-उल-उमम, पृ० 56
2. किताब-अलमिलल-वअलनिहल, पृ० 132
3. तफ़सीरे-मज़हरी, आयत 4/218
4. जाम्अ-उल-बयान-फ़ी-तफ़सीर-उल-क़ुर्आन, आयत 1/81
5. अरबो-हिन्द तअल्लुक़ात, पृ० 2

एक बड़े चिह्न को श्रद्धालु नयनों से लगाते हैं। मुसलमान इसे हज़रत आदम के पग चिह्न, हिन्दू शिवजी के तथा बौद्ध महात्मा बुद्ध से सम्बद्ध करते हैं।[1] अल्लामा मुहम्मद-बिन-अली यमनी सनआनी शूकानी (मृ० 1834 ई०) ने अपनी तफ़सीर में हज़रत इब्न-अब्बास (मृ० 687 ई०) का एक कथन लिखा है कि हज़रत आदम का तनूर भारत में था। अल्लामा इब्न-जरीर अलतबरी (मृ० 922 ई०) ने हज़रत अली का एक वक्तव्य लिखा है : **''सबसे पवित्र एवं सुगन्धित देश भारत है, क्योंकि वहाँ हज़रत आदम पधारे और वहाँ के वृक्षों में स्वर्ग के सुगन्ध का प्रभाव है।''**[2]

आदम को ज़िन्द में 'यिम' तथा ऋग्वेद में 'यम' कहा गया है। यह समानता भी 'मजूसियों' तथा 'सायबियों' की एकरूपता स्पष्ट करती है। ऋग्वेद के अनुसार प्रथम मानव 'यम' है, जो दृश्यजगत् से स्वर्ग तक के मार्गों से परिचित है :

परेयिवांसं प्रवतो महरिनु बहुम्य : पन्थामनुपस्पशानम।
वैवस्वतं खङ्गमं, जनानां यमं राजानं हविषा दुवस्यो।।

(ऋग्वेद 10-14-1.2)

(तुम अपने पृथक् यमों की समस्त श्रद्धा से सेवा करो, यम अच्छे व्यक्तियों को सुखदायी स्थानों पर ले जाते हैं। व्यक्तियों के कठिन मार्ग को सहज बनाते हैं तथा वे समस्त मानव के वंशजों में सर्वप्रथम हैं।)

यम की बहन 'यमी' है, जिससे 'यम' सम्भोग करता है। उससे मानव वंश की परम्परा प्रारम्भ होती है। काम भावनाओं का प्रदर्शन 'यमी' की ओर से होता है, जिस पर प्रारम्भ में 'यम' सहमत नहीं होता। ऋग्वेद में उसके संवाद दिये गये हैं। एक श्लोक देखिये जिसमें 'यम' उसके अनुरोध पर संकोच व्यक्त करता है :

न यत्पुरा चकृम कद्क नूनमृता वदन्ती अनृत रयेम।
गन्धर्वो अप्स्वप्या च योषा सा नोनामः ररमं जामि तन्नौ।।

(ऋग्वेद 10-10)

(हमने पूर्व में ऐसा कार्य कभी नहीं किया। सच बोलते हुए हम आपस में झूठ कैसे बोलें अन्तरिक्ष में किरणों से प्रकाशित करनेवाला सूर्य तथा अन्तरिक्ष में निवास करनेवाली उनकी पत्नी 'सरनयू' हमारे माता-पिता हैं। इस प्रकार हम सगे भाई-बहन हैं।)

---

1. तफ़सीर-फ़त्ह-उल-क़दीर, आयत 2/474
2. तारीख़-अर्रुसुल-वअलमुलूक, भाग-1, पृ० 81

क़ुर्आन में आदम तथा हव्वा के सम्बन्धों को भिन्न रूप में व्याख्यायित किया गया है। देखिये : **"वही अल्लाह है, जिसने सबको एक प्राण से उत्पन्न किया और फिर उसी से उसका जोड़ा बनाया। ताकि उसे शान्ति प्राप्त हो सके। इसके पश्चात् पति ने पत्नी से सम्भोग किया तो एक सूक्ष्म गर्भ स्थापित हुआ, जिसे वह धारण किये फिरती रही। फिर गर्भ भारी हुआ तथा जन्म का समय निकट आया तो दोनों ने पालनहार से दुआ की कि हमको धर्मात्मा पुत्र देगा, तो हम तेरे कृतज्ञ बन्दों में होंगे।"** (क़ुर्आन 7/189) 'तुमने सबको एक प्राण से उत्पन्न किया' पर विद्वानों ने बड़ी-बड़ी सूक्ष्मताएँ उत्पन्न की हैं। बहुसंख्यक मुसलमानों के विचार में हव्वा का जन्म आदम की पसली से हुआ था। इस प्रकार आदम तथा हव्वा का सम्बन्ध पिता-पुत्री का हुआ, जिसको नबियों के सतीत्व को सर्वोपरि माननेवाले विद्वान् एक आरोप मानते हैं। परन्तु इस पिता-पुत्री के सम्बन्ध की कल्पना में ज़िन्द तथा वेद के विचारों की समानता स्पष्ट है। शीआ तफ़सीरकारों के विचार में इसका अर्थ यह है कि मानव को एक व्यक्ति (आदम) से उत्पन्न किया और उस (की बची हुई मिट्टी) से उसका जोड़ा बना डाला।[1]

हज़रत नूह

भारत से हज़रत नूह का सम्बन्ध क़ुर्आन की आयत : **"और तनूर से पानी उबलने लगा।"** (क़ुर्आन 11/40) के शब्द 'तनूर' से प्रमाणित किया जाता है 'तनूर' अरबी शब्द नहीं है। अरबी शब्दकोश में 'तनूर' शब्द को आधुनिक स्रोत का शब्द तथा उसका अर्थ 'गोल ज़मीनी चूल्हा' लिखा गया है। अल्लामा शूकानी ने शब्द 'तनूर' पर अनेक वक्तव्यों की चर्चा की है। उनमें हज़रत इब्न-अब्बास के वक्तव्य की चर्चा गत पंक्तियों में आ चुकी है कि हज़रत आदम का 'तनूर' भारत में था। इसके अतिरिक्त उन्होंने एक वक्तव्य यह भी लिखा है कि 'तनूर' एक स्थान का नाम है, जो भारत में है।[2] इससे अरब-भारत सम्बन्धों के खोजियों ने क़ुर्आन की तफ़सीर को काल्पनिक बनाने के दुस्साहस की चिन्ता किये बिना घोषित कर दिया कि केरल प्रान्त के जिला मल्लापुरम में स्थित रेलवे स्टेशन 'तनूर' वही 'तनूर' है, जिसकी चर्चा क़ुर्आन में की गयी है।[3] यद्यपि इस सन्दर्भ में प्रमाणित वक्तव्य यह कि अब 'मस्जिदे-कूफ़ा' (ईराक़) जिस स्थान पर

1. तर्जमा-ए-कलामे-इलाही, पृ० 240
2. तफ़सीर-फ़त्ह-उल-क़दीर, भाग-2, पृ० 474
3. हिन्दुस्तान से नबी-ए-रहमत के तअल्लुक़ात, पृ० 18, अगर अब भी न जागे तो, पृ० 53

स्थापित है, वही स्थान है जहाँ पर हज़रत नूह ने अपनी नौका तैयार की थी। उसी मस्जिद के आँगन में एक 'तनूर' भी है, जिससे पानी उबला था।

हज़रत नूह के जलप्लावन की चर्चा तौरेत में है, जिसके दो विभिन्न स्रोत मालूम होते हैं, क्योंकि उसमें घटनाक्रम जिस प्रकार प्रस्तुत किया गया है, उसमें अनेक प्रकार के विरोधाभास हैं। (तौरेत 6:9-9:17) प्राचीन साहित्य में भी इसका वर्णन मिलता है। इस भयानक जलप्लावन का प्राचीनतम वर्णन चार हज़ार वर्ष पूर्व के इराक़ से सम्बन्धित है, जिसको 'दजला' तथा 'फ़ुरात' नदियों के बीच की वादी होने के कारण 'जज़ीरा' (द्वीप) कहा जाता है। यह वही क्षेत्र है, जिसमें 'कूफ़ा' नामक नगर स्थित है। इस क्षेत्र में अलकन्दी तथा समीरी जातियाँ निवास करती थीं, जिनका वंशक्रम 'तूरान' से स्थापित होता है तथा वर्तमान में 'हसनस' तथा 'मंगोल' कहे जाते हैं। उनका एक राजा सलोना पालस (608-68 ई० पू०) तथा जो ज्ञान एवं विद्या का बड़ा ही संरक्षक था तथा उसका पुस्तकालय वर्तमान में भी बाबुल की संस्कृति के संज्ञान का सबसे बड़ा माध्यम रह गया है। इसमें जलप्लावन से सम्बन्धित एक कविता सुरक्षित है जिसको नूह के तूफ़ान का कल्दायी वर्णन कहना उचित होगा।[1] यह जलप्लावन अपने परिणाम के आधार पर इतना प्रभावी था कि प्राचीन हमोरबी तथा बाबुली संस्कृत में इसको एक नवीन युग का प्रारम्भ बिन्दु माना जाता था।[2] इसकी चर्चा वैदिककालीन जलप्लावन की कथा के रूप में भी है। (काठक संहिता 11-2)

वैदिक संहिताओं में मनु को ऐतिहासिक व्यक्ति की मान्यता प्राप्त है कि वही सर्वप्रथम मानव थे जिनकी चर्चा बार-बार की गयी है। (ऋग्वेद 1-80-16, 8-63-1, 10-100-5, अथर्ववेद 14-12, 41, तैत्तिरीय संहिता 1-5-1-3, 7-5-15-3, 6-7-1, 3-3-1, 5-4-10-5-6, 6-6-1, शतपथ ब्राह्मण 1-1-4-14) भारतीय धर्मस्रोतों में मनु को 'विवस्वान्' (ऋग्वेद 8-52-1) अथवा 'वैवस्व' (अथर्ववेद 8-10-24), 'विवस्वन्त' (सूर्य) का पुत्र, 'सावर्णि' या 'सांवर्णि' (सवर्णा वंशज) (ऋग्वेद 8-51-1) भी कहा गया है। इन धर्मस्रोतों में चर्चित प्रथम नाम पौराणिक है तथा दूसरा नाम ऐतिहासिक है। सावर्णि को विद्वानों ने लुड्विग तुर्वसुओं का राजा भी माना है परन्तु कुछेक मतभेद करते हैं तथा इस मान्यता को सन्देहपूर्ण मानते हैं।

'मनु' को वह महामानव कहा गया है, जिनसे मानववंश चला तथा 'मनु' ही प्रथम व्यक्ति थे, जिन्होंने सर्वप्रथम यज्ञ किया :

---

1. तारीख़े-अदबयाते-आलम, भाग-1, पृ० 69
2. हमोरबी और बाबुली तहज़ीबो-तमद्दुन, पृ० 69

येभ्यो होत्रां प्रथममायेजे मनुः समिद्धाग्निमनिसा सप्त होतृभिः।
त आदित्या आमं शर्म यच्छत सुगा नः कर्त सुपथा स्वस्तये॥

(ऋग्वेद 1-114-2-2)

ताण्डय ब्राह्मण (23-16-17) में जलप्लावन की चर्चा है। काठक संहिता (11-2) में जलप्लावन के नायक के रूप में मनु की चर्चा की गयी है। ऋग्वेद में एक प्रार्थना है, जिसमें 'मनु' वंशज में होने की कामना की गयी है :

तेनस्त्राध्वं तेऽवत त उनो अधि वोचत।
मा नः पथः पित्र्यान्मानवादधि दूरं नैष्ट परावतः॥

(ऋग्वेद 8-30-3)

(हे देवताओ! हमें राक्षसों से बचाओ, हमारी रक्षा करो और हमसे अच्छी तरह बातें करो हमारे पिता मनु के मार्ग से हमें दूर न करो।

हिन्दू धर्मग्रन्थों में 'मनु' पौराणिक व्यक्तित्व हैं, जिनकी चर्चा बारम्बार होती है और जिससे यह भी आभास मिलता है कि विभिन्न व्यक्तियों की चर्चा हुई है। पुराणों में मनु को मानवजाति का पथप्रदर्शक कहा गया है तथा उन्हें प्रत्येक मन्वन्तर में स्थित माना गया है। मनु ही मानव जाति के कर्त्तव्यों (धर्म) के ज्ञाता हैं। श्रीमद्भगवद्गीता (10-6) में मनुओं का उल्लेख मिलता है। डॉ० राजबली पाण्डेय का वक्तव्य है : "**मनु नामक अनेक उल्लेखों से प्रतीत होता है कि यह नाम न होकर उपाधि है। मनु शब्द का मूल मन् धातु (मनन करना) से भी यही प्रतीत होता है। मेधातिथि, जो मनुस्मृति के भाष्यकार हैं, मनु को उस व्यक्ति की उपाधि कहा है, जिसका नाम प्रजापति है। वे धर्म के प्रकृत रूप के ज्ञाता थे एवं मानव जाति को उसकी शिक्षा देते थे। इस प्रकार यह विदित होता है कि मनु एक उपाधि है।**"[1]

'मनु' को उपाधि रूप में स्वीकार करने की स्थिति में उन्हें इस्लामी धर्म शब्दावली में 'नबी' कहा जायगा, जिसका मुख्य कार्य पथ प्रदर्शन होता है। 'मनु' 'नूह' का परिवर्तित उच्चारण हो सकता है, क्योंकि 'नूह' तथा 'मनु' की भाषिक विशेषताओं में अनेक समानताएँ हैं। इस्लामी विश्वास है कि सर्वप्रथम एक नबी आया फिर उसके बाद समय-समय पर अनेक नबी आते गये। यह चिन्तन क़ुर्आनी विचारधारा से पूर्णरूपेण तादात्म्य रखता है। इससे उस अतिजटिल समस्या का समाधान भी सम्भव हो जाता है कि भारत में कौन नबी या पैग़म्बर जनता के पथ प्रदर्शन हेतु आया। इससे स्पष्ट संकेत मिलता है कि हज़रत नूह ही वे सत्य नबी थे, जो ईश्वर की ओर से भारतीय महाद्वीप में पथ प्रदर्शन हेतु

1. हिन्दू धर्मकोश, पृ० 494

आये। इस स्थिति में हमें हज़रत इब्न-अब्बास का यह कथन स्वीकार करना पड़ेगा कि हज़रत नूह के सुपुत्रों (साम, हाम, याफ़्स) में साम ही अरब-ईरान-भारत के परमपितामह हैं तथा उन्हीं के वंशज इन क्षेत्रों में निवास करते हैं।[1] यही विचार अन्य मुस्लिम इतिहासकारों के भी हैं।[2]

अन्य नबी एवं रसूल

अन्य नबियों तथा रसूलों में हज़रत शीस, हज़रत इदरीस, हज़रत अय्यूब, तथा उनके वंशजों के विषय में कहा जाता है कि उनका सम्बन्ध किसी-न-किसी रूप में भारत भूमि से रहा है। हज़रत शीस, हज़रत आदम के सुपुत्र हैं। उनके पुत्र अनूश, के पुत्र क़ीनान, के पुत्र महलाईल, जिनकी आयु 895 वर्ष बतायी जाती है, उनके पुत्र का नाम इब्न-हिशाम (मृ० 828 ई०) ने 'युर्द' लिखा है। वेदों में महलाईल को महलल कहा गया है तथा आयु भी वही बतायी गयी। अलबत्ता 'यर्द' का नाम 'वरध' तथा आयु 908 वर्ष लिखी है। इब्न-क़ुतैबा, इब्न-हिशाम तथा इब्न-सअद ने 'यर्द' के पुत्र का नाम अख़नूख़ लिखा है, जो वेदों में 'हनूक' है। हनूक 365 वर्ष की आयु में आसमान पर उठा लिये गये। इन्हीं हनूक को क़ुर्आन में इद्रीस कहा गया है। हज़रत अय्यूब अपने धैर्य एवं सन्तोष करने की विशेषता में अद्वितीय थे, जो हज़रत इब्राहीम के सुपुत्र हज़रत इस्हाक़ के वंशज थे। अयोध्या (उत्तर प्रदेश) में दो क़ब्रें हैं, जो हज़रत शीस तथा हज़रत अय्यूब की कही जाती हैं।[3] इसी प्रकार गुजरात प्रदेश के विभिन्न क्षेत्रों में अनेक क़ब्रें हैं, जिनके विषय में कहा जाता है कि हज़रत नूह या उनके सुपुत्र, हज़रत यूसुफ़ के सुपुत्र तानोअ कनआनी, हज़रत इब्राहीम के पुत्र अफ़रासीम के वंशज से सुल्तान फ़ीनूस तथा फ़नानूस, हज़रत दाऊद के पुत्र सीनादोस की बतायी जाती हैं। ये क़ब्रें कई-कई मीटर लम्बी हैं। इनका आधार मात्र आस्था है। ऐतिहासिक प्रमाण सम्भव नहीं है। परन्तु इससे भारतवासियों की नबियों-पैग़म्बरों के प्रति श्रद्धा, आस्था एवं हार्दिक सम्बन्ध का अनुमान किया जा सकता है।

भारत में हज़रत मूसा के आगमन की चर्चा जैनधर्म की प्राचीन कथाओं में मिलती है, परन्तु हज़रत ईसा से सम्बन्धित चर्चाएँ अधिक प्रबल हैं। इन चर्चाओं में एक सीमा तक कथात्मकता भी है। इनमें कहाँ तक सत्य है, कहना कठिन है।

---

1. किताब-अलतबक़ात-उल-कबीर, भाग-1, पृ० 46
2. तारीख़-अर्रुसुल-वअलमुलूक, भाग-1, पृ० 15, सीरत-उल-रसूल अल्लाह, भाग-1, पृ० 1
3. ख़ुलासा-उल-अहादीस, भाग-1, पृ० 275, सियर-उल-औलया, पृ० 172

परन्तु हज़रत ईसा के प्रारम्भिक जीवन से सम्बन्धित एक जटिल समस्या का समाधान इससे मिल सकता है। हज़रत ईसा के विषय में अज्ञात है कि उन्होंने अपने जीवन के प्रारम्भिक वर्ष किस स्थान पर बिताये। यह कथन मिलता है कि वे अपने प्रारम्भिक जीवन में कश्मीर में रहे।[1] इसका अनुमोदन भविष्य पुराण से भी होता है, जिसमें सकादेश तथा हज़रत ईसा के भेंट करने की चर्चा है।[2] इस्लामी पैग़म्बर हज़रत मुहम्मद तथा भारत से सम्बन्धित अनेक तथ्यों की चर्चाएँ की जा सकती हैं, परन्तु इन विषयों पर हदीसों के सन्दर्भ में चर्चा करना अधिक तर्कसंगत है। अतः यहाँ उनकी चर्चा नहीं की जा रही है।

भारतीय नाम तथा वस्तु

भारतीय वस्तुओं एवं नामों की चर्चा इस्लामी स्रोतों में मिलती है। महात्मा बुद्ध को 'बौज़ास्फ़' तथा कपिलवस्तु को 'ज़ुलकफ़िल' मानकर कुछेक विद्वानों ने महात्मा गौतम बुद्ध को नबी स्वीकार किया है, परन्तु कुछ विद्वानों ने इसे विवादास्पद माना है। 'ज़ुलकफ़िल' के विषय में क़ुर्आन के भाष्यकारों में सहमति है कि यह जगह नहीं वरन् व्यक्ति का नाम है, जो हज़रत अय्यूब के पुत्र थे। स्थान एवं व्यक्ति के नाम के बीच सहमत की स्थिति इस प्रकार बनायी जा सकती है कि व्यक्ति के नाम पर स्थान का नामकरण हुआ, जो अत्यन्त प्रचलित रहा है। इसी प्रकार यदि हज़रत अय्यूब की क़ब्र अयोध्या में मान ली जाय, जिसकी चर्चा गत पृष्ठ में आ चुकी है, तो उस स्थिति में उनके सुपुत्र ज़ुलकफ़िल के भारत में होने की सम्भावनाएँ प्रबल हो जाती हैं। ज़ुलकफ़िल के नामकरण के कारणों की व्याख्या में क़ुर्आनी भाष्यकारों ने मतभेद किया है, परन्तु उनमें प्रत्येक भाष्यकार ने ज़ुलकफ़िल की तपस्या की चर्चा अवश्य की है कि वे नित्यदिन 'रोज़ा' (उपवास) तथा समस्त रातों में 'इबादत' (ईशपूजा) करते थे।[3] परन्तु महात्मा बुद्ध के 'बौज़ास्फ़' होने में कोई मतभेद नहीं है। विद्वानों में कोई मतभेद नहीं है कि अरबवासी महात्मा बुद्ध को ही 'बौज़ास्फ़' कहते थे।[4]

क़ुर्आन में स्वर्ग की पवित्र, स्वादिष्ट एवं स्वतृप्ति पेय वस्तुओं की चर्चा की है जिनमें भारत की तीन वस्तुएँ भी सम्मिलित हैं—तुलसी (रैहान), 'काफ़ूर' (कपूर), 'ज़ंजील' (अदरक) तथा 'मुश्क' (कस्तूरी)। क़ुर्आनी आयतें देखिए :

---

1. Mystic Life of Jesus, pp. 135-39
2. भविष्य पुराण, 3-22-21-26
3. तफ़सीरे-क़ुर्आन, आयत 5/164
4. अरबो-हिन्द तअल्लुक़ात, पृ० 115

"निःसन्देह हमारे नेक बन्दे उस प्याले से पियेंगे जिसमें मदिरा के साथ कपूर का सम्मिश्रण होगा।" (क़ुर्आन 76/5) **"वहाँ ऐसे प्याले से तृप्त किये जायँगे जिनमें कपूर का सम्मिश्रण होगा"** (क़ुर्आन 76/18) **"उन्हें मुहरबन्द शुद्ध मदिरा से तृप्त किया जायगा, जिसकी मुहर कस्तूरी की होगी"** (क़ुर्आन 83/26)

दैवी ग्रन्थ

क़ुर्आन में चार दैवी ग्रन्थों की विशेष चर्चा की गयी है—तौरेत, ज़बूर, इंजील और क़ुर्आन। अन्य दैवी पुस्तकों की चर्चा सामूहिक रूप में उदाहरणार्थ, **'प्रथम पुस्तक'** (क़ुर्आन 20/133) **'इब्राहीम और मूसा की किताब'** (क़ुर्आन 87/18-19) **'जिन लोगों ने किताब का खण्डन किया'** (क़ुर्आन 40/70) तथा **'चमत्कारों, उपदेशों तथा प्रज्वलित ग्रन्थ'** (क़ुर्आन 3/184, 35/25) आदि। इस प्रकार स्पष्ट है कि अनेक ऐसे दैवी ग्रन्थ हैं, जिनके नामों की चर्चा भी क़ुर्आन में नहीं है, परन्तु उसके विषय में भी बलपूर्वक आदेश दिया गया है कि वे दैवी पुस्तकें हैं, ईश्वर की ओर से आयी हैं और यदि कोई उनको नकारता है, तो वह पथभ्रष्ट है तथा दैवी पुस्तकों की अवहेलना करता है। क़ुर्आन की आयत देखिये : **"सभी धर्मपरायण अल्लाह और फ़रिश्तों तथा रसूलों पर ईमान रखते हैं।"** (क़ुर्आन 2/285) इन दैवी ग्रन्थों की संख्या अधिक है क्योंकि एक-एक पैग़म्बर पर कई-कई ग्रन्थ भी अल्लाह की ओर से उतारे गये। उदाहरणार्थ हज़रत आदम पर दस, हज़रत शीस पर पचास, हज़रत इदरीस पर तीस, हज़रत इब्राहीम पर दस, हज़रत मूसा पर दस ग्रन्थ।[1] यह भी स्पष्ट नहीं है कि उपर्युक्त संख्या मूल ग्रन्थों की है अथवा मूल आदेशों की है।

पवित्र वेदों को भारतभूमि में दैवी ग्रन्थों की मान्यता प्राप्त है। स्वामी दयानन्द सरस्वती ने वेद शब्द का निर्वचन 'ऋग्वेदादि.भाष्यभूमिका' में यह कहकर किया है :

"विदन्ति जानन्ति, विद्यन्ते भवन्ति, विन्दन्ते लभन्ते, विन्दन्ति विचारयन्ति सर्वे मनुष्याः सत्यविद्याम् यैर्येषु वा तथा विद्वांसश्च भवन्ति, ते वेदाः।"

(जिनसे सभी मनुष्य सत्य विद्या को जानते हैं, अथवा प्राप्त करते हैं, अथवा विचारते हैं, अथवा विद्वान् होते हैं अथवा सत्यविद्या की प्राप्ति के लिए जिनमें प्रवृत्त होते हैं, उनको वेद कहते हैं।)

मनु के विचार में वेद समस्त विद्याओं का मूलस्रोत है : **सत्य विद्याम् यैयेर्षु**

---

1. वैदिक धर्म और इस्लाम, पृ० 36

वा तथा विद्वांसश्च भवन्ति, ते वेदाः। (मनुस्मृति 1-7) अर्थात् मन्त्र एवं ब्राह्मण का नाम वेद है। ब्राह्मण में आरण्यक तथा उपनिषद् भी सम्मिलित हैं। वेदों के प्रकार हैं। प्रथम प्रकार को त्रयी कहते हैं : अर्थात् 'ऋक्' जिससे प्रार्थना एवं स्तुति अभिप्राय है। द्वितीय प्रकार 'यजुष्' है, जिसका अर्थ यज्ञ-यागादि का विधान है। तीसरा प्रकार 'साम' है, जिसका अर्थ शान्ति एवं मङ्गल स्थापित करनेवाला ज्ञान है। इसी आधार पर प्रथम तीनों संहिताओं के नाम हुए—ऋग्वेद, यजुर्वेद तथा सामवेद। वेदों को दूसरे प्रकार से विभाजन को चतुर्विध कहते हैं, जिसमें इन तीनों वेदों के अतिरिक्त चौथा वेद अथर्ववेद भी सम्मिलित होता है :

यस्माद्दृचो अयातक्षन् यजुर्यस्मादपकशन्।
सामानि यस्य लोमानि अथर्वाङ्गिरसो मुखम्।
स्कम्भं तं ब्रूहि कतमः स्विदेव सः ॥ (अथर्ववेद 10-4-20)

अथर्ववेद में वैदिक वचनों के अतिरिक्त सामग्री भी सम्मिलित है, जिसका सम्बन्ध धर्म, दर्शन, लौकिक कृतियों तथा व्यभिचारों (जादू-टोना आदि) से है। इन चारों वेदों का सम्यक् विभाजन वेद व्यास ने किया था, जिसका उल्लेख यास्क ने निरुक्त (1-20) तथा भास्कर भट्ट ने यजुर्वेदभाष्य की भूमिका में किया है। इन वेदों से जो वाङ्मय विकसित हुआ उसको चार भागों में विभाजित किया जाता है—

(1) संहिता, जिसमें वैदिक स्तुतियाँ संगृहीत हैं।

(2) ब्राह्मण, जिनमें मन्त्रों की व्याख्या एवं उनके समर्थन में प्रवचन है।

(3) आरण्यक, जिसमें वानप्रस्थियों के उपयोग हेतु अरण्यगमन एवं विविध विधान हैं। और

(4) उपनिषद्, जिनमें दार्शनिक व्याख्याएँ दी गयी हैं।

वेदों के अध्ययन-मनन के फलस्वरूप ही उनकी अनेक शाखाएँ विकसित हुईं, जिनके आधार पर संहिताओं का नामकरण हुआ। कालान्तर में अनेक संहिताएँ नष्ट हो चुकी हैं परन्तु उनमें कुछेक उपलब्ध हैं। ऋग्वेद की पाँच शाखाएँ मानी गयीं हैं—शाकल, वाकल, आश्वलायन, शांखायन तथा माण्डूक्य। वर्तमान में शाकल शाखा ही उपलब्ध रह गयी है। शुक्ल यजुर्वेद की दो शाखाएँ—माध्यन्दिन तथा काण्व प्रचलित हैं। माध्यन्दिन उत्तर भारत में तथा काण्व महाराष्ट्र में प्रचलित है। इसी प्रकार कृष्ण यजुर्वेद की चार शाखाएँ उपलब्ध हैं—तैत्तिरीय, मैत्रायणी, काठक तथा कठ। सामवेद की भी दो शाखाएँ वर्तमान हैं—कौथुमी तथा राणायनीय। अथर्ववेद की भी दो शाखाएँ प्रचलित हैं—पैप्पलाद तथा शौनक। वेदों का चतुर्विध रूप में विभाजन प्रायः उसके यज्ञ-पक्ष को ध्यान में रखकर किया गया है। यज्ञ हेतु चार ऋत्विजों की आवश्यकता

होती है—

(1) होता, जिसका अर्थ आवाहनकर्त्ता है। होता ही यज्ञ के अवसर पर विशिष्ट देवता की प्रशंसा में मन्त्रों का उच्चारण कर उस विशिष्ट देवता को बुलाता है। इन मन्त्रों का संग्रह जिस संहिता में किया गया है, उसे ऋग्वेद कहते हैं।

(2) अध्वर्यु, जिसका कार्य यज्ञ का सम्पादन है। इसके लिए आवश्यक मन्त्रों का संकलन जिस संहिता में किया गया है, उसका नाम यजुर्वेद है।

(3) उद्गाता, जिसका अर्थ उच्च स्वर में गानेवाला है। उसके उपयोग हेतु मन्त्रों का संग्रह जिस संहिता में किया गया है, उसका नाम सामवेद है। तथा

(4) ब्रह्मा, जिसका कार्य अध्यक्षपद ग्रहण करके सम्पूर्ण यज्ञ का निरीक्षण करना होता है। ब्रह्मा चारों वेद का ज्ञाता होता है। अथर्ववेद में अन्य तीनों वेदों की सामग्री के अतिरिक्त भी बहुत-कुछ है। अतः ब्रह्मा का विशिष्ट वेद अथर्ववेद ही माना गया है। मनुसंहिता में ऋक्, यजुः तथा साममन्त्रों को त्रिवृद्वेद कहा गया है।

पवित्र वेदों के श्रुतिप्रकाश होने में मतभेद नहीं है। डॉ० राजबली पाण्डेय का मत है : "**मनुष्य द्वारा न रचे जाने और ईश्वरकृत होने के कारण ही वेदों को अपौरुषेय कहते हैं। ब्रह्मस्वरूप और नित्य ज्ञान का विस्तार वेदों द्वारा ही होता है। ऋषि लोग वेद के द्रष्टा मात्र हैं। वेद नित्य हैं, इसलिए समाधिस्थ ऋषियों के अन्तःकरण में ही उनका प्रकाश होता है। ऋषियों को वेदों का ज्ञान प्रलयकालोपरान्त ब्रह्माजी से तपस्या द्वारा प्राप्त हुआ था।**"[1] वेदों के प्रकार के विषय में ब्रह्मा में लिखा गया है कि अग्नि से ऋग्वेद, वायु से यजुर्वेद तथा सूर्य से सामवेद की प्राप्ति हुई है। इस्लामी मान्यताओं के अनुसार अग्नि, वायु तथा सूर्य के लिए विशेष फ़रिश्ते नियुक्त हैं। दैवी पुस्तकों का श्रुतिप्रकाश आसमानी फ़रिश्तों द्वारा ही हुआ है, जिसमें प्रमुख फ़रिश्ता जिब्रील को कहा गया।

इस्लामी धर्माचार्यों में अनेक ने पावन वेदों को भी ईश्वर द्वारा प्रदत्त ग्रन्थों में माना है। मिर्ज़ा मज़हर जानजानाँ (मृ० 1781 ई०) का वक्तव्य है : "**ग्रन्थ जिनको वेद कहा जाता है, चार खण्डों पर आधारित है, जिनमें ईश्वर की ओर से स्वीकृति सिद्धान्तों तथा वर्जित एवं अपेक्षित कार्यों पर आधारित है, जिसको ब्रह्मा ने अस्त्र के रूप में प्रयोग हेतु संसारवासियों को प्रदान किया है।**"[2] क़ाज़ी

1. हिन्दू धर्मकोश, पृ० 598
2. कलमाते-तय्याबात, पत्र सं० 14

सनाउल्लाह पानीपती (मृ० 1810 ई०) का मत है : "**इनके अधिकांश सिद्धान्त भी इस्लामी धर्मशास्त्र के अनुरूप हैं।**"[1]

मौलाना अबुल कलाम आज़ाद (मृ० 1958 ई०) ने इस समस्या पर विचार करते हुए कि इस्लाम ने ग़ैरमुस्लिमों के जो प्रकार व्यक्त किये हैं, उनमें हिन्दुओं की गणना किस प्रकार में की जानी चाहिए, लिखते हैं : "**बहुसंख्यक वर्ग के विचार में ईरान के द्विईश्वरवादी (उद्धरण, विवेचन एवं स्वीकृति के आधार पर) अर्द्ध-दैवीग्रन्थधारकों में सम्मिलित हैं। अतः भारत के हिन्दुओं की गणना भी निश्चय ही इसी प्रकार में होगी।....यदि अनुशीलन का एक पद और आगे बढ़ाया जाय, तो सत्य यह है कि प्रत्येक रूप में भारत के हिन्दुओं की गणना 'शिब्बा-अहले-किताब' में है।**"[2] 'शिब्बा-अहले-किताब' (अर्द्ध-दैवीग्रन्थ-धारक) उन व्यक्तियों को कहते हैं, जो क़ुर्आन, इंजील, तौरेत अथवा ज़बूर को दैवीग्रन्थ नहीं मानते, परन्तु स्वयं इनके अतिरिक्त किसी अन्य ग्रन्थ के ईश्वर की ओर से अवतरित होने को मानते हैं, जिस प्रकार हिन्दू वेदों के सम्बन्ध में विश्वास करते हैं। अतः इस आधार पर हिन्दू भी दैवीग्रन्थधारक होने के कारण निश्चय ही उनसे श्रेष्ठ हैं ।

वेदों तथा क़ुर्आन के बीच समानताएँ

वेदों के श्रुतिप्रकाश होने का प्रमाण उनकी क़ुर्आन की आयतों से समानता एवं सामंजस्य से स्थापित है। यह समानता एवं सामंजस्य अनेक स्तरों पर दीख पड़ती है, जिसका पहला आयाम इस्लाम में एक ईश्वरवाद तथा पाप एवं पुण्य के निर्धारण सिद्धान्त में मिलता है। विख्यात इतिहासकार अबूरैहान अलबेरूनी (मृ० 1048 ई०) का वक्तव्य है : "**ईश्वर के विषय में हिन्दुओं का विश्वास है कि वह अद्वितीय है। सदैव से है। उसका न प्रारम्भ है और न अन्त। अपने कार्यों पर पूर्ण अधिकार रखता है तथा उनके क्रियान्वयन हेतु सभी प्रकार का अधिकार रखता है। उसके प्रत्येक कार्य में ज्ञान एवं सुबुद्धि होती है। वह स्वयं जीवित है तथा जीवन प्रदान करता है। वह विवेकपूर्ण है। प्रत्येक वस्तु की अस्तित्व का वही आधार है। उसकी सत्ता में कोई उसका प्रतिद्वन्द्वी अथवा भागीदार नहीं है। वह न तो स्वयं किसी वस्तु के समान है और न कोई वस्तु उससे समानता रखती है।**"[3] वेदों तथा क़ुर्आन के बीच अद्‌भुत समानताओं का

---

1. तफ़सीरे-मज़हरी, आयत 5/240
2. जाम्अ-उल-शवाहिद, पृ० 53-54
3. किताब-फ़ी-तहक़ीक़ मआल-उल-हिन्द, पृ० 540

दूसरा स्तर उनके समान भावार्थ में ही नहीं, वरन् उनके वर्णन में शब्द-विन्यासों का समान आयोजन भी है। यह इस प्रकार है कि यदि संस्कृत तथा अरबी से किसी अन्य भाषा में अनुवाद करें, तो दोनों एक ही प्रतीत होते हैं।

सभी वेदों से क़ुर्आन का तुलनात्मक अध्ययन करना, अधिक गहन अध्ययन, अनुशीलन एवं विस्तार की अपेक्षा करता है, जिसका यहाँ न तो अवसर है और न आवश्यकता। हमारे अध्ययन की सीमाओं को ध्यान में रखते हुए, कुछ उदाहरण प्रस्तुत कर देना ही प्रर्याप्त होगा। ये उदाहरण भी मात्र इस्लामी विश्वासों का सर्वप्रमुख अंग एकेश्वरवाद तक सीमित होंगे, वरन् उनकी तुलना में विभिन्न वेदों के श्लोक प्रस्तुत किये जायँगे, जिससे उनका सामूहिक प्रभाव स्थापित हो सके। सर्वप्रथम क़ुर्आन तथा ऋग्वेद की समानताएँ देखिये :

"अल्हम्दु लिलाहि रब्बिल् आलमीन।"

(सारी स्तुति ईश्वर के लिए है, जो समस्त जगत् का पालनहार है। क़ुर्आन 1/1)

"मही देवस्य सवितुः परिष्टुतिः ।"

(समस्त प्रशंसा देवता के लिए है। ऋग्वेद 1-34-3)

"व मा लकुम् मिन् दूनिल्लाह मिव्वलिय्यव्व ला नसीरिन् ।"

(उसके अतिरिक्त कोई संरक्षक है, न सहायता प्रदान करनेवाला। क़ुर्आन 2/107)

"नो भवत्विन्द, ऊती ।"

(वही हमारी रक्षा एवं सहायता करे। ऋग्वेद 1-100-1)

शुभ कार्यों की ओर आकृष्ट करने की पद्धति भी समान है :

"व इन तअफ़ू व तस्फ़हू व लग़्फ़िरू फ़इन्नल्लाह ग़फ़ूरुर्रहीमुन्।"

(यदि तुम अल्लाह को शुभ ऋण दोगे, तो वह उसे दुगना बना देगा। क़ुर्आन 64/17)

"य इद् विदयतेंवसु मर्ताय दाशुषें।"

(वह अकेले ही दानी व्यक्तियों को धन प्रदान करता है। ऋग्वेद 7-84-1)

"लन्तनालुल्बिर्र हत्ता तुन्फ़िक़ू मिम्मा तुहिब्बून।"

(तुम शुभ कार्यों के सीमा तक नहीं पहुँच सकते, जब तक कि अपनी प्रिय वस्तुओं को अल्लाह के नाम पर त्याग न सको। क़ुर्आन 3/92)

"केवलाघो भवति केवलादी"

(अपनी कमाई अकेले खानेवाला, पाप खाता है। ऋग्वेद 6-117-10)

"फ़ज़ालिकल्लज़ी युदुअउल्-यतीम व ला यहुज़्ज़ु अला तआमिल-

मिस्कीनि। फ़वैलुल् - लिल्मुसल्लीन।''

(यह वही है, जो पितृविहीनों को धक्के देता है और निर्धनों को भोजन करने हेतु तत्परता नहीं करता है, तो इन नमाज़ियों के लिए विनाश है। क़ुर्आन 107/2,3,4)

''या आघ्राश्य चकंमानाय पित्वों ऽन्वानृत्सन् रफितायोपजग्मुषे।
स्थिर मनः कृणुते सेवते पुरोतोचित मर्डितारं न विन्दते।।''

(जो खाद्य सामग्री रखनेवाला व्यक्ति भूखे-निर्धन व्यक्ति की उपस्थिति में अपने हृदय को कठोर रखता है उसको कोई सुख नहीं दे सकता। ऋग्वेद)

''व हुव युत्मि व ला युत्अमु ।''

(वही सबको भोजन प्रदान करता है, उसको कोई नहीं खिलाता है। क़ुर्आन 6/14)

''अनश्नन्नन्यो अमिचाक शीति ।''

(वह दूसरों का खाता नहीं, मात्र देखता रहता है। ऋग्वेद 20-64-1)

ईश्वर समस्त ब्रह्माण्ड पर आधिपत्य रखता है :

''व लिल्लाहिल्-मशरिक़ु वल्मरिग़बु।''

(ईश्वर के लिए प्राच्य भी है और पाश्चात्य भी। क़ुर्आन 2/115)

''यंस्मेमाः प्रतिशः''

(उसी की यह समस्त दिशाएँ हैं। ऋग्वेद 4-121-10)

''फ़ऐनमा तुवल्लू फ़सम्म वज्हुल्लहि इन्नल्लाह वासिउन् अलीमुन्।''

(तुम जिस स्थान पर भी क़िबला (काबा) की ओर मुख करोगे, समझो वहीं अल्लाह वर्तमान है। वह परम विस्तृत भी है तथा परमज्ञानी भी है। क़ुर्आन 2/115)

ईश्वर प्रत्येक स्थान पर समान रूप में वर्तमान है :

''सविता पश्चातात् सविता पुरस्तात् सवितोत्तरतात् सविताधारात्तात्''

(वही (देवता) पीछे है, वही सामने है, वही ऊपर है और वही नीचे है। ऋग्वेद 14-36-10)

''विश्वत त्र्यक्षरुत विश्वतो मुखो''

(प्रत्येक ओर उसकी आँखें भी हैं तथा उसका मुख भी है। ऋग्वेद 3-81-10)

ईश्वर प्रत्येक व्यक्ति के निकटतम रहता है :

''व नहनु अक़्रबु इलैहि मिन् हब्लिल्-वरीद।''

(हम उससे उसकी गर्दन की धमनियों से अधिक निकट हैं। क़ुर्आन 50/16)

"त्वंनो अत्तम उत त्राता।"

(हमसे निकटतम है और रक्षक है। ऋग्वेद 1-24-5)

ईश्वर से दुआ किया करो :

"उद्ऊ रब्बकुम तज़र्रुअव्व ख़ुफ़्यतन्।"

(तुम अपने रब को गिड़गिड़ाकर और एकाग्रमन से पुकारो। क़ुर्आन 7/55)

"नमसा विवासेत"

(अपनी रक्षा हेतु स्तुति किया करो। ऋग्वेद 46-16-6)

ईश्वर के आदेशों में कोई व्यक्ति संशोधन-परिवर्द्धन नहीं कर सकता :

"ला तब्दील लिकलिमातिल्लाहि।"

(ईश्वर के वक्तव्य में कोई परिवर्तन नहीं हो सकता। क़ुर्आन 10/64)

"अदब्धानि वरुण व्रतानि"

(वरुण के कार्यों में कोई परिवर्तन नहीं हो सकता है। ऋग्वेद 10-24-1)

ईश्वर ही अन्तर्यामी एवं सर्वज्ञानी है :

"हुवल-अव्वलु वल्-आख़िरु वज़्ज़हिरु वल्बातिनु व हुव बिकुल्लि शैइन् अलीमुन्।"

(वही प्रथम है, वही अन्त है, वही अन्तरंग है, वही प्रत्येक वस्तु को जानता है। क़ुर्आन 57/3)

"तवमग्ने प्रथमो अङ्गिरस्तमः"

(हे ईश्वर तू ही सर्वप्रथम एवं सर्वाधिक ज्ञानी है। ऋग्वेद 2-31-1)

ईश्वर ही विद्या दान करता है, परन्तु अज्ञानी उसे ग्रहण करने से वंचित रहते हैं :

"व ला तश्तरूबि आयामी समनन् इय्यायफ़-त्तक़ूनि।"

(हमारे चिह्नों को साधारण मूल्य पर विक्रय न करो और हमसे डरते रहो। क़ुर्आन 2/41)

"महेचन त्वामद्रिवः पराशुल्काय"

(हे ईश्वर मैं तुम्हें बड़े-से-बड़े मूल्य पर नहीं बेचूँगा। ऋग्वेद 5-1-8)

ईश्वर न्यायी है, वह किसी के प्रति अन्याय नहीं करता :

"इन्नल्लाह ला यज़्लिमुन्नास शैअव्व लकिन्नन्नास अनफ़ुसहुम् मज़्लिमून।"

(ईश्वर मानव पर कण-मात्र भी अन्याय नहीं करता, वरन् मानव स्वयं अपने ऊपर अत्याचार करते हैं। क़ुर्आन 10/44)

"क्रतवः समह दीनता प्रतीयं जगना शुचे। मृला सुक्षत्रमृलय॥"

(मैं अज्ञानवश दायित्व का विरोधी बन बैठा। मुझको सुख दो और मुझ पर दया करो। ऋग्वेद 3-89-7)

क़ुर्आन तथा वेदों में सर्वाधिक चर्चा ब्रह्माण्ड तथा उनमें वर्तमान प्राणियों के विषय में है। कुछेक उदाहरण देखिये :

"अलम् तर अन्नल्लाह युलियुल्लैल फ़िन्नहार व युलिजुन्नहार फ़िल्लैलि।"

(क्या तुमने नहीं देखा कि ईश्वर ही रात्रि को दिन में, और दिन को रात्रि में समाविष्ट करता है। क़ुर्आन 31/29)

"अहोरावणि विदधद विश्वस्य मिषयो वशी"

(ईश्वर ने एक क्षण में दिन तथा रात्रि बनाया। ऋग्वेद 2-190-10)

"सख़्ख़रश्शम्स वल्क़मर।"

(उसने चन्द्रमा एवं सूर्य पर विजय प्रदान की है। क़ुर्आन 31/29)

"सूर्याचन्द्रमसौ धाता यथा पूर्वम कल्पयत्"

(उसने सूर्य तथा चन्द्रमा को बनाया। ऋग्वेद 3-190-10)

"अर्सलर्रियाह बुश्रम्-बैन यदै रह्यतिह व अन्ज़ल्ना मिनस्समाइ मअन् तहरन्।"

(वायु को दया के शुभ सन्देश हेतु प्रवाहित कर दिया है तथा हमने आकाश से पवित्र एवं पावन जल की वर्षा की है। क़ुर्आन 25/48)

"वेद वातस्य वर्तनिसुरो ऋष्वस्य वृहतः"

(वही दया के वायु मार्ग जानता है। ऋग्वेद 9-25-1)

"असम तअलस अन्नल्लाह लहु मुल्कुस्समावाति वल्अर्ज़ि।"

(क्या तुमको संज्ञान नहीं है कि आकाश एवं धरती की सत्ता मात्र ईश्वर के लिए है। क़ुर्आन 2/107)

"महोदिवः प्रथित्यञ्च सम्राट् ।"

(वह महान् स्वर्ग एवं धरती का सम्राट् है। ऋग्वेद)

ईश्वर सभी मानवों को उनके कार्यों के आधार पर दण्ड एवं पुरस्कार प्रदान करता है :

"निअमतम् - मिन् इन्दिना कज़ालिक नज़्जी मन् शकर।"

(यह हमारा उपकार था और इस प्रकार हम कृतज्ञ बन्दों को पारितोषिक प्रदान करते हैं। क़ुर्आन 54/35)

"यदङ्ग दाशुषे त्वमग्ने भद्रं करिष्यसि।"

(हे देव तुम पुण्य करनेवाले को पारितोषिक देते हो। ऋग्वेद 6-1-1)

ऋग्वेद से उपर्युक्त उदाहरणों के समान असंख्य उदाहरण प्रस्तुत किये जा सकते हैं, जिनकी यहाँ गुंजाइश नहीं है। वरन् इस तथ्य की ओर पाठकों का ध्यान आकृष्ट करना आवश्यक है कि क़ुर्आन की कुछ सूरहों में आयतों को एक ही आयत को विभिन्न सन्दर्भों में पुनः प्रस्तुत किया गया है। उदाहरणार्थ—'सूरह-मुरसलात' में यह आयत दस बार आयी है :

"वैलुय्यौमइज़िल्-लिल्मुकज़्ज़िबीन।"

(उस दिन झुठलानेवालों के लिए नरक है। क़ुर्आन 77/15)

'सूरह-अलक़मर' में चार बार यह आयत आयी है :

"व लक़त्-तरक्नाहा आयातन् फ़हल मिम्मु द्दकिरिन्।"

(हमने उसे एक निशानी बनाकर छोड़ दिया है, तो क्या कोई है, जो सीख प्राप्त करे। क़ुर्आन 54/15)

'सूरह-रहमान' में इसी भावभीनी शैली से अत्यन्त सुखद आध्यात्मिक मनःस्थिति उत्पन्न होती है, जब 31 बार पाठक श्रद्धापूर्वक इस आयत को दोहराता है :

"फ़बिअइय्या आलाइ रब्बिकुमा तुकज़्ज़िबानि।"

(तुम अपने पालनहार के किस-किस उपकार को नकारोगे। क़ुर्आन 55/13)

इसी मोहक शैली की पुनरावृत्ति वेदों में भी दीख पड़ती है। ऋग्वेद के पहले मण्डल में पाँच बार दोहराया गया है :

"द्युम्नैरभि प्रणोनुम ।"

(हम तुम्हारी स्तुति करते हैं। ऋग्वेद 1-18)

एक दूसरे सूक्त नौ बार उद्धृत हुआ है :

"मरुद्भिरग्न आ गहि।"

(देवता के साथ आओ। ऋग्वेद 1-19-109)

इसी प्रकार अन्य सूक्त है :

"विधं मे अस्य रोदसी।"

(उसने स्वर्ग तथा धरती को मेरे लिये बनाया है। ऋग्वेद 1-121-10)

एक अन्य सूक्त है :

"कस्मै देवाय हविषा विधेम।"

(तुझको त्यागकर किस देवता की पूजा करें। यही वर्णनशैली यजुर्वेद तथा

सामवेद में भी है। ऋग्वेद)

यजुर्वेद के 21वें अध्याय में यह मन्त्र निरन्तर दोहराया गया है :

"दधुरिवन्द्रियं वसुधेयस्य व्यन्तु यज।"

(इन्द्र के समान शक्ति प्राप्त करके धनवान् लोग सेवा करें। यजुर्वेद 21-1-48)

सामवेद में निरन्तर श्लोकों के अन्त में यह वाक्य है :

"न भन्तामन्यकेषा ज्याका अधिधन्वस।"

(शत्रु की धनुष पर चढ़ी डोरियाँ टूट जायँ। सामवेद प्र० 9-14)

यजुर्वेद तथा अथर्ववेद में भी क़ुर्आन की आयतों के समान श्लोकों की बड़ी संख्या है। विस्तार को ध्यान में रखते हुए कुछेक उदाहरण ही प्रस्तुत किये जा सकते हैं। यह उदाहरण भी मात्र एकेश्वरवाद से सम्बन्धित है। पहले क़ुर्आन तथा यजुर्वेद की समानताएँ देखिये :

"इहदिनस-सिरातल्मुस्तक़ीम।"

(हमें सीधे मार्ग का निर्देश प्रदान करता रहे। क़ुर्आन 1/6)

"नय सुपथा राये अस्मान् ।"

(हमें सच्चाई के मार्ग पर ले चलो। यजुर्वेद 16-40)

"लैस कमिस्लिह शैउन्।"

(और उसके समान कोई नहीं है। क़ुर्आन 42/11)

"न तस्य प्रतिमा अस्ति।"

(उस (परमेश्वर) की कोई मूर्ति नहीं है। अर्थात् उसके समान कोई दूसरा नहीं है। यजुर्वेद 3-32)

"क़त्तबय्यनर्रुश्दु मिनल्गइय्य।"

(सत्य मार्ग पथभ्रष्टता से पृथक् एवं स्पष्ट हो चुका है। क़ुर्आन 2/256)

"हष्ट्वारुये व्याकरोत सत्यान्ते।"

(ईश्वर ने सत्य मार्ग तथा पथभ्रष्टता को अलग कर दिया है। यजुर्वेद 77-19)

"अल्ला तज़िरु बाज़िरतुव्विज़्र उख़्रा।"

(कोई भी व्यक्ति दूसरे का बोझ नहीं उठाता है। क़ुर्आन 53/38)

"स्वयं यजस्व स्वयं जुषस्व।"

(स्वयं ही कार्य करो, तो स्वयं ही लाभ उठाओ। यजुर्वेद 15-23)

इसी प्रकार अथर्ववेद से निम्नलिखित समानताएँ देखिये :

"ख़लक़ कुल्ल शैइन्।"

(उसने प्रत्येक वस्तु की रचना की है। क़ुर्आन 25/2)

"द्वौ संनिषद्य यन् मन्त्रयेते राजातद् वेद वरुणस्तृतीयः॥"

(व्यक्ति जो खड़ा रहता है, चलता-फिरता है, जो घर के भीतर अपना कारोबार करता है, और दोनों लोग समीप बैठकर गोपनीय वार्त्ता करते हैं, उसे तीसरे वरुण (देवता) जानते हैं। अथर्ववेद 2-16-4)

"यअलय मा यलिजु फ़िल्अर्ज़ि व मा यख़्रुजु मिन्हा व मा यन्ज़िलु मिनस्समाइ।"

(वह प्रत्येक उस वस्तु को जानता है, जो धरती में समाविष्ट होती है अथवा धरती से बाहर निकलती है। क़ुर्आन 57/4)

"सर्वंतद् राजा वरुणो विचष्टे यदन्तरा रोदसी यत् परस्तात।"

(वरुण को वह सब-कुछ ज्ञात है, जो धरती व आकाश के बीच में है या उससे बाहर है। अथर्ववेद 5-16-4)

क़ुर्आन तथा वेदों में स्थानों की दूरी मापने का समान मापदण्ड मिलता है। पद्मपुराण (1.43-27) में प्रयाग के वेणी क्षेत्र की सीमा में 20 धनुष तक की दूरी बतायी गयी है।[1] क़ुर्आन में मेराज के विवरण में ईश्वर तथा पैग़म्बर के बीच फ़ासलों का ज़िक्र करते हुए कहा गया है कि उनके बीच तीन कमानों या उससे कम, या उससे कम की दूरी रह गयी थी। क़ुर्आन की आयत देखिये :

"फ़काना क़ाबा क़ौसैनवअदना।"

(यहाँ तक कि दो कमानों का या उससे कम की दूरी रह गयी। क़ुर्आन : 53/9)।

□□□

1. हिन्दू धर्मकोश, पृ० 424

अध्याय : चार

व्यवहृत लोकधर्म

भारतीय मुस्लिम संस्कृति में व्यवहृत लोकधर्म के अन्तर्गत विभिन्न आयामों की संख्या सहस्त्रों तक पहुँचती है, उनमें से कुछेक आयामों की चर्चा करना भी सम्भव नहीं है। अतः भारतीय मुस्लिम संस्कृति का कोई विवेचन सम्यक् रूप में सम्पूर्ण नहीं कहा जा सकता, जिस पर व्यवहृत लोकधर्म का प्रभाव न हो। यहाँ मात्र कुछ तत्त्वों को चिह्नित करके उन्हीं का विवेचन किया जा सकता है। अपने गिर्दोपेश पर निगाह डालिये, मुस्लिम सभ्यता के क्या-क्या लक्षण हैं, जिन पर साधारणतया निगाह भी नहीं जाती। चलिये, कुछ शब्दों के माध्यम से उनकी खोज कीजिये। देखिये क्या-क्या शब्द अरबी-फ़ारसी हैं, जो आपके जीवनचर्या में इस प्रकार घुल-मिल गये हैं कि आपको उनके विदेशी होने का एहसास नहीं होता। ये शब्द अकेले नहीं आते, अपने साथ में उन वस्तुओं को लाते हैं, जो उनसे सम्बन्धित हैं। आपके शरीर पर वस्त्रों की स्थिति, उसकी तराश-ख़राश, 'क़मीज़' (क़मीस), 'पाजामा', 'शेरवानी', 'साफ़ा', 'दस्ताना', 'रूमाल' आदि, आपके भोजन में सम्मिलित वस्तु चावल, रोटी, सब्ज़ी आदि के सहस्त्रों प्रकार हैं, जिनसे अत्यन्त स्वादिष्ट व्यंजन बनाये जाते हैं। इन पर बहुत-सी पुस्तकें उपलब्ध हैं, जिनमें इनके बनाने की विधियाँ लिखी गयी हैं। जनसाधारण भी उनमें से कुछ वस्तुओं का प्रयोग करते हैं। जैसे, चावल में 'पुलाव', 'बिरयानी', 'मुतंजन', 'मुज़ाफ़र' आदि, रोटी में 'बाक़रख़ानी', 'शीरमाल' तथा 'आबी' अथवा 'नान', सालन में 'क़ोरमा', 'क़लिया', 'दो-प्याज़ा', 'रोग़नजोश' आदि। एक अनाज से ही चावल, रोटी और सालन के अनेकानेक प्रकार आविष्कार किये गये हैं। प्रसिद्ध है कि जब औरंगज़ेब ने शाहजहाँ को राजच्युत करके बन्दी बनाया, तो उसने शाहजहाँ से कहा कि एक अनाज बताइये, जो आपको खाने के लिए दिया जाय तथा एक सेवाकार्य भी बताइये, जो आपको करना होगा। शाहजहाँ का

शाही बावर्ची मौजूद था, उसने शाहजहाँ को सलाह दी, अन्नदाता! चना माँग लीजिये, मैं जीवनभर उसको इतने प्रकार से आपकी सेवा में प्रस्तुत करूँगा कि कभी उनमें से कोई व्यंजन एक बार के बाद पुनः आपकी सेवा में प्रस्तुत नहीं होगा। इस घटना का दूसरा अंश भी रुचिकर है। शाहजहाँ ने सेवाकार्य के विषय में औरंगज़ेब से कहा कि अपने बच्चों को भेज दिया कर, उन्हें पढ़ा दिया करूँगा। औरंगज़ेब हँस पड़ा, ज़िल्ले-सुबहानी क़ैदख़ाने में हैं, लेकिन बादशाहत की ख़्वाहिश बरक़रार है। इस शब्द 'मसाला' पर क्या कभी आपने विचार किया है, इसका शुद्ध रूप 'मसालेहा' है, जिसके अर्थ होते हैं, दोस्ती का सामान अथवा सुधार की वस्तु। बाहर से आये हुए मुसलमानों के लिए भारत के वातावरण एवं जलवायु से तादात्म्य स्थापित करने हेतु भोजन को सन्तुलित बनाने के नुस्ख़े मसाले के रूप में प्रचलित हुए। यह हलवाई कौन है, यह हलवा बनानेवाला है, 'हलवा' अरबी शब्द है। अपने मिष्टान्न भण्डार के साथ ही यह भी बाहर से आया है! आप जिन वस्तुओं से अपने घर की साज-सज्जा करते हैं, जैसे 'कुर्सी', 'सोफ़ा', 'मेज़', 'तख़्त', 'चौकी', 'चादर', 'तकिया', ग़िलाफ़', 'लिहाफ़', 'रज़ाई', 'तोशक', 'दरी', 'जाजिम' आदि और जिनसे पढ़ते-लिखते हैं, 'काग़ज़', 'क़लम', 'दावात' आदि, सब मुसलमानों के साथ बाहर से आये हैं! हमारे उन दोस्तों को कौन समझाये, जो भारत को मुस्लिम सांस्कृतिक प्रभाव से मुक्त करके अतीत में ले जाना चाहते हैं। उन्होंने कभी सोचा है कि हम क्या-क्या से क्या हो जायँगे। मैं नहीं समझता कि इस तरह की कोई कोशिश भारतीय सभ्यता के उन्नयन एवं विकास के पक्ष में है।

आदान-प्रदान का क्रम अत्यन्त व्यापक है। आज का भारतीय मुसलमान, और इस भारत में पाकिस्तान तथा बाँग्लादेश के मुसलमान भी सम्मिलित हैं, जैसा भी है उसकी पहचान मात्र भारतीयता है। यह केवल वर्तमान की बात नहीं है वरन् अंग्रेज़ी शासनकाल में भी यही स्थिति थी, तभी तो सर सैय्यद (मृ० 1898 ई०) ने कहा था : **"हम लोग आपस में किसी को हिन्दू, किसी को मुसलमान कहें, मगर ग़ैरमुल्कवाले ख़ुदाबख़्श और गंगाराम दोनों को हिन्दुस्तानी कहते हैं। ग़ैरमुल्कों में जब हम जाते हैं, तो हिन्दू और मुसलमान के नाम से नहीं पुकारे जाते। नेकदिल लोगों से नेटिव यानी हिन्दुस्तानी का और तंगदिल लोगों से नीग्रो यानी काले मुँह या वहशी हिन्दुस्तानी का लक़ब मिलता है और यही सबब है कि हिन्दुओं की ज़िल्लत से मुसलमानों की और मुसलमानों की ज़िल्लत से हिन्दुओं की ज़िल्लत है।"**[1] इस्लाम के वर्तमान परिप्रेक्ष्य में भारत से वही सम्बन्ध है, जो शब्द का भाव से, रंग का सुगन्ध से

1. मजमूआ-ए-लेक्चरहा-ए-सर सैय्यद, पृ० 146

या फिर ताप का प्रकाश से है। अब इसे भारतीय देशजधर्म के रूप में ही ग्रहण करना प्रासंगिक है। क्योंकि इस्लाम वर्तमान में उन सहस्रों भारतीयों का धर्म है, जो हज़ार से अधिक वर्षों से पीढ़ी-दर-पीढ़ी भारतभूमि में जन्मे, पले, बढ़े तथा मृत्यु के पश्चात् फिर उसी धरती में समाविष्ट हो गये। विश्व के अन्य मुसलमानों के बीच भारतीय मुसलमान अपनी अलग पहचान रखता है। वेश-भूषा, ख़ान-पान एवं व्यवहार में वे किसी अन्य भारतीय धर्मावलम्बी के समान ही हैं। तथाकथित इस्लामी देश में भारतीय मुसलमान 'हिन्दी' अथवा 'हिन्दू' कहा जाता है। सत्य यह है कि वर्तमान परिप्रेक्ष्य में इस्लाम भी उसी प्रकार भारतीय धर्म है, जिस प्रकार हिन्दूधर्म, बौद्धधर्म, जैनधर्म, सिक्खधर्म आदि भारतीय हैं। कदाचित् यह कहना अधिक तर्कसंगत होगा कि भारतीय धर्मों की श्रृंखला में हिन्दूधर्म के पश्चात् बहुसंख्यक वर्ग का धर्म इस्लाम ही है!

प्रस्तुत पुस्तक में भारतीय मुस्लिम सभ्यता का एक सामूहिक रूप चित्रित करने की चेष्टा की गयी है, जिन विषयों एवं समस्याओं पर गत अध्यायों में चर्चा हो चुकी है। उनके अतिरिक्त अनेक विषय एवं समस्याएँ ऐसी हैं, जिन पर चर्चा होना नितान्त आवश्यक है। उनमें साहित्य, सामाजिक एवं राजनीतिक व्यवस्था, इस्लामधर्म, सूफ़ीमत तथा इमाम हुसैन की अज़ादारी से सम्बन्धित विषयों पर हिन्दी में मेरी पुस्तकें उपलब्ध हैं,[1] जिनमें सांस्कृतिक विषयों एवं समस्याओं पर यथोचित चर्चा हुई है। अतः उन्हें यहाँ पुनः उद्धृत करना उचित नहीं दीखता। वरन् इस पुस्तक के विषय-वस्तु को ध्यान में रखते हुए, उनका संक्षिप्त रूप में विश्लेषण कर देना अपरिहार्य दीखता है। पहले मैं उन विषयों को लूँगा, जिनकी चर्चा मेरी पुस्तकों में सविस्तार है, फिर अन्य सांस्कृतिक समस्याओं का विश्लेषण करने का यत्न करूँगा।

इस्लामधर्म

आस्था तथा अध्यात्म के बीच कोई द्वन्द्व नहीं है जैसा कि कुछ लोग मानते हैं। सत्य यह है कि आस्था एवं अध्यात्म एक-दूसरे के पूरक हैं। आस्था धर्म सिद्धान्तों, मान्यताओं एवं व्यवहारों पर आधारित होती है, जब इसके समागम से आध्यात्मिकता जन्म लेती है। अध्यात्म आस्था के मन्थन से निकला हुआ मक्खन है, जिसका रसास्वादन आस्थावान् व्यक्ति एवं आध्यात्मिक मनीषी समान रूप में

---

1. साहित्यिक ग्रन्थों के अतिरिक्त इस्लाम-विषयक मेरे ग्रन्थों में 'भारतीय साहित्य में मुसलमानों का अवदान', 'इस्लामी राज्य बनाम मुस्लिम राज्य', 'इस्लाम सिद्धान्त और स्वरूप', 'इस्लामी अध्यात्म : सूफ़ीवाद', 'हुसैनी क्रान्ति के आयाम' तथा 'मध्यकालीन भारत' हैं। सभी ग्रन्थ लोकभारती प्रकाशन द्वारा प्रकाशित हैं—लेखक।

करते हैं। इस्लाम में आस्था एवं अध्यात्म के बीच कोई विभाजन नहीं रहा है। यदि इसके धर्मशास्त्रीय इतिहास पर दृष्टिपात करें, तो प्रारम्भ से ही ऐसे व्यक्तियों की आकाशगंगा दीख पड़ेगी, जो आस्था के प्रतीक हैं एवं अध्यात्म के प्रकाशपुंज। आस्था किसी विश्वास पर प्रश्नचिह्न नहीं लगाती बल्कि उसे यथावत् बिना किसी प्रतिरोध के स्वीकार करती रहती है। इसको इस्लाम के धर्म इतिहास में इस प्रकार से देखा जा सकता है।

इस्लामी पैग़म्बर हज़रत मुहम्मद आस्था एवं अध्यात्म दोनों के सर्वश्रेष्ठ एवं सर्वप्रिय स्रोत हैं। मुसलमान उन पर आस्था रखने के बाद ही सभी इस्लामी विश्वासों को मान्यता देता है। ध्यान दें कि किसी व्यक्ति ने ईश्वर को नहीं देखा है, न उसके गुणों से व्यक्तिगत अनुभूति के आधार पर परिचित है। परन्तु प्रत्येक मुसलमान का विश्वास है कि अल्लाह एकत्व, अद्वितीय एवं पर्यायरहित है, उसमें कोई सम्मिलित नहीं है। इन सभी आस्थाओं का आधार इस्लामी पैग़म्बर के प्रति आस्था है। किसने क़ुर्आन को आसमान से उतरते देखा, किसने जिब्रील को ईश्वर का सन्देश लेकर आते देखा, किसको नरक या स्वर्ग का व्यक्तिगत अनुभूति के आधार पर संज्ञान है। किसको क़यामत (प्रलय-दिवस) की व्यक्तिगत अनुभूतियों के आधार पर जानकारी है इत्यादि। जितने भी इस्लामधर्म के सिद्धान्त हैं, सभी इसलिए मान्य हैं कि मुसलमान अपने पैग़म्बर पर विश्वास करता है उन्हें 'अमीन' (न्यायिक) और सत्यवादी मानता है। सभी विश्वासों का आधार आस्था है। इसी प्रकार इस्लाम में सभी प्रकार के अध्यात्म का मूलस्रोत इस्लामी पैग़म्बर हैं। उनसे सर्वश्रेष्ठ 'वली' (धार्मिक गुरु), इस्लामी अध्यात्म अथवा सूफ़ीवाद का सूत्रपात होता है। इससे यह निष्कर्ष निकालना कि इस्लाम में आस्था ही धर्म है। आस्था धर्म का अभिन्न अंग है, सम्पूर्ण धर्म नहीं है। इस्लाम ने धर्म ग्रहण करने में छानबीन एवं धार्मिक जिज्ञासा को अत्यन्त महत्त्व दिया है। आस्था धर्म को स्थापित करती है, तो आस्तिक अपने मन और बुद्धि के आधार पर धर्म के विभिन्न आयामों पर सोच-विचार प्रारम्भ कर देता है और अपनी जिज्ञासाओं की पूर्ति के पश्चात् ही उसकी आस्था पूर्णरूपेण स्थापित होती है।

इस्लामी पैग़म्बर ने अन्तिम बार हज्ज करके लौटते हुए 7 मार्च, 632 ई० को अपने लाखों अनुयायियों के बीच अत्यन्त भावपूर्ण वक्तव्य किया : "हे **जनता जनार्दन ! मेरी बातों को सुनो ! मैं बहुत दिन तक तुम्हारे बीच में नहीं रहूँगा, तुम्हें याद होना चाहिए तुम्हारा जीवन और तुम्हारी सुख-शान्ति पवित्र साधनों पर आधारित होनी चाहिए, क्योंकि तुम्हें अपने कार्यों के आधार पर ईश्वर के सामने प्रस्तुत होना है......सभी प्रकार के ऋण समाप्त कर दिये गये**

हैं। किसी को किसी से कुछ न लेना है न देना है।.....आज से सभी प्रकार से बदले की भावना, जो प्राचीन काल से तुम्हारे प्राणों का अंग बनी हुई थी, समाप्त की जाती है.....मेरी बातों को समझो सभी मुसलमान भाई-भाई हैं, जो भी सामग्री उचित साधनों से एकत्र हुई है, उस पर तुम्हारे भाई का भी अधिकार है, किसी प्रकार का अन्याय होने की स्थिति में दोनों को मिलकर न्याय की रक्षा करनी होगी....वे लोग जो किसी कारणवश इस सभा में नहीं आये हैं, उन तक भी मेरा सन्देश पहुँचाना तुम्हारा कर्त्तव्य है।''[1]

इसी अवसर पर इस्लामी पैग़म्बर ने अपने बाद आनेवाले समय के लिए दिशानिर्देशन भी किया। उनके आर्ष-वाक्य हैं—''**मैं तुम्हारे बीच दो अमूल्य समभार वस्तुएँ छोड़कर जा रहा हूँ—अल्लाह की किताब और मेरे अह्ल-बैत (परिवारजन)। तुम इन दोनों से सम्बद्ध रहो। जब तक तुम इन दोनों से जुड़े रहोगे, कभी गुमराह नहीं होगे। यह दोनों एक-दूसरे से पृथक् नहीं होंगे। यहाँ तक कि स्वर्ग में कौसर पर दोनों मुझमें समाविष्ट हो जायँगे।''**

यह हदीस 39 (उनतालीस) बार सुन्नियों के धर्मग्रन्थों में और 82 (बयासी) बार शीओं के धर्मग्रन्थों में उद्धृत हुई है।[2] चूँकि अरबी शब्द 'सक़ल' (बहुवचन 'सक़लैन') प्रत्येक सूक्ष्म, गुणवान् एवं सुरक्षित वस्तु को कहते हैं। अतः पैग़म्बर ने क़ुर्आन और अह्ल-बैत से सम्बद्ध इस हदीस का नाम 'हदीसुस-सक़लैन' रखा।[3] क्योंकि दोनों ही पारलौकिक ज्ञानभण्डार एवं उच्चकोटि के अध्यात्म तथा इस्लामी शरीअत के मूलस्रोत हैं। अतः क़ुर्आन और अह्ल-बैत के बीच पैग़म्बर का व्यक्तित्व समान है। सत्यनिष्ठ इमाम जाफ़र सादिक़ का वक्तव्य है कि हमारे प्रत्येक कथन को क़ुर्आन की तुला पर तोलकर देखो। यदि पूरा उतरे तो स्वीकार कर लो, अन्यथा वक्ता के मुँह पर खींच मारो कि हमारा इमाम ऐसा कह ही नहीं सकता!

---

1. सीरत-उल-रसूल अल्लाह, पृ० 996; किताब-अलकामिल-फ़ी-तारीख़, भाग-2, पृ० 230
2. जाम्अ-उल-सहीह-उल-मिश्कात-उल-मसाबीह, भाग-3, पृ० 254, हदीस 5878, 3/256757, हदीस 58907-91, जाम्अ-उल-सहीह-उल-मुस्लिम, भाग-2, पृ० 229, हदीस 2270, अलबिदाया-वअलनिहाया, भाग-5, पृ० 209, अलमुस्तदरक-उल-सहीहैन, भाग-3, पृ० 109, 533, कंज़-उल-उम्माल-फ़ी-सुन्नत-उल-अक़वाल-वअलअलफ़ाज़, भाग-1, पृ० 44, अलख़सायस, पृ० 30, अलसवायक़-उल-मुहर्रिक़ा-फ़ी-रद्द-अला-अह्ल-उल-रफ़्ज़-वउल-ज़नदका, पृ० 147
3. वफ़ायात-उल-अयान-व-अनबा-उज़्ज़मान, भाग-1, पृ० 105

जैसा कि कहा जा चुका है इस्लाम में सभी मौलिक सिद्धान्त, धर्मसिद्धान्त, सार्वभौमिक जीवन-व्यवस्था आदि के स्रोत इस्लामी पैग़म्बर हैं। पैग़म्बर ही सभी प्रकार की आस्थाओं अथवा आध्यात्मिकता के मूल स्रोत हैं। यहाँ तक कि 'तौहीद' (एकत्ववाद) ईश्वर से सम्बन्धित है। उसके विश्वास का आधार भी पैग़म्बर हैं। अतः कहा जाता है : "**बाख़ुदा दीवाना बाश व बामुहम्मद होशियार!**" (ईश्वर के विषय में धृष्टता कर विक्षुब्ध हो जा, परन्तु मुहम्मद के विषय में सदैव सावधान रहना।) यही समस्त विश्व के मुसलमानों की धारणा है कि वे पैग़म्बर मुहम्मद और अह्ल-बैत को सर्वाधिक महत्त्व देते हैं। यहाँ तक कि अपनी नमाज़ भी उन्हीं की स्तुति पर समाप्त करते हैं।

शीआ और सुन्नी दोनों नमाज़ की समाप्ति 'दरूद' (एक विशेष मन्त्र) पर करते हैं। पहले सुन्नियों का 'दरूद' देखिये : "**ईश्वर, दया कर हमारे सरदार और स्वामी मुहम्मद और उनकी सन्तान पर जिस प्रकार तूने दया की इब्राहीम और इब्राहीम की सन्तान पर। तथा हे ईश्वर, बरकत (दयावृद्धि) कर हमारे सरदार और स्वामी मुहम्मद और उनकी सन्तान पर जिस प्रकार तूने दयावृद्धि की इब्राहीम पर। निश्चय ही तू सर्वश्रेष्ठ गुण-सम्पन्न एवं महान् है।**" शीआ भी नमाज़ की समाप्ति पर दरूद पढ़ते हैं, जो संक्षिप्त है : "**हे ईश्वर, दया कर मुहम्मद और उनकी सन्तान पर। कृपा एवं दया कर सब पर।**" इस प्रकार देखा जाय, तो शीआ और सुन्नी दोनों सम्प्रदायों में नमाज़ की समाप्ति का एक ही मूलमन्त्र है, इस्लामी पैग़म्बर मुहम्मद और उनके परिवारजनों की स्तुति। इस पर दोनों ही सम्प्रदाय एकमत हैं कि स्तुति के अधिकारी पैग़म्बर इस्लाम और उनके परिवारजन हैं, जिनकी स्तुति के बिना नमाज़ सम्पन्न नहीं हो सकती।

इस्लाम में आस्था एवं अध्यात्म की संयुक्त परम्परा, जो 1400 वर्षों से निर्विघ्न रूप में प्रचलित रही है उसको पहली बार वहाबी पन्थ के प्रवर्तक शैख़ मुहम्मद-बिन-अब्दुल वहाब (मृ० 1872 ई०) ने चुनौती दी। उन्होंने ईश्वर और बन्दे के बीच 'वसीले' (माध्यम) की आवश्यकता को भी नकार दिया। 'वसीले' का इन्कार वहाबी विश्वास की मूल पहचान बन गयी है। वहाबी पन्थ के अनुसार किसी नबी या रसूल या पैग़म्बर (जिसमें इस्लामी पैग़म्बर भी सम्मिलित हैं) या 'वली' (सिद्धपुरुष) अथवा 'सालेह' (धर्मात्मा) को 'शिफ़ाअत' (मुक्ति-प्राप्ति) का माध्यम बनाना, अनुसरण करना अथवा ईश्वर के अतिरिक्त किसी से भी सिफ़ारिश अथवा क्षमादान में सहायता की आशा करना, किसी माध्यम को मानना, सहायता के लिए पुकारना, किसी 'नबी', 'वली' या 'सालेह' की क़ब्र पर दर्शन हेतु जाना तथा इसी तरह के सभी कार्य 'शिर्के-अकबर' (महापाप) हैं।

फ़ातिहा दिलाना, किसी क़ब्र पर रौज़ा बनाना इत्यादि 'बिद्अत' (धर्म में अनधिकार चेष्टा) है। मज़ारों पर रौशनी करना, इस्लामी पैग़म्बर के जन्म-दिवस पर पुण्य-प्राप्ति के लिए सभा आयोजित करना, 'पीरी' (गुरुत्व), 'मुरीदी' (शिष्यत्व) तथा 'मुजाविरी' (किसी क़ब्र की सेवा करना) आदि पाप हैं। यहाँ तक कि तसबीह का पढ़ना भी वर्जित है।[1]

शैख़ अब्दुल वहाब सऊदी अरब साम्राज्य के प्रवर्तकों में थे। सऊदी साम्राज्य का उनको पूर्ण समर्थन मिला। भारत में भी वहाबी पन्थ इस सीमा तक अवश्य सफल हुआ कि अनेक धार्मिक शिक्षा संस्थाएँ उनसे प्रभावित हो गयीं, परन्तु उनका अधिकार-क्षेत्र सुन्नी मुसलमानों का एक बहुत सीमित वर्ग ही उनके साथ जा सका। सुन्नी सम्प्रदाय के अनेक सम्प्रदायों ने उनका घोर विरोध किया और उनके प्रभावों को बढ़ने से रोक दिया। शीआ सम्प्रदाय पर उनका कोई प्रभाव नहीं हुआ। यहाँ यह ध्यान देने योग्य बात है कि आस्था को मात्र तर्क-वितर्क से खण्डित नहीं किया जा सकता है। आस्था समर्पण, स्वीकृति एवं सहअस्तित्व पर आधारित है। सम्भवतः यही कारण था कि भारत-जैसे धर्मप्रधान देश में वहाबी पन्थ को समुचित सफलता नहीं मिल सकी। बहुत ही कम लोग उनकी विचारधारा से प्रभावित हो सके। भारत में इस सम्प्रदाय के सफल न होने का कारण यह भी हो सकता है कि भारत ऋषियों-मुनियों और तपस्वियों की धरती रही है। मुक्ति-प्राप्ति के लिए जनसाधारण उनके आश्रय में जाता है। यह प्रवृत्ति अध्यात्मवाद ने प्रोत्साहित की और मुसलमान भी अपने पीरों, फ़क़ीरों की दुआओं के आधार पर अपनी मनोकामनाओं को फलीभूत होने का विश्वास करते रहे हैं। भारत में आस्था एवं अध्यात्म के विभिन्न आयाम हैं।

इस्लाम में आस्था को विशेष महत्त्व प्राप्त है। एक तरह से देखा जाय तो इस्लाम के विभिन्न आयोजनों में किसी विशेष आस्था की यादगार मनाने की प्रवृत्ति है। यदि इस्लाम के हिजरी पंचांग पर निगाह करें, तो यह बात स्वतः स्पष्ट हो जाती है। जैसे-प्रथम मुहर्रम से 10 मुहर्रम तक 'आशूरा' इमाम हुसैन और उनके सहयोगियों की शहीदी याद में मनाते हैं। 20 सफ़र को चेहल्लुम की यादगार मनाते हैं। 12 रबीउल-अव्वल को इस्लामी पैग़म्बर का जन्म-दिवस अत्यन्त उत्साह से मनाते हैं। 26 रजब की रात को इस्लामी पैग़म्बर के 'मेराज' याद मनाते हैं। इसी प्रकार 14 शबान को शबे-बरात, 23 रमज़ान को शबे-क़द्र, प्रथम शव्वाल को ईदुलफ़ित्र और 10 ज़िलहिज्जा को ईद-अलअज़हा मनाते हैं। इन सभी तिथियों के साथ कोई-न-कोई विशेष घटना सम्बन्धित है, जिनकी याद

1. अलतौहीद, पृ० 40, 45, 59-78, 84792, 95, 101, 136, 152, 195

को जीवित रखने के लिए तथा उनके प्रति अपनी श्रद्धा अर्पित करने हेतु त्योहार के रूप में मनाते हैं। इनके अतिरिक्त भी अनेक पर्व हैं, जो सब-के-सब किसी-न-किसी व्यक्ति एवं घटना से सम्बन्धित हैं।

इस्लाम में किसी यादगार को आस्था के रूप में ग्रहण करने के अनेक उदाहरण प्रस्तुत किये जा सकते हैं। यहाँ तक कि मुसलमानों की पाँच वक़्तों की नमाज़ भी यादगार मनाने के ही रूप में है। प्रत्येक नमाज़ किसी-न-किसी पैग़म्बर से सम्बन्धित है। जैसे प्रातः की नमाज़ 'फ़ज्र' हज़रत आदम की याद में है कि जब उन्हें ईश्वर की ओर से क्षमा प्रदान हुई, तो प्रातः समय था, उन्होंने दो रिकअत नमाज़ पढ़ी थी। वही मुसलमानों की फ़ज्र की नमाज़ है। दोपहर में 'ज़ुहर' की नमाज़ हज़रत इब्राहीम की याद में है कि जब उनके बड़े सुपुत्र हज़रत इसहाक़ का जन्म हुआ, तो हज़रत इब्राहीम ने चार रिकअत नमाज़ पढ़ी। वही ज़ुहर की नमाज़ है। दिन ढले की नमाज़ जिसको 'अस्र' कहते हैं, जो हज़रत उज़ैर की याद में है कि उन्हें ईश्वर ने 100 वर्षों के बाद नवजीवन प्रदान किया, तो उन्होंने चार रिकअत नमाज़ पढ़ी। 'मग़रिब' यानी सायंकाल की नमाज़ तीन रिकअतों की है, इसके लिए मान्यता है कि हज़रत याक़ूब या हज़रत अयूब, जो बीमारी से बहुत कमज़ोर हो गये थे, चार के बजाय तीन ही रिकअत पढ़ सके, तो ईश्वर ने 'मग़रिब' की तीन ही रिकअतें रखीं। रात्रि की नमाज़ जिसको 'इशा' कहते हैं, हज़रत यूनुस की याद में है कि जब वे मछली के पेट से बाहर निकल सके, तो उन्होंने चार रिकअत नमाज़ पढ़ी थी।

इस सन्दर्भ में ईद-अलअज़हा की विशेष रूप में चर्चा करना अभीष्ट है। यह ईद जिसको साधारणतः बक़रीद कहते हैं, हज़रत इब्राहीम और उनके सुपुत्र हज़रत इस्माईल की क़ुर्बानी की याद में है। हज़रत इब्राहीम ने निरन्तर स्वप्न में देखा कि मैं अपने सुपुत्र इस्माईल की बलि दे रहा हूँ। उन्होंने अपने सुपुत्र से विमर्श किया और बेटे ने भी उनका उत्साह बढ़ाया और कहा कि आपको, जो आदेश ईश्वर की ओर से मिल रहा है, उसको पूरा कीजिये, आप मुझे धैर्यवान् पायेंगे। हज़रत इब्राहीम ने मक्का के मिना के मैदान में पुत्र की बलि प्रस्तुत की। ईश्वर ने उनकी बलि को स्वीकार किया, परन्तु उनका बेटा सुरक्षित रहा तथा उसके स्थान पर एक भेड़ा बलि हो गया। इसी की याद में प्रत्येक वर्ष हज्ज के अवसर पर प्रत्येक हाज़ी किसी-न-किसी जानवर की क़ुर्बानी करता है तथा अन्य मुसलमान भी अपने-अपने स्थानों पर क़ुर्बानी करते हैं। इस प्रकार स्पष्ट है कि इस्लाम में क़ुर्बानी पेश करने तथा उसकी याद मनाने की विशेष परम्परा रही है। यहाँ इमाम हुसैन की क़ुर्बानी की याद में होनेवाली 'अज़ादारी' अथवा 'ताज़ियादारी' की चर्चा की जायगी, जिसका भारत में विशेष सन्दर्भ है।

कर्बला की उत्सर्ग वेदी

इमाम हुसैन और उनके साथियों की अद्वितीय शहीदी इस्लाम के पुनरुत्थान का कारण बनी। इमाम हुसैन ने उस समय के उन शक्तियों के विरुद्ध संघर्ष किया, जो स्वयं मुसलमान थे, बल्कि इस्लामधर्म का नेतृत्व करने का दावा भी करते थे। यज़ीद-बिन-मुआविया ख़लीफ़ा था और वह चाहता था कि उसके आचरण एवं व्यवहार को इमाम हुसैन मान्यता प्रदान कर दें। इमाम हुसैन, जो इस्लामी पैग़म्बर के सगे नाती थे, अपने समय के सर्वोच्च धर्मात्मा, तपस्वी एवं आध्यात्मिक व्यक्तित्व थे। दूसरी ओर यज़ीद ऐसा व्यक्ति था, जिसमें व्यक्तिगत स्तर पर असंख्य अवगुण थे। वह खुलेआम इस्लामी आदर्शों का मखौल करता था। इमाम हुसैन ने उसको समर्थन देने से नकार दिया परन्तु इमाम हुसैन ने प्रस्ताव रखा कि यदि तुझे मेरे अरब में होने से भय है, तो मैं अरब देश छोड़कर कहीं और चले जाने को तैयार हूँ। अल्लामा इब्न-क़ुतैबा (मृ० ८८९ ई०) ने लिखा है : **"इमाम हुसैन ने कहा, यदि तुम मेरे ईराक़ पहुँचने पर राजी नहीं हो, तो मुझे छोड़ दो, मैं सिन्ध (हिन्द) चला जाऊँगा।"**[1] इमाम हुसैन द्वारा भारत में बस जाने की इच्छा का कारण यहाँ के लोगों की धार्मिकता, शान्तिप्रिय स्वभाव एवं न्यायप्रियता हो सकती है, जिस पर उन्होंने विश्वास व्यक्त किया था। इमाम हुसैन, तो भारत में नहीं आये, लेकिन उनकी यह इच्छा भारत अवश्य आयी। भारत में उनकी याद सभी भारतवासी बिना किसी भेदभाव के मनाते हैं।

यज़ीदी फ़ौज उन्हें घेरकर कर्बला के चटियल मैदान में ले आयी। उनका ख़ाना-पानी बन्द कर दिया गया। तीन दिन के भूखे-प्यासे इमाम हुसैन और उनके साथी जिनमें कई इस्लामी पैग़म्बर के सहयोगी भी थे, वृद्धजन, युवा एवं शिशु सभी शहीद किये गये। इमाम हुसैन ने सत्य की रक्षा में अपने प्राणों की आहुति प्रस्तुत की। इमाम हुसैन के इस बलिदान के कारण इस्लाम को पुनर्जीवन प्राप्त हुआ।

यह महाबलिदान 10 मुहर्रम 61 हिजरी तदनुसार 10 अक्टूबर, 680 ई० को सम्पन्न हुआ था। इसके विभिन्न पक्षों पर इन पंक्तियों के लेखक ने अपनी पुस्तकों 'इस्लामी राज्य बनाम मुस्लिम राज्य' तथा 'इस्लाम के क्रान्तिकारी आयाम' में सविस्तार चर्चा की है। अतः यहाँ पर पुनरावृत्ति की आवश्यकता नहीं है। यहाँ मात्र इस महान् बलिदान के आस्था पक्ष की चर्चा ही अभीष्ट है।

इमाम हुसैन इस्लामी पैग़म्बर के सगे नाती, मुसलमानों के चौथे ख़लीफ़ा हज़रत अली तथा इस्लामी पैग़म्बर की इकलौती बेटी हज़रत फ़ातिमा ज़हरा के

---

1. किताब-अलमुआरिफ़, पृ० ९५

सुपुत्र थे। उनकी इन पैतृक विशेषताओं में भागीदार केवल उनके भाई इमाम हसन हो सकते थे। इस्लामी पैग़म्बर हज़रत मुहम्मद, उनके दामाद हज़रत अली, पैग़म्बर साहब की सुपुत्री हज़रत फ़ातिमा के सुपुत्र इमाम हसन और इमाम हुसैन के योग को 'पंचतन' कहते हैं। अह्‌लबैत के प्रमुख व्यक्तियों में से होने की विशेषता के आधार पर अह्‌लबैत से सम्बन्धित सभी क़ुर्आनी आयतें, हदीसें आदि सम्बोधन के विषय हैं, जिनमें उनकी स्तुति की गयी है। इनके अतिरिक्त इमाम हुसैन की कुछ अपनी विशेषताएँ भी हैं। वे पंचतन की शृंखला के अन्तिम एवं सबसे कम आयु के सदस्य हैं, परन्तु अपने पूर्वजों के समान सम्मान के पात्र हैं। तीसरे इमाम, चौथे वली तथा उन्हीं से इस्लामी पैग़म्बर की वंशावली मुख्यतः चलती है। इमाम हुसैन ने मक्का-शरीफ़ से पैग़म्बर के मदीना-शरीफ़ आगमन के चौथे वर्ष शबान माह की तीसरी तिथि दिन बृहस्पति (9 जनवरी, 626 ई०) को मदीना-शरीफ़ में पावन जन्म ग्रहण किया। इस्लामी पैग़म्बर ने अपनी पवित्र गोद में लेकर दायें कान में 'अज़ान' और बायें कान में 'अक़ामत' कही फिर अपनी जीभ बच्चे के मुँह में दे दी। इस्लामी पैग़म्बर के पवित्र मुख की राल पहला आहार बना। पूर्व पैग़म्बर हज़रत हारून के बड़े सुपुत्र 'शब्बर' के नाम पर इमाम हसन का नाम 'शब्बर' रखा था। इस छोटे नाती का नाम उनके छोटे पुत्र 'शब्बीर' के नाम पर रखा। क्रमशः इन दोनों नामों का अरबी अनुवाद हसन तथा हुसैन है। इमाम हसन अपने छोटे भाई से आयु में दस माह सत्रह दिन बड़े थे। दोनों भाई इस तरह से एक-दूसरे से आचरण, व्यवहार और स्वभाव में जुड़े रहे कि दोनों को मिलाकर अरबी के बहुवचन में 'हसनैन' उपाधि हो गयी।

हसनैन की प्रारम्भिक शिक्षा-दीक्षा इस्लामी पैग़म्बर की छत्रच्छाया में हुई। उन्हें अपने नातियों से असाधारण प्रेम था। मुसलमानों का विश्वास है कि पैग़म्बर का यह प्रेम मात्र नाती होने के आधार पर नहीं था, वरन् ईश्वर के आदेशों के पालन में था, क्योंकि क़ुर्आन ने स्पष्ट किया है कि पैग़म्बर अपने मन से कोई बात कहते ही नहीं थे, जब तक कि ईश्वर की ओर से आदेश न हो : **"और वह अपनी इच्छा से बोला भी नहीं करता। उसका बोलना श्रुतिप्रकाश है जो निरन्तर अवतरित होता रहता है।"** (क़ुर्आन 53/3-4) इस प्रकार उन्होंने इमाम हुसैन के विषय में, जो कहा था, जो किया सभी, ईश्वर के आदेशों के अनुपालन में था।

अह्‌लबैत तथा हसनैन की स्तुति में अनेक हदीसें मिलती हैं, कुछेक देखिये—

"हज़रत अबूज़र ग़फ़्फ़ारी ने काबा का द्वार पकड़कर कहा कि मैंने पैग़म्बर को यह कहते सुना है—सूचित हो कि मेरे अह्‌लबैत तुम्हारे लिये पैग़म्बर नूह

की नाव के समान है, जो व्यक्ति नाव में बैठा, उसने मुक्ति पायी और जो नाव में सवार होने से रह गया, वह नष्ट हो गया।''[1]

''हज़रत अब्बास-बिन-अब्दुलमुत्तलिब का कथन है कि इस्लामी पैग़म्बर ने कहा ईश्वर की सौगन्ध, किसी व्यक्ति के हृदय में उस समय तक ईमान नहीं आ सकता, जब तक वह मेरे परिवारजनों से मेरे वंश-सम्बन्ध के आधार पर प्रेम न करे।''[2]

''हज़रत ज़ैद-बिन-अर्क़म कहते हैं कि इस्लामी पैग़म्बर ने अली, फ़ातिमा, हसन तथा हुसैन के विषय में कहा कि जो व्यक्ति इन लोगों से लड़े, मैं उससे लड़नेवाला हूँ और जो व्यक्ति इनसे सन्धि रखे, मैं उनसे सन्धि रखनेवाला हूँ।''[3]

''हज़रत अब्दुल्लाह-बिन-अब्बास का कथन है कि इस्लामी पैग़म्बर ने अपने परिवारजनों के लिए कहा कि ये लोग (अली, फ़ातिमा तथा उसके दोनों पुत्र हसन और हुसैन) ही मेरे परिवार हैं। इनका जन्म मेरे स्वभाव से हुआ है। उन्हें मेरी समझ तथा मेरे शरीर का अंग मिला है। मेरे उस अनुयायी के लिए कष्ट एवं विनाश है, जो इनकी श्रेष्ठता को नकारता हो और मुझसे इनका जो सम्बन्ध है, उसे काटना चाहता है। ईश्वर ऐसे लोगों को मुक्ति हेतु मेरी संस्तुति प्रदान नहीं करेगा।''[4]

''हज़रत आयशा कहती हैं—इस्लामी पैग़म्बर समस्तजनों में अपनी पुत्री फ़ातिमा को सर्वाधिक प्रेम करते थे। प्रश्न करनेवाले ने पूछा—और पुरुषों में? उन्होंने उत्तर दिया-उनके पति से।''[5]

एक अन्य हदीस में है :

''फ़ातिमा मेरे मांस का अंग है। जिस व्यक्ति ने फ़ातिमा को क्रोधित किया उसने मुझे क्रोधित किया।''[6]

तथा एक अन्य कथन है :

''कष्ट में डालती है मुझे वह वस्तु, जो फ़ातिमा को कष्ट में डालती है और दुःख पहुँचाती है मुझको वह वस्तु, जो फ़ातिमा को दुःख पहुँचाती है।''[7]

---

1. जाम्अ-उल-सहीह-उल-मिश्कात-उल-मसाबीह, भाग-3, पृ० 263, हदीस 5921
2. अलसुन्नन : इब्न-माजा, पृ० 13
3. जाम्अ-उल-सहीह-उल-मिश्कात-उल-मसाबीह, भाग-3, पृ० 257, हदीस 5893
4. कंज़-उल-उम्माल-फ़ी-सुन्नत-उल-अक़वाल-वअलअलफ़ाज़, भाग-2, पृ० 218
5. जाम्अ-उल-सहीह-उल-मिश्कात-उल-मसाबीह, भाग-3, पृ० 254, हदीस 5877
6. जाम्अ-उल-सहीह-उल-मुस्लिम भाग-2, पृ० 238, हदीस 2349
7. जाम्अ-उल-सहीह-उल-मिश्कात-उल-मसाबीह, भाग-3, पृ० 255, हदीस 5884

इमाम हसन और इमाम हुसैन—दोनों भाइयों की मुखाकृति इस्लामी पैग़म्बर से मिलती-जुलती थी। प्रसिद्ध हदीस है :

''इस्लामी पैग़म्बर ने कहा कि हसन और हुसैन स्वर्ग में युवाओं के सरदार हैं।''[1]

एक अन्य प्रसिद्ध हदीस है :

''इस्लामी पैग़म्बर ने कहा कि हुसैन मुझसे है और मैं हुसैन से हूँ। जिसने हुसैन के प्रति प्रेम भाव रखा उसने मेरे प्रति प्रेम भाव रखा और जिसने मेरे प्रति प्रेम भाव रखा उसने ईश्वर के प्रति प्रेम भाव रखा।''[2]

''इस्लामी पैग़म्बर से पूछा गया कि आप अपने परिवारजनों में किससे सर्वाधिक प्रेम करते हैं। पैग़म्बर ने कहा—हसन और हुसैन से। वे अपनी पुत्री फ़ातिमा से कहते थे कि मेरे दोनों सुपुत्रों को बुलाओ, फिर वे हसन और हुसैन के शरीर को सूँघते और गले से लगाते।''[3]

''हज़रत अब्दुल्लाह-बिन-उमर ने बताया कि पैग़म्बर ने कहा—तुम्हारे तमाम पुरुषों में सर्वश्रेष्ठ अली-इब्न-अबीतालिब हैं तथा तुम्हारे समस्त युवाओं में सर्वश्रेष्ठ हसन और हुसैन हैं तथा तुम्हारी समस्त महिलाओं में सर्वश्रेष्ठ फ़ातिमा हैं।''[4]

इसी प्रकार एक अन्य हदीस है, इस्लामी पैग़म्बर ने हज़रत अली को सम्बोधित करके कहा :

''हे अली, मैं एक वृक्ष से उत्पन्न किया गया हूँ और तुम भी उसी वृक्ष में उत्पन्न किये गये हो। मैं उस वृक्ष का मूल हूँ और तुम उसके तना हो। हसन और हुसैन उसकी शाखाएँ हैं तथा हमारे मित्रगण उसके पत्ते हैं। अतः जो व्यक्ति इस पेड़ के किसी अंग से सम्बद्ध हो जाय, ईश्वर उसे जन्नत में प्रवेश प्रदान करेगा।''[5]

ज्ञातव्य रहे कि इस्लामीधर्म-व्यवस्था के अन्तर्गत जिन विषयों एवं समस्याओं का विश्लेषण कर पुनः समझने-समझाने की चेष्टा हुई थी, इमाम हुसैन के महाबलिदान के फलस्वरूप उन्हीं सर्वमान्य इस्लामी मूल्यों की पुनरावृत्ति हुई तथा

---

1. जाम्अ-उल-सहीह-उल-मिश्कात-उल-मसाबीह, भाग-3, पृ० 258, हदीस 5901
2. जाम्अ-उल-सहीह-उल-मिश्कात-उल-मसाबीह, भाग-3, पृ० 260, हदीस 5907
3. जाम्अ-उल-सहीह-उल-मिश्कात-उल-मसाबीह, भाग-3, पृ० 259, हदीस 5905
4. मुवद्‌दत-उल-क़ुर्बा, पृ० 30
5. मुवद्‌दत-उल-क़ुर्बा, पृ० 31

उन्हें अमृतत्व प्राप्त हुआ तथा सांसारिक जीवन एवं धार्मिक जीवन के बीच कृत्रिम अन्तर मिट सका, जिससे मुसलमानों में शुद्ध एवं पवित्र जीवन व्यतीत करने हेतु पुनः मूल आधार प्राप्त हुए। हुसैनी क्रान्ति ने मानव-जीवन के अनेक आयाम विकसित कर दिये।

इमाम हुसैन की अज़ादारी

'अज़ा' : अरबी शब्द है जिसका अर्थ है किसी के प्रति संवेदना व्यक्त करना। क़ुर्आन में भी यह शब्द प्रस्तुत है, जिससे पारिभाषिक शब्दावली अज़ादारी अस्तित्व में आयी। हदीसों में भी इसकी चर्चा मिलती है। 'ताज़िया' शब्द 'अज़ा' से उद्धृत है। शाब्दिक रूप में इसका भावार्थ किसी के प्रति संवेदना व्यक्त करना ही है, परन्तु भारत में व्यावहारिक रूप में 'अज़ादारी' से तात्पर्य इमाम हुसैन और उनके साथियों की याद मनाने को कहते हैं तथा ताज़ियादारी उस याद मनाने की प्रक्रिया में किसी चिह्न-विशेष को कहते हैं। जैसे—इमाम हुसैन का रौज़ा बनाना या उनसे सम्बन्धित किसी अन्य प्रतीक का मुहर्रम के दिनों में आयोजन करना। उचित दिखता है कि इन प्रतीकों का संक्षेप में परिचय दे दिया जाय।

'ताज़िया' : यह इमाम हुसैन की रौज़े का प्रतीक होता है। इसे बाँस की तीलियों और काग़ज़ से भी बनाते हैं तथा अत्यन्त कलाकारिता के साथ मोम, चावल, फूल आदि से भी बनाते हैं। यह आवश्यक नहीं है कि गुम्बद भी हो। इसे किसी भी रूप में रख सकते हैं। कभी इसे बहुत बड़ा बनाते हैं कि कई-कई लोग मिलकर उठाते हैं, कभी इतना छोटा बनाते हैं कि एक ही व्यक्ति कई ताज़िया उठा लेता है।

'अलम' : इमाम हुसैन की सेना का झण्डा। इसमें बाँस का एक छड़ होता है, जिस पर ग़िलाफ़ चढ़ाते हैं। उससे एक पटका बँधा होता है, जो बहुत जड़ाऊ और कीमती होता है। छड़ से लगा हुआ फरहरा होता है। छड़ के ऊपरी सिरा पर एक पंजा लगाते हैं। इसका पंजा पंजतन का प्रतीक होता है। पंजतन-इस्लामी पैग़म्बर, उनकी सुपुत्री फ़ातिमा ज़हरा, हज़रत अली, इमाम हसन और इमाम हुसैन। अलम साधारणतः ऐसा बनाया जाता है कि एक आदमी उठा सके, परन्तु ऐसे अलम भी होते हैं, जिनको कई-कई लोग मिलकर उठाते हैं और हवा में फरहरा के सन्तुलन को बनाये रखने के लिए रस्सियों के सहारे से कई लोग पकड़ते हैं।

'ज़ुलजनाह' : इसको 'दुलदुल' भी कहते हैं। यह काठ, तीली और काग़ज़ आदि का भी बनाते हैं। वरन् किसी वास्तविक घोड़े को भी ज़ुलजनाह के रूप में सजाते हैं। ज़ुलजना इमाम हुसैन के घोड़े का नाम है। उनके घोड़े को भी

श्रद्धांजलि अर्पित करने हेतु उसकी यादगार मनाते हैं, जिसने अन्तिम समय इमाम हुसैन का साथ दिया। ज़ीन, सजावट के अन्य सामान, ज़ेवरात आदि साधारण लोग बाज़ार से सोने और चाँदी का पानी चढ़वा लेते हैं, परन्तु धनवान् लोग शुद्ध सोने और चाँदी का प्रयोग करते हैं। ज़ीन पर एक पगड़ी रखते हैं। वस्त्रों पर लाल रंग छिड़ककर रक्तरंजित होने का आभास उत्पन्न करते हैं। फिर फूलों की चादरें ऊपर चढ़ा देते हैं।

'चौकी' : एक चौकी को वस्त्र एवं फूलों से सजाते हैं। उसे सुहाग के प्रतीक के रूप में निकालते हैं। ऐसा कहा जाता है कि इमाम हुसैन ने अपने भतीजे क़ासिम का एक दिन पूर्व विवाह किया था, जो उनके साथ शहीद कर दिये गये। उनकी याद में चौकी निकालते हैं।

'झूला' : इमाम हुसैन का छह माह का शिशु मासूम अली असग़र भी शहीद किया गया था। उसकी याद में झूला निकालते हैं। झूले को भी फूल आदि से सजाते हैं।

'तुरबत' : तुरबतें अथवा क़ब्रें साधारणतः दो होती हैं। एक इमाम हुसैन की और दूसरी उनके बड़े भाई इमाम हसन की। इमाम हसन को विष देकर शहीद किया गया था। अतः उनकी तुरबत का रंग हरा होता है और इमाम हुसैन ने अपने ख़ून में नहाकर अपना बलिदान पेश किया था। अतः उनकी तुरबत का रंग लाल होता है।

भारत में ताज़ियादारी का विशेष धर्म निरपेक्ष स्वरूप है। यह मुसलमानों के सम्प्रदायों तक ही सीमित नहीं है वरन् इसमें हिन्दू, बौद्ध, सिक्ख आदि भी सम्मिलित होते हैं। इमाम हुसैन की याद मनाना शीओं के जीवन का सर्वाधिक महत्त्वपूर्ण पक्ष है। परन्तु भारत में इमाम हुसैन की यादग़ार मनाने की सर्वप्रियता सुन्नियों की बदौलत है। पूरे देश में विशेषकर उत्तर भारत में छोटे-छोटे गाँव, क़स्बों और शहरों में धार्मिक उत्साह के साथ मुहर्रम के 10 दिनों के बीच में अनेक प्रकार से यादगार मनाते हैं, जिनमें ताज़िया उठाने को विशेष महत्त्व प्राप्त है। इन बस्तियों में यदा-कदा ही शीआ आबाद हैं बल्कि उनमें अधिकांश बस्तियाँ तो शीओं से पूरी तरह ख़ाली हैं, परन्तु इन बस्तियों में ताज़ियादारी का आयोजन विशेष रूप में होता है। बस्ती के लोग वर्षभर अपनी कमायी से थोड़ा-थोड़ा धन एकत्र करते हैं और मुहर्रम के 10 दिनों में व्यय कर देते हैं। नगर तथा ज़िला इलाहाबाद के सन्दर्भ में मैं पूरे विश्वास से कह सकता हूँ कि मुहर्रम के 10 दिन और चेहल्लुम की ताज़ियादारी का 80% वैभव सुन्नियों के सुप्रयास के कारण है।

भारतीय ताज़ियादारी में उर्दू मरसिये को बुनियादी महत्त्व प्राप्त है। यदि उर्दू मरसिये के प्रारम्भ के इतिहास पर दृश्य करें, तो उर्दू भाषा का प्रथम मरसिया-कवि शीआ नहीं, बल्कि सुन्नी है, जिसने 1503 ई० में 'नौसरहार' नाम से पहला मरसिया लिखा। उत्तरी भारत का सर्वप्रथम मरसिया-कवि रौशन अली सारंगपुरी भी सुन्नी हैं, जिसने 1688 ई० में 'आशूरनामा' लिखा। मुसलमानों के अतिरिक्त हिन्दुओं में भी अत्यन्त महत्त्वपूर्ण मरसिया-कवि हुए हैं। उनमें सर्वाधिक महत्त्व मुन्शी छुन्नू लाल 'दिलगीर' को प्राप्त है। श्रद्धा से उनको 'मियाँ दिलगीर' कहते हैं। इनके अतिरिक्त अन्य हिन्दू मरसिया-कवियों में कुँवरसेन 'मुज़तर', राजा उल्फ़त राय 'उल्फ़त', लाला नानकचन्द 'नानक', रूपकुमार 'रूपकुमारी', नत्थूलाल 'वहशी', कालीदास गुप्त 'रिज़ा' आदि हैं।

सूफ़ीमत

सूफ़ीमत 'तसव्वुफ़' का पर्याय है, जो इस्लामधर्म के पुनरुत्थान का सर्वाधिक महत्त्वपूर्ण धार्मिक आन्दोलन रहा है, जिसका प्रभाव भारत में ही नहीं वरन् समस्त विश्व में देखा जा सकता है। भारत धार्मिक एवं आध्यात्मिक देश रहा है, अतः सूफ़ीमत का प्रभाव भारत में स्वाभाविक रूप में विशेष रहा है। सूफ़ीमत की रहस्यात्मक प्रवृत्ति को तीन भागों में विभाजित किया जा सकता है। एक, वह सूफ़ीमत, जो ईराक़ प्रचलित रहा, जिस पर यहूदी-ईसाई धर्मों, साबईनों, हुरमूज़ आदि की शिक्षाओं का प्रभाव रहा है। दूसरे, वह सूफ़ीमत, जो भारत तथा ईरान में प्रचलित रहा है, जिस पर ज़रस्थुस्त्र, मानी, वेदान्त तथा बौद्ध सिद्धान्तों का प्रभाव दीखता है। तीसरा, मिस्र, सीरिया, उन्दुलुस आदि में प्रचलित सूफ़ीवाद। ऐतिहासिक दृष्टि से सूफ़ीमत का उदय ईराक़ में हुआ, फिर ईरान तथा भारत में फैला तथा अन्त में मिस्र से उन्दुलुस तक फैल गया। चिन्तन एवं विश्वास की दृष्टि से देखें तो तीनों क्षेत्रों का सूफ़ीवाद वैचारिक स्तर पर एक-दूसरे से अनेक रूप में भिन्न है। मूल रूप में दो चिन्तनधाराएँ बनती हैं, एक, सामी चिन्तनधारा जिसका प्रतिनिधित्व ईराक़ तथा बाद में मिस्र से उन्दुलुस तक दीख पड़ती है तथा दूसरी मुख्य चिन्तनधारा आर्य चिन्तन पर आधारित है, जिसका प्रतिनिधित्व ईरान तथा भारत के सूफ़ी करते दीखते हैं।

आर्य चिन्तन पर आधारित सूफ़ीमत का क्रम ज़रस्थुस्त्र तथा मानी से सम्बद्ध है। मानी के सृष्टि सम्बन्धी चिन्तन तथा भारतीय चिन्तक कपिल में आश्चर्यजनक समानता है, जिसने जगत् की व्याख्या तीन बिन्दुओं पर रखी है—सत्त्व, तमस् तथा रजस्। चार मूल तत्त्वों क्षिति, जल, पावक, वायु के अतिरिक्त पाँचवाँ तत्त्व

आकाश है, जिनको पंचमहाभूत कहते हैं। दकनी सूफ़ी अमीनउद्दीन आला (मृ० 1674 ई०) ने पाँच तत्त्वों के पाँच गुण भी निश्चित किये हैं। अतः उनके सूफ़ी चिन्तन को पचीस गुणों का तसव्वुफ़ भी कहते हैं। इसका आधार प्राचीन हिन्दू चिन्तन पर आधारित 'वैशेषिक दर्शन' है, जिसका पता प्रथम शती विक्रमी से मिलता है। इसके प्रवर्तक कणाद काश्यप बताये जाते हैं। इसी के साथ एक अन्य दर्शन उभरा, जिसको न्याय दर्शन कहते हैं। इसमें तत्त्व के नौ प्रकार बताये जाते हैं, जिनके आधार पर सोलहवीं शती विक्रमी के विख्यात अद्वैतवादी आचार्य नरसिंहाश्रम स्वामी उदयभट्ट ने अध्यात्म के पाँच गुणों की चर्चा की है।[1] सूफ़ी अमीनउद्दीन आला की आध्यात्मिक शब्दावली भारतीय चिन्तन पर आधारित है। जैसे, 'नासूत' (आकाश), 'मलकूत' (ओंकार), 'इल्म' (बुद्धि), 'सेहजेहती' (तृतीय), 'वह्म' (भ्रम), 'तनज़ुल' (रूप), 'रूह' (आत्मा), 'मशहूद' (विस्थापन) इत्यादि। गुणों की संख्या भी चौबीस बतायी गयी है, जिनके विस्तार में जाने का अवसर नहीं है।

अद्वैतवाद से अभिप्राय विश्व के मूल में रहनेवाली सत्ता की खोज का दर्शन है। यह सत्ता है अथवा नहीं, अर्थात् यह सत्य है या असत्य, भावात्मक है या अभावात्मक, एक है अथवा अनेक है। इन समस्याओं के अन्वेषण एवं उत्तर के अनेक मार्ग बताये गये हैं। अनेक मत हैं, जिन्होंने अनेक दार्शनिक वादों को जन्म दिया है। इनमें जो सम्प्रदाय मूल सत्ता को एक मानता है, उन्हें एकत्ववादी कहते हैं, जो सम्प्रदाय मूल सत्ता को अनेक मानते हैं, उन्हें अनेकत्ववादी, बहुत्ववादी, वैपुल्यवादी आदि कहते हैं। दर्शन के उपर्युक्त सम्प्रदायों से भिन्न एक सम्प्रदाय है, जो अद्वैतवाद कहा जाता है। इस सिद्धान्त में सत् न एक है और न अनेक वरन् अगम, अगोचर, निर्गुण, अचिन्त्य तथा अनिर्वचनीय है। इसका नाम अद्वैतवाद क्यों पड़ा? इसका उत्तर यह दिया जाता है कि यह एकत्ववाद एवं द्वैतवाद दोनों का प्रत्याख्यान करता है अर्थात् सत् का निर्वचन एक, दो या अनेक से नहीं हो सकता। अतः उपनिषदों में 'नेति-नेति' (ऐसा नहीं, ऐसा नहीं) कहा गया। अद्वैत सत्ता क्या है? इसके कई उत्तर हैं। बौद्ध इसे शून्य तथा वैयाकरणवादी 'स्फोट' अथवा 'शब्द', शैव 'शिव', शाक्त 'शक्ति' तथा वेदान्ती 'अद्वैत' (आत्मतत्त्व) कहते हैं। इन सभी सम्प्रदायों में सर्वाधिक विख्यात शंकराचार्य का आत्माद्वैत अथवा ब्रह्माद्वैतवाद है। इनके विचार में ब्रह्म अथवा आत्मा ही एकमात्र सत्ता है इसके अतिरिक्त कुछ भी नहीं :

''सर्वं खल्विदं ब्रह्म नेह नानास्ति किञ्चन।''[2]

---

1. हिन्दी विश्वकोश, पृ० 235
2. हिन्दू धर्मकोश, पृ० 24

अविद्या के कारण ही दृश्यजगत् को ब्रह्म में आरोपित किया जाता है। माया उसे ब्रह्म से विवर्तित करती है। उसी में विद्यमान रहता है तथा पुनः उसी में लीन हो जाता है। शंकर का अद्वैतवाद रामानुज के विशिष्टाद्वैत तथा वल्लभाचार्य के शुद्धाद्वैतवाद से पृथक् सत्ता रखता है। इससे अधिक चर्चा करना यहाँ सम्भव नहीं।

सूफ़ी उपर्युक्त तीनों पन्थों से विभिन्न कालों में प्रभावित होते रहे हैं। विशेषकर शंकर के प्रभाव प्रारम्भ में दीख पड़ते हैं। शंकर के अनुसार बाह्यजगत् का वास्तविक एवं सत्य अस्तित्व नहीं, यह मायामात्र है, जिसकी सत्ता ज्ञान-प्राप्ति तक सीमित है। ज्ञान से यह भ्रम दूर हो जाता है तथा मालूम होता है कि सत्य एकत्व का नाम है। संसार मात्र छाया है। यही अस्तित्ववादी एकत्व द्वैत की परछाईं के बिना शंकर का अद्वैतवाद है। यही चिन्तन बहुत सूक्ष्म परदे के भीतर इब्न-अरबी के 'वहदत-उल-वजूद' में दीख पड़ता है। यह परदा है विश्व के सम्बन्ध में 'वहदत-उल-वजूदी' कल्पना का। शैख़-अकबर मुहीउद्दीन इब्न-अरबी (मृ० 1240 ई०) ब्रह्माण्ड को 'इलतेबास' (भ्रम) नहीं कहते, वरन् भ्रम के स्थान पर 'तअय्युनात' (आयाम) शब्द का प्रयोग करते हैं। कुण्डलिनी में मानव-शरीर को छह रंगों के केन्द्रों में विभक्त किया जाता है। इब्न-अरबी के विचार में ईश्वर का व्यक्तित्व छह आयामों के बीच में गुज़रकर दृश्यजगत् के रूप में प्रकट होता है। शंकर के अद्वैतवाद से 'वहदत-उल-वजूदी' चिन्तन की एकरूपता का क्रम इब्न-अरबी के पूर्व से ही मिलता है, जिनकी कुछेक विषयों में गहरी समानता है।

सूफ़ीमत पर वेदान्ती अद्वैत के प्रभाव शैख़ बायज़ीद तैफ़ूर बिस्तामी (मृ० 921 ई०) के सन्दर्भ से खोजे जा सकते हैं। ये शैख़ अबू सईद ख़र्राज़ (मृ० 981 ई०) के समकालीन थे। उनके विचारों में भी समानता है। दोनों बुज़ुर्ग एक-दूसरे के विचारों का समर्थन करते थे। तैफ़ूरी सूफ़ी कहते हैं कि जब तक अपने-आपसे मुक्ति प्राप्त नहीं होगी, उसको नहीं पा सकोगे। पूर्ववर्ती कौन है, वह जाने। इन्हीं शब्दों में ख़र्राज़ी सूफ़ी कहते थे—जब तक उसको नहीं पा लोगे अपने-आपसे मुक्ति नहीं होगी। इन दोनों में पूर्ववर्ती कौन है, यह वह जानें। उनमें शैख़ बिस्तामी को प्राचीनता तथा प्रभाव-क्षेत्र के आधार पर वरीयता प्राप्त है। सम्भव है कि सूफ़ीवाद पर वेदान्ती एकत्ववाद के प्रभाव उन्हीं के माध्यम से आये हों तथा कालान्तर में सूफ़ीवाद का अंग बन गये हों। शैख़ बिस्तामी पर वेदान्ती एकत्ववाद के प्रभाव एवं प्रतीक स्पष्ट हैं। उनका वक्तव्य है—एक बार मुझे उठाकर अपने सामने खड़ा किया। और कहा—हे अबूयज़ीद, मेरे द्वारा रचे गये समस्त प्राणी तुझे देखना चाहते हैं। मैंने कहा—अपने एकत्व (अहदियत) से मुझे अलंकृत कीजिये (अपने अहम् का वस्त्र प्रदान कीजिये) और अपने एकत्व

तक ऊँचा उठा दीजिये, ताकि तेरे उत्पन्न किये हुए सभी प्राणी मुझे देखकर कह उठें कि हमने तुझे देखा है, तू वहाँ है न कि मैं।[1] इस वक्तव्य में ब्रह्म और आत्मा के वेदान्ती चिन्तन को रहस्यमयता एवं प्रतीकात्मकता से वर्णित किया गया है। एक और उदाहरण देखिये—साँप का केंचुल से निकल जाना वेदान्ती प्रतीक है। बृहदारण्यक उपनिषद् में शरीर एवं आत्मा का सम्बन्ध इस प्रकार कहा गया है—मानो, पहाड़ी के बाहर साँप की केंचुली उतरी पड़ी होती है, उसी प्रकार शरीर निष्प्राण पड़ा रहता है। अलौकिक तथा अनश्वर आत्मा तो वास्तव में ब्रह्म है अथवा मूल प्रकाश है। शैख़ बिस्तामी का कथन है कि मैं अपने-आपसे इस प्रकार निकल गया, जिस प्रकार साँप अपनी केंचुली से निकल जाता है। फिर अपने-आपमें अनुभूति की कि मैं ही वह हूँ।[2]

शैख़ फ़रीद-उद्दीन अत्तार (मृ० 1278 ई०) ने शैख़ तैफ़ूर बायज़ीद बिस्तामी के उद्बोधन उन्हीं के शब्दों में लिखे हैं। विशाल एवं असीमित एकत्व-ब्रह्माण्ड के सम्बन्ध में लिखते हैं कि एकत्व ब्रह्माण्ड से मैंने भ्रमण प्रारम्भ किया। एकत्व-ब्रह्माण्ड में दस वर्षों तक उड़ता रहा। फिर तीस वर्षों तक ईश-ब्रह्माण्ड में उड़ता रहा। उसके पश्चात् तीस वर्षों तक अद्वितीय-ब्रह्माण्ड में उड़ता रहा। इस प्रकार नब्बे वर्ष बीत गये। उस समय मैंने बायज़ीद को देखा तथा अनुभव किया कि जो दृश्य दृष्टिगोचर हुए, उसे बायज़ीद ही ने देखा है। फिर चार सहस्त्र शिखर ऊपर उठकर औलिया की ऊँचाई तक पहुँचा तथा स्वयं को नबी के प्रारम्भिक चरण में देखा, तो अनुमान किया कि किंचित् इतना महान् पद किसी को प्राप्त नहीं हुआ। यहाँ तक बुद्धि-ब्रह्माण्ड में पहुँचा, तो देखा कि मेरा सिर नबी के पाँव के नीचे है। उस समय अनुभव हुआ कि वली होने की चरमसीमा से नबीत्व का प्रारम्भ होता है, परन्तु नबीत्व की अन्तिम सीमा नहीं होती।[3] इस वक्तव्य से शंकर के अनुसार बाह्यजगत् का वास्तविक न होना तथा माया होना सिद्ध होता है। शंकर के विचार का दूसरा अंश कि भ्रम का अस्तित्व संज्ञान-प्राप्ति तक सीमित है, वह भी प्रमाणित होता है।

शैख़ बिस्तामी के गुरु शैख़ अबूअली सिन्धी का वक्तव्य है कि पहले मैं एक ऐसी दशा में था कि वह मेरे व्यक्तित्व से सम्बद्ध था। फिर एक ऐसी दशा में आ गया, जो उसकी ओर से था। उससे सम्बद्ध था और उसका था। पहली दशा का अस्तित्व भ्रम है, जो ज्ञान के पूर्व थी। दूसरी दशा में ज्ञान-प्राप्ति के पश्चात् भ्रम का पर्दा उठ जाने से सम्बद्ध है। यह शंकर के अद्वैतवाद की स्पष्ट

1. नफ़हात-उल-उन्स, पृ० 49-51
2. किताब-उल-लम्आ, पृ० 77
3. तज़किरा-उल-औलिया, पृ० 109

चर्चा है। शैख़ अबूअली सिन्धी हिन्दू से मुसलमान हुए थे। शैख़ बिस्तामी लिखते हैं कि मैं अबूअली सिन्धी के सत्संग में रहा। मैं उन्हें कर्त्तव्य-पालन की दीक्षा देता था तथा वे मुझे शुद्ध अद्वैत तथा सत्य की शिक्षा देते थे। अब्दुर्रहमान 'जामी' (मृ० 1492 ई०) का क़थन है कि शैख़ अबूअली, शैख़ बिस्तामी से क़ुर्आन की दो अत्यन्त महत्त्वपूर्ण सूरह 'अल-हम्द' तथा 'क़ुल-हुवल्लाह' सीखते थे तथा वे उन्हें 'फ़ना' (नश्वर) तथा 'तौहीद' (अद्वैत) के रहस्य से परिचित करते। इससे स्पष्ट है कि शैख़ अबूअली सिन्धी ने अपने शिष्य शैख़ बिस्तामी से क़ुर्आन की व्याख्या प्राप्त की, जो अरबी भाषा के मर्मज्ञ थे तथा शैख़ बिस्तामी ने अपने उस्ताद अबूअली सिन्धी से 'फ़ना' और 'तौहीद' की शिक्षा प्राप्त की। अतः उनके वेदान्ती उद्गम की सम्भावना को नकारा नहीं जा सकता। परन्तु इन प्रभावों से यह निष्कर्ष निकालना नितान्त असत्य एवं पक्षपातपूर्ण होगा कि वहदत-उल-वजूद का दर्शन अइस्लामी तत्त्वों का जमावड़ा है। वस्तुस्थिति तो यह है कि वहदत-उल-वजूदी सिद्धान्त पर वेदान्ती अद्वैत तथा अइस्लामी चिन्तन के प्रभाव विभिन्न कालों में विविधतापूर्वक पड़ते रहे, जिनको कुछेक सूफ़ियों ने अपनी आध्यात्मिक शिक्षा-दीक्षा के व्यापक परिप्रेक्ष्य में रखते हुए अपने चिन्तन का अंग बनाया तथा इस्लामी रूप-रंग देकर प्रस्तुत किया।

नवीं शताब्दी से सूफ़ीवाद में भारतीय, यूनानी तथा ईरानी दर्शनशास्त्र का समागम प्रारम्भ हो गया था, जिससे उसकी प्रारम्भिक सहजता समाप्त हो रही थी। सम्भवतः सर्वप्रथम शैख़ हारिस मुहासबी (मृ० 857 ई०) ने सूफ़ीवाद में दर्शन को समाविष्ट किया। उन्होंने अनेक ऐसी शब्दावलियों में सूफ़ीवाद सम्बन्धी समस्याओं की चर्चा की, जो शुद्ध रूप से दर्शन से उद्धृत थीं तथा जिनसे उस समय के मुसलमान परिचित न थे। इमाम अहमद-बिन-हम्बल (मृ० 855 ई०) ने उनका ऐसा तीव्र विरोध किया कि उन्हें अपने प्राण बचाने के लिए भूमिगत होना पड़ा और इसी दशा में उनकी मृत्यु हो गयी। उनके जनाज़े की नमाज़ में मात्र चार व्यक्ति सम्मिलित हो सके। यद्यपि लब्धप्रतिष्ठ विचारक के रूप में इमाम ग़ज़ाली (मृ० 1111 ई०) ने सैद्धान्तिक रूप में उनकी रचनाओं को विश्वसनीय माना है। परन्तु यह बात धर्मशास्त्रियों और सूफ़ियों के बीच सहमति का आधार न बन सकी। इस काल में धर्मशास्त्रियों तथा सूफ़ियों के बीच मतभेद इतना तीव्र हो गया था कि दोनों पक्ष आक्रामक दलों के रूप में युद्ध हेतु सीना ताने एक-दूसरे के सामने खड़े थे। वास्तव में देखा जाय, तो यह दो दलों का टकराव न था, वरन् दो सर्वथा भिन्न चिन्तनधाराएँ एक-दूसरे से टकरा रही थीं। एक ओर यह विचारधारा थी कि विश्वास, हृदय, सुरुचि तथा आध्यात्मिकता का आधार ऐसी सिद्धि पर है, जो 'इलहाम' (उत्प्रेरणा) से प्राप्त हो सकती है। दूसरी ओर, विश्वास का आधार मात्र क़ुर्आन तथा पैग़म्बर का जीवन था। वे आन्तरिक प्रेरणा

पर विश्वास न रखते थे। दूसरे शब्दों में यह कहा जा सकता है कि सूफ़ियों का ध्यान, आत्मा एवं आध्यात्मिकता पर था। धर्मशास्त्री धर्मसिद्धान्त के बाह्य एवं व्यावहारिक पक्ष के अलावा किसी दूसरी ओर देखना भी पाप समझते थे। सूफ़ी वर्ग को आध्यात्मिक तथा धर्मशास्त्रियों को विधिक कहा जा सकता है। दोनों के ईश-वन्दना के उद्देश्य भिन्न-भिन्न थे।

सूफ़ियों का ध्यान ईशभक्ति की ओर था। वे इस्लामधर्म के इस मूल सिद्धान्त को स्वीकार करते थे : **'अम्र-बिल-मअरूफ़-वनह्वु-अनल-मुनकर।'** (उसे धारण करना जिसकी अनुमति है और उसका निषेध करना जिसकी मनाही है। क़ुर्आन : 41/22) अथवा पाप-पुण्य से भी किसी प्रकार से अपनी अभिरुचि प्रदर्शित नहीं की। उनके विपरीत धर्मशास्त्री ईश-वन्दना पर इसलिए बल देते थे कि पुण्य प्राप्त हो तथा पाप से बच सकें। एक और मूल मतभेद यह था कि धर्मशास्त्री ईश्वर तथा ब्रह्माण्ड के दो पृथक् अस्तित्व मानते थे, जबकि सूफ़ियों के विचार में ईश्वर के अतिरिक्त किसी और का अस्तित्व नहीं— **'लामौजूद-इल्लाह'**। लगभग यही वहदत-उल-वजूदी सिद्धान्त भी है। सायुज्य एवं अवतरण सिद्धान्त को शैख़ अब्दुल-मुग़ीस-अलहुसैन-बिन-मंसूर हल्लाज (मृ० 922 ई०) की ये पंक्तियाँ स्पष्ट करती हैं : **''मैं किससे प्रेम करता हूँ, वह कौन है जिससे मैं प्रेम करता हूँ, हम दो आत्माएँ हैं, जो एक शरीर में अवतरित हो गयी हैं। जब तूने उसको देखा तो मुझको देखा और जब तूने मुझको देखा तो हम दोनों को देखा।''**

अद्वैतवाद सायुज्य एवं अवतरण के सिद्धान्तों के बीच सीमा-रेखा खींचना इतना स्पष्ट एवं वास्तविक नहीं हो सकता है कि उनके सम्बन्ध में सरलता से फ़तवा दिया जा सके। यदि ऐसा होता तो सूफ़ियों ने मंसूर हल्लाज को मृत्युदण्ड दिये जाने के बाद उनको त्याग दिया होता, क्योंकि सायुज्य एवं अवतरण सिद्धान्तों के पोषण के आरोप में उनको मृत्युदण्ड दिया गया। विचारणीय है कि सूफ़ीवाद में सायुज्य एवं अवतरण का सिद्धान्त मंसूर हल्लाज से पूर्व शैख़ बिस्तामी ने भी एलान किया था : **''पवित्र एवं महान् मेरा व्यक्तित्व है'** तथा **'मेरे वस्त्र में ईश्वर का रहस्य नहीं है।''**

इन घोषणाओं पर दण्ड एवं प्रतिरोध तो क्या सूफ़ियों ने इन्हें सूफ़ीवाद के इतिहास के प्रत्येक युग में सीने से लगाकर रखा। इससे स्पष्ट है कि मंसूर हल्लाज को सायुज्य एवं अवतरण के विश्वासों के कारण मृत्युदण्ड नहीं दिया गया, वरन् इसके कुछेक राजनैतिक कारण भी थे। उनकी गतिविधियों को तत्कालीन शासक वर्ग सन्देह की दृष्टि से देखता था। विशेषकर जब उन्होंने 'क़ुम' (ईरान) की यात्रा की, तो उन पर सन्देह और भी बढ़ गया, क्योंकि क़ुम प्रारम्भ से ही शीओं का केन्द्र रहा है। अतः उन पर अन्य आरोपों के अतिरिक्त

यह आरोप भी था कि उनका सम्बन्ध शीओं के उस वर्ग से था, जो अब्बासी वंश की ख़िलाफ़त समाप्त करके फ़ातिमी वंश की ख़िलाफ़त स्थापित करना चाहते थे। यही वह आरोप था, जिसको तत्कालीन ख़लीफ़ा मुक़तदर-बिल्लाह (908-32 ई०) सहन न कर सका तथा क़ाज़ियों के फ़तवे पर स्वयं भी लिखा—दोषी को एक हज़ार कोड़े लगाये जायँ। यदि वह इस पर भी न मरे, तो उसके हाथ-पाँव काटकर वध कर दिया जाय तथा उसके सिर को ऊँचे स्थान पर स्थापित कर उसके शरीर को आग में जलाकर राख कर दिया जाय।

इस दुराग्रहपूर्ण घटना से धर्मशास्त्रियों तथा सूफ़ियों के बीच विरोध एवं द्वेष की तीव्रता का अनुमान किया जा सकता है। ज्ञातव्य रहे कि मंसूर हल्लाज पर विभिन्न आरोपों की समीक्षा हेतु क़ाज़ियों की जो सभा आयोजित की गयी थी, उनमें सम्मिलित क़ाज़ियों में अबूउमर, अबूजाफ़र इत्यादि ने मंसूर हल्लाज पर लगाये गये आरोपों को असत्य घोषित किया तथा मंसूर हल्लाज ने स्वयं भी समस्त आरोपों का खण्डन किया था, जिनकी बातों को अनेक क़ाज़ियों ने सही माना था। फिर भी झूठी गवाही और अनुमान के आधार पर उन्हें पाशविक दण्ड दिया गया, जिससे मंसूर हल्लाज तो अमर हो गये, परन्तु उनके प्रतिद्वन्द्वी उलमा और क़ाज़ी कलंकित होकर रह गये। सर्वाधिक आश्चर्य होता है विख्यात सूफ़ी सन्त ख़्वाजा जुनेद बग़दादी (मृ० 910 ई०) पर कि उन्होंने इस फ़तवे का अनुमोदन क्यों किया? वे मंसूर हल्लाज को दीवाना मानते थे। फिर दीवाने का वध करना किस धर्मशास्त्र में मान्य है!

सायुज्य एवं अवतरण सिद्धान्त के ऐतिहासिक विकास पर दृष्टि डालें तो स्पष्ट होता है कि प्रारम्भ में सूफ़ीवाद के दो सिद्धान्त विषय थे। पहला, तन्मयता से इबादत करके आत्मा में ऐसे 'फ़वायद' (लाभ) उत्पन्न होते हैं, जो अलौकिक परन्तु संज्ञान में आने योग्य तथ्यों पर आधारित होते हैं। दूसरा, आन्तरिक ज्ञान के माध्यम से आत्मा की पहचान की जा सकती है, जो संकल्प को 'लाभ' प्राप्ति हेतु चाकचौबन्द एवं स्पन्दित रखती है। सूफ़ियों के अनुसार आन्तरिक ज्ञान में एक स्पन्दनशक्ति विद्यमान रहती है, जो दैवी यात्रा के आयामों की पहचान कराती है। इस यात्रा के बारह 'मक़ामत' (स्थान) तथा 'अहवाल' (दशाएँ) निश्चित हैं, जिनमें कुछेक को 'लाभ' के द्वारा अर्जित किया जा सकता है। शेष सिद्धि प्राप्त होने के बाद प्राप्त होती है। फिर साधक प्रहृष्ट स्थिति में परमेश्वर से वार्त्तालाप करने का सम्मान प्राप्त करता है।

□□□

अध्याय : पाँच

सामाजिक विद्याएँ

सामाजिक विद्याओं के सम्बन्ध में हमारा दृष्टिकोण पाश्चात्य चिन्तन का अनुसरण मात्र तक सीमित रह गया है, इस दुर्भाग्यपूर्ण स्थिति को नकारा नहीं जा सकता। उन्होंने हमें जो पढ़ा दिया, वही पढ़ते हैं, जो कुछ बोलते हैं, हम उसी को दोहरा देते हैं। यद्यपि समाज सम्बन्धी हमारा प्राच्य चिन्तन उनसे अलग ही नहीं, प्रतिकूल है। इस्लामी सामाजिक विद्याओं की बुनियाद ईश्वरीय उत्प्रेरणा, इस्लामी पैग़म्बर का जीवन, आदर्श एवं धर्मशास्त्र तथा मुसलमान विद्वानों का लगभग डेढ़ हज़ार वर्षों का चिन्तन एवं शोध से प्राप्त तत्त्वों से जो सामाजिक आदर्श तैयार होता है, वही प्रत्येक काल के लिए मानक बनता रहा है। पाश्चात्य का सामाजिक जीवन, धर्म तथा सदाचरण से अनभिज्ञ है, यद्यपि औपचारिक रूप में उनमें अधिकांश लोग धर्म तथा सदाचार की बात करते हैं। हमारे तथा उनके इतिहास में यह अन्तर है कि जब वह जंगलों में रहते थे, हमारा जीवन सभ्यता एवं संस्कृति के आयाम ग्रहण कर रहा था। उनकी सौन्दर्यानुभूति कामुक नग्नता का दूसरा नाम है। हम सौन्दर्य को आध्यात्मिकता एवं पवित्रता का प्रतीक समझते हैं। वर्तमान में 'ग्लोबलाइज़ेशन' ने रही-सही कसर भी पूरी कर दी है। मानव-समाज व्यापार की मण्डी बनता जा रहा है। अतः यह समय की पुकार है कि हम अपने सामाजिक मूल्यों से अपनी आगामी पीढ़ियों को परिचित करायें। हमें देखना चाहिए कि हमारी सामाजिक विद्याओं की स्थिति क्या है। उनकी वर्तमान में क्या प्रासंगिकता है और हम उनसे अपने सामाजिक जीवन में क्या लाभ पा सकते हैं। वर्तमान अध्ययन का यही उद्देश्य है।

प्रस्तुत पुस्तक के पाठक भलीभाँति जानते हैं कि इस्लामधर्म को सामाजिक जीवन का अंग मानता है। धर्म और समाज दो भिन्न विषय नहीं हैं, वरन् धार्मिक आदेश में सामाजिक समस्याएँ एवं विषय सम्मिलित हैं। धार्मिक विधियाँ तथा सामाजिक कर्म एवं आदेश अलग-अलग नहीं हैं। ये विश्वास एवं ईशवन्दना तथा सामाजिक कर्म के साथ एक-दूसरे से बँधे हुए हैं। धार्मिक विश्वास एवं

ईश्वर की इबादत के माध्यम से सामाजिक दायित्व के प्रति जागरूकता पैदा होती है तथा अपने समाज के लिए अपने हितों को छोड़ने का भाव उत्पन्न होता है। गतपृष्ठों में क़ुर्आन की आयतों तथा हदीसों के आधार पर सविस्तार चर्चा की जा चुकी है कि इस्लाम व्यक्ति को सामाजिक जीवन का दायित्वपूर्ण अंग मानता है। वह अपने व्यक्तिगत जीवन में भी सामाजिक़ दायित्व का भार उठाता है तथा पूरे समाज के सामूहिक जीवन को सुन्दर से अतिसुन्दर बनाने में योग देता है। अतः विभिन्न विद्याओं से उसके सम्बन्ध की स्थिति क्या हो और किस प्रकार उसको कार्यान्वित करे, इसके लिए इस्लाम ने विभिन्न विद्याओं के सम्बन्ध में सिद्धान्त भी प्रतिपादित कर दिये हैं, जिन पर विभिन्न कालों में इस्लामी चिन्तकों एवं बुद्धिजीवियों ने बहुमूल्य पुस्तकों की रचना कर दी है, जिनसे समस्त विश्व ने ज्ञानार्जन किया। इस्लाम ने जिन सामाजिक विद्याओं का पोषण किया है, उनकी संख्या अत्यधिक है, उनमें समस्त विद्याओं की चर्चा करना यहाँ सम्भव नहीं है। हमने इस अध्ययन को मात्र कुछ विद्याओं तक सीमित रखा है, वरन् इस महासागर को पार करना ही असम्भव हो जाता है। हमने उदाहरणस्वरूप ही कुछेक सामाजिक विद्याओं का संक्षिप्त परिचय प्रस्तुत करने की कोशिश की है। उनके विषय में भी विस्तार एवं बारीकियों में जाने से परहेज़ किया है। हमने प्रस्तुत अध्ययन मात्र समाजशास्त्र, अर्थशास्त्र, कृषि, इतिहास, दर्शन, तर्क, नीतिशास्त्र तथा सौन्दर्यशास्त्र तक ही सीमित रखा है। राजनीतिशास्त्र की चर्चा इसलिए नहीं की है कि इस विषय पर मेरी एक पुस्तक 'इस्लामी राज्य बनाम मुस्लिम राज्य' उपलब्ध है। यहाँ पुनरावृत्ति उचित न थी। परन्तु यहाँ इतना कह देना आवश्यक है कि इस्लाम से ही विश्व को राजकीय व्यवस्था में संविधान की परिकल्पना प्रदान हुई। इस्लामी पैग़म्बर ने मदीना में पहली बार इस्लामी राज्य स्थापित किया तो उसकी सर्वसम्मति मुसलमानों, ईसाइयों तथा यहूदियों से करायी, जो इतिहास में 'मीसाक़-मदीना' के नाम से प्रसिद्ध है। यह 'मौलिक विधि' अथवा 'राजकीय संविधान' था, जो अत्यन्त स्पष्ट धर्मनिरपेक्ष आधार पर था। इसको विश्व का प्रथम लिखित संविधान भी कहा गया है।[1] इसके उपरान्त ही विश्वभर में संवैधानिकता को राजकीय व्यवस्था में समुचित स्थान प्राप्त हो सका।

इस्लामी परिप्रेक्ष्य में सामाजिक विद्याओं के विषय में सामूहिक रूप में यह बता देना आवश्यक है कि इस्लामी ज्ञान एवं विद्या का मूल स्रोत क़ुर्आन है। वही सबसे अधिकारिक मानक एवं तर्क का आधार है। उसी से समस्त इस्लामी विद्याओं एवं ज्ञान का प्रारम्भ होता है।

---

1. The First Written Constitution of the World, pp. 4-9

समाजशास्त्र

समाजशास्त्र आधुनिक पाश्चात्य विद्या के रूप में हमारे अध्ययन में आता है, जिसका विषय मानव-समुदाय से सम्बन्धित है, जिनकी रचना एवं व्यवस्था कुछेक विधियों पर आधारित है। इन विधियों की खोज ही समाजशास्त्र है। क़ुर्आन ने समाज की स्थापना के विषय में स्पष्ट निर्देश दिये हैं, जिनके अनुसार भूमण्डल पर मानव-समाज का अस्तित्व एक उच्च उद्देश्य पर आधारित है। मानव से अपेक्षा की गयी है कि वह ईश्वर के उत्तराधिकारी के रूप में अपने ज्ञान के आधार पर विश्व की समस्त वस्तुओं पर विजय प्राप्त करे। यह मानव एक व्यक्ति से पैदा किया गया। अतः सभी मानव समान हैं। मानव के विभिन्न वर्गों में विभाजित होने का रहस्य क़ुर्आन ने इन शब्दों में उद्घाटित किया है : **''ऐ लोगो! हमने तुमको एक पुरुष तथा एक स्त्री से पैदा किया तथा तुम्हारी जातियाँ और सम्प्रदाय बनाये ताकि एक-दूसरे की पहचान करो। ईश्वर तुममें से उस व्यक्ति को सर्वाधिक मर्यादित मानता है, जो अधिक तपस्वी है।''**[1] (क़ुर्आन 49/13) इस प्रकार मानव-समाज में व्यक्तियों का आपस में मतभेद एवं शत्रुता और वर्गों का विभाजन सब व्यक्ति के दम्भ एवं विकार के कारण उत्पन्न हुआ। क़ुर्आन कहता है : **''(पहले तो सब) लोगों का एक ही धर्म था (परन्तु वे आपस में विरोध करने लगे) तो ईश्वर ने (उनकी ओर) शुभ-सन्देश एवं मार्ग-निर्देशन हेतु पैग़म्बर भेजे तथा उन पर सच्चाई के साथ पुस्तकें उतारीं, ताकि जिन बातों में लोग विरोध करते थे, उनका उनमें न्याय करते और उसमें विरोध भी उन्हीं लोगों ने किया, जिनको किताब दी गयी थी। यद्यपि उनके पास स्पष्ट आदेश आ चुके थे (और यह मतभेद उन्होंने मात्र) आपसी वैमनस्य से किया था।''** (क़ुर्आन 2/213)

इस्लामी पैग़म्बर ने क़ुर्आन के आदेशानुसार मानव-वंशज के एकत्व के चिन्तन के आधार पर जिस इस्लामी समाज की संरचना की है उसमें जाति, सम्प्रदाय, रंगभेद आदि की गुंजाइश नहीं हो सकती। उन्होंने पक्षपात की निन्दा करते हुए कहा है : **''पक्षपात की ओर अग्रसर करनेवाला हममें से नहीं है।''**[1] इसी प्रकार किसी जाति का अनुचित समर्थन करना भी भर्त्सनीय है। इस्लामी पैग़म्बर का वक्तव्य है : **''अन्याय पर अपनी जाति की सहायता करनेवाला ऐसा है कि मानो, कोई ऊँट कुएँ में गिर गया है और उसकी पूँछ खींचकर उसे बाहर निकालने की चेष्टा की है।''**[2] एक अन्य स्थान पर अधिक स्पष्ट शब्दों में

---

1. अलमुजतम्अ-उल-इन्सानी-फ़ी-ज़िल्ल-उल-इस्लाम, पृ० 37
2. अलमुजतम्अ-उल-इन्सानी-फ़ी-ज़िल्ल-उल-इस्लाम, पृ० 38

इस्लामी समाज के विषय में कहा है : "**तुम सब आदम की सन्तान हो तथा आदम मिट्टी से बनाये गये थे। किसी अरब को किसी अन्य ग़ैर-अरब पर या सफ़ेद को काले पर कोई वरीयता प्राप्त नहीं है। वरीयता का आधार व्यक्ति का उच्च आचरण है।**"[1]

समाजशास्त्र का अंग्रेज़ी पर्याय 'सोशियोलॉजी' है। यह पारिभाषिक शब्दावली सर्वप्रथम आगस्त कॉम्टे (मृ० 1857 ई०) ने प्रयोग किया ताकि प्राकृतिक नियम के आन्तरिक एवं निर्विकार विधि की रक्षा की जा सके। परन्तु समाजशास्त्र के विद्या बनने का कारण यह हुआ कि सामन्ती व्यवस्था के विघटन तथा पूँजीवाद के प्रारम्भ में सामाजिक शिक्षा प्रारम्भ हुई, जिसका उद्देश्य था इतिहास तथा समाज पर धार्मिक दृष्टिकोण को समाप्त किया जा सके, जिसका प्रतिनिधित्व इब्न-ख़ल्दून करता था।[2] इससे स्पष्ट है कि समाजशास्त्र इस्लामी चिन्तन की प्रतिक्रिया में ही अस्तित्व में आया है। कितनी विचित्र बात है कि मूल चिन्तन को नज़रअन्दाज़ करके उसकी प्रतिक्रिया में आयी विद्या में हमारी अभिरुचि अधिक हो गयी है। अल्लामा इब्न-ख़ल्दून (मृ० 1406 ई०) के विषय में अधिकांश कहा जाता है कि उसने ही सर्वप्रथम समाजशास्त्र को एक विद्या के रूप में खोज किया तथा उसके सिद्धान्त भी प्रतिपादित करके उसे स्थायित्व प्रदान किया। परन्तु मिस्र के प्रख्यात विद्वान् डॉ० तहा हुसैन का मत है कि इब्न-ख़ल्दून से पहले कई इस्लामी विद्वान् हो चुके हैं, जिन्होंने समाजशास्त्र के साथ ही राजनीति पर भी प्रकाश डाला है। उनमें अब्दुल्ला-बिन-मुक़फ़अ (मृ० 759 ई०), इब्न-क़ुतैबा (मृ० 889 ई०), इब्न-अब्दरब्बो (मृ० 940 ई०) आदि विशेष हैं।[3] इस्लामी समाजशास्त्र का उद्देश्य मानव-आचरण में सन्तुलन स्थापित करना तथा आत्मशुद्धि के अवसर प्रदान करना है। इस्लामी समाजशास्त्र मानव-जीवन के लिए निर्वाहन सिद्धान्त उपलब्ध करता है, जो अपने-आपमें एक मानक विज्ञान 'नॉर्मेटिव साइन्स' है। इस्लाम अपने कार्यक्षेत्र के आधार पर एक कार्योत्पादक सिद्धान्त 'ऑप्रेशनल आइडालोजी' है। इसमें मात्र वाद-विवाद अथवा निष्कर्षविहीन चर्चाओं का स्थान नहीं है। अतः ऐसे समस्त कार्यों से रोका गया है, जिनका उद्देश्य व्यावहारिकता से परे हो।

---

1. अलमुजतम्अ-उल-इन्सानी-फ़ी-ज़िल्ल-उल-इस्लाम, पृ० 35
2. "At the time of the decay of feudal society and the emergence of capitalism, sociological teachings appeared that were aimed against the theological view on history and society, as represented by Ibn-Khaldun...." A Dictionay of Philosophy, p. 420
3. फ़लसफ़ा-इब्न-ख़ल्दून अलइजतेमाइया, पृ० 51

इस्लामी समाजशास्त्र के विषय पर जिन विद्वान् लेखकों ने सविस्तार संज्ञान प्रदान किया है, उनमें अलफ़राबी, इब्न-मिस्कवय, इब्न-सीना, इब्न-ख़ल्दून आदि तथा आधुनिक युग के अनेक विद्वानों ने यथेष्ट संज्ञान उपलब्ध कर दिया है, जिनका संक्षिप्त विवरण प्रस्तुत करना ही सम्भव हो सकता है।

अबूनस्र अलफ़ाराबी, अलमुअल्लिम-उल-सानी (मृ० 950 ई०) के विचार में[1] मानव-समाज का अस्तित्व वास्तविक रूप में उसकी स्वाभाविक आवश्यकता है तथा उन्नति की प्राप्ति का माध्यम भी है, जिसकी प्राप्ति उस समय तक सम्भव नहीं है, जब तक बड़े-बड़े इन्सानी वर्ग एकत्र होकर सहयोग का जीवन व्यतीत करते हुए, एक-दूसरे की आवश्यकताएँ पूरी करने के लिए एकजुट न हो जायँ। फ़राबी मानव-समाज के निरन्तर एवं विस्तृत उन्नति के लिए समाज के विभिन्न लोगों के अधिक-से-अधिक सहयोग पर बल देता है तथा मानव-समाज के अस्तित्व का पृष्ठभूमि बताते हुए लिखता है कि व्यक्ति समाज के लाभ हेतु ही कार्य करता है तथा समाज भी व्यक्ति की भलाई को ध्यान में रखता है और इस प्रकार विश्व में बड़े-बड़े मानव-समाज अस्तित्व में आते हैं। उसने मानव-समाज को दो भागों में विभाजित किया है, जिनमें एक को पूर्ण तथा दूसरे को अपूर्ण कहता है। फिर पूर्ण समाज की तीन श्रेणियाँ स्थापित करता है—उच्च, मध्य तथा लघु। उच्च से अभिप्राय धरती पर आबाद समस्त मानवता से है। मध्य से अभिप्राय समाज की विशेष जाति से है तथा लघु से अभिप्राय किसी नगर की आबादी से है। इसी प्रकार अपूर्ण समाज से अलफ़राबी का अभिप्राय किसी गाँव या मुहल्ले से है, जो वास्तविक रूप में किसी किसी नगर का सहायक भाग होता है।

इब्न-मिस्कवय, अबूअली अहमद-बिन-मुहम्मद (मृ० 1030 ई०) मानव-समाज के लिए 'तमद्दुन' शब्द का प्रयोग करता है, यद्यपि वर्तमान में तमद्दुन से संस्कृति का अभिप्राय होता है। उसके विचार में[2] मानव स्वाभाविक रूप में अन्य मानवों के सहयोग पर विवश है तथा यह सहयोग परस्पर सहायता के रूप में नगर-जीवन के आधार पर सामने आ सकती है। किसी स्थान पर सहयोग के आधार पर मानव का एकत्र होना ही समाज कहलाता है। कोई व्यक्ति अन्य व्यक्तियों से विरक्त होकर जीवनयापन नहीं कर सकता, जबकि अन्य प्राणी अपनी रचना के आधार पर अपनी आवश्यकता स्वयं पूरी करते हैं। जैसे, कोई पशु शीत एवं ग्रीष्म ऋतुओं से सुरक्षित रहने हेतु बाल पर अथवा कठोर त्वचा रखता है तथा अपना भोजन उत्पन्न करने हेतु पंजे, दाँत आदि अपने साथ जन्म

1. आरा-अह्ल-उल-मदीनत-उल-फ़ाज़िला, पृ० 96-97
2. अलफ़ूज़-उल-असग़र, पृ० 55-56

लेता है तथा प्रत्येक पशु अपने भोजन के लाभ-हानि से परिचित हैं। इसके विपरीत मानव जन्म के आधार पर इन वस्तुओं से वंचित होता है तथा अन्य व्यक्तियों के सहयोग पर आश्रित होता है तथा उनके सहयोग के बिना उन्नति नहीं कर सकता। इस जन्मजात कमी के बदले में प्रकृति ने मानव को बुद्धि एवं चिन्तन प्रदान किये हैं, जो सहयोग एवं शिक्षा के आधार पर मानव का नेतृत्व करते हैं। इब्न-मिस्कवय ने सामाजिक जीवन त्यागने को न्याय के विपरीत तथा अत्याचार पर आधारित माना है क्योंकि इस प्रकार वह व्यक्ति अपने व्यक्ति की ही चिन्ता करता है, उसे समाज की कोई चिन्ता नहीं होती।

इब्न-सीना[1], शैख़-उल-रईस अबूअली (मृ० 1037 ई०) ने नागरिक राजनीति के अतिरिक्त सामाजिक सिद्धान्तों की चर्चा की है। उसके विचार में स्वस्थ समाज की संरचना तथा नागरिक राजनीति की व्यवस्था हेतु श्रुतिप्रकाश एवं उत्प्रेरणा की आवश्यकता होती है। अतः पैग़म्बर या नबी की आवश्यकता होती है। कोई व्यक्ति निजत्व के आधार पर शान्तिपूर्ण जीवन व्यतीत नहीं कर सकता। वह प्राचीन विद्वानों के इस विचार से सहमत हैं कि सामूहिक रूप में सामाजिक जीवन व्यतीत करना मानव की विवशता है। समाज में सन्तुलन हेतु न्याय एवं विधि की आवश्यकता है, जिसके लिए एक विधिक एवं न्यायिक व्यक्ति की आवश्यकता होती है। यहीं से किसी नबी अथवा पैग़म्बर के नेतृत्व की आवश्यकता अपरिहार्य हो जाती है। नबी या पैग़म्बर के लिए आवश्यक है कि साधारण जन से कुछ विशेष गुणों का धारक हो। यही विशेष गुण चमत्कार कहलाते हैं। पैग़म्बर ही मानव-समाज को ईश्वर के सीधे मार्ग पर डाल सकता है। पैग़म्बर का कार्य मात्र धार्मिक एवं अलौकिक जीवन का मार्ग निर्देशन ही नहीं वरन् वह मानव-समाज को एक निश्चित विधि के आधार पर उन्नति के मार्ग पर डालता है। इब्न-सीना ने 'तदबीरे-मंज़िल' शीर्षक देकर उन समस्त विषयों पर चर्चा की है, जिन पर वर्तमान में समाजशास्त्री बल देते हैं। जैसे, समाज की उन्नति में शिल्प-कला, बेकारी तथा बेरोज़गारी की समस्या, समाज में स्त्री का स्थान तथा उसके अधिकार आदि।

इब्न-सीना (मृ० 1037 ई०) सामाजिक जीवन को तीन भागों में विभाजित करता है। प्रथम, 'अलमुदब्बरून' अर्थात् प्रशासक एवं राजनीतिक वर्ग। द्वितीय, 'अलसन्नाअ' अर्थात् शिल्प-कला तथा व्यापारी वर्ग तथा 'अलहिफ़्ज़ता' अर्थात् सामाजिक जीवन का प्रतिरक्षक वर्ग। यह विभाजन इस प्रकार होना चाहिए कि प्रत्येक विभाग का एक उच्च अधिकारी हो, जिसके अधीन अन्य अधिकारी हों। यहाँ तक कि अधिकार एवं दायित्व का क्रम साधारण जनों तथा श्रमजीवियों तक

1. किताब-उल-शिफ़ा, पृ० 17

पहुँच जाय ताकि कोई व्यक्ति बेकार या बेरोज़गार न रहने पाये। इब्न-सीना बेकारी तथा बेरोज़गारी को निषिद्ध एवं वर्जित मानता है, जो दूसरे लोगों पर आश्रित होकर जीवन व्यतीत करते हैं। इब्न-सीना इस प्राचीन सिद्धान्त को निरस्त करता है कि ऐसा व्यक्ति जो कामकाज के अयोग्य हो, उसका वध करके समाज से उसका भार उतार देना चाहिए। वरन् इसके विपरीत वह इस्लामी शरीअत के आधार पर ऐसे अपंग व्यक्तियों के भरण-पोषण का दायित्व उनके परिवारजनों पर डालता है। इब्न-सीना ऐसे व्यवसाय करने के पक्ष में भी नहीं है, जिससे समाज को हानि हो। जैसे, जुआ, वेश्यावृत्ति इत्यादि।

अल्लामा इब्न-ख़ल्दून[1], अब्दुर्रहमान (मृ० 1404 ई०) ने समाज के लिए अरबी शब्द 'इमरान' का प्रयोग किया, जिसके अर्थ आबाद करना अथवा नगर में रहना है। वर्तमान में इस्लामी विद्वान् समाज के लिए 'इजतमाअ' शब्द का प्रयोग भी करते हैं, जिसका अर्थ इकट्ठा होने का स्थान है। इब्न-ख़ल्दून ने समाज की व्याख्या करते हुए लिखा है कि समाज की सरंचना में व्यक्ति अपनी योग्यतानुसार योगदान करता है तथा जिस सीमा तक यह योगदान होता है, उसी सीमा तक समाज उन्नति अथवा विघटन की ओर जाता है। इब्न-ख़ल्दून समाजशास्त्र को दो भागों में विभाजित करता है। एक, जो समाज के अधिकार-क्षेत्र के बाहर है। जैसे, धार्मिक विश्वास, जलवायु, वातावरण आदि। दूसरे, जो समाज में सम्मिलित हैं, स्वयं समाज की गोद में उत्पन्न होते हैं तथा पूरी शक्ति से समाज को प्रभावित करते हैं। मानव-समाज के भीतरी तत्त्वों को इब्न-ख़ल्दून ने 'क़ानून-उल-अतवार-उल-सलासा' का नाम दिया है। अर्थात् मानव-समाज पर तीन प्रकार की विधियों का आधिपत्य होता है। प्रत्येक समाज तीन स्थितियों के बीच से गुज़रता है। पहले जंगलों में ख़ानाबदोशी का जीवन बिताता था। उनके बीच विभिन्न सम्प्रदाय या क़बीले बन जाते थे। जैसे, अरब, बर्बर तथा तातारी थे। उस समाज में मात्र स्वभाव, रहन-सहन तथा सामयिक आवश्यकताएँ ही विधि का रूप धारण करती हैं। दूसरी स्थिति में, विभिन्न सम्प्रदाय अथवा क़बीले संगठित होकर राज्य की स्थापना करते हैं तथा विजय करके अपने राज्य को बढ़ाते हैं। राज्य की व्यवस्था के साथ-साथ विधि एवं जीवन-पद्धति भी प्रतिपादित करते हैं। तीसरी स्थिति में, जब समाज नागरिक जीवन एवं संस्कृति में रच-बस जाता है, तो ज्ञान-विज्ञान एवं कला में प्रयोग प्रारम्भ होते हैं। जब इसमें उत्कर्ष प्राप्त कर लेते हैं, तो उनके जीवन में ऐश्वर्य एवं भोग-विलास को प्रधानता प्राप्त हो जाती है और यहीं से उनका विघटन भी प्रारम्भ होता है। इब्न-ख़ल्दून का यह सिद्धान्त ऐतिहासिक क्रम को स्पष्ट करता है कि मानव-समाज किसी एक पड़ाव पर रुकता

---

1. अलमुक़द्दमा, पृ० 229-305

नहीं है वरन् निरन्तर आगे की ओर बढ़ता रहता है और उसमें परिवर्तन होता रहता है। इस सिद्धान्त के आधार पर इस्लामी समाज के उतार-चढ़ाव को भी आसानी से समझा जा सकता है।

समाजशास्त्र इस्लामी विद्वानों का प्रिय विषय रहा है। विभिन्न काल में महत्त्वपूर्ण पुस्तकों की रचना होती रही है। उनमें कुछेक अत्यन्त महत्त्वपूर्ण पुस्तकों की चर्चा की जा सकती है। जैसे. तहा हुसैन : फ़लसफ़त-इब्न-ख़ल्दून-उल-इस्तेमाइआ (क़ाहिरा 1929 ई०), जर्जीज़ैदान : तारीख़-उल-तमद्दुन-उल-इस्लामी (क़ाहिरा 1922 ई०), मुहम्मद इक़बाल : री कन्सट्रक्शन ऑफ़ रेलिजंस थॉट इन इस्लाम, अशरफ़ अली थानवी : आदाबे-मुआशरत, अली शरीअती : सोशियोलॉजी ऑफ़ इस्लाम, मुर्तज़ा मुतहरी : सोसाइटी ऐण्ड हिस्ट्री, अली मुहम्मद नक़वी : जाम्अ शिनासी इस्लामी आदि।

अर्थशास्त्र

अर्थशास्त्र नवीन पाश्चात्य विद्याओं में है, जिसका प्रारम्भ आदम स्मिथ की प्रसिद्ध पुस्तक 'इन्क्वायरी इण्टू द नेचर एण्ड काज़ेज़ ऑफ़ वेल्थ ऑफ़ नेशन्स' (1776 ई०) से होता है। गत दो शताब्दियों में पाश्चात्य चिन्तकों ने अर्थशास्त्र को विभिन्न रूप में विकसित किया है। इस्लामी साहित्य एवं शास्त्र में 'इकोनोमिक्स' का पर्याय 'इक़तेसादियात' है, जो अरबी शब्द 'इक़तेसाद' से उद्धृत है, जिसका भावार्थ मध्यम-मार्ग है। इस्लामी प्राचीन चिन्तकों ने अर्थशास्त्र के लिए 'तदबीरे-मंज़िल' की शब्दावली का प्रयोग किया है। इसमें मध्यममार्गीय व्यवस्था स्पष्ट रूप में दीखती है। धनार्जन, धनव्यय तथा धनवितरण के समस्त कार्यों में व्यक्ति एवं समाज के बीच मध्यम मार्ग ग्रहण करना रुचिकर माना गया है। उदाहरणार्थ, क़ुर्आन ने इस बात को पसन्द नहीं किया है कि कोई व्यक्ति रात-दिन आर्थिक उपलब्धियों में ही व्यस्त रहे। (क़ुर्आन 102/1-2) या कोई कार्य न करे बल्कि निकम्मा बैठा रहे। (क़ुर्आन 57/27) इसी प्रकार यह भी अपेक्षित नहीं है कि कोई व्यक्ति अपना समस्त धन अपने व्यक्तित्व पर व्यय कर दे (क़ुर्आन 7/31) और न यह ही कि इतना कृपण हो, जो अपने धन से स्वयं को वंचित रखे। (क़ुर्आन 3/180, 4/36-38, 7/24, 64/16, 92/8) इन आयतों में क़ुर्आन ने स्पष्ट कर दिया है कि मनुष्य को न तो धन का पुजारी होना चाहिए, न सब-कुछ त्यागकर वैराग्य धारण करना चाहिए, वरन् मध्यम मार्ग अपनाना चाहिए। इस्लामी अर्थशास्त्र की कुछ शब्दावलियाँ निम्नलिखित हैं :

1. **'इनफ़ाक़'** अर्थात् व्यय करना। अपने ऊपर, परिवारजनों, सगे-सम्बन्धियों, समाज के अन्य लोगों तथा सामूहिक कार्यों पर व्यय करना। (क़ुर्आन

2/267, 4/39, 13/22, 57/7) इस प्रकार से व्यय करने के लिए विभिन्न रूपों में प्रोत्साहित किया गया है। जैसे, किसी प्रायश्चित्त के रूप में, रोज़ा न रखने या क़सम तोड़ने की स्थिति में, दान देना आदि। इस प्रकार के व्यय में किसी दिखावा की अनुमति नहीं है, वरन् दान छुपाकर दिया जाय, इस तरह से कि एक हाथ से दे, तो दूसरे हाथ को पता न चले। (क़ुर्आन 2/274) जिसको दे उस पर एहसान न जताये। (क़ुर्आन 2/264, 265, 361)

2. **'कसबे-हलाल'** अर्थात् शुद्ध माध्यम से धनार्जन। किसी कारोबार में धन लगाते समय देखा जायगा कि धन शुद्ध माध्यमों से अर्जित किया गया है तथा जिस कारोबार में धन लगाया जा रहा है, वह भी वांछनीय है। किसी अवांछनीय व्यापार में शुद्ध माध्यम से अर्जित धन भी उसके पाप में ही वृद्धि करेगा। (क़ुर्आन 2/164, 5/268, 8/69, 16/114) शुद्ध माध्यम से धनार्जन करनेवाले व्यक्तियों को आदरपूर्वक देखा जायगा तथा इसके विपरीत निन्दनीय माना जायगा।

3. **'अमानत'** अर्थात् ईमानदारी से व्यवहार करना। इस्लाम में अनिवार्य है कि अमानत को उसके मालिक तक सुरक्षित पहुँचा दिया जाय। (क़ुर्आन 3/283, 6/87, 23/8) व्यापार तथा लेन-देन में अमानतदारी को विशेष महत्त्व दिया गया है।

4. **'अद्ल'** अर्थात् न्याय। सभी प्रकार के लेन-देन, व्यापार एवं व्यवहार में न्याय को सर्वप्रिय रखना होगा। (क़ुर्आन 5/2-8, 16/90) स्वयं को भी न्याय के अन्तर्गत रखना होगा। (क़ुर्आन 5/8, 6/152)

5. **'तआवुन'** अर्थात् सहयोग। सभी धर्मभीरुओं को भाई-भाई कहा गया है। (क़ुर्आन 49/10) इस्लाम पूरी दुनिया में भाई-चारे की बुनियाद स्थापित करते हुए एक-दूसरे का सुख-चिन्तक होने, सहयोग करने तथा सहायता करने का वातावरण पैदा करता है। इस्लामी अर्थव्यवस्था में उत्पादक, व्यापारी, विक्रेता, शिल्पकार, उपभोक्ता सभी को एक-दूसरे का हितैषी होना चाहिए। यह चिन्तन पाश्चात्य अर्थव्यवस्था से भिन्न है, ज़िसमें व्यक्ति को मात्र अपने लाभ पर ध्यान देना होता है।

6. **'असराफ़'** तथा **'बुख़्ल'** अर्थात् धन व्यय करने में अतिशयोक्ति करना अथवा कृपण हो जाना। इस्लाम में दोनों स्थितियाँ निषिद्ध हैं। (क़ुर्आन 17/29, 25/67)

7. **'इकतनाज़'** अर्थात् धन-दौलत आत्म-तृप्ति के लिए एकत्र करते जाना और गिन-गिनकर रखना, जिससे न तो धन-दौलत एकत्र करनेवाले को लाभ होता हो, न समाज को। यह कृपण का निकृष्ट रूप है।

8. **'मिल्कियत'** अर्थात् स्वामित्व। इस्लामी अर्थशास्त्र में स्वामित्व की कल्पना ईश्वर के एकत्व के विश्वास से सम्बद्ध है, जिसका आधार है कि विश्व की समस्त वस्तुओं का स्वामी ईश्वर है। मानव उसके उत्तराधिकारी के रूप में स्वामित्व प्राप्त करता है।

9. **'मुज़ारबत'** में व्यापार इस प्रकार होता है कि एक पक्ष अपनी पूँजी लगाता है तथा दूसरा पक्ष अपना परिश्रम । लाभ की स्थिति में दोनों पक्ष पूर्व निश्चित शर्तों के आधार पर धन वितरण कर लेते हैं। इस प्रकार का व्यापार स्वयं इस्लामी पैग़म्बर ने अरब की सर्वाधिक मालदार महिला हज़रत ख़ुदैजा के सहयोग से किया था, जिसमें अत्यधिक लाभ हुआ था।

10. **'क़र्ज़े-हसना'** अर्थात् शुभ ऋण। यह एक ऐसी उपयोगी संस्था है, जिसकी स्वयं इस्लामी पैग़म्बर ने सलाह दी थी। इसमें आर्थिक सुरक्षा की योजना स्थापित होती है। प्रत्येक व्यक्ति का दायित्व है कि अपने पड़ोसियों, सम्बन्धियों तथा उन समस्त लोगों को जिनको आर्थिक सहायता की आवश्यकता हो शुभ ऋण की व्यवस्था करे। इसी प्रकार जब उसे आर्थिक सहायता की आवश्यकता होगी, तो दूसरों का दायित्व होगा कि उसकी सहायता करें। इस्लाम ने इसके निदेशक सिद्धान्त भी दिये हैं, जिनके अनुसार शुभ ऋण ग्रहण करनेवाले को एक सन्धि-पत्र लिखना आवश्यक है, जिसमें शर्तें लिखित रूप में होनी चाहिए। इस ऋण पर किसी प्रकार का कोई ब्याज नहीं लिया जायगा। यदि ऋण लेनेवाला धन समयसीमा के भीतर लौटाने में असमर्थ हो, तो उसको समय दिया जायगा। यदि नितान्त असमर्थ हो, तो शुभ ऋण देनेवाला क्षमा कर देगा।

11. **'ज़कात'** तथा **'ख़ुमुस'** अर्थात् धार्मिक कर। प्रत्येक मुसलमान के लिए ज़कात, ख़ुमुस आदि अदा करना अनिवार्य है। इस कर व्यवस्था में व्यक्ति स्वयं अपनी इच्छानुसार निर्धारित नियमों के अनुरूप कर अदा करता है। इस प्रकार के कर अपने निर्धन पड़ोसियों, सम्बन्धियों, मित्रों को दिये जा सकते हैं तथा इस्लामी राजकोष में भी जमा किये जा सकते हैं।

12. **'मालियात'** माल का बहुवचन। चल एवं अचल दोनों प्रकार के हो सकते हैं। क़ुर्आन की अनेक आयतों में माल के महत्त्व, मालदारों की मनोवृत्ति तथा समाज पर उनके प्रभाव आदि पर विस्तार से चर्चा की गयी है। इस्लामी मालियात के नियम समुचित रूप में प्रस्तुत नहीं हो सके हैं, परन्तु इन नियमों ने पाश्चात्य चिन्तन पर भी प्रभाव डाला है, जिसकी चर्चा आदम स्मिथ की प्रसिद्ध उपर्युक्त सन्दर्भित पुस्तक में है तथा करामज़ ने 'द लीगेसी ऑफ़ इस्लाम' में अपने लेख 'ज्योग्राफ़ी एण्ड कामर्स' में ऐसी अनेक शब्दावलियों की चर्चा की है,

जो अरबी भाषा से उद्धृत हैं। जैसे, 'तफ़रीक़' से 'ट्रैफ़िक', 'तारीफ़' से 'टैरिफ़', 'मख़ज़िन' से 'मैगज़ीन', 'मुख़ातिरा' से 'मेहातरा', 'दीवान' से 'डाउन' आदि ।

इस्लामी अर्थशास्त्र के विषय में प्रायः पाश्चात्य लेखकों का पक्षपातपूर्ण आचरण रहा है। वे इसको यूनानी चिन्तन से उद्धृत बताते हैं। इसमें सन्देह नहीं कि मुसलमानों ने यूनानी चिन्तकों से लाभ उठाया है वरन् उनका मूल स्रोत क़ुर्आन तथा इस्लामी पैग़म्बर का जीवन एवं वक्तव्य है। इस्लामी अर्थशास्त्र का समुचित प्रारूप क़ुर्आन तथा हदीस पर आधारित है तथा कालान्तर में नयी-नयी घटनाओं तथा नये परिप्रेक्ष्य में इस्लामी अर्थशास्त्र का पुनर्मूल्यांकन होता रहा तथा अनेक महत्त्वपूर्ण ग्रन्थ उपलब्ध हैं। इनमें विशेषकर अलमुक़रेजी की 'अलख़त्त', अलकलकशनदी की 'सुब्ह-उल-अशा', इब्न-ममाती की 'क़वानीन-उल-दवावीन' तथा अबुल फ़ज़्ल की 'आईने-अकबरी' आदि ग्रन्थों के अध्ययन से भलीभाँति स्पष्ट हो जाता है कि मुस्लिम राज्यों में ऐसी सुदृढ़ आर्थिक एवं राजस्व व्यवस्था अस्तित्व में थी, जो व्यापार, लेन-देन, राजस्व, बैंकिंग तथा संस्थाओं के समान आधारों पर स्थापित थी। मुसलमान शासक विभिन्न कालों में, अनेकानेक देशों तथा क्षेत्रों पर आधिपत्य प्राप्त करते रहे हैं। ये शासक वर्ग विभिन्न जातियों एवं क़बीलों की व्यवस्था भी अपने साथ लाते रहे, जिससे अर्थव्यवस्था की स्थितियाँ भी परिवर्तित होती रहीं तथा समाज कभी सैनिक, कभी कृषक, कभी जागीरदारी रूप धारण करता रहा। इन सबके होते हुए इस्लामी शरीअत के राजस्व (ज़कात, ख़ुमुस आदि) पर निरन्तर प्रयोग होता रहा। मुस्लिम राज्य प्रायः पूँजीवाद के प्रभाव से अलग ही रहा। सीमित निजी स्वामित्व इस्लामी अर्थव्यवस्था का आधार रहा। यह सिद्धान्त भी लगभग सभी राज्यों में प्रचलित रहा तथा पूँजीवाद का शोषण प्रभाव न डाल सका। इस्लामी अर्थव्यवस्था का मूल भाव यह रहा कि मानव अपनी आवश्यकताओं की पूर्ति कर सके। मध्यवर्गीय सम्पन्न जीवन व्यतीत कर सके। समाज में सुख-शान्ति का सन्देश ला सके तथा अपने धन के आधार पर दम्भ, दिखावा, शोषण आदि से बच सके। सम्पन्नता को क़ुर्आन ने ईश्वर की कृपा कहा है तथा धन को भी शुभ माना है। परन्तु यहाँ सम्पन्नता का आधार राजाओं, बादशाहों, अमीरों, सरदारों अथवा पूँजीपतियों का जीवन नहीं है वरन् मध्यममार्गीय जीवन जो इस्लामी पैग़म्बर के सहयोगियों ने सफ़लतापूर्वक प्रस्तुत किया है।

इस्लामी अर्थव्यवस्था में मानव-जीवन के नैतिक, उचित, सन्तुलित तथा स्थायी सुख-शान्ति का सन्देश निहित है। इस अर्थव्यवस्था का आधार है— वांछित कार्य करना तथा निषिद्ध कार्यों से बचना-अर्थात् धन-सम्पत्ति अर्जित करने में इस्लामी धर्मशास्त्र द्वारा निर्धारित 'हलाल' और 'हराम' को ध्यान में रखना

आवश्यक है। उचित साधनों से ही धनार्जन तथा उसका व्यय दोनों ही वांछित हैं। हलाल तथा हराम की इस व्यवस्था का अनुमान इससे किया जा सकता है कि कोई व्यापार या व्यवसाय चाहे भौतिक रूप में कितना ही लाभप्रद हो, यदि वह हराम की परिधि में आता है, तो उसकी अनुमति नहीं मिल सकती। पूँजी-निवेश के समय भी देखा जायगा कि यह व्यवसाय हराम की परिधि में तो नहीं आता। इसी प्रकार आर्थिक व्यवहार में ईमानदारी को विशेष महत्त्व दिया गया है। क़ुर्आन में अनेक स्थान पर इसके स्पष्ट निर्देश विद्यमान हैं। जैसे[1]—लोगों की अमानतें सुरक्षित उन तक पहुँचाना। (क़ुर्आन 4/58, 3/283, 8/27, 23/8 आदि) झूठे सौगन्ध के आधार पर ग्राहक को आकृष्ट करने की कड़ी मनाही है तथा दाम बढ़ाने के लिए व्यापारियों का आपस में साठगाँठ करके विक्रेता को लूटने का भी कड़े शब्दों में मना किया गया है। इस सन्दर्भ में इस्लामी पैग़म्बर की सहस्रों हदीसें प्रस्तुत की जा सकती हैं।

इस्लामी राज्य को अधिकार है कि समाज में सुव्यवस्था की स्थापना हेतु लोगों की निजी मिल्कियत की जाँच कराये। इस्लामी इतिहास में अनेक घटनाएँ मिलती हैं, जब लोगों की जागीरों तथा सम्पत्ति की छानबीन की गयी।[1] इसी प्रकार इस्लाम में राष्ट्रीयकरण के समान व्यवस्था है कि यदि जनता-जनार्दन की बड़ी संख्या जीवन के आवश्यक वस्तुओं से वंचित हो तथा कुछेक लोग अपार धन-सम्पत्ति जुटाकर भोग-विलास का जीवन व्यतीत कर रहे हों, तो इस्लामी राज्य को अधिकार है कि वह एक सीमा तक व्यक्तिगत सम्पत्ति को जनहित के लिए जब्त कर सकती है। इसका एक उदाहरण इस्लामी पैग़म्बर के जीवनकाल में मिलता है जब उन्होंने कृषि हेतु पानी के वितरण के विषय में आदेश दिया था कि ऊपर की खेतवाले अपनी आवश्यकता की पूर्ति के पश्चात् पानी नीचे के खेतवालों के लिए छोड़ दें।[2]

इस्लाम में उत्पादन के तीन तत्त्व बताये गये हैं—भूमि, श्रम तथा पूँजी। पाश्चात्य चिन्तन में संगठन भी एक तत्त्व है। विचार किया जाय तो संगठन श्रम का ही एक भाग है। संगठन को श्रम से उच्च स्थान देने के कारण ही संगठन एवं श्रम के बीच संघर्ष होता रहता है। इस्लाम समस्त श्रमजीवियों को एक समान मानता है। अतः संगठन में सम्मिलित होने के आधार पर किसी को वरीयता नहीं दी जा सकती। न उसे अधिक वेतन अथवा पारिश्रमिक दिया जा सकता है। इस्लामी अर्थव्यवस्था में उत्पादन के लाभ को समस्त श्रमिकों में समान रूप में वितरित करना अनिवार्य है। इसके विषय में भी अनेक हदीसें उपलब्ध

---

1. किताब-उल-ख़िराज, पृ० 139
2. जाम्अ-उल-सहीह-उल-बुख़ारी, अध्याय 2, 6-8, 22, 5

हैं।[1] वर्तमान युग में व्यापार का अंग बनी कई व्यवस्थाएँ इस्लाम में कड़ाई से रोकी गयी हैं।[2] जैसे—मण्डी में व्यवधान उत्पन्न करनेवाले तत्त्वों में (1) महँगाई उत्पन्न करने हेतु खाद्य-सामग्री का रोकना, (2) सट्टेबाज़ी, (3) दलाली, (4) बाज़ार में चीज़ों के पहुँचने के पहले ही व्यापारियों का सस्ते दामों पर ख़रीदना, (5) झूठा विज्ञापन, (6) साठगाँठ करके कृत्रिम रूप में मूल्य वृद्धि, (7) मुद्रा स्फीति आदि।

वर्तमान अर्थव्यवस्था में बैंक व्यवस्था को मूल महत्त्व प्राप्त है। इस बैंक व्यवस्था का आधार ब्याज पर धन प्राप्त करना तथा उसे लाभकारी व्यवसाय में निवेश करना। ब्याज की समस्या इस्लामी सम्प्रदायों के बीच विवादित है। कुछेक मानते हैं कि यदि ब्याज का आधार शोषणमुक्त हो, तो इसमें कोई आपत्ति नहीं है। परन्तु कुछेक धर्मशास्त्री समस्त रूप में ब्याज लेने तथा देने को पाप मानते हैं। कुछेक देशों ने इस्लामी बैंकिंग के नाम से ब्याजरहित बैंक व्यवस्था स्थापित की है। उनका यह प्रयोग सफल भी रहा है तथा भारत सरकार ने भी इस्लामी बैंकिंग के आधार पर पूँजी निवेश की व्यवस्था करने का आदेश भारतीय बैंकों को दे दिया है।

मुसलमानों के व्यावहारिक जीवन में तथा साधारण चिन्तकों एवं सुधारकों में अधिक प्रचलित पाश्चात्य के भौतिक-राज्य 'फ़िज़योक्रेसी' तथा विक्रयोपयोगी 'मर्कनटेबल' से अधिक उपयोगी है। यदि पाश्चात्य अर्थशास्त्र से तुलनात्मक अध्ययन किया जाय तो कहा जा सकता है कि मुसलमानों का आर्थिक चिन्तन शुद्ध मशीनी तथा भौतिक विज्ञान के काल से पूर्व कल्याणकारी चिन्तकों से एक सीमा तक समानता रखते हैं तथा जब से औद्योगिक युग का प्रारम्भ हुआ तथा मशीन की स्पर्द्धा में मानव शून्य होता गया, मुस्लिम चिन्तन का पाश्चात्य चिन्तन से दूरी बढ़ती गयी। इसमें सन्देह नहीं कि मशीनी युग से पूर्व पाश्चात्य विचारधारा तथा इस्लामी चिन्तन में समानताएँ दीख पड़ती हैं। स्विट्ज़रलैण्ड के इटैलिक अर्थशास्त्र के विद्वान् सिसमोदी (मृ० 1842 ई०) ने लिखा है कि अर्थशास्त्र को मात्र धन पर ही बल नहीं देना चाहिए, वरन् उसका विशेष बल मानव-कल्याण पर होना चाहिए, क्योंकि धन मानव के लिए है न कि मानव धन के लिए, धन को नैतिक एवं शारीरिक स्वास्थ्य का माध्यम बनना चाहिए। स्वतः

1. अलसुन्नन : इब्न-माजा, अध्याय 20; अलमुसनद : अहमद, भाग-2, पृ० 174-178, 205
2. जाम्अ-उल-सहीह-उल-बुख़ारी, अध्याय 1, 2, 8, 12, 13, 51-55, 60, 64, 68, 70; जाम्अ-उल-सहीह-उल-मुस्लिम, अध्याय 13-15, 91-93, 158, जाम्अ-उल-सहीह-उल-सुन्नन : नसअई, अध्याय 40-50 आदि

धन कोई वस्तु नहीं है, उसका सिद्धान्त है कि कोई जाति अथवा राष्ट्र उस समय तक सम्पन्न नहीं समझा जा सकता, जब तक निर्धन एवं निम्न वर्ग, जो उसका बड़ा वर्ग है, सुरक्षित न हो।[1] इसी प्रकार आर्थिक विषयों में राज्य द्वारा सीमित हस्तक्षेप भी एक इस्लामी चिन्तन है, जिस पर सिसमोदी ने बल दिया है। यही विचार मीकियावली ने भी व्यक्त किये हैं। इसी प्रकार सन्तुलित व्यय के इस्लामी सिद्धान्त का समर्थन हेनरी जार्ज (मृ० 1897 ई०) ने बलपूर्वक किया है।

इतिहास

'इतिहास' इस्लामी इतिहासकारों के विचार में विभिन्न जातियों के साधारण घटनाक्रम का वर्णन, उनका वार्षिक संकलन तथा घटनाओं की व्याख्या को कहते हैं। किसी घटनाक्रम का वर्णन करने में संवत् और उसके दिवसों के निर्धारण में हिजरी के अतिरिक्त अनेक अन्य पंचांगों का भी उपयोग करते रहे हैं। इस्लाम-पूर्व के अरब में सिकन्दरी संवत् प्रचलित था, जिसमें यूनानी मास होते हैं और जिसको 'सोलोक़यान संवत्' भी कहते हैं, क्योंकि इसका प्रारम्भ उस वर्ष से हुआ जब सोलोक़-नीक़ातौर ने बाबुल नगर में प्रवेश किया था। यह सिकन्दर की मृत्यु (323 ई० पू०) के बारह वर्ष बाद की घटना है अर्थात् 311 ई० पू० सिकन्दरी संवत् का प्रचलन इस्लामी पैग़म्बर के जीवनकाल में होता था। इसी को सिरयानी तथा यहूदी भी प्रयोग करते थे। इसको 'अनुबन्ध संवत्' भी कहा गया। इसी के आधार पर इस्लामी पैग़म्बर हज़रत मुहम्मद का जन्मवर्ष 882 सिकन्दरी संवत् कहा जाता है। यही स्थिति ऑगस्टन की है। ईरानियों के यज़्दजर्द तृतीय से दो प्रकार के संवत् सम्बद्ध हैं, एक उसके जन्म से और दूसरा उसकी मृत्यु से। दोनों ही प्रचलित रहे हैं। इससे प्रभावित होकर अब्बासी ख़लीफ़ा अलमुतीज़ (मृ० 902 ई०) ने पारसियों के त्योहार नवरोज़ की अरब में कृषि-फसल के मौसमों से एकरूपता उत्पन्न करने के विचार से पंचांग को पीछे कर दिया। इसी प्रकार ईरान में ग़ाज़ान महमूद ने पहली रजब 701 हिजरी (2 मार्च, 1302 ई०) को 'एलख़ानी संवत्' प्रचलित किया, जो सौर वर्षीय था। सुल्तान मलिवशाह सलजूक़ी ने 'जलाली संवत्' का प्रारम्भ प्रथम मार्च, 1676 ई० से किया। भारत में अकबर महान् ने अपने राज्याभिषेक के 30वें वर्ष से 'इलाही संवत्' जारी किया, जिसका प्रारम्भ 5 रबीउस्सानी 963 हिजरी तदनुसार 19 फ़रवरी, 1556 ई० से हुआ, यह भी सौर वर्षीय था। वर्तमान में मुख़तारपाशा ग़ाज़ी ने एक

1. New Principles of Political Economy, p. 158

और सौर वर्ष अत्यन्त सावधानी के साथ तैयार किया, जिसके अनुसार सौ शताब्दियों में मात्र 0.628 अंश का अन्तर होता है, परन्तु इन सभी संवतों पर हिजरी संवत् को वरीयता प्राप्त है, जिसको इस्लामी संवत् की स्थिति प्राप्त है। यह इस्लामी पैग़म्बर के मक्का से प्रवसन करने से प्रारम्भ होता है। इस संवत् को हज़रत उमर ने अपने ख़िलाफ़त-काल (634-44) में तत्कालीन खगोलशास्त्री अलहुरमज़ान के परामर्श से प्रारम्भ किया था। हिजरी संवत् चन्द्रक वर्षों पर आधारित होता है। सौर वर्ष की गणना के अनुसार इसमें प्रति वर्ष लगभग 10 दिनों की हानि होती है। अब तक निश्चित रूप में निर्णय नहीं किया जा सका है कि पहली मुहर्रम 1 हिजरी (जिस दिन से इस संवत् का प्रारम्भ होता है) को कौन-सा दिन था। परन्तु अबूनस्त्र मुहम्मद ख़ालिदी के पंचांग के आधार पर 1 मुहर्रम 1 हिजरी को दिन जुम्आ, 16 जुलाई, 622 ई० थी।[1]

इस्लाम में इतिहास-विद्या का मूलस्रोत भी अन्य विद्याओं के समान स्वयं ईश्वर को मानते हैं। यद्यपि क़ुर्आन के आधार पर खगोल-भौतिकी का सम्यक् अध्ययन होना अभी अपेक्षित है, परन्तु प्रायः कहा जाता है कि 807 यज़्दजर्दी संवत् में सृष्टि की रचना को 8863 क़रन तथा 9965 वर्ष बीत चुके थे। यह सृष्टि 3 लाख क़रन तक स्थापित रहेगी। प्रत्येक क़रन में दस हज़ार वर्ष होंगे।[2] इस वक्तव्य से स्पष्ट है कि इस्लामी इतिहास-विद्या में कालानुक्रम को मूल महत्त्व प्राप्त है, जो एक सीमा तक 'इल्मे-इलाहीयात' (ईश-विद्या) के विकास से सम्बद्ध है।[3] अबूरैहान अलबेरूनी (मृ० 1048 ई०) ने अपनी पुस्तक 'अलअसार-उल-बाक़िया' में विश्व की समस्त जातियों का इतिहास एकत्र करके गणित-ज्योतिष के आधार पर उनका समालोचनात्मक अध्ययन प्रस्तुत किया है।[4] गणित-ज्योतिष को इस्लामी इतिहास-विद्या में मूल महत्त्व प्राप्त है, जिसको नज़रअन्दाज़ करके अरबी इतिहास-विद्या के प्रारम्भ का पता लगाना कठिन हो जायगा, जो अभी तक स्पष्ट नहीं है। बल्कि सत्य यह है कि इस्लाम-पूर्व के युग में, जिसको इतिहासकारों ने 'दौर-जाहिलियत' कहा है, उसकी पौराणिक कथाओं एवं लोक्र परम्पराओं या गल्पों और सातवीं सदी ईस्वी की इस्लामी इतिहास-लेखन के बीच विराट् खाईं है। इस्लाम-पूर्व काल की ऐतिहासिक परम्पराएँ, जिनकी स्मृतियाँ यमन में प्राचीन संस्कृति एवं सभ्यता के रूप में संरक्षित हैं, मिनियन, सबाई और हमीरी

1. तक़वीमे-हिज्री-वो-ईस्वी, पृ० 1
2. उर्दू दायरा-ए-मआरिफ़े-इस्लामिया, पृ० 45
3. इल्म-उल-फ़लक-तारीख़-इन्द-उल-अरब-फ़ी-उल-क़ुरून-उल-वुस्ता, पृ० 84, 104-112
4. किताब-उल-आसार-उल-बाक़िया, पृ० 56

शिलालेख जिन पर कुछेक प्राचीन शासकों के नाम हैं, उनसे सम्बन्धित मौखिक परम्पराएँ कहानियों के रूप में कही जाती हैं। अरबों में इन्हीं कहानियों को इतिहास के रूप में माना जाता है। इस प्रकार की कथाओं में वहब-बिन-मम्बा तथा उबैद-बिन-सरिया महत्त्वपूर्ण हैं, जिनको इतिहास के रूप में स्वीकार किया जाता है। यहाँ तक कि इब्न-इसहाक़ (मृ० 768 ई०) उबैद की कथाएँ कहता है। अब्दुल मलिक-बिन-हिशाम (मृ० 828 ई०) तथा अलतबरी ने कुछेक सन्दर्भों में वहब की पुस्तक से सन्दर्भ ग्रहण किया है। इन कथाओं की वास्तविकता सर्वप्रथम इब्न-ख़लदून (मृ० 1405 ई०) ने उद्घाटित कर दी है।[1]

इस्लामी इतिहास-लेखन के विकास को अध्ययन की सुविधा हेतु चार युगों में विभाजित किया जा सकता है। प्रथम, इतिहासबोध के प्रारम्भ से 8वीं सदी ईस्वी तक। द्वितीय, 11वीं सदी तक। तृतीय, 15वीं सदी तक। चतुर्थ, 16वीं सदी से वर्तमान तक। इनमें पहला ऐतिहासिक काल अर्थात् इतिहासबोध के प्रारम्भ से 8वीं सदी तक का इतिहास भारतीय सन्दर्भ में सैद्धान्तिक अध्ययन के लिए ही महत्त्वपूर्ण है वरन् अन्य तीनों युग अर्थात् 10वीं सदी ईस्वी से वर्तमान तक की इस्लामी इतिहास में भारत का विशेष योगदान है। आगे की पंक्तियों में इनकी संक्षेप में चर्चा की जायगी।

इस्लामी इतिहास के प्रथम काल को 'सद्रे-अव्वल' कहा जाता है। इस मूल इस्लामी काल का अन्त 'ख़िलाफ़ते-राशिदा' के अन्त (661 ई०) से सम्बद्ध है। इसका प्रारम्भ इस्लामी पैग़म्बर की गतिविधियों और जीवनी के अध्ययन से होता है। इस प्रकार विद्या के रूप में इतिहास-लेखन 'इल्मे-हदीस' से सम्बद्ध है। इस्लामी पैग़म्बर के जीवन-काल से सम्बन्धित तथ्य, जो उनके वक्तव्य के रूप में हों अथवा उन्होंने प्रयोग करके दिखाया हो, 'इल्मे-हदीस' है। इस विद्या के जानकारों को 'मुहद्दिस' कहा जाता है। इसकी चर्चा यथास्थान हो चुकी है । उनमें कई-एक ने इतिहास-लेखन को विभिन्न घटनाओं (मग़ाज़ी) तक सीमित रखा। उनमें मुहम्मद-बिन-मुस्लिम-बिन-शहाब अलज़हरी की विशेष रूप में चर्चा की जा सकती है। मुहम्मद-बिन-इसहाक़-बिन-यसार (मृ० 768 ई०) को उनकी पुस्तक 'सीरत' को इस्लामी पैग़म्बर की प्रथम जीवनी होने के आधार पर ख्याति प्राप्त हुई। इसके बाद अन्य घटनाओं के सम्बन्ध में अलग-अलग पुस्तिकाएँ लिखने का प्रचलन हुआ। इनमें तीन प्रकार की परम्पराएँ प्रचलित हुईं। कल्बी परम्परा, जो अवानत-बिन-हकम (मृ० 775 ई०) और हिशाम-उल-कल्बी से प्रसिद्ध है। ये उमैय्यावंशीय शासकों के परमभक्त तथा हज़रत अली एवं अन्य

1. The Two Oldest Islamic Cultures' Book and Arabic Foklore, Vol. II, p. 120

अह्लबैत के शत्रु थे। इसी प्रकार तमीमी इतिहासकारों की परम्परा भी अह्लबैत से शत्रुता करने में कल्बी परम्परा का विस्तार करती है। इस परम्परा में इस्लामी सेना की विजय-यात्रा को रोमानी बनाकर प्रस्तुत किया गया। उदाहरणार्थ, क़ुतैबा-बिन-मुस्लिम के युद्धों के सम्बन्ध में बाह्यला के वर्णन अथवा क़बालियों की परम्पराओं का वर्णन इत्यादि। परन्तु 'वक़ाया-नवीसी' (घटनावर्णन) की तीसरी परम्परा, जो ईराक़ के क़बीला अज़ुद की है, जिसका सम्पादन अबूमख़नफ़ (मृ० 774 ई०) ने किया, वह सम्भवतः अधिक व्यावहारिक एवं निष्पक्ष है। उसने शासकवर्ग की स्तुति करने से अधिक इस्लामी आन्दोलन के इतिहास पर अपना ध्यान रखा, जिससे उसका धार्मिक स्वभाव स्पष्ट होता है, उसके कथन में इस्लामी इतिहास में पक्षपात, द्वेषात्मक अथवा इष्टसिद्धि की प्रवृत्ति को चोट पहुँची। अबूमख़नफ़ के कारण ही इतिहास-लेखन इस्लामी संस्कृति एवं सभ्यता का अंग बन सका। यहाँ तक रोम महासागर के देशों में प्राचीन ऐतिहासिक परम्पराओं को इस्लामी रूप में ढाला गया अथवा पूर्वी देशों और अफ्रीक़ा, जहाँ ज्ञान एवं विद्या के चिह्न नहीं थे, इस्लामी परम्परा के प्रभाव में इतिहास एवं साहित्य की प्रगति हुई।

इस्लामी इतिहास-लेखन के विकास में अन्य विद्याओं के समान 8वीं सदी में काग़ज़ के ईजाद ने नयी जान डाल दी, जिससे संस्कृति एवं सभ्यता के अनेकानेक आयाम एवं प्रभाव सामने आये। काग़ज़ बनाने का पहला कारख़ाना इस्लामी राजधानी बग़दाद में 795 ई० में स्थापित हुआ। इस्लामी इतिहास-लेखन में जीवनी-लेखन से सम्बन्धित सामग्री, विभिन्न पुस्तिकाएँ तथा अन्य सन्दर्भ-ग्रन्थों की एकरूपता से सन्तुलित वक्तव्य सम्पादित किये गये। इस प्रकार का पहला ऐतिहासिक सम्पादक अहमद-बिन-यहया अलबलाज़ुरी (मृ० 892 ई०) है। उसके संरक्षण में इस्राइली तथा मसीही कथाएँ, जो पहले से क़ुर्आन की व्याख्याओं में सम्मिलित होकर इस्लामी समझी जाने लगीं, बढ़-चढ़कर फैलीं और फलित हुईं। इसमें यूनानी पौराणिक गाथाएँ सम्मिलित हो गयीं। यहाँ ईरानी परम्पराओं की चर्चा कर देना आवश्यक है, जिनके माध्यम से अवस्ता की कथाएँ, सिकन्दर और दारा की युद्धगाथा तथा सासानी साम्राज्य की विजय गाथाएँ इस्लामी इतिहास में नवजीवन प्राप्त कर गयीं। इस विस्मयकारी स्थिति को अलयाक़ूबी, इब्न-वाज़ह (मृ० 897 ई०) तथा अलमसऊदी (मृ० 957 ई०) की बहुमूल्य रचनाओं ने रोकने का प्रयत्न किया, जो मात्र इतिहासकार नहीं थे, वरन् उच्चस्तरीय भूगोलवेत्ता भी थे। उनकी जानकारी मात्र सुनी-सुनायी नहीं थी, वरन् उन्होंने लम्बी यात्राएँ करके जानकारी प्राप्त की थी। मुहम्मद-बिन-जरीर अलतबरी (मृ० 923 ई०) की पुस्तक 'तारीख़ अलरुसुल-वअल-मुलूक' को इस्लामी इतिहास-लेखन में मील का पत्थर माना गया है। अलतबरी एक प्रकाण्ड

विद्वान् थे, जिन्होंने क़ुर्आन की व्याख्या की, हदीसें सम्पादित कीं तथा धर्मशास्त्री के रूप में भी विख्यात हुए। उनको बाद के समस्त इतिहासकारों ने प्रामाणिकता के रूप में ग्रहण किया। प्राचीन इतिहासकारों में अपने निष्पक्ष लेखन के लिए इब्न-अबी-हदीद (मृ० 1257 ई०) को विशेष स्थान प्राप्त है। परन्तु इब्न-क़ुतैबा (मृ० 883 ई०) "**धर्मनिष्ठ सुन्नी मुसलमानों में था परन्तु अह्लबैत के विरुद्ध था।**"[1] मुहम्मद-बिन-सअद (मृ० 844 ई०) ख़िलाफ़ते-राशिदा के निकट काल का इतिहासकार है, इसलिए उसको विश्वसनीय माना जाता है। हाफ़िज़ अबू-उमर-बिन-अब्दुल बर्र (मृ० 1051 ई०) इतिहासकार होने के अतिरिक्त 'शैख़-उल-इस्लाम' (महान् धर्मगुरु, एक पद) थे। उनकी पुस्तक 'अलइस्तेआब' को इस्लामी पैग़म्बर के सहयोगियों की जीवनी-लेखन में सर्वाधिक प्रामाणिक सन्दर्भ माना जाता है। इब्न-उल-असीर (मृ० 1233 ई०) की 'तारीख़-अलकामिल' तथा 'असदुल-ग़ाबा' को भी इस्लामी इतिहास में विश्वसनीय सन्दर्भ माना गया है। इब्न-कसीर (मृ० 1372 ई०) भी अलतबरी के समान इतिहासकार होने के अतिरिक्त क़ुर्आन का भाष्यकार एवं हदीसों का सम्पादक होने के आधार पर विशिष्ट है। उसकी पुस्तक 'अलबदाया-वअलनिहाया' को इस्लामी इतिहासकारों में विशेष स्थान प्राप्त है। उसके विषय में मौलाना मौदूदी का कथन है "**वे शीआ विश्वासों की ओर अभिरुचि तो दरकिनार उसके परम विरुद्ध हैं, शीआ वक्तव्यों का अत्यन्त तीव्रता से खण्डन करते हैं। सहाबियों में किसी पर अपने भरसक आँच नहीं आने देते और ऊहापोह-काल का इतिहास बयान करते हुए उन्होंने हज़रत मुआविया ही नहीं, यज़ीद तक की सफ़ाई पेश करने में कोई कसर नहीं उठा रखी है। मगर इसके बावजूद वे इतने धार्मिक हैं कि इतिहासकारिता में घटनाओं को छुपाने की कोशिश नहीं करते।**"[2]

इस्लामी इतिहास-लेखन में पक्षपात की शिकायत इतनी बढ़ी कि इस्लामी उलमा का एक वर्ग इतिहासविद्या को ही नकारने लगा। यह वर्ग ऐतिहासिक वक्तव्यों को हदीस के समान वर्णनकर्त्ता की प्रामाणिकता के विवेचन पर बल देने लगा। यद्यपि हदीसकारों ने वर्णनकर्त्ता की प्रामाणिकता पर बल देते हुए मात्र शरीअत के अधीन धार्मिक समस्याओं के विषय में मात्र अनुज्ञेय एवं वर्जित, दायित्व एवं अनिवार्य तथा कुत्सित एवं अधिमान्य की सीमा निश्चित की थी। यदि सभी प्रकार की समस्याओं के विषय में वर्णनकर्त्ता की प्रामाणिकता को आधार बनाया जाय, तो इस्लामी इतिहास का 90% भाग अप्रामाणिक हो जायगा, क्योंकि कुछेक वर्णनकर्त्ता जिस काल की घटना बयान करते हैं, वे उस काल में

1. ख़िलाफ़तो-मुलूकियत, पृ० 285
2. ख़िलाफ़ते-मुलूकियत, पृ० 291

स्वयं शिशु अवस्था में होते हैं या जन्मे ही नहीं होते अथवा जिस सन्दर्भ के आधार पर घटना का वर्णन करते हैं, उस व्यक्ति से उनकी कभी भेंट ही नहीं हुई, अथवा कभी घटनाओं की चर्चा बिना किसी प्रमाण के भी करते हैं इत्यादि। इस्लामी उलमा में प्राचीन विद्वानों का दृष्टिकोण अत्यन्त स्पष्ट रहा है। उन्होंने मात्र हदीसों के चयन एवं सम्पादन में वर्णनकर्त्ता की प्रामाणिकता का विवेचन किया है, वरन् अन्य समस्याओं एवं सन्दर्भों में उन्हीं वर्णनकर्त्ताओं के वक्तव्य प्रस्तुत करने में संकोच नहीं करते। इतिहास के नकारवादियों को विशेषकर अब्बासी-ख़िलाफ़त काल के इतिहासकारों से शिकायत है। उनके विषय में उनका विचार है कि उन्होंने अब्बासियों तथा उमैय्या वंशज से शत्रुता के आधार पर उमैय्या वंशज के प्रति न्याय नहीं किया। यह आक्षेप निर्मूल नहीं है कि अब्बासियों को उमैय्या वंशज से अत्यन्त शत्रुता थी, परन्तु यह आक्षेप निश्चित रूप में अनुचित है कि इस्लामी इतिहासकारों ने उमैय्या वंशज के साथ न्याय नहीं किया है। इन इतिहास-ग्रन्थों में उमैय्या वंशज की राजनीतिक उपलब्धियों को अतिशयोक्तिपूर्ण शब्दों में उजागर किया गया है। सभी ने उमैय्या वंशज ख़लीफ़ा उमर-बिन-अब्दुल अज़ीज़ (मृ० 719 ई०) के जीवनकाल को स्वर्णिम युग कहा है, वरन् इतिहास-ग्रन्थों में कुछेक अब्बासी वंशज ख़लीफ़ाओं के अत्याचारों की भी चर्चा की गयी। विचारणीय है कि इन इतिहास के नकारवादियों की उमैय्या वंशज से बौद्धिक प्रतिबद्धता, कहीं उनके व्यक्तिगत मनोवृत्ति की द्योतक तो नहीं है, जो उमैय्या वंशज की कमियों, अत्याचार और अइस्लामी कार्यों के विषय में सुनने को तैयार नहीं हैं। इस तथ्य को नकारा नहीं जा सकता कि इस्लामी उलमा का एक वर्ग पाठ्यपुस्तकों में इतिहास विद्या को सम्मिलित नहीं करता, वरन् उसके अस्तित्व को ही नकारता है। चाहे उसका यह व्यवहार शुतुरमुर्ग़ के समान रेत में अपने सिर को छुपा लेने के समान ही क्यों न हो!

भारत में इस्लामी इतिहास-लेखन ईरानी इतिहासकारों के प्रभाव में अपनी विविधता के साथ हिन्द-आर्य संस्कृति एवं सभ्यता के संयुक्त धरोहर पर आधारित है। साधारणतया इतिहास-ग्रन्थों की रचना भारत में हुई हो या ईरान में, एक संयुक्त आधार पर स्थापित हैं कि प्रारम्भिक सन्दर्भों का उपसंहार प्रस्तुत करने के बाद उस काल की घटनाएँ लिपिबद्ध कर दी जायँ। इन इतिहासकारों का व्यवहार शोधपरक एवं विवेचनात्मक न होकर पूरी तरह अनुश्रवणवादी है। इसका सर्वश्रेष्ठ उदाहरण मिनहाजउद्दीन सिराज जूज़जानी (मृ० 1265 ई०) की प्रसिद्ध पुस्तक 'तबक़ाते-नासिरी' है, जो भारतीय इतिहास-ग्रन्थों में महत्त्वपूर्ण है, परन्तु इतिहास विद्या के सिद्धान्तों के आधार पर निराशाजनक है। इतिहास-लेखन के मग़ोल-पीठ का प्रारम्भ मन्त्री फ़ज़्लउल्लाह रशीदउद्दीन तबीब (मृ० 1318 ई०) की पुस्तक 'जाम्अ-उल-तवारीख़' से होता है, जो फ़ारसी तथा अरबी दोनों

भाषाओं में लिखी गयी थी। इसके पहले भाग में बादशाही परिवार का इतिहास है, वरन् दूसरा भाग अरब इतिहास से सम्बन्धित है। इसमें भारत, चीन और यूरोप का इतिहास भी लिखा गया है। इस पुस्तक की सर्वप्रियता का अनुमान इससे किया जा सकता है कि बाद के काल में जब इस पुस्तक का पहला भाग नष्ट हो गया, तो शाहरुख़ के आदेशानुसार हाफ़िज़ आबरू (मृ० 1430 ई०) ने नया संस्करण तैयार किया।

भारत में मुस्लिम सल्तनतों के स्थापित होने के बाद इतिहास-लेखन में भारतीयता अधिक मुखरित हुई। प्रारम्भिक पुस्तकों में हसन निज़ामी (मृ० 1217 ई०) के 'ताज-उल-मुआसिर' के बाद ज़ियाउद्दीन बर्नी (मृ० 1357 ई०) की 'तारीख़े-फीरोज़-शाही' सर्वाधिक प्रसिद्ध हुई। परन्तु उसके बाद अरबी इतिहास परम्परा पतनोन्मुख होकर, कम-से-कम भारत में, समाप्त एवं अस्वीकृत हो गयी। इसके कारणों का विवेचन किया जाय तो 16वीं शताब्दी में इस्लामी जगत् में राजनीतिक शक्तियों की नवरचना हो सकती है। इससे इस्लामी साम्राज्य की केन्द्रीयता का समापन तथा विभिन्न सल्तनतों का अस्तित्व में आना है। उस्मानी तुर्कों ने पश्चिम एशिया तथा उत्तरी अफ़्रीक़ा में मराकों की सीमाओं पर आधिपत्य प्राप्त कर लिया। नाइजीरिया सागर के हब्शी क्षेत्रों में सनग़ोई वंशज की सल्तनत स्थापित हुई इत्यादि। यह समस्त मुस्लिम सल्तनतें सुन्नियों की थीं, परन्तु ईरान में सफ़वियों का राज्य शीआ था। भारत में मुस्लिम सल्तनतें स्थापित हुईं, तो प्रारम्भ में उत्तर भारत में सुन्नियों और दक्षिण भारत में शीओं के प्रभाव रहे। वरन् महान् मुग़ल साम्राज्य स्थापित होने के बाद दोनों प्रकार के धर्मावलम्बी मुग़ल दरबार में एकत्र हो गये, जिनकी परस्पर प्रतिद्वन्द्विता की घटनाओं से तत्कालीन इतिहास-ग्रन्थ भरे पड़े हैं।

इतिहास-लेखन में महान् मुग़ल साम्राज्य की उपलब्धियाँ अमर हैं। इस दरबार में विभिन्न प्रकार के इतिहास-ग्रन्थ लिखे गये। उनमें बादशाहों की रचनाएँ हैं, दरबारों से सम्बन्धित महत्त्वपूर्ण व्यक्तियों के अलावा साधारणजनों के इतिहास-ग्रन्थ, दरबारों से परोक्ष रूप में असंसृति इतिहास-ग्रन्थ, किसी की स्तुति में लिखे गये इतिहास-ग्रन्थ, किसी दरबार या दरबारी से सम्बद्ध इतिहास-ग्रन्थ, अपूर्ण इतिहास-ग्रन्थ। इनमें समस्त इतिहास-ग्रन्थों की चर्चा करना सम्भव नहीं हो सकता परन्तु यहाँ उनमें कुछेक महत्त्वपूर्ण इतिहास-ग्रन्थों की चर्चा संक्षेप में की जा सकती है। इन इतिहास-ग्रन्थों का क्रम भारत में मुग़ल साम्राज्य के संस्थापक मिर्ज़ा ज़हीरउद्दीन बाबर (मृ० 1530 ई०) की कालजयी पुस्तक 'तुज़ुके-बाबरी' है, जो 'बाबरनामा' के नाम से अधिक प्रसिद्ध है। इसमें बाबर ने अपने जीवन की घटनाएँ तुर्की भाषा में लिखीं। इस पुस्तक से मालूम होता है कि बाबर को भारत के लोग, उनका ख़ान-पान, वस्त्र, व्यवहार, खेत-खलिहान, बाग़, फल-

फूल सब-कुछ नापसन्द था। इसके विपरीत 'तुज़ुके-जहाँगीरी', जिसको 'जहाँगीरनामा' भी कहते हैं, इसमें जहाँगीर (मृ० 1627 ई०) ने भारतीय फल-फूल, खेत-खलिहान, बाग़, पक्षियों, जानवरों सभी की प्रेमपूर्वक चर्चा की है। उसने लिखा है कि भारत के सुगन्धित फूलों के समान दुनियाभर में कहीं फूल नहीं होते। इनमें पहला स्थान चम्पाकली का है, जो सूक्ष्मता में केसर के समान है, फिर केवड़ा, रायबेल, मौलसिरी, सेवती इत्यादि। वृक्षों में सर्व, सनोवर, चिनार, सफ़ेदार, चन्दन आदि हैं। यह स्वभाव का अन्तर हो सकता है और यह भी सम्भव है कि बाबर चूँकि बाहरी शासक था, युद्ध संघर्ष में रहा और जहाँगीर भारत की संयुक्त संस्कृति का प्रतीक था। 'तुज़ुके-जहाँगीरी' जहाँगीर की आत्मकथा है, जो उसके शासनकाल के 70वें वर्ष पर आधारित है। इसके बाद की बातें उसके आदेश पर मुतमिद ख़ाँ ने लिखीं। मुग़ल बादशाहों की इतिहास की चर्चा में 'रुक़्क़ाते-आलमगीरी' अपरिहार्य है। इसमें औरगज़ेब (मृ० 1707 ई०) ने विभिन्न स्थानों, भवनों तथा क़िलों के विषय में विस्तार से लिखा है, जिनका ऐतिहासिक महत्त्व है।

इतिहासकारों में अधिकांश 'सरकारी तारीख़-नवीस' होते थे, जो शासकीय अधिकारियों और दरबारियों में होते थे अथवा किसी अन्य स्थिति में शाही ख़ानदान से सम्बद्ध होते थे। उनका कार्य 'वक़आ-निगारी' (घटनाओं को लिपिबद्ध करना, एक पद) तक सीमित होता था। उनके सन्दर्भों में दरबारियों से वार्त्ता, राजकीय अधिकारियों की उपलब्धियाँ और कुछेक सरकारी दस्तावेज़ होते थे। अधिकांश इनमें प्रामाणिक स्रोत की चर्चा नहीं होती थी। इन घटनाओं को लिपिबद्ध करने में लेखक का वर्गीय, राजनीतिक, सांस्कृतिक एवं धार्मिक विश्वासों का प्रभाव होता था। इस प्रकार की घटनाएँ लिपिबद्ध करने में शाही ख़ानदानों को केन्द्रीय स्थान प्राप्त होता था। अपने समय के विषय में कुछेक महत्त्वपूर्ण एवं उपयोगी संज्ञान भी प्राप्त होते हैं। इनमें से कुछेक इतिहासों का एक सम्पूर्ण ग्रन्थ अथवा उसके कुछ अध्याय अनुवाद के लिए विशिष्ट कर दिये जाते हैं अथवा भौगोलिक स्थितियाँ भी सम्मिलित कर दी जाती हैं, जिनकी उपयोगिता सर्वविदित है। इनमें मुहम्मद सादिक़ अज़ावानी (मृ० 1651 ई०) की 'सुब्हे-सादिक़', मुहम्मद यूसुफ़वालहू की 'ख़ुल्दे-बरीं' (र० 1648 ई०), मुसलहउद्दीन लारी (मृ० 1571 ई०) की 'मेअरात-उल-अदवार' की चर्चा की जा सकती है। इनके अतिरिक्त भी अन्य इतिहास-ग्रन्थ हैं, जो बादशाह के आदेशानुसार लिखे गये हैं। उदाहरणार्थ ग़यासउद्दीन मुहम्मद (मृ० 1536 ई०), जो ख़्वाँद-मीर के नाम से अधिक परिचित हैं, उसका 'हुमायूँनामा' अथवा 'क़ानूने-हुमायूँनी', गुलबदन बेग़म, उपाधि आग़ाचः (मृ० 1603 ई०) का हुमायूँनामा, मिर्ज़ा हैदर दोग़लात (मृ० 1551 ई०) की तारीख़े-रशीदी, 'बायज़ीद

का तज़किरा' (र० 1591 ई०) इत्यादि। बादशाह जहाँगीर के शासनकाल (1605-27 ई०) का वृत्तान्त उसके वज़ीर मुअतमिद ख़ाँ (मृ० 1639 ई०) 'इक़बालनामा-ए-जहाँगीरी' के नाम से लिपिबद्ध किया। बादशाह शाहजहाँ के शासनकाल (1627-57 ई०) के वृतान्त 10-10 वर्षों के तीन खण्डों में प्रतिपादित किये गये। पहले दो खण्ड अब्दुल मजीद लाहौरी (मृ० 1656 ई०) ने 'बादशाहनामा' में सम्पादित किये। तीसरा खण्ड उसके शिष्य मुहम्मद वारिस (मृ० 1680 ई०) ने सम्पादित किया। औरंगज़ेब आलमग़ीर के शासनकाल (1658-1707 ई०) के वृत्तान्त मुहम्मद काज़िम (मृ० 1681 ई०) में 'आलमग़ीरनामा' और मुहम्मद साक़ी मुस्तैद खाँ (मृ० 1724 ई०) ने 'मआसीरे-आलमग़ीरी' में लिखे। इस प्रकार के इतिहास-ग्रन्थों का सर्वश्रेष्ठ उदाहरण 'तारीख़े-अलफ़ी' (र० 1607 ई०), जो अकबर महान् के आदेशानुसार मुल्ला अहमद ठठवी, शाह फ़त्हउल्लाह, हकीम हुमाम निज़ामउद्दीन अहमद, नक़ीब खाँ और अब्दुल क़ादिर बदायूँनी समेत 10 लोगों ने मिलकर इस्लामी हिजरी पंचांग के 1000 वर्ष समाप्त होने की स्मृति में 1591 ई० से लिखना प्रारम्भ किया।

अकबर महान् के शासनकाल (1605-56 ई०) में इतिहास-लेखन की भारतीय परम्परा विशेष रूप में अपना विशिष्ट रूप धारण करती है, जिसका सर्वश्रेष्ठ उदाहरण अबुल फ़ज़्ल अल्लामी (मृ० 1602 ई०) की कालजयी पुस्तक 'अकबरनामा' तथा विशेष रूप में उसका तीसरा खण्ड 'आईने-अकबरी' है। इसी तरह मुहम्मद क़ासिम हिन्दूशाह फ़रिश्ता (का० 1622 ई०) की 'गुलशने-इब्राहीमी' जो 'तारीख़े-फ़रिश्ता' के नाम से विख्यात है, इतिहास-लेखन की अमर रचना है। यह दकन के इब्राहीम आदिलशाह द्वितीय (मृ० 1627 ई०) के अनुरोध पर लिखी गयी। उसने भारतीय इतिहास-लेखन को विस्तृत आधार प्रदान किया। उसने आदम से मानव का इतिहास प्रारम्भ करके हिन्दू देवी-देवताओं की चर्चा नबियों और पैग़म्बरों के समकक्ष किया। इस ऐतिहासिक रचना की जड़ें भारतीय मिट्टी-पानी से जुड़ी हुई हैं। इससे पूर्व जो भी इतिहास-ग्रन्थ लिखे गये उनमें भारतीय इतिहास का प्रारम्भ ग़ज़नी राज्यों के वर्णन से होता था, जिसके प्रतिनिधि इतिहासकारों में ख़्वाजा निज़ामउद्दीन अहमद (मृ० 1596 ई०) की 'तबक़ाते-अकबरशाही' अथवा 'तबक़ाते-अकबरी' और मुल्ला अब्दुल क़ादिर बदायूँनी (मृ० 1596 ई०) की 'मुंतख़ब-उल-तवारीख़' है। विशेषकर बदायूँनी की बेलोच संकीर्णता और निरंकुश साम्प्रदायिकता की पकड़ में तथ्यों का दम घुटने लगता है। इस प्रकार के अन्य इतिहास-ग्रन्थों में मुल्ला अब्दुल बाक़ी नहावन्द (मृ० 1648 ई०) की 'मुआसिरे-रहीमी', मुहम्मद अमीर हुसैनी का 'अनफ़ा-उल-अख़बार' (र० 1627 ई०), मुहम्मद सालेह कम्बोह (मृ० 1674

ई०) का 'अमले-सालेह', ग़ैरत ख़ाँ कामगार (मृ० 1640 ई०) की 'मुआसिरे-जहाँगीरी', जमालउद्दीन तबातबाई की 'बादशाहनामा-ए-शाहजहाँ', इनायतउल्लाह कम्बोह लाहौरी (मृ० 1671 ई०) की 'तारीख़े-दिलकुशा', मीर अस्करी आक़िल ख़ाँ राज़ी (मृ० 1696 ई०) की 'वाक़ुयाते-आलमगीरी' या 'ज़फ़रनामा-ए-आलमगीरी', असदबेग क़ज़वीनी (मृ० 1631 ई०) की पुस्तक 'हालात' या 'अहवाल', मीरज़ा मुहम्मद अली नेमअत ख़ाँ की प्रसिद्ध पुस्तक 'वक़ा-ए-नेमअत ख़ाँ आली' तथा 'जंगनामा', अमीर हैदर हुसैनी बिलग्रामी की 'सवानेह-अकबरी' (र० 1775 ई०), मुहम्मद हाशिम ख़ाँ, उपाधि ख़ाफ़ी ख़ाँ (मृ० 1732 ई०) का प्रसिद्ध इतिहास-ग्रन्थ 'मुंतख़ब-उल-लबाब' आदि ।

मुग़ल साम्राज्य के विघटन तथा राजसत्ता विदेशी शासकों के हाथों में आयी, तो अंग्रेज़ों ने स्वयं इतिहास-लेखन तथा अपनी इच्छानुसार इतिहास लिखवाने का प्रयास किया। परिणामास्वरूप ऐसे इतिहास-ग्रन्थ अस्तित्व में आये, जो बरतानिया सरकार की कृपा दृष्टि के लिए प्रत्यक्ष रूप में या उनके आदेश पर लिखे गये। जैसे, शाह कलीम उल्लाह बुख़ारी के सुपुत्र मुहम्मद बाक़िर ख़ाँ की 'तारीख़े-हिनरी' जो एक अंग्रेज़ पिडकॉक हेनरी के नाम पर लिखी गयी। लखनऊ के अंग्रेज़ रिज़डेण्ड के आग्रह पर ग़ुलाम अली रिज़वी ने 'इमाद-उस-सआदत' लिखी। वारेन हेस्टिंग्स के सेक्रेटरी जॉनाथन स्विफ़्ट के मुन्शी मुर्तज़ा हुसैन ने 'हदीव-उल-अक़ालीम' लिखी, जौनपुर के डिस्ट्रिक्ट जज जॉन डीन की कृपा दृष्टि प्राप्त करने हेतु मौलवी ख़ैरउद्दीन इलाहाबादी ने 'जौनपुरनामा' लिखा। वे इससे पूर्व भी इसी प्रकार की दो पुस्तकें 'बलवन्तनामा' और 'इबरतनामा' भी लिख चुके थे। इनके अतिरिक्त जॉन विलियम बेली का इतिहास-ग्रन्थ 'मिफ़्ताहुल तवारीख़' प्रसिद्ध है, जो उसके किसी नमकहलाल ने उसके नाम से लिख दी, लेकिन इसके विपरीत मौलवी फ़ज़्ल-उल-हक़ ख़ैराबादी (मृ० 1861 ई०) थे, जिन्हें प्रथम स्वतन्त्रता-संग्राम में सक्रिय भाग लेने से सम्माननीय आरोप में अण्डमान भेज दिया गया, तो उन्होंने जेल की विपदाओं को झेलते हुए 'मुक़द्दमा-उल-शूरा-उल-हिन्द' लिखा और आत्मसम्मान की ज्योति को प्रज्वलित रखा। मिर्ज़ा ग़ालिब (मृ० 1869 ई०) ने 1857 में दिल्ली की आँखों देखी घटनाएँ 'दसतम्बो' के नाम से लिखीं। भारत के विभिन्न प्रान्तों और प्रसिद्ध स्थानों से सम्बन्धित अनेक इतिहास-ग्रन्थ लिखे गये, जिनमें कुछेक निम्नलिखित हैं :

कश्मीर से सम्बन्धित : किसी अज्ञात लेखक की 'बहारिस्ताने-शाही' (र० 1614 ई०), रफ़ीक़उद्दीन ग़ाफ़िल की 'नवादिरे-अख़बार' (र० 1723 ई०), हैदर मलिक चाड़ोरा की 'तारीख़े-कश्मीर' (र० 1620 ई०)। इसी प्रकार तारीख़े-कश्मीर के नाम से ही ख़लील तथा मिस्कीन के भी ग्रन्थ मिलते हैं, आदि।

बहमनी राज्य से सम्बन्धित : अली हैदर तबातबाई की 'बुरहान-उल-मुआसिर' (र० 1596 ई०), सैय्यद असद उल्लाह की इतिहास-पुस्तकें 'मुख़्तार-उल-अख़बार' तथा 'तुहफ़त-उल-अख़बार' आदि।

बीजापुर राज्य से सम्बन्धित : मीर रफ़ीउद्दीन शीराज़ी की 'तज़्किरतुल-मुलूक' (र० 1609 ई०), कवि ज़हूरी की 'मुहम्मदनामा', हक़ीम मीना आतशी की 'आदिलनामा', अबुल हसन की 'तारीख़े-आदिलशाहियाँ' आदि।

क़ुत्बशाही राज्य से सम्बन्धित : महमूद नीशापुरी की 'नसबनामा', 'मुआसिर-कुत्बशाही', निज़ामउद्दीन शीराज़ी की 'हदीक़त-उल-सलातीन' आदि।

अफ़ग़ान शासकों से सम्बन्धित : अब्बास ख़ाँ की 'तारीख़े-शेरशाही' अब्दुलाह की 'तारीख़े-दाऊदी', अहमद यादगार की 'तारीख़े-शाही', नेअमत उल्लाह की 'तारीख़े-ख़ान-जहानी' तथा 'मख़ज़ने-अफ़ग़ानी' आदि।

सिन्ध से सम्बन्धित : सैय्यद निज़ामउद्दीन मुहम्मद मासूम की 'तारीख़े-सिन्ध' या 'तारीख़े-मासूमी', मीर ताहिर मुहम्मद निसियानी की 'तारीख़े-ताहिर', मिर्ज़ा मुहम्मद सालेह तरख़ान की 'तरख़ाननामा', ख़ुदादाद ख़ाँ की 'तारीख़े-सिन्ध', मीर अली शेर की 'तुहफ़त-उल-कलाम' आदि।

गुजरात से सम्बन्धित : अबूतुराब वली शीराज़ी की 'तारीख़े-गुजरात', सिकन्दर-बिन-मुहम्मद की 'मेराते-सिकन्दरी' आदि।

अवध से सम्बन्धित : नव्वाब अमीर अली की 'वज़ीरनामा', मिर्ज़ा मुहम्मद तक़ी की 'तारीख़े-आफ़ताबे-अवध', सैय्यद कमालुउद्दीन हैदर की 'तारीख़े-सलातीने-अवध', नज्मुद्दीन ग़नी की 'तारीख़े-अवध', मिर्ज़ा अबूतालिब इसफ़हानी की 'तारीख़े-आसिफ़ी' आदि।

उलमा, सूफ़ी-सन्तों तथा अन्य लब्धप्रतिष्ठित व्यक्तियों के सम्बन्ध में भी नाना प्रकार के इतिहास-ग्रन्थों की रचना की गयी है, जिनकी भाषा अधिकांश फ़ारसी है। इस प्रकार की पुस्तकों में क़ाज़ी नूरउल्लाह शूशतरी (मृ० 1610 ई०) की प्रसिद्ध पुस्तक 'मजालिस-उल-मोमिनीन' को वरीयता प्राप्त है। इसमें अरबी अनुवाद की परम्परा दीख पड़ती है। इसी प्रकार मुहम्मद-बिन-सादिक़-बिन-महदी की 'नुजूम-अस-समा' (र० 1869 ई०), जिसमें सोलहवीं तथा अठारहवीं सदी के उलमा का वर्णन है। सूफ़ी-सन्तों के वर्णन पर आधारित असंख्य पुस्तकों में चयन किया जाय, तो मुहम्मद-बिन-मुबारक़ किरमानी की पुस्तक 'सियर-उल-औलिया', हामिद-बिन-फ़ज़्ल-उल्लाह जमाली की 'सियर-उल-आरफ़ीन', मुहम्मद ग़ौसी की 'गुलज़ारे-इब्राहीम', शाह अब्दुल हक़ मुहद्दिस देहलवी की 'अख़बार-उल-अख़ियार', अब्दुर्ररहमान चिश्ती की 'मेअरात-उल-असरार', उबैद-उल्लाह-ख़्वैशगी की 'मेराज-उल-विलायत' आदि की चर्चा अपरिहार्य है।

इन पंक्तियों के लेखक के पितामह मुल्ला मीर मुहम्मद माह (मृ० 1725 ई०) ने विश्व-इतिहास 'तनक़ीह-उल-अख़बार' लिखा, जिसमें अठारहवीं शती की आँखों देखी घटनाओं का भी वर्णन है। खेद है कि वर्तमान में भी अप्रकाशित है। उसकी प्रतियाँ परिवार के अतिरिक्त ओरियण्टल लाइब्रेरी, हैदराबाद तथा इण्डिया ऑफ़िस लाइब्रेरी लन्दन में सुरक्षित हैं।

फ़ारसी के स्थान पर उर्दू को मुसलमानों की सांस्कृतिक भाषा होने का गौरव प्राप्त हुआ, तो भारत में इस्लामी तारीख़ इस्लामी इतिहास-लेखन उर्दू में प्रारम्भ हो गया। अरबी और फ़ारसी के महत्त्वपूर्ण ऐतिहासिक ग्रन्थों का उर्दू में अनुवाद हुआ, अनेक सन्दर्भ-ग्रन्थों के कई-कई अनुवाद हुए। उर्दू में इस्लामी इतिहास-लेखन की सविस्तार चर्चा करना सम्भव नहीं है। हज़ारों पुस्तकों में किसका चयन किया जाय। फिर भी कुछेक किताबों की चर्चा अपरिहार्य है। जैसे, सर सैय्यद (मृ० 1898 ई०) की 'आसार-उस-सनादीद' तथा 'असबाबे-बग़ावते-हिन्द', मुहम्मद हुसैन आज़ाद (मृ० 1910 ई०) की 'दरबारे-अकबरी', मौलवी ज़का उल्लाह की 'तारीख़े-हिन्दुस्तान' तथा 'उरूजे-सल्तनते-इंगलिशिया', नज्म-उल-ग़नी की 'तारीख़े-अवध', सैय्यद कमालउद्दीन हैदर की 'क़ैसर-उत-तवारीख़', नवलकिशोर की 'तवारीख़े-नादिर-उल-अस्त्र', सैय्यद सुलेमान नदवी की 'अरब-हिन्द तअल्लुक़ात', सईद अहमद अकबराबादी की 'मुसलमानों का उरूजो-ज़वाल', अबुल हसन अली नदवी की 'तारीख़े-दावतो-अज़ीमत', मुहम्मद मुजीब की 'हिन्दुस्तानी मुसलमान', शैख़ मुहम्मद इकराम की 'आबे-कौसर' और 'मौजे-कौसर', सैय्यद आबिद हुसैन की 'क़ौमी तहज़ीब का मस्अला' तथा 'हिन्दुस्तानी मुसलमान, आईना-ए-अय्याम में', तुफ़ैल अहमद मंगलौरी की 'मुसलमानों का रौशन मुस्तक़बिल', इश्तयाक़ हुसैन क़ुरैशी की 'बर्रेअज़ीम हिन्दोपाक की मिल्लते-इस्लामिया' आदि-आदि। अंग्रेज़ी भाषा में भी इस्लामी इतिहास-ग्रन्थों की रचना सफलतापूर्वक की गयी। कुछेक की चर्चा की जा सकती है। जैसे, जस्टिस अमीर अली की 'द स्प्रिट ऑफ़ इस्लाम' तथा 'ए शॉर्ट हिस्ट्री ऑफ़ द सरासेन्स', डॉ० ताराचन्द की पुस्तक 'इन्फ़्लुएन्स ऑफ़ इस्लाम ऑन इण्डियन कल्चर' आदि-आदि। इस चर्चा को समाप्त करने से पूर्व यह स्पष्ट कर देना भी आवश्यक है कि भारत में इतिहास-लेखन का आधार मुस्लिम पर्यटकों के यात्रा-विवरण सम्मिलित हैं। इनमें अब्दुल्लाह मुहम्मद-बिन-यूसुफ़, अलख़्वारिज़्मी (मृ० 850 ई०), अलबेरूनी, अबूरैहान मुहम्मद-बिन-अहमद (मृ० 1048 ई०), शम्सउद्दीन अबूअब्दुल्लाह (मृ० 1378 ई०), जो मुहम्मद-इब्न-बतूता के नाम से अधिक जाना जाता है तथा सैय्यद अली सद्रउद्दीन-बिन-सैय्यद अहमद निज़ामउद्दीन-बिन-सैय्यद मासूम उद्दीन (मृ० 1705 ई०) अधिक प्रसिद्ध हैं। इनके महत्त्वपूर्ण यात्रा-विवरण भारत में मुसलमानों के आगमन के पूर्व तथा उनके राजकाल के भारत का समुचित संज्ञान उपलब्ध कराते हैं।

दर्शनशास्त्र

दर्शनशास्त्र इस्लामी साहित्य में 'फ़लसफ़ा' के नाम से अधिक प्रचलित है। इस्लामी शब्दावली में फ़लसफ़ा के स्थान पर 'हिकमत' (ज्ञान) शब्द का प्रयोग हुआ है, जो अपने अर्थभाव में 'फ़लसफ़ा' से अधिक व्यापक है। यह मानव-जीवन के अधिकांश पक्षों पर आधारित है। अरबी भाषा में शब्द 'फ़लासफ़ा' (फ़ीलसृफ़ का बहुवचन) है। प्रारम्भ में इसका प्रयोग यूनानी दर्शनशास्त्रियों के लिए विशेष था। यूनानी भाषा में 'फ़लसफ़ा' शब्द दो शब्दों से मिलकर बना है। 'फ़ेलीन' (प्रेम करना) + 'सोफ़िया' (ज्ञान)। इस प्रकार इस संयुक्त शब्दावली का भावार्थ 'दर्शन से दर्शन के प्रति अनुराग' हुआ।

यह भावार्थ इस्लामी चेतन से तादात्म्य स्थापित करता है, क्योंकि क़ुर्आन ने भी 'हिकमत' (दर्शनशास्त्र) को 'ख़ैरन-कसीरा' (शुभ का बाहुल्य) 'हिकमत' को कहा है : **''वह जिसको चाहता है हिकमत प्रदान करता है और जिसे हिकमत प्रदान कर दिया उसे बाहुल्य में शुभ बना दिया और इस बात को विद्वानों के अतिरिक्त कोई दूसरा नहीं समझ सकता।''** (क़ुर्आन 2/269) एक अन्य स्थान पर 'हिकमत' के साथ किताब की चर्चा है : **''जिस तरह हमने तुम्हारे बीच तुम्हीं में से एक रसूल भेजा है, जो हमारी बातें सुनाता है, तुम्हें पावन-पवित्र बनाता है और तुम्हें किताब और हिकमत की शिक्षा देता है और वह सब-कुछ जानता है, जो तुम नहीं जानते।''** (क़ुर्आन 2/151) क़ुर्आन ने बारम्बार मनुष्यों के बौद्धिकता एवं चिन्तन पर बल दिया है : **''और आकाश तथा धरती की संरचना के विषय में चिन्तन-मनन करते हैं।''** (क़ुर्आन 2/73) क़ुर्आन का आदेश है कि यदि मनुष्य चिन्तन और मनन नहीं करता तो चौपायों से भी निम्नस्तर का है : **''उस गधे के समान है, जो किताबों का बोझ उठाये हुए हो।''** (क़ुर्आन 62/5)

उपर्युक्त क़ुर्आनी उद्धरणों के आधार पर इस्लामी शब्दावली 'हिकमत' जिसका पर्याय दर्शन है, अपने विस्तार एवं व्यापकता का परिचय देता है। हिकमत को इस्लाम में कई भागों में विभाजित किया गया है। उदाहरणार्थ, शास्त्रार्थ, तर्कशास्त्र, नैतिकशास्त्र, सामाजिक दर्शन, भौतिक दर्शन, तात्त्विक दर्शन, मनोविज्ञान और सौन्दर्यशास्त्र का भारतीय परिप्रेक्ष्य में भी विशेष महत्त्व है। इन विद्याओं में वरीयता के व्यावहारिक एवं सैद्धान्तिक पक्ष हैं, परन्तु सैद्धान्तिक शास्त्रों के कुछेक अंग क्रियान्वयन में ढलने के उपरान्त निष्कर्ष देते हैं। क्रियान्वयन में पुनर्कलात्मकता आज भी किसी-न-किसी रूप में सम्मिलित हो जाती है। इन समस्याओं एवं सन्दर्भों के विवेचन से स्पष्ट होता है कि इस्लामी दर्शन अपने प्रारम्भिक काल में यूनानी दर्शन से अधीन होने की सीमा तक

प्रभावित रहा है। इस्लामी दर्शन को यूनानी दर्शन के अधीन करने में सीरिया के मसीही दार्शनिकों विशेषकर यूहन्ना, दमिश्क़ी, थ्यूडवर्ड, अबूक़र्रा आदि के प्रभाव को नकारा नहीं जा सकता, जिनके खण्डन में अलमुअतज़िला पीठ के विद्वानों ने उन्हीं के तर्कशास्त्र का प्रयोग किया, जो मुस्लिम चिन्तकों में सर्वप्रिय भी हुआ। इसका प्रथम केन्द्र बसरा (ईराक़) हुआ, जो एक व्यापारिक केन्द्र होने के कारण विभिन्न एवं परस्पर विरोधी शक्तियों-जैसे—यूनानी दर्शन, मसीहियत, आसक्ति, बुद्धमत तथा मानवता का केन्द्र बन गया था। यद्यपि अलशह्‌रिस्तानी यूनानी दर्शनशास्त्र के सात दार्शनिकों की चर्चा की है जिनको मूल महत्त्व प्राप्त है। उनके नाम हैं—तालीस, अनकसाग़ोरस, अनकसीमानस, अबीज़क़ल्स, फ़ीसाग़ोरस, सुक़रात और अफ़लातून (प्लेटो)। इनमें सर्वाधिक महत्त्व सुक़रात तथा प्लेटो को प्राप्त है तथा इन सबसे बढ़कर अरस्तू तर्कशास्त्र ने अरबों को असाधारण रूप में प्रभावित किया। 11वीं शती के इब्न-जज़्म अलज़ाहिरी ने सृष्टि-पूर्वत्व से सम्बन्धित दार्शनिक विचारधारा के खण्डन में अरस्तू के तर्क सिद्धान्त का पूरी तरह प्रयोग अपनी पुस्तक 'अलफ़िस्ल-फ़ी-अलमिलल' में किया है। अल्लामा अशाअरी (मृ० 935 ई०) तथा उनके पीठ के चिन्तकों में अलबलाक़ानी (मृ० 1013 ई०), अलजवीनी, (मृ० 1085 ई०) और विशेषकर अलग़ज़ाली (मृ० 1111 ई०) ने प्रत्यक्ष रूप में यूनानी दर्शन के विरोध करने के बावजूद परोक्ष रूप में अधिक प्रभाव ग्रहण किया है। अलबाक़ानी का 'जौहरे-फ़र्द' का सिद्धान्त हो या 'जुज़लायन्तनज़ा' हो या 'एराज़ सिद्धान्त' हो अथवा अलमुअतज़िला पीठ के चिन्तकों का 'सत्व सिद्धान्त' हो अथवा 'अस्तित्ववाद' हो या सृष्टि के संरचना से सम्बन्धित सिद्धान्त हों सब-के-सब यूनानी दर्शन से उद्‌धृत अथवा प्रभावित हैं। इसका दूसरा पक्ष यह है कि यूरोपवासी इन्हीं अरबी दार्शनिकों के माध्यम से यूनानी दर्शन से परिचित हुए और उनके प्रभाव की स्थिति यह है कि यदि अलग़ज़ाली (मृ० 1111 ई०) की प्रसिद्ध पुस्तक 'आहिया-उल-उलूम-अद्‌दीन' का डीकार्ट (मृ० 1650 ई०) की पुस्तक 'डिस्कोर्स ऑन मेथड्स' का तुलनात्मक विवेचन किया जाय, तो ऐसी विचित्र समानताएँ मिलती हैं कि डीकार्ट पर आसानी से तस्करी का आरोप लगाया जा सकता है।

द्विविधावाद की प्रवृत्ति बौद्धिकता ने उत्पन्न की थी। इब्न-अशरस (मृ० 704 ई०) तथा अलजाहिज़ (मृ० 879) को साधारणतया बौद्धिकतावादियों में गिना जाता है परन्तु वे द्विविधावादी थे। मसीही, यहूदी, बौद्ध और मानीवाद की चर्चा अपने स्थान पर हो चुकी है। अतः विस्तार से बचते हुए इतना कह देना आवश्यक है कि इस्लामी चिन्तन के विवेचन में यूनानी दर्शनशास्त्र से अभिप्राय नव-प्लेटोवाद है, जिसमें अफ़लातूनी, अरस्तूतालीसी, फ़ीसागोर्सी आदि दर्शनशास्त्री सिद्धान्त सम्मिलित हैं। नव-अफ़लातूनवाद में इतनी लचक रही कि

इसमें सिकन्दरिया-पीठ के सिद्धान्त भी सम्मिलित किये जाते रहे हैं। परिणामस्वरूप, इस्लामी चिन्तन में अरस्तू का प्रभाव मात्र तर्क की सीमा तक सीमित रहा। इस प्रकार इस्लामी दर्शन के प्रतिपादन में यूनानी दर्शन की पुस्तकों के अनुवाद मूल महत्त्व रखते हैं। हालाँकि इन अनुवादकों में कुछेक उच्चकोटि के दार्शनिक हुए हैं, उनमें अब्बासी ख़िलाफत काल में स्थापित 'बैत-उल-हिकमत' के विद्वानों की प्रमुख भूमिका है।[1] अलकिन्दी (मृ० 883 ई०) इसी संस्था का शीर्षस्थ और 275 पुस्तकों का लेखक-अनुवादक है। अलफ़राबी (मृ० 958 ई०), इब्न-मिस्कवय (मृ० 1030 ई०) तथा इब्न-सीना (मृ० 1037 ई०) को विशेष महत्त्व प्राप्त है। इनमें इब्न-सीना एक ही समय में विद्वान्, बुद्धिजीवी, दार्शनिक और सूफ़ी होने के अतिरिक्त अरस्तू का अनुयायी और नवफ़लातूनवाद का व्याख्याता एवं भाष्यकार था। सामूहिक रूप में देखें तो अलकिन्दी, अलफ़राबी, इब्न-मिस्कवय और इब्न-सीना के दर्शन का आधार एवं स्रोत यूनानी 'आवेषण सिद्धान्त' है, जिनका विश्वास था कि प्लेटो और अरस्तू के बीच एकरूपता थी। यह सभी दार्शनिक बुद्धि को सत्य-प्राप्ति का माध्यम मानते हैं, जो एक विशिष्ट व्यवस्था उत्पन्न करने की क्षमता रखता है। बाद में अलग़ज़ाली (मृ० 1111 ई०) ने सिद्ध किया कि बुद्धि सर्वश्रेष्ठ नहीं है। अलग़ज़ाली से इस्लामी दर्शनशास्त्र का दूसरा काल प्रारम्भ होता है। पाश्चात्य में इब्न-बाज्जा (मृ० 1138 ई०), इब्न-तुफ़ैल (मृ० 1185 ई०), इब्न-रुश्त (मृ० 1198 ई०) आदि। अपने स्पष्ट विरोध के बावजूद अलग़ज़ाली से प्रभावित हैं और अरब नव-प्लेटोवाद के विरुद्ध प्रतिक्रिया व्यक्त करने में संकोच नहीं करते। परन्तु प्राच्य में फ़ख़्रउद्दीन राज़ी (मृ० 1209 ई०) तथा नसीरउद्दीन तूसी (मृ० 1272 ई०) ने इब्न-सीना की ओर आग्रह किया। प्राच्य एवं पाश्चात्य के इन दोनों चिन्तनों के अतिरिक्त एक अन्य चिन्तन भी महत्त्वपूर्ण है। इसका प्रतिनिधित्व 'अख़वान-उस-सफ़ा' ने किया। इसके विद्वानों एवं दार्शनिकों पर आक्षेप हुआ कि उनका अध्ययन समयचक्र के उतार-चढ़ाव का मात्र आंशिक विवेचन होने तक सीमित है, क्योंकि सृष्टि के मात्र दो प्रकार या त्रिआयाम आदि या इसी प्रकार चार, पाँच, छह, सात प्रकार तक सीमित नहीं है। यह सिद्धान्त भी दार्शनिक फ़ीसागोर्स के इस चिन्तन पर आधारित है : "**हर उस वस्तु का अधिकार स्वीकार करते हैं, जिसे स्वीकार करने का अधिकार हो।**"[2]

भारत में मुस्लिम राज्य के प्रारम्भिक काल में दर्शनशास्त्र विरोधाग्रस्त रहा। ज़ियाउद्दीन बर्नी (मृ० 1357 ई०) के कथनानुसार सुल्तान महमूद गज़नवी

1. The Elements of Islamic Philosophy, pp. 55-218
2. उर्दू दायरा-ए-मआरिफ़े-इस्लामिया, भाग-15, पृ० 456

(मृ०1036 ई०) लब्धप्रतिष्ठित दार्शनिक इब्न-सीना का इस सीमा तक शत्रु हो गया था कि यदि वे उसके हाथ लग जाते, तो उनके शरीर के टुकड़े-टुकड़े करके मृतकभक्षी गिद्धों के सामने डाल देता। उसके भयवश इब्न-सीना (मृ० 1037 ई०) बारह वर्षों तक भूमिगत रहने पर विवश रहे।[1] दिल्ली में मुस्लिम राज्य स्थापित हुआ, तो मुस्लिम उलमा और सूफ़ियों ने दर्शनशास्त्र के विरुद्ध तीव्र कटुतापूर्ण व्यवहार रखा। सुल्तान इल्तुतमश के शैख़-उल-इस्लाम सैय्यद नूरउद्दीन मुबारक ग़ज़नवी (मृ० 1235 ई०) ने सुल्तान से अनुरोध किया कि समस्त दर्शनशास्त्रियों को देश निकाला दिया जाय तथा उनकी पुस्तकें जला दी जायँ।[2] परन्तु सुल्तान मुहम्मद-बिन-तुग़लक़ (1325-51 ई०) दर्शनशास्त्र का पोषक था। उसने काफ़ी धन व्यय करके इब्न-सीना की रचनाएँ उपलब्ध करायीं। बादशाह के प्रभाव में तर्क-वितर्क की प्रवृत्ति प्रोत्साहित हुई। पन्द्रहवीं सदी ईस्वी में जाम निज़ामउद्दीन ने सिन्ध के प्रसिद्ध शहरों में अध्ययन-अध्यापन केन्द्र स्थापित किये, तो 'लवामा-उल-इशराक़-फ़ी-मकारिन-उल-इख़लाक़' के लेखक मुल्ला जलालउद्दीन दौव्वानी (मृ० 1503 ई०) ने सिन्ध आने का विचार किया और अपने पहले दो शिष्यों मुल्ला शम्सउद्दीन और मुल्ला शम्समुईनउद्दीन को भेजा। यद्यपि मुल्ला जलालउद्दीन दौव्वानी अपने यात्रा प्रबन्ध के सम्पन्न होने के पूर्व ही परलोक यात्रा पर चले गये, उनके दोनों शिष्यों ने सिन्ध में निवास किया। 1535 ई० के प्रारम्भ में शैख़ अबुल फ़ज़्ल (मृ० 1602 ई०) और शैख़ फ़ैज़ी (मृ० 1587 ई०) के पिताश्री शैख़ मुबारक नागौरी (मृ० 1593 ई०) के आगमन से अहमदाबाद (गुजरात) को तर्कशास्त्र के केन्द्र की स्थिति प्राप्त हो गयी। शैख़ मुबारक के शिष्यत्व में उनके प्रख्यात सुपुत्रों के अतिरिक्त मुल्ला अब्दुल क़ादिर बदायूँनी (मृ० 1615 ई०) भी थे, जो फ़ैज़ी और अबुल फ़ज़्ल के समान अकबर महान् के दरबार से सम्बद्ध थे। बाद में दोनों भाइयों की दिन-प्रतिदिन पदोन्नति ने मुल्ला बदायूँनी को उनका शत्रु बना दिया। परिणामस्वरूप दरबारी ऊहापोह ने अकबर महान् को एक नये धर्म 'दीने-इलाही' की संरचना की ओर आकृष्ट किया।[3]

भारत में इस्लामी दर्शन की कोई विशिष्ट पीठ स्थापित नहीं हुई, बल्कि सत्य यह है कि भारतीय इस्लामी दर्शनशास्त्रियों में कोई प्रतिष्ठित विचारक ही नहीं हुआ। कुछेक विद्वान् जिनकी रचनाओं में दार्शनिक विषयों की चर्चा मिलती है, उनमें शाह फ़त्ह उल्लाह शीराज़ी (मृ० 1589 ई०), क़ाज़ी नूरउल्लाह शूशतरी

---

1. फ़तवा-ए-जहाँगीरी, भाग-1, पृ० 16
2. तारीख़े-फ़ीरोज़शाही, पृ० 43
3. मुंतख़ब-उल-तवारीख़, पृ० 323-325

(मृ० 1619 ई०) तथा शैख़ बहाउद्दीन आमली (मृ० 1662 ई०) का उल्लेख किया जा सकता है। शैख़ बहाउद्दीन के अन्तरंग मित्र मीर मुहम्मद बाक़िर दामाद अस्तराबादी (मृ० 1630 ई०) की 'अलशद्दाद' तथा 'उफ़ुक़-उल-मुबीन', जो 'सिरात-उल-मुस्तकीम' के नाम से अधिक जानी जाती है, अपने विषय-वस्तु के आधार पर, शीआ विद्वान् की पुस्तक होने पर भी, भारतीय उपमहाद्वीप के अधिकांश सुन्नी विद्यालयों में दर्शन के मूल पाठ्यक्रम के रूप में अध्ययन-अध्यापन की जाती हैं। मीर दामाद के दर्शन के चार पक्ष हैं-सृष्टि का पुरातत्त्व, तात्त्विक माहियत, इल्मे-इलाही और बरज़ख़[1]। मीर दामाद के परमयोग्य शिष्य मुल्ला सद्रा हैं, जो अद्वितीय विचारक बुद्धिजीवी एवं दर्शनशास्त्री के रूप में विख्यात हैं। मुल्ला सद्रा का नाम सद्रउद्दीन मुहम्मद-बिन-इब्राहीम (मृ० 1050 ई०) था। उनकी रचनाओं के छियालीस ग्रन्थ उपलब्ध हैं। उनमें 'अलहिकमत-अलमुतालिआ-फ़ी-अलसफ़ार-अलअक़लियत-उल-अब्राह' को सर्वाधिक महत्त्व प्राप्त है।[2] उनकी शैली रोचक तथा मनमोहक है। शैली की यही विशेषता मुल्ला सद्रा (मृ० 1640 ई०) के जान का जंजाल बन गयी। उनकी रचनाओं को शरीअत के उलमा ने रस ले-लेकर पढ़ा और शत्रु हो गये। 'क़िसिस-उल-उलमा' में उल्लेख है कि एक बार मुल्ला सद्रा (मृ० 1640 ई०) ने अपने गुरु मीर दामाद (मृ० 1630 ई०) को स्वप्न में देखा तो उनसे पूछा कि मेरा चिन्तन आपसे भिन्न तो नहीं है, लेकिन मुझको धर्मभ्रष्ट कहकर लांछित किया जाता है और आपकी स्तुति की जाती है। मीर दामाद की आत्मा ने उत्तर दिया, इसका कारण स्पष्ट है मैंने दर्शन पर इस प्रकार क़लम उठाया है कि शरीअत के उलमा की पहुँच के बाहर है जबकि तुम दार्शनिक विषयों को पानी बना देते हो। ज्ञानी तथा अज्ञानी दोनों तृप्त होते हैं और तुम पर आक्षेप करते हैं।[3] इस घटना में सत्यता हो या न हो, परन्तु इससे दोनों महान् दार्शनिकों की शैली का अन्तर स्पष्ट होता है।

मुल्ला बाक़िर दामाद और मुल्ला सद्रा दोनों कभी भारत नहीं आये, परन्तु उनकी ख्याति पुस्तकों और शिष्यों के माध्यम से दूर-दूर तक फैली हुई है। मुल्ला सद्रा ने शैख़ असीरउद्दीन अबहारी (मृ० 1264 ई०) की पुस्तक 'अलहिदाया' की व्याख्या भी लिखी। यह प्रसिद्ध अरबी पाठ्यक्रम 'दर्से-निज़ामी' में सम्मिलित है। शैख़ अब्दुल अज़ीज़ (मृ० 1824 ई०) ने मुल्ला सद्रा की पुस्तक की व्याख्या लिखी है। इस काल के एक अन्य महत्त्वपूर्ण दार्शनिक मीर अबुल

---

1. क़िसिस-उल-उलमा, भाग-2, पृ० 122-124, 137-138
2. क़िसिस-उल-उलमा, पृ० 108-17
3. क़िसिस-उल-उलमा, पृ० 118

क़ासिम अस्तराबादी (मृ० 1641 ई०) कई बार ईरान से भारत आये। वे संस्कृत के भी प्रकाण्ड विद्वान् थे। उन्होंने मूल संस्कृत से योगवाशिष्ठ का अनुवाद किया था। उनके चिन्तन पर अरस्तू के प्रभाव स्पष्ट थे। दार्शनिक दस्तूर ने इस्लाम, ईसाई धर्म और हिन्दू धर्म के दार्शनिक समागम का चिन्तन प्रस्तुत किया, लेकिन वह पैग़म्बरों और अवतारों का कटु विरोधी था। सतरहवीं सदी में पाश्चात्य दर्शन के प्रति अभिरुचि बढ़ी। शाहजहाँ के दरबार के अमीर दानिशमन्द ख़ाँ (मृ० 1670 ई०) को हिन्दू दर्शन पर विद्वत्तापूर्ण अधिकार प्राप्त था। मुग़ल युवराज दाराशुकोह (मृ० 1658 ई०) की पुस्तिका 'मजम्अ-उल-बहरैन' इस्लामी-हिन्दू दर्शन के वैचारिक समागम का सर्वश्रेष्ठ उदाहरण है। दाराशुकोह ने संस्कृत और अरबी शब्दावलियों को दर्शन के नये भावार्थ प्रदान किये। इन शब्दावलियों के पीछे तथा भाषिक विभिन्नता के बाहर ईश्वर के एकत्व के प्रकाश का दर्शन किया, जो हिन्द-अरब तात्त्विक ज्ञान का संयुक्त धरोहर है। वह पहला भारतीय मुस्लिम चिन्तक है, जो अन्य धर्मों की सम्माननीयता को सम्प्रेषण पर वरीयता प्रदान करता है।[1] इसी प्रकार मुल्ला महमूद जौनपुरी (मृ० 1505 ई०) की 'अलशम्स-उल-बाज़ग़ा' है, जो उन्हीं की पुस्तक 'हिकमत-उल-बाज़ग़ा' की व्याख्या पर आधारित है तथा भारतीय इस्लामी दर्शन की मूल पुस्तकों में गिनी जाती है।

भारत में इस्लामी दर्शन की चर्चा विख्यात चिन्तक, दार्शनिक, कवि अल्लामा मुहम्मद इक़बाल (मृ० 1938 ई०) के बिना सम्पन्न नहीं की जा सकती। इस्लामी दर्शन पर उनकी दो बहुमूल्य पुस्तकें हैं। पहली पुस्तक 'द डेवेलपमेण्ट ऑफ़ मेटाफ़िज़िक्स इन परशिया' है, जिस पर उन्हें जर्मनी के एडिनबरा विश्वविद्यालय से पी-एच० डी० की उपाधि प्राप्त हुई थी तथा दूसरी पुस्तक 'रीकन्स्ट्रक्शन ऑफ़ रेलिजस थाट्स इन इस्लाम' है, जो उनके सात अभिभाषणों पर आधारित है। इनके विषय हैं ज्ञान एवं विद्या, धार्मिक उद्‌बोधन का दार्शनिक आधार, ईश्वरवाद और वास्तविक चिन्तन मानव के स्वत्व (ख़ुदी) तथा स्थायित्व, इस्लामी सभ्यता के तत्त्व, इस्लामी पद्धति में परिवर्तन के नियम और क्या धर्म की सम्भावनाएँ वर्तमान में भी प्रासंगिक हैं। पहली पुस्तक के नाम से स्पष्ट है कि इसमें ईरानी चिन्तन के तर्कात्मक क्रम को खोजने की चेष्टा की गयी है, जो बाद में इस्लामी दर्शन का अभिन्न अंग हो गये। दूसरी पुस्तक इस्लामी दर्शन पर प्रवर्तकात्मक वृत्ति पर आधारित है, जिसमें इस्लामी दार्शनिक परम्परा के प्रति आदरभाव रखने के बावजूद वर्तमान मानव विद्याओं एवं कलाओं की उन्नति को ध्यान में रखते हुए, इस्लामी धार्मिक दर्शन में सुधारात्मक प्रयत्न

1. मकाशफ़ाते-असरार, भूमिका, पृ० 10

करने की कोशिश की गयी है, क्योंकि 'इक़बाल' का विचार था कि प्राचीन भौतिकी ने अपने मूल आधारों का पुनर्विवेचन प्रारम्भ कर दिया। तत्त्व की शुद्धता की कल्पना समाप्त हो रही है। निकट भविष्य में धर्म और विज्ञान में तादात्म्य स्थापित कर लिये जायँगे, जिनका वर्तमान में कल्पना नहीं किया जा सकता, परन्तु हमें मानव चिन्तन के उन्नयन पर अधिक सतर्क होकर विचार करना होगा और उस पर स्वतन्त्र विवेचनात्मक प्रवृत्ति स्थापित करना होगा।

इस्लामी दर्शन की इस चर्चा को समेटते हुए कुछेक विषयों की ओर संकेत करना आवश्यक है। इस्लामी दर्शन ने भी अरस्तू के समान तर्क को आवश्यक माध्यम या यन्त्र माना है। तर्क के माध्यम से इन्सान ज्ञान से अज्ञान की ओर आगे बढ़ सकता है। चिन्तन एवं तर्क, विवेचना, अनुमान एवं निष्कर्षयुक्त तर्क-वितर्क को परम महत्त्व प्राप्त है। अल्लामा 'इक़बाल' के कथनानुसार सम्भवतः अबूबकर राज़ी (मृ० 925 ई०) ने सर्वप्रथम अरस्तू के अनुमान की आलोचना की। उस पर निष्कर्षयुक्त तर्कों के आधार पर सोचा। बाद में अंग्रेज़ दार्शनिक जॉन स्टुअर्ट मिल (मृ० 1873 ई०) ने इसे फिर से सैद्धान्तिक विवाद का विषय बनाया।[1] इस विचारधारा में इस्लामी दर्शन से कई समानताएँ हुईं। इसी प्रकार मनोविज्ञान और नैतिकशास्त्र के आधार पर इस्लामी दर्शन के विभिन्न आयाम प्लेटो और अरस्तू के अनिश्चित विचारों से प्रभावित हैं बल्कि किसी सीमा तक अध्यात्म के साथ मिश्रित हो गये हैं। इसी कारणवश इस्लामी दार्शनिकों में अधिकांश रूढ़िवादी मुसलमानों के लिए अस्वीकार्य रहे हैं, क्योंकि उनके विचार क़ुर्आन से सर्वथा मेल नहीं खाते। क़ुर्आनी विचारधारा अलग मार्ग धारण करती है, परन्तु इस तथ्य को नकारा नहीं जा सकता कि दर्शन इस्लामी ज्ञान-विज्ञान का अभिन्न अंग बन चुका है और अतिवादी वर्गों के विरोध के बावजूद इस्लामी संस्कृति तथा आध्यात्मिक आन्दोलन का प्रमुख अंग है।

तर्कशास्त्र

तर्कशास्त्र की विभिन्न परिभाषाएँ की गयी हैं, परन्तु यदि इसे एक वाक्य में कहना हो तो तर्कशास्त्र वह विद्या है, जिससे समुचित एवं उचित रूप में चिन्तन की प्रेरणा मिलती है। तर्क को पुनर्विचार करना भी कह सकते हैं। इसके तीन प्रमुख अंग हैं—गणितात्मक, द्वन्द्वात्मक तथा औपचारिक। गणितात्मक तर्क की दो शाखाएँ हैं। प्रथम, संयोजनीय तर्क जिसमें प्राचीन गणित के नियम बिना किसी विवेचना के स्वीकार कर लिये जाते हैं। द्वितीय, रचनात्मक तर्क जिसका आधार

---

1. Reconstruction of Religous Thoughts in Islam, p. 137

संस्थागत है। द्वन्द्वात्मक तर्क एवं भौतिकवाद की शिक्षा दी जाती है और बाह्यजगत् के प्रवर्तन के नियमों का अध्ययन करके सत्य की खोज की जाती है। इसी प्रकार औपचारिक तर्क द्वारा वैज्ञानिक आधारों पर विचारधारा, आयाम एवं निष्कर्ष तक पहुँचा जाता है। इसका विकास अलग-अलग रूपों में होता है। जैसे, रूप-विषयक तर्क, अनुभववादी तर्क, सूक्ष्मवादी तर्क इत्यादि। इससे हेत्वाभास एवं प्रत्यक्षवाद की भी जानकारी मिल जाती है। तर्कवादी प्रतीक एवं शब्द प्रयोजन किया जाता है।

इस्लामी चिन्तकों ने तर्क को मूल विद्या के रूप में ग्रहण करते हुए ज्ञान क्षेत्र में उसके स्थान निर्धारित करने में मतभेद किया है। इब्न-सीना (मृ० 1037 ई०) तर्क को 'विद्याओं का सेवक' परन्तु अलफ़ाराबी (मृ० 950 ई०) के विचार में तर्क 'विद्याओं का प्रमुख' है। अरब दर्शन में तर्कशास्त्र अरस्तू के नियमों पर आधारित है, जो यूनानी व्याख्याकारों की तितिक्षावादी तथा प्लेटोसिद्धान्त के आधार पर कुछेक विषयों में परिवर्तित हो गयी। अरबों ने तर्कशास्त्र के विकास में कोई विशेष उपलब्धि नहीं की है। उनका योगदान टीकाकारिता से आगे नहीं बढ़ता क्योंकि शास्त्रार्थवादी उलमा के विचार में तर्क एक प्रकार से हेत्वाभास का ही एक रूप था, जिसके आधार पर 'निष्कर्ष' (Inference) तथा 'मुख्य पूर्वावयव' (Major Premise) में पहले से मौजूद होता है। अबूबकर राज़ी (मृ० 925 ई०) पहले व्यक्ति थे, जिन्होंने अरस्तूवादी तर्क पर प्रश्नचिह्न लगाया जिसको बाद में अंग्रेज़ दार्शनिक जॉन स्टुअर्ट मिल (मृ० 1873 ई०) ने दोहराया—मानव नाशवान् है। सुक़रात मानव है। अतः सुक़रात नाशवान् है। इस तर्क की स्थिति पूर्णतया काल्पनिक है, जिसमें 'मध्यवर्ग' (Middle Term) सर्वाधिक महत्त्वपूर्ण होता है, क्योंकि दोनों स्थितियाँ निष्कर्ष तथा मुख्य पूर्वावयव से निष्कर्ष स्थापित करने में पहली स्थिति महत्त्वपूर्ण नहीं रहती, जितनी दूसरी। इस्लामी तर्कवादियों ने मध्यवर्ग पर अनेक एतराज़ किये हैं। इस्लामी तर्कशास्त्रियों ने तर्कविषय पुस्तकों का भण्डार लगा दिया है उनमें विशेष रूप में अबूबकर राज़ी, अबुल हसन अहमद इस्फ़हानी (मृ० 961 ई०), अलग़ज़ाली (मृ० 1111 ई०), इब्न-माजा (मृ० 1138 ई०), इब्न-रुश्द (मृ० 1198 ई०), साद मकोना (मृ० 1277 ई०), नज्मउद्दीन अली क़ज़वीनी (मृ० 1277 ई०), क़ुत्बउद्दीन महमूद (मृ० 1327 ई०), सैय्यद शरीफ़ अलजुरजानी (मृ० 1415 ई०) आदि हैं।

भारतीय मुस्लिम तर्कशास्त्रियों में मुहिबउल्लाह अलबहारी (मृ० 1507 ई०) की पुस्तक 'मुस्लिम-उल-उलूम' सर्वप्रिय रही है जिसकी क़ाज़ी मुबारक गोपामवी (मृ० 1748 ई०), हम्दउल्लाह सन्देलवी (मृ० 1747 ई०), मुल्ला हसन (मृ० 883 ई०), मुल्ला मुहम्मद मुबीन (मृ० 1810 ई०) आदि ने व्याख्याएँ लिखीं। इनके अतिरिक्त शाह अब्दुल हक़ मुहद्दिस देहलवी (मृ० 1640 ई०)

की 'अलदरात-उल-वहि', मौलाना फ़ज़्ल इमाम ख़ैराबादी (मृ० 1727 ई०) की 'मिरक़ात', तुराब अली ख़ैराबादी (मृ० 1826 ई०) की 'अलरद्द-मंज़ूर-फ़ी-अलमनतिक़' आदि प्रसिद्ध हैं। किसी अज्ञात लेखक ने सैय्यद इन्शा की प्रसिद्ध पुस्तक 'दरिया-ए-लताफ़त' उद्धृत करके 'रिसाला मनतिक़े-क़तील' सम्पादित किया, जिसकी एक प्रति सालारजंग म्यूजियम हैदराबाद में उपलब्ध है।

नीतिशास्त्र

नीतिशास्त्र के सन्दर्भ में इस्लामी और यूरोपीय सिद्धान्तों में मूलभूत अन्तर है। पाश्चात्य विद्वानों के विचारों में नीतिशास्त्र मानव आचरण का विज्ञान है, जिसमें प्रासंगिक नीति तथा मानव आचरण का चिन्तन सम्मिलित होता है। इसके अध्ययन में जिन समस्याओं को प्राथमिकता दी जाती है वे हैं—उपयोगिता, अच्छाई और बुराई। इन्हीं आधारों पर मानव आचरण से सम्बन्धित नियमों को स्पष्ट किया जाता है कि मानव अपने किन वृत्तियों की सन्तुष्टि के लिए किस प्रकार अपने व्यक्तित्व की खोज करता है और उसके प्रारम्भ एवं विकास में उसकी नीतिशास्त्रीय विधि सम्मिलित होती है। इसके माध्यम से अपने आचरण के ऐतिहासिक पात्रता का निर्धारण करता है।[1] परन्तु इस्लामी नीतिशास्त्र और जीवन सिद्धान्त मात्र मानव आचरण के अध्ययन तक सीमित नहीं हैं, वरन् इसके आगे की मंज़िल हैं। इस महत्त्वपूर्ण बिन्दु को नज़रअन्दाज़ करके इस्लामी नीतिशास्त्र को समझने में डी० एम० डॉनल्सन के समान अनर्थ नहीं करना चाहिए, जिसमें इस्लाम-पूर्व अरब के नीतिसिद्धान्त को इस्लामी नीतिशास्त्र के प्रारम्भिक तत्त्व के रूप में प्रस्तुत किया और इस्लाम-पूर्व के अरबों की प्रतिशोध वृत्ति तथा उससे सम्बन्धित नियमों की चर्चा की है।[2]

इसमें सन्देह नहीं कि इस्लाम ने अतीत की दानप्रियता, आतिथ्य एवं प्रतिबद्धता को सम्मान दिया तथा उन्हें इस्लामी नीतिशास्त्र में सम्मिलित किया। जीवन के ये उच्च मूल्य मानव स्वभाव के अनुरूप हैं और समस्त मानव जाति के शुभ कर्मों के द्योतक हैं। इस्लाम मात्र अरबों के लिए वरन् समस्त मानव जाति के स्वभाव के अनुरूप नियम प्रतिपादित किये हैं। अतः इस्लामी सिद्धान्तों को किसी विशेष देश अथवा जाति तक सीमित नहीं किया जा सकता। इस्लामी नीतिशास्त्र के आदर्शों के चयन में क़ुर्आन ने इस्लामी पैग़म्बर को आधार बनाकर स्पष्ट कर दिया है : **"और आप नीति के उच्चतम शिखरों पर विराजमान हैं।"** (क़ुर्आन

1. A Dictionary of Philosophy, p. 149
2. Studies in Muslim Ethics, p. 60

68/4) इस प्रकार इस्लामी नीतिशास्त्र की सीमा में 'ईश्वर सम्बन्धित दायित्व' तथा 'मानव सम्बन्धित दायित्व' के अतिरिक्त न्याय, क्षमा, प्रतिशोध, सच्चाई, पुण्य आदि सभी बातें सम्मिलित हो जाती हैं। दूसरे शब्दों में यह कहा जा सकता है कि ईश्वर के आदेशों का सद्भावनापूर्वक पालन ही नीतिशास्त्र का आधार है।

इस्लामी तर्कशास्त्र के विवेचन में विभिन्न एवं परस्पर विरोधी विचारधाराएँ प्रचलित रही हैं। सूफ़ियों ने अध्यात्म के मार्ग से नीति का परिचय कराया, जिसको असाधारण सर्वप्रियता प्राप्त है। इस्लामी शरीअत को प्राथमिकता देनेवाले उलमा ने धर्मशास्त्र के आधार पर तर्कशास्त्र का व्यावहारिक जीवन से तादात्म्य स्थापित किया। इनके अतिरिक्त मुस्लिम चिन्तकों का एक दल और था, जो अरस्तू के सिद्धान्तों से प्रभावित था। अरस्तू के अनुसार मानव चिन्तन के आधार पर ज्ञान एवं अज्ञान के बीच का अन्तर दिखता है। अरस्तू के सिद्धान्त को इब्न-मिस्कवय (मृ० 1030 ई०) ने स्वीकार किया। बूअली सीना (मृ० 1037 ई०) जो इब्न-सीना के नाम से अधिक परिचित हैं, उन्होंने इसमें 'तदबीरे-मंज़िल' को समाविष्ट किया। अलफ़ाराबी (मृ० 950 ई०) ने नागरिक राजनीति का एक अध्याय सम्मिलित किया और नसीरउद्दीन तूसी (मृ० 1245 ई०) ने 'तदबीरे-मंज़िल' तथा नागरिक राजनीति का समागम करके 'इख़लाक़े-नासिरी' सम्पादित किया। इसके लगभग सौ वर्ष बाद जलालउद्दीन दौव्वानी (मृ० 1503 ई०) ने 'इख़लाक़े-नासिरी' में चर्चित कर्म को यथावत् रखते हुए उसमें संगीतशास्त्र का एक अध्याय समाविष्ट किया, परन्तु उनको इसके आधार पर महत्त्व नहीं दिया जाता। उन्होंने तर्कशास्त्र के समर्थन में क़ुर्आन की आयतें, इस्लामी पैग़म्बर की हदीसें तथा विभिन्न लब्धप्रतिष्ठ मनीषियों के वक्तव्य प्रस्तुत करके इसे सर्वमान्य करने का यत्न किया। उनकी यह पुस्तक वर्षों तक इस्लामी मदरसों के पाठ्यक्रम में सम्मिलित रही है। इसमें एक अन्य पुस्तक मुल्ला हुसैन वाएज़ काशिफ़ी 'इख़लाक़े-मुहसनी' है, जो अपने रोचक लेखन-शैली, सादगी और सरलता के कारण सर्वप्रिय रही है। भारत में तर्कशास्त्र की उपर्युक्त पुस्तकों के अनुवाद उर्दू तथा अन्य भाषाओं में हुए। जहाँगीर के शासनकाल (1605-27 ई०) में इब्न-मिस्कवय की प्रसिद्ध पुस्तक 'आदाब-अलअरब-वलफ़र्स' का फ़ारसी अनुवाद तक़ीउद्दीन मुहम्मद ने 'जावेदाने-ख़िरद' के नाम से किया। इसका एक अन्य अनुवाद हाजी शम्सउद्दीन मुहम्मद हुसैनी ने 'इन्तख़ाब-शाइस्ताख़ानी' के नाम से 1655 ई० में किया। इनके अतिरिक्त भी इस विषय पर अन्य पुस्तकें लिखी गयीं। उनमें 'ख़ुलासात-उल-हैवान' को महत्त्व प्राप्त है, जिसका लेखक मुल्ला अहमद ठठवी (मृ० 1557 ई०) है। इसके अतिरिक्त अख़्तियार-उल-हसनी (मृ० 1556 ई०) की 'इख़लाक़े-हुमायूँ' शहज़ादों के दायित्व एवं आचरण पर आधारित 'मुआज़ा-जहाँगीरी', नूर उद्दीन मुहम्मद क़ाज़ी ख़ाक़ानी की बृहत्

पुस्तक 'इख़लाक़े-जहाँगीरी' (र० अक्टूबर 1620), मुहम्मद सादिक़ इस्फ़हानी आज़ादानी का विश्वकोश रूपी ग्रन्थ 'शाहिदे-सादिक़' (र०1636-46) इत्यादि महत्त्वपूर्ण हैं।

सौन्दर्यशास्त्र

सौन्दर्य का इस्लामी चिन्तन में विशेष स्थान है। इस्लाम सौन्दर्य रचना को सम्मानित स्थान प्रदान करता है। मानव की सुन्दरता की चर्चा क़ुर्आन में भी है : "**तुम्हारी आकृति को परम सुन्दर बनाया है।**" (क़ुर्आन 40/64) इन्हीं शब्दों में एक अन्य स्थान पर भी मानव सौन्दर्य की चर्चा है : "**तुम्हारी सूरत को बहुत ही हसीन बनाया है।**" (क़ुर्आन 12/31) अपनी परम सुन्दर रचनाओं पर ईश्वर स्वयं भी गर्व करता है : "**वह ईश्वर सबसे उत्तम रचनाकार है।**" (क़ुर्आन 23/14) रचनाकारिता ईश्वर से सन्दर्भित है : "**वह जिस प्रकार चाहता है आकृति बनाता है।**" (क़ुर्आन 3/6) इससे कुछेक उलमा ने यह तर्क स्थापित किया कि सौन्दर्य रचना तथा आकृति निर्माण ईश्वर की रचनाकारिता का अंग है। अतः इसमें किसी मानव के प्रयासों का सम्मिलित होना अधर्म है। इससे आगे बढ़कर यह भी फ़तवा दिया गया कि ललितकलाओं के कार्यक्षेत्र में सक्रिय होना ईश्वर की बराबरी करना है। अतः सभी प्रकार की ललितकलाएँ वर्जित हैं। ज्ञातव्य है कि इन उलमा ने तर्क के इस हेत्वाभास को भुला दिया कि इससे ईश्वर के सर्वोच्च रचनाकार होने का भी खण्डन होता है। इस पक्ष पर भी ध्यान देना चाहिए कि इस्लाम जो समस्त मानव जाति की बौद्धिकता एवं सक्रियता को आन्दोलित करने का दावा करता है, सहस्रों वर्षों में अनगिनत मानव पीढ़ियों के उच्चतम चिन्तनों के आधार पर किये गये आविष्कारों की अद्वितीय सम्प्रेरणात्मक शक्ति को अपने उच्च आदर्शों के लिए प्रयोग करने के बजाय, क्या किसी अन्य माध्यम के उपलब्ध कराये बिना भी उसे अस्वीकार अथवा निरस्त कर सकता था।

❑❑❑

अध्याय : छह

वैज्ञानिक विद्याएँ

'**वि**ज्ञान' का इस्लामी शब्दावली में पर्याय 'इल्म' है। इस्लामी साहित्य में इल्म के विभिन्न अर्थ लिये गये हैं। क़ुर्आन में 'इल्म' के साथ 'हिकमत' की शब्दावली का प्रयोग हुआ है, जिसकी विस्तृत भावभूमि में 'विज्ञान' की पाश्चात्य कल्पना समाहित हो जाती है, जिसमें 'साइन्स' का अर्थ है, किसी प्रकार का बौद्धिक कार्यकलाप, जो भौतिक जगत् के तात्त्विक, निष्पक्ष प्रेक्षण एवं क्रमबद्ध परीक्षण पर आधारित हो । साधारणतया, ज्ञान विषयक खोज जिसका आधार सत्य एवं शाश्वत विधान हो। इस्लाम में भौतिक जगत् के तात्त्विक, निष्पक्ष प्रेक्षण एवं क्रमबद्ध परीक्षण तथा ज्ञान विषयक खोज, जिसका आधार सत्य एवं शाश्वत विधान हो, विशेष महत्त्व प्राप्त है। परन्तु समस्त खोज एवं परीक्षण का आधार ईश्वर को उसकी रचनाओं के माध्यम से पहचानना तथा उनका उपयोग ईश्वर के आदेशानुसार सत्य एवं न्याय से करना था। इस्लाम चाहता है कि मानव अपने अनुसन्धान के माध्यम से उस ईश्वरीय व्यवस्था को उद्घाटित करे, जिसे ईश्वर ने ब्रह्माण्ड हेतु निश्चित किया है, ताकि उस व्यवस्था के आधार पर जीवन को सुख-सम्पदा से ओत-प्रोत कर दे। यही अन्तर है इस्लामी तथा यूरोपीय विज्ञान के खोज का। इस्लाम प्रत्येक माध्यम से ईश्वर को पहचानने के लिए प्रयोग करता है। अतः उसका आधार आध्यात्मिक है, परन्तु यूरोपीय वैज्ञानिक खोज प्रकृति के शोषण पर आधारित है, जिसे अपनी शक्ति बढ़ाने तथा दूसरों को अपने अधीनस्थ करने हेतु प्रयोग करता है। इस्लामी वैज्ञानिक प्रारम्भ से ही अद्भुत प्रकृति में ईश्वर की महानता के सन्दर्भ तलाश करते आये हैं। उनके शीर्ष इब्न-सीना (मृ० 1037 ई०) थे, जो किसी वैज्ञानिक प्रयोग में असफल होते, तो इबादत तथा हिदायत के लिए मस्जिद में पनाह लेते थे।

प्रारम्भिक रूप में विज्ञान के तीन प्रकार किये गये। निम्नस्तरीय विज्ञान को भौतिकी, मध्यवर्गीय विज्ञान को गणित तथा उच्चवर्गीय विज्ञान को तात्त्विक कहा गया। भौतिकी को पुनः दो भागों में विभाजित किया गया, जिसका पहला भाग मौलिक अथवा सैद्धान्तिक कहा गया, जो उन विशेषताओं से सम्बद्ध था, जो प्रकृति में पायी जानेवाली समस्त वस्तुओं में विद्यमान है। दूसरे माध्यमिक भाग में उन तत्त्वों का पता चला जो प्रकृति की रचना में सहायक हैं अर्थात् खगोल से सम्बन्धित तथा चार तत्त्व अग्नि, वायु, जल, धरती, उनकी विशेषताएँ, स्पन्दन-स्रोत तथा केन्द्र। इस माध्यमिक भाग को विभिन्न उपभागों में विभाजित किया गया है। जैसे—ओषधि, ज्योतिष, मुखाकृति, स्वप्न-व्याख्या, जादू तथा रसायन। इसी प्रकार चौथी सदी ईस्वी के अन्त में उन्नति पानेवाली एक सोसाइटी या अकादमी थी, जिसका नाम 'इख़वान-उल-सफ़ा व ख़ल्लान-उल-वफ़ा व अह्ल-उल-अद्ल व अबना-उल-हम्द' था, जिसकी पुस्तिकाएँ 'रिसायल-इख़वान-उल-सफ़ा' के नाम से प्रसिद्ध हैं। उन्होंने रहस्य, भविष्यवाणी यहाँ तक कि जादू-टोने का भी वैज्ञानिक विद्याओं में सम्मिलित किया है तथा उनके अध्ययन के लिए यूनानी, भारतीय तथा ईरानी विद्वानों के वक्तव्य भी प्रमाण स्वरूप प्रस्तुत किये हैं।

सर्वप्रथम अलख़्वारज़मी (मृ० 850 ई०) ने 'मफ़ातीह-उल-उलूम' को दो भागों में विभाजित किया, परन्तु विज्ञान को इब्न-सीना (मृ० 1037 ई०) ने बौद्धिक ज्ञान से सम्बद्ध कर दिया, जिसका अनुसरण बाद में आनेवालों ने किया है। इब्न-खल्दून (मृ० 1405 ई०) की विशेष रूप से चर्चा की जा सकती है। धार्मिक तथा व्यावहारिक। इस क्रम का सर्वाधिक महत्त्वपूर्ण नाम अबूनस्र अलफ़ाराबी (मृ० 950 ई०) है, जिसने अपनी पुस्तक 'अहसा-उल-उलूम' में विज्ञान को सात खण्डों में विभाजित किया है, जो इस प्रकार हैं : अंकगणित, रेखागणित, बसरियात, ज्योतिष, संगीत, औज़ान, औद्योगिकी। इसी प्रकार भौतिकी से सम्बन्धित आठ भाग किये हैं, जिनमें समस्त भौतिक तत्त्व समान हैं। शारीरिक रूप में अस्तित्व ग्रहण करना और समाप्त होना, ब्रह्माण्ड की रचना एवं घटनाएँ, खनिज विज्ञान, वनस्पति विज्ञान, जीवविज्ञान। उसकी दूसरी पुस्तक का लातिनी अनुवाद 'डीआरटो साइण्टिआरम' ही शेष रह गया है। उसमें भौतिक विज्ञान में होनेवाले परिवर्तनों के कारण एवं अवसर की चर्चा की गयी है तथा उनका प्रारम्भ चार तत्त्वों पर आधारित बताया गया है—अग्नि, वायु, जल, धरती। इन चार तत्त्वों में गर्म, ठण्ड, नमी तथा शुष्क से घटनाएँ एवं स्पन्दन उत्पन्न होते हैं। चारों विज्ञान अर्थात् अंकगणित, माप, ज्योतिष तथा संगीत के साथ उपर्युक्त सन्दर्भित समस्त अन्य विज्ञान उत्पन्न हुए। भौतिक विज्ञान के अंश हैं, फलितशास्त्र, ओषधि, भविष्यवाणी, काल्पनिक चिन्तन, कृषि, जहाज़रानी, रसायन (एक ऐसा विज्ञान जो एक तत्त्व को दूसरे तत्त्व में परिवर्तित करने से

सम्बद्ध हो) तथा बसरियात (नेत्रविज्ञान)। निम्न पंक्तियों में उपर्युक्त चर्चित विज्ञान के कुछेक अतिमहत्त्वपूर्ण सन्दर्भों की ही चर्चा की जा सकती है।

गणितशास्त्र

गणितशास्त्र को इस्लामी वैज्ञानिक विद्याओं में विशेष महत्त्व प्राप्त है। इसको 'रियाज़ीयात' कहते हैं। 'रियाज़' का भावार्थ है 'अभ्यास'। चूँकि यह विद्या बौद्धिक अभ्यास से प्राप्त की जाती है, अतः 'रियाज़ी' कहलायी। इसकी दूसरी व्याख्या यह की जाती है कि इस विद्या के माध्यम से उन स्थितियों की जानकारी होती है, जो मानव अस्तित्व के बाह्य पक्षों पर चिन्तन-मनन के बिना प्राप्त नहीं हो सकते। इस्लामी विद्याओं में गणितशास्त्र के चार प्रकार मिश्रित किये हैं, जिनमें प्रत्येक प्रकार को अलग से शास्त्र के रूप में जाना जाता है। यह हैं—इल्म-उल-अदद अथवा इल्म-उल-हिसाब, इल्म-हिन्दसा, इल्म-हैय्यत और इल्म-नग़मात। इसकी छह माध्यमिकताएँ— (1) जमा व तफ़रीक़ (2) जब्र व मुक़ाबला (3) मुसाहत (4) जर-उल-अस्क़ाल (5) ज़बजात व तक़ावीम (6) अरग़नून। इसी प्रकार इल्म-हिसाब (इल्म-अदद) की भी सात शाखाएँ हैं तथा इल्म-हिन्दसा की चौदह शाखाएँ हैं, इल्म-हयत की सत्ताईस शाखाएँ हैं, जिनके विस्तार में जाने का अवसर नहीं है।

गणितशास्त्र में मुसलमानों की उपलब्धियों को स्वीकार करते हुए प्रसिद्ध पाश्चात्य विद्वान् कारादावव लिखते हैं : "**मुसलमानों ने विभिन्न विद्याओं में महान् उपलब्धियाँ प्राप्त कीं। उन्होंने गणितशास्त्र में अंकों का प्रयोग करना सिखाया। यद्यपि उन्होंने इसका आविष्कार नहीं किया था। परन्तु अंक विद्या उन्हीं के माध्यम से फैली, जिससे उनको गणितशास्त्र का अन्वेषक माना गया। उन्होंने बीजगणित को अधिक समुचित विद्या बनाया और उसको उन्नति के शिखर तक पहुँचाया है। इसके अतिरिक्त उन्होंने रेखागणित के आधार निर्मित किये। यह निःसन्देह कहा जा सकता है कि वे त्रिकोणमितीय के विभिन्न आयामों के अन्वेषक थे, जिनका यूनान में कोई अस्तित्व न था। फलित-ज्योतिष में उन्होंने बहुमूल्य अनुसन्धान किये। अनेक ऐसी यूनानी पुस्तकों का अनुवाद करके संरक्षित कर दिया, जिनके मूल पाठ्य भी नष्ट हो चुके हैं। जिस युग में मसीही पाश्चात्य बर्बरता के अन्धकार में डूबा हुआ था, इस्लामी अरब में श्रेष्ठतम ज्ञान-विज्ञान की संस्थाएँ स्थापित थीं, जिनसे प्राच्य ही नहीं समूचा विश्वक्षितिज प्रकाशमान् हो रहा था।**"[1] अनेक अन्य पाश्चात्य

1. Legacy of Islam, pp. 376-77

विद्वानों ने भी मुसलमानों के ज्ञानवर्द्धक उपलब्धियों को पूर्णरूपेण स्वीकारा है। उनमें एक विद्वान् मोसियो गस्तावबान भी है, जिसकी फ्रांसीसी पुस्तक 'सिविलीज़ेशन ऑफ़ अरब' का अनुवाद सैय्यद अली बिलग्रामी ने 'तमद्दुने-अरब' के नाम से किया है।[1] प्रसिद्ध पाश्चात्य विद्वान् राबर्ट ब्रिफ़ाल्ट का मत है : **''वर्तमान विश्व पर इस्लामी ज्ञान-विज्ञान का बड़ा एहसान है। अरबों (मुसलमानों ने ज्ञान के उन समस्त स्त्रोतों से, जो उपलब्ध हो सकते थे, अपना ज्ञान अर्जित किया। उन्होंने प्राचीन विद्याओं में नयी आत्मा उत्पन्न की, गणित को विकसित किया तथा प्रयोग, अनुभव एवं पड़ताल की शैली अपनायी। अरबों ने यूनानियों के ज्ञानात्मक सिद्धान्तों की समीक्षा की, तथा उसे आगे बढ़ाया।''**[2] इसी प्रकार एक अन्य प्रतिष्ठित पाश्चात्य विद्वान् जॉर्ज़ सॉर्टन का अभिमत है : **''लगता है कि हम अन्धकार से प्रकाश में आ गये हैं......11वीं शती में ज्ञान-विज्ञान का वास्तविक विकास मुसलमानों द्वारा ही सम्भव हो सका। उस काल की अद्भुत एवं विचित्र उपलब्धि का सम्बन्ध मात्र गणित से है, तथा प्रारम्भ से अन्त तक मुसलमानों के प्रयास से सम्भव हो सका। उमर ख़ैय्याम उसका सर्वाधिक कुशाग्र एवं स्फूर्तिचिन्तक एवं बुद्धिजीवी था।''**[3] समकालीन अरबी विद्वान् हाफ़िज़ तूक़ान ने 'अरक़ाम-उल-अरबिया' (अरबी संख्यांक) के प्रयोग शून्य के प्रचार तथा 'अबजद' (वर्णमाला) में इसका सांख्यिकिक मूल्य 'कुतूअ-अलमख़रूत' (शांकव गणित) आदि विभिन्न विषयों पर अरबों की प्राथमिकता स्थापित की। उसके कथनानुसार अंग्रेज़ी और फ़ारसी भाषा में नक्षत्रों के जितने नाम हैं, उनमें पचास प्रतिशत से अधिक अरबी से उद्धृत हैं।[4]

मुसलमानों ने गणित भारत से लिया तथा समस्त विश्व में फैला दिया। इससे पूर्व अरब तथा अन्य देशों में अंक शब्दों में लिखे जाते थे। अरबों ने इसे भारत से लिया था, अतः 'हिन्दी-रक़्म' कहते थे तथा यूरोप ने अरबों से लिया तो वे इसे 'अरबिक फ़ीगर' कहने लगे। मुसलमानों में सर्वप्रथम अबूजाफ़र मुहम्मद-बिन-मूसा अलख़्वारज़मी (मृ० 850 ई०) ने भारत से गणित ग्रहण किया था।[5] उसी से यूरोप को गणित प्राप्त हुआ, अतः गणित की एक विशेष शाखा को

1. तमद्दुने-अरब, पृ० 519-20
2. The Making of Humanity, pp. 194-195
3. The Introduction to the History of Science, pp. 1491, 1595, 1599
4. तरास-उल-अरब-उल-इल्मी-फ़ी-उल-रियाज़ीयात-वलफ़लक-मुख़लिसन, पृ० 138-47
5. Hindu Achievement in Exact Science, p. 12; संस्कृत और संस्कृति, पृ० 29

यूरोप में ख़्वारज़मी का अंग्रेज़ीकरण करके 'अलगोरिज़्म' कहते हैं।[1] अरब इसे 'हिसाब-उल-ग़ुबार' भी कहते थे। क़ाज़ी सअद-बिन-अय्यूब उन्दुलूसी (मृ० 1079 ई०) ने इसे इसी रूप में वर्णित किया है : "**हिसाब-उल-ग़ुबार भारत से ही अरबों में आया, जिसको अबूजाफ़र मुहम्मद-बिन-मूसा ख़्वारज़्मी ने विस्तारपूर्वक प्रस्तुत किया है।**"[2] इतिहासकार अलयाक़ूबी (मृ० 897 ई०) ने लिखा है : "**भारत में पहले एक से नौ तक अक्षर बनाये गये, जिनसे सभी प्रकार की गणना होती थी, परन्तु उनके पहचानने में कठिनाई होती थी। उनमें पहला अक्षर एक है, जिसको फिर दस, फिर सौ, फिर एक हज़ार, फिर सौ हज़ार, फिर दस लाख, फिर एक करोड़, फ़िर दस करोड़ इससे आगे जितना चाहे बना सकें। दूसरा अर्थात् दो, बीस, दो सौ, दो हज़ार, बीस हज़ार, दो लाख, बीस लाख, और इसी प्रकार आगे तक बढ़ा सकते हैं।.....नौ के आगे कोई अंक नहीं होता तो आगे एक शून्य रख दिया जाता है।**"[3] इब्न-नदीम (मृ० 995 ई०) ने एक सिन्धी लिपि की चर्चा की है, जिनका आधार इन्हीं नौ अंकों पर है। उसने अंकों के मूल्यों को वर्तमान अरबी सांख्यिकीय के अनुरूप रखकर प्रस्तुत किया है। उसका कहना है कि भारतीय नौ अंकों से लिखते हैं, 1, 2, 3, 4, 5, 6, 7, 8, 9 जिसका अर्थ अरबी वर्णमाला के आधार पर 'अबजद' (अलिफ़, बे, जीम, दाल), 'हव्वज़' (छोटी हे, वाव, ज़े), 'हुत्ती' (बड़ी हे, तोए)। 'तोए' के बाद पहले अक्षर के सामने एक शून्य लगा देते हैं। इस प्रकार 10, 20, 50, 60, 70, 80, 90 बनते हैं। इनके मूल्य या 'ये' तथा 'कल्मन' (क़ाफ़, लाम, मीन, नून) एवं 'साफ़स' (सीन, ऐन, फ़े, स्वाद) है, फिर आगे बढ़ते हैं, तो हर अंक के आगे दो शून्य लगा देते हैं—100, 200, 300, 400, 500, 600, 700, 800, 900, 1000। इस प्रकार 'क़र्शत' (क़ाफ़, रे, सीन, ते), 'सख़्ख़ज़' (से, ख़े, ज़ाल) तथा 'ज़ज़्ज़ग़' (ज़्वाद, ज़ोए, ग़ैन)। अबूरैहान बेरूनी (1048 ई०) ने भी यही लिखा है तथा उसने अंकों के प्रयोग के विषय में इकाई, दहाई, सैकड़ा आदि की चर्चा भी की है।

गणितशास्त्र में अनेक मुस्लिम विद्वानों ने उच्च स्थान प्राप्त किया है। उनमें कुछेक की चर्चा निम्न पंक्तियों में की जा रही है ताकि आंशिक रूप में ही सही उनका परिचय सम्भव हो सके।

याक़ूब अलफ़ाज़ारी (मृ० 770 ई०), अब्बासी ख़लीफ़ा मंसूर का दरबारी फलित-ज्योतिषी था। उसने सर्वप्रथम 'स्तरलाब' तैयार किया था। भारतीय ज्योतिष

1. तारीख़-उल-तमद्दुन-उल-इस्लामी, भाग-3, पृ० 216
2. तबकात-उल-उमम, पृ० 21
3. तारीख़ याक़ूबी, भाग-1, पृ.० 84

विज्ञान के सिद्धान्त ग्रन्थों की सहायता से एक पुस्तक 'सनद-उल-हिन्द-अलकबीर' लिखी।

मूसा-बिन-शाकिर तथा उसके तीन सुपुत्र मुहम्मद, अहमद और हसन, जो 'बनू-शाकिर' कहे जाते थे उन्होंने रोम से प्राचीन विद्याओं की पुस्तकें अपार धन व्यय करके लिपिबद्ध करायीं। बनू-शाकिर ने विभिन्न यन्त्र भी बनाये और उन पर पुस्तकें लिखीं। अब्बासी ख़लीफ़ा मामून-उर्रशीद के शासनकाल में गणिताचार्य के रूप में सर्वश्रेष्ठ स्थान प्राप्त था।

मुहम्मद-बिन-मूसा अलख़वारज़मी (मृ० 850 ई०) ने गणित में बीजगणित को पृथक् मान्यता प्रदान की। मध्यकालीन यूरोप की गणित से सम्बन्धित समस्त जानकारी का आधार इसकी पुस्तक 'मुख़तसर-मिन-हिसाब-अलजब्र-वलमुक़ाबिला' है।

याक़ूब-बिन-इसहाक़, अबू यूसुफ़, अलकिन्दी (मृ० 866 ई०) भौतिक एवं गणित का विशेषज्ञ था। उसने नक्षत्रों के विषय में उन्नीस किताबें लिखी थीं। गणितशास्त्र पर उसकी पुस्तक 'रिसाला-फ़ी-इस्तेमाल-उल-हिसाब-उल-हिन्दी' प्रसिद्ध है, जिसमें दस लेख सम्मिलित हैं।

साबित-बिन-क़र्रा (मृ० 900 ई०) अब्बासी ख़लीफ़ा अलमुतसिम का दरबारी ज्योतिषी था। अनेक यूनानी पुस्तकों के अनुवाद के अतिरिक्त गणितशास्त्र पर पचास पुस्तकें लिखीं, जिनमें 'मुख़तसर-फ़ी-इलमुल-हैय्यत-वल-किताबउल-मफ़रूज़ात' अधिक प्रसिद्ध है।

अबूबकर-राज़ी (मृ० 932 ई०) की वास्तविक ख्याति हकीम (वैद्य) के रूप में थी। उसने अपनी किताब 'हैय्यत-उल-आलम' में स्थापित किया है कि भूमण्डल गोलीय त्रिकोणमितीय है। उसके दो आधार बिन्दु हैं। सूर्य बड़ा और चन्द्रमा छोटा है।

अब्दुर्रहमान सूफ़ी (मृ० 996 ई०) विख्यात गणितशास्त्री तथा खगोलवेत्ता था। उसने 'किताब-उल-कवाकिब-उल-साबित' लिखी, जो चित्रों पर आधारित थी। उसने सभी राशियों को मानव तथा पशु आकार में प्रस्तुत किया था। इसका फ्रांसिसी भाषा में अनुवाद हुआ, तो यूरोपीय विद्वान् राशियों की विद्या से परिचित हो सके।

अबुल वफ़ा अलबोज़जानी (मृ० 998 ई०) विख्यात गणितशास्त्रियों में माना जाता था। अंकगणित, बीजगणित और रेखागणित का विशेषज्ञ था। उसने चन्द्रमा की तीसरी स्थिति, विरक्ता को उद्घाटित किया। इसकी पहली दो स्थितियाँ यूनानियों के संज्ञान में थीं परन्तु तीसरी स्थिति की जानकारी यूरोप को अबुल वफ़ा के माध्यम से मिली।

अबू अब्दुल्ला अलबतानी (मृ० 929 ई०) की ख्याति का आधार उसकी पुस्तक 'ज़ीज-उल-साबी' के आधार पर है, जिसको ख़्वारज़मी की पुस्तक से श्रेष्ठ माना गया है। उसने नये चाँद के पूर्व उसके उदय, ग्रहण के झुकाव वृश्चिक राशि, आकाश, वर्ष की दीर्घता तथा चन्द्रमा के प्रस्थान केन्द्र उद्घाटित किया।

अलमुजरीती (मृ० 1007 ई०) ने 'अलमुआमिलात' के नाम से वाणिज्य सम्बन्धित गणित की पहली पुस्तक लिखी।

इब्न-अलहीसम (मृ० 1043 ई०) की प्रसिद्ध रचना किताब 'किताब-अल-मनाज़िर' नेत्रविद्या पर पहली पुस्तक है। उसने पहली बार पता किया कि दृष्टि प्रत्यक्ष रूप में नहीं देखती वरन् परोक्ष रूप में देखती है। उसने क्षितिज की वास्तविकता आकाशगंगा, प्रकाशपुंज इत्यादि के विषय में महत्त्वपूर्ण संज्ञान उपलब्ध कराया।

इब्न-सीना (मृ० 1037 ई०) इस्लामी जगत् का विख्यात विद्वान्, दार्शनिक, वैद्य तथा गणितज्ञ था। परिचय की आवश्यकता नहीं।

अलबेरूनी अबूरैहान (मृ० 1048 ई०) की ख्याति का आधार उसकी प्रसिद्ध पुस्तकें 'तहक़ीक़-मअलहिन्द अलअसार-उल-बाकिया' तथा 'क़ानून-अलमसूदी' है। भारतीय विद्याओं में ज्योतिष, गणित, रेखागणित का विख्यात विद्वान् था।

उमर-अलख़ैय्याम (मृ० 1121 ई०) की ख्याति फ़ारसी काव्य में रुबाइयों के आधार पर है, जिसका अनुवाद विश्व की अधिकांश भाषाओं में हुआ, परन्तु उसका एक महत्त्वपूर्ण योगदान यह भी है कि उसने सौर वर्ष की माप की थी और यह माप 365 दिन, 5 घण्टे, 49 मिनट थी। उसका एक अन्य असाधारण कार्य 'तक़वीमे-जलाली' का सम्पादन भी है। उसने बीजगणित और रेखागणित से सम्बन्धित ख़्वारज़मी के शोध को आगे बढ़ाया।

अल्लामा नसीरउद्दीन तूसी (मृ० 1274 ई०) समस्त विद्याओं के अधिकारिक विद्वान् थे। भौतिकी, खगोल, ज्योतिष, गणित, बीजगणित आदि के सर्वश्रेष्ठ जानकार थे। त्रिकोणमितीय का आविष्कार किया तथा उसकी स्पर्शज्या स्थापित की।

क़ुत्बउद्दीन शीराज़ी (मृ० 1310 ई०) अल्लामा तूसी के प्रिय शिष्य थे। उनकी पुस्तक 'निहाया-उलइदराक-फ़ी-हदीरत-उलअफ़लाक' प्रसिद्ध है। खगोल-शास्त्र, भूगोल, समुद्र विद्या तथा अन्तरिक्ष आदि के विशेषज्ञ थे।

कमालउद्दीन-अलफ़ारसी (मृ० 1320 ई०) अपनी पुस्तक 'तनक़ीह-उल-मनाज़िर लज़बी-उल-अबआद-वअल-बसायर' अधिक प्रसिद्ध है।

अलचग़मीनी (मृ० 1344 ई०) गणितशास्त्र का अद्वितीय विद्वान् था उसकी पुस्तक 'अलमुलहज़-फ़ी-उलहैय्यत' प्रसिद्ध है।

अलकरख़ी (मृ० लगभग 1533 ई०) ने बीजगणित में मात्रिक समानता का सिद्धान्त प्रमाण सहित प्रस्तुत किया। बीजगणित में भी अनेक नवीन सिद्धान्त प्रतिपादित किये।

गणितविद्या के भारतीय परिप्रेक्ष्य के विवेचन में संस्कृत के अरबी अनुवाद अत्यन्त महत्त्वपूर्ण हैं। 770 ई० के लगभग हिन्दू बुद्धिजीवी अपने सिद्धान्तों के साथ बग़दाद पहुँचते हैं। उनकी गणितविद्या का अरबीकरण करके अरबों ने 'अरसातीकी' और गणितिज्ञों को 'अलहासिद' कहा। इस गणित विद्या में 'सिफ़्र' (शून्य) भी सम्मिलित है। अरबों ने रेखागणित को भारत से आयात होने के कारण 'इल्म-उल-हिन्दसा' कहा तथा इसके विशेषज्ञ को 'मुहन्दिस' कहते थे। अरब विद्वान् हिन्दसा के आधार पर ही 'उक़लीदस' के तत्त्वों के आधार पर परिचित हुए। हिन्दसा के सिद्धान्त ही भारतीय एवं यूनानी गणित सिद्धान्तों के समागम के आधार बने।

मुस्लिम सल्तनतों में गणितविद्या के प्रति रुचि के प्रारम्भिक चिह्न मुहम्मद-बिन-तुग़लक़ (1325-51 ई०) के दरबार में दीख पड़ते हैं। सुल्तान के आदेशानुसार इब्न-सीना (मृ० 1037 ई०) की पुस्तकें भारी धन व्यय करके उपलब्ध की गयीं। अकबरी दरबार के नौ रत्नों में कई मनीषी इन विद्याओं में पारंगत थे। उनमें विशेषकर शाह फ़त्हउल्लाह शीराज़ी (मृ० 1589 ई०) को गणितशास्त्र में अधिकार प्राप्त था, वह सांख्यिकी में विशेषज्ञ के रूप में जाना-माना जाता था।[1]

भारत में मुसलमानों के गणितशास्त्र में उपलब्धियों का विवेचनात्मक अध्ययन किया जाय, तो कुछेक अपवादों को छोड़कर अधिकांश टीकाकारिता एवं सन्दर्भ रचना ही तक सीमित है। इनमें वजीहउद्दीन अलवी (मृ० 1589 ई०) को प्राथमिकता प्राप्त है, जिन्होंने अलचग़मीनी की पुस्तक 'अल-मुलख़िस फ़ी-अलहैय्यत' पर क़ाज़ीज़ादा रूमी की व्याख्या की समालोचना कर टिप्पणी लिखी। इसी प्रकार हकीम मीर हाशिम अली जीलानी (मृ० 1650 ई०) में ख़्वाजा नसीरउद्दीन मुहक़्क़िक़ तूसी (मृ० 1274 ई०) की पुस्तक 'उसूल-उलहिन्दसा-वअल-हिसाब' की व्याख्या लिखी। अपने समय में इस्मतउल्लाह सहारनपुरी (मृ० 1678 ई०) को श्रेष्ठ गणितज्ञ माना जाता था। उसने कई-कई पुस्तकें तथा व्याख्याएँ लिखीं, जिनमें 'अनवार ख़ुलासत-उल-हिसाब', 'शरह-तशरीह-उल-अफ़लाक' तथा 'ज़ाबता-ए-क़वाएद-उलहिसाब' को अधिक ख्याति प्राप्त हुई। इनमें 'ख़ुलासत-उल-हिसाब' अनेक बार प्रकाशित हुई। तफ़ज़्ज़ुल हुसैन

---

1. मुंतख़ब-उल-तवारीख़, भाग-3, पृ० 154

ख़ाँ का सम्बन्ध अवध दरबार से था। नव्वाब आसिफ़उद्दौला (1776-97 ई०) ने उन्हें ईस्ट इण्डिया कम्पनी के गवर्नर-जनरल के पास अपना दूत बनाकर भेजा था। तफ़ज़्ज़ुल हुसैन को गणितशास्त्र के प्रति विशेष अभिरुचि थी। उन्होंने गणितशास्त्र की कई पुस्तकें लिखीं, जिनमें 'अलरिसाला-फ़ीअल-मख़रूतात' तथा 'अलकिताब-फ़ी-अलजब्र' को अधिक ख्याति प्राप्त हुई।

भारत में विद्वान् 'मुहन्दिसों' (गणितज्ञ अभियन्ता) के दल भी सक्रिय रहे हैं। उन्होंने कई-कई पीढ़ियों तक इसे व्यवसाय के रूप में ग्रहण किया, जिनमें एक लाहौर का मुहन्दिसी ख़ानदान है, जिसने तीन पीढ़ियों तक गणितज्ञ एवं अभियन्ता के रूप में ख्याति प्राप्त की। उनमें एक महत्त्वपूर्ण नाम लुत्फ़उल्लाह अलमुहन्दिस-बिन-अहमद-अलमेमार (मृ० 1681 ई०) उस्ताद अहमद तथा उस्ताद हामिद को दिल्ली के लाल किला, जामामस्जिद और आगरे में ताजमहल के वास्तुकारों में सम्मिलित किया जाता है। लुत्फ़उल्लाह अपने समय का वास्तुकार था। कवि भी था तथा 'मुहन्दिस' ही काव्यनाम भी था। उसने ख़ुलासत-उल-हिसाब की व्याख्या लिखी है। उसका पुत्र इमामउद्दीन (मृ० 1731 ई०) भी प्रसिद्ध हुआ। उसकी कई पुस्तकें मिलती हैं।

भारत में मुस्लिम राज्य के विघटन के बाद भी गणितशास्त्र पर मुसलमानों द्वारा पुस्तकों की रचना का क्रम नहीं टूटा। उनमें से कुछेक की चर्चा की जा सकती है :

बहाउद्दीन आमली (मृ० 1622 ई०) की पुस्तक 'ख़ुलासत-उल-हिसाब' गणितविद्या की मूल पुस्तकों में मानी जाती है। उसके अनेक अनुवाद हुए। उदाहरणार्थ, मुहम्मद ज़माँ अम्बालवी ने 'ग़ायते-जेहद-उल-हिसाब' के नाम से व्याख्या लिखी। उसकी एक अन्य पुस्तक 'रिसाला-अलइरतफ़ाअ-उल-जबाल' (र० 1702 ई०) है। 'ख़ुलासत-उल-हिसाब' की एक और व्याख्या सद्रउद्दीन-बिन-ज़बरदस्तखाँ ने 'तहरीर-उल-सद्र' के नाम से लिखी तथा मौलवी रौशन अली जौनपुरी (मृ० 1810 ई०) में सीधे अरबी से अनुवाद किया। इसी प्रकार का एक और अनुवाद मुहम्मद सादिक़ तबरेज़ी ने किया। मिर्ज़ा मुहम्मद बेग़ ने भी इसकी व्याख्या लिखी।

'अरबईन' अथवा 'चेहलसवात' नाम से चालीस प्रश्नों का उत्तर दिया गया है। लेखक का नाम अज्ञात है। परन्तु यह पुस्तक इतनी महत्त्वपूर्ण है कि 1752 ई० में 'आस्ताने-क़ुद्स' मशहद (ईरान) के संग्रह में सम्मिलित की गयी। इसी प्रकार अताउल्ला की 'ख़ज़ीनत-उल-आदाद' गणित पर अद्वितीय पुस्तक है। इस लेखक का उपर्युक्त चर्चित उस्ताद अहमद से कोई सम्बन्ध नहीं है। सहनामी होने

के कारण कुछ लोग इन्हें एक ही मान लेते हैं। मुहम्मद सलाहउद्दीन जहाँदारशाही की 'किफ़ायत-उल-जब्र' बृहत् पुस्तक है, जिसके 13 अध्याय हैं। सैय्यद नूर-उल-असफ़िया औरंगाबादी ने 'नूर-उल-हिसाब' तथा 'नूर-उल-मुहासबीन' के नामों से दो पुस्तकें गणित पर लिखीं। मौलवी अबूअली ख़ुशनूद गोपामवी (मृ० 1835 ई०) ने 'नुक़ूद-उल-हिसाब' 1819 ई० में सम्पन्न की। इसी प्रकार हकीम सिराजउद्दीन की रचना 'दस्तूर-उल-हिसाब' 1834 ई० में सम्पन्न हुई। अबुल फ़ैज़ मुहम्मद मलाहत ने एक काव्य-पुस्तिका 'मिरात-उल-हिसाब' 1840 ई० में लिखी आदि-आदि।

बीजगणित

बीजगणित को यूरोप में 'अलजेबरा' कहते हैं। इसके नाम से ही स्पष्ट है कि यह विद्या यूरोप को अरबों द्वारा मिली है। यद्यपि इब्न-नदीम (मृ० 995 ई०) ने अपनी फ़ेहरिस्त में अलजबरा के विषय में दो यूनानी पुस्तकों के अरबी में रूपान्तरित होने की चर्चा की है, जिनमें एक पुस्तक 'ज़ेओफ़ान्तस' की रचना है तथा दूसरी अब्रख़स की।[1] परन्तु आधुनिक अनुसन्धान ने सिद्ध कर दिया है कि इन दोनों पुस्तकों की अलजबरा के विषय में कोई स्थिति नहीं है। वरन् अलजबरा का आविष्कार अरबों ने किया है तथा यह भी सर्वमान्य है कि उन्होंने इसका आविष्कार भारतीय गणितशास्त्र में पारंगत होने के साथ किया। वे यूनानी अंकों तथा गणित से पूर्व में परिचित थे तथा भारतीय गणित विज्ञान से परिचित होने के बाद उन्होंने यूनानी तथा भारतीय पद्धतियों के समावेश के साथ अलजबरा की बुनियाद रखी।

इस्लामी काल की विज्ञान सम्बन्धी रचनाओं में अलजबरा की सर्वाधिक महत्त्वपूर्ण पुस्तक अलख़्वारज़्मी (मृ० 850 ई०) की 'अलजब्र-वअल-मुक़ाबला' है। जैसा कि कहा जा चुका है अलख़्वारज़्मी भारतीय तथा यूनानी अंक विद्या से परिचित था वरन् ईरान में प्रचलित अंक विद्या से भी भली-भाँति परिचित था, अतः जर्जी ज़ैदान का मत है कि उसने इन तीनों के समावेश से अरबी जब्र सिद्धान्त प्रतिपादित किये। इसी प्रकार उसने अपने पंचांग में भी भारत, ईरान तथा यूनान के सिद्धान्तों का उपयोग किया है तथा उनसे सामूहिक रूप में मार्ग निर्देशन प्राप्त किया है।[1]

---

1. अलफ़ेहरिस, पृ० 3
1. तारीख़-उल-तमद्दुन-उल-इस्लामी, भाग-3, पृ० 217

भौतिक विज्ञान

इस्लामी भौतिक वैज्ञानिकों में अधिकांश गणितज्ञों पर आधारित रही है, जिनकी चर्चा ऊपर की पंक्तियों में की जा चुकी है। वस्तुतः उस काल में विज्ञान में गणितज्ञों को प्राथमिकता प्राप्त थी। इस्लामी विद्याओं में भौतिक विज्ञान लम्बे अरसे तक उन्नति से वंचित रहा, जिससे यान्त्रिकी की उन्नति भी यथोचित नहीं हो सकी। इस क्रम का पहला महत्त्वपूर्ण नाम अहमद बिन-मूसा-बिन-शाकिर है, जो समस्त विश्व में यान्त्रिकी पर पहली रचना 'किताब-उल-हील' का लेखक है, जो 860 ई० की रचना है। इसमें सर्वप्रथम यान्त्रिकी की मूल समस्याएँ प्रस्तुत की गयीं तथा विभिन्न यन्त्रों का विस्तृत वर्णन है, जिनमें से 20 यन्त्र वर्तमान में भी उपयोगी सिद्ध हुए हैं। नवीं सदी के प्रसिद्ध विज्ञान अबूयूसुफ़ याक़ूब-बिन-इसहाक़ अलकिन्दी की 265 पुस्तकों में 'इल्म-उल-बसर' तथा 'इंराफ़ा-ए-नूर' पर किताबें हैं। 'इल्म-उल-बसर' के लातिनी अनुवाद से राजर बेकन तथा अन्य पाश्चात्य वैज्ञानिकों ने लाभ उठाया, लेकिन दुनिया भर में 'बसरियात' के अग्रदूत इब्न-हसीन (मृ० 1043 ई०) के शोध एवं इजाद को सर्वश्रेष्ठ माना जाता है। उनकी पुस्तक 'अलमनाज़िर' अप्राप्य है। परन्तु उसका अनुवाद 'आपटिका थेसरस' उपलब्ध है तथा विद्वान् श्रद्धा से स्वीकारते हैं। अबूरैहान अलबेरूनी (मृ० 1048 ई०) की सबसे बड़ी उपलब्धि यह है कि उसने आठ बहुमूल्य पत्थरों और धातुओं का भार निश्चित किया। उसने बताया कि प्रकाश गति ध्वनि की गति से दोगुनी तेज होती है। उसने समुद्र के पानी के खारा होने का कारण भी बताया। इस तरह उससे द्रवगतिकी का प्रारम्भ होता है। ख़्वाजा नसीरउद्दीन तूसी (मृ० 1274 ई०) ने 'तहरीरउल-मनाज़िर' में पहली बार प्रमाणित किया कि दृश्य वस्तुओं से जो किरण निकलती है उससे उस वस्तु को देख सकते हैं।

भौतिक विज्ञान से सम्बन्धित जो जानकारी एवं धरोहर मुसलमानों से यूरोप ने प्राप्त किया उसके विषय में मैक्स मिरहाफ़ ने उचित ही लिखा है कि इस्लामी भौतिकी विज्ञान ने प्रकाशपुंज को पुनः क्षितिज पर स्थापित किया, जबकि यूनानी भौतिकी का सूर्य अस्त हो चुका था और चारों ओर अन्धकार-ही-अन्धकार था। इस्लामी भौतिकी वैज्ञानिकों ने चन्द्रमा के समान शीतल एवं मधुर चाँदनी से वातावरण को शुद्ध कर दिया, जिससे यूरोप के अन्धकार वातावरण में प्रकाश की किरणें चमक उठीं।[1]

भारत में भौतिक विज्ञान की विभिन्न पुस्तकों के अरबी तथा फ़ारसी से अनुवाद किये गये। शम्स-उल-उमरा ने अपना 'दार-उल-तर्जमा' 1834 ई० में

---

1. The Legacy of Islam, pp. 224-25

स्थापित किया, तो उसमें अनेक अनुवाद किये गये। जिसमें 'सत्ता शम्सिया' अधिक लोकप्रिय हुई। इसके चार संस्करण हुए। मुग़ल दरबार में भौतिकी के प्रकाण्ड विद्वान् फ़त्ह-उल्लाह शीराज़ी (मृ० 1589 ई०) के आविष्कारों का क्षेत्र अत्यन्त विस्तृत था, जिनमें एक ऐसे स्पन्दित दर्पण का आविष्कार भी था, जो निकट और दूरी से समान रूप में दिखायी पड़ता था तथा बारह नलियों की तोप एक पहिये पर फ़ायर करती थी।[1]

भौतिक विज्ञान की खनन-विज्ञान सम्बन्धी इस्लामी शब्दावली 'मआदिन' है, अर्थात् खनिज तथा उससे सम्बन्धित ज्ञान को 'इल्म-मआदिन' कहते हैं। खनन विज्ञान भौतिकी से सम्बन्धित है, जिसको इस्लामी वैज्ञानिक भूमण्डल सम्बन्धी विज्ञान एवं रसायन विज्ञान का अंग कहते थे। इस विज्ञान की ओर मुसलमानों का ध्यान अरस्तू की कथित पुस्तक के अरबी अनुवाद 'किताब-उल-मआदिनयात' से हुई। इसके बाद बहुमूल्य पत्थरों और मणियों से सम्बन्धित पुस्तकें लिखी गयीं जिनमें मुहम्मद-बिन-शाज़ान अलजवाहिरी की रचना 'किताब-उल-जवाहिरो-इज़ाफ़ा' अधिक प्रसिद्ध है। इब्न-नदीम (मृ० ९९5 ई०) ने अपनी विख्यात सूची में कुछेक अन्य किताबों के नाम भी लिखे हैं। जैसे, 'किताब-उल-कनोज़-अल-सबअता', 'किताब दफ़ायन-उल-सय्यूब', 'किताब-मआदिन-वअल-मतालिब-वअल-कनोज़-लबाज़-उल-मुसर्रबीन', 'कुतुबेमज़ाजात-उल-जवाहिर-उल-मआदनिया-वअमल-उल-फ़ौलाद-उल-तालिबक़ून-वअलहमाहिन' इत्यादि।[2]

रसायनशास्त्र

रसायनशास्त्र शब्दावली का अंग्रेज़ी पर्याय 'कमेस्ट्री' अरबी शब्दावली 'कीमिया' से उद्धृत है। इससे स्वतः सिद्ध है कि यूरोप को रसायनशास्त्र सम्बन्धी ज्ञान मुस्लिम वैज्ञानिकों के माध्यम से प्राप्त हुआ। परन्तु यूरोप में कालान्तर में रसायनशास्त्र का जिस रूप में विकास हुआ, वह अरबों द्वारा प्रदत्त विद्या से भिन्न हो गया है। वर्तमान में रसायनशास्त्र में वस्तु के तत्त्वों को तरलित करके उनके मूल का पता लगाया जाता है। तरलित करने की स्थितियों के आधार पर उसका अनुमान किया जाता है। परन्तु प्राचीनकाल में 'कीमिया' के माध्यम से बहुमूल्य धातु और मणि उत्पन्न करने का प्रयत्न किया जाता था। स्पष्ट है कि इसमें उपलब्ध वस्तु को अनुपातानुसार मिश्रित करके अपेक्षित वस्तु तैयार की जाती है।

---

1. मुंतख़ब-उल-तवारीख़, भाग-2, पृ० 321
2. अलफ़ेहरिस, पृ० 317-318

मुस्लिम लेखकों का विचार है कि ईश्वर ने प्रथम मानव हज़रत आदम को रसायन विद्या प्रदान किया था। उनसे उनके पुत्र हज़रत शीस को मिला फिर हज़रत इब्राहीम को, हज़रत इदरीस (अनूख़), हज़रत दाऊद, हज़रत सुलैमान और हज़रत मूसा को। अन्तिम पैग़म्बर हज़रत मुहम्मद रसायन विद्या से पूर्णतया परिचित थे। उन्होंने इसका ज्ञान हज़रत अली को प्रदान किया।[1] हज़रत अली से प्रसिद्ध रसायनवेत्ता जाबिर-बिन-हैय्यान (मृ० 817 ई०) ने प्राप्त किया। जाबिर का विश्वास था कि कम मूल्य की धातु को सोने में परिवर्तित किया जा सकता था। वे प्रयोगात्मक रसायन के प्रवर्तक थे। उन्होंने पहली बार सुफ़ैद, संखिया, सुरमा, गन्धक से प्राप्त करने की विधियाँ बतायीं। वे वनस्पति अम्लों-लेमू, सिरका, न्यासविक से परिचित थे। उनकी सर्वश्रेष्ठ उपलब्धि खनिज अम्लों का आविष्कार है। वे अद्वितीय रसायनशास्त्री थे, जिनका समकक्ष रसायनशास्त्री सदियों में सम्भव न हो सका।[2] उनके अतिरिक्त अबूबकर मुहम्मद-बिन-ज़करिया अलराज़ी, इब्न-सीना, अबुल हकीम मुहम्मद-बिन-अब्दुलमलिक-अलसालही-अलखवारज़मी-अलकासी, मुईदउद्दीन-अलतुग़राई, अबुल हसन-बिन-मूसा, अबुल क़ासिम मुहम्मद-बिन-अहमद-अलइराक़ी, अली-बिन-इदमर-अलजिल्द, अबुल इसबाह-बिन-तम्माम-अलइराक़ी आदि महत्त्वपूर्ण रसायनशास्त्री हुए हैं।

विभिन्न वनस्पतियों से अनेकानेक प्रकार के इत्र बनाने में रसायन विद्या की भारत में विशेष रूप से उन्नति हुई। चीनी बनाने के कौशल में रसायनशास्त्र का महत्त्वपूर्ण योग रहा। कुछेक अन्य विद्याएँ जैसे ओषधि रचना, ओषधि विद्या तथा खनिज विद्या पर रसायन विद्या के प्रभाव को नकारा नहीं जा सकता।

ओषधि एवं चिकित्सा विज्ञान

इस्लामी ओषधि विज्ञान को इस्लामी शब्दावली में 'हिकमत' (विज्ञान) कहा गया है तथा इसके प्रयोग करनेवालों को हकीम कहते हैं। वर्तमान में 'हकीम' शब्द चिकित्सक के अर्थों में प्रयोग किया जाता है। इस्लामी ओषधि विज्ञान भारत में साधारणतया यूनानी चिकित्सा के नाम से जाना जाता है। इसमें सन्देह नहीं कि इस्लामी ओषधि विज्ञान पर यूनानी ओषधि विज्ञान का प्रभाव है, परन्तु यह उस पर पूर्णतया आधारित नहीं है। इस्लाम में चिकित्सा ओषधि विज्ञान एवं चिकित्सा सेवाओं को धर्मशास्त्र का अंग तो नहीं माना गया है, परन्तु इसको 'इल्म-उल-

---

1. कश्फ़-उल-ज़ुनून, भाग-5, पृ० 270
2. अलमुक़द्दमा, पृ० 229

तिब्ब' (चिकित्सा विज्ञान) के रूप में धर्मशास्त्र के पाठ्यक्रम में सम्मिलित करके दीक्षा दी जाती है।

'इल्म-उल-तिब्ब' का विषय प्रत्यक्ष रूप में मानव शरीर है, जिसको क़ुर्आन ने 'सर्वश्रेष्ठ आकृति' कहा है। ईश्वर कहता है : **''हमने मानव को सर्वश्रेष्ठ आकृति में उत्पन्न किया है।''** (क़ुर्आन 95/4) इसलिए 'इल्म-उल-तिब्ब' अपने विषय एवं उद्देश्य के श्रेष्ठ होने के आधार पर विज्ञान के अन्य रूपों से श्रेष्ठ है। 'इल्म-उल-तिब्ब' का मूल उद्देश्य मानव को रोगमुक्त करना है। क़ुर्आनी शब्दावली में रोग कुफ़्र तथा पाप का दूसरा नाम है। यह बात क़ुर्आन में बार-बार दुहरायी गयी है। उदाहरणार्थ देखिये : **''उनके मन की विक्षिप्ति को ईश्वर ने और बढ़ा दिया और उनके झूठे वचन के कारण उन्हें दर्दनाक अज़ाब होगा।''** (क़ुर्आन : 2/10) **''अब तुम भी देख लोगे कि जिसके मन में विक्षिप्ति है।''** (क़ुर्आन : 5/52) **''उस समय धर्मद्रोहियों तथा ऐसे लोग जिनके मन विक्षिप्त थे।''** (क़ुर्आन : 8/49) **''और जिनके मन में रोग है और जिनके हृदय विक्षिप्त हो चुके हैं, उनकी अपवित्रता और भी बढ़ जाती है और ऐसे लोग मृत्यु को भी ऐसी स्थिति में प्राप्त हुए कि पदभ्रष्टता में मृत्यु आयी।''** (क़ुर्आन : 9/125) **''उनके मन में रोग है और वे भ्रमों के कारण भयभीत हैं।''** (क़ुर्आन : 24/50) **''जिनके मन में निफ़ाक़ (दोमुँहापन) का रोग है, वे आपकी ओर भयानक दृष्टि से देखते हैं।''** (क़ुर्आन : 47/20) **''जिनके मन में आन्तरिक रूप में वैर की बीमारी है, क्या वे इस विचार में हैं कि उनकी दबी हुई शत्रुता की कार्यवाही को ईश्वर प्रकट नहीं करेगा।''** (क़ुर्आन : 47/20, 291)

इस्लामी पैग़म्बर की हदीसों के प्रमुख ग्रन्थ 'बुख़ारी शरीफ़' का अध्याय 96 रोगियों के विषय में है तथा अध्याय 97 में चिकित्सा सम्बन्धी वर्णन है। इनमें विभिन्न रोगों के उपचार बताये गये हैं। हदीसों के अतिरिक्त अह्लबैत के इमामों के वक्तव्यों में भी चिकित्सा सम्बन्धित समस्याओं पर दिशा-निर्देश उपलब्ध हैं। इस्लामी पैग़म्बर के चिकित्सा विज्ञान के विषय पर अनेक पुस्तकें उपलब्ध हैं, जिनमें इस्लामी पैग़म्बर तथा अह्लबैत के इमामों के वक्तव्य प्रस्तुत किये गये हैं। इस प्रकार के हदीसों तथा वक्तव्यों की संख्या 300 से अधिक है। इन वक्तव्यों एवं हदीसों में बुरी निगाह से बचने, जादू-टोना, बीमार के सेवा-सत्कार, ताबीज़-नक़्श तथा दुआओं के सम्बन्ध में है। स्वास्थ्य लाभ के नियम, स्नान, भोजन करने का आचरण, शादी-विवाह, ख़तना, शुद्धता एवं पवित्रता तथा विभिन्न रोगों के उपचार हेतु निर्देश दिये गये हैं। इनमें कुछ हदीसें प्रचलन में आकर प्रसिद्ध हो गयी हैं, जिनको तर्क के रूप में प्रस्तुत किया जाता है। जैसे :

''ईश्वर ने कोई रोग ऐसा उत्पन्न नहीं किया, जिसके साथ उसका उपचार भी उत्पन्न न किया हो।''

"मनोकामना का असाध्य होना, रोग के आगमन का प्रतीक है।"

"पाचन-क्रिया समस्त रोगों का मूल है।"

"निवृत्ति रहना सर्वोच्च उपचार है।"

इस्लामी चिकित्सा विज्ञान को अइस्लामी आधारों पर विकसित करने में इस्लामी साम्राज्यवाद के प्रभाव को नकारा नहीं जा सकता। नैय्यर वास्ती ने ठीक ही लिखा है : **"ख़लीफ़ाओं के दरबार में यहूदी, ईसाई, मजूसी, साबी तथा हिन्दू अर्थात् प्रत्येक धर्म और विश्वास के वैद्य उनकी सेवा हेतु नियुक्त थे।"**[1] उमैय्या वंशी ख़लीफ़ाओं के राजकाल (661-750 ई०) में यहूदी तथा ईसाई वैद्यों को तत्कालीन शासकों का सान्निध्य प्राप्त था। उनको मुस्लिम हकीमों पर वरीयता प्राप्त थी। अब्बासी दरबार में ईसाई वैद्यों को अधिक सम्मान प्राप्त था। ख़लीफ़ा हारून रशीद (मृ० 809 ई०) का प्रमुख चिकित्सक ईसाई वैद्य यूहाना-बिन-मामूया था। इस काल में ईसाई वैद्यों का एक परिवार अह्ल-नजतीसूआ प्रसिद्ध था, जिसका एक सदस्य जिब्रील ख़लीफ़ा के दरबार में मुख्य चिकित्सक के पद पर नियुक्त था। परिणामस्वरूप, इस्लामी चिकित्सा विज्ञान की यथोचित उन्नति न हो सकी। वरन् उसके स्थान पर ईसाई और यहूदी चिकित्सकों के प्रभाव के कारण यूनानी चिकित्सा-पद्धति मुसलमानों में प्रचलित हो गयी। यद्यपि कालान्तर में मुस्लिम चिकित्सकों ने अपने बहुमूल्य प्रयोगों एवं अनुभवों के आधार पर यूनानी चिकित्सा-पद्धति में ऐसे अद्वितीय आविष्कार किये कि कुछेक क्षेत्रों में यूनानियों से आगे बढ़ गये, परन्तु इस्लामी चिकित्सा के उन्नयन एवं विकास में योगदान करने से अक्षम रहे वरन् यूनानी चिकित्सक ही कहलाये।

अरबी चिकित्सा-पद्धति में भारतीय चिकित्सा को समाविष्ट करने पर ख़लीफ़ा हारून रशीद के राजकाल (780-809 ई०) में अधिक बल दिया गया। उसके राजकाल में भारत से लब्धप्रतिष्ठित वैद्य बग़दाद पहुँचे तथा अपने चिकित्सा ज्ञान का प्रदर्शन किया। उनके अनेक ग्रन्थों के अरबी में अनुवाद किये गये। उदाहरणार्थ, 'किताब असरार-उल-मवालीद' तथा 'किताब-अल-अदविया' आदि के अनुवाद तथा यथोचित टिप्पणियाँ अरबी और फ़ारसी में लिखी गयीं। यदि ध्यानपूर्वक विवेचन किया जाय, तो मुस्लिम चिकित्सा मनीषियों में इब्न-सीना (मृ० 1037 ई०), अली-बिन-अब्बास मजूसी (मृ० 994 ई०), अली-बिन-सह्ल रब्बान अलतबरी (मृ० 855 ई०), ज़करिया अलराज़ी (मृ० 925 ई०) आदि के ग्रन्थों में भारतीय चिकित्सा विज्ञान के प्रभाव समुचित रूप में दिखायी पड़ते हैं। उदाहरणार्थ, 'अलहावी' तथा 'ग़नीमुनी' में भारतीय वैद्यों के नाम और

---

1. उर्दू दायरा-ए-मआरिफ़े-इस्लामिया, भाग-14/1, पृ० 357

उनकी चिकित्सा-पद्धति की चर्चा है। बूअली सीना के 'क़ानून' में भारतीय चिकित्सा का वर्णन है। 'मूजिज़-अलक़ानून' भारतीय चिकित्साशास्त्र के प्रभाव में मछली, मांस तथा अन्य वस्तुओं के प्रयोग से रोका गया है। अली अलतबरी की प्रसिद्ध किताब 'फ़िरदौस-उल-हिकमत' के एक भाग में आयुर्वेद से सम्बन्धित संज्ञान एकत्र हैं।

भारत में मुस्लिम सल्तनतों के स्थापित होने के बाद अरबी चिकित्सा विज्ञान ईरान के मार्ग से भारत पहुँचा। उस समय तक यह चिकित्सा विज्ञान 'यूनानी तिब्ब' के नाम से प्रचलित हो चुका था। परन्तु अपने वास्तविक रूप में यूनानी, भारतीय, ईरानी और अरबी चिकित्सकों के प्रयत्नों का एक सम्मिश्रण था तथा अपना कार्यक्षेत्र निश्चित कर चुका था। अरबी चिकित्सा विज्ञान में आयुर्वेद के समाविष्ट होने के सकारात्मक प्रभाव हुए। उसका कार्यक्षेत्र व्यापक हो गया। भारत अरबी चिकित्सा विज्ञान की कर्मभूमि बन गया। भारत में इस पद्धति के चिकित्सकों की सर्वप्रियता इतनी बढ़ी कि हर नगर तथा छोटी-बड़ी बस्तियों में फैल गये। सिकन्दर लोदी के काल में (1488-1517) सिकन्दर शाही बहूद ने आयुर्वेद की एक महत्त्वपूर्ण पुस्तक 'मादन-उल-शिफ़ा' के नाम से फ़ारसी में लिखी, जिसमें आयुर्वेद के विशेषज्ञों में सुश्रुत, चरक, सारंग, चिन्तामणि, नेकसेन आदि से लाभ लिया गया। मूल आयुर्वेदिक शब्दावलियों से परिचय कराया। इसी प्रकार एक अन्य पुस्तक 'अख़्तियारते-क़ासिमी' है, जिसका लेखक सुविख्यात इतिहासकार फ़रिश्ता है। दिल्ली सल्तनत के अस्तित्व में आ जाने के बाद से पहली बार सुल्तान अलाउद्दीन ख़िलजी के शासनकाल (1296-1316) में एक उच्चकोटि के चिकित्सक सद्रउद्दीन दमिश्क़ी की चर्चा मिलती है, जिसने इब्न-सीना (मृ० 1037 ई०) के 'क़ानून' पर अभिभाषण प्रस्तुत किये थे। इस काल में हिन्दू वैद्यों और मुस्लिम हकीमों के बीच सहयोग एवं तादात्म्य स्थापित था। सुल्तान मुहम्मद-बिन-तुग़लक़ (मृ० 1351 ई०) भी इब्न-सीना के प्रति व्यक्तिगत अनुराग एवं श्रद्धा रखता था।[1]

मुग़ल साम्राज्य भारतीय चिकित्सा विज्ञान की दृष्टि से स्वर्णिम युग कहा जा सकता है, जिसमें मुस्लिम देशों से विशेषज्ञों एवं विद्वानों के आगमन की गति बढ़ी। बड़ी संख्या में 'शिफ़ाख़ाने' (चिकित्सालय) स्थापित किये। चिकित्सा विज्ञान और उपचार-पद्धति पर असंख्य पुस्तकें अस्तित्व में आयीं। इस शुभ कार्य में मुसलमानों के साथ स्थानीय हिन्दू भी सम्मिलित हुए। पुरुषों के अतिरिक्त महिलाएँ भी चिकित्सक बनीं। चिकित्सा विज्ञान को रुचिकर-से-रुचिकर बनाकर प्रस्तुत किया गया। बादशाह बाबर (मृ० 1530 ई०) के चिकित्सक तथा मन्त्री

1. तारीख़े-फ़ीरोज़शाही, पृ० 43

यूसुफ़ मुहम्मद यूसुफ़ी हरवी ने बाबर के प्रति अपने प्रसिद्ध अभिनन्दन काव्य में चिकित्साशास्त्र के अनेक महत्त्वपूर्ण शब्दावलियों का न केवल प्रयोग किया है, बल्कि विभिन्न रोगों के उपचार हेतु सुझाव भी प्रस्तुत किये हैं। हकीम यूसुफ़ी ने बादशाह हुमायूँ (मृ० 1556 ई०) के राजकाल में भी चिकित्सा पर कई किताबें लिखीं, जिनमें 'दलायल-उल-नब्ज़', 'दलायल-उल-बोल', 'रिसाला शिनाख़्तन क़ारूरा', 'रियाज़-उल-अदविया' आदि महत्त्वपूर्ण हैं। हुमायूँ के राजकाल का एक और नामचीन चिकित्सक मुहम्मद बेग था, जो बाबर के साथ भारत आया था। उसकी दो पुस्तकें 'दस्तूर-उल-फस्द' तथा 'ख़वास-उल-अशिया' प्रसिद्ध हैं। इसके अतिरिक्त मुज़फ़्फ़र अलशिफ़ाई (मृ० 1556 ई०) की दो पुस्तकें 'क़राबादीने-शिफ़ाई' तथा 'शिफ़ा-उल-अलील' की चर्चा की जा सकती है।

अकबर महान् का शासनकाल (1556-1605 ई०) भारत में मुसलमानों के चिकित्सा विज्ञान के योगदान के लिए भी महत्त्वपूर्ण है। उसने हकीम अबुल फ़त्ह गीलानी के परामर्श से अनेक चिकित्सालय स्थापित किये और उनमें विद्वान् चिकित्सक नियुक्त किये।[1] परन्तु उसके प्रयोजन मुस्लिम उलमा को पसन्द न आये। यहाँ तक कि उसके शासनकाल के प्रारम्भिक वर्षों में मुस्लिम उलमा की चपकलिश से तत्कालीन चिकित्सक भी सुरक्षित न थे, जिसका उदाहरण हकीम-उल-मुल्क जीलानी था, जो अपने समय का अद्वितीय चिकित्सक था, परन्तु कुछेक उलमा से मतभेद करने के कारण उसे मक्का यात्रा के लिए विवश किया गया और वहीं उसकी मृत्यु हो गयी।[2] परन्तु अकबरी शासन के अन्तिम वर्षों में उदारवादी हकीमों की आकाशगंगा दीख पड़ती है। उनमें मीर फ़त्ह-उल्लाह शीराज़ी (मृ० 1589 ई०) मुख्य हैं, जिसने उच्चकोटि की ओषधियों का निर्माण किया था।[3] उसने बूअली सीना की प्रसिद्ध पुस्तक 'कुल्लियात-उल-क़ानून' का फ़ारसी में अनुवाद भी किया था। हकीम हुम्माम (मृ० 1600 ई०) अकबरी दरबार के प्रसिद्ध हकीमों में था। उसकी पुस्तक 'शिफ़ा-उल-इस्काम' प्रसिद्ध है। मुल्ला अहमद ठठवी (मृ० 1587 ई०) धर्मशास्त्री और उच्चकोटि के हकीम थे। उनकी पुस्तक 'ख़ुलासत-उल-हैवान' प्रसिद्ध है। इस दौर के विभिन्न चिकित्साविद् लेखक के रूप में भी विख्यात थे, जिनमें विशेष रूप में अब्दुल फ़त्ताह हुसैनी की अरबी में 'शरह क़ानूनचा' तथा फ़ारसी में 'अहक़ाक़-उल-तजरिबा', हकीम सफ़ीउद्दीन गीलानी की 'इन्तेख़ाब-तज़किरा-उल-शहवात', शैख़

1. अकबरनामा, भाग-2, पृ० 31
2. मुंतख़ब-उल-तवारीख़, भाग-3, पृ० 161
3. तिब्बे-इस्लामी, पृ० 98

बीना सरहन्दी की 'ख़ुलासा-ए-बीनाई' आदि की चर्चा की जा सकती है। इस काल का एक महत्त्वपूर्ण चिकित्सक हकीम शरीफ़ आमली है, जो अकबरी दरबार से सम्बन्धित था। हकीम मीर सैय्यद मासूम (मृ० 1605 ई०) की 'मुफ़र्रदात-नामी' अथवा 'तिब्बे-नामी' प्रसिद्ध है। सैय्यद मासूम अकबर महान् के सान्निध्य प्राप्त व्यक्तियों में थे। वह चिकित्सक, नीतिज्ञ, कवि, लेखक, इतिहासकार होने के अतिरिक्त वास्तुकला में भी पारंगत था। अकबरी दरबार का एक अन्य विख्यात हकीम ऐन-उल-मुल्क अली शीराज़ी (मृ० 1609 ई०) था, जो विभिन्न पदों पर आसीन रहा। जहाँगीर ने उसको इलाहाबाद का दीवान नियुक्त किया था।[1] उसकी पुस्तक 'फ़वायद-उल-इन्सान' प्रसिद्ध है।

जहाँगीर के शासनकाल (1605-27 ई०) में अकबरी दरबार के समान हकीमों की मान-मर्यादा होती रही । उसने आदेश पारित किया था कि समस्त बड़े नगरों में चिकित्सालय स्थापित किये जायँ। रोगियों के उपचार हेतु हकीम नियुक्त किये जायँ और उससे सम्बन्धित सभी व्यय राजकोष से व्यय किये जायँ। जहाँगीर के दरबारी हकीमों में प्रसिद्ध महबत ख़ाँ का पुत्र नव्वाब अमान उल्लाह फ़ीरोज़जंग (मृ० 1637 ई०) उच्चकोटि का हकीम तथा लेखक था। उसकी दो पुस्तकें 'गंजे-बादआवर्द' तथा 'उम्म-उल-इलाज' शेष हैं। जहाँगीर इलाहाबाद में अपने प्रवास के समय अकबरी क़िला के निकट झूँसी के हकीम ताजउद्दीन-बिन-मिनहाजउद्दीन (मृ० 1621 ई०) से प्रभावित हुआ तथा उन्हें अपना सान्निध्य प्रदान किया। उनकी 'ताज-उल-मुजर्रबात' प्रसिद्ध है।[2] नव्वाब मुक़र्रब ख़ाँ (मृ० 1646 ई०) जहाँगीरी दरबार का योग्य हकीम और नामवर जर्राह था। कई महत्त्वपूर्ण पदों पर रहा, उसने अपने परीक्षणों के आधार पर 'मादन-उल-शिफ़ा' के नुस्ख़े लिखे। इस काल की पुस्तकों में शैख़ ताहिर की 'फ़वायद-उल-फ़वाद' और हज़रत अबूबकर सिद्दीक़ की 'तिब्बे-सिद्दीक़ी' महत्त्वपूर्ण है।

शाहजहाँ के शासनकाल (1627-57 ई०) में हकीम ऐन-उल-मुल्क नूरउद्दीन मुहम्मद अब्दुलाह शीराज़ी नामचीन चिकित्सक था, जिसने 'अलफ़ाज़े-अदविया' शाहजहाँ के नाम समर्पित की है। शाहजहाँ के आदेशानुसार एक और पुस्तक 'अनीस-उल-मुआलिजीन' लिखी। इसके अतिरिक्त 'जाम्अ-उल-अतिब्बा' तथा 'क़िस्तास-उल-अतिब्बा' भी लिखी। शहज़ादा दाराशुकोह के नाम भी उसने एक 'इलाजाते-दाराशुकोही' समर्पित की थी। इसी प्रकार शाहजहाँनी दरबार के एक महत्त्वपूर्ण चिकित्सक मीर हासिम गीलानी (मृ० 1650 ई०) अपनी उपाधि 'मसीहुज़्ज़माँ ख़ानबहादुर' के आधार पर अधिक प्रसिद्ध है। उसकी पुस्तक

---

1. तुज़ुके-जहाँगीरी, पृ० 22
2. नुज़हत-उल-ख़्वातिर, भाग-5, पृ० 103

'हाशिया नफ़ीसी-शरह-मुजिज़' प्रसिद्ध है। वह शाहजहाँ द्वारा स्थापित शिफ़ाख़ाना, अहमदाबाद में प्रबन्धक था। इस काल की तिब्ब की अन्य पुस्तकों में अली अफ़ज़ल क़ज़वीनी की 'मुनाफ़ा-ए-अफ़ज़लिया', आसिफ़उज़्ज़माँ फ़िरंगी मसीही की 'क़राबदीने-आसिफ़ी', मासूम शूशतरी शीराज़ी की 'क़राबदीने-मासूमी' आदि महत्त्वपूर्ण हैं।

औरंगज़ेब आलमगीर के शासनकाल (1658-70 ई०) में भी तबीबों की सरपरस्ती होती रही। वह शिफ़ाख़ानों के लिए 'अफ़सर-उल-अतिब्बा' की नियुक्ति स्वयं करता था।[1] दरबारी तबीबों में मुहम्मद रज़ा शीराज़ी ने 'रियाज़े-आलमगीरी', दरवेश मुहम्मद ऐमनाबादी ने 'तिब्बे-औरंगज़ेबी', मुहम्मद अकबर अरज़ानी (मृ० 1757 ई०) ने 'तिब्ब-उल-अकबर' लिखकर औरंगज़ेब के नाम समर्पित किया। औरंगज़ेब के ज्येष्ठ पुत्र मुहम्मद आज़म शाह (मृ० 1119 ई०) के मुसाहिब नव्वाब अमीर ख़ाँ ने पैंतीस वर्ष की आयु में 'शिफ़ा-उल-क़ुलूब' लिखी। शहज़ादा मुहम्मद आज़म शाह के लिए हकीम मुहम्मद रज़ीउद्दीन ने 'अजायब-उल-इत्तेफ़ाक़-दर-शिनाख़्तने-तिरयाक़' (र० 1707 ई०) लिखकर 'हलाहल' (विष) का प्रतिकारक बताया और उसके प्रयोग की विधियाँ भी सुझायीं। इल्म-उल-तिब्ब पर अबूबकर राज़ी (मृ० 925 ई०) की प्रसिद्ध अरबी पुस्तक 'बर-उस-साआ' का फ़ारसी अनुवाद शहज़ादा मुहम्मद आज़म के लिए शैख़ हुसैन जाबिरी अन्सारी ने किया था। औरंगज़ेब के शासनकाल के अन्य प्रमुख चिकित्सकों में नव्वाब ख़ैरअन्देश ख़ाँ आलमगीरी की 'ख़ैर-उल-तजारिब', हकीम हामिद की 'तिब्बे-हामिदी', अलमलिक-उल-वहाब की 'रियाज़-उल-अदविया', मुहम्मद मोमिन की 'तुहफ़ा-उल-मोमिनीन' आदि अहम् हैं। औरंगज़ेब के अमीरों में नेअमत ख़ान अली (मृ० 1710 ई०) अपने समय का सर्वश्रेष्ठ चिकित्सक था। एक अन्य अमीर बख़्तावर ख़ाँ भी चिकित्सकों का पोषक था। हकीम अब्दुल्लाह अकबराबादी ने उसके लिए 'हमदमे-बख़्त' लिखी। इसी प्रकार हकीम राज़ी ख़ाँ बहादुर ने बादशाह बहादुर शाह प्रथम (मृ० 1712 ई०) के लिए 'फ़वायदे-मेदा-ओ-अमराज़े-मेदा' लिखी। बादशाह शाहआलम द्वितीय (मृ० 1806 ई०) के लिए हकीम मज़हर मुज़फ़्फ़र (मृ० 1763 ई०) की पुस्तक 'ख़ुलासत-उल-ऐशे-आलमशाही' की चर्चा गत पृष्ठों में आ चुकी है।

राजधानी दिल्ली से दूर दक्कन में चिकित्सकों की मान-मर्यादा मुग़ल बादशाहों से किसी प्रकार कम नहीं थी। इन सल्तनतों के दरबारों में इस कला के पारंगत विद्यमान थे, जो अपने ज्ञान एवं कला के उन्नयन में परस्पर एक-दूसरे से स्पर्द्धा करने की कोशिश करते थे। उनमें विशेष रूप में अहमद नगर के निज़ाम

---

1. रुक़्क़ाते-आलमगीरी, पृ० 40

शाही शासक और गोलकुण्डा के क़ुत्बशाहियों की चर्चा की जा सकती है। अन्य छोटी-छोटी रियासतों जैसे बरीदशाही तथा गुजरात की रियासत थी। गुजरात के शासक सुल्तान बहादुर ख़ाँ (मृ० 1536 ई०) के दरबारी तबीब ज़ैन-उल-आबिदीन ने, जो मुल्ला मीर तबीब के नाम से अधिक प्रसिद्ध थे, गुजरात शासक सुल्तान बहादुर ख़ाँ के आदेशानुसार नजीबउद्दीन समरक़न्दी की प्रसिद्ध पुस्तक 'ख़मसा' का अनुवाद संशोधन एवं परिवर्द्धन सहित किया और बहुमूल्य पुरस्कार प्राप्त किया। इसी काल के एक अन्य गुजराती चिकित्सक अहमद-बिन-मुल्तानी ने 'मुजर्रब-उल-शिफ़ा' लिखी। बरीदशाही सल्तनत शीघ्र ही (1619 ई०) में अन्त हो गयी थी, परन्तु उसकी दो पुस्तकें मिलती हैं—एक फ़ारसी में, ख़्वाजगी शिरवानी बरीदशाही की 'इन्तेख़ाब-रीतिरस' और दूसरी उर्दू में क़ुरैशी-बीदरी-बरीदशाही की 'भोगभल'। दोनों का विषय यौन-विज्ञान है। अहमदनगर के निज़ामशाही सुल्तान बुरहान निज़ामशाह प्रथम (मृ० 1553 ई०) के राजदरबार से प्रसिद्ध चिकित्सक रुस्तम जरजानी सम्बद्ध थे। उन्होंने सुल्तान के आदेशानुसार 'ज़ख़ीरा-ए-निज़ामशाही' लिखी, जिसमें विभिन्न ओषधियों का वर्णन है। हकीम रुस्तम जरजानी ने दो अन्य पुस्तकें 'रिसाला-असरार-उन-निसा' तथा 'रिसाला-हम्मियाते-मुरक्कबा' लिखी और राजदरबार से सम्मानित हुए।

गोलकुण्डा के क़ुत्बशाहियों में ज्ञान-विज्ञान एवं कला-साहित्य के संरक्षण में सुल्तान मुहम्मद क़ुली क़ुत्बशाह (मृ० 1612 ई०) का समकक्ष सम्भव नहीं है। इल्म-उल-तिब्ब की सरपरस्ती में भी उसने बढ़-चढ़कर हिस्सा लिया। उसके दरबारे-दुरबार से अनेक उच्चकोटि के चिकित्सक सम्बद्ध थे, जिनमें कुछेक सम्मानित लेखक भी थे, जिनकी रचनाएँ आज भी यादगार हैं। जैसे, मीर मुहम्मद मोमिन हुसैनी की 'अख़्तियाराते-क़ुत्बशाही', जो हाजी ज़ैन-उल-अतारिफ़ की पुस्तक 'अख़्तियाराते-बदीई' की व्याख्या एवं सम्पादन पर आधारित है। मीर मोमिन की अन्य पुस्तक 'रिसाला-ए-मिक़दारिया' भी महत्त्वपूर्ण है, जो सुल्तान के आदेशानुसार लिखी गयी। इसमें माप एवं भार का विवेचन है। इसी प्रकार हकीम शम्सउद्दीन अली अलहुसैनी जरजानी की 'तर्जमा-ए-तज़्किरात-उल-कहालीन' तथा हकीम शम्सउद्दीन की 'ज़िब्बत-उल-हकम' की चर्चा की जा सकती है, जो स्वास्थ्य सम्बन्धी सिद्धान्तों पर आधारित है। एक अन्य हकीम अब्दुल्लाह तबीब ने 'तिब्बे-फ़रीद' सुल्तान मुहम्मद क़ुली क़ुत्बशाह के लिए लिखी थी, जिसका विषय अयौगिक ओषधि है। इसी तरह हकीम तक़ी उद्दीन मुहम्मद ने 'मैदान-उल-तबाए-क़ुत्बशाही' लिखकर सुल्तान मुहम्मद क़ुली क़ुत्बशाह को समर्पित किया। क़ुत्बशाहियों में अब्दुल्लाह क़ुत्बशाह (मृ० 1672 ई०) अपने नाना सुल्तान मुहम्मद क़ुली क़ुत्बशाह के व्यक्तित्व का प्रतिरूप था। उसके दरबारी तबीब हकीम निज़ामउद्दीन अहमद गीलानी (मृ० 1649 ई०) ने 'शजरा-ए-

दानिश' लिखी, जो 99 पुस्तिकाओं का संग्रह है। इसमें बीस पुस्तिकाएँ तिब्ब और उससे सम्बन्धित विषयों पर हैं। इसी काल में मीरान हुसैनी ने तिब्ब पर 'तुहफ़ा-उल-आशिक़ीन' लिखी और मुहम्मद क़ुला जामी ने 'लज़्ज़ात-उन-निसा' के नाम से कोका पण्डित की प्रसिद्ध पुस्तक 'कोकशास्त्र' का संस्कृत से फ़ारसी में काव्यबद्ध अनुवाद किया। इसका उर्दू अनुवाद भी हुआ।

रियासती सल्तनतों और अमीरों से सम्बद्ध हकीमों की अपनी प्रबल परम्परा रही है। शाही दरबार अवध के तबीबों में हकीम मीरशाह मिर्ज़ा ख़ाँ मौलवी रिज़वी ने चिकित्सा-शब्दकोश पर आधारित एक पुस्तक 'फ़वाकहाते-शाही' 1827 ई० में लिखी और नसीरउद्दीन हैदर के नाम समर्पित की। नव्वाब आसिफ़उद्दौला के दरबार से सम्बद्ध तबीबों की बड़ी तादाद है, जिन्होंने अहम् किताबें लिखी हैं। उनमें हकीम महदी हसन की 'तरकीब-उल-अदविया', हकीम मसीहउज़्ज़माँ ख़ाँ की 'असरारे-मसीहा', हकीम महदी अली ख़ाँ का 'रिसाला-ए-बा', हकीम हाजी मुहम्मद अली ख़ाँ ख़ुरासानी की 'क़ूव्वते-लायमूत', 'शिफ़ाइया', 'इलाज़-उल-अतफ़ाल', 'मीज़ान-उल-मिज़ाज', हकीम मीर क़ासिम अली की 'किताब-उल-फ़वायद' इत्यादि।

इसी प्रकार दरबारे-ख़ुदादाद मैसूर में हकीम मौलूद मुहम्मद ने 'बह्र-उल-मुनाफ़ा' और हकीम मिर्ज़ा मुहम्मद नसीर अफ़शार तुर्क ने 'तुहफ़ा-ए-मुहम्मदी' लिखकर दो बार 1794 ई० तथा 1799 ई० में टीपू सुल्तान के नाम समर्पित किया। मैसूर के दरबार में पाश्चात्य चिकित्सा की अनेक पुस्तकों का अनुवाद भी किया गया। नव्वाब अर्काट के दरबार के हकीमों ने भी अपनी पुस्तकें अपने अन्नदाता के नाम समर्पित कीं, जिनमें हकीम सैय्यद मुहम्मद की 'तिब्बे-आज़म' की विशेष रूप में चर्चा की जा सकती है। सिन्ध के सुल्तानों ने कलहोणा (1707-63 ई०) में शासक वंशज के एक व्यक्ति हकीम दाऊद ख़ाँ ने एक बृहद् पुस्तक 'तिब्बे-दाऊदी' लिखी, जो अत्यन्त महत्त्वपूर्ण है। सिन्ध की एक अन्य रियासत तालपुर में हकीम फ़ैज-बिन-बन्दा अली ने 'तिब्बे-अहमदी', हकीम मिर्ज़ा अब्बास अली ने 'तिब्बे-अब्बासी' और नव्वाब मुहम्मद ख़ाँ लग़ारी ने 'रिसाला-ए-दलायल-उल-बोल' तथा 'रिसाला-दर-नब्ज़' काव्यबद्ध लिखे। इसी प्रकार नव्वाब फ़र्रुख़ाबाद से सम्बद्ध हकीम असगर हुसैन और हकीम एहसान अली की चर्चा की जा सकती है। इनमें पहले 'रिसाला-ए-सवालोजवाबे-तिब्बिया', 'रिसाला-मा-बाल-दरहाले-तिब्ब', 'रिसाला-फ़ी-उल-हैज़ा' तथा 'क़वानीन-उल-शिफ़ाइया' लिखीं और दूसरे ने अपनी पुस्तक 'फ़वायदे-मुंतज़िमा' के आधार पर ख्याति पायी। भारत में निस्सन्देह इल्मे-तिब्ब पर हज़ारों पुस्तकें लिखी गयी हैं, जिनकी सूची प्रस्तुत करना सम्भव नहीं है। वरन् पाँच अतिमहत्त्वपूर्ण हकीमों और उनकी रचनाओं की चर्चा कर देना

अपरिहार्य है, जिसके बिना भारत में इल्मे-तिब्ब का इतिहास वर्णन नहीं किया जा सकता।

हकीम मुहम्मद अकबर अज़रानी (मृ० 1795 ई०) अन्तिम दौर के महान् चिकित्सक और लेखक हुए हैं। उनके द्वारा निर्मित अनेक मिश्रण विशेषकर 'शरबते-अज़रानी' कालजयी सिद्ध हुआ। उनकी पुस्तकें यूनानी तिब्बी पाठ्यक्रम में सम्मिलित रही हैं। पहली किताब 'तिब्बे-अकबर' है, जो हकीम नजाबउद्दीन समरक़न्दी की पुस्तक 'शरहे-असबाबो-अलामात' के अनुवाद पर आधारित है, परन्तु इसकी ख्याति मूल रचना के रूप में है। दूसरी किताब 'मुफ़र्रह-उल-क़ुलूब' (र०1711 ई०) भी बूअली सीना की प्रसिद्ध पुस्तक 'क़ानूनचा' के सिद्धान्तों पर आधारित है, परन्तु मूल पुस्तक के रूप में प्रसिद्ध है। तीसरी किताब 'मीज़ान-उल-तिब' है, जो यूनानी तिब्ब की सर्वाधिक प्रिय पुस्तक है। चौथी किताब वैदिक चिकित्सा तथा ओषधि से सम्बन्धित 'मुजर्रबाते-अकबरी' है। पाँचवीं और सर्वाधिक प्रसिद्ध किताब 'क़राबादीने-क़ादिरी' है, जो अपनी सर्वप्रियता में जवाब नहीं रखती है।

हकीम मुहम्मद हाशिम-बिन-अब्दुल हादी अलवी शीराज़ी (मृ० 1747 ई०) ईरान से भारत आनेवालों में अन्तिम महान् हकीम हैं। औरंगज़ेब, शाहआलम, बहादुरशाह और मुहम्मदशाह के दरबारों में सम्मानित स्थान पाते रहे। मुग़ल दरबार से 'अलवी ख़ाँ' तथा 'मुअतमिद-उल-मुल्क' की उपाधियाँ प्राप्त थीं। उनकी प्रमुख पुस्तकों में 'तुहफ़ा-ए-मुहम्मदशाही', 'जामा-उल-जवामे', 'अश्रा-ए-कामिला', 'ख़ुलासा-ए-क़वानीन-उल-इलाज', तज़्किरा-उल-इलाज' (दो खण्ड), 'क़राबादीने-अलवीख़ाँ' और 'मतबे-अलवी ख़ाँ' महत्त्वपूर्ण हैं।

हकीम मुहम्मद हुसैन ख़ाँ मुर्शीदाबाद (बंगाल) के एक सम्भ्रान्त परिवार से सम्बद्ध थे। हकीम अलवी ख़ाँ के भानजे थे। उच्च चिकित्सा विशेषज्ञों में माने जाते थे, उनकी किताबों में 'मजम्अ-उल-जवामे' अनेक बार प्रकाशित हुई और चिकित्सा विज्ञान के सभी पक्षों को समेटे हुए है। इसका पहला भाग 'मख़ज़न-उल-अदविया' है, जो ओषधीय क्रियाओं एवं विशेषताओं पर आधारित है। यह पृथक् पुस्तक रूप में अनेक बार प्रकाशित हुई है। इसी प्रकार 'मजम्अ-उल-जवामे' का दूसरा भाग 'क़राबादीने-कबीर' है, पृथक् पुस्तक रूप में अनेक बार प्रकाशित हुई है और तीसरा भाग 'ख़ुलासत-उल-हिकमत' है, जो चिकित्सा विज्ञान के सिद्धान्तों पर आधारित है। इसी पुस्तक का चौथा भाग मानव शरीर के विभिन्न अंगों से सम्बन्धित है तथा पाँचवाँ भाग उन रोगों से सम्बन्धित है, जिनकी पहचान नहीं हो पाती। उनकी तीन अन्य पुस्तिकाएँ भी महत्त्वपूर्ण हैं जिनमें 'रिसाला-ए-उम्म-उल-सुबियान', 'रिसाला-ए-अरक़े-मादनी' और 'रिसाला-ए-ख़तान' है, जो अपने-अपने विषयों में उपयोगी पुस्तकों की स्थिति रखते हैं।

हकीम मुहम्मद शरीफ़ ख़ाँ देहलवी (मृ० 1815 ई०) प्रथम स्वतन्त्रता-संग्राम के पूर्व दिल्ली के सर्वश्रेष्ठ चिकित्सकों में जाने-माने जाते थे। उनकी अनेक पुस्तकें कई भाषाओं में प्रकाशित हो चुकी हैं। वैदिक चिकित्सा के सम्बन्ध में आपकी पुस्तक 'तालीफ़े-शरीफ़' अत्यन्त प्रसिद्ध है। रोगों के उपचार पर आपकी किताबों में 'ज़ादे-ग़रीब', 'ख़वास-उल-जौहर', 'इलाज-उल-अमराज़' और 'इजाला-ए-नाफ़आ' अधिक प्रसिद्ध हैं।

हकीम बायज़ीद हकीम अलवी ख़ाँ के शिष्य के शिष्य थे, उनको अपने समय में इस कारण विशेष ख्याति प्राप्त हुई कि 'दस्तकारी' (अंगों का पुनर्स्थापन) और 'जर्राही', जिसे कालान्तर में हकीमों ने त्याग दिया था, उन्होंने इन कलाओं में ऐसी निपुणता दिखायी कि लोग चकित रह गये। इन विषयों पर उनकी दो किताबें 'जरायब-उल-नेअमत' (र० 1761 ई०) और 'रियाज़-उल-अमल' (र० 1788 ई०) प्रसिद्ध हैं। इनके अतिरिक्त भी उनकी कई अन्य पुस्तकें प्रसिद्ध हैं।

भारत में तबीबों के वंशजों ने विशेष ख्याति अर्जित की : दिल्ली के तबीब वंशज शरीफ़ी तथा लखनऊ के तबीब वंशज अज़ीज़ी। शरीफ़ी वंशज के पितामह ख़्वाजा उबैदउल्लाह अहरार थे। इस वंशज को मुल्ला अली क़ारी तथा मुल्ला अली दाऊद की तरह के धार्मिक व्यक्तियों ने प्रतिष्ठित किया। मुल्ला अली दाऊद के सुपुत्र हकीम फ़ाज़िल ख़ाँ से हकीमी की शुरुआत हुई। उनके दो सुपुत्र हुए हकीम अजमल ख़ाँ। ये दोनों भाई अपने समय के सर्वश्रेष्ठ हकीम के रूप में विख्यात थे। हकीम अकमल के सुपुत्र हकीम शरीफ़ ख़ाँ हुए। उनके सुपुत्र हकीम महमूद ख़ाँ और उनके सुपुत्र हकीम अब्दुल मजीद ख़ाँ ने इस वंशज को चार चाँद लगा दिये। हकीम अजमल ख़ाँ मसीह-उल-मुल्क के नाम से सुविख्यात हैं। हकीम अब्दुल मजीद ख़ाँ के सुपुत्र हकीम अब्दुल हमीद ने इल्मे-तिब के उन्नयन एवं विकास हेतु अपना पूरा जीवन समर्पित कर दिया। उन्होंने हमदर्द ट्रस्ट के नाम से एक विशाल समाजसेवी संस्था स्थापित की, जिसने अनेक महत्त्वपूर्ण कार्य किये, जिनमें एक हमदर्द डीम-यूनिवर्सिटी, दिल्ली है।

लखनऊ के हकीमी वंशज अज़ीज़ी भी अन्तर्राष्ट्रीय ख्याति रखते हैं। इस वंशज के पितामह हकीम मुहम्मद याक़ूब थे। उनके चार सुपुत्र हुए। चारों ने हकीमी में आदर, सम्मान एवं प्रतिष्ठा प्राप्त की : हकीम मुहम्मद इब्राहीम, हकीम मुहम्मद इस्माईल, हकीम मुहम्मद मसीह तथा हकीम मुहम्मद तक़ी। कालान्तर में अज़ीज़ी वंशज हकीम अब्दुल अज़ीज़ के कारण असाधारण रूप में विख्यात हुआ। हकीम अब्दुल हमीद, हकीम अब्दुल हलीम, हकीम अब्दुल मुईद तथा हकीम अब्दुल लतीफ़ की गणना मनीषियों में होती है।

लखनऊ में हकीमी वंशजों का एक अन्य क्रम भी है, जिसके अग्रणी हकीम ग़ुलाम हुसैन कन्तूरी (मृ० 1918 ई०) हैं, जिनकी भारत में यूनानी चिकित्सा के पुनरुत्थान के कुछेक अत्यन्त महत्त्वपूर्ण हस्ताक्षरों में गणना होती है। उनका तारीख़ी नाम ज़ाकिर हुसैन था, परन्तु प्रसिद्धि हकीम ग़ुलाम हुसैन के नाम से हुई। चिकित्साशास्त्र के अतिरिक्त इस्लामी धर्मशास्त्र, तर्कशास्त्र, दर्शनशास्त्र, गणित, रसायन, संगीत तथा मिस्मरेज़म में निपुण थे।[1] उन्होंने चिकित्साशास्त्र की अनेक किताबों का अनुवाद उर्दू में किया था, जिनमें 'ज़ख़ीरा-ए-ख़्वारिज़्म शाही', 'अलक़ानून-फ़ी-उल-तिब', 'क़ानूनचा', 'कामिल-उल-सनअ' आदि अधिक प्रसिद्ध हैं। उनके अनेक शिष्य भी हकीम के रूप में प्रसिद्ध हुए।

उत्तरी भारत में इलाहाबाद भी यूनानी चिकित्सा का केन्द्र रहा है, परन्तु खेद है कि समय की गति के साथ अनेक हकीमों के नाम विस्मृत हो गये। कुछेक नाम ही लोगों के मन-मस्तिष्क पर अपना स्थान बनाये हुए हैं, जिनके उपचार प्रणाली एवं नुस्ख़ों के विषय में नाना प्रकार की कथाएँ प्रचलित हैं। इन कुछेक नामों में हकीम अहमद हुसैन उस्मानी, हकीम फ़ख़्रउद्दीन, हकीम बादशाह हुसैन, हकीम मुहम्मद वहीदउद्दीन विशेष प्रसिद्ध हैं। हकीम अहमद हुसैन उस्मानी (मृ० 1933 ई०) अपने-आपमें एक व्यक्ति से बढ़कर यूनानी चिकित्सा को संस्था की स्थिति रखते हैं। वे ख़ानदानी हकीम नहीं थे। उनके पिता बद्रउद्दीन उस्मानी को चिकित्सा सेवा से कोई सम्बन्ध नहीं था, परन्तु उनके पुत्र हकीम अहमद हुसैन उस्मानी ने न केवल इस्लामी धर्म से सम्बन्धित सभी विद्याओं का गहन अध्ययन किया, धर्मशास्त्र, हदीसशास्त्र के साथ ही साहित्य एवं काव्यशास्त्र में भी असाधारण योग्यता प्राप्त की। उनकी अनेक रचनाओं एवं अनुवादों में प्रसिद्ध तारीख़-इब्न-ख़ल्दून (14 खण्ड), मुक़द्दमा इब्न-ख़ल्दून, सवानेह-सुल्तान सलाहउद्दीन, हयाते-सुल्तान नूरउद्दीन महमूद ज़ंगी आदि प्रसिद्ध हैं। यूनानी चिकित्सा के इतिहास में उन्हें विशिष्ट स्थान प्राप्त है। उन्होंने अपना पूरा जीवन यूनानी चिकित्सा के प्रसार-प्रचार एवं शोध के लिए समर्पित कर दिया था। उन्होंने इलाहाबाद में 'तिब्बी मदरसा' 1904 ई० में स्थापित किया, जो वर्तमान में उन्नति करके यूनानी मेडिकल कॉलेज इलाहाबाद के नाम से पूरे देश में जाना जाता है। उन्होंने 1912 ई० में इलाहाबाद में पहली बार 'यूनानी दवाख़ाना' स्थापित किया, जिसमें विभिन्न प्रकार की ओषधियाँ शोध एवं परीक्षण के उपरान्त निर्मित की जाती थीं। उन्होंने जनसाधारण में यूनानी चिकित्सा-प्रणाली के प्रति जागरूकता एवं अभिरुचि को प्रोत्साहित किया। उन्होंने

1. तज़किरा-उल-अतिब्बा, भाग-2, पृ० 110

'यूनानी दवाख़ाना प्रेस' भी स्थापित किया, जिसमें शास्त्रीय पुस्तकों के अतिरिक्त चिकित्सा विज्ञान सम्बन्धी साहित्य भी प्रकाशित होता था। उन्होंने अपने दोनों सुपुत्रों अहमद उस्मानी तथा मुहम्मद उस्मानी को यूनानी चिकित्साशास्त्र की उच्च शिक्षा से पारंगत किया, जो अपने समय के योग्य हकीमों में माने गये। उनकी सन्तान ने यूनानी चिकित्सा को पारिवारिक परम्परा के रूप में स्थापित किया। हकीम अहमद उस्मानी (मृ० 1962 ई०) को सरकार की ओर से 'शिफ़ा-उल-मुल्क' की उपाधि प्राप्त थी। उनके पुत्र हकीम हम्माद उस्मानी यूनानी मेडिकल कॉलेज इलाहाबाद के प्राचार्य थे, अब मृत हो चुके। हकीम मुहम्मद उस्मानी के तीन पुत्र हकीम हुमैद उस्मानी, हकीम हम्द उस्मानी तथा हकीम हमदून उस्मानी ने पारिवारिक परम्परा को स्थापित रखा। हमदून उस्मानी आधुनिकतावादी कवि के रूप में भी प्रसिद्ध थे। वर्तमान में मात्र हकीम हुमैद उस्मानी ही शेष रह गये हैं। उन्होंने यूनानी चिकित्सा में अपने संज्ञान से अपने हकीमी परिवार का नाम रौशन कर रखा है। कुछेक वर्ष पूर्व हकीम मुहम्मद ज़ियाउद्दीन फ़रीदी भी थे, जो तकमील-उल-तिब कॉलेज लखनऊ के प्राचार्य हुए।

भारत में मुग़ल साम्राज्य के विघटन के बाद यूनानी चिकित्सा-पद्धति भी पतन की ओर अग्रसर दीख पड़ी। इस स्थिति से बाहर निकलने के लिए हकीम अब्दुल मजीद ख़ाँ ने 1886 ई० में 'मदरसा-ए-तिब्बिया' स्थापित किया, जो हकीम अजमल ख़ाँ के प्रयत्नों से आयुर्वेदिक ऐण्ड तिब्बी कॉलेज, दिल्ली के रूप में उन्नति कर गया। इसी के साथ ही 1909 ई० हकीम अजमल ख़ाँ के प्रयत्न से ही भारत में महिलाओं के लिए तिब्बी कॉलेज स्थापित हुआ। वर्तमान में आयुर्वेदिक ऐण्ड तिब्बी कॉलेज को भारतीय चिकित्सा में उच्च स्थान प्राप्त है। 'मदरसा-ए-तिब्बिया' के आधार पर हकीम अब्दुल अज़ीज़ ने लखनऊ में दूसरा तिब्बी मदरसा स्थापित किया, जो वर्तमान में तकमील-उल-तिब कॉलेज, लखनऊ के नाम से कार्यरत है। इस क्रम का तीसरा तिब्बी मदरसा हकीम अहमद हुसैन ने इलाहाबाद में 1904 ई० में स्थापित किया, जो यूनानी मेडिकल कॉलेज, इलाहाबाद के नाम से विख्यात है। इसकी चर्चा उपर्युक्त पंक्तियों में की जा चुकी है। 1926 ई० में बोर्ड ऑफ़ इण्डियन मेडिसिन स्थापित होने के पश्चात् तिब्बिया कॉलेज, अलीगढ़ की स्थापना हुई, जो वर्तमान में अलीगढ़ मुस्लिम विश्वविद्यालय से सम्बद्ध है। इसी वर्ष काशी हिन्दू विश्वविद्यालय में आयुर्वेदिक कॉलेज स्थापित हुआ। गवर्नमेण्ट तिब्बी कॉलेज, पटना की स्थापना 1926 ई० में हुई। इस क्रम का सर्वाधिक महत्त्वपूर्ण संस्थान हमदर्द नेशनल फ़ाउण्डेशन, नयी दिल्ली है, जिसका संस्थापन हकीम अब्दुल मजीद द्वारा सम्भव हो सका। वर्तमान में इसे डीम-यूनिवर्सिटी की मान्यता प्राप्त है। स्वातन्त्र्योत्तर भारत में यूनानी चिकित्सा-प्रणाली के प्रति जागरूकता बढ़ी है। देश के अधिकांश प्रदेशों

में अलग-अलग यूनानी चिकित्सा कॉलेज स्थापित हुए हैं तथा जनसाधारण में यूनानी चिकित्सा पद्धति के प्रति आस्था बढ़ती जा रही है।

ज्योतिष एवं खगोल विज्ञान

इस्लामी शब्दावली में 'खगोल विज्ञान' को 'इल्म-उल-हैय्यत' या 'इल्म-उल-अफ़लाक' कहते हैं। इससे सृष्टि के मूल जानने की विद्या का अभिप्राय है। इस प्रकार यह ज्योतिषविद्या से समानता रखता है। इल्म-हैय्यत का अध्ययन आठवीं सदी ईस्वी से भारतीय ज्योतिषविद् ब्रह्मगुप्त (लगभग 628 ई०) की दो पुस्तकें 'ब्राह्मस्फुटसिद्धान्त' तथा 'खण्डखाद्यक' के अरबी अनुवादों 'अलसनद-उल-हिन्द और 'अलअर्कन्द' से हुई। इसे इब्राहीम-बिन-हबीब अलग़ाज़ारी तथा याक़ूब-बिन-तारिक़ ने श्रेष्ठ पुस्तक के रूप में स्वीकार करके उनका उपयोग किया। अन्य भारतीय ज्योतिषविद् एवं खगोलशास्त्री आर्यभट्ट (ज० 476 ई०) की प्रसिद्ध पुस्तक 'आर्यभट्टीय' का अरबी अनुवाद 'अलअरजबहद' के नाम से किया, जिसको अबुल हसन अलहवाज़ी ने प्रचलित किया।

खगोल विज्ञान तथा ज्योतिषशास्त्र को विशेष रूप में भारतीय सन्दर्भ प्राप्त है। प्राचीन भारत में इन्हें धार्मिक मान्यता भी प्राप्त रही है। अबूरैहान अलबेरूनी ने लिखा है कि यदि कोई व्यक्ति ज्योतिषशास्त्र से परिचित न हो, तो मात्र गणित के आधार पर उसे ज्योतिषी नहीं कहा जा सकता।[1] अरब, इस्लाम-पूर्व काल में इन विद्याओं से परिचित नहीं थे। उनमें एक अन्य विद्या प्रचलित थी, जिसको 'तंज़ीम' (प्राकृतिक ज्योतिष) कहते हैं। परन्तु इसको कोई शास्त्रीय महत्त्व प्राप्त नहीं था, वरन् व्यक्तिगत अनुभव पर आधारित होता था। अरब, ज्योतिष से आठवीं सदी में उस समय परिचित हुए, जब शास्त्रीय आधारों पर उन्हें भारतीय विद्वानों के सम्पर्क में आने का अवसर प्राप्त हुआ। अबूरैहान अलबेरूनी[2] तथा क़ाज़ी अबुल क़ासिम सअद-बिन-अहमद उन्दुलूसी[3] ने लिखा है कि अब्बासी ख़लीफ़ा मंसूर के दरबार में पहली बार 772 ई० में इन विद्याओं पर आधारित ब्रह्मगुप्त की मूल संस्कृत पुस्तक 'ब्राह्मस्फुटसिद्धान्त' किसी ब्राह्मण द्वारा प्रस्तुत की गयी थी, जिसके आधार पर अरबों में खगोल विज्ञान एवं ज्योतिषशास्त्र का विकास हुआ। डॉ० राजबली पाण्डेय का भी यही मत है, वे लिखते हैं : "**ब्रह्मगुप्त गणित-ज्योतिष के बहुत बड़े आचार्य हो गये हैं। प्रसिद्ध ज्योतिषी**

1. किताब-फ़ी-तहक़ीक़-मआल-उल-हिन्द, पृ० 73
2. किताब-फ़ी-तहक़ीक़-मआल-उल-हिन्द, पृ० 74
3. तबक़ात-उल-उमम, पृ० 21

भास्कराचार्य ने इनको 'गणकचक्र-चूड़ामणि' कहा है और इनके मूलांकों को अपने 'सिद्धान्त-शिरोमणि' का आधार माना है। इनके ग्रन्थों में सर्वप्रसिद्ध हैं, 'ब्राह्मस्फुटसिद्धान्त' और 'खण्डखाद्यक'। ख़लीफ़ाओं के राज्यकाल में इनके अनुवाद अरबी भाषा में भी कराये गये थे, जिन्हें अरब देश में 'अलसिन्द हिन्द' और 'अल् अर्कन्द' कहते थे। पहली पुस्तक 'ब्राह्मस्फुटसिद्धान्त' का अनुवाद है और दूसरी 'खण्ड-खाद्यक' का।''[1]

दूसरी पुस्तक जो मुसलमानों में खगोलशास्त्र का आधार बनी, आर्यभट्ट का प्रसिद्ध ग्रन्थ 'आर्यभट्टीय' है। आर्यभट्ट गुप्तकाल के प्रमुख ज्योतिर्विद् एवं खगोल ज्योतिष के प्रमुख आचार्य माने जाते थे। इनके बाद के ज्योतिर्विदों में वराहमिहिर, ब्रह्मगुप्त, आर्यभट्ट द्वितीय, भास्कराचार्य, कमलाकर आदि प्रमुख ज्योतिर्विद् एवं खगोलशास्त्री हुए हैं। गणित ज्योतिष का 'आर्य सिद्धान्त' इन्हीं के द्वारा प्रचलित हुआ तथा उसी के अनुसार भारत में ही सर्वप्रथम पृथ्वी को चल सिद्ध किया गया।[2]

खगोल गणित एवं फलित ज्योतिष में प्राचीन अरब गणितज्ञ ख़्वारज़मी (मृ० 850 ई०) को विशेष महत्त्व प्राप्त है। उसने इमाम हुसैन की शहादत के समय (10 अक्तूबर, 680 ई०) का कालचक्र अत्यन्त सही ढंग से प्रस्तुत किया था। उसके द्वारा प्रस्तुत ग्रहों तथा राशियों की स्थिति वर्तमान ज्योतिष के आधार पर पूरी उतरती है। इसकी सविस्तार चर्चा इन पंक्तियों के लेखक की पुस्तक 'इस्लाम के धार्मिक आयाम' में देखी जा सकती है।

प्राचीन भारतीय आचार्यों में वराहमिहिर की पुस्तकों के अनुवाद भी अरबी में हुए, जिनमें 'पंचसिद्धान्तिका', 'बृहज्जातक' तथा प्रसिद्ध ग्रन्थ 'वृहत्संहिता' की चर्चा अपरिहार्य है। इनमें अन्तिम दो ग्रन्थों का अबूरैहान अलबेरूनी (मृ० 1048 ई०) ने अरबी में अनुवाद किया था। वराहमिहिर नाम से इंगित होता है कि वे मिहिर (सूर्य) के भक्त थे। वे सूर्य की प्रतिमा ईरानी शैली में निर्मित करते थे।[3]

सुल्तान सिकन्दर लोदी (1489-1517 ई०) का मन्त्री मियाँ भुआ विद्या-प्रेमी तथा विद्वानों का संरक्षक था। उसे फलित ज्योतिष के प्रति विशेष रुचि थी। उसने मिर्ज़ा उलूग़बेग (1447-49) के द्वारा सम्पादित फलित ज्योतिष पंचांग को पुनः सम्पादित किया, जिसको ख़्वाजा नसीरउद्दीन तूसी ने अपने संरक्षक हिलाकू ख़ाँ (1256-65 ई०) के लिए आविष्कार किया था। उसके चन्द्रक वर्ष में

---

1. हिन्दू धर्मकोश, पृ० 452
2. हिन्दू धर्मकोश, पृ० 89
3. हिन्दू धर्मकोश, पृ० 574

354 दिन, 8 घण्टे, 48 मिनट और 36 सेकेण्ड थे। इसी के आधार पर अकबर महान् के युग में बने इलाही सौर वर्ष की संरचना हुई थी, जो 365 दिन, 5 घण्टा, 49 मिनट, 15 सेकेण्ड पर आधारित था। महीनों के लिए 29-32 तक निश्चित किये, 31 और 32 तिथियों का नाम 'रोज़ो-शब' रखा। महीनों के नाम ईरानी यज़दी-महीनों के नामों के आधार पर रखा।[1]

मुग़ल बादशाहों में हुमायूँ (मृ० 1556 ई०) भी फलित ज्योतिष तथा ज्योतिषशास्त्र का संरक्षक था। अकबरी दरबार के नौ रत्नों में शाह फ़त्ह उल्लाह शीराज़ी को खगोल विज्ञान तथा ज्योतिषशास्त्र में विशेषज्ञ के रूप में जाना-माना जाता था।[2] शाह फ़त्ह उल्ला शीराज़ी के शोध के आधार पर शाहजहाँ के शासनकाल (1627-58 ई०) तथा मुहम्मद शाह के शासनकाल (1719-48 ई०) में विशेष उन्नति हुई। क़ाज़ी नूरउल्लाह शूशतरी (मृ० 1619 ई०) को गणितशास्त्र में विशेष मर्मज्ञता प्राप्त थी। उन्होंने एक पुस्तक भी लिखी थी, जो वर्तमान में अप्राप्य है।

रमल विज्ञान

'रमल' अरबी शब्द है जिसका शाब्दिक अर्थ 'रेत' होता है। चूँकि इस विज्ञान का प्रारम्भ रेत पर बिन्दु डालने से हुआ था अतः उसी की संज्ञा को रमल कहा गया। इस विज्ञान का उद्देश्य अदृश्य के विषय में संज्ञान प्राप्त करना है। रमल विज्ञान के पुस्तकों में कहा गया है कि जब हज़रत आदम के वंशज विश्व में चारों ओर फैल गये और उनकी लम्बे समय तक कोई ख़ैर-सल्ला नहीं मिली, तो आदम चिन्तित हुए। ईश्वर के आदेश से जिब्रील ने आदम को रमल विज्ञान से परिचय कराया कि वे अपने सन्तान का कुशल-मंगल जान सकें। उनके बाद यह विज्ञान समाप्त हो गया, फिर ईश्वर ने चमत्कार के रूप में हज़रत दानियाल को रमल विज्ञान प्रदान किया। उन्होंने अपनी चार उँगलियों से चार बिन्दुओं का चिह्न (: :) बनाया। परन्तु कुछेक विद्वानों ने लिखा है कि चार बिन्दु नहीं एक ही बिन्दु के चार कोण थे : □। इनमें प्रत्येक बिन्दु किसी विशेष तत्त्व को प्रतिबिम्बित करता है। जैसे, पहला बिन्दु 'आतिश' (अग्नि), दूसरा बिन्दु 'बाद' (वायु), तीसरा बिन्दु 'आब' (जल) तथा चौथा बिन्दु 'ख़ाक' (भूमि) का प्रतीक है। स्वभाव के अनुसार प्रत्येक तत्त्व की दो स्थितियाँ होती हैं। अग्नि की गर्म और शुष्क, वायु की शुष्क और नम और जल के लिए शीतल और नम और

---

1. अकबरनामा, भाग-2, पृ० 9, 10
2. मुंतख़ब-उल-तवारीख़, भाग-3, पृ० 154

भूमि के लिए शीतल और शुष्क। ऐसी मान्यता है कि आतिश तथा बाद जीवित एवं पुँल्लिग हैं तथा जल एवं भूमि मृत एवं स्त्रीलिंग हैं। चारों तत्त्वों की सांख्यिकीय इस प्रकार है : आतिश = 0.1, बाद = 0.2, आब = 0.4 तथा ख़ाक = 0.8। रमल में 'फ़र्द' (एकत्व) को 'नुक़्ता' (बिन्दु) दो फ़र्दों के चिह्न को 'ज़ौज' (सम्बद्ध) कहते हैं।

भारत में रमल विज्ञान को मुसलमानों ने उच्च शिखर पर पहुँचाया। इसमें तेरहवीं सदी के विख्यात रमल विशेषज्ञ हैदर शीराज़ी को विशिष्टता प्राप्त है। उनके दो सुपुत्र नासिरउद्दीन और उमर भी रमलविज्ञान के विशेषज्ञ माने जाते थे, जिन्होंने कर्मानुसार 'तुहफ़ा-उल-रमल' तथा 'ख़ुलासत-उल-रमल' की रचना की। चौदहवीं सदी में मुईनउद्दीन और हमज़ा-बिन-उम को ख्याति प्राप्त हुई। उनकी पुस्तकें क्रमानुसार 'ज़ब्दत-उल-रमल' तथा 'दीवान-उल-रमल' हैं। पन्द्रहवीं सदी में बूलाक़ के एहकाम-उल-रमल को ख्याति मिली। अकबर महान् के शासनकाल में हिदायतउल्ला ख़ाँ रम्माल ने 'अकबर-उल-रमल-मअरूफ़-बा-हिदायत-उल-रमल' की रचना की और बादशाह की सेवा में प्रस्तुत की। रमल में अनेक मुसलमानों ने प्रवीणता प्राप्त की और अपनी रचनाएँ भी यादगार छोड़ी हैं, जिनमें अब्दुल ग़नी शेरवानी की 'अनवार-उल-रमल', मौलवी रौशन अली की 'इख़्तेसारे-रमल' और 'ज़िया-उल-रमल' अब्दुर्रहमान-बिन-अली की 'मेरात-उल-रमल' की चर्चा की जा सकती है। इनके अतिरिक्त रमलविज्ञान पर अनेक पाण्डुलिपियाँ मिलती हैं जिनमें से कुछेक की चर्चा की जा सकती है :

'ख़ैर-उल-रमल'; 1759 ई० की रचना है। लेखक अज्ञात।

'लतायफ़े-एहकाम'; लेखक शाह मुहम्मद घड़तली 18वीं सदी के लेखक हैं।

'मिसदाक़-उल-रमल'; लेखक मुहम्मद अताउल्लाह लाहौरी, जो बदीउद्दीन लाहौरी और मीर रौशन अली देहलवी की रचनाओं पर आधारित है।

'ख़ुलासत-उल-बहरैन' लेखक अज्ञात। पुस्तक प्रारम्भ तथा अन्त दोनों ओर से अपूर्ण स्थिति में उपलब्ध है।

'हैरत-उल-क़ुलूब' लेखक अज्ञात। 19वीं सदी, आले-रसूल द्वारा प्रतिलिपि।

जफ़र विज्ञान

जफ़र विज्ञान इस्लामी विद्याओं में से है, जिसके माध्यम से प्रच्छादित स्थितियों का संज्ञान किया जाता है। यह विज्ञान इमाम जाफ़र सादिक़ से सम्बद्ध है। यह रहस्यों के जानने का विज्ञान है, जो ईश द्वारा अर्पित माना गया है। ऐसी मान्यता है कि यह विज्ञान इस्लामी पैग़म्बर से हज़रत अली को मिला तथा उनसे

सीना-बसीना इमाम जाफ़र सादिक़ पहुँचा, जिन्होंने कुछेक प्रतिबन्धों के साथ सार्वजनिक कर दिया। इस ज्ञान के विषय में निर्देशित है कि इसको धर्मभ्रष्ट तथा दुष्ट व्यक्तियों से गोपनीय रखना अनिवार्य है। जफ़र विज्ञान क़ुर्आन के 'हुरूफ़े-मुक़त्तेआत' (लघु-आकृति अक्षर) के संकेतों के आधार पर उद्घाटित होता है। इसके दो पक्ष हैं प्रथम, 'इस्तख़राज' (प्रत्यर्पणीय) है अर्थात् शुभ-अशुभ की स्थितियाँ जानना तथा सृष्टि के गोपनीय रहस्यों का उद्घाटित करना तथा द्वितीय, 'तसख़ीर' (अधीनीकरण) है अर्थात् अपेक्षित लक्ष्य को प्राप्त करना। इसमें कोई जीवित प्राणी हो अथवा मृत, अघोरी हो अथवा उत्कृष्ट, नक्षत्र हों अथवा देवदूत सबका अधीनीकरण करना सम्मिलित है। इसके माध्यम से तत्कालीन शासक वर्ग अथवा जनता के अन्य वर्गों को भी अधीनस्थ किया जा सकता है किन्तु जफ़र विज्ञान के आह्वान व्यवहार में पवित्र नामों के पुनरावृत्ति का भय नहीं होता। जफ़र कार्यों में आह्वान की सीमा चार सप्ताह से अधिक नहीं हो सकती। इसके अधीनीकरण कार्यों में यदि अग्नि-वर्णमाला प्रधान हो तो प्रथम सप्ताह में ही कार्य सम्पन्न हो जायगा। यदि वायु-वर्णमाला का स्वभाव प्रधान हो, तो उद्देश्य पूर्ति में तीन सप्ताह लग सकते हैं और यदि भूमि-वर्णमाला का आधिपत्य हो तो चार सप्ताह में उद्देश्य पूर्ति हो सकेगी।

जफ़र विज्ञान को 'तकसीर' (गुणात्मकता) भी कहते हैं। तकसीर 'अकसीर' (अर्जकता) से श्रेष्ठ है। अकसीर से वर्णमाला की कायाकल्प की जाती है, जिससे उसका रूप ही परिवर्तित हो जाता है। तकसीर के माध्यम से समस्त वस्तुओं के तत्त्व एवं तथ्य का संज्ञान होता है। जफ़र विज्ञान के लिए अन्य विज्ञानों तथा गणित में पूर्ण ज्ञान होना अपरिहार्य है, क्योंकि अरबी वर्णमाला के समस्त अक्षरों के चिह्नों से परिचित होना विज्ञान का विषय है तथा सांख्यिकीय की खोज और भिन्न के रूपों से परिचित होना सांख्यिकीय से सम्बद्ध है। अरबी वर्णमाला की गुणात्मकता से अभिप्राय अट्ठाईस अंशों की पुस्तक है, जिसका हर अंश अट्ठाईस पृष्ठों पर आधारित हो तथा प्रत्येक पृष्ठ में अट्ठाईस घर तथा प्रत्येक घर में चार अक्षर हों। प्रथम अक्षर घर का चिह्न है। दूसरा पंक्ति का तर्क है, तीसरा पृष्ठ प्रतीक तथा चौथा अंश का प्रतिबिम्ब है। जफ़र विज्ञान के साधक का पवित्रात्मा, साधु तथा उच्च आचरणधारी होना अनिवार्य है, जो सदैव अपने व्यवहार में शुद्ध एवं पवित्र रहता हो, ईश-वन्दना करता हो तथा इस्लामी शरीअत के आधार पर इबादत करता हो।

मुस्लिम शासनकाल के विभिन्न आयामों में जफ़र विज्ञान को मान-मर्यादा प्राप्त रही है। इस विषय पर अनेक पुस्तकों की रचना एवं सम्पादन हुआ। इन पुस्तकों में चौदहवीं सदी ईस्वी के विद्वान् एवं ज्योतिषाचार्य जलालउद्दीन मुनज्जिम की प्रसिद्ध पुस्तक 'तुहफ़ा-ए-रूहानी' उनके बाद सैय्यद इमामउद्दीन

की 'किताबे-जफ़र' फिर ईसा-बिन-काज़ी शैख़ अजोधनी की 'ख़्वातिम-उल-असरार', महमूद अयाई की 'ज़ब्त-उल-अलवाह' तथा मुहम्मद मुर्तज़ा की 'जफ़रे-मुर्तज़वी' अधिक प्रसिद्ध एवं प्रचलित हुई।

पाश्चात्य विद्याओं के प्रभाव के कारण जफ़र विज्ञान की सर्वप्रियता भी कम होती गयी। इसकी पुस्तकें भी अप्राप्य हो गयीं, फिर भी कुछेक महत्त्वपूर्ण पुस्तकें विभिन्न पुस्तकालयों में दिख जाती हैं। जैसे, 'ज़िया-उल-अय्यून', जफ़र विज्ञान पर मिर्ज़ा महदी ख़ाँ सफ़वी की पुस्तिका, जो उन्होंने हैदराबाद में 1703 ई० में सम्पादित की थी। इसमें क़ुर्आन की कुछेक आयतों और पैग़म्बरी मुहर के प्रभाव का आश्चर्यजनक वर्णन है। इसमें भूमिका के अतिरिक्त दो दृश्य सम्मिलित किये गये हैं। इसी प्रकार की एक अन्य पुस्तक 'असरार-उल-जफ़र' है, जो औरंगज़ेब की मृत्यु के कुछेक वर्षों के बाद की रचना है। लेखक का नाम अबूसालेह मुईनउद्दीन मुहम्मद, मुनइम-बिन-शैख़ जाफ़र-उल-आदादी है। उसका पिता भी जफ़र विज्ञान का विशेषज्ञ था। अबूसालेह ने इस पुस्तक में अपने पिता के विचारों के अतिरिक्त अबी अब्दुल्लाह की अरबी पुस्तक 'बहर-उल-अय्यून' से लाभ उठाया है। एक अन्य पुस्तक फ़क़ीर उल्लाह-बिन-अब्दुल रहमान ने 1749 ई० में सम्पादित किया, जिसका नाम 'किताबे-जफ़र' है। इसी प्रकार एक अन्य पुस्तक 'रिसाला-तशरीह-उत-हुरूफ़' है, जो मीर हुसैन दोस्त संभली की रचना है।

क़याफ़ा-शिनासी

'क़याफ़ा' का पर्याय 'मुखाकृति' है। इस्लामी विद्याओं में क़याफ़ा को विशेष महत्त्व प्राप्त है, जिसका अर्थ है—खोज लगाना, निशान पर चलना तथा पीछा करना। अरबों में इस्लाम से पूर्व भी क़याफ़ा का प्रचलन था और इस विद्या के जाननेवाले को 'क़ायफ़' कहते थे, जो धरती पर चिह्नों की खोज करके निष्कर्ष निकालता था तथा अपना मत प्रकट करता था। लोगों के पाँवों की समानता के आधार पर उनके वंशज का भी पता लगाता था।[1]

प्रारम्भ में 'क़ायफ़' का व्यवसाय सम्मानित माना जाता था। इसके साथ कुछ आध्यात्मिक एवं रहस्यमय कथाएँ भी प्रचलित थीं। इस्लामी चिन्तनप्रधान पन्थ 'मुतअज़िला' ने इस विद्या की ओर विशेष ध्यान दिया, क्योंकि एक ओर तो वे लोग कुछेक घटनाओं को इस व्यवसाय के आधार पर स्वीकार करने पर विवश थे, दूसरी ओर सैद्धान्तिक रूप में उनका दायित्व बनता था कि बौद्धिक रूप मे

1. किताब-अलमुआरिफ़, पृ० 11-32

इसकी व्याख्या तथा तर्कशास्त्र के आधार पर विवेचना करें। अलमसऊदी (मृ० 957 ई०) ने अपनी पुस्तक में इस विषय पर पूरा एक अध्याय लिखा है तथा उसमें अन्य पुस्तकों का सन्दर्भ भी दिया है, जिस पर विस्तारपूर्वक चर्चा की है।[1] अलक़ज़वीनी (मृ० 1349 ई०) ने इन्हें श्रद्धेय व्यवसाय के रूप में माना है तथा उनकी आध्यात्मिक शक्ति के आधार पर उन्हें भविष्यवाणी करने के कारण उच्च स्थान दिया है।[2] परन्तु इस्लामी धर्मशास्त्र में कोई विशेष महत्त्व नहीं दिया गया है। 'क़ायफ़' की सेवाएँ मात्र उस स्थिति में प्राप्त की जा सकती हैं, जब किसी दासी के बच्चे के सम्बन्ध में भ्रम उत्पन्न हो जाय कि यह पहले स्वामी का है अथवा दूसरे का।[3] वर्तमान में भाषिक प्रयोग के रूप में 'क़ायफ़' के अनेक रूप हो गये हैं। इसे विद्या के अतिरिक्त मिस्र के अरब विद्वान् शैली के रूप में इसका प्रयोग करते हैं। परन्तु तुर्कों तथा ईरानियों में क़याफ़ा का प्रचलन आचार-विचार, चाल-ढाल तथा रूप-रंग के अर्थों में ही होता है।

अलरोया

'अलरोया' अरबी शब्द है, जिसका शाब्दिक अर्थ 'देखना' होता है। इसका हिन्दी पर्याय 'स्वप्न' है। 'अलरोया' का प्रयोग उस स्थिति में भी होता है, जब इन्सान को जागते हुए भी सुझायी देता है। विद्वानों ने 'अलरोया' की परिभाषा यह की है कि सोते समय मानव-चेतना का एक स्पन्दन अथवा सोते समय मानव अर्द्धचेतन अनेक चित्र बनाता है, जो उसके भविष्य के शुभ अथवा अशुभ घटनाओं पर आधारित होता है। इब्न-ख़ल्दून (मृ० 1404 ई०) इसे मानव के अर्द्धचेतन का अपने आध्यात्मिक रूप में घटनाओं के चित्रों की झलक देखना कहता है। उसका विचार है कि अर्द्धचेतन जब शरीर के तात्त्विक तथा उसकी सीमाओं से किसी रूप में स्वतन्त्र होकर अध्यात्म की स्थिति प्राप्त कर ले, जैसे—नींद की स्थिति में अथवा मृत्यु के पश्चात् आत्मा को स्वतन्त्रता प्राप्त हो जाती है, तो अपनी स्मरण शक्ति अथवा ज्ञान शक्ति के माध्यम से उन्हें संरक्षित करने के योग्य हो जाती है। अर्द्धचेतन की यह शक्ति स्मरण एवं ज्ञान द्वारा भविष्य की घटनाओं के चित्र का उद्धरण प्रस्तुत करती है। कभी तो इतना स्पष्ट होती है कि किसी व्याख्या की आवश्यकता नहीं होती है, परन्तु कभी-कभार यह इतना सूक्ष्म होती है कि व्याख्या के बिना अग्राह्य होती है। उसके विचार में

1. मुरूज-उल-ज़हब-वमआदिन-उल-जौहर, भाग-3, पृ० 343-46
2. अजायब-उल-मख़लूक़ात, पृ० 318
3. मिनहाज-उल-तालबीन, भाग-3, पृ० 450

अर्द्धचेतन शरीर के बन्धन से मुक्त होकर स्वप्न की स्थिति में भविष्य की घटनाओं की झलक देखना है। इसलिए सम्भव है कि अर्द्धचेतन जब तक शरीर के बन्धन में सीमित है। उस समय तक उसमें आध्यात्मिक शक्ति तो होगी, परन्तु व्यावहारिक रूप में आध्यात्मिकता प्राप्त करने हेतु उसका शारीरिक प्रतिबन्ध से मुक्त होना आवश्यक है, ताकि वह चिन्तन का रूप धारण कर ले और एक साकार आध्यात्मिक व्यक्तित्व का रूप धारण कर शारीरिक माध्यमों के बिना घटनाओं का संज्ञान प्राप्त करने के योग्य हो जाय। मानव अर्द्धचेतन जिस सीमा तक आध्यात्मिक जगत् के निकट आयेगी उसी सीमा तक स्वप्न में घटनाओं का संज्ञान सम्पन्न एवं उचित होगा।[1]

चूँकि स्वप्न की स्थिति में मानव शरीर के बन्धन से मुक्त होकर आध्यात्मिक शक्ति के आधार पर कुछेक घटनाओं का संज्ञान करता है अतः इसको 'अलरोया-उल-सालहा' अथवा सच्चा स्वप्न कहते हैं। इस सच्चे स्वप्न को नबी के ज्ञान का 46वाँ अंग कहा गया है, जो मात्र वली या नबी को प्राप्त होता है, जिसके तीन प्रकार हैं—एक, ऐसा स्वप्न जो किसी व्याख्या पर आश्रित नहीं है। जैसे हज़रत इब्राहीम का स्वप्न उन्होंने देखा कि वे अपने सुपुत्र हज़रत इस्माईल को ईश्वर के नाम पर बलि दे रहे हैं। दूसरे प्रकार का स्वप्न वह है, जो आंशिक रूप में व्याख्या पर आश्रित होता है। जैसे, हज़रत यूसुफ़ का स्वप्न और तीसरे प्रकार स्वप्न वह है, जो व्याख्या पर आधारित होता है। जैसे, अज़ीज़े-मिस्र का स्वप्न, जो स्वप्न स्पष्ट होता है, उसे इस्लामी शब्दावली में 'अलरोया-मिन-अल्लाह' (अर्थात् ईश्वर का दिखाया हुआ स्वप्न) जो आंशिक अथवा पूर्णरूपेण व्याख्या पर आश्रित होता है तथा वह स्वप्न 'अलरोया-मिन-अलमलक' (अर्थात् फ़रिश्तों द्वारा दिखाया हुआ स्वप्न) कहलाता है।[2]

क़ुर्आन तथा पैग़म्बर की हदीसों में स्वप्न का सत्य पर आधारित होना तथा उसकी व्यावहारिकता स्पष्ट की गयी है। क़ुर्आन के अनुसार मानव के अन्तः मन में दो प्रकार की आत्माएँ होती हैं—एक, 'नफ़्स-उल-तमीज़' (अर्थात् विभेदी आत्मा) तथा दूसरे, 'नफ़्स-उल-हयात' (अर्थात् ऐसी आत्मा जिस पर जीवन आधारित है)। जागते समय दोनों प्रकार की आत्माएँ मानव शरीर में विद्यमान रहती हैं। परन्तु स्वप्न की स्थिति में विभेदी आत्मा को ईश्वर के आदेश से शारीरिक बन्धन से मुक्ति मिल जाती है परन्तु जीवन हेतु आधारित आत्मा शेष रह जाती है। मृत्यु के समय दोनों प्रकार की आत्माओं को शरीर की सीमाओं से

---

1. अलमुक़द्दमा, भाग-1, पृ० 521
2. अलमुक़द्दमा, भाग-1, पृ० 524

मुक्ति मिल जाती है। स्वप्न की स्थिति में भविष्य की घटनाएँ विभेदी आत्मा को दीख पड़ती हैं तथा उसकी आत्मा में जिस सीमा तक आध्यात्मिकता प्रबल होती है, चित्र उतना ही स्पष्ट होता है।[1]

क़ुर्आन में तीन वैभवशाली पैग़म्बरों के स्वप्नों की चर्चा जिनमें एक हज़रत इब्राहीम का स्वप्न है कि आपने देखा कि अपने प्राणप्रिय पुत्र हज़रत इस्माईल की बलि दे रहे हैं। (क़ुर्आन : 37/102-105) दूसरे स्वंप्न में हज़रत यूसुफ़ ने देखा कि चन्द्रमा, सूर्य तथा 11 नक्षत्र आपके सामने नतमस्तक हैं, जिसकी व्याख्या उस समय स्पष्ट हुई, जब उनके माता-पिता तथा 11 भाई हज़रत यूसुफ़ के दरबार मिस्र में प्रस्तुत हुए। (क़ुर्आन : 12/4, 100) तथा तीसरा स्वप्न इस्लामी पैग़म्बर से सम्बन्धित है, जिसमें आपने देखा कि आप 'उमरा' (हज्ज के समान कर्मकाण्ड) कर रहे हैं। इसके अतिरिक्त भी क़ुर्आन में कई अन्य स्वप्नों की चर्चा की गयी है।

सच्चे स्वप्न को चूँकि नबी सम्बन्धित कार्यों का 46वाँ भाग कहा गया है अतः सूफ़ी-सन्तों के विचार में सच्चे स्वप्न को विशेष महत्त्व प्राप्त है। स्वप्न तथा उसके फल के विषय में इस्लामी विद्वानों ने विभिन्न पक्षों पर विस्तारपूर्वक चर्चा की है। इस विषय पर अनेक पुस्तकें भी लिखी गयी हैं।

❑❑❑

---

1. अलकश्शाफ़-अन-हक़ायक़-उल-तंज़ील, 4/131, रूह-उल-मआनी-फ़ी-तफ़सीर-उल-क़ुर्आन-उल-अज़ीम-वउल-सबअ-उल-मसानी, 24/7

अध्याय : सात

संगीत पीठिकाएँ

इस्लामी शब्दावली में 'संगीत' के लिए 'मूसीक़ी' का प्रयोग होता है। मूसीक़ी यूनानी शब्द है, अर्थात् रागों का ज्ञान। लातिनी में 'मुसिका' कहा गया। दसवीं सदी ईस्वी तक अरबों में मूसीक़ी की गणना गणित विद्याओं में होती थी।[1] 'रिसायल-अख़वान-उस-सफ़ा' में लिखा है : **''मूसीक़ी से 'ग़िना' (राग) अभिप्राय है तथा 'मूसीक़ार' (संगीतज्ञ) से 'मुग़न्नी' (गायक) तथा 'मूसीक़ात' (गायनयन्त्र) हैं।''**[2] इस्लाम-पूर्व काल में संगीत की अरबी-ईरानी सिद्धान्तों पर आधारित एक सामी-मूल की परम्परा थी, जो यूनानी प्रभाव से वंचित नहीं थी।[3] जनसाधारण में संगीत का एक यन्त्र प्रचलित था, जिसको 'तम्बूर-उल-बग़दादी' अथवा 'अलमीज़ानी' कहते थे। इसके साज़ को परदा या पटरी पर तार दबाकर सुर निकालते थे। एक 'सबतक' भी प्रचलित थी, जिसमें तार को बराबर के चालीस भागों में विभाजित किया जाता था। इस्लाम आगमन की पहली सदी में एक संगीत विशेषज्ञ 'इब्न-मूसजा' (मृ० लगभग 715 ई०) था, जो ईरानी संगीत के आधार पर 'ग़िना' (गायन) और 'ज़र्ब' (वादन) में मर्मज्ञ था। अरबों में ईरानी 'औद' का साधारणतया प्रचलन था। अरबी औद में एक ही एक सरगम की सबतक थी, जो समानान्तर स्वर 'सा रे गा मा पा धा नी' पर आधारित थी, परन्तु ईरानी और चतुर्थ सुर के क्रम धारेपासा होता था।[4] प्राचीन

---

1. मुफ़ातीह-उल-उलूम, पृ० 236
2. रिसायल इख़्वान-उल-सफ़ा व खल्लान-उल-वफ़ा व अह्ल-उल-अद्ल व अबना-उल-हम्द, भाग-1, पृ० 86
3. मिनकिताब-उल-मूसीक़ी, पृ० 56
4. Sources of Arabian Music, p. 37

अरबी संगीतशास्त्र की पुस्तकें अधिकांश नष्ट हो चुकी हैं, यद्यपि इसमें सन्देह नहीं कि संगीतशास्त्र तथा गणितशास्त्र दोनों तत्कालीन अरबी चतुर्थ-शास्त्रों में सम्मिलित थे। अलकिन्दी (मृ० 874 ई०) पहला व्यक्ति था, जिसको प्राचीन विद्वानों की कुछेक पुस्तकें प्राप्त हो सकी थीं। उसने संगीत से सम्बन्धित सात पुस्तकों की रचना की है, जिनमें से चार पुस्तकें बर्लिन में उपलब्ध हैं।[1] उसके बाद अलफ़ाराबी (मृ० 950 ई०) है, जिसने तम्बूर-उल-ख़ुरासानी की सबतक लिखी, जिसका प्रारम्भ 'लम्मा-लम्मा-कम्मा' से होता है, फिर अबुल-वफ़ा अलबोज़जानी (मृ० 998 ई०) है, जो गणितशास्त्र का विशेषज्ञ था। इब्न-सीना (मृ० 1037 ई०) ने अलकिन्दी के सिद्धान्तों को आगे बढ़ाया। इसमें सन्देह नहीं कि इस्लाम-पूर्व काल से बग़दाद-विजय (1258 ई०) तक संगीतकला का विकासक्रम विद्यमान है, जिसका प्रमाण प्राचीन संगीतयन्त्र तथा 'अक्कादी' भाषा के शब्दों से मिलता है, परन्तु संगीत की शब्दावली सैद्धान्तिक विद्या पर आधारित थी। इसका प्रयोगात्मक रूप जानने के लिए 'ग़िना', 'तरब' आदि शब्दावलियाँ प्रयुक्त थीं, जिनसे 'मुग़न्नी' और 'मुतरिब' की शब्दावलियाँ अस्तित्व में आयीं। वर्तमान अध्ययन भी इन्हीं शब्दावलियों के आधार पर किया जायगा।

प्राचीन काल से अरब के हिजाज़ भूमण्डल में संगीत का प्रचलन था। युवा व्यावसायिक नाचने-गानेवालियों को 'क़ीनात' तथा वृद्धा गानेवालियों को 'मुग़न्निया' कहा जाता। ये गानेवालियाँ सुखद आयोजनों पर, त्योहारों तथा युद्धभूमि में अपने कला का प्रदर्शन करती थीं। उनके संगीत यन्त्रों में 'मुवत्तर' तथा 'मुअज़्ज़फ़' अधिक प्रचलित थे, जो एक प्रकार का 'बरबत' अथवा 'चंग' होता था, जिसके साथ 'औद' भी बजाया जाता था। ईरानियों में साधारणतया 'बरबत' अधिक रुचिकर था तथा अरबों में 'सहतारा' अर्थात् 'किनूरा'।[2] इस्लाम-पूर्व के काव्यों में 'बरजीअ' तथा 'जवाब' रागों में पढ़ने का प्रचलन था, जिसमें एक विशेष राग 'तुज़री' था, जिसको लम्बी तान में थिरकती हुई आवाज़ में प्रस्तुत किया जाता था। तुज़री राग बाद में प्रसिद्ध राग 'ज़वायद' में सम्मिलित कर लिया गया। ऊँटवाहकों का एक विशेष आलाप था, जिसको 'हुदाअ' कहते थे। इससे शब्दावली 'हुदाअ-ख़्वानी' बनी। उससे 'नग़मा-उल-नसुब' निकला, जो सम्भवतः इस्लाम-पूर्व के देवता नसुब के भजन के रूप में गाया जाता रहा होगा, क्योंकि इस्लाम-पूर्व काल में इसी देवता को समस्त सुरों का सृजनहार मानते थे। नसुब तथा ग़िना दोनों रागों में 'इलहान-मौज़ूना' सम्मिलित हैं, जिसके अरबी

1. History of Arabian Music, p. 127
2. Studies in Oriental Musical Instruments, p. 25

पिंगल शास्त्र से सम्बद्ध होने की सम्भावना है, क्योंकि 'ग़िना-उल-मुतक़न' अथवा 'ग़िना-उल-रक़ीक़' की शब्दावलियाँ मिलती हैं, जिनकी विशेषताओं में 'ईक़ाअ' है, परन्तु 'ईक़ाअ' को 'ग़िना' का पिंगल शास्त्रीय माप नहीं समझना चाहिए। यह मात्र ग़िनाई माप है। 'ईक़ाअ' का उदाहरण 'हज़ज' है, जो अरबी पिंगलशास्त्र का प्रमुख अंग है। परन्तु 'ईक़ाअ' को 'बह्र-हज़ज' के समकक्ष समझने की भूल नहीं करनी चाहिए। 'ईक़ाअ' को अरबी संगीत में मूल महत्त्व प्राप्त है। इसी से शब्दावली 'ईक़ाआत' बनी है, जो अनेकानेक सुरों के नाम पर आधारित है। जैसे, 'सक़ील-उल-अव्वल', 'सक़ील-उल-सानी', 'ख़फ़ीफ़-उल-सक़ील-उल-अव्वल', ख़फ़ीफ़-उल-सक़ील-उल-सानी', 'रमल' तथा 'ख़फ़ीफ़-रमल' आदि।[1]

इस्लामी साम्राज्य का महत्त्वपूर्ण गायक तुवीस (मृ० लगभग 705 ई०) था, जो मात्र 'दफ़' (ढोलक) की गति पर ईरानी शैली में गाता था। वह हज़ज सुरों का विशेषज्ञ गायक था। उसका एक नामवर समकालीन साइब ग़ासिर (मृ० 683 ई०) था, जो प्रारम्भ में 'क़ज़ीब' पर गाता था, फिर औद पर गाने लगा। साइब ग़ासिर उमैय्या-वंशजीय ख़िलाफ़त के प्रवर्तक अमीर मुआविया (मृ० 680 ई०) का परमप्रिय गायक था।[2] अमीर मुआविया को संगीत के प्रति विशेष आकर्षण था, उनके दरबार से युवा व्यावसायिक नाचने-गानेवालियों (क़ीनात) की टोलियाँ सम्बद्ध थीं। उमैय्यावंशीय शासनकाल (661-750 ई०) में इस्लाम-पूर्व की अरब परम्पराओं की पुनरावृत्ति हुई तो संगीत भी अपने प्राचीन रूप-रंग के साथ प्रचलित हुई। अमीर मुआविया के शासनकाल में अन्य संगीतज्ञों के अतिरिक्त महिला संगीतज्ञ 'इज़्ज़त-उल-मीला' को विशेष मान-मर्यादा प्राप्त थी। उसके अतिरिक्त एक अन्य संगीतज्ञ 'नशीत-उल-फ़ारसी' भी प्रसिद्ध हुई। वह मदीना में निवास करती थी, अन्य स्थानों के संगीतकारों में हुनैन-उल-हीरी तथा अहमद-उल-नसीबी अलकूफ़ी अधिक प्रसिद्ध हैं। अमीर मुआविया का पुत्र एवं उत्तराधिकारी यज़ीद-बिन-मुआविया (मृ० 683 ई०) अपने निन्दनीय आचरण से संगीत को भी कलंकित कर गया, जो अपने पिता की 'उम्म-उल-वलद' (ऐसी दासी जो अपने स्वामी से सन्तान को जन्म दे) दासियों से, अपनी सुपुत्रियों से और बहनों से मुँह काला करते हुए संगीत का प्रयोग करता था।[3] उमैय्यावंशीय ख़लीफा अब्दुल मलिक (मृ० 750 ई०) और उसका भाई इब्न-मरवान नाच-रंग का बड़ा ही रसिया था। यह वृत्ति इतनी बढ़ी की अलवलीद-बिन-अब्दुल मलिक (मृ० 715 ई०) ने तत्कालीन प्रसिद्ध संगीतकारों में इब्न-सरीह तथा मआबद को

---

1. On the Sensation of Tone, p. 25
2. तारीख़-अर्रुसुल-वअलमुलूक, भाग-6, पृ० 188
3. तारीख़-उल-ख़ुलफ़ा, पृ० 146

दरबार के सदस्यों में सम्मिलित कर लिया। इब्न-सरीह बाँसुरीवादक था। मआबद ने दो प्रकार के गायन 'मआबद' तथा 'मआबदात' का आविष्कार किया। इब्न-मुसज्जा इस काल तक जीवित था। उसने संगीत में अनेक नयी बातें सम्मिलित कीं, जिनसे वह विदेशों में अपने आवास के बीच परिचित हुआ था। उनको 'असाबीअ' कहते थे, जो औद के तारों पर उँगलियों के स्पन्दन से उत्पन्न की जाती थी। उनके दो प्रकार थे। एक, 'मजरा-उल-वस्ती' अर्थात् बीच की उँगलियों की संगीत, जिसको 'यासिर' भी कहते थे। दूसरा, 'मजरा-उल-बिनसर' अर्थात् तीसरी उँगली का संगीत। इन स्वरों की संगीतकारिता में औद का प्रयोग होता था। कुछेक अवसरों पर ढोलक, डफ़ और क़ज़ीब भी बजाये जाते थे, जिनसे 'ईक़ाअ' अर्थात् सुर-ताल, उतार-चढ़ाव तथा सूक्ष्म एवं भार की सदाबन्दी होती। वाद्यकारों के दल नहीं होते थे, वरन् किसी विशेष अवसर पर बहुत-सी क़ीनात एक साथ साज़ों पर अपने कला का प्रदर्शन करती थीं। यूनुस-उल-कातिब (मृ० लगभग 765 ई०) ने पहली बार इन गानों और रागों को संकलित किया तथा इस काल के संगीत पर दो पुस्तकें 'किताब-फ़ीउल-अग़ानी' तथा 'किताब-उल-नग़म' लिखीं।

अब्बासी वंशज ख़लीफ़ाओं के शासनकाल (750-1242 ई०) में संगीत और संगीतज्ञों की मान-मर्यादा उमैय्यावंशीय ख़लीफ़ाओं के शासनकाल से बढ़-चढ़कर हुई। हारून रशीद (मृ० 809 ई०) के दरबार में संगीतकारों को विशेष स्थान प्राप्त था। इब्राहीम-उल-मुवसली (मृ० 804 ई०) राजदरबार का सर्वप्रिय गायक था, जिसको हारून रशीद ने एक सभा में प्रसन्न होकर इस्लामी धर्मकोश से डेढ़ लाख दीनार प्रदान किये। उसने इब्न-जाम्अ (मृ० लगभग 803 ई०) के सहयोग से सौ गानों को चयनित किया, जिस पर अबुल फ़र्ज-उल-इस्फ़हानी ने 'किताब-उल-अग़ानी-उल-कबीर' लिखी, उसके पुत्र इसहाक़ (मृ० 850 ई०) ने अपने पिता से बढ़कर ख्याति अर्जित की। उसने प्राचीन अरबी संगीत की पुनरावृत्ति की । ख़लीफ़ा हारून रशीद का भाई इब्राहीम बिन-महदी (मृ० 839 ई०) भी अपने समय का सर्वप्रिय गायक और संगीतकार था। पूर्व के ख़लीफ़ाओं में अलमहदी (मृ० 785 ई०) संगीत पर न्यौछावर रहता था, उसकी आवाज़ अपने समय में सबसे मीठी और सुरीली मानी जाती थी। हारून रशीद का उत्तराधिकारी अलअमीन (मृ० 833 ई०) का जीवन संगीत में डूबा हुआ था। उसके महल 'अलमामूनी' में प्रत्येक समय गायकों के गायन और साज़ों की गूँज रहती थी। उसने संगीतविद्या पर यूनानी से अनेक पुस्तकें अनुवाद करायीं। संगीत पर पुस्तकों के अनुवाद अलमूतसिम-बिल्लाह (मृ० 842 ई०) के शासनकाल में भी हुए। वह स्वयं उच्चकोटि का संगीतकार था और औद वादन में ख्याति प्राप्त था। अलमुतवक्किल (मृ० 861 ई०) ने संगीतज्ञ अलकिन्दी का वध कर दिया

था, परन्तु उसका पुत्र अबू ईसा अब्दुल्लाह संगीत में मर्मज्ञ था। उसी ने यूनानी संगीत सिद्धान्तों को प्रचलित किया। उसके बाद के अब्बासीवंशीय ख़लीफ़ाओं में सब-के-सब (अलवासिक़, अलमुन्तसिर-बिल्लाह तथा अलमुतज़िद-बिल्लाह के अतिरिक्त) नाच-गाने में डूबे रहते थे। उनके दरबारों से उच्चकोटि के संगीतकार सम्बद्ध थे. उनमें चार लेखकों की चर्चा कर देना उचित होगा, जिनको इस्लामी जगत् में अन्य कारणों से विशेष ख्याति प्राप्त है। अलसरख़सी (मृ० 899 ई०), साबित-बिन-कुर्रा (मृ० 902 ई०), अबूबकर राज़ी (मृ० 925 ई०) तथा अलफ़ाराबी (मृ० 950 ई०)। साबित को उच्चकोटि का मानव माना जाता है तथा फ़राबी को 'मुअल्लिमे-सानी' (द्वितीय गुरु) माना जाता है। संगीत के यन्त्रों में औद जो कभी सिरमौर था, लगभग त्याग दिया गया और उसके स्थान पर 'तम्बूर' का प्रचलन हुआ। ख़ुरासानी तम्बूर की एक 'तसविया' का नाम 'बुख़ारी' था। इससे संगीतकला पर तुर्क प्रभाव का अनुमान किया जा सकता है। यह प्रभाव दसवीं सदी ईस्वी तक यथावत् रहा। यहाँ तक कि राजनीतिक क्रान्ति में ख़िलाफ़त की राजसत्ता दैलमी अमीरों के प्रभाव (946-1055 ई०) में आ गयी, जो सांस्कृतिक आधार पर ईरानी थी। इसके पश्चात् की पृष्ठभूमि में भारत में मुसलमानों के संगीतकला का वर्णन होगा, लेकिन इससे पूर्व प्राचीन भारतीय संगीत की कलात्मक पीठिका से परिचित होना आवश्यक है।

प्राचीन भारतीय संगीतकला

भारत में संगीतकला का पुरातत्त्व सिन्ध घाटी की संस्कृति (2000-3000 ई० पू०) से सम्बद्ध है। इससे प्राप्त वस्तुओं में वीणा और मृदंग या ढोल, जो गोलाकार हैं, पक्की मिट्टी की मूर्तियों या मोहरों पर बने हैं। प्राचीनतम संगीत सामग्रियों में पीतल की एक मूर्ति भी है, जिसमें मन्दिर की एक नर्तकी प्रस्तुत की गयी है। यह बाबुली तथा हमूरी संस्कृति की नर्तकियों के समान है। इससे अनुमान होता है कि इन दोनों महान् सभ्यताओं में एक-दूसरे से आदान-प्रदान होता था। सिन्ध घाटी की सभ्यता में संगीत से सम्बन्धित अन्य संज्ञान अप्राप्त हैं, परन्तु वैदिक काल (1000 ई० पू०) से हिन्दुओं के जीवन में संगीत के प्रमाण मिलते हैं। इससे कुछेक विद्वानों ने संगीत का प्रथम स्रोत संस्कृत शब्द 'ओऽम्' माना है, जो एकाक्षरी होने पर भी त्रिक्षरी (अ, उ, म) रहता है। एकाक्षरी उन अर्थों में है कि इसका त्रिक्षरी स्वर एकस्वरीय है। ओऽम् के तीनों अक्षर (अ, उ, म) तीन महान् शक्तियों के प्रतीक हैं। 'अ' (अकार) से विष्णु, 'उ' (उकार) से महेश्वर और 'म' (मकार) से 'ब्रह्मा' का बोध होता है। इन तीनों के योग से प्रणव का संज्ञान होता है।

अकारो विष्णुरुद्दिष्ट उकारस्तु महेश्वरः।
मकारेणोच्यते ब्रह्मा प्रणवेन त्रयो मतः॥[1]

योगी 'ओऽम्' का उच्चारण विशेष रूप में विस्तार देकर करते हैं, इसको यज्ञ, दान और तप के प्रारम्भ में कहना आवश्यक है। विभिन्न यज्ञों विशेषकर सोमयज्ञ में मन्त्रों का गायन अनिवार्य है। मन्त्रों के गायक पुरोहित को 'उद्गाता' कहा जाता है, उससे शिक्षा प्राप्त करनी होती है, ताकि मन्त्रों का सही रूप में उच्चारण हो सके तथा उसके स्वरों से जानकारी हो सके, जो सोमयज्ञ में प्रयुक्त होते हैं। द्वितीय यह कि इस बात को याद रखना होता है कि किस अवसर पर कौन-सा मन्त्र गाना चाहिए। प्राचीन भारत में संगीत को ईश-वन्दना में सम्मिलित किया जाता था। ईशवचन भी है : **''वेदानां सामवेदोऽस्मि देवानामस्मि वासवः''** (श्रीमद्भगवद्गीता : 10/22) अर्थात् वेदों में संगीत के रूप में सामवेद ही मेरा रूप है तथा देवताओं में मैं इन्द्र हूँ। पं० शार्ङ्गदेव के कथनानुसार संगीत के माध्यम से धर्म, अर्थ, काम और मोक्ष प्राप्त होता है :

तस्य गीतस्य माहात्म्यं कः प्रशंसितु माशने।
धर्मार्थ-काममोक्षाणमिदमेवेक साधनम्॥[2]

इसी आधार पर संगीत को पंचमवेद या गान्धर्ववेद कहा जाता है। वैदिक साहित्य के अध्ययन से स्पष्ट होता है कि संगीत को आर्य जाति के सांस्कृतिक एवं धार्मिक जीवन में मूल स्थान प्राप्त था। उनके विभिन्न एवं अनेक संगीत-यन्त्रों की चर्चा मिलती है। कुछेक संगीत यन्त्र तार अथवा डोरी से बँधे होते हैं। कुछेक गोलाकार होते थे तथा ढोल, मृदंग, झाँझ, मजीरा के अनन्त रूप प्रचलित थे। वीणा एवं बाँसुरी सर्वाधिक प्रचलित थे। गीत, वादन और नृत्य आहुति से सम्बन्धित उत्सवों के लिए आवश्यक तत्त्व थे। इन्हीं तत्त्वों को संगीत का अनिवार्य तत्त्व भी कहा गया : **'गीतं वाद्यं तथा नृत्वं त्रयं संगीतमुच्यते'**[3] अर्थात् गीत, वादन और नृत्य संगीत के तीन निश्चित पक्ष हैं, लेकिन इनमें गीत को सर्वाधिक महत्त्व प्राप्त है क्योंकि इसी से संगीत को प्रासंगिकता प्राप्त होती है। वादन और नृत्य गीत के अधीनस्थ होते हैं। इन तीनों का मूल है स्वर और लय जिनके पवित्र और पावन रूप ही को 'नाद' कहा जाता है। 'ना' से प्राणवायु और 'द' से अग्नि अभिप्राय है। संगीत में नाद के 22 प्रकार हैं, जो श्रुति कहे जाते हैं।[4] श्रुति स्वरों का परस्पर एकत्र करना अथवा उनको मिला देना 'थाट' अथवा मेल कहलाता है।

---

1. भारतीय संगीत का इतिहास, पृ० 14
2. संगीत रत्नाकर, पृ० 63
3. संगीत रत्नाकर, पृ० 75
4. Ragas and Raginis, p. 35

पन्द्रहवीं शताब्दी की प्रसिद्ध पुस्तक 'राग-तरंगिणी' में लोचन कवि ने लिखा है कि उनके समय में 1600 राग प्रचलित थे, जिनको समाप्त करके उन्होंने बारह थाट अथवा मेल शेष रखे, जिनके नाम हैं—भैरवी, तोड़ी, गौरी, कर्नाट, केदार, एमन, सारंग, मेघ, धनाश्री, पूर्वी, मुखारी और दीपक। इन्हीं बारह थाटों से सात स्वर लेकर हर थाट में 483 रागों की संरचना हो सकती है। अब भारतीय संगीत में दस थाट प्रचलित हैं, जिनमें एमन, पूर्बी, भैरवी और तोड़ी प्राचीनतम हैं। अन्य थाट बिलावल, भैरों, खमाच, मारवा, काफ़ी और असावरी बाद में सम्मिलित किये गये। इन दस थाटों से रागों की संरचना में मुस्लिम संगीतकारों ने कालजयी उपलब्धियाँ प्रस्तुत की हैं, जिनकी चर्चा यथास्थान होगी।

भारतीय संगीत का विकासक्रम वैदिक काल (2000-600 ई० पू०) से मिलता है। रामायण काल (दूसरी शती ई० पू०) और महाभारत काल (चौथी शती ई० पू०) में विशेष उन्नति हुई। रामायण उच्च मानव आदर्शों पर आधारित है। इसमें संगीत को महत्त्व प्रदान किया गया है। वेदव्यास ने महाभारत में सात स्वरों और गान्धारग्राम की चर्चा की है। श्रीमद्भगवद्गीता जिसको ज्ञान, तपस्या, आध्यात्मिकता तथा व्यवहार का संयोग कहा जाता है, श्लोकों पर आधारित है, जिसकी संगीतमयता आज भी मुग्ध कर देती है। इसके बाद पाणिनि (मृ० 800 ई० पू०) की विख्यात रचना 'अष्टाध्यायी' है, जिसमें मन्त्रों के उच्चारण का विवेचन किया गया है तथा महाभारत के समान सात स्वरों और गान्धारग्राम पर प्रकाश डाला गया है तदुपरान्त महात्मा बुद्ध (600 ई० पू०) का महान् व्यक्तित्व संगीत को संरक्षण प्रदान करता है, जिसमें संगीत को संवेदना, चिन्तन, विवेक और कला को उच्चतम शिखर प्राप्त होता है। उनके वक्तव्य गीतों के रूप में 'थेरीगाथा' में संकलित हैं। मौर्य राजाओं में सम्राट् अशोक (236-73 ई० पू०) ने भारतीय संगीत को विदेशों में यूनान, रोम, मिस्र और सीरिया तक पहुँचाया। वरन् भारत में शताब्दियों से प्रचलित 'समज्जा' को निषिद्ध कर दिया, जो पूर्णरूपेण संगीत पर आधारित आयोजन रूप में प्रचलित थी। इसमें युवतियाँ एवं युवक अपने लिये वर का चयन करते थे, परन्तु इस संगीतात्मक उत्सव में काम स्वच्छन्दता प्रचलित थी, जो सामाजिक आचरण के लिए अत्यन्त घातक सिद्ध हो रही थी। शुंग काल (पहली-दूसरी सदी ई० पू०) में संस्कृत के प्रख्यात विद्वान् पतंजलि ने 'महाभाष्य' लिखा, जिसमें संगीत के चारों तत्त्वों का वर्णन है। कनिष्क काल (पहली-तीसरी सदी ई०) की किसी पुस्तक के बारे में संज्ञान नहीं है, परन्तु इस काल में भारतीय संगीत का प्रचार सुदूर देशों में भी हुआ। विशेष रूप में चीन और रोम से सांस्कृतिक सम्बन्ध स्थापित हुए। नाग काल को भारतीय संगीत इतिहास में विशेष महत्त्व प्राप्त है, क्योंकि इसी काल में भरतमुनि ने 'नाट्यशास्त्र' की रचना की, जो नाटक, नृत्य तथा संगीत में बूतिका का स्थान

रखती है। भारतीय संगीत पर यही प्राचीनतम ग्रन्थ उपलब्ध है, इसके तीन अध्याय 28, 29, 30 का विषय संगीत है। गायन, वादन, नृत्य, स्वरों इत्यादि पर प्रकाश डाला गया है। गायन की विधियों को जाति के आधार पर विभक्त किया गया। स्वरों का विवरण दिया गया है, उन्हें 22 श्रुतियों के आधार पर श्रुति स्वरों में विभाजित किया गया है। 22 श्रुतियों पर 7 स्वर निश्चित किये गये हैं। भारतीय संगीत की समस्त परम्पराओं में नाट्यशास्त्र को गान्धर्व वेद का स्थान प्राप्त है।

भारतीय संगीत के इतिहास में गुप्त काल (320-540 ई०) को स्वर्णिम युग की स्थिति प्राप्त है। भरतमुनि के पुत्र दत्तिल की पुस्तक 'दत्तिलम्' इसी काल की रचना है, जिसको नाट्यशास्त्र के समकक्ष माना जाता है। चन्द्रगुप्त (मृ० 335 ई०) को संगीत के प्रति विशेष रुचि थी। उसके राजदरबार में संगीतकार और नर्तकियाँ नियुक्त थीं। युद्ध-विजय प्राप्त करने के बाद संगीत सभाएँ आयोजित करता था। समुद्रगुप्त (मृ० 375 ई०) स्वयं भी सफल वीणावादक था, उसके काल में शास्त्रीय संगीत को विशेष लोकप्रियता प्राप्त हुई। उसने अपने सिक्कों पर वीणा और लोकनृत्य के चित्र अंकित कराये। चन्द्रगुप्त विक्रमादित्य (मृ० 414 ई०) नृत्यकलाओं का महान् संरक्षक था। संस्कृत के महान् नाटककार एवं कवि कालिदास उसके राजदरबार से सम्बद्ध थे, जो 'कुमारसम्भव' तथा 'रघुवंश' सरीखे महान् महाकाव्यों तथा रीति-शृंगार के अद्वितीय काव्य नाटकों के रचयिता थे। इसी काल में भास ने अपने तेरह नाटकों की रचना की, जो संगीत पर आधारित है। हर्षवर्द्धन (मृ० 648 ई०) संगीत का रसिया था। बाणभट्ट उसका राजकवि था, जिसकी 'कादम्बरी' और 'हर्षचरित' उपलब्ध हैं। इसके काल में भी गुप्त काल की तरह संगीत सभाएँ होती थीं। इसी काल के अन्त में अर्थात् छठीं सदी ई० के अन्त तथा सातवीं सदी के प्रारम्भ में मतंग ने 'बृहद्देशीय' लिखी, जो नाट्यशास्त्र की सामानान्तर पुस्तक है। इसका विषय संगीत है।

प्रारम्भ में ही स्पष्ट किया गया है कि अलग-अलग देशों के स्वर अलग-अलग प्रकार के होते हैं। इसलिए बृहद्देशीय कहलाते हैं। मतंग के वक्तव्य 'मार्गी' से मार्गीय संगीत का प्रारम्भ हुआ, जो देशीय से भिन्न होता है, परन्तु मतंग विभेद को नहीं मानते। उन्होंने नाद के पाँच प्रकार बताये हैं। उन्होंने ग्राम और मूर्च्छना शब्दावलियों को स्पष्ट किया है, जिसके आधार पर उन्होंने रागों को विभाजित किया है। मत्तंग ने लिखा है कि उनके समय में संगीत की जातियों में सात प्रकार प्रचलित थे, जिनमें एक प्रकार का नाम जाति भी था। इसी काल से जातियों के स्थान पर रागों का प्रचलन हुआ। इसके पश्चात् सातवीं सदी ई० में नारद ऋषि ने नारदीय शिक्षा तथा संगीत मकरन्द नाम की दो पुस्तकों की रचना

की। इनमें पहली पुस्तक संक्षिप्त है, जिसमें गान्धार ग्राम की चर्चा है, लेकिन दूसरी पुस्तक का विषय संगीत है। इसको संगीतकला में मूल महत्त्व प्राप्त है। राजपूत काल (647-1000 ई०) में देश टुकड़ों-टुकड़ों में विभाजित था। अतः संगीत में घरानों का प्रचलन हुआ। घरानें अपनी कला को गोपनीय रखते थे। मात्र अपने घराने में ही शिक्षा देते थे। इससे संगीत में अनुदारता उत्पन्न हुई। बारहवीं सदी के अन्तराल में प्रसिद्ध कवि और संगीतकार जयदेव ने 'गीतगोविन्द' की रचना की। इसमें राधा-कृष्ण की प्रेमलीला को विषय बनाया गया। इसका अनुवाद समस्त यूरोपीय भाषाओं में हो चुका है। इस पुस्तक को भारतीय संगीत के विकास में मूल महत्त्व प्राप्त है। इसके पश्चात् भारतीय संगीत का वह स्वर्णिम युग प्रारम्भ होता है, जिसमें मुस्लिम संगीतज्ञों के सम्मिलित होने से भारतीय संगीत असाधारण रूप में प्रभावित हुई, जिसकी चर्चा आगे की पंक्तियों में आयेगी। लेकिन इससे पूर्व यह स्पष्ट कर देना आवश्यक है कि वर्तमान में संगीतज्ञ संगीत को उत्तर तथा दक्षिण के नाम पर दो खण्डों में विभाजित करते हैं। उत्तरीय भारत की संगीत को हिन्दुस्तानी कहते हैं, जिस पर मुसलमानों की अमिट छाप है तथा दक्षिण भारत की संगीत को कर्नाटकी कहते हैं, जो प्राचीन भारतीय संगीत का दूसरा नाम है। इस पर मुसलमानों के प्रभाव लेशमात्र ही है।

भारत में मुस्लिम संगीत

मुसलमान भारत आये, तो संगीत में अरब तथा ईरान की परम्पराएँ अपने साथ लाये। उनकी कलात्मक परम्पराएँ प्राचीन भारतीय परम्पराओं से भिन्न एवं प्रतिकूल थीं। उनके लिए भारतीय संगीतकला समझना कठिन था। इस समस्या का समाधान शिक्षा-दीक्षा द्वारा प्राप्त किया जा सकता था, परन्तु प्राचीन भारतीय संगीतज्ञों का वर्ग, जो ब्राह्मणों पर आधारित था, 'मूर्तिभंजकों' को संगीत की दीक्षा देना सहन न था, क्योंकि उनका विश्वास था कि संगीत व्यक्ति को उसके समस्त पापों से मुक्त करा देती है और वे इन मुस्लिम पापियों की मुक्ति में सहायक नहीं बनना चाहते। उनकी कटुता की स्थिति यह थी कि उन्होंने जन-सभाओं में प्राचीन संगीतकला के प्रदर्शन पर भी प्रतिबन्ध लगा दिये थे।[1] ताकि इससे उन लोगों को आध्यात्मिक लाभ न प्राप्त हो जाय जिन्हें वे वंचित रखना चाहते थे, परन्तु कालान्तर में न केवल यह कि द्वेष एवं घृणा के वातावरण की तीव्रता समाप्त हुई, वरन् परस्पर तादात्म्य के आधार पर प्रेम एवं स्नेह की कोंपलें फूटने लगीं, तो संगीत सर्वाधिक प्रभावी एवं दिलों को जोड़ने का मरहम बन

1. मानसोल्लास, खण्ड-3, पृ० 13, श्लोक-132

गया। इसका प्रथम उदाहरण लोचन कवि की 'रागतरंगिणी' है जिसको भारतीय इतिहास की आधार पुस्तकों में माना जाता है। इसमें पूर्ववर्ती मुस्लिम संगीतज्ञ इब्न-मुसज्जा द्वारा प्रचलित 'मक़ामात' को, जिन्हें 'असाबा' भी कहते हैं, कला का आदर्श मानकर प्राचीन भारतीय संगीतकला को पुनर्निर्मित किया गया। इन मक़ामात की चर्चा कलीसाई संगीत में भी मिलती है, जिसको यूनानी में 'ऑक्टोइक्स' कहते हैं। वर्तमान 'गेरेगोरी' भी मक़ामात ही हैं, जो रूमी कलीसा में प्रचलित हैं। भारत में रागतरंगिणी ने मक़ामात को अधिकारिक रूप प्रदान किया। इन्हीं मक़ामात को तदुपरान्त संस्थान, मेल अथवा थाट कहा गया है। मेल का एक प्रकार 'हयहुज्जी' भी है। 'हयहुज्जी' हिजाज़ (अरब प्रान्त) का अपभ्रंश। आचार्य तथा 'मेल' शब्द 'मक़ाम' का अनुवाद है।[1] फिर मक़ामात की सर्वप्रियता की स्थिति यह आयी कि मक़ामात को प्राचीन भारतीय संगीत की 'ग्राम-मूर्च्छना' का पर्याय माना गया है। दकन विशेषज्ञ टी० आर० श्रीनिवास आयंगर का विचार है कि रामामात्य, सोमनाथ, वनकटमखी, जिन स्वरों को 'शुद्ध' कहा गया है, वे शार्ङ्गदेव द्वारा निर्धारित शुद्ध स्वर नहीं हैं, परन्तु मक़ामात से प्रभावित हैं। कल्लिनाथ के अनुसार पन्द्रहवीं शताब्दी ई० के मध्य तट पर दक्कन में भी मक़ामात का प्रचलन हो चुका था।[2] इसी काल में उत्तरी भारत के विभिन्न रागों, वाद्यों तथा गायकों की चर्चा अबुल फ़ज़्ल (मृ० 1602 ई०) ने की है।[3]

लोचन ने मक़ामात के लिए संस्थान शब्दावली का प्रयोग किया। कुछेक अन्य शब्दावलियों में भैरो, काफ़ी, असावरी, पूर्बी, विलावल, भैरवी, खमाज तथा कल्याण का वर्णन भी मिल जायगा वरन् मारवा तथा तोड़ी नहीं मिलती।[4] लोचन के अनुपालन में अहोबल ने 'संगीत पारिजात' की रचना की, जिसका फ़ारसी अनुवाद औरंगज़ेब के वेतनभोगी कर्मचारी मिर्ज़ा रौशन ज़मीर (मृ० 1666 ई०) ने किया।[5] इसमें उन्हीं शब्दावलियों की चर्चा है, जो लोचन के वर्णन में सम्मिलित है। उसने राजधानी नाम के एक वीणा की चर्चा की है और एक राग की भी जो वर्तमान में कल्यान है। वह 'रबाब' और 'सुरसागर' नाम के वादकों की भी चर्चा करता है और 'जलयन्त्र' अर्थात् जलतरंग, 'सुनादी' अर्थात् शहनाई और 'चुंग' अर्थात् चंग के विषय में भी संकेत किये हैं। दक्कन के राजा

1. मुसलमान और भारतीय संगीत, पृ० 35
2. मुसलमान और संगीत, पृ० 37-38
3. आईने-अकबरी, पृ० 192-98
4. मुसलमान और संगीत, पृ० 4
5. फ़ारसी अनुवाद की पाण्डुलिपि रज़ा पब्लिक लाइब्रेरी रामपुर में सुरक्षित है।—लेखक

कृष्णदेव राय (मृ० 1530 ई०) के राजसंगीतज्ञ लक्ष्मीनारायण की 'संगीत-सूर्योदय' में 'ग़ज़ल' तथा 'क़ौल' की चर्चा है। इसी प्रकार प्राचीन भारतीय संगीत विशेषज्ञों की पुस्तक में मुसलमानों की संगीत तथा विशेषकर मक़ामात के प्रभाव स्पष्ट हैं।

राग-रागिनियाँ और वादक

भारतीय मुस्लिम संगीतज्ञों में आविष्कार करने और कुछ नया कर दिखाने की प्रवृत्ति अमीर ख़ुसरौ (मृ० 1325 ई०) से प्रारम्भ होती है। उन्हींने 'ख़याल' का आविष्कार किया।[1] कुछेक उन्हें ख़याल प्रवर्तक मानने से संकोच करते हैं। उनका तर्क यह है कि ख़याल की तरह की गायकी के चिह्न प्राचीन संगीत में भी मिलते हैं।[2] यदि इस तर्क को मान लिया जाय, तो प्रत्येक आविष्कार के लिए कहा जा सकता है कि इसके चिह्न पूर्व में विद्यमान थे। उदाहरणार्थ, क्या अणु से सम्बन्धित सभी आविष्कारों को नकारा जा सकता है । ज्ञातव्य है कि अमीर ख़ुसरौ से पूर्व न तो ख़याल नाम का कोई राग था, न कोई रागिनी, न ऐसा कोई संगीत सिद्धान्त ही था। ख़याल का सिद्धान्त सर्वप्रथम अमीर ख़ुसरौ ने प्रतिपादित किया। अतः वे ही ख़याल के आविष्कारक हुए। अमीर ख़ुसरौ की परम्परा का विकास जौनपुर के शर्क़ी सुल्तानों, सुल्तान हुसैन शाह शर्क़ी (मृ० 1484 ई०) के शासनकाल में हुई। सुल्तान स्वयं भी अपने समय के संगीतज्ञों में माना जाता था। उसने ख़याल में ऐसी नूतनता उत्पन्न की कि कुछेक ने उसी को ख़याल का आविष्कारक समझ लिया।[3] परन्तु इसमें सन्देह नहीं कि उसने कई अन्य रागों का आविष्कार किया है, जिनमें जौनपुरी, तोड़ी, सिन्धु भैरवी, रसूलतोड़ी, बारह प्रकार के श्याम, सेंदूरा आदि। इन आविष्कारों की चर्चा में अकबरी दरबार के मियाँ तानसेन (मृ० 1589 ई०) की चर्चा अपरिहार्य है, जिन्होंने 'ध्रुपद' का आविष्कार किया। उन्होंने ध्रुपद के तीन सौ प्रकार अपनी पुस्तक में गिनाये हैं। दक्कन के आदिलशाही शासकों में इब्राहीम आदिलशाह द्वितीय 'जगद्गुरु' (मृ० 1626 ई०) को संगीतकला में अधिकार प्राप्त था। उसकी पुस्तक 'नवरस' गीतों का संकलन है, जिनके गायन हेतु विभिन्न राग-रागिनियों को सन्दर्भित किया गया। नवरस की अब तक ग्यारह प्रतियाँ खोजी जा चुकी हैं, जिनमें भिन्न-भिन्न

1. सौत-उल-मुबारक, पृ० 9
2. मुसलमान और भारतीय संगीत, पृ० 32
3. क़ौमी-तहज़ीब का मस्अला, पृ० 82

प्रतियों में रागों की भिन्न-भिन्न संख्या है। सालारजंग संग्रहालय, हैदराबाद की एक प्रति में तेरह राग और पैंतीस गीत हैं।[1]

समकालीन भारतीय संगीत में 'विलावल थाट' को शुद्ध 'ग्राम' की स्थिति प्राप्त है। उत्तरी भारत में संगीत पाठ्यक्रम का प्रारम्भ विलावल से ही होता है। दकन में विलावल को 'शंकराभरण' माना गया है। विलावल की संरचना मुस्लिम संगीतज्ञों के प्रभाव में हुई।[2] विलावल का भरपूर प्रयोग 'उसूल-उल-नग़माते-आसिफ़िया' (र० 1813 ई०) में दीख पड़ता है, जो नव्वाब आसिफ़उद्दौला के शासनकाल के संगीत विशेषज्ञ मुहम्मद रज़ा ख़ाँ की रचना है। वे अपने समय में प्रचलित राग-रागिनियों के विभाजन से सन्तुष्ट नहीं थे और उनको सुधारने के हेतु संघर्षशील हुए। इस काल में संगीतशास्त्र के चारों सिद्धान्त, जो भरतमुनि, हनुमत, कल्लिनाथ तथा सोमेश्वर के नामों से समर्पित थे, उनकी कटु आलोचना का आधार बने। उन्होंने स्थापित किया कि तत्कालीन परिप्रेक्ष्य में इन सिद्धान्तों की सार्थकता समाप्त हो चुकी है। उन्होंने राग और रागिनियों को पुनः सम्पादित एवं प्रतिपादित किया, जो निम्नलिखित हैं :

राग का नाम	रागनियों के नाम
भैरवी	भैरवी, रागकली, गुर्जरी, रवट, गान्धारी, असावरी
मालकोस	वागेश्वरी, तोड़ी, देशी, सोहा, सुधराई, मुल्तानी
हिण्डौल	पूरबिया, बसन्त, ललित, पंचग, धनाश्री, मारवा
श्री	गोरी, पूर्वा, गोरा, त्रिवेनी, मालश्री, जैतश्री
मेघ	मधुमास, गोण्ड, सुध, सारंग, षणहंस, सामन्त, सोरठ
नट	छायानट, हमीर, कल्यान, केदार, वहागड़ा, ईमन।

'उसूल-उल-नग़माते-आसिफ़ी' की समकालीन संगीत प्रमुख पुस्तकों में गणना होती है। उसके पुनः विभाजन को सम्मान की दृष्टि से देखा जाता है। परन्तु वाजिद अली शाह के विचार में 'उसूल-उल-नग़माते-आसिफ़ी' ही नहीं तत्कालीन एक अन्य प्रसिद्ध पुस्तक 'ख़ुलासत-उल-ऐशे-आलमशाही' जो संगीत दर्पण पर आधारित थी, आधिकारिक रचनाएँ नहीं थीं। इसी अतृप्ति भाव के अन्तर्गत उन्होंने 'सौत-उल-मुबारक' (र० 1850 ई०) की रचना की, जो समकालीन संगीत ग्रन्थों में आधारभूत स्थिति रखती है।[3] इसका विषय भारतीय संगीतकला तथा उसका संक्षिप्त इतिहास है। ध्वनियों के आधार पर संगीत की विभिन्न

1. उर्दू क़लमी किताबों की वज़ाहती फ़ेहरिस्त, पृ० 371
2. मुसलमान और भारतीय संगीत, पृ० 77
3. सौत-उल-मुबारक, पृ० 2

शब्दावलियों को अध्यायों के उप-शीर्षक रूप में दिया गया है। प्रत्येक अध्याय को 'हिजाब' (आवरण) तथा प्रत्येक प्रकरण को परदा कहा गया है। प्रथम अध्याय में सत्तरह प्रकरण हैं जिनमें 'सुर' तथा 'नग़मा' का बयान है। सुरों की वास्तविकता, शब्द नग़मा के नामकरण का कारण, सुरों की पहचान, उनके नाम तथा स्थितियों की चर्चा। इसी अध्याय में संगीत विशेषज्ञता के विभिन्न स्तरों तथा पूर्व के कला विशेषज्ञों की चर्चा भी है। दूसरे अध्याय में ताल और लय की परिभाषा, उनके अंग और उनके परस्पर आदान-प्रदान की विभिन्न स्थितियों की चर्चा है। तीसरे अध्याय में तत, तबत, खन और सखर के अन्तर्गत संगीत वादकों को विभाजित करके उनके प्रतिनिधि वादन और उसके आविष्कारक की चर्चा है। चौथे अध्याय में नृत्य की परिभाषा तथा चौदह गुणों की चर्चा है। पाँचवें अध्याय में चौबीस गाथाएँ हैं, जिनमें श्रेष्ठ संगीतज्ञों की कीर्ति और आश्चर्यजनक घटनाएँ लिखी गयी हैं। छठें अध्याय में रहस्यों का वर्णन है। वाजिद अली शाह की एक और रचना 'नाजो' (र० 1868-69 ई०)[1] भी 'रिसाला-इल्म-मूसीक़ी' के रूप में प्रचलित है।[2] परन्तु वास्तव में यह संगीतकला पर कोई रचना नहीं है वरन् इन अध्यायों में अवध के बादशाह वाजिद अली शाह ने अपने, अपनी बेगम बादशाह महल 'आलम' तथा अन्य कवियों के गीत एकत्र कर दिये हैं। कहीं-कहीं बँगला में कुछ कहा गया है तथा इनके गायन हेतु रागों और रागिनियों की जानकारी दे दी है। यही कुछ उन्होंने अपनी कुछ अन्य पुस्तकों जैसे 'दुल्हन', 'बनी', 'ईमान', 'मलिक अख़्तर' इत्यादि में भी किया है।

मुस्लिम संगीतज्ञों ने विभिन्न रागों की संरचना एवं विकास में असाधारण योगदान दिया है। यहाँ समस्त जानकारी उपलब्ध कराना सम्भव नहीं है, वरन् इन रागों में ध्रुपद, ख़याल, ठुमरी, टप्पा तथा तराना के विषय में इतना बता देना आवश्यक है कि ध्रुपद मूल राग है, जिसको मुस्लिम संगीतज्ञों ने उन्नयन के उच्च शिखरों तक पहुँचाया। उनके विषय ईश-वन्दना, बादशाह की प्रशंसा, धार्मिक चर्चाएँ, प्राकृतिक चित्रण तथा सामाजिक समारोह हैं। ध्रुपद को विभिन्न राग-रागिनियों में छोटी-बड़ी तानों में गाते हैं। इसमें गम्भीरता एवं धैर्य को महत्त्व प्राप्त है। इसका प्रारम्भ नोम-तोम से होता है, जिसमें ता, ना, री, तूँ, नूँ, तू, दी, री, को लम्बी तान में गाते हैं कि ओऽम् तथा हरि की ध्वनियाँ निकलती हैं। इसके बाद बन्दिश आती है, जिसमें आलाप के बाद गीत के बोल होते हैं। गीत के बाद लयकारी होती है, जिसमें दोगुना, तिगुना, चौगुना, छहगुना के समान सादा तथा पौन गुना (3/4), दो-तिहाई 2/3, 2/5, 4/5, पाँच गुना तथा

---

1. नाजो, पृ० 2
2. उर्दू क़लमी किताबों की वज़ाहती फ़ेहरिस्त, पृ० 344-45

2/7, 4/7, 7/9, 4/9 (कुवाड़) आदि कठिन तानों का प्रयोग होता है। ध्रुपद को मुस्लिम दरबारों तथा हिन्दू मन्दिरों में समान रूप में सर्वप्रियता प्राप्त रही, क्योंकि ध्रुपद को नृत्य उत्तेजित कर देता है तथा दरबारों में सुन्दर नर्तकियाँ तथा मन्दिरों में देवदासियाँ काम-भावना को भड़काती हुई नृत्य करती थीं।

मुस्लिम संगीत में ऐतिहासिक रूप में ख़याल को ध्रुपद पर वरीयता प्राप्त है तथा सर्वप्रियता भी ख़याल को ही अधिक मिली, परन्तु प्राचीन भारतीय संस्कृति के परिप्रेक्ष्य में देखें, तो ध्रुपद (यद्यपि उस समय उसको यह नाम नहीं मिला था) के आधार पर ही ख़याल का आविष्कार हो सका। इसमें ध्रुपद की लयकारी और क़व्वाली के तान का परस्पर सम्मिश्रण होता है, परन्तु ध्रुपद की तरह लम्बी तान नहीं होती। ख़याल के चार प्रकार प्रसिद्ध हैं, जिनके नाम हैं, ग्वालियार, किराना, पटियाला तथा आगरा। ध्रुपद चार आलंकारिक वाक्यों से प्रतिपादित होता है, परन्तु शब्दों एवं अक्षरों की समानता अनिवार्य नहीं होती। इसका विषय अधिकांशतया प्रेम-वियोग होता है। द्रविड़ भाषा में ध्रुपद को 'चन्द' कहते हैं, जिसमें प्रशंसा एवं स्तुति की जाती है। तेलुगु तथा कन्नड़ में इसे 'धरो' कहते हैं तथा इसका विषय प्रेम-प्रदर्शन होता है। बँगला में इसे 'बँगला' कहते हैं। जौनपुरी में इसका नाम 'चुटकुला' है। दिल्लीभाषी ध्रुपद को 'क़ौल' अथवा 'तराना' कहते हैं, जिसको अमीर ख़ुसरौ ने सम्पादित किया। मथुरा में इसको 'बिशन पद' कहते हैं, जिसमें ठुमरी की तरह राधा-कृष्ण का वर्णन रहता है। सिन्धी में इसको 'वाई' कहते हैं और पंजाबी में 'काफ़ी' कहते हैं। सिन्ध तथा पंजाब में इसका उद्देश्य प्रेम-प्रसंग को जागृत करना होता है। गुजरात में इसको 'जकरी' कहते हैं। संक्षेप में यह कहा जा सकता है कि देश के विभिन्न भागों में इसके अलग-अलग नाम हैं, परन्तु उद्देश्य एक है!

ठुमरी और टप्पा को अवध दरबार (1720-1856 ई०) ने सर्वप्रिय बनाया। ठुमरी एक प्रकार का गीतात्मक नृत्य जिसमें राधा-कृष्ण की लीलाओं को आधार बनाया जाता है, इसमें सूक्ष्म एवं निर्मल भावनाओं के काव्य पर लयबन्दी होती है। पट्टा का प्रारम्भ पंजाब के पर्वतीय क्षेत्रों में हुआ, इसमें चुलबुलापन, परत-दर-परत प्रभाव खटका आदि को महत्त्व प्राप्त है। इसका वातावरण गम्भीर नहीं होता। 'तराना' को ख़याल का एक प्रकार माना जाता है। इसमें 'ना-दिर-दिर-ना-दिब' को मूल महत्त्व प्राप्त है, जिसको ख़याल में सम्मिलित करके तराना बनता है। ठुमरी का आविष्कार वाजिद अली शाह (मृ० 1887 ई०) ने किया। परन्तु चूँकि ठुमरी के चिह्न पूर्व में भी मिलते हैं[1] अतः कुछेक ने वाजिद अली

1. नग़माते-आसिफ़ी, पृ० 64

शाह को उसका अन्वेषक मानने से उसी प्रकार इनकार किया है,[1] जिस प्रकार अमीर ख़ुसरौ को ख़याल का अन्वेषक मानने से इनकार किया गया है। अमीर ख़ुसरौ के विषय में हमारा तर्क गत पंक्तियों में आ चुका है। दोनों स्थितियाँ समान हैं। सत्य यह है कि ठुमरी अपने वर्तमान रूप में वाजिद अली शाह की देन है, जिसमें उन्होंने अनेक नयी बातें सम्मिलित कीं और उसे सर्वप्रिय बनाया। रागिनियों में 'जोगिया, कन्नड़, जूही और बादशाह-पसन्द' के आविष्कारक भी वाजिद अली शाह ही माने जाते हैं।[2] परन्तु उनकी पुस्तकों में मात्र एक रागिनी 'मुल्तानी' की चर्चा मिलती है, जो ध्रुपद का एक प्रकार है।[3] मियाँ मल्हार, ध्रुपद की चौताल, लयकारी भी मुस्लिम दरबारों में प्रचलित रही, जिसमें स्थायी, अन्तरा और दोगुन के विशेष सिद्धान्त प्रतिपादित किये गये। इसके विस्तार में जाना सम्भव नहीं परन्तु इतना बता देना उचित ही होगा कि गायकों के लिए कलावन्त की शब्दावली भी मुसलमानों की ही देन है।

मियाँ तानसेन का एक ध्रुपद संगीत वादकों के वर्णन में विख्यात है :

ताल पखावज आवज बाजत ढोलक और तम्बूरा।
वीना, रबाब, मिरुज, डफ़, मुरली मधुर धुनि घोरा॥

इसमें तम्बूरा, रबाब, मिरुज (मिज़राब), डफ़ (दफ़) मुस्लिम संगीतकारों के प्रिय संगीत यन्त्र हैं। इनके अलावा सितार, सरोद, क़रना, जलाजल, शहतूरा, ताशा, नक़्क़ारा, कूस, तब्ल आदि को मुस्लिम संगीत में मूल महत्त्व प्राप्त है। इनमें प्रत्येक वादन के विषय में यहाँ लिखना सम्भव नहीं है, परन्तु 'तम्बूरा' और 'सितार' के विषय में कुछेक अत्यन्त महत्त्वपूर्ण तथ्यों की ओर संकेत कर देना ज़रूरी है। 'तम्बूरा' अरबी संगीतवादकों में सम्मिलित है, जिसकी चर्चा गतपृष्ठों में आ चुकी है। 'तम्बूरा' फ़ारसी 'तम्बूर' का अरबीकरण है, जिसका अर्थ एक प्रकार का छोटा ढोलक होता है।[4] इन्हीं अर्थों में अरबों में 'तम्बूर-उल-बग़दादी' अथवा 'अलमीज़ानी' के प्रचलन से भी स्पष्ट है। तम्बूरवादक को भारत में 'तम्बूरची' कहते हैं। तम्बूरा को 'तानपूरा' भी कहते हैं। कुछेक इसको वीणा का परिवर्तित रूप मानकर प्राचीन भारतीय वादकों में गणना करते हैं। यहाँ तक कि इसके आविष्कार का सम्बन्ध भी तुम्बरु ऋषि से जोड़ देते हैं। यद्यपि सत्य यह है कि तम्बूरा अपने वर्तमान रूप में तेरहवीं सदी के बाद की आविष्कार है, जो भारतीय

---

1. वाजिद अली शाह की अदबी-वो-सक़ाफ़ती ख़िदमात, पृ० 473
2. हुनरमन्दाने-अवध, पृ० 56
3. नाजो, पृ० 44
4. मानक हिन्दी कोश, भाग-2, पृ० 492

मुसलमानों के कारण सम्भव हो सका। प्राचीन भारतीय संगीत में तम्बूरा का प्रचलन नहीं था, क्योंकि उस समय इसकी आवश्यकता ही नहीं थी। गायक अपने-आप ताल लेकर गाता था।[1] वर्तमान तम्बूरा में चार तार होते हैं, जो मध्यम 'प', बीच 'स' तथा मध्यम 'श' में मिलाये जाते हैं। कुछेक तम्बूची मालकोस में मध्यम 'प' के तार को मध्यम 'म' में मिलाना अधिक रुचिकर मानते हैं।[2] तम्बूरा प्राचीन भारतीय वीणा से नितान्त भिन्न संगीतात्मक आधार रखता है। यह उत्तर एवं दक्षिण दोनों प्रकार के संगीतज्ञों में समान रूप में प्रचलित है। महिलाओं का तम्बूरा छोटा तथा पुरुषों का बड़ा होता था। महिलाओं तथा पुरुषों के तम्बूरे में आकार के अन्तर के अतिरिक्त कोई अन्य विभेद नहीं होता है।

सितार को भारतीय संगीत में सर्वाधिक महत्त्व प्राप्त है। इसके आविष्कार करने का सेहरा अमीर ख़ुसरौ (मृ० 1325 ई०) के सिर है, परन्तु कुछेक विद्वान् इसको मुहम्मद शाह रँगीले (मृ० 1748 ई०) के दरबारी संगीतज्ञ ख़ुसरौ ख़ाँ की ईजाद बताते हैं। उनके तर्क का आधार यह है कि चूँकि सितार की सर्वप्रथम चर्चा शाह आलम द्वितीय (मृ० 1771 ई०) की पुस्तक 'नादिराते-शाही' में मिलती है,[3] अतः यह अमीर ख़ुसरौ की ईजाद नहीं हो सकती। यह तर्क कितना हास्यास्पद है कहने की आवश्यकता नहीं। सितार के विषय में अमीर ख़ुसरौ के आविष्कारक होने की चर्चा निरन्तर होती रही है। इसमें कोई सन्देह नहीं कि सितार मुस्लिम संगीतज्ञों की देन है और 'सेहतार' ही बाद में सितार कहलाया। ऐतिहासिक रूप में देखा जाय, तो सितार का आविष्कार तिरन्तरी वीणा दीख पड़ता है, जिसमें तीन तुम्बे बराबर से रखे होते थे और उनमें तीन तार तथा 16 परदे होते थे। सितार का आविष्कारक इन्हीं तारों को परिवर्तित करने से हुआ। कालान्तर में तीन तारों में चार तार और बढ़ाये गये जिनसे परदों की संख्या बढ़कर 23 हो गयी। यह परिवर्तन ख़ुसरौ ख़ाँ के पोते मसीत ख़ाँ ने की। सम्भवतः इसी से कुछेक को भ्रम हुआ ख़ुसरौ ख़ाँ सितार के आविष्कारक थे। मसीत के भानजे दूल्हा ख़ाँ के दामाद रहीम सेन ने सितार को पुनः शुद्ध किया। उन्होंने परदों की संख्या कम करके 19 कर दी तथा सितार में बायीं तरफ एक छोटी-सी तुम्बी बढ़ा दी, उनके सुपुत्र अमृत सेन ने वीणा के आलाप तथा राग भी सितार में भर दिये। फिर मिज़राब के प्रयोग से सितार की ध्वनि अधिक बढ़ गयी। अमीर ख़ाँ ने कई तम्बुओं को निकालकर एक बड़ा तम्बू जोड़ दिया। विलायत ख़ाँ के पिता इमदाद ख़ाँ ने सितार में कई अन्य बातें जोड़ दीं। इस

---

1. भारतीय संगीत, पृ० 194
2. भारतीय संगीत, पृ० 194
3. नादिराते-शाही, पृ० 87

प्रकार तेरहवीं सदी से वर्तमान काल तक सितार में निरन्तर संशोधन-परिवर्तन होता रहा है। इसके दो अलग घराने बन गये, मसीतख़ानी तथा रज़ाख़ानी। सितार में परदों पर तारों को दबाकर विविध प्रकार की ध्वनियाँ उत्पन्न की जातीं। परदों के तारों के आधार पर सितार के दो प्रकार बताये जाते हैं। अचल और चल। अचल में चौबीस परदे होते हैं, जिनकी चौबीस ध्वनियाँ होती हैं, चल में सोलह परदे होते हैं और उतनी ही ध्वनियाँ होती हैं। आजकल कुछेक चल-सितार में तीन अन्य परदे भी सम्मिलित कर दिये जाते हैं, जिनसे परदों की संख्या उन्नीस और उतनी ही ध्वनियाँ होती हैं।[1]

तबला भी मुस्लिम संगीतकारों का आविष्कार है। इसका प्रारम्भ पंजाब से हुआ, जिसने शीघ्र ही मृदंग का स्थान ग्रहण किया। मृदंग के प्रभाव में आज भी पंजाब में बायें हाथ पर बजाने का प्रचलन है। तबला पर पखावज के प्रभाव भी हैं, जो उसके बोल, बन्दिश आदि से स्पष्ट है। वर्तमान काल में तबला अत्यन्त प्रिय वाद्यों में माना जाता है।

दरबारों से घरानों तक

मुस्लिम शासकों में अधिकांश गाने-बजाने के रसिया थे, उनके दरबारों से संगीतज्ञ सम्बद्ध थे, जिनको विशेष अवसरों एवं आयोजनों पर बहुमूल्य पुरस्कार से अलंकृत किया जाता था। इससे मुस्लिम राज्य का कोई युग अपवाद नहीं रहा। महमूद ग़ज़नवी (मृ० 1030 ई०) भी युद्ध विभीषिकाओं के बीच संगीत से रसास्वादन के लिए समय निकालता था।[2] मुहम्मद ग़ौरी (मृ० 1505 ई०) तथा क़ुत्बउद्दीन ऐबक (मृ० 1210 ई०) के राज्यकाल में संगीत का प्रचलन इतना बढ़ गया था कि शम्सउद्दीन इल्तुतमश (मृ० 1235 ई०) ने अपनी धार्मिक अतिशयोक्ति के कारण पहले संगीत को निषिद्ध किया फिर सूफ़ियों के प्रभाव से विवश होकर अनुमति दे दी। फ़ीरोज़शाह प्रथम रुक्नउद्दीन (मृ० 1239 ई०) संगीतकारों तथा गायकों को अपार धन-सम्पत्ति प्रदान करने की विशेषता के कारण 'दूसरा हातिम' कहा जाता था।[3] ग़यासउद्दीन बलबन (मृ० 1287 ई०) की एक सायं कवियों और साहित्यकारों के लिए विशेष होती थी, तो दूसरी सायं मात्र गायकों, नृत्यकों, भाँड़ों तथा गल्पवाचकों के लिए सीमित होती थी।[4] उसका

1. भारतीय संगीत, पृ० 207
2. मध्ययुग का इतिहास, पृ० 97
3. तबक़ाते-नासिरी, पृ० 381
4. ख़िलजीकालीन भारत, पृ० 146

पुत्र महमूद (बुग़रा ख़ाँ) संगीत एवं नृत्य का बड़ा ही पोषक था। कैक़ुबाद (मृ० 1290 ई०) का राजदरबार सुरा-सुन्दरी, नर्तकियों तथा गायकों से भरा रहता था। ख़िलजी वंशज का पहला सुल्तान फ़ीरोज़शाह द्वितीय जलालउद्दीन (मृ० 1295 ई०) भी संगीत का अपूर्व पोषक था। उसके राजदरबार से अमीर ख़ासा तथा हमीद राजा के समान उच्चकोटि के संगीतकार एवं गायक तथा मुहम्मद शाह चंगी, फ़त्तू नसीर ख़ाँ, बहरदुज़ आदि सम्बद्ध थें।[1] अमीर ख़ुसरौ भी इसी दरबार से सम्बद्ध थे। अलाउद्दीन ख़िलजी (मृ० 1316 ई०) के पुत्र ख़िज्र ख़ाँ का विवाह गुजरात की राजकुमारी देवलदेवी से हुआ था, जो संगीत में मर्मज्ञ थी। उसके साथ गायकों का एक दल भी राजमहल में प्रवेश पा गया, जिनके कला के प्रदर्शन दरबार में होते थे।[2] सम्भवतः इसी अवसर पर गोपाल नायक का दिल्ली आगमन हुआ। उसके एक ध्रुपद में अलाउद्दीन की स्तुति की गयी है।[3] इसी काल में गुजराती संगीतकारों की एक जाति 'बरवार' प्रवसन कर दिल्ली में आबाद हो गयी।[4] क़ुत्बउद्दीन ख़िलजी (1320 ई०) का प्रिय पात्र एक नव-धर्मान्तरित मुस्लिम ख़ुसरौ ख़ाँ था, जो महिलाओं के वस्त्र धारण करके अपनी कला का प्रदर्शन करता था।[5]

संगीत का संरक्षण करने में तुग़लक़ सुल्तानों में मुहम्मद तुग़लक़ तथा फ़ीरोज़शाह तुग़लक़ तथा लोदियों में सिकन्दर लोदी को अपने समस्त पूर्ववर्तियों पर वरीयता प्राप्त है। मुहम्मद तुग़लक़ (मृ० 1351 ई०) के राजदरबार से 1200 गायक सम्बद्ध थे, जो संगीतकला की दीक्षा देते थे। दास गायकों की संख्या सौ थी। इतने ही कवि भी थे। इन गायकों में यदि कहीं कोई अपने कला का प्रदर्शन करते समय कोई त्रुटि करता, तो दण्ड भोगता। सुल्तान, अपने राजमहल में हों, अथवा यात्रा में, सौ नक़्क़ारे, चालीस बड़े तम्बूरे, बीस बड़ी दुमदुमियाँ और दस बड़े झाँझ बजाये जाते थे। सेना के साथ ढोल, फिरीरी तथा तुरुही होती थी। संगीतकारों, गायकों तथा नर्तकियों के अतिरिक्त कोई व्यक्ति सवारी में बैठकर सुल्तान के सामने से नहीं गुज़र सकता था। ईद के अवसर पर साल भर के बीच बन्दी हुई युवतियाँ नृत्य करती थीं, जो बाद में अमीरों में बाँट दी जाती थीं।[6] फ़ीरोज़शाह तुग़लक़ (मृ० 1388 ई०) यात्रा के बीच चंचल नयन

1. ख़िलजीकालीन भारत, पृ० 15-16
2. ख़िलजीकालीन भारत, पृ. 173-74
3. संगीत चिन्तामणि, पृ० 318
4. मुसलमान और भारतीय संगीत, पृ० 5
5. ख़िलजीकालीन भारत, पृ० 133
6. तुग़लक़कालीन भारत, भाग-1, पृ० 189, 247

सुन्दरियों, नर्तकियों तथा गायिकाओं के सान्निध्य का आनन्द लेता था।[1] प्रत्येक ख़ेमे के सामने नृत्य होता, सिपाहियों को ऐसा आनन्द आता कि वापस को लौटने को तैयार न होते।

ईद के अवसर पर केसरिया वस्त्र धारण करके नृत्य एवं मस्ती की सभाएँ आयोजित होती थीं। जुमा की नमाज़ के बाद सुल्तान फ़ीरोज़शाह तुग़लक़ निश्चित रूप में गाना सुनता था। उसने एक ऐसा बड़ा तब्ल (ढोल) बनवाया था, जो लम्बाई और चौड़ाई में साधारण ढोल से एक हाथ बड़ा होता था।[2] सिकन्दर लोदी (मृ० 1517 ई०) भी संगीत का बड़ा रसिया था। उसके राजदरबार के प्रसिद्ध गायकों में नूरउल्लाह और इब्न-उल-रसूल के नाम लिये जाते थे। दरबारियों में मियाँ तहा उच्चकोटि के संगीतज्ञ थे, जिनके शिष्यों में ब्राह्मण भी थे। दरबार में एक पहर रात बीतने के बाद शहनाई-नवाज़ तलब किये जाते थे, जो गोरा, कल्यान, काँगड़ा तथा हुसैनी राग बजाते थे। 'तारीख़े-दाऊदी' में लिखा है कि सिकन्दर लोदी जिन रागों को पसन्द करता था, उनमें केदारा, अड़ाना, हुसैनी तथा रामकली थे। उसने पन्द्रह सौ दीनार में चार ऐसे दास क्रय किये थे। जिनमें एक चंगवादक था, दूसरा क़ानूनवादक, तीसरा तम्बूरावादक और चौथा वीणावादक था।[3] सूरी सुल्तान भी संगीत के पोषक एवं संरक्षक थे। इस्लाम शाह सूरी (मृ० 1252 ई०) के दरबार में रामदास और महापात्र को सम्मान प्राप्त था। बाद में यह दोनों कलाकार अकबरी दरबार की शोभा बने। इस्लाम शाह की पत्नी का भाई मुबारिज़ ख़ाँ राग-रागिनियों में रात-दिन बिताता था। हुमायूँ (1556 ई०) के भारत में प्रवेश करने की सूचना मिली, तो इस्लाम शाह अपने अफ़गानी गायक से कोई गीत सुन रहा था और उसकी संगति में रबाब बजा रहा था। सुल्तान आदिलशाह सूरी (मृ० 1553 ई०) को नृत्य में इतनी विशेषता प्राप्त थी कि मियाँ तानसेन स्वयं अपने को उसके शिष्यों में गिनते थे। उसके अन्य प्रतिष्ठित शिष्यों में रामदास और बाज़बहादुर हैं। रामदास अपने समय का सर्वश्रेष्ठ संगीतज्ञ था तथा बाज़बहादुर एक ऐतिहासिक व्यक्तित्व है।[4]

दकन के बहमनी सुल्तानों में ताजउद्दीन फ़ीरोज़शाह (मृ० 1442 ई०) को संगीतकला में विशेष रुचि थी। उसके राजमहल में सात सौ गायिकाएँ नियुक्त थीं। उसका क़ाज़ी सिराज गाने, बजाने और नाचने में ऐसा माहिर था कि उसने

---

1. तुग़लक़कालीन भारत, भाग-2, पृ० 220
2. तुग़लक़कालीन भारत, पृ० 144
3. उत्तर तैमूरकालीन भारत, पृ० 134, 175, 262, 333
4. मुंतखब-उल-तवारीख़, भाग-1, पृ० 434

नर्तकियों का वस्त्र धारणकर हरिहर द्वितीय के पुत्र की हत्या कर दी थी।[1] अहमदशाह प्रथम (मृ० 1435 ई०) संगीत की सुरीली तानों में मस्त रहता था। अलाउद्दीन अहमदशाह द्वितीय (मृ० 1457 ई०) ने एक हिन्दू राजकुमारी से विवाह किया था, जो संगीतकला में निपुण थी। वह कर्नाटक के एक मन्दिर से एक हज़ार देवदासियाँ अपने साथ लाया था।[2] मुहम्मद शाह द्वितीय (मृ० 1442 ई०) की सेवा में सौ दास-दासियाँ भेंट की गयीं, जो संगीतकला में निपुण थीं। उसके उत्तराधिकारी महमूद शाह द्वितीय (मृ० 1518 ई०) के राजदरबार में दिल्ली, लाहौर, ख़ुरासान आदि के संगीत विशेषज्ञ एकत्र थे।[3] बहमनी सल्तनत के उत्तराधिकारियों में आदिलशाहियों में तथा क़ुत्बशाहियों में संगीत अधिक प्रचलित हुई। आदिलशाही सल्तनत का प्रवर्तक यूसुफ़ आदिलशाह (मृ० 1511 ई०) स्वयं संगीतकला में मर्मज्ञ था। कई अनेक वादनों को सफलतापूर्वक बजाता था। उसका उत्तराधिकारी इस्माईल (मृ० 1534 ई०) तुर्की तथा ईरानी संगीत को भारतीय संगीत पर वरीयता देता था।

इब्राहीम आदिलशाह प्रथम (मृ० 1558 ई०) भारतीय संगीत का रसिया था। इब्राहीम आदिलशाह द्वितीय 'जगद्गुरु' (मृ० 1626 ई०) को संगीतकला के प्रति असाधारण अनुराग था। स्वयं विभिन्न कलाओं में निपुण था तथा अन्य कलाकारों का सम्मान करता था। उसने दूर-निकटवर्ती देशों से संगीतकला के विशेषज्ञों को राजसान्निध्य हेतु राजधानी में एकत्र किया था। चार हज़ार संगीतकार सुल्तान के शिष्यों में थे। इनके तीन प्रकार थे। 'हुज़ूरियान', 'दरबारियान' और 'शह्रियान'। हुज़ूरियान हर समय सुल्तान के साथ रहते थे। दरबारियान राजदरबार के सदस्य थे तथा शहरियान नवरस नगर के वासी थे। सुल्तान जब किसी नये गीत की रचना करता, तो उसे हुज़ूरियान को सुनाता था। हुज़ूरियान उसका अभ्यास करके दरबारियान को सुनाते थे और दरबारियान शहरियान में प्रचलित कर देते थे। इस प्रकार गुरु-शिष्य का क्रम चलता रहता था। संगीत के प्रति रुचि रखनेवाले सभी व्यक्तियों को सरकार की ओर से छात्रवृत्ति मिलती थी ताकि वे आर्थिक संकट से बचकर कला-साधन में व्यस्त रहते थे। प्रत्येक माह की नौ को नवरस नगर में 'ईदे-नवरस' होता था, जिसमें संगीत की ऐसी सभा जमती थी, जो कल्पनातीत है। सुल्तान की ओर से सभी का आतिथ्य होता। सभी लोग भोगविलास करते। सुल्तान का एक विशेष तम्बूरा था, जिसका नाम मोती ख़ाँ था। उसकी सवारी 'तख़्ते-रवाँ' पर निकलती, दरबारी तथा अमीर उसके सम्मान

---

1. A Forgotten Empire, pp. 58-64
2. गुलशने-इब्राहीमी, भाग-1, पृ० 838
3. गुलशने-इब्राहीमी, भाग-1, पृ० 896

में झुककर 'कोरनिश' करते थे।[1] विख्यात कवि 'ज़हूरी' ने अठहत्तर तथा मलिक क़ुम्मी ने पचास रुबाइयाँ मोती ख़ाँ की प्रशंसा में लिखी हैं! सुल्तान की संगीतकला पर एक रचना 'किताबे-नवरस' है, जिसमें उसने एक 'नग़मा-ए-नवरस' के आविष्कार करने की चर्चा की।[2] इस नग़मा की प्रशंसा में भी प्रसिद्ध कवि 'ज़हूरी' ने अट्ठावन रुबाइयाँ कही थीं।

क़ुत्बशाहियों में मुहम्मद क़ुली क़ुत्बशाह (मृ० 1611 ई०) को संगीत के प्रति विशेष अनुराग था। उसने अपने काव्य-संकलन में कुछ ग़ज़लों की गायकी हेतु राग-रागिनियाँ लिखीं हैं। उसके राजमहल के द्वार पर प्रतिदिन पाँच बार नौबत बजती थीं। इब्राहीम क़ुत्बशाह (मृ० 1581 ई०) भी संगीत के प्रति रुचि रखता था। उसने एक बार युद्ध में घेरा डालने के बीच बुर्जियों पर शामियानें लगवाये, जिसके नीचे अपने कलाओं में निपुण गायकों एवं वादकों ने कला प्रदर्शन किये, ताकि इस प्रकार सुल्तान की निर्भीकता एवं सन्तोष का प्रदर्शन हो सके। अब्दुल्लाह क़ुत्बशाह (मृ० 1672 ई०) भी अपने नाना मुहम्मद क़ुली क़ुत्बशाह के समान संगीत के प्रति विशेष अनुराग रखता था।

मुग़ल साम्राज्य के विभिन्न कालों में संगीत को विशेष उन्नति प्राप्त हुई। मुग़लों का उन्नयन काल हो अथवा विघटन काल, संगीत राजदरबार की प्राणप्रिय बनी रही। इस राज्य का प्रवर्तक मुहम्मद ज़हीरउद्दीन मुहम्मद बाबर (मृ० 1530 ई०) का पालन-पोषण संगीतात्मक वातावरण में हुआ था। उसके ताऊ सुल्तान अहमद मिर्ज़ा के अमीरों में दरवेश बेग तुरख़ान (मृ० 1490 ई०) संगीतकला में पारंगत था। अनेक वादकों पर कला प्रदर्शन करता था। एक अन्य अमीर सैय्यद यूसुफ़ (मृ० 1505 ई०) तरबूज़ बजाता था। बाबर का दामाद औद बजाने में माहिर था। क़ाज़ी-उल-क़ज़्ज़ात ख़्वाजा अब्दुल्लाह मरवारीद (मृ० 1516 ई०) अद्वितीय क़ानूनवादक था। बाबर के काबुल निवास के बीच तीन संगीत मर्मज्ञों के नाम मिलते हैं, जो राजदरबार से सम्बन्धित थे, अर्थात् क़ुली मुहम्मद औदी, हुसैन औदी तथा नालबी। इन तीनों संगीतकारों को प्रसिद्ध कवि एवं गायक अली शेर नवाई (मृ० 1501 ई०) से शिक्षा-दीक्षा प्राप्त करने का गौरव प्राप्त था। शेर नवाई के अनेक आविष्कारों में 'लह्ने-नवा' महत्त्वपूर्ण हैं, जो बाबर के प्रिय 'मक़ाम' में गाया जाता था और उसी के लिए ईजाद किया गया था। हेरात के कवि बन्नाई (मृ० 1512 ई०) ने भी बाबर के लिए 'मक़ाम' 'रास्ता' में एक धुन बनायी थी, जो 'नुहरंग' कहलाती थी।[3] बाबर का संगीत के

---

1. बिसात-उल-सलातीन, पृ० 250-53
2. मुसतलहाते-वारसता, पृ० 241
3. मजालिस-उल-नफ़ायस, पृ० 103, 106, 778

प्रति विशेष अनुराग का प्रमाण 'तुज़ुके-बाबरी' (र० 1530 ई०) है, जिसमें उसने नये राग बाँधने की चर्चा की है। बाबर के रागों के संकलन की चर्चा 'बाबरनामा' की अंग्रेज़ी अनुवादक एनिट बेवरेज़ ने भी किया है।[1]

नसीरउद्दीन हुमायूँ (1556 ई०) सूफ़ियों के नृत्य को 'हिकमते-इलाही' (ईश्वरीय-ज्ञान) तथा संगीतज्ञों को 'अह्ले-मुराद' (ईश्वर-भक्त) मानता था। दरबार में उनके कला प्रदर्शन हेतु सोमवार और मंगलवार के दिन निश्चित थे। हुमायूँ ने सुल्तान बहादुर गुजराती (मृ० 1536 ई०) को पराजित करने के बाद सार्वजनिक वध का आदेश पारित किया था। सुल्तान बहादुर का प्रिय संगीतज्ञ मंझू बन्दी बनाया गया। एक सिपाही उसका वध करना चाहता था कि किसी ने पहचान लिया। हुमायूँ ने उसका संगीत सुना तो अति प्रसन्न हुआ। अपना लाल वस्त्र उतारा, जो क्रोध का सूचक था और हरा वस्त्र धारण किया। मंझू को तरकश, कमरबन्द तथा बहुत-कुछ नक़्दी पुरस्कार प्रदान किया।[2] हुमायूँ के अमीरों में मिर्ज़ा हैदर दोग़लात (मृ० 1551 ई०) सितार बजाने में निपुण था। अबुल फ़ज़्ल ने उसके दरबारी संगीतज्ञों में मीर अब्दुल्लाह क़ानूनी, मौलाना हातिम क़ानूनी, उस्ताद शाह मुहम्मद सरनाबी तथा उस्ताद यूसुफ़ मौदूद मुग़न्नी की विशेष रूप में चर्चा की है।[3]

अकबर महान् (मृ० 1605 ई०) के राजदरबार को संगीत के प्रोत्साहन एवं उन्नयन में पूर्व के समस्त राजदरबारों में वरीयता प्राप्त थी। 'आईने-अकबरी' में लिखा है कि शहंशाह संगीतकला में व्यावसायिक कलाकारों से अधिक निपुण था। उसने लगभग 200 रागिनियाँ बनायी थीं, जिनमें जलालशाही महमीर कुरगत तथा नौरोजी अधिक प्रसिद्ध हैं। इनमें नौरोज़ी उस मक़ाम का नाम है, जो उसने प्रतिपादित किया था। अकबरी दरबार के संगीतकार सात वर्गों में विभाजित थे। जिनके गाने-बजाने के लिए एक-एक दिन विशेष था। उनमें छत्तीस संगीतज्ञों के नाम मिलते हैं, जिनको 'गोइन्दा' (गायक), 'ख़्वानिन्दा' (पाठक) तथा 'साज़िन्दा' (वादक) कहा जाता था। संगीतकला की इन विभूतियों को इस्लामी साम्राज्य के विभिन्न देशों से एकत्र किया गया था। अबुल फ़ज़्ल ने संगीत के जिन यन्त्रों की चर्चा की है उनमें प्राचीन भारतीय यन्त्रों में मात्र वीणा तथा सौर मण्डल की चर्चा तथा अन्य यन्त्रों के नाम अरबी, फ़ारसी या तुर्की, इससे अनुमान किया जा

1. बाबरनामा, (अनु० बेवरेज), भाग-1, पृ० 412
2. मेराते-सिकन्दरी, पृ० 250
3. आईने-अकबरी (अनु० ब्लैकमैन), भाग-2, पृ० 445-660, (अनु० ग्लीडविन) पृ० 130, 732-1034, (अनु० बेवरेज), भाग-2, पृ० 133-135, 278-280

सकता है कि विदेशी संगीतज्ञों को अपने यन्त्र प्रयोग करने की अनुमति थी।[1]

भारतीय संगीतज्ञों का सिरमौर तानसेन (मृ० 1587 ई०) अकबरी दरबार के नवरत्नों में थे। अबुल फ़ज़्ल का कथन है कि उसके समान उसका समकक्ष संगीतज्ञ एक हज़ार वर्षों में भी पैदा नहीं हुआ।[2] मुहम्मद अकबर अरज़ानी, जिसने तानसेन के 'बुद्धप्रकाश' का फ़ारसी अनुवाद 'तशरीह-उल-मूसीक़ी' किया है, जब मियाँ तानसेन का नाम लेता है, तो विभिन्न अलंकारों एवं उपाधियों के बाद ही।[3] तानसेन ग्वालियरवासी हिन्दू थे, बाद में धर्म-परिवर्तन करके मुसलमान हो गये थे। पहले रामचन्द्र बधेला से सम्बद्ध थे। वह उनको अति सम्मान देता था। एक दिन एक गायन पर एक करोड़ का पुरस्कार दिया।[4] अकबर को तानसेन के विषय में संज्ञान हुआ। अपने राज्याभिषेक के सातवें वर्ष (1563 ई०) में राजा से तानसेन माँगा, वह नकार न सका। अकबर ने तानसेन का गायन सुना, तो पहले ही दिन दो करोड़ रुपये पुरस्कारस्वरूप प्रदान किया। फिर विभिन्न आयोजनों में दान पुरस्कार के द्वार खोल दिये। तानसेन सभी कला-प्रेमियों के लिए आदर्श हो गये।[5] 'मियाँ की तोड़ी' तथा 'मियाँ का सारंग' अकबरी दरबार को मियाँ तानसेन की विशेष भेंट रही।[6] अकबरी दरबार में ही तानसेन अतिसम्मान से स्मरण किये जाने के कारण मियाँ तानसेन हो गये। तानसेन ने स्वयं अपने काँगड़ा को 'दरबारी-काँगड़ा' का नाम दिया था। इसने मल्हार एवं काँगड़ा, काँगड़ा एवं कल्यान, असावरी तथा गन्धार को परस्पर एक-दूसरे में समाविष्ट करके नये राग प्रतिपादित किये। अकबरी दरबार में राग मल्हार विशेष रूप में प्रचलित था।

मियाँ तानसेन की रचना मियाँ की मल्हार के अतिरिक्त दरबार के अन्य संगीतज्ञों ने भी मल्हार की रचना की थी, जिनमें रामदासी मल्हार, चरजू की मल्हार, घोंघू की मल्हार और सूरदास की मल्हार (हिन्दी कवि सूरदास नहीं) की विशेष रूप में चर्चा की जा सकती है, परन्तु मियाँ तानसेन की मियाँ का सारंग अद्वितीय ही रहा। इन रागों की संरचना मक़ामात के प्रभाव में हुई, जो मुस्लिम संगीतज्ञों में अनमोल रतन की स्थिति रखते हैं। मियाँ तानसेन के एक ध्रुपद से

1. आईने-अकबरी, (अनु० बेवरेज) भाग-2, पृ० 133-135, 278-280
2. आईने-अकबरी, (अनु० बेवरेज) भाग-2, पृ० 133-135, 278-280
3. तशरीह-उल-मूसीक़ी, भूमिका
4. मुंतख़ब-उत-तवारीख़, भाग-2, पृ० 42
5. मुआसिर-उल-उमरा, भाग-2, पृ० 134
6. Essays on History of Indo-Pak Music. p. 29

स्पष्ट होता है कि अकबरी दरबार के संगीत मनीषी वर्तमान राग विलावल को 'बुज़ुर्ग-मक़ाम' कहते थे।[1]

मियाँ तानसेन से भारतीय संगीत में एक विशेष पीठ का शुभारम्भ होता है। अकबरी दरबार के अन्य संगीतज्ञों में रामदास, सुभान ख़ाँ, सर्ज्ञान ख़ाँ, मियाँ चाँद, विचित्र ख़ाँ, बीरमण्डल ख़ाँ, सरोद ख़ाँ और तम्बूरावादक शहाब ख़ाँ की चर्चा की जा सकती है। अब्दुर्रहीम ख़ानखाना ने एक बार एक गायन पर एक लाख तिनका पुरस्कार रूप प्रदान किया। जब वह गाता था, तो ख़ानखाना उसी में डूब जाता था।[2] इस्लाम ख़ाँ चिश्ती (मृ० 1614 ई०) नाचरंग से बचता था, परन्तु बंगाल में अपने प्रशासनकाल के बीच लुई, बरगनी, कची तथा डोमनी आदि पर साठ लाख वार्षिक व्यय करता था।[3] राजा बीरबल संगीतकला में निपुण थे। उनके गीत एवं दोहे सुप्रसिद्ध हैं।[4]

जहाँगीर (मृ० 1627 ई०) सभी प्रकार के संगीत का पोषक था। उसके प्रथम नौरोज़ जश्न (1606 ई०) के अवसर पर गोइन्दों तथा साज़िन्दों ने महफ़िल को गरमाया। फिर दूसरे वर्ष काबुल में अफ़ग़ानो के नृत्य 'अरुग़शुंग' में रम गया। उसके दरबारी संगीतकारों में हमज़ा, छतरख़ाँ, ख़ुर्रमदाद, परवेज़दाद, मुक्खू तथा मियाँ तानसेन के कनिष्ठ सुपुत्र विलास ख़ाँ महत्त्वपूर्ण हैं। एक साज़िन्दा शौक़ी को आनन्द ख़ाँ की उपाधि प्राप्त थी।[5] नक़्क़ारख़ाने के दरोग़ा अली ख़ाँ करोरी को नौबत ख़ाँ की उपाधि प्राप्त थी। मियाँ लाल ख़ाँ ग्वालियारी अकबरी दरबार के बाद जहाँगीरी दरबार में भी सम्मिलित रहे। इब्राहीम आदिलशाह द्वितीय के संगीत गुरु और राजदूत बख़्तर ख़ाँ को मणियों की माला हाथी प्रदान किया।[6] अपने संगीत गुरु मुहम्मद ख़ाँ को अशर्फ़ियों में तौलवाया और एक हाथी हौदज सहित भेंट किया।[7] एक ध्रुपद में जहाँगीर को संगीत मर्म का विशेषज्ञ और भरतमुनि और मत्तंगमुनि के विचारों का विद्वान् कहा गया है। 'तुज़ुके-जहाँगीरी' तथा 'इक़बालनामा' में कुछेक अन्य गायकों एवं वादकों की चर्चा हुई है। उसने एक अत्यन्त विशाल नक़्क़ारा तैयार कराया था, जिसको 'कूरग' कहते थे। चाँदी के बने हुए अनेक नक़्क़ारे थे। ढोलक की एक विशेष

---

1. संगीत चिन्तामणि, पृ० 254
2. मुंतख़ब-उत-तवारीख़, पृ० 42
3. मुआसिर-उल-उमरा, भाग-1, पृ० 119
4. मुआसिर-उल-उमरा, भाग-2, पृ० 122
5. जहाँगीरनामा, (अनु० देवीप्रसाद) पृ० 369
6. जहाँगीरनामा, पृ० 399
7. जहाँगीरनामा, पृ० 439

जोड़ी सोने से बनी हुई थी, जिसकी तैयारी में पैंसठ लाख रुपये की लागत आयी थी। इस काल के अनेक चित्र मिलते हैं, जिनमें संगीत यन्त्रों को दिखाया गया है। जहाँगीर के संगीत प्रेम को उत्साहित करने में मलिका नूरजहाँ के पावन सुरुचि को नज़रअन्दाज़ नहीं किया जा सकता। नूरजहाँ संगीत की रसिया थी। साधारणतया सायं को शेर कहती और स्वयं गाती। उसकी आवाज़ में बहुत ही दर्द था। नूरजहाँ के नग़मे जहाँगीर के लिए उत्साहवर्द्धक सिद्ध होते। जहाँगीर का भाई दानियाल भी हिन्दी गीतों से प्रेम करता था। स्वयं भी ऐसे गीत लिखता जिनसे नये राग निकाले जा सकते।

शाहजहाँ (मृ० 1658 ई०) संगीत में निपुण था, जिसको प्रमाणित करने के लिए अनेक ध्रुपद उपलब्ध हैं।[1] उसने अपने समय के प्रचलित ध्रुपदों का एक संकलन एकत्र किया था, जिसमें बख़्शू की रचनाएँ हैं। उसने बिलास ख़ाँ के दामाद लाल ख़ाँ को 'गणसमुद्र ख़ाँ' की उपाधि 1603 ई० में दी थी। उसके दरबारी संगीतकारों में लाल ख़ाँ का सुपुत्र ख़ुशहाल ख़ाँ, बिसराम ख़ाँ, रंग ख़ाँ कलावन्त, किशन ख़ाँ कलावन्त तथा जगन्नाथ कविराय महत्त्वपूर्ण हैं। शाहजहाँ के मन-मस्तिष्क पर संगीतकारों का इतना प्रभाव था कि एक बार ख़ुशहाल और बिसराम ख़ाँ ने एक षड्यन्त्र के अन्तर्गत उससे ऐसे दस्तावेज़ पर हस्ताक्षर करा लिये थे, जो बाद में उनके दण्डित होने का कारण बन गया।[2] शाहजहाँ के राजकाल का कोई समारोह संगीत के बिना सम्भव न था। इसका एक अच्छा उदाहरण उसके सुपुत्र औरंगज़ेब के विवाह के अवसर पर संगीत की भरमार है।

औरंगज़ेब आलमगीर (मृ० 1707 ई०) के विषय में साधारण धारणा यह है कि उसने संगीत को मुग़ल दरबार से निष्कासित कर दिया। परिणामस्वरूप हज़ारों संगीतकार, गायक एवं वादक अपनी रोजी-रोटी खो बैठे। लोगों के घरों की तलाशी लेकर संगीत सम्बन्धी समस्त यन्त्र नष्ट कर दिये। कहते हैं कि इसके विरुद्ध विरोध प्रदर्शन हेतु कलाकारों ने संगीत की शवयात्रा निकाली और संगीत शव को मिट्टी में गाड़ने हेतु चले, तो औरंगज़ेब ने कहा कि इसे इतनी गहरायी में गाड़ना की पुनः बाहर न आ सके, परन्तु इसके विपरीत अनेक ऐसे तथ्य हैं जिनसे उक्त वक्तव्य का खण्डन होता है।

औरंगज़ेब अन्य मुग़ल शहज़ादों के समान अपने युवा काल में नाचरंग का रसिया था। एक नर्तकी पर मर मिटा था, जो ज़ीनाबाई कहलायी।

---

1. संगीत चिन्तामणि, पृ० 326
2. संगीत चिन्तामणि, पृ० 327

औरंगज़ेब अपने हाथों से उसको मदिरापान कराता था। जवानी में ही मर गयी।[1] औरंगज़ेब की औरंगाबाद में क़ब्र है। एक बार मीरज़ा मुकर्रम ख़ाँ सफ़वी ने सरोद के विषय में औरंगज़ेब से प्रश्न किया। उसने उत्तर दिया कुत्सित है, परन्तु पखावज के बिना नहीं सुन सकता जो वर्जित है।[2] परन्तु उसने अपने पुत्र शाह मुअज़्ज़म का विवाह किया, तो पुरुषों के अतिरिक्त महिलाओं का गायन बढ़-चढ़कर हुआ। औरंगज़ेब ने भी 'ग़ुस्लख़ाना' की ख़ास महफ़िल में गायन का आनन्द लिया। ध्वनियों की चिनगारी हृदय में आग लगाती रही।[3] औरंगज़ेब की सुपुत्री शहज़ादी ज़ेबउन्निसा संगीत की रसिया थी। औरंगज़ेब पर उसका प्रभाव अन्त तक यथावत् बना रहा।[4] औरंगज़ेब की संगीत के प्रति रुचि के प्रमाण उन अनेक ध्रुपदों से होती है, जो वर्तमान में भी उपलब्ध हैं।[5] औरंगज़ेब के महत्त्वपूर्ण अमीरों में शाहक़ुबाद-बिन-अब्दुल जलील-उल-हारसी संगीत प्रेमी एवं संगीतकारों का पोषक था। उसने संगीत पर अनेक पुस्तकें तैयार करायी हैं, जिनमें सत्तरह पाण्डुलिपियाँ सुरक्षित हैं। उनमें अलकिन्दी, इब्न-मुनज्जिम, अलफ़ाराबी, इब्न-सीना आदि की पुस्तकों की प्रतिलिपियाँ सम्मिलित हैं। एक अन्य पदाधिकारी मिर्ज़ा रौशन ज़मीर (मृ० 1669 ई०) को शेरशाह लोदी ने 'योग्य कवि एवं गायक' बताया है। उसने अहोमल की संस्कृत पुस्तक 'संगीत प्रजाति' का अनुवाद किया।[6]

औरंगज़ेब के शासनकाल के संगीत पर लिखी गयी पुस्तकों में फ़कीरउल्लाह की 'राग-दर्पण' (र० 1662 ई०) है, जो संस्कृत पुस्तक 'मानकतोबल' का अनुवाद है। मिर्ज़ा ख़ाँ मुहम्मद बिन-फ़ख़उद्दीन मुहम्मद ने 'तुहफ़ा-उल-हिन्द' (र० 1675 ई०) का शहज़ादा मुइज़उद्दीन जहाँदार शाह के लिए अनुवाद किया। एवज़ मुहम्मद कामिल ख़ाँ की पुस्तिका 'रिसाला-दर-अमले-बीनो-ठाठराग' किसी संस्कृत पुस्तिका संगीत का अनुवाद 'शम्स-उल-असवात' (र० 1697 ई०) है। तानसेन की बुद्धप्रकाश का 'तशरीह-उल-मूसीक़ी' नाम से अनुवाद हुआ। अबुल हसन क़ैसर की मआर्फ़त-उल-नग़्मा' और हसन-बिन-ताहिर की 'मिस्बाह-उल-सुरूर' महत्त्वपूर्ण हैं। औरंगज़ेब के अमीरों का संगीत के प्रति स्पष्ट

---

1. औरंगज़ेब, (अनु० देवीप्रसाद) पृ० 20
2. मुआसिरे-आलमगीरी, पृ० 526-27
3. आलमगीरनामा, पृ० 242
4. मुआसिर-उल-उमरा, भाग-3, पृ० 123
5. संगीत चिन्तामणि, पृ० 288-92
6. मेरात-उल-ख़याल, पृ० 104

अनुराग तथा उसके शासनकाल में इतनी बड़ी संख्या में संगीत पर पुस्तकों के होने से सिद्ध होता है कि औरंगज़ेब की संगीत के प्रति घृणा की चर्चाएँ मात्र गल्प हैं और इससे अधिक कुछ नहीं। इसकी चर्चा मिलती है कि औरंगज़ेब के महल में महिलाओं में भी संगीत का प्रचलन था।[1]

औरंगज़ेब के उत्तराधिकारी शाहआलम बहादुरशाह प्रथम (मृ० 1712 ई०) ने संगीत को पुनः मुग़ल दरबार में प्रतिष्ठित किया। रागमाला के ध्रुपदों में उसका नाम मिलता है। ख़ाफ़ी. खाँ के कथनानुसार उसने अनेक गायकों को सम्मानित किया था।[2] नियामत ख़ाँ को 'सदारंग' की उपाधि प्राप्त हुई। उनसे संगीतकला के एक विशिष्ट पीठ का प्रारम्भ होता है। जहाँदारशाह (मृ० 1713 ई०) मात्र ग्यारह मास तक बादशाह रहा, परन्तु वह लाल कुँवर नामक नर्तकी पर आसक्त रहा और उसके परिवारजनों को शाही पद प्रदान किये। फ़र्रुख़सियर (मृ० 1819 ई०) गृहयुद्ध में लिप्त होने पर भी संगीत पर मर मिटा था। देश के प्रमुख संगीतकार एवं नर्तक उसके दरबार से सम्बद्ध थे, जिनमें कश्मीरी संगीत पीठ के विशेषज्ञ लाल मियाँ को विशेष स्थान प्राप्त था।[3] नासिरउद्दीन मुहम्मद शाह (मृ० 1748 ई०) नाच-रंग में रम जाने के कारण 'रँगीले' कहलाता है। उसका दरबार तवायफ़ों, साज़िंदों, गायकों तथा संगीतकारों पर आधारित था। दरगाह क़ुली ख़ाँ 1728 ई० में दिल्ली गये थे। उन्होंने 'मुरक़्क़ा-ए-दिल्ली' दरबार के महत्त्वपूर्ण संगीतकारों की चर्चा की है, जिनमें नियामत ख़ाँ विशेष हैं, जो नये राग और रागिनियों का आविष्कार करने में प्रवीण थे। उनके शिष्यों में ताज ख़ाँ, क़ासिम अली आदि तथा बाक़िर तम्बूरची, हसन ख़ाँ रबाबी, मुईनउद्दीन ख़ाँ क़व्वाल, हुसैन ख़ाँ ढोलक नवाज़, शहबाज़ दुमदुमी नवाज़ और ख़याल के विशेषज्ञ चार-भाई रहीम ख़ाँ, दौलत ख़ाँ, ज्ञान ख़ाँ और हड्डू ख़ाँ के अतिरिक्त महिलाओं में डोमिनियाँ थी, जिनमें अल्लाहबन्दी, चमनी, कमालबाई आदि महत्त्वपूर्ण हैं। नेअमत ख़ाँ की शिष्या पन्नाबाई ग़ज़ल गायकी में अद्वितीय थी।[4] इन कलाकारों में सदारंग और उसके भाई ख़ुसरौ ख़ाँ भी सम्मिलित थे। कुछेक लोग इन्हीं ख़ुसरौ को सितार का अन्वेषक बताते हैं। अहमदशाह (मृ० 1754 ई०) के संगीत विशेषज्ञ होने की चर्चा सुरभावन तथा आलम के ध्रुपदों में आलमगीर द्वितीय (मृ० 1759 ई०) की चर्चा भी कुछेक ध्रुपदों में मिलती है। शाहआलम द्वितीय (मृ० 1806 ई०) के नाम को पुस्तक का अंग बनाकर

---

1. मुग़ल राजमहलों का जीवन, पृ० 23
2. मुंतख़ब-उल-लुबाब, पृ० 276
3. सियर-उल-मुताख़रीन, भाग-2, पृ० 386
4. मुरक़्क़ा-ए-देहली, पृ० 203

'ख़ुलासत-उल-ऐशे-आलमशाही' उपलब्ध है, जो संगीतकला से सम्बन्धित है। यह सभी स्थितियाँ दरबार की स्थिति को स्पष्ट कर देती हैं। इसके पश्चात् अकबर शाह द्वितीय (मृ० 1827 ई०) तथा अन्तिम मुग़ल बादशाह बहादुर शाह 'ज़फ़र' (मृ० 1862 ई०) के दरबारों में संगीत के वैसे उच्चस्तरीय कलाकार दीख नहीं पड़ते, जो उनके पूर्वजों के दरबारों की शोभा बढ़ाते थे, क्योंकि उस समय तक दरबारों का संरक्षण नाममात्र को ही रह गया था, परन्तु दरबार से सम्बद्ध होने की परम्परा वर्तमान थी, जो अपने बलबूते पर चल रही थी।

मुग़ल दरबार के बाहर सुल्तानों तथा अमीरों में भी संगीत के प्रति अनुराग दीखता है। कश्मीरी सुल्तानों में सुल्तान ज़ैनउद्दीन के राजकाल (1417-67 ई०) में संगीत ने ऐसी अपूर्व उन्नति की कि कश्मीरी संगीत का अलग पीठ स्थापित हो गया। फ़कीरउल्लाह सैफ़ ख़ाँ संगीतकला पर एक पुस्तक 'राग-दर्पण' लिखी और विभिन्न रागिनियों को समाविष्ट करके नये राग और नयी रागिनियाँ प्रतिपादित किया। सुल्तान हुसैनशाह शर्क़ी (मृ० 1484 ई०) के नाम से असावरी थाट का राग जौनपुरी समर्पित है। अवध भूमि संगीत के लिए अत्यन्त सुलभ थी। शाहजहाँनी काल के मदुलानायक बिलग्रामवासी थे, जिन्होंने शाहजहाँ के निरन्तर प्रयासों के बाद भी दरबार में सम्मिलित होना स्वीकार न किया था। मीर अब्दुल वाहिद बिलग्रामी औरंगज़ेब युग के श्रेष्ठ संगीतकारों में थे। मीर अब्दुल जलील बिलग्रामी को 'ख़ुसरौ द्वितीय' कहा जाता था। अवध शासकों में सफ़दरजंग (मृ० 1753 ई०) राजकार्यों से शिथिल हो जाते, तो संगीत के पारंगतों का सान्निध्य प्राप्त करते। शुजाउद्दौला (मृ० 1775 ई०) के विषय में अब्दुल हलीम 'शरर' लिखते हैं : "**नव्वाब शुजाउद्दौला के कला प्रोत्साहन और दानशीलता ने समस्त भारत के संगीतज्ञों को अवध की धरती पर लाकर एकत्र कर दिया था। यहाँ अयोध्या और बनारस के संगीत प्राचीन पीठ ही स्थापित नहीं थे वरन् जौनपुर के शर्क़ी सुल्तानों के कला-प्रेम की कुछ निशानियाँ भी शेष थीं। उनमें जब दिल्ली के मर्मज्ञ गायक तथा तानसेन के वंशज प्रमाणित संगीत गुरु भी आकर सम्मिलित हुए, तो एक विशेष वैभव उत्पन्न हो गया और संगीत का वास्तविक रूप में एक नया युग प्रारम्भ हुआ।**"[1] नव्वाब आसिफ़उद्दौला (मृ० 1797 ई०) ने संगीत को दरबार के बाहर लाकर जन-आयोजनों का अंग बना दिया, जिससे संगीत को जनप्रियता प्राप्त हुई। होली, बहार, बसन्त आदि पर आयोजन होते, जिनमें राग-रागिनियों के माध्यम से राधा-कृष्ण की प्रेम लीलाएँ प्रस्तुत की जाती थी।

---

1. मशरिक़ी-तमद्दुन का आख़िरी नमूना, पृ० 52

इस काल के संगीत विशेषज्ञ मुहम्मद रज़ा ख़ाँ की पुस्तक की चर्चा गत पृष्ठों में आ चुकी है। उन्होंने संगीत में शिक्षा-दीक्षा उस समय के सर्वश्रेष्ठ संगीतकार ख़्वाजा हसन मौदूदी से प्राप्त किया था। आसिफ़उद्दौला के मामा नव्वाब सालारजंग स्वयं श्रेष्ठ कलाकारों में थे। उच्चकोटि के क़व्वालों और कलावन्तों पर वरीयता रखते थे। इस काल की अहम् गायिकाओं में बड़ी मुसदी तथा सुन्दर जान की चर्चा आवश्यक है, जो ख़याल गाने में अद्वितीय थीं। ख़्वाजा हसन मौदूदी ने लम्बी आयु पायी। उनको नव्वाब सआदत अली ख़ाँ (मृ० 1814 ई०) का विशेष संरक्षण प्राप्त था। नव्वाब को गायन के प्रति विशेष अनुराग था। जब राजकार्यों से थक जाते, तो गायकों को तान छेड़ने का आदेश देते, अवध़ सल्तनत के 'वकीले-मुतलक़' (महामन्त्री) तफ़ज़्ज़ुल हुसैन ख़ाँ को भैरवी से विशेष रुचि थी। विभिन्न विद्याओं पर अधिकार प्राप्त था तथा संगीत के भी मर्मज्ञ थे। ग़ाज़ीउद्दीन हैदर (मृ० 822 ई०) के राजकाल में मियाँ शूरी ने पंजाबी टप्पा को अवध गायन पीठ की विशेषताओं में सम्मिलित किया तथा बड़े हैदर ख़ाँ ने ख़याल की गायकी में ख्याति प्राप्त की।

अवध के अन्तिम शासक वाजिद अली शाह 'अख़्तर' (मृ० 1887 ई०) संगीतकला में मर्मज्ञ थे। अपने समय के सर्वश्रेष्ठ संगीतज्ञ माने जाते थे। उन्हें ठुमरी का आविष्कारक माना जाता है। उनके दरबार से सम्बद्ध संगीतकारों की बड़ी संख्या बतायी जाती है, जिनमें कुछेक प्रमुख नामों में प्यार ख़ाँ, हैदर ख़ाँ, जाफ़र ख़ाँ, मुहम्मद अली ख़ाँ तथा तानसेन वंशज के गायक थे, जो नेअमत ख़ाँ और बासित ख़ाँ के शिष्य थे। गौहर जान विभिन्न वाद्यों को घण्टों बजाती थीं, नज्जन टप्पे में अद्वितीय थीं। नव्वाब वज़ीर ठुमरी के विशेषज्ञ थे। डोले ख़ाँ होरी और ध्रुपद में अद्वितीय थे। गेतीआरा बेगम जलतरंग बजाने में माहिर थीं। महदी हसन ख़ाँ बीन बजाने में जवाब नहीं रखते थे। शरई बेगम सारंगी में विशेषज्ञ थीं। अवध की राजधानी लखनऊ में संगीत इतना प्रचलित एवं सर्वप्रिय था कि साधारण युवाजन भी राग-रागिनियों से परिचित थे।[1] वाजिद अली शाह लखनऊ से मटियाबुर्ज (कलकत्ता) हस्तान्तरित हुए, तो वहाँ भी संगीत का वातावरण उत्पन्न हुआ। वली ख़ाँ के गायन से बंगाल गूँजता था। ज़ुहरा और मुश्तरी के गायन का समकक्ष न था। मुहम्मद जी को पूरे देश में सर्वश्रेष्ठ तबलावादक समझा जाता था।[2]

भारत में मुस्लिम संगीतज्ञों तथा गायकों ने अफ़ग़ानी, तुर्कमानी और ख़ुरासानी शैली में अपने कला प्रदर्शन के अतिरिक्त व्यावहारिक एवं प्रयोगात्मक

---

1. गुज़श्ता लखनऊ, पृ० 172
2. गुज़श्ता लखनऊ, पृ० 173

परिप्रेक्ष्य में भारतीय संगीत को नवीन सन्दर्भों से परिचित कराया। उनकी निजता ने नयी शैलियों को जन्म दिया, जिनमें कश्मीर, दकन, ग्वालियर तथा लखनऊ की शैलियाँ अलग-अलग संगीत पीठ के रूप में स्थापित हैं। सितार की दोनों व्यावहारिक शैलियाँ मुस्लिम संगीतकारों की आविष्कार हैं तथा उन्हीं के नामों से समर्पित थीं, जिनको मसीतख़ानी गत तथा रज़ाख़ानी गत कहते हैं। गत के दो पक्ष होते हैं, जिनको स्थायी और अन्तरा कहते हैं। इनको दो विभिन्न शैलियों में विभाजित करने का कारण यह है कि मसीतख़ानी स्थायी और अन्तरा का अन्तर रखा जाता है, परन्तु रज़ाख़ानी में स्थायी को विस्तार देते हैं कि अन्तरा गुंजाइश शेष नहीं रहती। दोनों ही आविष्कारक संगीतज्ञ तानसेन घराने से सम्बन्ध रखते हैं। संगीत शब्दावली में इसे 'सैनी घराना' भी कहते हैं। मसीत ख़ाँ दिल्ली दरबार से सम्बद्ध थे, उनकी कला दिल्ली शैली का प्रतिनिधित्व करती है तथा रज़ाख़ानी शैली लखनऊ से सम्बद्ध है। मसीत ख़ाँ के पोते रहीमसेन (मृ० 1720 ई०) अपने समय के सर्वोच्च सितारवादक थे, उनके सुपुत्र एवं शिष्य अमृतसेन ने सितारवादन की परम्परा को आगे बढ़ाया। मुहम्मदशाही दरबार से सम्बद्ध संगीतकारों में जानी, ग़ुलाम रसूल और बाकर ने तम्बूरावादन, हसन ख़ाँ ने रवाबवादन तथा ग़ुलाम मुहम्मद ने सारंगीवादन में नाम कमाया।[1] वर्तमान में सितारवादन को अब्दुल हलीम जाफ़र ख़ाँ तथा विलायत ख़ाँ ने सर्वप्रिय बनाया। हाफ़िज़ अली ख़ाँ ने सरोदवादन में विशेषता प्राप्त की। उस्ताद बिस्मिल्ला ख़ाँ ने शहनाईवादन को अन्तर्राष्ट्रीय ख्याति प्रदान की। भारत सरकार ने उन्हें भारतरत्न की सर्वोच्च उपाधि से अलंकृत किया था। उनका सम्बन्ध लखनऊ घराने से था।

गायकी में देहलवी शैली का प्रारम्भ नेअमत ख़ाँ सदारंग से होता है, जो दिल्ली दरबार से सम्बद्ध थे। वे तानसेन के वंशज थे। उनके बाद परमोल ख़ाँ तथा भाई ख़ुसरौ ख़ाँ भी संगीतज्ञ थे। उनका घराना ध्रुपद गायकी में विशेष था। सदारंग के प्रिय शिष्य फ़ीरोज़ ख़ाँ अदारंग ख़ुसरौ ख़ाँ के पुत्र थे। इसी घराने के मसारंग ने ख़याल और बीन वादन में नाम कमाया। कुछेक उनको सदारंग का पुत्र कहते हैं। मुहम्मद शाह के दरबार से सम्बद्ध गायकों में तानसेन के वंशज मियाँ रहीम तथा मियाँ तानसेन को ध्रुपद में रहीम ख़ाँ जहानी, शाहदानियाल, ख़वासी, ज्ञान ख़ाँ और अल्लाह बन्दा को ख़याल में ख्याति प्राप्त थी। इनके अतिरिक्त गायकी के उस्तादों की एक विस्तृत सूची मिलती है।[2] वाजिद अली शाह ने 'सौत-उल-मुबारक' में संगीतकारों की कलाकारिता तथा 'नाजो' में अपनी और अपनी बेगम के अतिरिक्त कुछेक महत्त्वपूर्ण संगीतकारों के गीत एकत्र किये

---

1. मुसलमान और भारतीय संगीत, पृ० 79
2. मुसलमान और भारतीय संगीत, पृ० 79

हैं, उनके नाम भी संक्षेप में बता दिये हैं, उनमें प्यार ख़ाँ, उमंग, शौकत, अधारंग, शोरी, सरशार, नासिर, जलाल, मनरंग, हँसमुख, रंगमहल, काज़िम आदि विशेष हैं, जो तत्कालीन सर्वोच्च संगीतकार हैं।[1] मुहम्मद करम इमाम ने मियाँ जानी तथा ग़ुलाम रसूल की अत्यन्त प्रशंसा की है कि उन्होंने आसिफ़उद्दौला की नौकरी इस कारण छोड़ दी थी कि उनके मन्त्री हसन रज़ा ख़ाँ ने उन्हें यथोचित सम्मान नहीं दिया था। उनके अतिरिक्त मियाँ शोरी, छज्जो ख़ाँ, जीवन ख़ाँ, जाफ़र ख़ाँ के बेटों काज़िम अली ख़ाँ को अरामुद्दौला की तथा सादिक़ अली ख़ाँ को राहतउद्दौला की उपाधियाँ प्राप्त थीं।[2] ग्वालियर घराने में क़ादिर बख़्श के तीनों सुपुत्रों हद्दू ख़ाँ, हस्सू ख़ाँ तथा नत्थू ख़ाँ विशेष हैं। तीनों भाइयों की शिक्षा-दीक्षा अल्पायु में ही लखनऊ में हुई थी। उनकी कला में ग्वालियर और लखनऊ का सम्मिश्रण है, अपने समय के उत्कृष्ट संगीतज्ञों में थे। उनके शिष्यों में अनेक विशिष्ट संगीतकार सम्मिलित हैं। उस्ताद अलाउद्दीन ख़ाँ को ध्रुपद के वर्तमान विशेषज्ञों में सम्मान प्राप्त था।

धार्मिक संगीत

इस्लामी धर्मशास्त्रियों ने संगीत के विरुद्ध मोर्चा लगाया, परन्तु सत्य यह है कि यदि मुसलमानों के इतिहास पर विहंगम दृष्टि डाली जाय, तो मुसलमान प्रत्येक युग में संगीत के रसिया दीख पड़ते हैं। संगीतकला में उनका अवदान भी कालजयी है। यद्यपि वे भारत के बहुसंख्यक हिन्दुओं के समान संगीत को अपने धर्म का अंग नहीं बना सके, परन्तु उन्होंने संगीत को ही इस्लाम में प्रविष्ट कर दिया। सूफ़ी सन्त की समाअ की सभाएँ संगीत से ही सजती हैं, जिसे वे ईश्वर से सान्निध्य का माध्यम मानते हैं।[3] यद्यपि शीआ उलमा संगीत सभाओं में सम्मिलित नहीं होते, यहाँ तक कि इमाम हुसैन की याद में आयोजित मजलिसों में सोज़ख़्वानी के बाद ही आते हैं, परन्तु सोज़ख़्वानी में संगीत के व्यावहारिक प्रयोग को रोकने में सर्वथा असफल रहे हैं।

सूफ़ी संगीतज्ञों में सर्वप्रथम नाम अमीर ख़ुसरौ (मृ० 1325 ई०), को संगीत एवं काव्य में समान रूप से ख्याति प्राप्त थी। ख़्वाजा निज़ामउद्दीन

1. नाजो, पृ० 9-273
2. मआदन-उल-मूसीक़ी, पृ० 27
3. इन पंक्तियों का लेखक संगीत एवं सूफ़ीमत के विषय पर अपनी पुस्तक 'इस्लामी अध्यात्म : सूफ़ीवाद' में सविस्तार चर्चा कर चुका है। अतः यहाँ पुनरावृत्ति उचित न होगी।

औलिया के अति उत्साही अनुयायी एवं शिष्य थे। सुल्तान बलबन और कैक़ुबाद के दरबारों से सम्बद्ध रहे। इतिहासकार फ़रिश्ता का कथन है कि कदाचित् ही कोई ऐसी सभा होती थी, जिसमें अमीर ख़ुसरौ अपना काव्य अथवा संगीत न प्रस्तुत करते रहे हों। उनकी पुस्तक 'क़िरअन-उस-सादीन' में दरबारी संगीत का सफल चित्रण है।[1] उनकी एक अन्य पुस्तक 'एजाज़े-ख़ुसरवी' में लिखा है कि उन्होंने दरबार में ख़ुरासानी गायकों तथा भारतीय गायकों के बीच स्पर्द्धा में भाग लिया। उनका संगीत फ़ारसी तथा हिन्दी संगीत के सुन्दर सम्मिश्रण पर आधारित है। चिश्तिया सूफ़ियों में 'समाअ' की संगीत सभाओं को आधारभूत महत्त्व प्राप्त है। सुल्तान हुसैन की प्रसिद्ध रचना 'मजालिस-उल-उश्शाक़' (र० 1503 ई०) में अनेक ऐसे चित्र सम्मिलित हैं, जिनमें सूफ़ियों को नृत्य करते दिखाया गया है।[2] ख़्वाजा निज़ामउद्दीन औलिया के एक अन्य अति उत्साही भक्त ख़्वाजा उस्मान सैयाह समाअ की सभाओं के इतने रसिया थे कि उन्होंने सुल्तान बलबन द्वारा समाअ का विरोध करने पर उसके द्वारा प्रदान किये गये माफ़ी के गाँवों का फ़रमान वापस कर दिया था।[3] ख़्वाजा निज़ामउद्दीन औलिया को समाअ के प्रति विशेष अनुराग था। उनका प्रसिद्ध कथन है : "**जिस सभा में हमारे साथी समाअ सुनें, वहाँ हमें भी मौजूद जानें।**"[4] शैख़ क़ुत्बउद्दीन बख़्तियार काकी (मृ० 1236 ई०) का स्वर्गवास क़व्वाली सुनते-सुनते हुआ। शैख़ फ़रीदउद्दीन गंजशकर (मृ० 1256 ई०) संगीत के रसिया थे। इसी प्रकार शैख़ नसीरउद्दीन चराग़ देहलवी (मृ० 1356 ई०) तथा ख़्वाजा बन्दानवाज़ गेसूदराज़ (मृ० 1810 ई०) भी समाअ की संगीत सभाएँ आयोजित करने का आदेश देते थे। क़ाज़ी सनाउल्लाह पानीपती (मृ० 1810 ई०) ने सबसे आगे बढ़कर हदीसों से प्रमाणित करने की चेष्टा की है कि यदि गायन का विषय इस्लाम के विरुद्ध न हो, गायक शुद्ध आचरण का हो, श्रोता कामुक न हो, नमाज़ का समय न हो, एकान्त एवं शान्तिमय वातावरण हो, तो गायन तथा हाथ या लकड़ी के चोट से बजनेवाले ड़फ़, नक़्क़ारा, ढोल, झाँझ आदि शब्द वांछनीय हैं।[5]

समाअ की महफ़िलों की बदौलत सूफ़ियाना तथा हक़्क़ानी चीज़ों के गानेवाले मृदुलकण्ठ, मृदुभाषी, मधुर तथा बाहुल्य वाचक क़व्वालों का दल अस्तित्व में आ

1. क़िरअन-उस-सादीन, पृ० 133-138, 141
2. इस प्रकार का एक चित्र 'इस्लामी अध्यात्म : सूफ़ीवाद' के मुख्य पृष्ठ पर अंकित है।
3. क़वाम-उल-अक़ायद, पृ० 47
4. क़वाम-उल-अक़ायद, पृ० 73
5. हुक़ूक़-उल-इस्लाम, पृ० 123-126

गया। यहाँ तक मुहम्मद शाह (मृ० 1748 ई०) के राजकाल में गायकों के दो प्रकार बताये गये हैं, जिनमें एक को 'कलावन्त' तथा दूसरे को 'क़व्वाल' कहते थे। उस समय का सुरुचिपूर्ण समाज ख़याल और क़व्वाली पर जान देता था। क़व्वाली की सभाएँ, सूफ़ियों की समाअ महफ़िलें, बुज़ुर्गों के मज़ारों पर उर्स के अवसर पर तथा कलाप्रेमी अपने घरों पर आयोजित करते थे। इस काल के प्रमुख क़व्वालों में ताज ख़ाँ, जट्टा, अल्लाह बन्दा, मुईनउद्दीन, बुरहानी आदि थे। कालान्तर में भी क़व्वाली विशेष रूप में सर्वप्रिय रही है। इसके गायकों में शक्कर, मक्खन, सोना क़व्वाल, बच्चूँ तथा मुहम्मद ख़ाँ क़व्वाली के अतिरिक्त ख़याल में भी उस्ताद थे। क़व्वाली की गायकी में संगीत यन्त्रों का प्रयोग होता, परन्तु उनके विशेष वादक नहीं होते। मूल क़व्वाल मध्य में होता है, उसके हाथ में कोई-न-कोई वादन होता है, जिसको गाने के साथ अथवा बाद में बजाता रहता है। उसके दायें-बायें अनेक सहायक क़व्वाल रहते हैं जिनकी कोई सीमा निश्चित नहीं रहती हैं, इनमें कुछ सहायक क़व्वाल वादकों का प्रयोग भी करते हैं। वर्तमान में क़ाज़ी सनाहउल्लाह द्वारा लगायी शर्तें शेष नहीं रह गयी हैं। सभी प्रकार के संगीत यन्त्रों का प्रयोग क़व्वाली की सभाओं में होता है, परन्तु सूफ़ियों की सभाओं में तम्बूरा, बीन, बाँसुरी, तबला आदि का प्रयोग नहीं होता वरन् हारमोनियम, ढोलक, झाँझ आदि का प्रयोग वर्जित नहीं है।

मुहर्रम की अज़ादारी में संगीत यन्त्रों का प्रयोग समान रूप से होता है। तबल, दफ़, झाँझ आदि अज़ादारी के जुलूस में जनसाधारण की रुचि के द्योतक हैं। बुख़ारा (मध्य एशिया) का एक पर्यटक मुहम्मद-बिन-अमीर वली 1635-36 ई० में लाहौर पहुँचा। उसका कथन है कि सुन्नी-मुसलमान मुहर्रम के दस दिनों में संगीत का विशेष तौर पर प्रयोग करते थे। वह लिखता है : **''मुहर्रम के प्रारम्भिक पाँच दिनों को इमामों के सुखद जीवन प्रतीक के तौर पर मनाया जाता है, जिसमें विवाह होता, शादियानें बजते, दुकानों और मकानों को बढ़-चढ़कर सजाया जाता। क़व्वाल और साज़िन्दों तथा नृत्यांगनाओं द्वारा अपने-अपने कला का प्रदर्शन होता। छठी मुहर्रम से वही संगीतकार शोक गायन प्रस्तुत करने लगते।''**[1] इसी प्रकार नवाब आसिफ़उद्दौला के इमामबाड़ा में प्रवेश करने पर फ़ौजी बाजे मातमी धुन बजाते थे। कालान्तर में भी अवध के शाही अज़ादारी के जुलूस में फ़ौजी दस्ते मातमी धुन बजाते हुए पीछे-पीछे चलते थे।[2] मटियाबुर्ज में सातवीं मुहर्रम को आसमानी कोठी से मेंहदी उठती थी, जिसमें

---

1. बहर-उल-असरार-फ़ी-मनाक़िब-उल-अख़ियार Ethe´ 575 ff 391 अलिफ़-बे
2. चन्द तहक़ीक़ी मक़ाले, पृ० 8

वाजिद अली शाह गले में ताशा-ढोल डालकर बजाते थे।[1] बी-हैदर का सोज़ सुनने हेतु लोग घण्टों प्रतीक्षा करते थे।[2]

मुहर्रम की ताज़ियादारी में संगीत को मरसिया गायन से प्रोत्साहन मिला। भारत में मरसिया का प्रारम्भ दकन से हुआ। मरसिया में संगीत का प्रचलन भी वहीं पहले-पहल हुआ। बादशाही आशूरख़ाना (1592 ई०) में मधुरभाषी 'ज़ाकिर' (प्रचारक) तथा मृदुलकण्ठी गायकों द्वारा मरसिया पढ़ने की चर्चा क़ुत्बशाही काल से मिलती है।[3] दकन में मरसिये साधारणतया गायन के माध्यम से पढ़े जाते थे। अतः इन मरसियों को ताल-सुम से अलग नहीं रखा जा सकता। मरसिया गायन के बीच छाती पीटने से भी दुःखमय ध्वनियों की संगीत उभरती थी, जिसमें संगीत की प्रवीणता में भावनाओं को राग-रागिनियों में सफलतापूर्वक ढाल दिया। यद्यपि मुहम्मद क़ुली क़ुत्बशाह ने अन्य काव्य विधाओं के अतिरिक्त अपने मरसियों के लिए राग-रागिनियों का संकेत नहीं किया है, परन्तु उनमें संगीत का प्रभाव स्पष्ट है। सुल्तान अली आदिलशाह द्वितीय 'शाही' (मृ० 1673 ई०) ने अपने एक मरसिया हेतु 'हिण्डोल रागिनी' प्रस्तावित की है, जो दोपहर में गायी जाती है। दूसरे के लिए 'दीपक राग' और उसके एक प्रकार 'भार्जा' का अनुमोदन किया है, तीसरे के लिए 'दीपक पुत्र' निश्चित किया है, जो आधी रात से पिछले पहर तक गायी जाती है। एक अन्य मरसिया के लिए 'जजवती' और 'दीपक भार्जा' प्रस्तावित किया है। 'शाही' के समान ही दकन के एक अन्य मरसिया कवि अब्दुल अज़ीज़ ने अपने मरसियों के लिए राग-रागिनियाँ प्रस्तावित की हैं। उसकी नवीनता यह है कि वह अपने प्रस्ताव 'मक़ता' (अन्तिम शेर, जिसमें कवि अपना उपनाम डालता है) में प्रस्तुत करता है। मरसिया की प्रस्तुति में राग-रागिनियों को प्रस्तावित करने की परम्परा दकन से उत्तर भारत तक फैली हुई है। वाजिद अली शाह के नौहा-सलाम तथा मरसिया संकलन 'तोशा-ए-आख़िरत' में कुछ शेरों के विषय में सोज़ पढ़नेवालों को राग-रागिनियों के संकेत दिये गये हैं।

उत्तरी भारत में मुहम्मद शाही काल (1818-48) में मरसिया प्रस्तुति में संगीतकला सम्मिलित हो चुकी थी। दरबार से सम्बद्ध व्यक्तियों में मुल्ला अली सौदाई (मृ० 1761 ई०) भी थे, जो ईरानी तथा भारतीय संगीत में प्रवीण थे। इस काल में मीर लुत्फ़, मीर अब्दुल्लाह, शैख़ सुल्तान, मीर अबूतुराब, मिर्ज़ा

---

1. क़दीम-हुनर-ओ-हुनरमंदाने-अवध, पृ० 60
2. गुज़श्ता लखनऊ, पृ० 172
3. दकन के चंद तहक़ीक़ी मज़ामीन, पृ० 48-49

इब्राहीम, मीर दरवेश तथा जानी हज्जाम को मरसिया गायन में ख्याति प्राप्त थी। इनके अतिरिक्त शहज़ादा मिर्ज़ा ग़ुलाम हुसैन 'अन्दाज़' तथा मुहम्मद हाशिम 'फ़ायक़' भी मरसिया पढ़ने में विख्यात थे। मीर हैदरी 'वफ़ा' का मरसिया गायन संगीतकला से परिपूर्ण होता था। जान मिर्ज़ा साँसों के उतार-चढ़ाव से पत्थर को मोम कर देते थे।[1] बाद के समय में भी मरसिया प्रस्तुति में संगीत का प्रभाव यथावत् रहा। साधारणतया मरसिया गायन द्वारा ही पढ़े जाते थे। मियाँ 'मिसकीन' के मरसिये सर्वसाधारण में गायन द्वारा प्रस्तुत होते थे। मरसिया प्रस्तुति को अवध में विशेष उन्नति प्राप्त हुई। इसके दो विभिन्न अंग निश्चित हुए। तहत-उल-लफ़्ज़ तथा सोज़। तहत-उल-लफ़्ज़ से 'मरसिया ख़्वानी' (मरसिया पठन) की शब्दावली यथावत् रही वरन् 'सोज़' में प्रस्तुति के लिए 'सोज़ख़्वानी' की शब्दावली अस्तित्व में आ गयी।

मरसिया प्रस्तुति में सोज़ख़्वानी की नवीन शैली के प्रवर्तक मीर अली सोज़ख़्वाँ हैं, जो सआदत अली ख़ाँ के राजकाल (1758-1814 ई०) के विख्यात कलाकार थे। अपने आत्मसम्मान में किसी बात पर नव्वाब से रूठ गये, तो नव्वाब ने सैय्यद इन्शा के माध्यम से पदोन्नति का आदेश और पाँच सौ रुपये का पुरस्कार प्रस्तुत करके किसी प्रकार मना लिया। 'आबे-हयात' में उन्हें मरसियाख़्वाँ के अतिरिक्त संगीत विद्या के मर्मज्ञों में माना गया है। उनके कला-प्रदर्शन के सम्बन्ध में 'शाद' अज़ीमाबादी ने एक घटना लिखी है जब उन्होंने विख्यात कवि मीर 'ज़मीर' का मरसिया **'सुपैदा सुब्ह का जब रन में आशकार हुआ'** भैरवी राग में पढ़ा, तो सैकड़ों लोग बेहोश हो गये और लोग वर्षों तक उनके पढ़ने का रस लेते रहे।[2] मीर अली सोज़ख़्वाँ के कला को श्रद्धांजलि अर्पित करते हुए, मिर्ज़ा रजब अली 'सुरूर' ने लिखा है : **"मरसियाख़्वाँ जनाब मीर अली साहब ने वो तर्ज़े-नौ ईजाद किया कि चरख़े-कुहन ने मुसल्लम-उल-सुबूत उस्ताद किया। इल्मे-मूसीक़ी में यह कमाल पहुँचाया। इस तरह का ध्रुपद ख़याल पट्टा गाया और बताया कि कभी किसी नायक के वह्मो-ख़याल में न आये। एक रंगीन एहाता खींचा है, जो इसमें आया फूला-फला। वह उसका पैरो हुआ और जिसने ढंग जुदा किया, वह टकसाल बाहर बदरंग हुआ। अगर तानसेन जीता होता, तो इनके नाम पर कान पकड़ता, भीख माँगकर खाता मगर न गाता। हज़ारों शागिर्द जगत् उस्ताद हुआ, मौलवी सब परिज़ाद हुआ।"**[3]

---

1. देहलवी मरसियागो, पृ० 37-38
2. फ़िक्रे-बलीग़, पृ० 120
3. फ़साना-ए-अजायब, पृ० 51-52

मीर अली सोज़ख़्वाँ ने इस कलाकारिता से संगीत को सोज़ख़्वानी में स्थान दिया कि उसकी कलात्मक विशेषता यथावत् रही और संगीत का प्रभाव मरसिये पर आधिपत्य न पा सका। इसका अत्यन्त रोचक एवं सफल विवेचन प्रो० नैय्यर मसूद ने प्रस्तुत किया है : **''यद्यपि उस समय तक ख़याल की गायकी ध्रुपद पर आधिपत्य पा चुकी थी, परन्तु अपनी कुछ विशेषताओं के आधार पर सोज़ख़्वानी हेतु ध्रुपद का वस्त्र अधिक उपयोगी न था। इस्लामी शरीअत 'ग़िना' को इस शर्त पर स्वीकार करती है कि गलेबाज़ी तथा गिटकिरियाँ न हों। ध्रुपद की भी यही शर्त है कि गाने में गले को स्पन्दन तथा झटके न दिये जायँ। सोज़ख़्वानी में स्पष्ट है कि शब्दों पर सर्वाधिक बल होता है। उधर ख़याल के विपरीत ध्रुपद की यही विशेषता है कि उसमें शब्दों की प्रस्तुति पर उतना ही बल दिया जाय, जितना कि राग की प्रस्तुति पर हो, वरन् ध्रुपद में लम्बी तान खींचना वर्जित था, परन्तु सोज़ख़्वानी में यह प्रतिबन्ध नहीं रखा गया है और विशेषकर इस कारण से सोज़ख़्वानी में आश्चर्यजनक विशेषता उत्पन्न हुई कि सोज़ शुद्ध क्लासिकी रागों के आधार पर स्थापित होने के बावजूद साधारण क्लासिकी संगीत से एक बिलकुल अलग चीज़ मालूम होने लगी। मीर अली ख़ाँ सोज़ख़्वाँ, ध्रुपद के असाधारण गुरु थे और उनके उत्तराधिकारियों ने सोज़ख़्वानी के बनाने, निखारने में बड़ी कलाकारिता का प्रदर्शन किया। भैरव, देश, जोगिया, दरबारी, कान्हड़ा, जौनपुरी और दूसरे राग-रागिनियों के आधार पर उत्कृष्ट धुन बनाये गये। उनका चमत्कार यह था कि वे राग, जिनका सामूहिक प्रभाव प्रसन्नता पर आधारित होता था, वे भी सोज़ में ढलकर शोक की स्थितियाँ स्पष्ट करने लगे।''**[1]

मीर अली सोज़ख़्वाँ मात्र संगीतज्ञ नहीं थे, वरन् उन्हें उर्दू की प्रसिद्ध काव्य-विधा मरसिया के प्रमुख समालोचक की स्थिति भी प्राप्त थी। किसी मरसिये का उनके द्वारा पढ़ दिया जाना ही मरसिये की सफलता का आधार बनता था। विख्यात मरसिया-कवि मियाँ छुन्नूलाल 'दिलगीर' अपना मरसिया पढ़ने को उनको देते, तो फिर तीन वर्षों तक उस मरसिये को किसी और सोज़ख़्वाँ को न देते थे। मरसिया-कवि अपनी रचना को सर्वप्रिय बनाने हेतु किसी-न-किसी उच्चकोटि के मरसियाख़्वाँ या सोज़ख़्वाँ का सहारा ढूँढ़ते थे। मीर अली सोज़ख़्वाँ के सैकड़ों शिष्य थे, उनमें क़व्वाल-बच्चे भी थे, जिनके प्रसिद्ध शिष्यों में अहमद अली, ग़ुलाम अब्बास और रुदौली (बाराबंकी) के दो ढाड़ी कम्मो और फ़ज़्ज़ो थे। मियाँ अहमद अली के शिष्य महदी बख़्श रुदौलवी सोज़ख़्वानी में विख्यात थे। ग़ुलाम अब्बास के बेटे इमदाद हुसैन रामपुर स्टेट से सोज़ख़्वाँ के रूप में

1. रजब अली बेग 'सुरूर', हयात और कारनामें, पृ० 37

सम्बद्ध थे। मिर्ज़ा फ़िदा अली सोज़ख़्वानी के साथ-साथ होली गायन में भी प्रसिद्ध थे। फ़ैजाबाद के अहमद अली ख़ाँ तथा असगर अली ख़ाँ भी सफल सोज़ख़्वाँ थे। कानपुर के बबर अली तथा हुसैनी ढाड़ी की भी सोज़ख़्वानी में ख्याति थी। नव्वाब सालारजंग के वंशज मिर्ज़ा मुहम्मद रज़ा ख़ाँ भी सफल मरसियाख़्वाँ थे। अज़ीमाबाद (पटना) के मीर हसन और उनके शिष्य मीर अली हसन और मीर बन्दा हसन लखनवी की सोज़ख़्वानी आस-पड़ोस के नगरों तक सीमित न थी।

बहादुर शाह 'ज़फ़र' के परपोते मिर्ज़ा जहाँदारशाह (मृ० 1964 ई०), जो आसिफ़ मिर्ज़ा के नाम से अधिक जाने जाते थे, इलाहाबाद के क़स्बा उतरावँ में इन पंक्तियों के लेखक के पैतृक इमामबाड़े में पचास वर्षों से अधिक मुहर्रम और चेहल्लुम के दस दिनों में सोज़ख़्वानी करते रहे। इन पंक्तियों के लेखक ने उनको वृद्धावस्था में देखा था। प्रतिदिन तीन मजलिसों में तीन-तीन घण्टे तक सोज़ख़्वानी करते थे। दसवीं मुहर्रम को दिन ढले एक मरसिया **'मोमिनो, मरने को मैदान में जाते हैं हुसैन'** ताज़िये के जुलूस में अकेले पढ़ते थे। हज़ारों का मजमा होता था, लोग फूट-फूटकर रोते थे। आवाज़ ऐसी थी कि पत्ती लगना तो दूर रहा, किसी प्रकार का कोई प्रभाव न होता। जैसी आवाज़ पहले दिन होती, वही अन्त तक यथावत् रहती थी। संगीतकला में निपुण थे। ध्रुपद के उस्ताद थे, विभिन्न राग-रागिनियों में सोज़ख़्वानी करते थे। वर्तमान में सोज़ख़्वानी का पतन हो चुका है। फिर भी मजलिसों में मुख्य वक्ता से पूर्व थोड़ी देर तक सोज़ख़्वानी होती है, जिसको सुरुचिपूर्ण गायन ही कहा जा सकता है, संगीतकला के आदर्शों पर सोज़ख़्वानी से कदाचित् ही कोई सम्बन्ध होता है।

भारत में मुस्लिम संगीतज्ञों की उपलब्धियों का संक्षिप्त बयान भी विस्तार चाहता है। यदि समस्त महत्त्वपूर्ण संगीतकारों के नामों की सूची ही प्रस्तुत की जाय, तो यह शोध का विषय होगा। हमारा उद्देश्य नामों की गणना करना नहीं है वरन् उन प्रवृत्तियों और परम्पराओं की चर्चा कर देना है जिससे भारत में मुस्लिम संगीतकारों को विशेषता प्राप्त है। अब इस तथ्य को नकारा नहीं जा सकता कि भारतीय संगीत का इतिहास मुस्लिम संगीतकारों तथा गायकों की उपलब्धियों को दृष्टिगत करके सम्पादित करना सम्भव नहीं हो सकता। भारतीय मुस्लिम संगीतकारों तथा गायकों का अवदान कालजयी है।

□□□

अध्याय : आठ

वास्तुकला का उत्कर्ष

मुस्लिम वास्तुकला, जिसको प्रायः इस्लामी वास्तुकला कह दिया जाता है, उन मुसलमानों की रचनाकारिता का द्योतक है, जिन्होंने यूनानी, सासानी, मसीही, रोमी तथा भारतीय वास्तुकला के प्रभाव में, वरन् प्रारम्भ में उन्हीं के अनुसरण में, तथा कालान्तर में विभिन्न वास्तुकलाओं के समन्वय से वैभवशाली प्रासाद बनवाये, जिनसे उनकी सुरुचि, सौन्दर्यानुभूति तथा रचनात्मक दृष्टि का अनुमान होता है। चूँकि इन इमारतों में मस्जिद निर्माण की वृत्ति को विशेष महत्त्व प्राप्त है, अतः उनकी कलात्मक प्रस्तुति को इस्लामी वास्तुकला की प्रस्तुति माना जाने लगा। यद्यपि, इन मस्जिदों के निर्माण में शासक वर्ग की राजनीतिक कूटनीति को अधिक महत्त्व प्राप्त था कि उनके माध्यम से उनके वैभवशाली महलों और क़िलों के निर्माण का सामाजिक एवं धार्मिक औचित्य पैदा होता था, फिर भी मस्जिदों की इमारतें अपनी धार्मिक स्थिति के अनुरूप विशेष महत्त्व रखती थीं और हैं, जिनकी चर्चा आगामी पंक्तियों में की जायगी।

भवन-निर्माण के सम्बन्ध में इस्लाम ने कोई विशेष निदेशक-सिद्धान्त पारित नहीं किये हैं, वरन् इसे व्यक्ति की न्यायोचित आवश्यकताओं, सुरुचि एवं जनकल्याण के आधार पर स्वतन्त्र रखा है। न्यायोचित होना ही इसकी कसौटी है। यदि भवन-निर्माण की लालसा के पीछे, कदाचित् किसी मस्जिद अथवा अन्य धार्मिक अनुष्ठानों का निर्माण ही क्यों न हो, व्यक्ति का दम्भ, अभिमान अथवा आत्म-प्रदर्शन की भावना कार्यरत है, तो इस्लाम इसे अच्छी निगाहों से नहीं देखता। इस्लाम अत्यधिक व्यय करने की अनुमति भी नहीं देता, यहाँ तक कि न्यायोचित साधनों से कमाये हुए अपने धन के 'इसराफ़' (अनुचित व्यय) की

अनुमति भी नहीं देता। मौलाना सैय्यद कल्बे-हुसैन लिखते हैं : **''दुनिया की राह में हलाल कार्यों में भी अधिक व्यय करोगे, तो इसराफ़ में आ जायगा।''**[1] इसीलिए इस्लामी पैग़म्बर ने भवन-निर्माण में अनुचित व्यय को ध्यान में रखकर यह आर्षवाक्य कहा था : **''धर्मपरायण व्यक्ति की सम्पत्ति को जो वस्तु खाती है तथा लाभ नहीं पहुँचाती, वह भवन है।''**[2] यह हदीस इस्लाम के विशेष चिन्तन एवं आचरण की ओर संकेत करती है, जिसमें सुख-सम्पदा, आरोपित ख्याति, दम्भ तथा अभिमान के लिए कोई स्थान नहीं तथा भवनों के निर्माण में इन तथ्यों के विद्यमान होने को कौन नकार सकता है, फिर निर्माण में 'इसराफ़' (अनुचित व्यय) भी हो जायगा। इस्लाम राजकोष को धर्मकोष मानता है। शासक को कदापि यह अधिकार नहीं देता कि वह उसको अपने सुख-सम्पदा, भोग-विलास आदि में व्यय करे। लेकिन इससे यह निष्कर्ष निकालना उचित न होगा कि इस्लाम में आवासीय भवनों के निर्माण करने की अनुमति नहीं है। ऐसे भवन जो भोग-विलास, दम्भ-प्रदर्शन आदि के उद्देश्य से निर्माण न किये जायँ, बल्कि उनके निर्माण का उद्देश्य आवास में रहनेवालों को सुविधा प्रदान करना, उनके जीवन को सुखद बनाना हो अथवा जनकल्याण की आवश्यकताओं के अनुरूप हो, तो ऐसे मकानों का बनाना इस्लामी पैग़म्बर के आदेशों के अनुसार है।

इस्लामी पैग़म्बर ने मदीना में आवास धारण किया, तो अपने परिवार के रहने हेतु एक घर भी बनाया। इतिहासकार इब्न-सअद ने इस मकान के विषय में सूचनाएँ उपलब्ध की हैं, जो अब्दुल्लाह-बिन-यज़ीद के आँखों देखे बयान पर आधारित है। उनके बयान के अनुसार, इस्लामी पैग़म्बर का मकान लगभग एक सौ हाथ वर्गाकार अहाता पर आधारित था, जो कच्ची ईंटों से बना था, उसमें दक्षिण की ओर एक ड्योढ़ी थी, जो खजूर के तनों से बनी हुई थी। इन तनों पर खजूर के पत्तों और गारे से बनी छत टिकी थी। अहाता की पूर्वी दीवार को शामिल करके 'उम्महात-उल-मोमनीन' (पवित्रजनों की माताओं, अर्थात् पैग़म्बर की पत्नियों) की छोटी-छोटी कोठरियाँ थीं, जिनके द्वार आँगन में खुलते थे। इस अहाता में चार मकान कच्ची ईंटों के बने थे, जिनकी कोठरियाँ खजूर की शाखाओं की ओट से अलग की गयी थीं। पाँच मकान खजूर की शाखाओं से बने थे, जिन पर गारे का पलस्तर था, इनमें कोठरियाँ नहीं बनायी गयी थीं। द्वार पर काले रंग के कम्बल के पर्दे पड़े रहते थे। प्रत्येक पर्दा तीन हाथ लम्बा और तीन हाथ चौड़ा था। छतों की ऊँचाई इतनी थी कि हाथों से छुआ जा सकता

1. तनवीरे-मजालिस (लेख : मौलाना सैय्यद कल्बे-हुसैन), पृ० 18
2. किताब-अलतबक़ात-उल-कबीर, भाग-2, पृ० 181-88, भाग-8, पृ० 120-21

था—यह स्थिति थी, इस्लामी पैग़म्बर द्वारा निर्मित राजमहल की! अब इनसे आगे बढ़कर अल्लाह के घर का दर्शन भी कर लें, जिसके निर्माण में स्वयं पैग़म्बर ने भी सहयोग किया था।

मक्का शरीफ़ में 'बैत-उल्लाह' (ईशभवन) एक छोटे-से खण्डित अर्द्धचौकोर अहाते पर आधारित था, जिस पर कोई छत नहीं थी। इसकी चहारदीवारी की ऊँचाई का अनुमान इससे लगाया जा सकता है कि उसकी दीवार बिना किसी सहारे के अनगढ़ पत्थरों को चुनकर बनायी गयी थी, अर्थात् एक ऐसी आदमक़द दीवार थी, जो धरती पर खड़े होकर चुनी जा सकती थी। इसी के बीच में 'ज़मज़म' (ज़मज़म का कुआँ) स्थित था। यही छोटा-सा देवस्थान था, जो 'काबा' कहा जाता था। 608 ई० में काबा का पुनर्निर्माण इस कारण किया गया कि उसकी दीवारें अत्यन्त क्षीण हो गयी थीं तथा किसी समय भी कोई अनहोनी हो सकती थी। क़बीला क़ुरैश ने दीवारें गिराकर उसी स्थान पर पुनः देव-स्थान बनाने की योजना बनायी। अरबों में साधारणतया प्रचलन था कि लकड़ी और पत्थरों के रद्दों से दीवार तैयार करते थे।

क़ुरैश ने अपने देवस्थान का निर्माण भी अपने प्रचलन के अनुसार करने का योग किया। एक टूटे जहाज़ की लकड़ी प्राप्त की गयी। उसी जहाज़ के बढ़ई तथा राजगीर को इस कार्य हेतु नियुक्त किया, जो अबीसीना का वासी था। दीवार में 'हजर-असवद' (विशेष काला पत्थर, जिसका चुम्बन लेना प्रत्येक हाजी के लिए अनिवार्य है) की स्थापना की समस्या पर अपने स्वभाव के अनुरूप क़ुरैश आपस में टकरा गये। प्रत्येक व्यक्ति हजर-असवद को स्थापित करने का गौरव प्राप्त करना चाहता था। दम्भ से दम्भ टकराया, तो तलवारें बाहर निकल आयीं, लेकिन यह ख़ून-ख़राबा इस्लामी पैग़म्बर की बदौलत टल गया, जो अपनी आयु के पैंतीसवें वर्ष में थे तथा उस समय तक अपने पैग़म्बर होने की घोषणा भी नहीं की थी। उन्होंने निर्णय दिया कि हजर-असवद को एक चादर में रखकर उठाया जाय तथा प्रत्येक क़बीला का एक व्यक्ति इस चादर का एक कोना पकड़े। इस प्रकार प्रत्येक व्यक्ति गौरवान्वित हो जायगा। चादर में हजर-असवद लाया गया, तो उन्होंने अपने कर-कमलों द्वारा स्थापित कर दिया। इस प्रकार उपद्रव होते-होते टल गया।[1] काबा का नवनिर्माण इस प्रकार हुआ कि फ़र्श से छत तक एक रद्दा पत्थरों का तथा दूसरा रद्दा लकड़ी का रखा गया। कुल इकत्तीस रद्दे रखे गये, जिनमें सोलह पत्थरों के और पन्द्रह लकड़ियों के थे। पहले द्वार की चौखट ज़मीन से मिली हुई थी, अबकी बार ज़मीन से चार हाथ तथा एक बीता ऊँची रखी गयी। भवन बन गया तो सुसज्जित भी किया गया।

---

1. तारीख़े-इस्लाम, भाग-1, पृ० 73-74

अल-अरज़क़ी का कथन है कि काबा के इस पुनर्निर्माण की छत दीवारों और स्तम्भों पर वृक्षों, देवदूतों तथा गत काल के नबियों-पैग़म्बरों के चित्र बने हुए थे।[1] मक्का-विजय (629 ई०) के पश्चात् काबा से मूर्तियाँ तथा चित्र हटा दिये गये, लेकिन उसका भवन यथावत् सुरक्षित रहा, वरन् लोगों के आवासीय घर, जो बढ़ते-बढ़ते काबा के निकट हो गये थे, हज़रत उमर के ख़िलाफ़त काल (634-44 ई०) में हटा दिये गये, ताकि काबा के चारों ओर खुले स्थान से मुसलमानों को सुविधा हो सके।[2]

प्रारम्भिक निर्माण

प्राच्य अरब में इस्लाम उदय के पूर्व मुख्य भवन की कल्पना काबा के रूप में थी, जिसकी विचित्र वास्तुकला शैली की चर्चा ऊपर की पंक्तियों में की गयी है। अरबों का वास्तुकला से अनभिज्ञ होने का कारण यह हो सकता है कि उनकी आबादी का एक छोटा-सा भाग ही घरों में रहता था, जो ईंटों से बने होते थे। उन्हें 'अह्ल-मुदव्वर' (गोलाकारवाले) कहा जाता। शेष लोग 'बदवी' (वनवासी) जीवन व्यतीत करते थे, जो 'अह्ल-उल-वबर' (ऊनवाले) कहलाते थे, जो ऊँट के बालों से बने हुए कम्बल के शिविरों में रहते थे। नगरों के चारों ओर चहारदीवारी बनाने का प्रचलन भी नहीं था। समस्त हिजाज़ में मात्र तायफ़ एक ऐसा नगर था, जिसके चारों ओर चहारदीवारी बनी हुई थी। मदीना शरीफ़ पर 627 ई० में आक्रमण हुआ, तो आत्मरक्षा हेतु इस्लामी पैग़म्बर ने मैदानी भाग में खाईं खुदवायी, जिसका प्रस्ताव उनके विश्वासपात्र सहयोगी हज़रत सलमान फ़ारसी ने रखा था, क्योंकि उन्होंने ईरान में चहारदीवारें और खाईं देखी थीं। अरबों के लिए खाईं आश्चर्यजनक बन गयी। मदीना शरीफ़ में चहारदीवारी का निर्माण हुर्रा की दुःखद घटना (682 ई०) में जान-माल, इज़्ज़त-आबरू सब-कुछ खो देने के बाद मदीनावासियों ने भावी आत्मरक्षा के उद्देश्य से किया था।[3]

इस्लामी शासन के प्रथम काल में हज़रत उमर के शासन (634-44 ई०) में राजकीय भवनों के निर्माण का क्रम प्रारम्भ हुआ। प्रारम्भ में बाँसों तथा सरकण्डों से घर बनाये गये, जो किसी अग्निकाण्ड में ध्वस्त हो गये, तो हज़रत उमर ने ईंटों से मकान बनाने की अनुमति प्रदान की, परन्तु किसी व्यक्ति को

---

1. Archaelogia 94 (1951) pp. 97-102
2. फ़ुतूह-उल-बुलदान, पृ० 46
3. अलतमबीह, पृ० 305

तीन से अधिक मकान बनाने की अनुमति न थी। कूफ़ा नगर आबाद हुआ, तो मस्जिदें, राजकोष भवन, शासक भवन, गलियाँ और सड़कें बनायी गयीं।[1] 'ख़िलाफ़ते-राशिदा' (विधिक उत्तराधिकार) काल (632-61 ई०) में हज़रत अबू बकर तथा हज़रत उमर ने अपने लिये कोई भवन नहीं बनवाया। तीसरे ख़लीफ़ा हज़रत उस्मान ने सर्वप्रथम अपने लिये एक भवन का निर्माण किया, जिसमें सात सौ सैनिक लड़ने-मरने हेतु हर समय उपस्थित रहते थे। इससे भवन के विस्तार का अनुमान किया जा सकता है। हज़रत अली ने अपने लिये कोई भवन-निर्माण नहीं किया, परन्तु मस्जिदों का निर्माण कराया अथवा उनकी मरम्मत भी करायी। अमीर मुआविया राजकीय ठाट-बाट के रसिया थे। उन्होंने सर्वप्रथम सीरिया में राजदुर्ग का निर्माण किया। सीरिया में भवन-निर्माण हेतु सामग्री सुविधापूर्वक उपलब्ध थी। श्रेष्ठ प्रकार का चूना, जो ऋतु-परिवर्तन को झेल सके, खुली हवा को सुगन्धित करता था। निर्माण हेतु लकड़ी भी सुलभ थी, क्योंकि उस समय तक लेबनान के जंगल काटे नहीं गये थे। इस राजदुर्ग के निर्माण में उसके छीले गये पत्थरों से गिरजाघरों की शैली स्पष्ट है। बहुत सम्भव है कि किसी गिरजाघर को राजदुर्ग में परिवर्तित किया गया हो या उसके निर्माण का निरीक्षक अमीर मुआविया के मसीही मित्रों में कोई रहा हो। उसमें संगमरमर के स्तम्भों, गोलाकार दालानों, दीवार की लकड़ी से दोहरी ढलवानी छतों तथा दीवारों की चमकदार पच्चीकारी से मनोहर सुसज्जा की गयी थी। इसी राजदुर्ग के दरबार में यज़ीद-बिन-मुआविया ने कर्बला के बन्दियों को प्रदर्शित किया था। प्रकृति ने अत्याचारियों का नामो-निशान मिटा दिया, परन्तु सीख लेने के लिए राजदुर्ग के द्वार का मेहराब वर्तमान में भी अस्तित्व रखता है।

राजदुर्ग के निर्माण के साथ-साथ अमीर मुआविया ने दो मस्जिदें भी पुनः निर्मित करायीं। पहली मस्जिद बसरा (ईराक़) में (665 ई०) में, फिर कूफ़ा (ईराक़) में (670 ई०) में। अलतबरी ने लिखा है कि अमीर मुआविया द्वारा नियुक्त कूफ़ा के प्रशासक ज़ियाद-बिन-अबीह ने एक ऐसा राजगीर ढूँढ़ निकाला था, जो ईरानी शासक ख़ुसरौ के राजगीरों में रह चुका था। उसने बताया कि यदि अहवाज़ पर्वत के पत्थरों का प्रयोग किया जाय, तो उसके स्तम्भों पर तीस हाथ ऊँची छत टेकी जा सकती है।[2] यरोशलम की मस्जिद 'बैत-उल-मुक़द्दस' (जिसको मुसलमान, ईसाई तथा यहूदी समान रूप में पवित्र स्थान मानते हैं) का 'क़ुब्बा-ए-सख़रा', जो मात्र एक पत्थर से निर्मित हुआ है तथा जिसको मुस्लिम वास्तुकला का उत्कृष्ट नमूना समझा जाता है, उसका निर्माण उमैय्यावंशज

---

1. तारीख़-अर्रुसुल-वअलमुलूक, भाग-3 (1), पृ० 60-61
2. तारीख़-उर्रुसुल-वअलमुलूक, भाग-1, पृ० 249

ख़लीफ़ा अब्दुल मलिक (मृ० 705 ई०) ने 691 ई० में सम्पन्न कराया। यह निर्माण इस प्रकार हुआ कि 'हेरोद' के सुन्दर भवन के शेष भाग को मस्जिद में परिवर्तित कर लिया गया। यह भवन प्राच्य हैकल के अहाता में दक्षिण की ओर था, जिसको 'तीतस' की सेना ने नष्ट-भ्रष्ट कर दिया था । इसी प्रकार असतख़र तथा क़ज़वीन में भी हुआ कि ईरानी बादशाहों के दीवाने-आम, जो सादे स्तम्भों तथा सपाट छतों पर आधारित थे, मस्जिदों में परिवर्तित कर लिये गये।[1] इसी प्रकार की एक निवारक घटना का उदाहरण दमिश्क़ (सीरिया) की मस्जिद है, जो उस स्थान पर स्थित है, जहाँ पूर्व में एक सीरियाई देवता का पवित्र अहाता था। चौथी सदी ई० में दमिश्क़ मसीही राज्य का अंग बना, तो थ्यूडोसिस ने अपने राज्यकाल (379-95 ई०) में गिरजाघर बना लिया। दमिश्क़ उमैय्यावंशीय शासन का केन्द्र बना, तो ईसाइयों से मैत्री प्रदर्शन के रूप में गिरजाघर को दो भागों में विभाजित कर लिया। एक भाग यथावत् गिरजाघर ही रहा तथा दूसरे भाग को मुसलमान मस्जिद के रूप में उपयोग करने लगे। कालान्तर में उमैय्यावंशीय ख़लीफ़ा वलीद-बिन-अब्दुल मलिक (मृ० 715 ई०) ने उसको मस्जिद में परिवर्तित कर दिया, परन्तु गिरजाघर की मीनारों को अज़ान देने के लिए शेष रक्खा, जो यूनानियों के शासनकाल में पहरियों के उपयोग हेतु बनी थी। अलमसऊदी लिखता है : "**कालान्तर में मसीही काल आया और यह देवस्थान गिरजाघर बन गया फिर इस्लाम आया, तो यह मस्जिद हो गया।**"[2]

यहाँ यह बता देना आवश्यक है कि क़ुर्आन में सभी धर्मों का आदर करने के साथ ही उनके पूजास्थलों का सम्मान करना तथा उन्हें सुरक्षित रखना भी अनिवार्य माना है। क़ुर्आन का स्पष्ट आदेश है : "**और यदि ईश्वर कुछेक व्यक्तियों को कुछेक द्वारा न रोकता होता, तो ईसाइयों के सभी गिरजाघर और यहूदियों के पूजास्थल और मजूसिओं (आर्यों) के मन्दिर और मुसलमानों की मस्जिदें सब ध्वस्त कर दी जातीं और ईश्वर अपने सहयोग करनेवालों को निश्चय ही सहायता करेगा।**" (क़ुर्आन 22/40) क़ुर्आन के स्पष्ट आदेश के आधार पर कहा जा सकता है कि जिन लोगों ने अन्य धर्मों के पूजास्थल अथवा देवस्थान तोड़े या उनको क्षति पहुँचायी, उन्होंने इस्लाम के स्पष्ट विधान की अवहेलना की है। यह एक दुःखद तथ्य है कि कालान्तर में भी अन्य मुस्लिम शासकों ने दूसरे धर्मों के देवस्थान तोड़कर उसी मसाले से मस्जिद का निर्माण किया, जो उमैय्यावंशीय शासकों की 'बिदअते-सइय्या' (निन्दनीय आविष्कार) है। अतः पवित्र धर्मपरायण जन इन मस्जिदों में नमाज़ पढ़ना सही नहीं मानते,

---

1. तारीख़-उरुसुल-वअलमुलूक, भाग-1, पृ० 211
2. मुरूज-उल-ज़हब-वमआदिन-उल-जौहर, भाग-4, पृ० 90-91

क्योंकि इन मस्जिदों के निर्माण में ज़ोर-जबर्दस्ती की गयी है और इस्लाम का स्पष्ट आदेश है : "**ला-इकराह-फ़िद्दीन**" (धर्म के विषय में किसी प्रकार का दबाव नहीं है। क़ुर्आन : 2/256)

उमैय्यावंशीय ख़लीफ़ाओं को दुर्गों एवं भवनों के निर्माण के प्रति विशेष अभिरुचि थी। राज्य सीमाएँ विकसित हुईं, तो मुस्लिम राज्य की सीमाओं पर स्थित अनेक दुर्गों (रोमी 'लाइम्स' के 'कासटरा' की लम्बी शृंखला), जो अक़बा से दमिश्क़ तथा दमिश्क़ से पामीर तक फैली हुई है, उनके अधीनस्थ आ गयी। इनके अतिरिक्त अनेक दुर्ग एवं भवन स्वयं भी निर्माण कराये। निम्न में कुछेक प्रसिद्ध दुर्गों एवं भवनों की चर्चा की जा सकती है :

वलीद के महल—पहला महल, जो मीना में तबरीया झील के किनारे स्थित है, 705-15 ई० के बीच निर्मित हुआ। दूसरा महल, जो सीस पर्वत पर स्थित है, उसी काल में उसका भी निर्माण हुआ।

हिशाम के महल—पहला महल, जो क़स्र-उल-हैर-उल-ग़रबी के नाम से प्रसिद्ध है, सम्भवतः 721 ई० में निर्मित हुआ। दूसरा महल, जो अरीहा से चार मील उत्तर में ख़रबत-उल-मुफ़ज्जर में स्थित है। तीसरा महल, जो क़स्र-उल-हैर-उल-शर्क़ी के नाम से प्रसिद्ध है, 729 ई० में निर्मित हुआ।

वलीद द्वितीय के महल— पहला महल, जो मुश्ताअ के नाम से प्रसिद्ध है, लगभग 744 ई० में निर्मित हुआ। दूसरा महल, जो क़स्र-उल-तूबा के नाम से प्रसिद्ध है, वह भी सम्भवतः उसी वर्ष निर्मित हुआ।

उमैय्यावंशीय इमारतों पर यूनानी प्रभाव स्पष्ट है। किसी सीमा तक ईरानी तथा मिस्त्री प्रभाव भी दीख पड़ते हैं। गढ़े हुए पत्थर, मेहराब रूपी छतें, संगमरमर के स्तम्भ, दीवारों पर पच्चीकारी, घोड़े के नाल के रूप में डाटें, डाटों के पीछे अद्धे की डाट, कीली में फँसे हुए पत्थर, पत्थरों और ईंटों के लदाव, लकड़ी के बने गुम्बद तथा पत्थर के गुम्बद, जो साधारणतया त्रिकोण हैं, सीधे गुम्बदों पर टिके होते हैं। दीवारें ईंटों की, कभी कच्ची ईंटों की बनायी जाती थीं। लकड़ी की सपाट छतें मेहराबों की सहायता के बिना होती थीं। मस्जिदों की छतें दोनों ओर से ढलान में बनती थीं, मीनारों को ऊँची चौकोर वर्गाकार बुर्जियों के रूप में बनाया जाता था, जो सीरिया के गिरजाघरों की बुर्जियों का समान रूप होता था। इन गिरजाघरों के समान ही मस्जिदों में भी तीन दालान रखे जाते थे।

अब्बासी ख़िलाफ़त 750 ई० में स्थापत्य हुई, तो राज्य का सांस्कृतिक केन्द्र परिवर्तित हो गया। अब तक दमिश्क़ राजधानी थी, जो सिकन्दर महान् (मृ० 324 ई० पू०) के अधीनस्थ रहा था, तो यूनानी संस्कृति के भी अधीनस्थ था। अब बग़दाद राजधानी बनी, तो यूनानी प्रभाव क्षीण होने लगा, उसका स्थान

हमोरबी तथा बाबुली प्रभाव ने ग्रहण कर लिया। बग़दाद नगर जिस स्थान पर स्थित था, वह हमोरबी तथा बाबुली संस्कृति एवं सभ्यता का केन्द्र रह चुका था।[1] बग़दाद नगर गोलाकार बसा था, जिसको एक भीतरी तथा एक बाहरी दीवारों ने घेर रखा था। दोनों दीवारों के बीच 35-40 मीटर का अन्तर था। भीतरी दीवार 17 मीटर ऊँची तथा पाँच मीटर चौड़ी थी। बाहरी दीवार 14 मीटर ऊँची और 4 मीटर चौड़ी थी। बाहरी तथा भीतरी दीवारों में चार बड़े द्वार थे, जिनके बीच समान दूरी थी। द्वारों के बीच 28-28 बुर्ज थे, जो ढाई मीटर से अधिक ऊँचे थे। इतिहासकार अलख़तीब बग़दादी (मृ० 1070 ई०) का वक्तव्य है कि उसने सीरिया तथा रोम एवं अन्य देश देखे थे, परन्तु बग़दाद से अधिक वैभवशाली, सुन्दर भवन, विस्तृत गोलाकार ड्योढ़ियाँ, विशाल एवं व्यापक द्वार शक्तिशाली एवं जटिल चहारदीवारियों का नगर नहीं देखा। समस्त नगर एक साँचे में ढला हुआ था।[2] बग़दाद में स्थानाभाव दीख पड़ा, तो उसी के निकट अलकर्ख़ आबाद किया गया, जो बग़दाद का प्रतिरूप माना गया। बाद में महदिया तथा सामरा (सरमनराय) नगरों का निर्माण हुआ।

बग़दाद की प्रारम्भिक इमारतों में अब्बासी ख़लीफ़ा मंसूर (मृ० 775 ई०) का महल तथा उससे सम्बद्ध मस्जिद की चर्चा की जा सकती है। मस्जिद की लम्बाई-चौड़ाई चार-चार सौ हाथ थी। मस्जिद दो सौ हाथ वर्ग में थी, जिसमें दायीं से बायीं ओर दालान के भीतर दालान तथा बग़ली दालान थी। इस मस्जिद को हारून रशीद ने 809 ई० में पक्की ईंटों तथा सागौन की लकड़ी से पुनः निर्मित कराया। मंसूर का महल तथा मस्जिद दोनों मिट चुके थे, परन्तु अब्बासी ख़िलाफ़त की एक यादगार महल-उल-ख़ीज़र है, जो अच्छी हालत में वर्तमान है। यह महल कर्बला (ईराक़) से 30 मील पश्चिम में उबैद की घाटी में है। इसको ख़लीफ़ा मंसूर के चाचा ईसा-बिन-मूसा ने 778 ई० में निर्माण कराया था। यह क़िला लम्बोतरे अहाते पर आधारित है, जो 175 मीटर लम्बा तथा 169 मीटर चौड़ा है। प्रत्येक खण्ड के बीच एक छत्तेदार द्वार है, किनारों पर चार गोलाकार बुर्ज उनके बीच अर्द्धगोल बुर्ज तथा हर भाग के द्वार पर भी बुर्ज हैं। इसका ऊपरी भाग धरती से 10.83 मीटर ऊँचा है। गुम्बद का गोलान 5.80 मीटर है, जिसकी 24 फाँकें बनायी गयी हैं। बाहर से गुम्बद एक पुर्तगाली ख़रबूज़ा के समान दीखता है। प्रत्येक फाटक एक मोरनी के ऊपर है, पश्चिमी मेहराब के भीतर संगमरमर के चौके हैं, जिन पर सुन्दर नक़्क़ाशी है। उनके चारों ओर दीवारों पर तैल्य-चौके हैं। संगमरमर के सुशोभित चौके तथा तैल्य-चौके ईराक़ की

1. हमोरबी और बाबुली तहज़ीबो-तमद्दुन, पृ० 10
2. तारीख़-उल-बग़दाद, भाग-1, पृ० 67

प्राच्य मृद्भाण्ड के नमूने हैं। अब्बासीवंशज शासकों के वास्तुकलात्मक नमूने उनके द्वारा निर्मित किये गये क़िलों, महलों, मस्जिदों तथा मदरसों में देखे जा सकते हैं, जिनकी संख्या हज़ारों में है तथा उनकी अपनी निजता भी है। उनमें मात्र कुछेक वास्तुकलात्मक उदाहरणों की चर्चा की जा सकती है :

क़स्र-महदीया—अलमहदी (मृ० 785 ई०) ने निर्माण किया।

क़स्र-रसाफ़ा—हारून रशीद ने (मृ० 809 ई०) में दजला नदी के किनारे निर्माण कराया।

बीमारिस्तान—हारून रशीद ने एक वैभवशाली चिकित्सालय बीमारिस्तान अथवा मारिस्तान का निर्माण किया था।

क़स्र-दार-उल-ख़िलाफ़ा—यहिया बरमक्की का महल था, 'क़स्र-उल-हुसैनी' भी कहते हैं। वर्षों तक निर्जन रहा। फिर मामून रशीद के मन्त्री एवं ससुर अलहसन-बिन-सुहैल ने अपनी पुत्री मलिका बूरान के लिए पुनः सुसज्जित किया।

क़स्र-उम्म-हबीबा—हारून रशीद की बेटी उम्म-हबीबा का महल था।

क़स्र-जाफ़री—मन्त्री जाफ़र-बिन-यहिया बरमक्की का महल था।

सामरा के निर्माण—मुतसिम-बिल्लाह (मृ० 842 ई०) में बग़दाद से 60 मील की दूरी पर तुर्की सेना के आवास हेतु सामरा आबाद किया, जिसमें बाग़ों, महलों, इमारतों तथा जामा-मस्जिद का निर्माण कराया, उनमें जामा-मस्जिद को छोड़कर सब-के-सब मिट गये हैं। मस्जिद की लम्बाई 787 फ़ीट तथा चौड़ाई 517 फ़ीट है। अहाता की दीवार पक्की ईंटों की है, चारों किनारों पर गोल बुर्जियाँ हैं। नमाज़ के संकेत हेतु कोई मेहराब नहीं है। 10वीं सदी ई० का फ़िलिस्तीनी इतिहासकार मुक़द्दसी कहता है कि मस्जिद की छत संगमरमर के स्तम्भों पर टिकी हुई थी, परन्तु अब उसका कोई चिह्न वर्तमान नहीं है।[1] अहाता की दीवार, मीनार और गुम्बद वर्तमान हैं। इसी प्रकार के गुम्बद लघु एशिया के नगर क़ूनिया के सल्जूक़ी शासकों द्वारा निर्मित मस्जिदों में भी दीख पड़ते हैं। मस्जिद की खिड़कियों तथा पश्चिमी दीवारों के मेहराब सीरियायी वास्तुकला से प्रभावित हैं, जो वस्तुतः कलीसाई वास्तुकला के प्रतिबिम्ब हैं। सामरा की जामा मस्जिद मुस्लिम वास्तुकला में अत्यन्त महत्त्वपूर्ण है।

मदरसा-मुस्तंसिरया—अलमुस्तंसिर-बिल्लाह का शासनकाल (861-62 ई०) अत्यन्त सीमित था, परन्तु इसी में उसने कई महल, मदरसे और मस्जिदें निर्मित कराये, जिनमें मदरसा-मुस्तंसिरया अपने कलात्मक साज-सज्जा तथा सौन्दर्य में ख्याति प्राप्त है।

---

1. अलसालिक-उल-मुमालिक, भाग-2, पृ० 313

क़स्त्र-उल-सिरया—अलमुतज़िद-बिल्लाह (मृ० 869 ई०) ने निर्मित कराया।

मस्जिद-तूलून—यह मस्जिद अहमद-बिन-तूलून ने 687 ई० में यशकुर पर्वत की बाहर निकली हुई चट्टान पर निर्मित किया। इसमें 92 मीटर का वर्गाकार आँगन है, जिसके चारों ओर ड्योढ़ियाँ हैं। दीवार के कँगूरे देखने योग्य हैं। ये लाल ईंटों से निर्मित हैं। नीचे के हिस्से में सात दरवाज़े हैं। मस्जिद की सजावट में सामरा की मस्जिद के प्रभाव स्पष्ट दीखते हैं। यह एक ईराक़ी इमारत है, जो मिस्त्र की धरती पर निर्मित हुई।

क़स्त्र-उल-ताज—अलमुकतफ़ी-बिल्लाह (मृ० 908 ई०) ने निर्मित किया।

क़स्त्र-दार-उल-शजरा—मुक़्तदर-बिल्लाह (मृ० 932 ई०) ने निर्मित किया था, जिसके अहाता में दार-उल-शजरा नामक कृत्रिम वृक्ष लगाया गया था, जो सोने-चाँदी तथा आभूषण से सुसज्जित किया गया था। शाखाओं पर सोने-चाँदी के पक्षी इस तरह से बैठाये गये थे कि हवा के झोंकों से चहचहा उठते थे तथा उनकी आवाज़ से वास्तविक पक्षियों की आवाज़ों का भ्रम होता था। इमारत में वास्तुकला के उत्कृष्ट नमूने प्रस्तुत किये गये थे।

अब्बासीवंशज ख़लीफ़ाओं ने उमैय्यावंशज वास्तुकला के सभी प्रभावों को मिटा दिया, तो उसके साथ ही वास्तुकला पर यूनानी प्रभाव भी स्वतः मिट गया। उन्होंने यूनानी प्रभाव के स्थान पर दीर्घकालीन सासानी साम्राज्य (224-651 ई०) ईरान के वास्तुकलात्मक अवशेष ग्रहण कर लिया। ये कलात्मक अवशेष वास्तविक रूप में प्राच्य हमूरबी तथा बाबुली परम्पराओं से उद्धृत थे। इससे वास्तुकला में मौलिक परिवर्तन हुए तथा सामराई वास्तुकला अस्तित्व में आयी। यह कला इब्न-तूलून, शम्सउद्दीन (मृ० 1546 ई०) के प्रभाव में मिस्त्र, बहरीन तथा नीशापुर तक फैल गया। अब्बासी वास्तुकला में राजदुर्गों एवं प्रासादों के निर्माण उमैय्यावंशीय निर्माणों से सर्वथा भिन्न थे। अब्बासी क़िले उमैय्यवी क़िलों की तुलना में अधिक वैभवशाली हैं। दीवाने-ख़ास के ऊपर ख़ूबसूरत गुम्बद होते, जबकि उमैय्यवी क़िलों में दीवान लदाव की छत पर होते, लेकिन ईंटों और इमारती मसालों के प्रयोग में उमैय्यवियों को अब्बासियों पर वरीयता प्राप्त थी। अब्बासी इमारतों में साधारण स्तर के इमारती मसाले तथा ईंटों का प्रयोग है। दीवारें साधारणतया कच्ची ईंटों से चुनी जाती थीं, जिनको छुपाने के लिए ऊपर से गच का मोटा प्लास्टर कर दिया जाता था। अब्बासी इमारतों में एक विशेष प्रकार की नुकीली डाट का प्रचलन था, जो इससे पूर्व की इमारतों में नहीं दीखता। ये डाटें चौमुखी हैं, जो किनारे के सहारे टिकी हुई हैं। इन इमारतों में पहली बार चमकदार तैल्य-चौके प्रयुक्त हुए, जो 862 ई० में ईराक़ से क़ीरवान

लाये गये थे। अब्बासी इमारतों में कतबों की पेटियाँ ज़मीन पर बनायी ज़ाती थीं। अब्बासी वास्तुकला उन विभिन्न देशों के अनेक भागों में प्रचलित एवं सर्वप्रिय हुई, परन्तु हस्पानिया तक न पहुँच सकी। वहाँ उमैय्यवी वास्तुकला जिसे सीरियावासी अपने साथ ले गये थे, प्रचलित एवं सर्वप्रिय रही।

मुस्लिम राज्यों में प्रारम्भिक निर्माणों की चर्चा सम्पन्न करने से पहले आवश्यक है कि कुछेक महत्त्वपूर्ण निर्माणों की चर्चा कर दी जाय, जिनमें येरूशलम की 'बैत-उल-मुक़द्दस' सर्वाधिक महत्त्वपूर्ण है। गत पृष्ठों में कहा जा चुका है कि वह एक धार्मिक निर्माण है, जिसका यहूदी, ईसाई और मुसलमान समान रूप में सम्मान करते हैं। इसमें 'मस्जिदे-अक़सा' विशेष रूप में मुस्लिम वास्तुकला की दृष्टि से महत्त्वपूर्ण है। ऐसा विश्वास किया जाता है कि 'बैत-उल-मुक़द्दस' में ही 'सुलेमानी हैकल' सम्मिलित है। इसमें एक ऐसा पत्थर भी है, जिसके विषय में विश्वास किया जाता है कि इसी पर हज़रत इब्राहीम ने अपने सुपुत्र हज़रत इस्माईल की बलि देना चाहा था। इसमें एक विचित्र कुर्सी है, जो लकड़ी की बनी हुई है, लेकिन उसमें हाथी दाँत और सीपी जड़ी हुई है। 'मस्जिदे-क़ुर्तुबा' का निर्माण अब्दुर्रहमान प्रथम ने 786 ई० में किया था। 'मस्जिदे-अक़सा' के समान ही इसमें भी पीछे की दीवार के साथ ग्यारह दालान हैं। मेहराबों का क्रम बारह कमानों पर आधारित है, जिन पर बारह अन्य कमानें भी बनायी गयी थीं। इससे छत की ऊँचाई 9.80 मीटर हो गयी है, जबकि नीचे के स्तम्भ मात्र 3.80 मीटर ऊँचे हैं। इसी काल की एक अन्य इमारत रमल्ला (फ़िलीस्तीन) की 'ख़ज़ीना-आब' है । इसमें धरती के नीचे खुदाई करके चार-चार कमानों की पाँच मेहराबी सिलसिले स्थापित किये गये हैं। कमानों की डाटें नुकीली हैं और दो स्थानों पर उठी हुई दीखती हैं। प्लास्टर पर कूफ़ी-लिपि में 'ज़िलहिज्जा 172 हिजरी' (मई 789 ई०) अंकित है। इससे स्थापित होता है कि यह यूरोप की समस्त प्राच्य नुकीली मेहराबों से भी प्राचीनतम है। इनके अतिरिक्त मस्जिदें क़ीरवान का प्रसिद्ध मीनार 'मलव्विया' 27.25 मीटर की दूरी पर खड़ा है, सोचने पर बाध्य करता है, जो 33 मीटर वर्गाकार तथा 3 मीटर ऊँची चक्करदार बुर्ज पर स्थित है। 'जामा-उल-अज़हर' 359 ई० में निर्मित हुआ, जो साज-सज्जा में मस्जिद-तूलून से प्रभावित है।

भारत में प्रारम्भिक मुस्लिम वास्तुकला

भारत में मुसलमान पहली बार व्यापारी के रूप में दक्षिणी तटों पर आये। उनमें एक व्यापारी इस्लामी पैग़म्बर के सहयोगी मालिक-बिन-दीनार भी थे, उन्होंने तथा उनके सुपुत्रों हबीब-बिन-मालिक तथा शरफ़-बिन-मालिक ने मालीबार में इस्लामी सिद्धान्तों की दीक्षा दी। परिणामस्वरूप, जनता-जनार्दन के अतिरिक्त

राजा चीरूमन बीरूमल ने इस्लामधर्म ग्रहण कर लिया। इसी आधार पर दावा किया जाता है कि पायानोर (केरल) से 15 किमी० की दूरी पर स्थित मस्जिद के अवशेष, मालिक-बिन-दीनार द्वारा स्थापित मस्जिद के अवशेष हैं। इस मस्जिद के शिलान्यास की तिथि 'जुमा रबी-उल-अव्वल 5 हिजरी' अंकित है।[1] अर्थात् निश्चित तिथि का संज्ञान न होने की स्थिति में 5 हिजरी के रबी-उल-अव्वल में, 2, 9, 16, 23 और 30 में कोई तिथि जुलाई 626 ई० में होगी। यदि यह तिथि प्रमाणित हो जाय तो भारत में ही नहीं, विश्व की यह दूसरी प्राचीनतम मस्जिद होगी, क्योंकि पहली मस्जिद तो बिना किसी विवाद के मदीना-शरीफ़ की 'मस्जिदे-नबवी' है, जिसे स्वयं इस्लामी पैग़म्बर ने निर्मित किया था। खेद है कि उपर्युक्त भारतीय मस्जिद के ऐतिहासिक साक्ष्य अप्राप्य हैं। इसके बाद 661 ई० में निर्मित की गयी मकरान (सिन्ध) की मस्जिद है, जो उमैय्यवी वास्तुकला पर निर्मित हुई होगी, परन्तु उसके भी साक्ष्य नहीं मिलते।

प्रसिद्ध इतिहासकार अबूरैहान अलबेरूनी (मृ० 1048 ई०) ने मुल्तान की एक मस्जिद की चर्चा की है, जो एक मन्दिर को तोड़कर उसी के मसाले से इस प्रकार निर्मित की गयी थी कि मन्दिर का एक भाग शेष रह गया था, क्योंकि मन्दिर पर असाधारण रूप में चढ़ावा आता था। यह मस्जिद मुहम्मद-बिन-क़ासिम ने बनवायी थी। बाद में इस्माईली विश्वास के शासकों ने उमैय्यवी धरोहर घोषित करके मस्जिद को धराशायी कर दिया और उससे कुछ हटकर दूसरी मस्जिद का निर्माण किया।[2] इसी प्रकार अलबलाज़ुरी (मृ० 892 ई०) तथा अलमसऊदी (मृ० 957 ई०) ने सिन्ध तथा दक्षिण पंजाब में अपनी यात्राओं के बीच वैभवशाली इमारतें देखी थीं, जिनकी उन्होंने चर्चा की है, परन्तु अब उनका अस्तित्व शेष नहीं रह गया है। हकम-बिन-अवाना कल्बी को, जो बाद में सिन्ध का शासक हुआ, भवन निर्माण के प्रति विशेष अनुराग रखता था, उसने महफ़ूज़ा तथा मन्सूरा नामक नगर बसाये, उनके पुरातत्त्व की खुदाई से उन वैभवशाली भवनों की झलक मिलती है, जो मिट चुके हैं।

कराची से 73 मील दूरी पर पाकिस्तान सरकार के पुरातत्त्व विभाग ने खुदाई करके प्राचीन नगर देबल तथा उसके बन्दरगाह की खोज कर ली है, जिस पर मुहम्मद-बिन-क़ासिम ने 711 ई० में आक्रमण किया था। उसके खँडहरों में से चौदह कतबे निकले हैं, जिनमें दो कतबों पर '109 हिजरी' (727 ई०) तथा '294 हिजरी' (609 ई०) अंकित है। इसके अतिरिक्त मुस्लिम वास्तुकला में

1. हिन्दुस्तान से नबी-ए-रहमत के तअल्लुक़ात, पृ० 109
2. Alberuni's India, Vol. I. p. 116

हिन्दू वास्तुकला के प्रभाव तथा साज-सज्जा में यमन (अरब) वास्तुकला के प्रभाव दीख पड़ते हैं। ग़ज़ना में महमूद आज़म (मृ० 1030 ई०) का मक़बरा एवं मीनार तथा महमूद शाह तृतीय (मृ० 1115 ई०) द्वारा निर्मित मीनार, लश्करी बाज़ार के खँडहरों तथा कुछेक मक़बरों में वास्तुकला के अद्‌भुत उदाहरण मिलते हैं, जिनमें सिलजूक़ी वास्तुकला के साथ-ही-साथ भारतीय शैली भी दीखती है।

दिल्ली सल्तनत की महत्त्वपूर्ण इमारतों पर चर्चा करते समय इस तथ्य से आँख नहीं मूँदना चाहिए कि भारत में मुस्लिम ख़िलाफ़तों से भिन्न एवं स्वतन्त्र सल्तनतें स्थापित करने के बावजूद भारतीय मुस्लिम शासकों की निगाहों में बग़दाद के ख़िलाफ़त को केन्द्रीयता प्राप्त थी, उन्हीं के नाम का अभिभाषण भारत में भी पढ़ा जाता था, पहली बार इल्तुतमश (मृ० 1246 ई०) ने अपने नाम से सिक्के ढलवाये तथा अभिभाषण पढ़वाया, तो अब्बासी ख़लीफ़ा मुस्तंसिर-बिल्लाह से औपचारिक रूप में अनुमति प्राप्त करने के बाद। इन ख़लीफ़ाओं के कार्यकलाप भारतीय सुल्तानों के लिए अनुकरणीय थे। अब्बासी ख़लीफ़ा भी उमैय्यवी ख़लीफ़ाओं के समान दूसरे धर्मावलम्बियों के देवस्थान को तोड़कर उसी के सामान से मस्जिद बनवाने को पुण्य-कार्य मानते थे। वे अन्य विषयों में एक-दूसरे के जितने भी बड़े शत्रु रहे हों, परन्तु इस प्रयोजन में उनके आचरण एवं कर्म में पूर्णरूपेण समानता थी। अतः स्वाभाविक रूप में मुस्लिम शासकों में उनकी परम्परा फैल गयी। भारतीय मुस्लिम सल्तनतें कोई अपवाद नहीं थीं। यहाँ भी अनेक उदाहरण मिल जायँगे कि मन्दिरों तथा अन्य धर्मावलम्बियों की सम्पत्ति तोड़कर उसी के सामान से मस्जिद तथा अन्य भवन निर्मित हुए। हम उनके इस दुष्कार्य को अइस्लामी घोषित कर अपने को जितना भी चाहें अलग करने की घोषणा करें, परन्तु इस ऐतिहासिक सत्य से कैसे इनकार किया जा सकेगा। इसका एक पक्ष निर्माण हेतु सुविधावादिता भी हो सकती है, क्योंकि विजय के पश्चात् नगरों को नष्ट-भ्रष्ट कर दिया जाता था, तो इमारती मसाला ढेर हो जाता, जो विभिन्न प्रकार के निर्माण हेतु सुविधापूर्वक उपलब्ध होता। राज-मज़दूर पराजित क्षेत्रों के होते, जो अपनी सुरुचि एवं प्रशिक्षण के आधार पर भवनों का निर्माण करते थे। विदेशी वास्तुकला विशेषज्ञ इन शासकों के प्रतिनिधि रूप में भवनों के निर्माण को निर्देशित करते। स्थानीय राज-मज़दूर दीवारें, स्तम्भ, द्वार तथा उनकी साज-सज्जा का कार्य सम्हालते। परिणामस्वरूप, इस प्रकार की समस्त इमारतों में, चाहे मस्जिदें हों या कुछ और, पुरानी इमारतों के मसाले के प्रयोग में हिन्दू वास्तुकला के चिह्न सुविधापूर्वक देखे जा सकते हैं।

दिल्ली सल्तनत की पहली यादगार इमारत 'मस्जिदे-कुव्वत-उल-इस्लाम' है, जिसका निर्माण-कार्य 1193 ई० से प्रारम्भ हुआ, एक पूर्व जैन मन्दिर के प्रांगण में निर्माण-कार्य प्रारम्भ हुआ, परन्तु अन्य हिन्दू मन्दिरों की निर्माण-सामग्री भी

प्रयुक्त की गयी। निर्माण-कार्य सिल्जूक़ी शैली में हुआ। इस मस्जिद में क़ुर्आनी आयतों की किताबत में गुलकारी हिन्दू शैली पर आधारित है, जिससे स्पष्ट होता है कि स्थानीय कलाकारों ने अपनी सुरुचि एवं प्रशिक्षण के आधार पर निर्मित किया है। इल्तुतमश ने 1230 ई० में 'मस्जिदे-कुव्वत-उल-इस्लाम' का विस्तार किया। उसके द्वारा निर्मित मीनार सिल्जूक़ी शैली में है, उसने हिन्दू वास्तुकला का प्रभाव सम्मिलित न होने दिया। इसके निकट ही विश्वविख्यात क़ुत्बमीनार है, जो सिल्जूक़ी मीनारों की शैली में चार मंज़िली है। इसका निर्माण 1199 ई० में प्रारम्भ हुआ, प्रत्येक मंज़िल एक-दूसरे पर स्थित हैं, जिसके सिरे आगे को निकले हुए हैं, गौदुम ताक़चों पर स्थापित हैं। कलात्मक क़ुर्आनी कतबे इस्लामी तथा हिन्दू शैली की समन्वित साज-सज्जा प्रस्तुत करते हैं। क़ुत्बमीनार की आख़िरी मंज़िल 1368 ई० में फ़ीरोज़शाह तुग़लक़ ने निर्मित करायी। अजमेर में 'ढाई दिन का झोपड़ा' 1200 ई० में निर्मित हुआ। इसमें पाँच कोर की कमानें तथा कोनों पर पुश्ते हैं। जालियों में सुन्दर खुदाई की गयी है। इल्तुतमश ने बदायूँ में एक मस्जिद निर्माण करवायी थी, जिसका भीतरी भाग हिन्दू-मुस्लिम वास्तुकला के समन्वय का अछूता नमूना है। अन्य महत्त्वपूर्ण निर्माणों में इल्तुतमश के ज्येष्ठ पुत्र का मक़बरा है, जो महीपाल में स्थित है, हिन्दू वास्तुकला पर आधारित है। अन्य मक़बरों में शैख़ बहादुउद्दीन का मक़बरा है, जो मुल्तान में 1262 ई० में निर्मित हुआ। दूसरा मक़बरा शम्सउद्दीन तबरेज़ का है, वह भी मुल्तान में ही है। इसके अतिरिक्त बलबन का टूटा-फूटा मक़बरा है, जो मेहरौली (दिल्ली) में है। इस काल की अन्य इमारतें मिट चुकी हैं। बाद के शासकों ने उनके निर्मित मसाले को अपनी इमारतों में इस्तेमाल कर लिया, उनमें कैक़ुबाद (मृ० 1290 ई०) की चर्चा की जा सकती है, जिसकी दीवारें सचित्र थीं, परन्तु उनको फ़ीरोज़शाह तुग़लक़ ने तोड़वा दिया।[1]

दिल्ली में ख़िलजी सल्तनत स्थापित होने (1290 ई०) के बाद वास्तुकला में एक बड़ा परिवर्तन दीखता है। अब तक के निर्माण में सिल्जूक़ी प्रभाव का आधिपत्य था, जिसमें भारतीय प्रभाव भी सम्मिलित थे, अब सिल्जूक़ी परम्परा का क्रम टूट गया, जिसका कारण यह हो सकता है कि मुग़लों के आक्रमण तथा देश-विजय की दिन-प्रतिदिन सफलताओं से शासक वर्ग अपनी पहचान ढूँढ़ने लगा था। उन्होंने सिल्जूक़ी परम्परा को दृष्टिगत करके भारतीयता को प्रोत्साहित किया। अलाउद्दीन ख़िलजी (मृ० 1310 ई०) ने 'मस्जिदे-कुव्वत-उल-इस्लाम' के क्षेत्र में तीन गुना वृद्धि करने की चेष्टा की। क़ुत्बमीनार को 500 फीट ऊँचा करना चाहता था, परन्तु मस्जिद का दक्षिणी मेहराबदार दालान द्वार

1. Indian Architecture- The Islamic Period, pp. 6-8

सहित तथा मीनार के चक्करदार ज़ीनों में पहला चक्कर ही बनवा सका था कि मृत्यु को प्राप्त हो गया। मस्जिद की इमारत चार कोणों पर आधारित थी, जिस पर गुम्बद स्थित था। चारों द्वारों में मूल दरीचों के अतिरिक्त कृत्रिम दरीचे भी बनाये गये। मेहराबों की बनावट अर्द्ध गोलाकार थी, साज-सज्जा में हिन्दू-मुस्लिम शैलियों का समन्वय था। विभिन्न रंगों के पत्थरों के चौके गढ़े गये थे। इसी प्रकार की शैली पर ख़्वाजा निज़ामउद्दीन औलिया का मक़बरा भी बनाया गया था, जिसका विस्तार फ़ीरोजशाह ने किया था। इसी प्रकार की अन्य मस्जिदें भी हैं। जैसे, खम्भात की मस्जिद (1304 ई०), अनहलवाड़ा की मस्जिद (1305 ई०), गुजरात में भड़ौच की मस्जिद अथवा दकन में दौलताबाद की मस्जिद (1315 ई०)। इन समस्त मस्जिदों में मन्दिरों की निर्माण-सामग्री प्रयुक्त की गयी। ग़यासउद्दीन तुग़लक़ (1325 ई०) ने तुग़लक़ाबाद में क़िले, महल तथा मक़बरे निर्मित कराये, जिनमें सैनिक वास्तुकला के आधार पर ढलवान प्राचीरें बनवायीं। उसके पुत्र मुहम्मद तुग़लक़ (मृ० 1351 ई०) ने आदिलाबाद में एक और क़िला बनवाया, जिसमें एक कृत्रिम झील के बाँध की सुरक्षा के हेतु कड़ी घेराबन्दी की गयी। इस वैभवशाली महल के खँडहर वर्तमान हैं। प्राचीर सैनिक वास्तुकला के आधार पर ढलवान तथा लाल पत्थरों के हैं। शुद्ध हिन्दू वास्तुकला के दालान हैं। मुल्तान में शैख़ रुक्नउद्दीन आलम का मक़बरा भी इसी प्रकार है। मुहम्मद तुग़लक़ ने देवगिरि को दौलताबाद बनाया, तो वहाँ एक शान्त हुए ज्वालामुखी पर क़िला बनवाया। 1332 ई० में दिल्ली वापस हुआ तो एक महल 'चेहल-सुतून' (चालीस-स्तम्भ) के नाम से निर्मित किया, जिसमें लकड़ी के स्तम्भ थे, जो समाप्त हो चुके हैं, लेकिन उसका फ़र्श शेष है।

फ़ीरोज़शाह तुग़लक़ (मृ० 1388 ई०) का महत्त्व मात्र इस कारण नहीं है कि उसने दिल्ली सल्तनत को अपने चाचा की काल्पनिक परियोजनाओं से मुक्ति दिलायी। उसने अनेक नगर तथा ग्रामीण बस्तियाँ स्थापित कीं। जैसे, जौनपुर, शाहपुर, हिसार आदि। उसके द्वारा निर्मित की गयी इमारतों में कोटला फ़ीरोज़शाह, बोली-भटियारी महल, कोषक शिकार तथा हौज़े-ख़ास महत्त्वपूर्ण हैं, जो उसके पूर्ववर्तियों द्वारा निर्मित किये गये भवनों से अधिक वैभवशाली, सूक्ष्म तथा सुन्दर हैं। उनके कतबों के हाशियों में हिन्दू सज्जा-शैली पर तैमूरी-ईरानी प्रभाव दीख पड़ते हैं। इन इमारतों में कोटला के महल तथा हौज़े-ख़ास की चर्चा आवश्यक है। कोटला का महल एक ग्रीष्म भवन है, जो यमुना के किनारे स्थित है। इसमें हवामहल, मस्जिद तथा हरमसरा हैं। हवामहल दालानों तथा महताबियों का विस्तृत तथा अनेक तलों पर आधारित हवादार भवन है। मज़बूत दरवाज़ों के पास ही बाग़, बावली, तहख़ाने तथा कोठरियाँ हैं। तहख़ाने गोपनीय हैं, कोठरियाँ पहरेदारों के निवास हेतु हैं। हौज़े-ख़ास एक कृत्रिम

झील का नाम है। दक्षिण-पूर्व किनारे में गुम्बददार ऐवान, मेहराबी दालान तथा विस्तृत स्तम्भ हैं। इसके पीछे शाही बेगमों के निवास हेतु महल हैं। फ़ीरोज़शाह को एक बड़े ऐवान में दफ़्न किया गया। रोचक बात यह है कि फ़ीरोज़शाह ने दिल्ली में कोई मस्जिद नहीं बनवायी, परन्तु अनेक दरगाहें बनवायीं, जिनमें दरगाह क़ुत्बउद्दीन बख़्तियार काकी (1365 ई०), दरगाह निज़ामउद्दीन औलिया का एक भाग, दरगाह रौशन चराग़ दिल्ली (1374 ई०), पहाड़गंज (दिल्ली) में क़दम-शरीफ़ आदि। इस काल में अमीरों और रईसों ने भी वैभवशाली भवन तथा मस्जिदें बनवायीं।

सल्तनत दिल्ली तुग़लक़ों के बाद सादातवंशज (1414-41 ई०) तथा उनके बाद लोदीवंशज (1451-1526 ई०) कालों में मध्य-एशिया तैमूरों के अधीनस्थ हो गयी, तो वास्तुकला भी प्रभावित हुई। मस्जिदों तथा मक़बरों की दीवारें खड़ी तथा गुम्बद ऊँचे बनाये जाने लगे। उनके पुश्ते भारी होते वरन् गौदुम न होते। इन भवनों में मध्य-एशियायीं शैली की फुलकारी दीखती है। गहरे कतबे, काशीकारी की ईंटें, ताक़चे तथा कँगूरे बनाये जाते। अष्टरूपी मक़बरे, खुले मेहराबी बरामदे, गोल गुम्बद, हिन्दू वास्तुकला पर आधारित चौड़ी ओलतियों की छतरियाँ तथा सूक्ष्म स्तम्भ होते। स्तम्भों के निर्माण में हिन्दू वास्तुकला विशेष रूप में झलकती। इसके पश्चात् की इमारतों में देवगिरियाँ, ओलतियाँ, छज्जे तथा छतरियाँ सामान्य हो गयीं, जो हिन्दू वास्तुकला के आधार पर निर्मित होती थीं। सादातवंशज द्वारा निर्मित भवन दिल्ली में मुबारकपुर के मक़बरों तथा ख़ैरपुर की इमारतों तक ही सीमित रह गया, परन्तु लोदियों के राज्य में जौनपुर से बंगाल तक तथा उत्तर मध्य भारत सम्मिलित था। अतः उनके निर्माण सरहन्द, सिकन्दरा, धौलपुर, सम्हल आदि तक फैले हुए हैं। यही वास्तुकला लोदियों के बाद मुग़ल राज्य के प्रारम्भिक वर्षों (1526-40 ई०) तक प्रचलित रही, जिसका सुन्दर उदाहरण मेहरौली की जमाली मस्जिद और मक़बरा है।

सूवंशज पठानों का राज्यकाल (1540-54 ई०) समय के आधार पर संक्षिप्त था, परन्तु अपने विशेष वास्तुकला को प्रचलित कर दिया। शेरशाह सूरी (मृ० 1545 ई०) ने अनेक नगर आबाद किये, भारी संख्या में इमारतें बनवायीं, जो दिल्ली से पंजाब और मेरठ से मुँगेर तथा सासाराम तक फैली हुई हैं। इनमें सर्वाधिक ख्याति दिल्ली के शाही क़िला को प्राप्त हुई, जिसको अब पुराना क़िला कहते हैं। इसके अतिरिक्त सासाराम का मक़बरा वास्तुकला का अद्भुत उदाहरण है। इन इमारतों में दिल्ली के पूर्व सुल्तानों द्वारा प्रचलित वास्तुकला को समन्वित किया गया है। पुराने क़िले के प्राचीर तथा बुर्ज तुग़लक़ों के वास्तुकला के आधार पर हैं। सूवंशीय चिह्न 'नक़्शे-सुलैमानी' भी तुग़लक़ों की शैली में गढ़ा गया है।

सादात के वास्तुकला के आधार पर मुहम्मदी मस्जिद और लोदियों की वास्तुकला में शेरी की मूठ मस्जिद तथा मेहरौली की जमाली मस्जिद है। ख़िलजी वास्तुकला की कमानों और दीवार के चौकों पर लोदी वास्तुकला की गुलकारी है, जो मध्य-एशियायी वास्तुकला की विशेष काशीकारी तथा संगमरमर की पच्चीकारी पर आधारित है। सासाराम में शेरशाह का मक़बरा एक भयावह गुम्बद से ढँका हुआ है, जो एक कृत्रिम झील के बीच में अष्टरूपी आधार पर स्थापित है। चारों ओर खुले मेहराबी बरामदे हैं। यहीं कुछेक अन्य भवन भी हैं।

दकन में मुस्लिम वास्तुकला

दकन में बहमनी सल्तनत, जो दिल्ली सल्तनत से विरोध करके स्थापित हुई थी, अपनी अलग पहचान रखती है, उसने दिल्ली सल्तनत के सिल्जूक़ी तथा मावर-उल-नहरी स्वभाव एवं आचरण से अपना दामन अलग रखा। सुल्तान अलाउद्दीन हसन बहमन शाह (1347-69 ई०) ने दिल्ली सल्तनत के सुल्तान मुहम्मद-बिन-तुग़लक़ से तलवार के बल पर दकन सल्तनत प्राप्त की थी, तो उसे दिल्ली से भिन्न आधारों पर उन्नति हुई। उसने दकन की स्थानीय सभ्यता एवं सांस्कृतिक मूल्यों को प्रोत्साहित किया तथा उनमें ईरानी रंग सम्मिलित करके निजता प्रदान कर दिया। इसका निर्माण दकनी वास्तुकला के अध्ययन से किया जा सकता है। इसका पहला सर्वश्रेष्ठ उदाहरण बीदर की जामा मस्जिद है, जिसको मुहम्मदशाह बहमन प्रथम (1369-73 ई०) ने शुद्ध क़ज़वीनी (ईरानी) शैली में निर्मित किया। यह भारत की उन गिनी-चुनी मस्जिदों में है, जिसमें खुला सहन तथा मीनार नहीं है। यह मस्जिद एक खुले दालान पर आधारित है। इसमें 68 गुम्बद हैं, जो चौड़ी, नुकीली कमानों पर स्थिर हैं। छत डाटों से घिरी है। बहमनी सुल्तानों के मक़बरे शुद्ध ईलग़ानी (ईरानी) शैली में निर्मित हुए हैं, जो चार किनारों पर आधारित हैं तथा उनकी नुकीली कमानों के मेहराब हैं, उनकी छतों पर गुम्बद बनाये गये हैं। छत के कोनों पर चार बुर्जियाँ बनायी गयी हैं। क़मानें विशेष प्रकार की हैं, ख़्वाजा बन्दानवाज़ गेसूदराज़ के मक़बरा में एक बहुरूपी कमान है, जो इमारत से अलग-थलग दीख पड़ती है। पता नहीं इसके निर्माण का उद्देश्य क्या था।

फ़ीरोज़शाह बहमनी का स्वर्णिमकाल (1397-1422 ई०) वास्तुकला की दृष्टि से भी महत्त्वपूर्ण है। उसकी उदारता उसके भवनों से भी प्रतिबिम्बित है। दकनी चिन्तन मूल रूप धारण करती है। भवनों में दकनी शाही निशान जिसमें शेर अपने पंजों में बहुत-से हाथियों को दबोचे हुए दीख पड़ता है। फ़ीरोज़शाह ने एक महल भीम नदी के तट पर भी निर्मित किया, जिसका निर्माण 1532 ई०

में सम्पन्न हो सका। महल को चट्टानें काटकर तेहरी खाइयों से घेरा गया है। काशीकारी के चमकदार चौकों से ईरानी शैली की छाप तख़्त-महल (दीवाने-आम), शाहबुर्ज (महलशाही), लालबाग़ (ज़नाना) तथा सोलह खम्भा मस्जिद में स्पष्ट दीख पड़ती है। शाही मक़बरों में ईरानी वास्तुकला का गहरा प्रभाव है। सुल्तान अहमदशाह द्वितीय (मृ० 1458 ई०) ने मुहर्रम की ताज़ियादारी के लिए एक इमामबाड़ा बनवाया, जो 'तख़्ते-किरमानी' के नाम से प्रसिद्ध है। उसके भीतर भाग में एक विशाल कमरा है, जिसको स्तम्भों के माध्यम से तीन भागों में विभाजित किया गया है। स्तम्भ ईरानी वास्तुकला पर आधारित हैं। उसने दौलताबाद में चाँद मीनार 1436 ई० में निर्मित किया। यह एक पतली-सी मीनार है, जिसमें बहुत-से झरोखें हैं। सुल्तान अहमद शाह तृतीय (मृ० 1466 ई०) तथा सुल्तान मुहम्मदशाह तृतीय (मृ० 1482 ई०) के शासनकाल का प्रकाशपुंज ख़्वाजा इमदादउद्दीन महमूद गावाँ (मृ० 1481 ई०) था, जिसके व्यक्तित्व में उच्चतम प्रशासनिक योग्यताएँ, वीरता एवं उत्साह तथा ज्ञान एवं बौद्धिकता के श्रेष्ठ गुण एकत्र हो गये। ख़्वाजा महमूद गावाँ ईरानियों का असाधारण पोषक था। इससे ईरानी प्रभाव बढ़ गया। शाही महल में गगन महल, तरकश महल, चीनी महल तथा नगीना महल का निर्माण हुआ, तो बहमनी वास्तुकला को दकनी एवं ईरानी कलाओं के समन्वय से उत्कर्ष प्राप्त हो गया। बहमनी सल्तनत का संगठन ख़्वाजा महमूद गावाँ के निरपराध वध के साथ दिखायी दिया तथा पाँच सल्तनतें अस्तित्व में आ गयीं—अहमदनगर, बीजापुर, गोलकुण्डा, बीदर और बरार। इनकी अलग-अलग सांस्कृतिक थातियाँ हैं। हमारे अध्ययन के लिए बीजापुर और गोलकुण्डा अधिक महत्त्वपूर्ण हैं।[1]

अहमदनगर के निज़ामशाहियों (1400-1633 ई०) के वास्तुकला में विभिन्न शैलियों का समन्वय है, परन्तु उनमें दकनी तत्त्व प्रधान है। उनके द्वारा निर्मित क़िलों में स्थायित्व एवं स्थिरता है। क़िला अहमदनगर सैनिक दृष्टि से उच्चकोटि का निर्माण है। मुग़लों के निरन्तर आक्रमण ने क़िला की इमारत को खण्डित कर दिया है। इसमें एक मस्जिद है, जो दकनी एवं गुजराती वास्तुकला का समन्वित रूप प्रस्तुत करती है। यह मस्जिद दमड़ी मस्जिद के नाम से प्रसिद्ध है। निज़ामशाहियों के अन्य भवनों में क़िला अहमदनगर के बाहर मक़बरा सलाबत ख़ाँ है, जो मुग़ल वास्तुकला में होने के कारण बाद में निर्मित मालूम होता है। निज़ामशाहियों की दूसरी राजधानी दौलताबाद के क़िले में दो प्रकार के शाही महल हैं, जो प्राचीन नगर देवगिरि के निकट हैं। क़िले के चारों ओर

---

1. Architecture—The Behmani Succession State : History of Medieval Deccan, p. 292

चट्टानें काटकर खाईं बनायी गयी हैं। मूल महल छोटा है, जो सम्भवतः पदच्युत सुल्तानों के कारावास के तौर पर प्रयोग होता रहा होगा अथवा उन युवा शहज़ादों के लिए प्रयोग होता होगा, जिन्हें सुल्तान के आदेशानुसार हब्शी अथवा मराठा गुरुओं के संरक्षण में दिया जाता होगा। दूसरे महल का नाम चीनी महल है, जो माण्डों के हिण्डोला महल का साधारण-सा प्रतिरूप है। अनुमान होता है कि किसी समय में काशीकारी के चमकदार चौकों से चमकता रहा होगा। 'शाही-अतालीक़' (राजगुरु) मलिक अम्बर (मृ० 1626 ई०) ने नया नगर खिड़की बसाया, जो कालान्तर में मुग़ल राजधानी औरंगाबाद कहलाया। इसमें दो मस्जिदें हैं—जामा मस्जिद और काली मस्जिद। दोनों बीजापुरी वास्तुकला में हैं। बीदर और बरार की सल्तनतें अधिक समय तक स्थापित नहीं रह सकीं। उनके शासकों ने बहुत कम यादगारें छोड़ी हैं। बस उनके मक़बरे वास्तुकला की याद दिलाते हैं। इनमें चार कोनों के गुम्बद का साधारणतया प्रचलन था, परन्तु उनके मक़बरे चार किनारों के स्तम्भों में स्थित हैं। मक़बरे बुर्ज के समान खुले ऐवान के रूप में हैं। गुम्बद के नीचे क़तबों के लिए चौड़ा हाशिया है। दकनी वास्तुकला के दो रूप अधिक शक्तिशाली हैं, जो बीजापुर और गोलकुण्डा की सल्तनतों में प्रचलित हुए। अन्य दकनी भवनों में इनके प्रभाव दीख पड़ते हैं।

बीजापुर की आदिलशाही सल्तनत (1490-1686 ई०) के लगभग 200 वर्षों के राजकाल में अनेक महत्त्वपूर्ण निर्माण हुए। प्रारम्भिक काल में राजनीतिक ऊहापोह ने भवनों के निर्माण का अवसर कम ही दिया, परन्तु इस सल्तनत के प्रवर्तक सुल्तान यूसुफ़ आदिलशाह (मृ० 1510 ई०) की गुलबर्गा में शैख़ रौज़ा, इब्राहीम आदिलशाह (मृ० 1557 ई०) की क़िला अरक़ में छोटी-सी मस्जिद तथा उसके मन्त्री एन-उल-मुल्क की ग्रामीण बस्ती ऐनपुर की मस्जिद बहमनी वास्तुकला की याद दिलाती है। भवनों के निर्माण में सुल्तान अली आदिलशाह (मृ० 1580 ई०) को विशेष रुचि थी। उसने बीजापुर के क़िलें में अदालत महल, गगन महल (दीवाने-आम) तथा नगर के अधिकांश बुर्ज पुनः निर्मित कराये। शहर में जामा मस्जिद तथा चाँद बावली तैयार हुई। चाँद बावली मलिका चाँदबीबी ने बनवायी थी। कुछ अन्य भवन जैसे मुस्तफ़ा महल तथा मस्जिद, मक़बरा अली, कमटगी का आबी-महल (ईरानी भित्तिचित्रों सहित) भी इसी काल में निर्मित हुए। इनकी शैली मूल रूप में बहमनी वास्तुकला परन्तु वैभव प्रदर्शन में विजयनगर के हिन्दू प्रभाव भी दीख पड़ते हैं। हरम के झरोखों में लकड़ी के स्तम्भ हैं, जिन पर अत्यधिक साज-सज्जा है। देवगिरियाँ शुद्ध हिन्दू शैली में हैं। भित्तिचित्र में तुर्की पुरुषों तथा हिन्दू महिलाओं की आकृति बनायी गयी है।

सुल्तान इब्राहीम आदिलशाह द्वितीय (मृ० 1626 ई०) जिसको जगद्गुरु के नाम से अधिक ख्याति प्राप्त है, ललितकलाओं के प्रति विशेष अनुराग रखता

था। उसके शासनकाल में अनेक भवन निर्मित हुए। जैसे, महिलाओं का दीवाने-आम, आनन्दमहल (1580 ई०), किले की एक छोटी-सी मस्जिद जिसको मेहतर महल कहते हैं, मलिकाजहाँ की मस्जिद (1587 ई०), आनन्दू मस्जिद (1608 ई०) तथा इख़लास ख़ाँ की ताज बरादरी, जिसको मलिका ताज सुल्ताना ने निर्मित कराया है। नवरसपुर में संगीतमहल (1610 ई०), नारी महल तथा पूर्व की ओर मलिकाजहाँ का मक़बरा निर्मित हुआ। इन समस्त भवनों में स्थानीय हिन्दू वास्तुकला का प्रभाव स्पष्ट है। इमारतों में पत्थरों को विशेष रूप में गढ़ा गया है।

सुल्तान मुहम्मद आदिलशाह (मृ० 1656 ई०) के भवनों में वास्तुकला के परिवर्तन का अभाव होता है। जैसे, सुल्तान इब्राहीम आदिलशाह द्वितीय का मक़बरा हिन्दू वास्तुकला का उदाहरण है। परन्तु उसकी दीवारों की साज-सज्जा में तुर्की तथा ईरानी फुलकारी का समन्वय है। मक़बरे का गुम्बद व्यापक ऐवान स्तम्बोल की जामा-सूफ़िया के समान है। इस काल के अन्य भवनों में सत-मंज़िल, चम्पक महल, आसारमहल, दो बहनों की मस्जिद, चंचदीदी की मस्जिद, बुख़ारी मस्जिद, रंगीन मस्जिद तथा शाहपुरी मस्जिद की चर्चा की जा सकती है। इनके अतिरिक्त क़िला के वैभवशाली सैन्य भवन हैं, जो मुग़लों की घेराबन्दी झेलने में सहायक सिद्ध हुए हैं। सुल्तान अली आदिलशाह द्वितीय ने (मृ० 1573 ई०) में गोलगुम्बद से अधिक वैभवशाली मक़बरा अपने लिये बनवाना प्रारम्भ किया था, जो सम्भव न हो सका तथा अपने पिता के पहलू में दफ़्न हुआ। मुग़लों ने आदिलशाही सल्तनत को समाप्त कर दिया तो बीजापुर के चतुर्थ दिशा में फैले हुए आदिलशाही भवन भी उपेक्षित होकर नष्ट होने लगे।

दकनी संस्कृति एवं सभ्यता के विकास में गोलकुण्डा के क़ुत्बशाही शासकों का सर्वाधिक योगदान है। लगभग 160 वर्षों के राज्यकाल में संस्कृति एवं सभ्यता के उच्चतम प्रतिमान स्थापित हुए। उन्होंने एक ऐसी संस्कृति एवं सभ्यता को सिंचित किया, जिसकी जड़ें भारत के प्राच्य मूल्यों से गड़ी हुई थीं। ये शासक एक के बाद एक-दूसरे पर ललितकलाओं के संरक्षण करने में बढ़-चढ़कर थे। वास्तुकला में इनकी उपलब्धियाँ कालजयी हैं। क़ुत्बशाही और आदिलशाही सल्तनतें समानान्तर रूप में उन्नयन एवं विकास के शिखरों पर पहुँचीं। परन्तु सल्तनत गोलकुण्डा दिल्ली तथा दक्षिण-पश्चिम एशिया के समुद्र तट से अधिक दूरी पर होने के कारण अधिक सुरक्षित था। सीमा-विस्तार की होड़ में आक्रमणों तथा सांस्कृतिक ऊहापोह से भी बची थी। अतः क़ुत्बशाही वास्तुकला दिल्ली सल्तनत के वास्तुकला से पृथक् रहकर शुद्ध दकनी एवं ईरानी वास्तुकला के समन्वय से अपना पृथक् वास्तुकला निर्मित करने में सफल हो गयी। आदिलशाहियों के समान क़ुत्बशाहियों के प्रारम्भिक भवनों पर बहमनी वास्तुकला

का प्रभुत्व है, जिसका सर्वश्रेष्ठ उदाहरण क़िला गोलकुण्डा है, जिसके निर्माण का प्रारम्भ सुल्तान क़ुत्ब-उल-मुल्क (मृ० 1543 ई०) ने किया था। इसमें सुरक्षा एवं सैन्य आवश्यकताओं को ध्यान में रखते हुए 87 बुर्ज तथा विशाल द्वार थे, जो संगे-समाक़ के सलामीदार पहाड़ी पर स्थित बालाहिसार को चारों ओर से घेरे हुए थे। इसमें जामा मस्जिद, नक़्क़ारख़ाना, सलाहख़ाना तथा कई अन्य महलों की इमारतें हैं। सुल्तान इब्राहीम क़ुली क़ुत्बशाह (मृ० 1580 ई०) के शासनकाल में दकनवादिता के अंकुर विशेष रूप में फूटते हैं। उसने क़िला गोलकुण्डा का विस्तार किया ताकि नये भवनों के निर्माण हेतु गुंजाइश पैदा हो सके। भूमिगत क़िले की सुरक्षा के स्वाभाविक साधन प्राप्त न थे। अतः पत्थरों की अतिविशाल बुर्जों से अस्तित्व दिया गया है। इन बुर्जों में इब्राहीम बुर्ज तथा दरवाज़ों में मक्की दरवाज़ा महत्त्वपूर्ण है। इनके पीछे एक कृत्रिम झील 'लंगर-हौज़' बनायी गयी। इसके बाद गोलकुण्डा के पूर्वी मैदान में मूसा नदी के तट पर हुसैन सागर के निकट बाग़ों में एक नगर हैदराबाद के नाम से आबाद हो गया, जिसको सुल्तान मुहम्मद क़ुली क़ुत्बशाह (मृ० 1612 ई०) ने स्थापित किया। वह तथा उसके दोनों उत्तराधिकारी सुल्तान मुहम्मद क़ुत्बशाह (मृ० 1626 ई०) तथा सुल्तान अब्दुल्लाह क़ुत्बशाह (मृ० 1672 ई०) क़ुत्बशाही सुल्तानों में सर्वाधिक महत्त्वपूर्ण हैं। क़ुत्बशाही सुल्तानों तथा उनके अमीरों एवं सम्बद्ध व्यक्तियों के धार्मिक भवनों की संख्या भी अत्यधिक है, जिनमें 25 मस्जिदें, 27 दरगाहें तथा 16 इमामबाड़े बहुचर्चित हैं। उनके विषय में संक्षिप्त संज्ञान प्रस्तुत करना भी यहाँ सम्भव नहीं है।[1]

क़ुत्बशाहियों की प्राचीनतम मस्जिद का नाम 'मस्जिदे-सफ़ा' है, जिसको सुल्तान क़ुली ने 1518 ई० में निर्मित किया था, जब वह बहमनी सल्तनत का अधिकारी था। यह क़िला गोलकुण्डा में बालाहिसार के निकट स्थित है। इसकी वास्तुकला पूर्णरूपेण बहमनी है। बालाहिसार पर एक अन्य मस्जिद है, जिस पर कोई कतबा नहीं है। उसको इब्राहीम क़ुली क़ुत्बशाह द्वारा निर्मित बताया जाता है। शाही मस्जिदों में जामा मस्जिद को विशेषता प्राप्त है, जो हैदराबाद में चारमीनार के निकट स्थित है। इसका निर्माण सुल्तान मुहम्मद क़ुली क़ुत्बशाह ने 1597 ई० में किया था। इस मस्जिद के निर्माण में उच्चतम कला-प्रदर्शन दीखता है। इसके निकट ही एक दूसरी वैभवशाली मस्जिद है, जो 'मक्का मस्जिद' के नाम से विख्यात है, इसका निर्माण सुल्तान मुहम्मद क़ुली क़ुत्बशाह ने प्रारम्भ किया था, परन्तु कार्य समापन 1692 ई० में सल्तनत के समाप्त होने के बाद हुआ।

1. Muslim Religious Institutions and their Role under the Qutb Shahs, pp. 70-188

सुल्तान ने अपनी विख्यात उदारता के आधार पर मस्जिद के निर्माण का दायित्व दो व्यक्तियों को सौंपा था, जिनमें एक मुस्लिम तथा दूसरा हिन्दू था—मीर फ़ैज़उल्लाह बेग तथा रंगिया दारोग़ा।[1] इसकी आधारशिला रखने के विषय में भी एक महत्त्वपूर्ण घटना है—सुल्तान ने घोषित किया कि मस्जिद की आधारशिला ऐसा व्यक्ति रखेगा, जिसने अपने जीवन भर में कभी भी कोई नमाज़ न छोड़ी हो। उलमा, क़ाज़ीगण तथा अन्य गण्यमान्य व्यक्तियों की निगाहें झुक गयीं। सुल्तान अपने स्थान से उठा और घोषित किया कि उसने 12 साल की आयु से अब तक कभी कोई नमाज़ नहीं छोड़ी है तथा मस्जिद का शिलान्यास उसके करकमलों द्वारा हुआ।[2] मस्जिद का आँगन 180 × 225 फ़ुट तथा 75 फ़ुट ऊँचा है, जिसमें 3 दालानें हैं, जिनका निर्माण चौकोर पत्थरों से किया गया है। मस्जिद में पाँच कमानें हैं, जो त्रिकोण स्तम्भों पर टिकी हुई हैं। उनके चारों ओर मेहराबदार ड्योढ़ियाँ हैं। ऊपर वैभवशाली गुम्बद हैं। स्तम्भ एक पत्थर को गढ़कर बनाये गये हैं। इमारत में साज-सज्जा नाममात्र को ही है। हीरा मस्जिद क़िला गोलकुण्डा में स्थित है, जिसको अब्दुल्लाह क़ुत्बशाह ने 1668 ई० में निर्मित किया था। उसके साथ ही एक मदरसा भी है। सुल्तान क़ुली क़ुत्बशाह की पत्नियों में तारामती ने एक मस्जिद निर्मित की थी, जो क़िला गोलकुण्डा में है। यह छोटी-सी मस्जिद हिन्दू वास्तुकला का उदाहरण है। हैदराबाद के दक्षिण-पश्चिम में 8 मील की दूरी पर मीरपट में एक सुन्दर मस्जिद है, जिसको 1610 ई० में मीर मोमिन अस्तराबादी (मृ० 1625 ई०) ने निर्मित किया था।[3]

क़ुत्बशाहियों के शासनकाल में सूफ़ी-दरगाहों की वास्तुकला की दृष्टि से दरगाह मीर मोमिन अस्तराबादी को विशेषता प्राप्त है। वे मुहम्मद क़ुली तथा मुहम्मद क़ुत्बशाह के महामन्त्री होने के साथ ही अपने समय के विशिष्ट विद्वान्, धर्मगुरु एवं सर्वप्रिय सूफ़ी सन्त थे।[4] उनकी दरगाह सभी वर्ग के लोगों की आस्था का केन्द्र है। मक़बरा सादा-सा भवन, छत सपाट है, चारों ओर एक-एक मीनार है, उनके बीच में छोटे-छोटे मीनार हैं, छज्जों में गचकारी से छोटी-छोटी मेहराबें बनायी गयी हैं। दीवारों में पाँच ताक़ हैं, जिनमें तीन समानान्तर दिशा में तथा दो विपरीत दिशा में है। अल्लामा इब्न-ख़ातून जो मीर मोमिन के शिष्य थे, उनके बाद महामन्त्री हुए, उनकी दरगाह चारमीनार के निकट स्थित है। क़ुत्बशाही

---

1. Muslim Religious Institutions and their Role under the Qutb Shahs, p. 86.
2. हदीक़ा-उल-आलम, पृ० 284
3. मुआसिरे-दकन, पृ० 18-100
4. तारीख़े-क़ुत्बशाही, पृ० 24

काल के सूफ़ी-सन्त सैय्यद यूसुफ़ हुसैनी (मृ० 1331 ई०) जो शाहराजू क़त्ताल के नाम से विख्यात हैं, ख़्वाजा बन्दानवाज़ गेसूदराज़ के पिताश्री थे।[1] उनके मक़बरे पर हिन्दू-मुसलमान बिना किसी भेदभाव के माथा टेकते हैं। मक़बरा चारमीनार के दक्षिण में है। दरवाज़े का मेहराब लोहे का है, मक़बरे के चारों ओर ख़ुला हुआ आँगन है। मक़बरा 35.2 × 39 फ़ुट है, जिस पर चूने का पलस्तर है। हुसैनी शाह वली का मक़बरा गोलकुण्डा से पाँच मील दूरी पर एक गाँव में है, जो उन्हीं के नाम से समर्पित है। उनको कृषकों में विशेष सर्वप्रियता प्राप्त है। दरगाह की बारादरी के बारह खम्भे देखने योग्य हैं, जो लकड़ी से बनाये गये हैं। इनके अतिरिक्त अनेक महत्त्वपूर्ण भवन हैं, जैसे शाहचराग़, भोलेशाह, बरहनाशाह, मीरानजी, हुसैनी चिश्ती, नूरउल्लाह हुसैनी चिश्ती, सैय्यद शाह निरान हुसैनी, शाह शिबली आदि की दरगाहें हैं। इन दरगाहों की एक विशेषता यह है कि इनका निर्माण हिन्दुओं ने किया है।[2]

क़ुत्बशाही काल के भवनों की चर्चा 'आशूरख़ानों' के बिना सम्पन्न नहीं की जा सकती। चूँकि ये भवन मुहर्रम की याद मनाने के लिए विशेष रूप में निर्मित किये गये थे, अतः इन भवनों की निर्माण-शैली अन्य भवनों से एक सीमा तक अलग है। आशूरख़ाना में एक भाग मुहर्रम के पवित्र प्रतीकों के स्थापित करने के लिए विशेष होता है, जिसका निर्माण भी भिन्न रूप में होता है। भवन का शेष भाग मुहर्रम की मजलिसों में आये लोगों के बैठने के लिए होता है। अतः साधारणतया बड़ी-बड़ी दालानें बनायी जाती हैं, ताकि उनमें अधिक-से-अधिक लोगों के बैठने की सुविधा प्राप्त हो सके। क़ुत्बशाही काल के धार्मिक प्रतीकों में 'अलम' (पताका) को विशेष महत्त्व प्राप्त था, जिनमें अनेक पताकों के विषय में कहा जाता है कि उनमें किसी विशेष प्राचीन धार्मिक प्रतीक का अंश सम्मिलित है।

कोहे-मौला अली के आशूरख़ाने का निर्माण 1578 ई० में सुल्तान इब्राहीम क़ुली क़ुत्बशाह के शासनकाल में हुआ।[3] इसके निर्माण की प्रेरणा एक चमत्कार से हुई। कहा जाता है कि याक़ूत नाम के किसी व्यक्ति ने स्वप्न में उस पहाड़ी पर जिसे अब 'कोहे-मौला अली' कहते हैं, हज़रत अली को देखा। प्रातः उसे उसी स्थान पर हज़रत अली के करकमलों तथा आसन के चिह्न पत्थर पर अंकित दीख पड़े। याक़ूत ने उसी पत्थर को गढ़वाकर सुरक्षित कर दिया तथा उसी स्थान पर एक ड्योढ़ी का निर्माण कराया। इस घटना की ख्याति हुई, तो सुल्तान इब्राहीम क़ुत्बशाह दर्शनार्थ आया और वहीं एक मस्जिद का निर्माण

---

1. इस्लामी अध्यात्म, सूफ़ीवाद, पृ० 121
2. तारीख़े-औलिया-ए-दकन, भाग-1, पृ० 337
3. Muslim Religious Institutions and their Role under the Qutb Shahs, p. 167

कराया। पहाड़ी के दामन में एक और आशूरख़ाना 'चहल-चराग़' स्थित है। कोहे-मौला अली पर विभिन्न प्रकार की वास्तुकलाएँ हैं, जिनमें कमानें, दालान एवं भवन हैं। इनमें कुछेक निर्माण क़ुत्बशाही काल के हैं, परन्तु उनके आवासीय प्रयोग के कारण उनकी निजता खण्डित हो गयी है।

इसी प्रकार का एक और प्राचीन आशूरख़ाना 'नाले-मुबारक' है। 'नाल' अरबी शब्द है, जिसका अर्थ जूता या उसके नीचे लगे हुए धातु के टुकड़े होते हैं। दूसरा अर्थ यह है कि अस्त्रों में शिरस्त्राण के उस टुकड़े को कहते हैं, जो नाक की सुरक्षा हेतु प्रयुक्त होता है। कहते हैं कि इस्लामी पैग़म्बर का शिरस्त्राण उनके नाती इमाम हुसैन ने कर्बला युद्ध में प्रयोग किया था। उसकी नाल टूटकर गिर पड़ी। किसी ने देखा और उठा लिया, जो विभिन्न हाथों से होता हुआ यूसुफ़ आदिलशाह के राजकाल में बीजापुर, फिर प्रमाण सहित गोलकुण्डा पहुँचा।[1] इब्राहीम क़ुली क़ुत्बशाह ने परम आदरपूर्वक उसका स्वागत किया और उसे 'अलम' के पंजे में सम्मिलित करके सुरक्षित कर दिया।[2] सुल्तान क़ुली क़ुत्बशाह के शासनकाल (1580-1612 ई०) में वर्तमान आशूरख़ाना में परिवर्तित हुआ। यह आशूरख़ाना हैदराबाद (आन्ध्रप्रदेश) में मुहल्ला पत्थरगट्टी के निकट चारमीनार स्थित है तथा सर्वसाधारण के आस्था का केन्द्र है। आशूरख़ाना के भवन के तीन मेहराबी दरवाज़े हैं। उनमें दो दरवाज़े आमने-सामने लगभग 25 गज़ की दूरी पर हैं। तीसरा दरवाज़ा दाहिनी ओर लम्बोतरे मैदान में है। पहले दोनों मेहराबों में छोटे मीनार तथा लकड़ी के दरवाज़े हैं, लम्बोतरे मैदान में दो क़ब्रें हैं, तीसरे मेहराब के सामने नक़्क़ारख़ाना है। आशूरख़ाने की इमारत चबूतरे पर बनायी गयी है।

बादशाही आशूरख़ाना क़ुत्बशाही काल का सर्वाधिक महत्त्वपूर्ण आशूरख़ाना है, जो हैदराबाद में ही मुहल्ला पत्थरगट्टी के निकट चारमीनार स्थित है। इसके मुख्य द्वार पर कतबा अंकित है— 'बाबे-फ़ैज़े-इमामे-आलमयान'। इसको सुल्तान मुहम्मद क़ुली क़ुत्बशाह 66 हज़ार सिक्के व्यय करके 1592 ई० में प्रारम्भ किया तथा 1596 ई० में सम्पन्न हुआ। भवन के कतबे में सुल्तान क़ुली क़ुत्बशाह ने अपना नाम 'ग़ुलामे-अली' उत्सर्ग के साथ अंकित कराया है। इस भवन में 17 कतबे हैं, जिनमें कुछ कतबे ख़त्ताती में विशेषकर तुग़रानवीसी में अद्वितीय हैं, जिनमें क़ुर्आन की आयतें, दुरूद-पाक, पैग़म्बर तथा उनके परिवारजनों के नाम कलात्मक रूप में प्रस्तुत किये गये हैं। इस भवन का विस्तार सुल्तान अब्दुल्लाह क़ुत्बशाह द्वारा हुआ, जिसने इस भवन के प्रवर्तक सुल्तान के

1. वाक़आते-ममलकते-बीजापुर, भाग-3, पृ० 525
2. गुलज़ारे-आसिफ़या, पृ० 16

साथ अपना नाम भी तुग़रा-लिपि में अंकित कराया। इसी सुरुचिपूर्ण सुल्तान ने भवन को 'कारकासी' (चीनी-भित्तिकला) से सुसज्जित किया है। इसके लिए चीन से विशेषज्ञ बुलाये गये थे।[1] इस भवन को प्राचीनता के आधार पर अवध के इमामबाड़ों पर वरीयता प्राप्त है। चीनी वास्तुकला के आधार पर लाहौर तथा मुल्तान के श्रेष्ठ भवन भी इसकी स्पर्द्धा में नहीं आ सकते। तीन शताब्दियों से अधिक समय बीत जाने पर भी चीनी पत्थरों की चमक-दमक में कोई अन्तर नहीं आया। रंगों की सुन्दरता एवं मनोहरता सभी कुछ प्रशंसनीय है।[2]

आशूरख़ाना हुसैनी अलम को क़ुत्बशाही इमामबाड़ों में इस आधार पर विशिष्टता प्राप्त है कि इसमें सुल्तान मुहम्मद क़ुत्बशाह ने इमाम जाफ़र सादिक़ की 'सैफ़दस्ती' (क़रौली) एक अलम में स्थापित करायी थी, जो दस मुहर्रम को प्रत्येक वर्ष स्थापित किया जाता है।[3] फिर दाराबजंग (मृ० 1731 ई०) ने इसका विस्तार किया और राजा चन्दूलाल ने नक़्क़ारख़ाना का निर्माण कराया। कालान्तर में यह आशूरख़ाना अपने लंगर के आधार पर अधिक प्रसिद्ध रहा। इसी प्रकार का एक प्राचीन आशूरख़ाना सरतौक़-मुबारक है। इस इमामबाड़े में इमाम ज़ैन-उल-आबिदीन के 'तौक़' (लोहे का कड़ा, जो बन्दी बनाकर उन्हें पहनाया गया था), उसका एक भाग सुरक्षित है। आशूरख़ाने की इमारत पर कोई कतबा नहीं है, परन्तु शाही फ़रमानों से इसका प्राचीन होना सुनिश्चित है।[4] इसके अतिरिक्त अन्य आशूरख़ानों ने आलावा-बीबी, बारगाहे-हज़रत अब्बास, पंजाशाह विलायत, अलावा-हज़रत क़ासिम, अलावा-यतीमान, आशूरख़ाना क़दम रसूल, आशूरख़ाना क़दम हुसैनी अलम क़िला, आशूरख़ाना सरतौक़ हुसैनी आदि की चर्चा की जा सकती है। इन आशूरख़ानों की इमारतें क़ुत्बशाही वास्तुकला की प्रचलित परम्पराओं से ओतप्रोत हैं।

मुग़ल साम्राज्य के महत्त्वपूर्ण भवन

मुग़ल साम्राज्य में निर्मित भवनों का अध्ययन करते समय यह स्मरण रहना चाहिए कि भारतीय इतिहास में उनको महान् शहंशाहों के रूप में जाना

---

1. Muslim Religious Institutions and their Role under the Qutb Shahs, p. 117
2. मुआसिरे-दकन, पृ० 13
3. मुआसिरे-दकन, पृ० 62
4. इसके दो फ़रमान हैं, जिनमें एक अब्दुल्ला क़ुत्बशाह का तथा दूसरा औरंगज़ेब का, उनकी मूल प्रति मुतवल्ली के पास है, परन्तु उसकी फ़ोटो प्रति इदारा-ए-अदबियाते-उर्दू, हैदराबाद में सुरक्षित है। —लेखक

जाता है। उन्होंने मुस्लिम शासन-व्यवस्था को अनेक एवं विविध आयाम़ प्रदान किये। यदि विश्व के समस्त महान् शासकों में सौ की सूची बनायी जाय, तो भारत के मुस्लिम शासकों में मुग़ल बादशाहों के नाम आयेंगे, जिन्होंने विश्वस्तर पर महानता प्राप्त की। मुग़ल बादशाह मध्य-एशियायी संस्कृति एवं सभ्यता के रसिया थे। उनके शीर्ष बादशाह गहन सौन्दर्यानुभूति, विवेकात्मक संज्ञान तथा संवेदनशील मनोभाव से ओतप्रोत थे। वे अपने निजी स्वभाव एवं सुरुचि के आधार पर राज्य कार्य निर्वहन के अतिरिक्त ललितकलाओं के प्रति भी विविध एवं त्रिशिष्ट दृष्टिकोण रखते थे और उसी आधार पर कलाकारों को प्रोत्साहित करते थे। उन्होंने स्वयं को किसी विशेष विचारधारा से सम्बद्ध न करके कलाकारों की समन्वित दृष्टि से प्रोत्साहित किया, जिसमें भारतीय कलाकार भी थे, मध्य-एशियायी भी थे तथा बाद के काल में यूरोपीय भी। प्रारम्भ में मुग़लों ने तुर्किस्तान की तैमूरी कला प्रचलित करने की चेष्टा की, जो ईरान की सफ़वी-परम्परा पर आधारित थी। उसका एक उदाहरण सम्भल (रुहेलखण्ड) की बाबरी मस्जिद में अण्डाकार गुम्बद है। बाबर ने इसके निर्माण हेतु अलबानिया मूल के निर्माणकला विशेषज्ञ सनान के शिष्यों को क़ुस्तुनतुनिया से आमन्त्रित किया था, ताकि इसका निर्माण मध्य-एशियायी वास्तुकला के आधार पर हो सके, परन्तु कालान्तर में वस्तुस्थिति परिवर्तित हो गयी तथा भारतीय निर्माण विशेषज्ञों का प्रभाव बढ़ता गया। निश्चित ही उन्होंने अपनी कला को अपने स्वामियों के स्वभाव के अनुरूप ढाला होगा तथा स्वामियों ने कलाकार की बौद्धिक वृत्ति को महत्त्व दिया होगा। परिणामस्वरूप, प्रखर रूप में मूर्तिकला न सही, रूपकलात्मकता (पोर्टेटरस) मुग़ल वास्तुकला का रोचक तत्त्व बन गयी।

भारत में मुग़ल वास्तुकला के क्रमशः तीन विकास चरण हैं—पहले चरण में तैमूरी तथा सफ़वी-ईरानी वास्तुकला का अनुसरण है। इसको 'अनुसरणात्मक चरण' कह सकते हैं। यह अर्द्धशती (1526-75 ई०) अर्थात् बाबर, हुमायूँ तथा अकबर महान् के प्रारम्भिक काल पर आधारित है। बाबर तथा हुमायूँ कलाप्रेमी, सुरुचिपूर्ण तथा बुद्धिजीवी लेखक थे। अकबर महान् ने अपने प्रारम्भिक काल में अपने अग्रजों की कलात्मक थाती को आगे बढ़ाया। बाबर और हुमायूँ की इमारतें कम हैं। बाबर द्वारा निर्मित इमारतों में पानीपत विजय स्मारक, काबुलशाह मस्जिद तथा सम्भल की मस्जिद है। अयोध्या की जिस 'बाबरी मस्जिद' के नाम पर दुःखद राजनीति होती रही है, यथार्थ यह है कि बादशाह बाबर द्वारा निर्मित की गयी मस्जिद नहीं है। वरन् उसके एक सरदार बाक़ी ख़ाँ ने निर्मित की थी। अब यह मस्जिद साम्प्रदायिकता की ज्वाला में ध्वस्त हो चुकी है, परन्तु राजनीतिक स्वार्थ उसकी आग पर अपनी रोटियाँ आज भी सेंक रहा है।

हुमायूँ का राजकाल कठिनाइयों भरा था, उसके द्वारा निर्मित अधिकांश इमारतें मिट चुकी हैं, परन्तु फ़त्हाबाद की मस्जिद वर्तमान है, जिसका आकार ठोस, भारी-भरकम, सन्तुलित एवं स्वाभाविक है और अपने वैभव में तुग़लक़ों तथा तुर्कों की स्मृति को जीवित करती है। मस्जिद का गुम्बद आधे के लगभग है। ईरानी-शैली में तैल्य-काशी फुलकारी है। हुमायूँ ने दिल्ली में अपने मक़बरे का निर्माण प्रारम्भ किया था, जिसको उसकी विधवा मलिका हाजी बेगम ने 1564 ई० में सम्पन्न किया। हुमायूँ के मक़बरे से मुग़लों में मक़बरा निर्मित करने की परम्परा प्रारम्भ होती है, जिसका परमोत्कर्ष ताजमहल है। यह मक़बरा भारत-ईरानी वास्तुकला का आश्चर्यजनक उदाहरण है। गुम्बद संगमरमर से निर्मित किया गया है। संगमरमर से ही पच्चीकारी की गयी है। इसका गुम्बद अपनी शैली का अनूठा गुम्बद है, जिसकी गर्दन पतली है। चारों कोनों के क़ुब्बों तथा बुर्जियों पर प्राच्य शैली के आकर्षक गुम्बद बनाये गये हैं।

अकबर महान् के प्रारम्भिक काल (1556-75 ई०) पर सफ़वी-ईरानी वास्तुकला का आधिपत्य है। इसका कारण यह हो सकता है कि अकबर महान् उस समय उन कलाकारों का बड़ा संरक्षक था, जो हिरात के शासक हुसैन बेक़रा तथा ईरान के शाह तहमास्प का दरबार छोड़कर मुग़ल दरबार की छत्रच्छाया में आ गये। दिल्ली के निकट ही मुग़लों के प्रथम मुख्य केन्द्र जहाँपनाहाबाद में माई हलीमा का बाग़ (1560 ई० पूर्व), अरब सराय (1561 ई०), हुमायूँ के मक़बरे का विस्तृत बाग़ (1561 ई०), मदरसा ख़ैर-उल-मनाज़िल (1561-62 ई०), मस्जिद शैख़ अब्दुल नबी (1562 ई०), नीला गुम्बद (1565 ई०), नीली छतरी (1566 ई०) आगरा का क़िला (1565-74) फ़त्हपुर-सीकरी (1569-74), लाहौर का क़िला (1586-1618), इलाहाबाद क़िला (1583-84), अजमेर क़िला 1564-73) तथा अतका ख़ाँ का छोटा-सा सुन्दर मक़बरा (1566-67 ई०), अजमेर और नागौर की अकबरी मस्जिदें (1570 ई०), ठठ में शैख़ अली शाह शीराज़ी का मक़बरा (1572 ई०) आदि की चर्चा की जा सकती है।

मुग़ल वास्तुकला का दूसरा चरण जिसको 'समन्वयात्मक चरण' कह सकते हैं अकबर महान् के समन्वयवादी चिन्तन तथा राष्ट्रीय एकता के भाव से ओतप्रोत है। यह 50 वर्षों (1556-1675 ई०) अर्थात् अकबरी काल के 30 वर्षों (1575-1605 ई०) तथा जहाँगीरी काल के 20 वर्षों (1605-25 ई०) पर आधारित है। यद्यपि अकबर ने 'दीने-इलाही' का प्रारम्भ 1568 ई० में किया, परन्तु निरन्तर चिन्तन-मनन तथा विचार-विमर्श के पश्चात् वह इससे बहुत पूर्व ही इस निर्णय पर अटल हो चुका था कि भारत पर स्थायी राज्य स्थापित करने के लिए अनिवार्य होगा कि शासक वर्ग को शासितों से हार्दिक एवं भावनात्मक सम्बन्ध स्थापित करना होगा। उनके विश्वासों एवं विचारधाराओं को अपने विश्वासों एवं विचारधाराओं से समन्वित करना होगा। यही चिन्तनधारा 'दीने-

इलाही' के रूप में प्रकट हुई। यही चिन्तनधारा मुग़ल वास्तुकला के 'समन्वयात्मक चरण' के रूप में स्थापित हुई। यद्यपि भारतीय मुस्लिम वास्तुकला में यह कोई नयी बात न थी, क्योंकि इस मन्त्र को पूर्व में ख़िलजी तथा तुग़लक़ सुल्तानों के अतिरिक्त दकनी सल्तनतों बंगाल, मालवा और गुजरात में दुहराया जा चुका था, लेकिन इन समन्वयात्मक प्रयत्नों तथा अकबर महान् के प्रयत्नों में मौलिक अन्तर भी था। अपने निर्मित उपलब्धियों के आधार पर भी अकबर एक उत्साही शंहशाह था। उसके प्रभाव विस्तृत एवं कालजयी सिद्ध हुए।

अकबर महान् ने अनेक वैभवशाली क़िले निर्मित कराये। इनमें आगरा (1565-73 ई०), फ़त्हपुर सीकरी (1573-80 ई०) तथा इलाहाबाद (1583-84 ई०) के क़िले अकबर की महानता की गाथा कहते हैं। इलाहाबाद का क़िला गंगा-यमुना के पवित्र संगम पर स्थित है, जिसकी स्थापना-स्थल का चयन ही विभिन्न जातियों के सांस्कृतिक समन्वय का प्रतीक है। यह बहुत बड़ा क़िला है, परन्तु खेद है कि अंग्रेज़ी शासकों के द्वारा नष्ट-भ्रष्ट कर दिया गया। उन्होंने क़िले के भीतर इमारतों को ध्वस्त करके फ़ौजी बैरकें बना डालीं। मात्र मध्य का ऐवान तथा ज़नाना-महल शेष है। हिन्दुओं का पवित्र एवं विख्यात अक्षयवट तथा अशोक महान् की लाट क़िला के भीतर वर्तमान है। अकबर द्वारा निर्मित किये गये महलों में अजमेर का महल (1572 ई०) मौजूद है, परन्तु नगर चैन का महल ध्वस्त हो चुका है। अकबर ने लाहौर के क़िले का निर्माण 1580 ई० में प्रारम्भ किया था, जिसको जहाँगीर ने 1618 ई० में सम्पन्न किया, फिर 1632 ई० में कुछ और विस्तार किये। इन क़िलों के निर्माण में अनेक समानताएँ हैं। प्रत्येक स्थान पर शहंशाह और उसकी मलिका के निवास की इमारत मध्य में तथा अन्य कार्यालय, सैनिक बैरकें, अस्तबल तथा रसोईघर नगर की ओर बनाये गये, परन्तु फ़त्हपुर सीकरी में कुछ परिवर्तन है। इसका कारण भौगोलिक हो सकता है कि यह नगर कम चौड़ी पहाड़ी पर बसाया गया है, फिर बादशाह के धर्मगुरु शैख़ सलीम चिश्ती का मक़बरा भी है, जिसके प्रति सम्मान का भी ध्यान रहा होगा।

अकबर महान् का आगरा क़िला शक्ति, संघर्ष तथा बौद्धिक नवीनता का द्योतक है। पूरी इमारत में बहुत कम मेहराबें हैं, जो चिन्तन के स्तर पर परिवर्तन का संकेत देते हैं। साज-सज्जा सादा-सपाट स्तर खुदी होना अकबरी इमारतों की विशेषता है, जो अन्यत्र नहीं दीखता। इसी क़िला में अकबर ने अत्यन्त सुन्दर महल का निर्माण करवाया था, जो जहाँगीरी महल के नाम से प्रसिद्ध है। इसका निर्माण संगअहमर (लालपत्थर) से किया गया है। फ़त्हपुर सीकरी, जो (1569-84 ई० तक) अकबर महान् की राजधानी रहा, उसके चयनात्मक शैली का उत्कर्ष है। ख़ास महल में दो आँगन हैं, जो आगरा के अकबरी महल से बड़े हैं,

परन्तु अपनी शैली और सुसज्जा में उससे कम हैं। सम्भवतः इसका एहसास स्वयं अकबर को भी था, जो इसकी कमी को पूरा करने के लिए समय-समथ पर अनेक आँगनों और कोशकों (समर हाउस) का निर्माण कराता रहा। दीवाने-ख़ास वर्गाकार, जो अपनी स्थिति के अनुरूप है, कार्यालय स्तम्भों के बीच है, इसी प्रकार का कार्यालय इलाहाबाद के क़िले में भी है। पंचमहल, पंचमज़िला खुला हुआ कोशक है, जिसके स्तम्भ सुन्दरतापूर्ण ढंग से गढ़े गये हैं। लम्बी-लम्बी ग़ुलाम-गर्दिशें, जो इमारतों को एक-दूसरे से मिलाती हैं। अकबर का निवास 'ख़्वाबगाह' (स्वप्न-गृह) नामक गृह महल में था, जो 'ख़ास-महल' की छत पर एक साधारण-सा भवन है। इसमें कुछ चित्र बने हुए हैं, जिनमें महात्मा बुद्ध को 'यमातक' में दिखाया गया है। इसको चीनी कलाकारों से सम्बद्ध किया जाता है।[1] इसी प्रकार दीवाने-ख़ास का आधार भारी स्तम्भों पर होने की यह व्याख्या की जाती है कि इस पर चक्रवर्ती महाराजा सिंहासन ग्रहण करता था। इलाहाबाद का क़िला 40 स्तम्भों के कोशक पर आधारित था, जिसकी महानता की गाथा मध्य में बचे शेष ऐवान कहते दीख पड़ते हैं। यह ऐवान फ़त्हपुर सीकरी के समान वर्गाकार आठ पंक्तियों के स्तम्भों पर आधारित हैं। प्रत्येक पंक्ति में आठ स्तम्भ हैं, इस प्रकार स्तम्भों की कुल संख्या 64 हो गयी है। इसके साथ ही विस्तृत बरामदा है, जिसमें दोहरे स्तम्भ हैं। इस प्रकार हर कोने पर चार स्तम्भ एकत्र हो जाते हैं, उन पर अत्यन्त सुन्दर एवं सूक्ष्म किनारे बने हैं।

अकबरी वास्तुकला का सर्वश्रेष्ठ भवन उसका अपना मक़बरा है, जिसका निर्माण उसने अपने जीवनकाल में ही सिकन्दरा में प्रारम्भ कर दिया था, परन्तु जहाँगीर का कहना है कि उसने अकबर द्वारा निर्मित इमारत को ध्वस्त करके फिर से निर्माण का कार्य प्रारम्भ किया। यह बात किसी सीमा तक विश्वसनीय हो सकती है कि उस समय के 'धर्मपरायण' जहाँगीर ने मक़बरा का बाहरी भाग निर्मित कराया हो। यह भी सम्भव है कि मूल नक़्शे में यदा-कदा परिवर्तन किये गये हों। जैसे, अकबर का विचार था कि क़ब्र पर बहुमूल्य पत्थरों से जड़ाऊ सोने की छतरी बनायी जाती, जिसको जेम्स फ़र्गुसन ने बौद्ध वास्तुकला का नमूना कहा है, परन्तु यह आपत्ति भी जतायी है कि धर्मपरायण जहाँगीर ने कोशकों की कोठरियों को महाबलीपुरम् (तमिलनाडु) की चट्टान में अंकित बड़ी रथ से उद्धृत किया हो।[2] अकबर का मक़बरा निःसन्देह उसकी अपनी बौद्धिकता का प्रतीक है। इसका मूल नक्शा फ़त्हपुर सीकरी के पंचमहल पर आधारित है। इसमें पाँच मंज़िलें (छतें) हैं, जो ऊँचाई के साथ लम्बाई-चौड़ाई में छोटी होती जाती

1. Moghal Architecture of Fathpur Sikri, p. 63
2. History of Indian & Eastern Architecture, Vol-II, p. 120

हैं। इमारत का रूप साधारणतया देखने में गुम्बदरूपी नहीं है बल्कि अहरामरूपी है, जो एक विस्तृत बाग़ के मध्य में है। इसमें अन्दर जाने का मात्र एक दरवाज़ा है, जो ऊँचे चबूतरों पर स्थित है, किनारे की बुर्जियों के अलावा अन्दर की मंज़िल की लम्बाई 320 फ़ुट है। पहली मंज़िल की छत पर तीन और मंज़िलें हैं, जो पहली मंज़िल के समान हैं, परन्तु प्रत्येक मंज़िल की ऊँचाई नीचे की मंज़िल से लगभग आधी है। सबसे ऊपर की मंज़िल में बाहर की ओर निकला हुआ संगमरमर का 157 फ़ुट वर्गाकार 'हिसार' (संलग्नक) है, जो इमारत में प्रयोग किये गये संगअहमर से प्रतिकूल भाव उत्पन्न करता है। इसकी बाहरी दीवार में सुन्दर जाली है। संगमरमर की ग़ुलाम-गर्दिश के बीच में एक चबूतरा है, जिस पर अत्यन्त गुलकारी की गयी है। इसी चबूतरे पर शहंशाह अबुलफ़त्ह जलालउद्दीन मुहम्मद अकबर की क़ब्र है। उसके नीचे तहख़ाने में सीधे-सादे संगमरमर की क़ब्र में पार्थिव शरीर दफ़न है। निःसन्देह अकबर महान् का अन्तिम विश्रामगृह अद्वितीय है। इससे पूर्व अथवा पश्चात् किसी हिन्दुस्तानी बादशाह को ऐसा मक़बरा प्राप्त नहीं हो सका।

अकबर द्वारा निर्मित धार्मिक भवनों में 'मस्जिदे-आम' जो दकन-विजय (1571 ई०) का स्मारक है, भारत की सर्वश्रेष्ठ मस्जिदों में एक है। इसको कतबा के धर्मगुरु शैख़ सलीम चिश्ती ने मक्का शरीफ़ के क़ाबा के आधार पर बनाया था। मस्जिद अत्यन्त सुसज्जित एवं सुशोभित है, परन्तु इस पर भारतीय वास्तुकला का लेशमात्र भी प्रतिबिम्ब नहीं है। इसके दालान में शैख़ सलीम का मक़बरा पूर्णरूपेण संगमरमर से निर्मित है। इसमें भारतीय परम्परागत साज-सज्जा की गयी है। संगमरमर का चौड़ा छज्जा त्रिकोण दीवारगिरियों पर स्थित है, जिसके सन्तुलन को देखकर कोई भी चकित रह जाता है। दूसरा मक़बरा शैख़ सलीम के पौत्र शैख़ इस्लाम ख़ाँ का है, जो सुन्दर एवं सादा है। अकबर द्वारा निर्मित अन्य भवनों में बुलन्द दरवाज़ा (1602 ई०) सर्वाधिक महत्त्वपूर्ण है, जो ख़ानदेश विजय का स्मारक है। भारत में उससे अधिक वैभवशाली कोई अन्य दरवाज़ा नहीं है, इसकी विश्व के सर्वोच्च दरवाज़ों में गणना की जाती है। फ़त्हपुर सीकरी की तीन छोटी-छोटी इमारतों का जिक्र भी आवश्यक है। अकबर की पहली पत्नी रोमी सुल्ताना रुक़ैय्या बेगम का महल, जहाँगीर की माता मरियमज़मानी का महल तथा बीरबल की पुत्री का महल, अकबर के प्रारम्भिक शासनकाल में निर्मित मुहम्मद ग़ौस (मृ० 1562 ई०) का ग्वालियर स्थित मक़बरा, जो सहसाराम में शेरशाह सूरी के मक़बरे का प्रतिरूप है, परन्तु शुद्ध हिन्दू स्वभाव रखता है। स्पष्ट है कि इसका निर्माण ग्वालियर के स्थानीय हिन्दू राजगीरों ने किया है। अकबर महान् के द्वारा निर्मित भवनों की वास्तुकला पर विचार करते हुए इस पक्ष पर ध्यान रखने की आवश्यकता है कि इस

आधुनिकतावादी शहंशाह ने वास्तुकला तथा चित्रकला में एक अन्तरंग कलात्मक सम्बन्ध स्थापित करने की चेष्टा की थी। फ़त्हपुर सीकरी की भीतरी दीवारों के चित्रों के शेष टुकड़ों से स्पष्ट होता है कि इस कार्य हेतु भारतीय तथा ईरानी कलाकार अलग-अलग नियुक्त थे, जो मीनातोरी चित्रों के माध्यम से सुसज्जा करते थे।

अकबर महान् के महान् भवनों को यदि जहाँगीर द्वारा निर्मित भवनों से तुलनात्मक अध्ययन की दृष्टि से देखा जाय, तो जहाँगीर के भवनों में कोई विशेषता नहीं दिखायी देती है। उनके वास्तुकला में कोई विशेष अन्तर नहीं है। लाहौर का क़िला जहाँगीरी निर्माण की मिसाल है। लाहौर को जहाँगीर ने अपनी राजधानी बनाया था। क़िले में उसका 'ख़्वाबगाह' रोचक है, परन्तु क़िला की इमारत निःसन्देह अकबर की बनवायी हुई है, जिसमें उसी प्रकार की गुलकारी है, जैसी गुलकारी आगरे में अकबर द्वारा निर्मित जहाँगीरी महल में है। दालान के बीच मेहराबदार ग़ुलाम-गर्दिश संगमरमर के स्तम्भों पर स्थित है और सबसे बढ़कर दीवारों पर उसी प्रकार हाथियों, मोरों तथा अन्य पशुओं के काल्पनिक चित्र अंकित हैं, जो धार्मिक जहाँगीर के लिए सम्भव नहीं है। जहाँगीर की श्रेष्ठ इमारतें ढाका (बाँग्लादेश) में हैं, जो ईंटों से बनायी गयी हैं और चूने का पलस्तर किया गया है। स्तम्भों तथा देवगिरियों में पत्थर का प्रयोग हुआ है। समय बीतने से अधिकतर इमारतें नष्ट हो चुकी हैं, वरन् 1600 ई० में जहाँगीर ने लाहौर में मोती मस्जिद बनवायी थी, वह अपने प्रकार की एकमात्र इमारत है। लाहौर में अनारकली का मक़बरा भी निर्मित कराया था। श्रीनगर (कश्मीर) में उसने शालीमार बाग़ तथा उसके कौशक और 'चश्मा-ए-शाही' का निर्माण करवाया था। जालन्धर के निकट 'नूरमहल की सराय' का सुन्दर दरवाज़ा भी उसके द्वारा ही निर्मित बताया जाता है। यह समस्त इमारतें अकबर महान् द्वारा पोषित वास्तुकला के अनुसरण में हैं। इनमें कोई ऐसी नवीनता नहीं है कि इनको अकबरी वास्तुकला का विकास-क्रम कहा जा सके।

मुग़ल वास्तुकला के इस 'समन्वयात्मक चरण' के अन्तरिम यात्रा में दर्शनार्थ कुछेक मक़बरों तथा इमारतों को देख लेना उचित होगा। जैसे, मेहरौली में ऊधम ख़ाँ का मक़बरा (1522 ई०), लोदी-सूरी वास्तुकला का उदाहरण है। दिल्ली में गोल्फ़ मैदान का अनाम मक़बरा शुद्ध गुजराती वास्तुकला है, ग्वालियर में शैख़ मुहम्मद ग़ौस का मक़बरा (1563 ई०), मालवा वास्तुकला पर आधारित है। शैख़ सलीम चिश्ती का मक़बरा गुजराती एवं मालवी वास्तुकला का सम्मिश्रण है। फ़त्हपुर सीकरी की जामा मस्जिद में दरवाज़ा तथा मेहराबी दालान सफ़वी-ईरानी, स्तम्भ भारतीय, मक़सूरा जौनपुरी तथा मेहराब सूरी वास्तुकलाओं पर आधारित है। रुक़ैय्या बेगम के महल में राजपूती वास्तुकला की बारादरी है, जो तुर्किस्तानी तथा

भारतीय सुसज्जा से ओतप्रोत है। बीरबल की पुत्री के महल में लोदी और जौनपुरी वास्तुकला का समागम है। इसके अतिरिक्त ईरानी वास्तुकला की इमारती ईंटों का प्रचलन हुआ। काशीकारी, संगमरमर, संगसुर्ख़ वगैरह आदि स्तरकारी प्रचलित हुई। जैसे, श्रीनगर (कश्मीर) में मलिका नूरजहाँ की मस्जिद (1623 ई०), शालीमार तथा चश्मा-ए-शाही, चश्मा-ए-वीरनाग का अहाता (1619-20 ई०), पटना में मस्जिदे-मिर्ज़ा मासूम (1616 ई०), इलाहाबाद में शहज़ादा ख़ुसरौ का मक़बरा (1623 ई०), लाहौर में अनारकली का मक़बरा (1615 ई०), शैख़पुरा (पंजाब) जहाँगीर की शिकारगाह (हिरन-महल) (1607 ई०) आदि। इमारतों में ईंटों का प्रचलन कालान्तर में बढ़ता ही गया जो लगभग समस्त इमारतों में किसी-न-किसी रूप में इस्तेमाल किया गया।

मुग़ल वास्तुकला का चरमोत्कर्ष 'सुल्तानी चरण' है, जो लगभग 85 वर्षों (1625-1710 ई०) पर आधारित है। इसमें जहाँगीरी शासनकाल के अन्तिम 12 वर्ष, शाहजहानी शासनकाल के 21 वर्ष, औरंगज़ेब के शासनकाल के 49 वर्ष तथा उसके बाद के 3 वर्ष सम्मिलित हैं। भारतीय वास्तुकला में सुल्तानी चरण के आविष्कार का सेहरा मलिका नूरजहाँ के आधुनिक चिन्तन, सुरुचि एवं सौन्दर्यानुभूति का प्रतीक है, जिसने वास्तुकला में ग्राहिता, शालीनता तथा एक प्रकार सरमस्ती के आयाम उत्पन्न किये। यह सरमस्ती भारत धरती की मधुभरी हवाओं की देन है। पूर्व की इमारतों में काशीकारी चमकती-दमकती तथा भड़कीली सजावटों के स्थान पर उच्चकोटि के संगमरमर में फ़ीरोज़ा, अक़ीक़ तथा अन्य रंग-बिरंगे पत्थरों की नगीनाकारी, जिसमें विशालता एवं भव्यता के साथ-ही-साथ एक प्रकार के नारीत्व का आभास होता है, नारी की साज-सज्जा लगती है। इस प्रकार के स्वप्नमय वातावरण में यमुना के किनारे अवस्थापन ने नशे को दूना कर दिया। यह स्वप्नमय वातावरण आगरा से दिल्ली तक फैला हुआ है। नूरजहाँ के सहधर्मी ईरानी वास्तुकला विशेषज्ञ अली मर्दान ख़ाँ ने दिल्ली में 6 मील ऊपर से यमुना नदी से पानी लिया और छोटी-छोटी नहरों से समस्त नगर में पानी पहुँचने लगा। इस सर्वप्रिय नहर को 'नहरे-बहिश्त' कहा गया। यह नहर संगमरमर के झरने से शाह बुर्ज के कोशक में गिरती, फिर हयात-बख़्श बाग़ में चबूतरे से लगकर बहती हुई महल (लाल क़िला) की पूर्वी दीवार से लगकर वैभवशाली भवनों के बीच से गुज़रती, हमाम, दीवाने-ख़ास, ख़्वाबगाह तथा मीज़ाने-इन्साफ़ के नीचे ख़ामोशी से फिसलती, रंगमहल के धूप में नहाती, संगमरमर के चबूतरे पर स्वयं को सँभालती और महल की ऊँचाई से यमुना नदी की ओर झाँकती और फिसलकर उसकी बाँहों में सिमट जाती थी। नहरों के माध्यम से स्वप्न भरा वातावरण उत्पन्न करना मुग़लों की विशेषता रही है; जो नहरों से सिंचित पर्दादार बाग़ों के रूप में महलों तथा क़िलों में देखी जा

सकती है। इस स्वप्नमय सरमस्ती को पहली बार नूरजहाँ ने कलात्मक स्तर पर प्रयोग किया अथवा उसके बाद अली मर्दान ख़ाँ ने। साम्राज्यवाद में कला की पहचान भी शासक से होती है। जब 'सुल्तानी चरण' को आविष्कार करने का सेहरा मलिका नूरजहाँ के चेहरे से ही हट गया, तो भला बेचारे अली मर्दान ख़ाँ को कौन पूछनेवाला था!

नूरजहाँ के वास्तुकला का पहला पूर्णरूपेण उदाहरण उसके पिताश्री एतमादउद्दौला का मक़बरा है, जिसका निर्माण आगरा में 1628 ई० में सम्पन्न हुआ। यह इमारत संगमरमर से बनायी गयी है, जिसको फ़ीरोज़ा, अक़ीक़ तथा अन्य कम क़ीमत के पत्थरों से चित्रमयता 'पिकतरादोरा' माध्यम से सुसज्जित किया गया है, जिससे स्वप्नमय वातावरण उत्पन्न हो गया। यह मक़बरा ताजमहल का पूर्ववर्ती है। जहाँगीर का मक़बरा लाहौर में शाहदरा के निकट है, जो एक चबूतरे पर बना है। सभी ओर से 209 फ़ीट है और चारों कोनों पर एक-एक मीनार है। चारों कोनों के मीनार ताजमहल का पूर्व अनुमान प्रस्तुत करते हैं। क़ब्र के ऊपर का पत्थर भी संगमरमर का है, जिसको सुन्दरतापूर्वक अलंकृत किया गया है। बादशाह की क़ब्र एक कमरे में बनायी गयी है, जो अष्टपक्षीय है। इसकी ऊँचाई 21 फ़ुट तथा आकार साढ़े 22 फ़ुट है। चूने और पत्थर की ठोस दीवारों से घिरा है, जो 56 फ़ीट मोटी है। इसके दरवाज़े बग़ली कमरों में खुलते हैं, परन्तु कोई दरवाज़ा मेहराबों के पीछे बने हुए चालीस कमरों में नहीं खुलता। बादशाह का पार्थिव शरीर खुली छत के नीचे दफ़न किया गया है, ताकि आसमान से शबनम की बारिश हो सके!

शाहजहाँ के राजकाल (1537-58 ई०) में मुग़ल वास्तुकला का सुल्तानी चरण उच्चतम शिखर पर पहुँचा जो कि उसी के नाम समर्पित हो गया। उसने अपने राज्याभिषेक के बाद ही दिल्ली को शाहजहाँबाद बनाना प्रारम्भ किया। नगर के बीच में असाधारण ऊँची कुर्सी पर जामा मस्जिद का निर्माण करवाया, जो नये नगर का केन्द्र बना, जिसके चारों ओर मार्ग बनाये गये। जामा मस्जिद के निकट नगर के भीतर एक और नगर 'क़िला-ए-मुअल्ला' (1637 ई०) निर्मित किया। दो बड़े दरवाज़े रखे। एक लम्बाई में पश्चिम की ओर और दूसरा चौड़ाई में दक्षिण की ओर। दोनों दरवाज़ों से सड़कें क़िले के भीतर जाकर मिल जाती थीं। पश्चिमी दरवाज़े से चलियें, तो क़िले के भीतर 375 फ़ुट लम्बे गोल छत के ऐवान में प्रवेश पायेंगे, जिसके दोनों ओर दो मंज़िला इमारतें हैं। बन्द रास्ता के बाहर एक बड़ा वर्गाकार बाग़ है। पूरब में नक़्क़ारख़ाने के बाद एक बड़ा मैदान है, जिससे सटा हुआ 100 × 200 फ़ुट का दीवाने-आम है। पूर्वी दीवार से सटा हुआ संगमरमर का ऊँचा तख़्त है, जिस पर झुकी हुई छत है। चारों ओर अर्द्धगोल छज्जे चार सुन्दर स्तम्भों पर स्थिर हैं। इसके पीछे यमुना नदी की ओर

एक वर्गाकार बाग़ तथा यमुना नदी के किनारे रंगमहल की अछूती इमारत है, जिससे स्पष्ट होता है कि पहले पश्चिमी दरवाज़े से पूर्व में दरिया बहता था, जो लाल क़िला की इमारतों को दो भागों में विभाजित करता था। दक्षिण के अर्द्धभाग में वर्गाकार बाग़ों के बीच मेहमानख़ाना था तथा नदी की ओर प्रसिद्ध दीवाने-ख़ास था।

वास्तविक रूप में देखा जाय, तो सुल्तानी चरण का चरमोत्कर्ष ताजमहल है, जो विश्व के आश्चर्य रूप में प्रख्यात है। निःसन्देह ताजमहल शाहजहाँ की कल्पनाओं एवं स्वप्नों का साकार रूप है। इसे समस्त विश्व में वास्तुकला का अद्वितीय उदाहरण माना गया है। शाहजहाँ ने इसको अपनी प्राणप्रिया मलिका अर्जुमन्द बानो के स्मारक के रूप में, जिसको मुमताज़ महल अथवा बरगुज़ीदा महल की उपाधि प्राप्त थी, आगरा में यमुना नदी के किनारे उसकी मृत्यु के एक वर्ष बाद बनवाना प्रारम्भ किया। उसकी इच्छा थी कि इसी के सामने यमुना के पास संगमूसा (काला पत्थर) से अपना मक़बरा भी निर्मित कराये, परन्तु उसकी बुनियादें ही भरी गयी थीं कि उसके पुत्र औरंगज़ेब ने 1658 ई० में राजसत्ता से वंचित करके बन्दी बना लिया तथा अपना मक़बरा बनाने की उसकी इच्छा अपूर्ण रह गयी। इस निर्माण-कार्य को रोकने के पीछे औरंगज़ेब का तर्क था कि इस परियोजना में मूर्ति उपासना की गन्ध आती थी, यद्यपि इतनी बात हर मुसलमान जानता है कि धर्मपरायण मुसलमान अपने मक़बरे बनाते रहे हैं। बहरहाल औरंगज़ेब की अतिवादी धार्मिकता ने ताजमहल का जवाब निर्मित नहीं होने दिया। ताजमहल के मूल-निर्माता के नाम के विषय में विवाद है।[1] वास्तुकला विशेषज्ञ, इतिहासकार एवं विद्वान् जेम्स फ़र्गुसन बलपूर्वक ताजमहल के नक़्शानवीस और मूल वास्तुकार के रूप में अली मर्दान ख़ाँ का नाम लेता है, जो ताजमहल की संरचना में स्वप्नमय वातावरण की उपस्थिति में अधिक स्वाभाविक भी लगता है। वास्तविक रूप में देखा जाय, तो यह किसी एक व्यक्ति की उपलब्धि नहीं है। भारत, ईरान तथा मध्य-एशिया के वास्तुकार विशेषज्ञों ने सामूहिक रूप में चिन्तन-मनन के बाद परियोजना बनायी। उच्चकोटि के वास्तुकारों, राजगीरों,

---

1. William Salemaan ने 1844 ई० में सबसे पहले इस समस्या में अपना शोध प्रस्तुत किया और Austin de Bordeau को ताजमहल का वास्तुकार घोषित किया, जिसे किसी ने स्वीकार नहीं किया, परन्तु इससे बहस का द्वार खुल गया। E. B. Havell ने 1903 ई० में ईसा आफ़न्दी को ताज का वास्तुकार घोषित किया। 1910 ई० में R. H. Hudson ने इटली के Geronino Vroneo के सिर पर सेहरा बाँधने का प्रयत्न किया। वर्तमान में इतिहासकारों का एक वर्ग नादिर-उल-अस्र उस्ताद अहमद को वास्तुकार स्वीकार करता है। (ताजमहल, पृ० 161)

शिल्पकारों तथा ख़त्तातों के दल ने रात-दिन काम किया। प्रतिदिन 20 हज़ार मज़दूरों का ख़ून पसीना बनकर बहता रहा, तामीरी मसाला कड़ी जाँच-पड़ताल करके समस्त देश से ही, मध्य-एशिया से भी लाया जाता रहा तब कहीं 21 वर्षों (1632-43 ई०) के निरन्तर परिश्रम ने चार करोड़ रुपये की लागत से तैयारी की स्थिति उत्पन्न हुई। इसमें उन 20 हज़ार मज़दूरों का पारिश्रमिक सम्मिलित नहीं है, जो बेगारी में लाये गये थे और जिनको कोई पारिश्रमिक नहीं दिया गया था। यह मक़बरा 1643 ई० में सम्पन्न हुआ, परन्तु इसकी मस्जिदें, चहारदीवारियाँ तथा दरवाज़े 1649 ई० में बनकर तैयार हो सके।

ताजमहल की इमारत समकोण 580 × 304 मीटर उत्तर-दक्षिण है। बीच में एक सुन्दर बाग़ भी उत्तर-दक्षिण में है, जो बीच में दो भागों में विभाजित हो गया है। दक्षिण में बुलन्द दरवाज़ा है, जो पत्थरों से बना है। उससे सटे हुए कर्मचारियों के कमरे हैं। उत्तर में यमुना नदी है, जिसका पानी मकबरे के दामन को भिगोता रहता है। मक़बरे से सटी हुई मस्जिद और जवाब-मस्जिद है। चहारदीवारी काले पत्थरों से निर्मित है। मूल मक़बरा की बुनियाद 7 मीटर ऊँचे संगमरमर के चबूतरे पर रखी गयी है। मक़बरे की इमारत चारों ओर से 33 मीटर ऊँची है, जिसमें चार समान छज्जे, सलामी कोने तथा अनेक मेहराबें हैं। गुम्बद का आकार प्याज़ के समान है, जो स्तम्भों पर स्थिर है। मक़बरे के चारों किनारों पर एक-एक तीन मंज़िला मीनार हैं। तहख़ाना में दो क़ब्रें हैं, एक में मलिका मुमताज़ महल का तथा दूसरी में शाहजहाँ का पार्थिव शरीर दफ़न है। भीतरी भाग पर उच्चस्तर की कलाकारी से साज-सज्जा की गयी है। ताजमहल मक़रान के विशिष्ट संगमरमर से निर्मित हुआ है। शाहजहाँ की वास्तुकला मूल रूप में ईरानी है, परन्तु कलात्मक प्रस्तुति का परिप्रेक्ष्य भिन्न है। इस्फ़हानी एवं इस्ताम्बूली वास्तुकला के अनुपात में इसका विशेष गुण संगमरमर का व्यापक रूप में प्रयोग है। इसमें सुन्दर जड़ाऊ काम ने सोने पर सुहागा किया है। सूक्ष्मता एवं सुन्दरता से निर्मित जालियाँ सौन्दर्यानुभूति प्रदान करती हैं, एक प्रकार का स्वप्नमय वातावरण उत्पन्न करती हैं।

सुल्तानी चरण की वास्तुकला का विश्लेषण किया जाय, तो भारत-ईरानी वास्तुकला का सूक्ष्म समन्वय दीख पड़ता है, जिसमें स्तम्भ, कमानें, गुम्बद और दीवारों की साज-सज्जा में सफ़वी-ईरानी शैली दीख पड़ेगी तथा दीवारगिरियाँ, छज्जे, छतरियाँ, नुकीली कमानें तथा लदाव की छतें, राजपूती शैली तथा झुकी हुई छतें बंगाली शैली में देखी जा सकती हैं। कालान्तर में अनेक संशोधन-परिवर्द्धन हुए। जैसे, कमल के गुच्छेदार स्तम्भ, कमलीरूपी गुम्बद, चौकोर पाये, छतों के भीतरी भागों में कमल अथवा केले के पत्तों की आकृति, दीवारों पर

गुलकारी, फ़्लोरेन्सी पच्चीकारी आदि।[1] इसकी एक अच्छी मिसाल दिल्ली में निज़ामउद्दीन के चौंसठ खम्भे (1624 ई०) हैं। शाहजहाँ की वास्तुकला में सुल्तानी चरण पूर्णरूपेण स्पष्ट हुआ। उसको आगरा के क़िला (1637 ई०) में मीना बाज़ार, मोती मस्जिद, दीवाने-ख़ास, दीवाने-आम, नगीना मस्जिद, अंगूरी बाग़, ख़ास महल तथा मुसम्मन-बुर्ज में देखा जा सकता है। उदाहरणार्थ, लाहौर क़िला में शाहबुर्ज शीशमहल सहित (1631-34 ई०) तथा दोनों नौ-लक्खे, दौलताबाद में दौलताबाद का महल (1636 ई०), अजमेर में अनासागर की बारादरियाँ (1637 ई०), दिल्ली का लाल क़िला (1627-58 ई०) में लाहौरी दरवाज़ा तथा नक़्क़ारख़ाना के बीच में दीवाने-आम, दीवाने-ख़ास (1634 ई०), रंगमहल, तसबीहख़ाना, झरोखा-सहित उत्तर में हयातबख़्श बाग़, महताब बाग़ शाहबुर्ज सहित, दिल्ली तथा आगरा में क़िलों के बाहर जामा-मस्जिदें आदि यह समस्त इमारतें सुल्तानी वास्तुकला की सफल प्रस्तुतियाँ हैं जो श्रेष्ठ, सुरुचि एवं संवेदना दर्शाती हैं।

इनका रूप-रंग तथा मसालों के प्रयोग के आधार पर हदबन्दी की जाय, तो कहा जा सकता है कि साधारण इमारतों में सादा संगेसुर्ख़ प्रयोग किया गया है। मेहराबें सादा तथा गौदुम बनायी गयी हैं। महत्त्वपूर्ण इमारतों के स्तम्भों पर कमल बने हैं। कमानें नोकदार तथा संगमरमर की पेटियों पर पच्चीकारी से काम किया गया है। शाही महलों, व्यक्तिगत प्रयोग के कमरे, महलों की मस्जिदें, जामा मस्जिद तथा ताजमहल में मकरानी संगमरमर का प्रयोग किया गया है। इन इमारतों में साज-सज्जा के प्रयत्न भी अद्वितीय हैं। जैसे—भित्तिचित्र रंगों या सोने के पानी से हुई। संगमरमर पर उभरे हुए चिह्न बनाये गये हैं। शीशमहलों में गच के कँगूरों में जड़े हुए छोटे-छोटे आईने, जो शमा की हल्की रौशनी को प्रकाशमय कर देते हैं। छतों और झरोखों में सोने-चाँदी के पत्रें आदि।

औरंगज़ेब के राजकाल (1607-58 ई०) तक प्रारम्भिक बीस वर्षों में भवनों के निर्माण का क्रम चलता रहा, जिसके परिणामस्वरूप अनेक सुन्दर भवन अस्तित्व में आये, जो सुल्तानी वास्तुकला के साँचे में ढले हुए हैं। इनमें विशेष रूप में दिल्ली में हयातबख़्श बाग़ की बारादरियाँ (शाहबुर्ज तथा सावन-भादौं भवन), छोटी मस्जिद (1659 ई०), लाहौर में हुज़ूरी बाग़ की आलीशान बादशाही मस्जिद (1673 ई०), औरंगाबाद में अरक का क़िला (1652 ई०, 1670-92 ई०) तथा मलिका राबिआ-दुर्रानी का मक़बरा (1678 ई०), जो 'बीबी का रौज़ा' के नाम से प्रसिद्ध है। वाराणसी की ज्ञानवापी मस्जिद, मथुरा की मस्जिद इत्यादि, परन्तु दकन के अनिश्चित युद्ध में शाही कोश रिक्त हो गया,

---

1. A History of Fine Arts in India & Ceylon, p. 411

तो इमारतों का बनना भी बन्द हो गया तथा यदि बनीं, तो संगमरमर के स्थान पर मरमरगच का प्रयोग हुआ। संगे-अहमर, जो अहातों में अथवा साधारण भवनों में प्रयोग होता था, विशेष समझा जाने लगा। औरंगज़ेब के उत्तराधिकारियों में कोई ऐसा न था कि भवनों के निर्माण पर ध्यान देता। वे बेचारे अपने अमीरों के हाथों में कठपुतली थे, फिर भी उन्होंने दिल्ली में मेहरौली की छोटी-सी मोती मस्जिद (1709 ई०) तथा ज़ीनत-उल-मसाजिद (1710 ई०) का निर्माण कराया। इनमें पहली मस्जिद सुल्तानी वास्तुकला के आधार पर संगमरमर से तैयार की गयी। इससे एक सुखद अनौपचारिकता एवं स्वाभाविकता का भाव जाग्रत होता है। इसके लगभग अर्द्धशती पश्चात् (1847-48 ई०) में बहादुर शाह द्वितीय ने दिल्ली के क़िला में ज़फ़र महल और हीरा महल और मेहरौली में ज़फ़र महल निर्मित कराया, जो सुल्तानी वास्तुकला के विघटन का प्रतीक है। इन इमारतों में सस्ते मूल्य की निर्माण सामग्रियों का प्रयोग किया गया है। कलात्मक प्रस्तुति के आधार पर भी निम्नस्तरीय हैं।

सामूहिक रूप से मुग़ल वास्तुकला का विवेचन किया जाय, तो निःसन्देह उसको भारत में मुसलमानों की समस्त निर्माणों का वरीयता हासिल है। मुग़ल अपने स्वभाव में सौन्दर्यवादी थे। प्राकृतिक सौन्दर्य के रसिया थे, उच्च सांस्कृतिक सुरुचि रखते थे। वास्तुकला में उनका स्वभाव एवं आचरण उभरकर सामने आया। उनकी इमारतों में विशालता, भव्यता एवं स्थिरता है, शहाना शानो-शौकत तथा महानता एवं उच्चता का विवेक इसी के साथ-ही-साथ सौन्दर्यानुभूति की सूक्ष्मता एवं प्रवित्रता का भाव भी जाग्रत होता है। मुग़लों की रचनात्मक उपलब्धियाँ सदैव आदर एवं सम्मान की दृष्टि से देखी जायँगी।

प्रान्तीय सल्तनतों में वास्तुकला

उत्तर भारत की प्रान्तीय सल्तनतों में कश्मीर, बंगाल, गुजरात, मालवा, जौनपुर तथा अवध को मुस्लिम वास्तुकला में विशिष्टता प्राप्त है। कश्मीर के अतिरिक्त, ये सभी सल्तनतें दिल्ली के केन्द्रीय साम्राज्य से विद्रोह करके स्थापित हुई थीं। इन्होंने अपनी-अपनी निजता स्थापित करने का प्रयत्न किया। अपने-अपने प्रान्तों की स्थानीय स्थितियों एवं परम्पराओं को मूल महत्त्व दिया। परिणामस्वरूप दिल्ली से भिन्न वास्तुकला का प्रचलन हुआ। कश्मीर में 1389 ई० में मुस्लिम राज्य स्थापित था, परन्तु दिल्ली के अधीनस्थ नहीं था। जौनपुर की शर्की सल्तनत राजनीतिक रूप में दिल्ली सल्तनत की प्रतिद्वन्द्वी थी। यद्यपि बंगाल, मालवा तथा गुजरात की सल्तनतें राजनीतिक आधार पर दिल्ली सल्तनत का विरोध नहीं करती थीं, परन्तु सांस्कृतिक आधार पर दिल्ली के प्रभुत्व को

स्वीकार करने को तैयार न थीं। अवध की सल्तनत प्रारम्भ में दिल्ली की केन्द्रीयता के प्रभाव में स्थापित हुई थी, परन्तु धीरे-धीरे सांस्कृतिक एवं सभ्यता के प्रतिमानों के चयन में उसकी प्रतिद्वन्द्वी स्थापित हुई। इन प्रान्तीय सल्तनतों के वास्तुकला का संक्षिप्त विवरण प्रस्तुत कर देना अपेक्षित है।

कश्मीरी वास्तुकला की बौद्ध पृष्ठभूमि पकौड़ा से स्पष्ट है। ईंट तथा ख़परैल की ईरानी परम्परा के साथ-साथ लकड़ी से भवन-निर्माण की स्थानीय परम्परा भी कार्यरत है। शीतकाल की तीव्रता, वर्षा तथा बर्फ़बारी की आवश्यकताएँ भी महत्त्वपूर्ण हैं, जिनके आधार पर कश्मीरी वास्तुकला को विशेषता प्राप्त होती है। कुछेक प्राच्य बौद्ध देवस्थानों के खँडहर कालान्तर में मक़बरों में परिवर्तित कर लिये गये। जैसे, पहलगाम के निकट बमज़ू की ज़ियारत (कश्मीर में मक़बरे को ज़ियारत कहते हैं) अथवा श्रीनगर के निकट मादेनशाह की दरगाह, जो किसी प्राच्य बौद्ध मन्दिर में स्थित है। सिकन्दर-बुतशिकन (मृ० 1425 ई०) द्वारा बौद्ध तथा हिन्दू मन्दिरों को ध्वस्त कराने की चर्चाएँ इतिहासों में मिलती हैं। सम्भव है कि यह उसी काल की यादगार हों। उसी ने श्रीनगर की जामा मस्जिद की आधारशिला रखी थी। इसमें ईरानी वास्तुकला के आधार पर चार ऐवानों की बुर्जीदार एक मंज़िला इमारत थी, जो सब-की-सब जल चुकी है। बाद के समय में कभी पूरी कभी आधी-अधूरी निर्मित होती रही है। इसी प्रकार श्रीनगर में सुल्तान ज़ैन-उल-आबदीन 'बड़राजा' (मृ० 1467 ई०) की माताश्री का मक़बरा कश्मीरी वास्तुकला का सफल उदाहरण है, जो ईंटों से बनाया गया है। काशीकारी से चौकों को सजाया गया है। इसका गुम्बद ऊँचा है, जिसके कँगूरे बने हुए हैं, जिनमें प्राचीन कश्मीरी वास्तुकला के दर्शन होते हैं। इसी प्रकार की अन्य मिसालें श्रीनगर तथा पामपुर की मस्जिदों में देखी जा सकती हैं। ख़्वाजा मीर सैय्यद अली हमदानी (मृ० 1385 ई०) की ज़ियारत अत्यन्त विस्तृत चौकोर टुकड़ों पर स्थित है। उसके अज़ान देने के मीनार विचित्र प्रकार के हैं। छतों की चोटियों पर बुर्जियाँ बनायी गयी हैं, जिनमें प्राचीन बौद्ध वास्तुकला के दर्शन होते हैं। सम्भव है कि कोई बौद्ध मन्दिर रहा हो, जिसे बाद में परिवर्तित कर लिया गया हो। कश्मीरी सूफ़ी-सन्तों के सिरमौर शैख़-उलआलम नूरउद्दीन नूरानी (मृ० 1417 ई०) की ज़ियारत चिरार-शरीफ़ में स्थित है। पूरा भवन लकड़ियों से निर्मित था तथा साज-सज्जा में अद्वितीय था। खेद है कि आतंकवादियों ने जलाकर समाप्त कर दिया। अभी कुछ समय पहले नयी इमारत बनी है, मगर वह बात कहाँ!

बँगला सल्तनत (1338-1576 ई०) का पहला केन्द्र गोर था, जो गंगा नदी के तट पर स्थित था। दूसरा केन्द्र सल्तनत के भीतर पाण्डवा हुआ, जो उत्तर में 15 मील पर स्थित हुआ। बँगला की दोनों राजधानियाँ गहरी-लम्बी खाइयों

तथा ऊँची दीवारों से घिरी हुई थीं ताकि बाहरी आक्रमण से सुरक्षित रहें। गोर के पुरातत्त्व में त्रिवेणी (हुगली) जफ़र ख़ाँ ग़ौरी का मक़बरा (1493-1518 ई०), सिल्जूक़ी मेहराब तथा बासर हाट की मस्जिद (1305 ई०) शेष रह गयी। पाण्डवा में विशाल अदीना मस्जिद, जिसको सुल्तान सिकन्दर (मृ० 1389 ई०) में निर्मित किया था, एक-लाखी मस्जिद जिसको जलालउद्दीन मुहम्मद (मृ० 1431 ई०) ने निर्मित करवाया था। नासीरउद्दीन मुहम्मद (मृ० 1459 ई०) ने पाण्डवा को पुनः बसाया तो अला-उल-हक़ का मक़बरा, सतगाँव की मस्जिद तथा बागरहाट में साठ गुम्बद की मस्जिद 1459 ई० में निर्मित करवायी, जो तुग़लक वास्तुकला की पुनरावृत्ति प्रतीत होती है। रुक्नउद्दीन बारीक (मृ० 1459 ई०) ने अपने महल का प्रवेशद्वार अत्यन्त वैभवशाली निर्मित कराया था।

यूसुफ़शाह के राजकाल (1474-81 ई०) में बँगला वास्तुकला मात्र अनुसरणात्मक एवं क्षीण थी, जिसके उदाहरण तान्तीपारा, दर्शबारी, नट्टम, चमख़ान तथा गणमन्त्र की मस्जिदें हैं। इसी प्रकार गोर के फ़ीरोज़ामीनार (1486 ई०), मस्जिद मुजफ़्फ़रशाह (1490-93 ई०) तथा विक्रमपुर में बाबा आदमशहीद की मस्जिद (1483 ई०) बँगला वास्तुकला के क्रमबद्ध विघटन के उदाहरण हैं। वरन् 16वीं सदी के अन्त में इसने सम्हाल लिया। जैसे, गोर की छोटी सोना मस्जिद (1493-1518 ई०) तथा बड़ी सोना मस्जिद (1626 ई०), जिसकी गणना बँगला मुसलमानों के सर्वाधिक प्रसिद्ध भवनों में होती है। त्रिवेणी, बारहग्वाली तथा मस्जिद कर (1493-1518 ई०), भागा (1523 ई०), मालदा (1533-66 ई०) तथा पाण्डवा की सोना मस्जिद (1585 ई०) आदि। गोर तथा पाण्डवा के भवनों में शाहजहाँ की सूबेदारी काल में मुग़ल वास्तुकला के कुछ प्रभावों को नकारा नहीं जा सकता है। विशेष रूप में कमलयुक्त स्तम्भ तथा बँगलेदार छतों का प्रयोग। बँगला वास्तुकला का सामूहिक रूप में विश्लेषण किया जाय, तो प्रारम्भ में हिन्दू वास्तुकला के प्रभावों को नकारा नहीं जा सकता। प्रारम्भिक भवनों में चूने-पत्थर के स्थान पर ईंटों का प्रयोग दीखता है। ईंटों की भारी-भरकम दीवारों पर पत्तों की बेलें उभारकर बनायी गयी हैं, जो शुद्ध हिन्दू साज-सज्जा है। पत्थरों का प्रयोग कम है, जो सम्भवतः पत्थर को निर्माण स्थल तक लाने की कठिनाइयों के कारण है, क्योंकि पत्थरों को नदी के मार्ग से लाते थे। गंगा मध्य भारत की पहाड़ियों में चक्कर काटकर बहती थी। इसमें राजमहल के ख़दानों से पत्थर लाना होता था।

गुजरात सल्तनत (1396-1572 ई०) में मुस्लिम वास्तुकला मात्र ईंटों द्वारा निर्मित तक सीमित है, जिनको सुन्दर अस्तरकारी के द्वारा दृष्टिगोचर बनाया गया है। जैसे, अहमदाबाद में दरिया ख़ाँ का वैभवशाली मक़बरा, आज़म तथा

मुअज़्ज़म दो वास्तुकलाकारों के मक़बरे, मुहमदाबाद में महमूद तृतीय (मृ० 1553 ई०) का महल, चम्पानेर में एक टूटा-फूटा मक़बरा आदि गुजरात के कुछेक इस्लामी भवन शुद्ध हिन्दू वास्तुकला के प्रतीक हैं। इनमें कुछ भवन हिन्दू भवनों के निर्माण सामग्री से निर्मित किये गये हैं। प्रतीत होता है कि इनके वास्तुकलाकार भी हिन्दू थे, उन्होंने हिन्दू वास्तुकला के भवन बना दिये। मन्दिरों की छतरियाँ एक-दूसरे पर रखकर मस्जिद की मीनार बना दी गयीं। कुछेक मन्दिरों में संशोधन-परिवर्द्धन करके उन्हें मस्जिद का रूप दे दिया गया। मन्दिर में पूजा-पाठ के कमरों को एक-दूसरे से जोड़ दिया गया जो मस्जिद का लम्बा दालान बन गया। मन्दिर के दरवाज़े को 'क़िबला' (काबा शरीफ़ की ओर संकेत) का मेहराब बना दिया। ये मस्जिदें वास्तुकला के आधार पर पूर्णरूपेण मन्दिरें हैं। सब-कुछ वैसा ही है, मात्र चित्र तथा मूर्तियाँ नहीं हैं। उनके स्थान पर गुलकारी तथा अरबी कतबें हैं। यही वास्तुकला शैली शाही क़िले की भदर मस्जिद (1424 ई०), सैय्यद आलम, हैबत ख़ाँ तथा रानी मिर्ज़ापुर की मस्जिदें (1412 ई०), जामा मस्जिद (1423-24 ई०), अहमदाबाद में हिम्मतनगर की मस्जिद आदि में स्पष्ट है। कालान्तर में महमूद बेगड़ा (मृ० 1511 ई०) तथा मुज़फ़्फ़र शाह द्वितीय (1566 ई०) के काल के भवन हिन्दू प्रभाव से बाहर हैं। महमूद बेगड़ा ने अहमदाबाद को विस्तृत किया तथा दूसरी राजधानी चम्पानेर, मुहमदाबाद, बड़ौदा, जूनागढ़ (मुस्तफ़ाबाद) बसाया अथवा पुनर्निर्माण कराया। इस काल की अनेक इमारतें यादगार हैं। जैसे, अहमदाबाद में दस्तूर ख़ाँ, मुहाफ़िज़ ख़ाँ, रानी रूपवती तथा बाबा लूलुई की मस्जिदें, दरिया ख़ाँ, बीबी अछूतकोकी, रानी सुपारी तथा शाहआलम के मक़बरे, ज़ीनेदार बावलियाँ, शाहीमहल, मुहमदाबाद में भामड़िया बावली आदि।

मालवा के प्रारम्भिक भवन हिन्दू भवनों से प्राप्त निर्माण मसाले से तैयार किये गये हैं। इसका उदाहरण दिलावर ख़ाँ ग़ौरी (मृ०1406 ई०) द्वारा निर्मित लाट मस्जिद है। इसके अहाते में हिन्दुओं की लाट स्थित थी। मालवा की दूसरी राजधानी माण्डो की नींव होशंग (1435 ई०) ने विन्ध्याचल की एक कठिन परन्तु सुन्दर वातावरण की पर्वतीय चोटी पर रखी। होशंग मालवी वास्तुकला का प्रवर्तक माना जाता है। उसके अतिसुन्दर भवनों में पुराना महल, जामा मस्जिद, हिण्डोला महल आदि हैं। महमूद ख़िलजी (मृ० 1449 ई०) ने प्राचीन वास्तुकला के भवन निर्मित किये, जिनमें जामा मस्जिद वर्तमान है, परन्तु मदरसा तथा विजयमीनार लगभग नष्ट हो चुकी हैं। उसके भवनों में अशर्फ़ी महल, दूकान गदाशाह (बड़ा दीवाने-आम) तथा उत्तरी महल की चर्चा की जा सकती है। उत्तरी महल पर मिस्री वास्तुकला के प्रभाव दीख पड़ते हैं। माण्डो का जहाज़ महल

(ज़नाना), लालमहल, चैनमहल, बाज़बहादुर तथा रूपमती का महल, गदाशाह का महल, जिस पर भित्तिचित्र शेष रह गये हैं तथा उज्जैन के निकट काजल महल आदि-आदि।

जौनपुर में शर्क़ी सल्तनत (1394-1479 ई०) के अधीनस्थ दिल्ली तथा बंगाल के बीच गंगा का मैदानी भाग था। शर्क़ी सल्तनत के अधिकांश चिह्न मिट गये हैं। कुछेक इमारतें या उनके खँडहर ही शेष हैं। मलिका बीबीराजी की लाल-दरवाज़ा मस्जिद (1457 ई०) कभी शानदार रही होगी, शेष नहीं रह गयी। वरन् अटाला मस्जिद (1376-1408 ई०) तथा जामा मस्जिद (1438-48 ई०, विस्तार 1478 ई०) वैभवशाली भवन हैं। इन मस्जिदों में हिन्दू भवनों के निर्माण में मसाला का प्रयोग हुआ है। अतः इन पर हिन्दू वास्तुकला का प्रभाव स्पष्ट है। इनकी वास्तुकला बेगमपुर दिल्ली की ख़ानजहाँशाह की मस्जिद के समान है। शर्क़ी वास्तुकला बड़े-बड़े मेहराबी दरवाज़ों, ख़िलजी साज-सज्जा, कमानों की फूलदार कोरें, काशीकारी तथा पच्चीकारी अन्य सल्तनतों के भवनों की स्पर्द्धा में विशेषता प्राप्त करती हैं। विशेषकर पच्चीकारी का काम दिल्ली के भवनों में पेटियों के प्रयोग से अच्छा है।

अवध सल्तनत (1732-1856 ई०) का प्रारम्भ मुग़ल बादशाह के सूबेदार बुरहान-उल-मुल्क नव्वाब सआदत ख़ान से हुआ। अवध के सूबेदारों को मुग़ल दरबार में 'नव्वाब वज़ीर' का पद प्राप्त था। वरन् ग़ाज़ीउद्दीन हैदर ने 19 अक्टूबर, 1819 ई० में अपनी बादशाहत का ऐलान कर दिया। इसके बाद से अवध सल्तनत के समापन (1856 ई०) तक बादशाहत रही। वास्तुकला के आधार पर वज़ीरी का ज़माना बादशाहत के ज़माने से अधिक उज्ज्वल है। अवध की पहली राजधानी फ़ैजाबाद थी, जहाँ के प्रसिद्ध भवनों में मोतीबाग़ से सटी हुई मस्जिद तथा इमामबाड़ा जिसको नव्वाब सफ़दरजंग की पत्नी सफ़दरजहाँ बेगम ने 1764 ई० में निर्मित कराया था, वर्तमान है। फ़ैजाबाद की इमारतों में मक़बरा बहू-बेगम के अतिरिक्त अन्य समस्त भवन शुजाउद्दौला द्वारा निर्मित हैं अथवा उनसे सम्बद्ध लोगों द्वारा। नव्वाब आसिफ़उद्दौला ने 1797 ई० में फ़ैजाबाद से राजधानी लखनऊ परिवर्तित कर दी। वहीं उनका निर्मित विश्व-विख्यात आसिफ़ी इमामबाड़ा (1786-88 ई०) है, जो जनता-जनार्दन में 'बड़ा इमामबाड़ा' कहा जाता है। यह हुसैनाबाद (लखनऊ) के छोटे इमामबाड़ा (1837 ई०) से कुछ दूरी पर स्थित है। इन इमामबाड़ों के बीच वैभवशाली फाटक हैं, जो रूमी दरवाज़ा कहा जाता है। आसिफ़ी इमामबाड़ा भारत में मुस्लिम वास्तुकला का अन्तिम श्रेष्ठ उदाहरण है।

आसिफ़ी इमामबाड़ा तीन मंज़िलों की इमारत पर आधारित है, जिसके तीन खण्ड हैं। भवन के पीछे 13 दरवाज़ों की शहनशीन तथा सामने दालान है, जो

163 फ़ुट लम्बा, 53 फ़ुट चौड़ा तथा 50 फ़ुट ऊँचा है। दीवारें 16 फ़ीट मोटी हैं। इस लम्बे-चौड़े हॉल में कहीं भी लोहे या लकड़ी का सहारा नहीं है। गोली छत का भाग, कमानदार डाटों पर विभाजित है। शहनशीन तथा दालानों के बीच दोनों ओर सहनचियों की ऊँचाई 53 फ़ुट तथा दीवारों की मोटाई 16 फ़ीट है। केन्द्रीय दालान के बीच में आसिफ़उद्दौला की क़ब्र है। आसिफ़ी इमामबाड़ा की निजता उसकी भूल-भुलैयों से भी है, जिसके रास्ते और दरवाज़े एक-जैसे हैं। उनकी संख्या 489 तथा रास्ते 1000 बताये जाते हैं। दरवाज़ों की ऊँचाई तथा रास्तों की चौड़ाई इतनी है कि एक समय एक आदमी ही उनके बीच से जा सकता है। रौशनी तथा हवा के लिए बीच में रौशनदान हैं, रास्ते में बार-बार चढ़ना-उतरना पड़ता है। इससे स्पष्ट है कि इन रास्तों में भिन्न ऊँचाइयाँ हैं, इनमें फ़र्श के नीचे कुछ ऐसे रास्ते हैं, जो इनमें गया, लौटकर न आया। अतः इनको बन्द कर दिया गया है। इसकी इमारतों में भूल-भुलैया, बावली तथा रूमी दरवाज़ा अद्वितीय है। आसिफ़ी इमामबाड़े का बड़ा हॉल अपनी वर्तमान स्थिति में विश्व का सबसे बड़ा हॉल है, जिसकी छत को विश्व आश्चर्य में लिया जाता है।

इमामबाड़ा हुसैनाबाद का निर्माण मुहम्मद अली शाह (मृ० 1842 ई०) ने किया था। इस इमारत के तीन खण्ड हैं, शहनशीन, केन्द्रीय दालान तथा अगला दालान, जिनमें सामने की ओर पाँच दरवाज़े हैं, दोनों ओर सहनचियाँ हैं, जिनके ऊपर-नीचे भी पाँच-पाँच दरवाज़ें हैं। भवन के शीर्ष तथा मेहराबों में नस्ख़-लिपि में कतबे अंकित हैं। गुम्बद स्वर्णिम है, जिसमें कमरख़ के समान फाँकें हैं। सहन के दायें किनारे में सुन्दर छोटी मस्जिद तथा बायीं ओर शाही हमाम है। दोनों ओर ग़ुलाम-गर्दिशें हैं। नहर के दोनों ओर ताजमहल से मिलती-जुलती दो छोटी-छोटी इमारतें हैं, जो एक-दूसरे के जवाब के तौर पर बनायी गयी हैं। केन्द्रीय दालान के बीच में मुहम्मद अली शाह की क़ब्र है, जिनके बायीं ओर उनकी माताश्री मलिका आलिया की। फ़र्श सुन्दर संगमरमर तथा संगमूसा (काला पत्थर) से बनाया गया है। दीवारों पर ख़त्ताती कला के सुन्दर नमूने तथा तुग़रे हैं। स्वर्णिम फ्रेम के दर्पण अद्वितीय हैं। इसके अतिरिक्त भी अनेक इमामबाड़े हैं, जिनमें इमामबाड़ा तहसीन अली ख़ाँ (1812 ई०), इमामबाड़ा झाऊलाल (नौ दरवाज़े तथा दीवारें वर्तमान हैं, छत गिर चुकी है), इमामबाड़ा टिकैतराय (1789 ई०), इमामबाड़ा मेवाराम (1867 ई०), इमामबाड़ा आग़ा बाक़िर ख़ाँ (1752-75 ई०), इमामबाड़ा शाहनजफ़ (1812 ई०) तथा इमामबाड़ा सिब्तैनाबाद (1847 ई०) की चर्चा आवश्यक है, जो वर्तमान आकर्षण का केन्द्र रहते हैं, जो मिट गये उनकी चर्चा नहीं। इनके अतिरिक्त अनेक भवन हैं, जो कर्बला कहलाते हैं। जैसे-ताल-कटोरे की कर्बला (1816 ई०), जो कर्बला में इमाम हुसैन के रौज़ा का प्रतिरूप है। मलिकाजहाँ की कर्बला (1840 ई०) में इमाम

हुसैन के रौज़ा के बग़ल में हज़रत अब्बास का रौज़ा है। अमीनउद्दौला की कर्बला (1849 ई०) में हज़रत अब्बास के रौज़े की आकृति है। एतमादउद्दौला की कर्बला (1820 ई०), इमाममूसा काज़िम के रौज़े की तथा आज़मउद्दौला की कर्बला (1844 ई०) इमाम रज़ा के रौज़े का प्रतिरूप है।

अवध के वास्तुकला में निजता, सुन्दरता, स्थायित्व तथा मितव्ययिता का भाव स्पष्ट है। पत्थर के स्थान पर लखौरी ईंटों तथा लाल चूने का प्रयोग किया गया है। इनमें दृढ़ता एवं स्थायित्व उत्पन्न करने के उद्देश्य से एक विशेष प्रकार के गारे का प्रयोग किया गया है, जिसमें पिसी हुई सीपें, कूटी हुई उरद की दाल, राब तथा गुड़ का मिश्रण सम्मिलित होता है। लखनऊ के वास्तुकलाकारों ने इसी मिश्रण से मेहराबों की विभिन्न एवं अनेकानेक साज-सज्जा की है। मनोहर गुलबूटे, सुन्दर बेलें तथा रंग-बिरंगी मछलियाँ बनायी गयी हैं। बाहरी दीवारों में खास प्रकार की कृत्रिम खिड़कियाँ बनायी हैं, जो दीवारों को सुसज्जित करती हैं। दीवारों पर उभरे हुए सुसज्जा 'स्टको वर्क' को देखकर लखनऊ के चिकन का हुनर सामने आ जाता है। निःसन्देह अवध के भवन अपनी अलग पहचान रखते हैं।

अन्य मुस्लिम रियासतों में भी वैभवशाली भवन निर्मित हुए हैं। जैसे मुर्शिदाबाद (बंगाल) में मोतीझील महल, ड्योढ़ी जाफ़रगंज, ख़ुशबाग़, चौक, मानीबेगम की मस्जिद, अज़ीमाबाद (पटना), मक़बरा नव्वाब हैबत ख़ाँ, भोपाल में क़िला फ़त्हगढ़, जामा मस्जिद, ताज-उल-मसाजिद, ऐशबाग़, हैदराबाद में मोती मस्जिद, पुरानी हवेली, मस्जिद अफ़जलगंज, लक्कड़ कोठी, नव्वाब तेग़जंग की बारादरी, चौमुहल्ला, जहाँनुमा महल, अर्काट का महल (अब समाप्त हो चुका है), जामा मस्जिद, काली मस्ज़िद, मक़बरा सआदत ख़ाँ, मैसूर का महल सरंगापट्टम (जो 1899 ई० में विध्वंस कर दिया गया), महल दौलतबाग़, लालबाग़, मक़बराशाही, बंगलौर में टीपू का क़िलारूपी महल, वेल्लोर में टीपू के निर्वासित वंशजों के मक़बरे आदि। मुस्लिम रियासतों के प्रभाव में कुछेक हिन्दू रियासतों के स्वामियों ने भी मुस्लिम वास्तुकला से प्रभावित भवन निर्माण कराये, जिनकी चर्चा विस्तार चाहती है, जो यहाँ सम्भव नहीं है। इन भवनों की वास्तुकला का प्रचलित रूप दोहरी कमानों, स्तम्भों, कमलरूपी छतें, बँगलारूपी बाहरी छतें, चटकदार रंगों के प्रयोग से स्पष्ट है। अधिकांश भवनों में वास्तुकला की सुरुचि भड़कदार साज-सज्जा में दब गयी है। अनायास ही प्रत्येक स्थान पर रंग-बिरंगें फूलों, गुलदस्तों तथा चित्रों पर बल दिया गया है।

बीसवीं सदी की इमारतें मुस्लिम वास्तुकला के पृथक् चलन की ओर संकेत करती हैं। किसी निजी वास्तुकला का आविष्कार तो नहीं हो सका, परन्तु एक प्रकार का अर्द्ध यूरोपीय 'लुइस सेज़' शैली धारण करने की वृत्ति थी, जिसमें

मुग़ल वास्तुकला, यूरोपीय वास्तुकला तथा अर्द्ध चीनी 'चीनासरी' वास्तुकला के समागम से एक संयुक्त वास्तुकला का जन्म होता है। दूसरी ओर मुग़ल वास्तुकला की परम्परा को पुनः स्थापित करने की चेष्टा की गयी तथा सादगी को कला का मानक माना गया। अंग्रेज़ सरकार द्वारा निर्मित भवनों में भारतीय वास्तुकला को महत्त्व नहीं दिया गया, परन्तु परोक्ष रूप में ही सही मुस्लिम तथा हिन्दू दोनों प्रकार के वास्तुकलाओं का प्रभाव दीखता है। यह वास्तुकला भी जनसाधारण में प्रचलित न हो सकी। वरन् अब धार्मिक इमारतों के अतिरिक्त अधिकांश इमारतें यूरोपीय वास्तुकला के आधार पर निर्मित की जा रही हैं।

❑❑❑

अध्याय : नौ

कला के विविध आयाम

प्रस्तुत अध्ययन में चित्रकला तथा हस्तलिपि-कला के विभिन्न आयामों का विवेचन करने से पूर्व यह बता देना आवश्यक है कि यह दोनों कलाएँ यथार्थ रूप में पृथक् होने के बावजूद आन्तरिक रूप में एक-दूसरे से गहन सम्बन्ध रखती हैं। अतः इनकी एक साथ विवेचना करने के पश्चात् ही समुचित रूप में चित्रकला तथा हस्तलिपि के विभिन्न आयामों को समुचित रूप में समझा जा सकता है। गत पृष्ठों में चर्चा हो चुकी है, जिसके आधार पर प्रस्तुत पुस्तक का पाठक इस तथ्य से परिचित है कि इस्लामी उलमा का एक वर्ग ललितकलाओं का ही निषेध करता है, चित्रकला को इस्लाम के विरुद्ध मानता है, परन्तु यदि इस्लामी इतिहास के विभिन्न कालों पर ध्यान दिया जाय, तो स्पष्ट होता है कि ललितकलाओं के प्रति मुस्लिम जनमानस सदैव आकर्षित रहा है तथा अपने-अपने सामाजिक क्षेत्रों एवं परम्पराओं के आधार पर उसकी व्याख्या भी करता रहा है। ललितकलाओं का सम्बन्ध व्यक्ति की रचनाशक्ति से सम्बन्धित होता है, जिसको नकारा नहीं जा सकता है।

रचनाशक्ति कलाकार, चिन्तक अथवा कवि के व्यक्तित्व में अपूर्व एवं अद्‌भुत प्रतिभाओं का आविष्कार करती है। अपने कौशल के अनुरूप माध्यमों द्वारा अनुभूतियों को व्यक्त करती हैं। यह शक्ति स्वाभाविक रूप में साधनाजन्य हो सकती है। इसके दो रूप होते हैं—कारयित्री तथा भावयित्री। कारयित्री में बुद्धि की शान्ति निहित होती है, जिसके माध्यम से निर्माण करने की शक्ति उत्पन्न होती है और भावयित्री द्वारा आध्यात्मिक विभूतियों का अनुभव करने की शक्ति उत्पन्न होती है।

कलाकार की रचनाशक्ति सत्य तथा यथार्थ का केन्द्र मस्तिष्क को मानती है। इससे सहजज्ञान तथा तर्कशक्ति द्वारा प्राप्त ज्ञान से भिन्न आयाम का संज्ञान होता है। कला सहजज्ञान 'इण्ट्यूशन' की है। कलात्मक वस्तु का अस्तित्व इस पर निर्भर नहीं होता कि वह प्रकाश में आयी है अथवा नहीं, वरन् उसका अस्तित्व उसके अभिव्यंजित होने में निहित है। किसी भी भावना से हम उसी समय परिचित होते हैं, जब वह अभिव्यंजित होती है। जिस प्रकार किसी गायन, काव्य अथवा सुन्दर प्राकृतिक दृश्य को हम उसी समय सुन्दर मानते हैं, जब हमारी भावनाओं की अभिव्यंजना के अनुकूल हो। किसी कलाकृति का मूल उसकी अभिव्यक्ति में प्रयोग होनेवाले मूल्यों में है। कलाकार के समान ही चित्र का अवलोकन करनेवाला भी अभिव्यंजना से प्रभावित होता है तथा आनन्दित होता है। यदि उसके भीतर वह भावना नहीं है, जो कलाकृति में अभिव्यंजित हुई है, तो उसका प्रभाव नकारात्मक होता है। दूसरे शब्दों में यह कहा जा सकता है कि कलाकार अपनी कलाकृतियों में अपनी अभिव्यंजनाएँ व्यक्त करता है तथा उसका सौन्दर्यबोध ही उसकी सीमाएँ निर्धारित करता है। कलाकार का अन्तस् रचना से सम्बन्धित होता है तथा उसकी अभिव्यंजना भी उसके सौन्दर्यबोध के आधार पर ही होती है।

कलाकार उन्हीं क्षणों में कलाकार रहता है, जब उसके अन्तस् में अभिव्यंजना का भावावेग गतिशील होता है। उस अवस्था में उसे अपने अन्तस् में महत् का अनुभव होता है। कलाकार की श्रेष्ठता उसकी अन्तर्दृष्टि में निहित होती है, जिसको अपनी अभिव्यंजना के माध्यम से कल्पना के पटल पर उतारता है। कोई भी वस्तु कलात्मक कृति हेतु उपयुक्त हो सकती है। उसके अच्छे या बुरे होने का प्रश्न उसकी रचना-प्रक्रिया के आधार पर ही निश्चित की जा सकती है। वह किसी भी सिद्धान्त का पालन कर सकता है अथवा समस्त सिद्धान्तों की उपेक्षा भी कर सकता है। परन्तु उसे अपनी प्रकृति के अनुसार ही रचनाकारिता के धर्म को निभाना होता है। कलाकार जब कला को बाह्य रूप देता है, तो उसकी कलात्मकता का अन्त हो जाता है तथा उसकी व्यक्तिगत स्वतन्त्रता समाप्त हो जाती है। कलाकृति अपने-आपमें पूर्ण होती है। उसको किसी अन्य सहारे की आवश्यकता नहीं होती है। रचना ही रचनाकार के व्यक्तित्व से दूसरों को परिचित कराती है। कलात्मक कृति का प्रभाव दूसरों पर अवश्य ही पड़ता है। कलाकार जीवन को देखता है और अपने देखने को दूसरे के लिए चित्रित करता है। रचनाशक्ति अन्य सभी प्रतिबन्धों को त्यागकर अपना मार्ग निश्चित करती हैं। इस्लामी शरीअत के प्रतिबन्धों को चोट पहुँचाये बिना रचनाशक्ति मुस्लिम कलाकारों को किस तरह प्रेरित करती रही है, इसका अच्छा उदाहरण सुलेखन-कला में मिलता है।

सुलेखन-कला

सुलेखन-कला को सर्वसाधारण के ग्राह्य हेतु दो प्रकारों में विभाजित किया जा सकता है—'ख़त्ताती' तथा 'किताबत'। ख़त्ताती अरबी शब्द 'ख़त' से उद्धृत है। ख़त लेखन का पर्याय है। ख़त्ताती सुलेख का कलात्मक पक्ष है तथा किताबत साधारण रूप में सुलेख के प्रयोग को कह सकते हैं। किताबत लेखन को कहते हैं। दिन-प्रतिदिन प्रकाशन हेतु आवश्यकता होती थी कि किसी सुन्दर लिखनेवाले से कोई भी सामग्री लिखवायी जा सके, ताकि उसे प्रकाशित किया जा सके। अतः व्यावसायिक रूप में 'कातिब' (सुन्दर लिखनेवाले) अस्तित्व में आये। किताबत सुलेख का व्यापारिक एवं व्यावहारिक रूप है। पुस्तकों के प्रकाशन, पत्र-पत्रिकाओं आदि की दैनिक आवश्यकता की पूर्ति किताबत के माध्यम से हुई। कोई सुलेख व्यक्ति सुन्दर अक्षरों में किताबत कर देता है, जिससे प्रकाशन सम्भव हो सकता है। इसमें सन्देह नहीं कि यदा-कदा ही सही किताबत में भी ख़त्ताती के उत्कृष्ट नमूने प्रस्तुत हो जाते हैं, परन्तु किताबत के लिए आवश्यक नहीं कि ख़त्ताती का उत्कृष्ट उदाहरण ही प्रस्तुत करे।

ख़त्ताती में लिपि के उन्नयन का इतिहास सम्मिलित है, जो विभिन्न देशों में भिन्न स्थितियों को प्रदर्शित करता है। मुसलमानों की साधारण लिपि का प्रयोग अपनी विशेषताओं में संक्षिप्त एवं सुगठित होने के अतिरिक्त सौन्दर्य की दृष्टि से भी महत्त्वपूर्ण है। कलात्मक आधार पर देखें तो ख़त्ताती एक प्रकार की सौन्दर्य-शास्त्री विधा है। अबुल फ़ज़्ल (मृ० 1602 ई०) ने ख़त्ताती को चित्रकला की एक विधा कहा है, जो कलाकार के सौन्दर्यात्मक रचनानुभूति की तृप्ति का कारण है। अन्यथा मात्र किताबत तो व्यापारिकता से सम्बद्ध है। ऐसे नमूने आसानी से प्राप्त हो सकते हैं, जिनमें लिपि-सौन्दर्य तथा चित्रकला को एक साथ प्रस्तुत किया गया हो। पृष्ठ की रचना पंक्तियों के नियम, सजावट, अक्षरों के छोटे-बड़े रूप होने से लिपि-सौन्दर्य प्रदर्शित किया गया। इसके अद्भुत नमूने पुस्तक अथवा उसकी ज़िल्दों पर, क़ालीनों पर, नमाज़ के मुसल्लों पर, विभिन्न प्रकार के बर्तनों पर तथा इमारतों और मज़ारों के पटल पर दीख पड़ते हैं, परन्तु ख़त्ताती-कला का उत्कर्ष तथा उसके सर्वश्रेष्ठ नमूने क़ुर्आन लेखन में दीख पड़ते हैं, जिससे ख़त्ताती-कला को पवित्रता एवं पावनता का आधार प्राप्त होता है। क़ुर्आन को अतिसुन्दर ख़त्ताती द्वारा मुस्लिम कलाकारों ने अपनी समस्त रचनात्मक शक्ति का प्रयोग करके साज-सज्जा, गुलकारी, नक़्क़ाशी तथा रंगकारी के ऐसे अपूर्व उदाहरण प्रस्तुत किये हैं कि उनकी कला का प्रत्येक पृष्ठ सौन्दर्यानुभूति का प्रतीक माना जाता है।

ख़त्ताती इस्लामी सांस्कृतिक धरोहर है, जो मुस्लिम कला को क़ुर्आन के 'ख़त्ते-कूफ़ी' (कूफ़ी लिपि) से मुसलमानों ने कई प्रकार के 'ख़त' (लिपि) आविष्कार की, जो वर्तमान में भी पठन-पाठन में प्रयोग होते हैं। इसने समय एवं काल के परिवर्तन के साथ उन्नति प्राप्त की है। प्राचीन अरब में एक विशेष लिपि प्रचलित थी, जिसको 'ख़त्ते-मुअक़ल्ली' कहते हैं। इसका आद्य-स्रोत सरियानी लिपि है, जो प्राचीनतम ईराक़ी लिपि है। मुअक़ल्ली लिपि से कूफ़ी लिपि का जन्म हुआ, जो मुसलमानों के द्वारा अरबों तथा अन्य देशों में फैल गयी।

इस्लाम-उदय के समय अरब में कूफ़ी लिपि प्रचलित थी। इस्लामी पैग़म्बर के उपदेशात्मक पत्र (626-27 ई०) जो उन्होंने विभिन्न शासकों को प्रेषित किये थे, कूफ़ी लिपि में हैं। आठवीं सदी ई० तक क़ुर्आन की जितनी प्रतियाँ मिलती हैं, कूफ़ी लिपि में हैं। इनमें हज़रत अली, इमाम हसन, इमाम हुसैन तथा इमाम अली रज़ा की पाण्डुलिपियाँ मशहद (ईरान) में इमाम अली रज़ा संग्रहालय में शीशे के फ्रेम में दर्शनार्थ उपलब्ध हैं। इन पंक्तियों के लेखक को भी उनके दर्शन का अवसर प्राप्त है। हज़रत अली के नाम से बतायी जानेवाली कोई पाण्डुलिपि पूर्ण नहीं है। मात्र 'सूरहहूद' से 'सूरहअलकहफ़' तक है। यह मृग की खाल पर है। सूरतों के शीर्षक स्वर्णात्मक हैं। एक पृष्ठ में पन्द्रह पंक्तियाँ हैं। अन्तिम पृष्ठ पर लिखनेवाले के नाम के रूप में 'अली-इब्न-अबीतालिब' अंकित है। इस पाण्डुलिपि को ईरानी शासक शाह अब्बास सफ़वी (मृ० 1588 ई०) ने समर्पित किया था। इसके समर्पण पत्र का कातिब शैख़ बहायी सन् (1599 ई०) है। इमाम हसन द्वारा लिखित कथित पाण्डुलिपि भी पूर्ण नहीं है, जो 'सूरह-यासीन' की 27वीं आयत से प्रारम्भ होकर 'सूरह-फ़सलत' की 45वीं आयत पर समाप्त होती है। यह मृग की खाल पर है। सूरतों के शीर्षक तथा नुक़्ते ऊपर बतायी गयी पाण्डुलिपि के समान हैं। 10 आयतों के बाद एक सितारा बनाया गया है। यह पाण्डुलिपि भी शाह अब्बास द्वारा समर्पित है। इमाम हुसैन द्वारा लिखी गयी कथित पाण्डुलिपि किसने समर्पित की, नाम मालूम नहीं। यह 'सूरह-अलकहफ़' की 72वीं आयत से प्रारम्भ होकर 'सूरह-तहा' पर समाप्त होती है। यह भी मृग की ख़ाल पर है। इमाम रज़ा संग्रहालय की पाण्डुलिपि में अधिक सूरतें हैं, परन्तु पूर्ण नहीं हैं। यह पाण्डुलिपि सूरह-अननूर की 60वीं आयत से प्रारम्भ होकर 'सूरह-अलहदीद' की पाँचवीं आयत पर समाप्त होती है। इसको मुहम्मद रज़ा शाह पहलवी ने समर्पित किया है। इन बहुमूल्य पाण्डुलिपियों में एक और भी है, जिसके कातिब का नाम मालूम नहीं है। यह पाण्डुलिपि अपूर्ण है। मात्र 'सूरा-यूसुफ़' की 53वीं आयत से प्रारम्भ होकर सूरा-इब्राहीम तक है। इसकी विशेषता है कि इसमें 'ज़ेर', 'ज़बर', 'पेश' अंकित हैं, जिससे अनुमान

किया जा सकता है कि यह कूफ़ी लिपि के समापन-काल में लिखी गयी पाण्डुलिपि है।

कूफ़ी लिपि में लगभग पाँच सौ वर्षों तक क़ुर्आन लिखा जाता रहा, परन्तु विभिन्न इस्लामी देशों में स्थानीय आवश्यकताओं के अनुसार अथवा ख़त्तात के व्यक्तिगत सुरुचि के आधार पर परिवर्तन होते रहे। उदाहरणार्थ, ईराक़ तथा मिस्र की लिपि में ईरान की लिपि से भेद है। कूफ़ी ख़त का पतन 'नस्ख़-लिपि' की आविष्कार के बाद हुआ। इसका आविष्कारक अपने समय का अद्वितीय ख़त्तात इब्न-मुक़ल्ला (मृ० 939 ई०) था, जो अब्बासी ख़लीफ़ा अलराज़ी-बिल्लाह (मृ० 940 ई०) का मन्त्री था, उसने ख़त्ताती में सौन्दर्यात्मक वृत्ति को उन्नति देने के उद्देश्य से पहली बार उसके नियम प्रतिपादित किये। गणितात्मक समानता हेतु अक्षरों की माप निश्चित की, ताकि लेखन में तादात्म्य, औचित्य तथा समानता स्थापित हो सके। गणितात्मक तत्त्वों के आधार पर बिन्दुओं की नाप-जोख करके उनके सम्बन्ध स्थापित किये। जिनके अनुसार अक्षरों के सभी आकार चाहे खड़े हों, पड़े हों, लम्बे हों, गोल हों, बिन्दुओं पर आधारित हों अथवा चिह्नों पर, प्रत्येक अक्षर पूर्ण हो अथवा पंक्ति के बीच में कटा हो, कितने बिन्दुओं के बराबर होता है। इसका विस्तार कलीमान हुआर ने अपनी पुस्तक में तथा मुहम्मद हामिद अली ने 'उसूल-उल-नस्ख़' में दे दिये हैं। अतः यहाँ उनके पुनरावृत्ति की आवश्यकता नहीं, परन्तु अबुल फ़ज़्ल के इस वक्तव्य की चर्चा आवश्यक है कि इब्न-मुक़ल्ला ने मुअक़ल्ली लिपि तथा कूफ़ी लिपि के सम्मिश्रण से आठ नये ख़त (लिपि) आविष्कार किये, जो ईरान, तूरान, रोम और भारत में सर्वप्रिय हुए, जिनमें 'ख़त्ते-सुल्स' को मूल महत्त्व प्राप्त है, जिसका आकार गणितात्मक बिन्दुओं पर आधारित है।

'**ख़त्ते-सुल्स**' नाम पड़ने का कारण उसका 1/3 (तीसरा भाग) 'दूर' है, जो 2 'दाँग' (12 रत्ती भार) पर आधारित होता है तथा उसकी 'सत्ह' (स्तर) 4 'दाँग' (24 रत्ती भार)। दूर, दाँग और सत्ह पारिभाषिक शब्दावलियाँ हैं।[1] 'दूर' से अभिप्राय अक्षरों का दायरा है। 'दाँग' किसी वस्तु के छठें भाग को कहते हैं और 'सत्ह' से अभिप्राय अक्षरों का खिंचाव है। 'सुल्स' को 'जली' (बड़े अक्षर) लिखा जाता है। परन्तु यदि 'ख़फ़ी' (छोटे अक्षर) में लिखा जाय, तो उसे 'नस्ख़' कहते हैं। साधारणजन नस्ख़ को ही अरबी लिपि कहते हैं। सुल्स को 'उम्म-उल-ख़त' (ख़तों की माता) कह सकते हैं, क्योंकि इससे पाँच प्रकार के ख़त अस्तित्व में आये :

---

1. अज़रंगे-चीन, पृ० 3

मुहक़्क़िक़ तथा रैहान—गणितात्मक आकार साढ़े चार दाँग सत्ह और डेढ़ दाँग दूर है। अर्थात् यदि सुल्स के दूर में एक नुक़्ता बढ़ा दिया जाय और सत्ह कम कर दी जाय, तो मुहक़्क़िक़ कहलायेगा और यदि इसी को ख़फ़ी लिखा जाय, रैहान कहा जायगा।

तौक़ीअ तथा रिक़ाअ—गणितात्मक आकार साढ़े तीन दाँग सत्ह और डेढ़ दाँग दूर है अर्थात् यदि मुहक़्क़िक़ के दूर में एक नुक़्ता और बढ़ा दिया जाय, तो उसे तौक़ीअ कहेंगे और यदि इसी को ख़फ़ी लिखा जाय, तो रिक़ाअ कहलायेगा। रिक़ाअ कहलाने का कारण उसमें रुक़्क़े लिखा जाना भी है।

नस्ख़—इसका गणितात्मक आकार सुल्स के समान है, जिसकी विशेषता मात्र सुल्स का ख़फ़ी में लिखा जाना होता है परन्तु इसका प्रचलन इतना अधिक हुआ कि अन्य सभी ख़तों से आगे बढ़ गया।

तालीक़—यह नाम नस्ख़ से सम्बन्ध के कारण है। इसको ख़तनामा भी कहते हैं, क्योंकि इसमें पत्राचार किया जाता था। यह रिक़ाअ तथा तौक़ीअ के सामंजस्य से अस्तित्व में आया। गणितात्मक आकार एक दाँग सत्ह तथा पाँच दाँग दूर है।

नसतालीक़—यह नस्ख़ तथा तालीक़ के योग से अस्तित्व में आता है। गणितात्मक आकार पाँच दाँग दूर और एक दाँग सत्ह है।

अबुल फ़ज़्ल के विचार में सुल्स, नस्ख़, तौक़ीअ, रिक़ाअ, रेहान तथा तालीक़ ही वास्तविक रूप में मूल लिपियाँ हैं। इन्हीं लिपियों को कूफ़ी, मुहक़्क़िक़ तथा नसतालीक़ (नस्ख़ + तालीक़) को मख़बून-बिन महमूद अलरफ़ीक़ी (मृ० 1539 ई०) ने प्रचलित एवं वास्तविक लिपियों में माना है। परन्तु इन लिपियों के भीतर दर्जनों छोटी-मोटी अन्य लिपियाँ भी हैं, जिनको 'क़लम' कहा जाता है। इन क़लमों की चर्चा प्राचीन पुस्तकों में मिलती है, जिनमें कुछेक की चर्चा इब्न-नदीम (मृ० 995 ई०) ने अपनी 'फेहरिस्त' में किया है। प्रसिद्ध ख़त्तात मुहम्मद-बिन-हसन-अल-शाफ़ई ने 'रिसाला-जामा-मुहासिन-किताबत-उल-किताब-वा-नुज़हत-उलुल-वसायर-वल-अलबाब' (र० 1502 ई०), अली-बिन-हिलाल, जो इब्न-उल-बव्वाब के नाम अधिक परिचित थे, विभिन्न क़लमों का ज़िक्र मिलता है, जो पुस्तक के सम्पादक सलाहउद्दीन अलमुंजिद के विचार में अपूर्ण है।

ख़त्ताती कला के कुछेक विद्वानों के विचार में ख़्वाजा इमादउद्दीन याक़ूत मुस्तासमी इसके प्रवर्तक थे, परन्तु अधिकांश विद्वान् इसकी ईजाद का सेहरा इब्न-मुक़ल्ला के सर बाँधते हैं। उसके उपर्युक्त छठों ख़तों को इब्न-उल-बव्वाब ने कलात्मक ऊँचाई प्रदान की तथा ख़्वाजा याक़ूत ने स्वयं तथा उसके छह नामवर शिष्यों—शैख़ अहमद सुहरवर्दी, अरऊन काबुली, यूसुफ़ मशहदी,

मुबारकशाह ज़रीं-रक़म, सैय्यद हैदर और मीर यहया ने अपने कला प्रदर्शन द्वारा इसे सर्वप्रिय कर दिया। इन्हीं छह ख़तों से सातवाँ ख़त तालीक़ अस्तित्व में आया। फ़ारसी कवि मौलाना 'जामी' (मृ० 1492 ई०) कहते हैं :

कातिबाँ रा हफ़्त ख़त बाशद बतर्ज़े-मुख़तलिफ़
सुल्सो-रेहानो-मुहक़्क़िक़, नस्ख़ो-तौक़ीओ-रिक़ाअ
बादअज़ाँ तालीक़ अनख़त सत कशे-अहले-अजम
अज़ ख़ते-तौक़ीअ इसतमबात करदंद इख़तराअ

(कातिबों के बीच सात प्रकार के ख़त प्रचलित हैं—सुल्स, रेहान, मुहक़्क़िक़, नस्ख़, तौक़ीअ, रिकाय बाद में ईरानियों ने तालीक़ ख़त का आविष्कार किया। तालीक़ ख़त से अनेक ख़त बनाये गये।)

इसके बाद ख़त्ते नस्तालीक़ का आविष्कार हुआ, जिसके आविष्कारक ख़्वाजा मीर अली तबरेज़ी (मृ० 1420 ई०) हैं। इनके विषय में माना जाता है कि इनको नस्तालीक़ लिपि आविष्कार करने की प्रेरणा हज़रत अली से आध्यात्मिक रूप में प्राप्त हुई थी। इसमें सन्देह नहीं कि ख़्वाजा तबरेज़ी ने अक्षरों की पैवन्दकारी करके असन्तुलित शब्दों की प्रस्तुति में इस प्रकार सामंजस्य स्थापित किया कि उन्हें कलाकृति बना दिया। उनके दो नामवर शिष्य हुए—ख़्वाजा जाफ़र तबरेज़ी तथा ख़्वाजा अतहर। उनसे ख़त्तातों का क्रम प्रारम्भ होता है, जिन्होंने नस्तालीक़ लिपि में नाम कमाया, उनमें सुल्तान अली मशहदी को विशेष महत्त्व प्राप्त है, जिनके छह शिष्यों ने अपने-अपने रूप में नस्तालीक़ ख़त को उन्नति के शिखर तक पहुँचाया है। उनके नाम हैं—सुल्तान मुहम्मद ख़न्दाँ, सुल्तान मुहम्मद नूर, अलाउद्दीन हरवी, ख़्वाजा ज़ैनउद्दीन नीशापुरी, मुहम्मद क़ासिम तथा शादीशाह। तदुपरान्त मीर अली हरवी ने इसे अधिक विकसित किया तथा सुल्तान अली मशहदी ने कला को नये आयाम प्रदान किये। नस्तालीक़ के अन्य लब्धप्रतिष्ठित कलाकारों में मुहम्मद हुसैन तबरेज़ी, मीर सैय्यद अहमद मशहदी, शाह मुहम्मद नीशापुरी, मिर्ज़ा इब्राहीम इस्फ़हानी आदि की चर्चा की जा सकती है। नस्तालीक़ को ईरान तथा भारत में विशेष सर्वप्रियता प्राप्त हुई, परन्तु क़ुर्आन की किताबत में नस्तालीक़ का प्रचलन न हो सका। इसकी संक्षिप्त एवं सांकेतिक विशेषताएँ इसके मार्ग में अवरोध बन गयीं, क्योंकि क़ुर्आन के सही उच्चारण हेतु ज़बर, ज़ेर, पेश आदि अपरिहार्य हैं तथा नस्तालीक़ में इनकी गुंजाइश कम ही रहती है। नस्ख़ तथा नस्तालीक़ को इस्लामी जगत् में समान रूप में लोकप्रियता प्राप्त है। इन्हें मुस्लिम ख़त्तातों ने कलाकारिता के उस शिखर तक पहुँचा दिया है, जिससे अधिक ऊँचाई की कल्पना नहीं की जा सकती है।

भारतीय ख़त्ताती

भारत में ख़त्ताती का महत्त्वपूर्ण इतिहास है। यहाँ नये ख़तों का आविष्कार हुआ तथा प्रचलित ख़तों को नये आयाम प्राप्त हुए। अकबर महान् के शासनकाल (1556-1605 ई०) में तालीक़ और नस्तालीक़ के सम्मिश्रण से, अथवा कुछेक विचार में सुल्स को नस्तालीक़ में मिश्रित करके, 'ख़त्ते-शिकस्ता' अस्तित्व में आया, जिसको 'ख़त्ते-दीवानी' भी कहते हैं। कालान्तर में पत्राचार में प्रचलित होने के कारण इसको सर्वप्रियता प्राप्त हुई, जिसके विशेषज्ञों में चन्द्रभान ब्राह्मण, मुहम्मद जाफ़र, किफ़ायत ख़ाँ, शैख़ अहमद सरहन्दी, सैय्यद अमीर पंजाकश देहलवी, आगा मिर्ज़ा आदि महत्त्वपूर्ण हैं।[1] कुछेक विद्वान् भारतीय आविष्कारों में 'ख़त्ते-दीवानी' तथा 'ख़त्ते-शिकस्ता' के अलग-अलग अस्तित्व को स्वीकार करते हैं। वरन् एक अन्य 'ख़त्ते-शिकस्ता-आमेज़' की चर्चा भी करते हैं।

इनके अतिरिक्त एक अन्य 'ख़त्ते-शफ़ीआ' हैं, जिसको मिर्ज़ा मुहम्मद शफ़ी हिराती ने 1688 ई० के लगभग ईजाद किया, जो मुर्तज़ाक़ुली ख़ाँ शामलू का सेवक था। इनके अतिरिक्त पाँच अन्य ख़त 'गुलज़ार', 'ग़ुबार', रैहान' तथा 'नाख़ून' को भारतीय इजादों में सम्मिलित किया जाता है।[2] मुन्शी देवीप्रसाद ने रैहान के अतिरिक्त अन्य सभी ख़तों को कृत्रिम बताया है। लेकिन उनकी सूची में 'ख़त्ते-माही' (मछलियों पर आधारित लिपि), 'ख़त्ते-तुग़रा' (किसी वस्तु अथवा चित्र पर आधारित लिपि) तथा 'ख़त्ते-तवाम' (जुड़वाँ लिपि) भी सम्मिलित हैं। इसी प्रकार 'ख़त्ते-मरमूज़ा' (संकेतात्मक लिपि) के नाम से एक ऐसी लिपि की चर्चा की गयी है, जो बातों को गोपनीय रखने, जादुई तथा आघोड़ी रहस्यों में प्रयोग की जाती थी। इनके अतिरिक्त दो अन्य लिपियाँ भी हैं : 'ख़त्ते-नज़ीरा' जिसमें एक गोलाकार में सभी अक्षर लिखते हैं तथा 'ख़त्ते-मस्तूर' ऐसे मसालों से लिखा जाता है कि आग दिखाने, पानी में भिगोने आदि के बाद उसमें लिखित बातें पढ़ी जा सकती हैं अन्यथा सादा काग़ज़ मात्र होता है।[3]

भारत में ख़त्ताती कला ने अध्यात्म एवं पवित्र जीवन से समन्वित होकर उच्च शिखर पर पहुँची। उसकी सूक्ष्म पक्षों का गहराई से अध्ययन एवं विश्लेषण किया गया। विभिन्न सिद्धान्त एवं नियम प्रतिपादित किये गये, समस्याओं के समाधान ढूँढ़े गये तथा आवश्यक विधियाँ बनायी गयीं। इनका सविस्तार वर्णन

---

1. अज़रंगे-चीन, पृ० 4
2. The Cultural Heritage of Pakistan, p. 81
3. अज़रंगे-चीन, पृ० 5-8

ख़त्ताती कला से सम्बन्धित पुस्तकों में देखा जा सकता है।[1] ख़त्ताती विद्या के जानकारों में कला अर्जित करने हेतु सुल्तान अली मशहदी का यह वक्तव्य अत्यन्त प्रचलित है, जिसको एक निदेशक सिद्धान्त के रूप में दोहराया जाता है और सभी ख़त्तातों ने प्राणप्रिय बना रखा है :

ऐ कि ख़्वाही कि ख़ुशनवीस शवी
ख़ल्क़ रा मूनिसो-अनीस शवी
ख़त नविशतन शआरे-पाकाँ अस्त
हिरज़ा गुश्तन न कारे-पाकाँ अस्त

(हे जन! जो सुलेख होना चाहते हो, संसार में लोगों की सहायता करना तथा उनसे सहयोग करना चाहते हो। ख़त्ताती पवित्र स्वभाव लोगों की कला है, पवित्र स्वभाव लोग बेहूदा काम नहीं करते हैं।)

ख़त्ताती की प्रक्रिया को दो भागों में विभाजित किया जाता है— 'तहसीली' तथा 'ग़ैर-तहसीली'। 'तहसीली' वह प्रक्रिया है, जो किसी गुरु से प्राप्त होती है तथा 'ग़ैर-तहसीली', जिसमें किसी गुरु से कलाप्राप्ति न हुई हो।

भारत में ख़त्ताती कला के आधार पर लेखन के लिए श्रेष्ठ सामग्रियों के प्रयोग पर विशेष बल दिया गया है। काग़ज़ के विभिन्न प्रकार, उनको अलग-अलग रंग में रँगने की विधियाँ, वसली के सिद्धान्त, क़लम के प्रकार, क़लम से नक़्क़ाशी करने की विधियाँ, रौशनाई तैयार करने के अनेक नुस्ख़े। याक़ूत मुस्तासमी के नुस्ख़े पर भारतीय ख़त्तातों ने यह बढ़ा दिया कि एक क़लम से तीस सतर लिख सकें जो अत्यन्त लुभावने और आकर्षक होते हैं। इसी प्रकार मख़बून-बिन-महमूद के नुस्ख़ों पर भी अनेक परीक्षण किये गये तथा उसमें कई बातें बढ़ायी गयीं। इन नुस्ख़ों के परीक्षण से भारतीय ख़त्तातों के रासायनिक एवं भौतिक के सुरुचि का अनुमान किया जा सकता है। रासायनिक प्रयोगात्मक विधियों से लाल, शंगरफ़, ज़िन्गार तथा स्वर्णात्मक घोल बनाना। रंगों में मेंहदी, केसरिया, गुलगूनी, पीला, लाल, नारंगी आदि की विविधता में भारतीय ख़त्तातों के सौन्दर्यपरक स्वभाव का अनुमान किया जा सकता है। इस कला में उन्होंने ऐसी उन्नति की कि सुलेख को ज्ञान तथा विज्ञान के आसन पर विराजमान कर

---

1. आनन्दराम 'मुख़लिस' : मेरात-उल-इसलाह, बाबा शाह अफ़ग़ानी : रिसाला-आदाब-उल-मश्क़, मुहम्मद शफ़ी लाहौरी : मक़ालते-शफ़ी, मुहम्मद हामिद अली : उसूल-उल-नस्ख़, मुहम्मद इस्हाक़ सिद्दीक़ी : फ़न्ने-तहरीर की तारीख़ आदि।

दिया। भारतीय ख़त्तात हकीमों की तरह नुस्ख़े तैयार करते थे। उसी तरह रासायनिक प्रक्रिया से गुज़रते, ख़मीर तैयार करते, उबालते-घिसते, धूप में रखते आदि, जिस प्रकार कोई हकीम अपने नुस्ख़े तैयार करता है।

इन ख़त्तातों में अनेक ऐसे नाम मिले हैं, जो एक ही समय में उच्चकोटि के हकीम भी थे तथा सुलेख में अद्वितीय थे। इसके अतिरिक्त भारतीय ख़त्तात मुद्रण एवं प्रकाशन कला में भी विशेषज्ञता रखते थे। काग़ज़ पर क़लम से विशेष रौशनाई से लिखकर पत्थर पर जमाते थे। पत्थरों के अनेक प्रकारों के पहचान हैं। पत्थरों को शुद्ध किया जाता, समतल किया जाता और चमकाने की विधियाँ आविष्कार की गयी थीं। मुद्रण हेतु विभिन्न प्रकार की रौशनाइयाँ ईजाद कीं, जिनकी तैयारी में हकीमों के समान नुस्ख़ों का प्रयोग सिखाया। खेद है कि इस रोचक विषय पर यहाँ अधिक लिखना उचित नहीं होगा।[1]

ख़त्ताती में भारतीय मुसलमानों की कलात्मक उपलब्धियाँ कई सदियों पर फैली हुई हैं, जो सांस्कृतिक धरोहर को गौरवान्वित करके हृदय को प्रकाशमान् करती हैं। भारत में मुस्लिम शासनकाल के अन्तिम सर्वश्रेष्ठ ख़त्तात मुहम्मद अमीर रिज़वी देहलवी थे, जो मीर 'पंजाकश' के नाम से विख्यात हैं। मीर 'पंजाकश' भारत के प्रथम स्वतन्त्रता-संग्राम के शहीदों में हैं। उनकी तथा अन्य कला-महारथियों की 'वसलियाँ' (काग़ज़ आदि पर मसाला लगे हुए अभ्यास के पात्र) हीरे, मूँगे तथा स्वर्ण आभूषणों के भाव क्रय किये जाते थे। कुछ अवसरों पर करेन्सी नोट के रूप में प्रयोग होते थे। शाहजहाँ (मृ० 1666 ई०) मीर अमाद अलहुसैनी क़ज़वीनी के लेखन का ऐसा रसिया था कि यदि कोई व्यक्ति मीर अमाद को कोई कृति प्रस्तुत करता, तो उसे एक सदी का मनसब प्रदान करता था। मीर अमाद के भानजे अब्दुर्रशीद दैलमी को शाहजहाँ ने दाराशुकोह (मृ० 1658 ई०) का शिक्षक नियुक्त किया था। मुसलमानों के शासनकाल में ख़त्ताती को सज्जनता का आधार तथा सांस्कृतिक प्रतीक माना जाता। बादशाह, वज़ीर, शहज़ादे, शहज़ादियाँ, अमीर, रईस ख़त्ताती को सम्भ्रान्त कला के रूप में सीखना अनिवार्य मानते थे। ख़त्ताती निपुण होना, सांस्कृतिक उत्कर्ष का प्रतीक, सांसारिक उन्नति का माध्यम तथा सौन्दर्यानुभूति तथा आध्यात्मिक सुख का द्योतक था। ख़त्ताती के सहस्रों उपयोग थे। शाही फ़रमान, इमारतों के पटल, सिक्कों और मुहरों पर लेखन, शस्त्रों, आभूषणों तथा वस्त्रों पर ख़त्ताती से साज-सज्जा होती थी। बेलबूटे तथा तुग़रे तैयार किये जाते थे, जिनके नमूने भारत के सहस्रों संग्रहालयों में बिखरे पड़े हैं।

---

1. अज़रंगे-चीन, पृ० 10-25

भारत में मुसलमानों के प्राचीनतम ख़त्ताती के नमूने, वे चौदह 'कतबे' (पटल) हैं, जिनको पाकिस्तानी पुरातत्त्व विभाग ने प्राचीन देबल तथा वर्तमान भम्भोर में खुदाई करके एक बड़ी फैली हुई मस्जिद से बरामद किया है, जिनमें एक पर 109 हिजरी (767 ई०) अंकित है परन्तु ख़त्ताती कला के आधार पर 294 हिजरी (907 ई०) का कतबा अधिक महत्त्वपूर्ण है, जो अलंकारपूर्ण कूफ़ी लिपि में लिखा गया है। इसी प्रकार एक अन्य नमूना अजमेर की मस्जिद 'ढाई दिन का झोपड़ा' में पश्चिमी दीवार पर अन्दर की ओर जिस पर 596 हिजरी (1199 ई०) अंकित है। इनमें अक्षर गोलाकार लिखे गये हैं। भवन के बाहर एक लम्बोत्तरी किनारा है। आकार के आधार पर अधिक मोटा नहीं लिखा गया, परन्तु 'उमूदी-ख़त' (त्रिकोण लिपि) स्पष्ट है। मेहराब पर एक लम्बी पट्टी कूफ़ी लिपि में इसी प्रकार का एक कतबा हासी की ईदगाह में भी मिला है, जो इल्तुतमश (मृ० 1236 ई०) के काल का है।

इल्तुतमश का पुत्र नासिरउद्दीन महमूद (मृ० 1266 ई०) भी ख़त्ताती में निपुण था। क़ुर्आन की किताबत करके शुद्ध साधन की जीविका अर्जित करता था। उसके वज़ीर बलबन (मृ० 1287 ई०) ने कोल (अलीगढ़) में एक वैभवशाली मीनार बनवाया था, जिस पर नस्ख़ में कतबा था। परन्तु 1857 ई० के स्वतन्त्रता-संग्राम में नष्ट हो गया। इसी प्रकार का एक अन्य कतबा गढ़मुक्तेश्वर की जामा-मस्जिद में है, जिस पर 682 हिजरी (1283 ई०) अंकित है। इसी काल के कई कतबे बदायूँ में मिले हैं, जिनमें मल्हम-शहीद के मकबरे का कतबा अद्वितीय है। अमरोहा में एक कतबा 668 हिजरी (1269 ई०) का प्राप्त हुआ। इसके अतिरिक्त असंख्य कतबे विभिन्न काल की ख़त्ताती को दर्शाते हैं। इनमें अलाउद्दीन ख़िलजी (मृ० 1316 ई०) द्वारा निर्मित 'मस्जिदे-क़ुव्वते-इस्लाम' के अलाई-दरवाज़ा पर अंकित ख़त्ताती की विशेष रूप में चर्चा की जा सकती है, जिसकी अमीर ख़ुसरौ ने अत्यन्त प्रशंसा की है। तुग़लक़ काल के कतबों में क़ुत्बमीनार की पाँचवीं मंज़िल के दरवाज़े पर अंकित कतबे की चर्चा आवश्यक है। यद्यपि उसकी किताबत साधारण नस्ख़ में है। फ़ीरोज़शाह तुग़लक़ (मृ० 1388 ई०) का एक महत्त्वपूर्ण कतबा अजमेर से 41 मील की दूरी पर स्थित नरसीना तालाब पर स्थित है, जो फ़ारसी में अत्यन्त आलंकारिक नस्ख़ में लिखा गया है। इसके निकट ही गौरीशंकर तालाब के पीछे मस्जिद पर भी तीन सुन्दर कतबे नस्ख़ को तुग़रा बनाकर लिखे गये हैं। इस काल के अनेक कतबे मिलते हैं, जो साधारणतया नस्ख़ में हैं। सहसाराम में शेरशाह सूरी के मक़बरा के निकट ही हुसैन शाह सूरी (मृ०1519 ई०) का मक़बरा है। उसका कतबा भी नस्ख़ में है, यद्यपि भद्दा है। परन्तु शेरशाह (मृ० 1545 ई०) के मक़बरा के पश्चिमी दीवार पर एक सुन्दर कतबा नस्ख़ में है। सिक्कों पर सुन्दर

ख़त्ताती का क्रम मुहम्मद-बिन-तुग़लक़ (मृ० 1351 ई०) से प्रारम्भ हुआ। इससे पूर्व कूफ़ी लिपि में टूटे-फूटे अक्षर मिलते हैं जिनको सुन्दर नस्ख़ में लिखने का प्रचलन हुआ। टकसाल की छाप भी बहुत स्पष्ट है। शेरशाह के बाद नस्ख़ में सिक्कों पर लिखना बन्द हुआ तथा नस्तालीक़ ख़त का प्रचलन हुआ।

भारत के विभिन्न क्षेत्रों में असंख्य कतबे बिखरे हुए हैं, जिनकी सूची प्रस्तुत करना सम्भव नहीं है। परन्तु उनके क्षेत्रीय परिप्रेक्ष्य को ध्यान में रखते हुए सिन्ध, बंगाल तथा दकन के कुछ महत्त्वपूर्ण कतबों की चर्चा आवश्यक है ताकि उनकी विविधता में ख़त्ताती कला की व्यापक सर्वप्रियता तथा उन्नति का अनुमान किया जा सके। सिन्ध के प्राचीनतम कतबों में देबल की मस्जिद की चर्चा की जा चुकी है, उनके बाद ठट्ठ का प्राचीनतम कतबा सूफ़ी हम्माद जमाली के मक़बरे का कतबा है, जो 841 हिजरी (1437 ई०) में तालीक़ लिपि में लिखा गया। सम्मा वंशज के शासक जाम निज़ामउद्दीन द्वितीय (मृ० 1508 ई०) के शासनकाल के कई सुन्दर कतबे मिलते हैं। उस समय के प्रसिद्ध ख़त्तात हाफ़िज़ रशीद की चर्चा मिलती है। उनके सुपुत्र अब्दुर्रहीम भी उच्चकोटि के ख़त्तात थे। शाह हसन अरग़ून (मृ० 1555 ई०) द्वारा निर्मित मस्जिद का कतबा भी नस्तालीक़ में है। यद्यपि उस समय तक नस्तालीक़ का प्रचलन नहीं हुआ था। मिर्ज़ा ईसा ख़ाँ तरख़ान (मृ० 1565 ई०) के मक़बरे पर अब्दुर्रहीम ने अति सुन्दर नस्ख़ में विभिन्न ख़तों से सजावट की है। बंगाल और बिहार का प्राचीनतम कतबा इल्तुतमश के ज्येष्ठ सुपुत्र नासिरउद्दीन महमूद प्रथम (मृ० 1243 ई०) के युग की ढाका स्थित एक पुरानी मस्जिद से प्राप्त हुई है, जो वर्तमान में ढाका के संग्रहालय में सुरक्षित है।

कई सुन्दर कतबे बिहार की 'बड़ी दरगाह' में मिलते हैं, जो लहराते हुए नस्ख़ में लिखे गये हैं। बंगाल के अन्य मुस्लिम शासकों के साम्य के सुन्दर कतबे भी मिलते हैं। तुग़रा लेखन का प्रचलन भारत में बंगाल से हुआ है। इसके तीन पड़ाव हैं। पहले पड़ाव में अमूदी ख़तों को बराबर से लम्बा खींचने का प्रचलन था, जो सुल्स लिपि के कतबों में मिलता है, दूसरे पड़ाव में अमूदी ख़तों के सरों पर शोशा बनाकर तीर की नोंक का भाव उत्पन्न किया गया। तीसरे पड़ाव में नून, सीन तथा ये के निचले भाग में कमान बनाकर तीर-कमान का भाव उत्पन्न किया गया। तीर-कमान का तुग़रा कालान्तर में अधिक प्रचलित हुआ तथा सुदूर स्थानों तक फ़ैल गया। उदाहरणार्थ, गोलकुण्डा में मुहम्मद अमीन क़ुत्बशाह के मक़बरे का कतबा, जौनपुर के शर्क़ी सुल्तानों के सिक्के आदि। कालान्तर में तुग़रे को और भी सजाया गया, बंगाल के ख़त्ताती की विशेषता सूक्ष्मता, नवीनता एवं स्त्रीभाव है। इसके विपरीत दिल्ली की ख़त्ताती में शक्ति, वैभव एवं विराटता है।

दकनी ख़त्ताती के प्राचीनतम नमूने भी कतबों में ही मिलते हैं, जिनमें प्राचीनतम कतबा दौलताबाद के निकट एक मस्जिद का नस्ख़ में अंकित है, जो फ़रवरी, 1319 ई० का मुहम्मद-बिन-तुगलक के शासनकाल के कई कतबे पूर्वी ख़ानदेश तथा बड़ौदा की मस्जिदों पर अंकित हैं। बीदर में ख़त्ताती का सुन्दर नमूना दरगाह ख़लीलउल्लाह पर अंकित कतबा है, जो सुल्स लिपि में है। ख़त्तात का नाम है, मुग़ीस-उल-क़ारी अलशीराजी। अकबर महान् के दकन जाने, विजय प्राप्त करने तथा लाहौर लौटने की तिथियाँ मार्ग में अनेक स्थानों पर कतबों में अंकित हैं। ये समस्त कतबे मुहम्मद मासूम नामी अलबकरी द्वारा लिखे गये हैं। एक अत्यन्त सुन्दर कतबा सुल्स में तमिलनाडु के ज़िला कुडप्पा से प्राप्त हुआ है, जो क़ुत्बशाही कतबों के समान है। बहमनी सुल्तान महमूद शाह द्वारा निर्मित मस्जिदे-सफ़ा का कतबा नस्तालीक़ में अंकित है। मस्जिद मुल्ला ख़याली के अनेक ख़ूबसूरत कतबे हैं, जो 1569 ई० में लिखे गये हैं, इनमें क़ुर्आन की आयतें और भवन निर्माण की तिथियाँ अंकित हैं। सुल्तान मुहम्मद क़ुली क़ुत्बशाह द्वारा निर्मित मशहूर जामा-मस्जिद, जो वर्तमान में चारमीनार के नाम से जानी जाती है; 1557 ई० में निर्मित हुई, इसके निर्मित होने की तिथि सुन्दर नस्तालीक़ में अंकित है। ख़त्तात का नाम बाबा ख़ान है, परन्तु क़ुर्आन की आयतों में ख़त्तात का नाम जमालुउद्दीन हुसैन अलशीराजी है। इसी प्रकार के कतबे मस्जिद मीर पीट (1610 ई०), मक्का मस्जिद (1617 ई०), हीरा मस्जिद (1668 ई०), मस्जिद कलाँ (1666 ई०), मस्जिद रहीम ख़ाँ (1643 ई०), मस्जिद कुलसूम बेगम (1627 ई०), टोली मस्जिद (1671 ई०) आदि में अंकित हैं, जिनमें नस्ख़ तथा नस्तालीक़ दोनों प्रकार के उच्चकोटि के कतबे हैं। क़ुत्बशाही कतबों की चर्चा आशूरख़ानों के बिना सम्पन्न नहीं हो सकती। विशेषकर बादशाही आशूरख़ाना (1595 ई०) में अनेक कतबे उच्चकोटि के ख़त्ताती के नमूने पेश करते हैं।

मुग़लों की ख़त्ताती कला के प्रति स्वाभाविक सुरुचि थी। अमीर तैमूर के चारों पुत्र जहाँगीर सुल्तानी, उमर शैख़ सुल्तान, मीराँ शाह गोरगाँ तथा मीर्ज़ा शाहरुख़ उच्चकोटि के ख़त्तात थे। भारत में मुग़ल वंशज का प्रवर्तक ज़हीरउद्दीन मुहम्मद बाबर (मृ० 1530 ई०) उच्चकोटि का ख़त्तात तथा एक विशेष शैली का अन्वेषक था, जो 'ख़त्ते-बाबरी' के नाम से विख्यात है। उसके और हुमायूँ (मृ० 1556 ई०) के शासनकाल के अनेक कतबे मिलते हैं। परन्तु ख़त्ताती के सर्वश्रेष्ठ नमूने सिक्कों पर अंकित ख़त्ताती पर दीख पड़ते हैं। इनमें एक सिक्का शाहरुख़ी की विशेष रूप में चर्चा की जा सकती है। परन्तु ख़त्ताती कला का उत्कर्ष अकबर महान् के राजकाल में हुआ। अबुल फ़ज़्ल (मृ० 1602 ई०) ने लिखा है : "**चित्रण का सर्वश्रेष्ठ प्रकार ख़त्ताती है। जहाँपनाह इस पर**

विशेष ध्यान देते हैं और अन्तर एवं बाह्य के सभी भागों में दूरदर्शिता से काम लेते हैं।'' इस काल के सर्वश्रेष्ठ ख़त्तात मुहम्मद हुसैन कश्मीरी हैं, जिनको अकबरी दरबार से 'ज़र्रीं-रक़म' की उपाधि प्राप्त थी। कला विशेषज्ञ उसको मीर अली तबरेज़ी का समकक्ष बताते हैं। ख़्वाजा अब्दुल समद को 'शीरीं-कलम' की उपाधि प्राप्त थी। हुमायूँ उन्हें अपने साथ ईरान से लाया था जो बाद में अकबर महान् के 'तस्वीरख़ाना' के व्यवस्थापक हुए। अकबर ने उन्हें 'दास्ताने-अमीर-हमज़ा' को सचित्र करने की सेवा सुपुर्द की थी, जिससे स्पष्ट है कि वे उच्चकोटि के ख़त्तात होने के अतिरिक्त उसी स्तर के चित्रकार भी थे। नस्तालीक़ लिपि में अद्वितीय थे। अकबर ने उन्हें 1575 ई० में 'दारुल-ज़र्ब' (राज टकसाल) का दारोग़ा (प्रबन्धक) तथा 1589 ई० में मुल्तान का सूबेदार नियुक्त किया। मुल्ला अली अहमद भी नस्तालीक़ लेखन में विशेषज्ञ थे। लोहे पर मुहर खोदने में अद्वितीय थे। मीर अब्दुल्लाह शीराज़ी जो शाह नेअमत उल्लाह वली के वंशज थे, नस्तालीक़ में उस्ताद थे। अकबरी दरबार से उन्हें 'मुशकीं-क़लम' की उपाधि प्राप्त थी। मीर फ़त्ह उल्लाह शीराज़ी अकबरी दरबार के नवरत्नों में ही नहीं थे, वरन् ख़त्ताती में सभापति रूप में थे। अमीरों में मीर्ज़ा अब्दुर्रहीम ख़ानखाना नस्तालीक़ लिखने में अद्वितीय थे। उनके दोनों पुत्रों में मीर्ज़ा ईरज को नस्ख़ लेखन तथा मीर्ज़ा दाराब को नस्तालीक़ में प्रवीणता प्राप्त थी। दोनों भाइयों ने मिलकर हफ़्तबन्द काशी को ऐसा लिखा कि कालजयी हो गये। इस काल के अनेक ख़त्तातों तथा चित्रकारों के नाम मिलते हैं, जिनमें मीर्ज़ा अज़ीज़ कोलताश, मुल्ला अब्दुल क़ादिर आख़ून्द, मेहर मासूम क़न्धारी, मौलाना बाक़िर, मुल्ला मेहर अली, मुहम्मद अमीर मशहदी, मीर हसन कलंगी आदि महत्त्वपूर्ण हैं।

जहाँगीर (मृ० 1627 ई०) ललितकलाओं का रसिया तथा पोषक था। उसके दरबार में चित्रकारों और ख़त्तातों को विशेष स्थान प्राप्त था। एक ख़ास मुरक़्क़ा (एलबम) में ख़त्तातों की अद्वितीय कलाकृतियाँ एकत्र की गयी थीं। ख़्वाजा अब्दुल समद शीरीं-क़लम के पुत्र मुहम्मद शरीफ़ को जहाँगीर ने 'अमीर-उल-उमरा' की उपाधि दी। इसी तरह मीर अब्दुल्ला शीराज़ी के पुत्र मेहर मुहम्मद सालेह तबरेज़ी को भी जहाँगीर ने 'मुशकीं' रक़म की उपाधि दी थी। अब्दुर्रहीम को 'अम्बरीं-क़लम' की उपाधि प्राप्त थी। उसने 1611 ई० में सूफ़ीमत की प्रसिद्ध पुस्तक 'चहल-मजलिस' लिखी, जिसकी एक प्रति दिल्ली के लाल क़िले में सुरक्षित है, जिस पर उसने अपने हस्ताक्षर भी किये हैं—'अम्बरीं-क़लम जहाँगीर शाही'। शाहजहाँ (मृ० 1666 ई०) स्वयं भी उच्चकोटि का ख़त्तात था, नस्तालीक़ लिखने में अद्भुत योग्यता रखता था। उस समय का सबसे बड़ा ख़त्तात अब्दुल हक़ शीराज़ी उर्फ़ अमानत ख़ाँ था। ताजमहल के समस्त तुग़रे उसी ने लिखे हैं। उसके सहायकों में अब्दुल ग़फ़ूर मुल्तानी, मुहम्मद ख़ाँ बग़दादी,

वहाब ख़ाँ ईरानी, रौशन अली शामी, क़ादिर ख़ा काबुली तथा कारिस्तान ख़ाँ सम्मिलित थे, जिन्होंने ताजमहल के मुख्य द्वार के मेहराब पर किताबत की है तथा क़ुर्आन की आयतें शाहजहाँ और मुमताज़ महल के क़ब्रों के किनारे इस प्रकार लिखी हैं कि चमत्कार कर दिखाया है। अमानत ख़ाँ का नाम ताजमहल के पूर्वी द्वार के बड़े कतबे के नीचे स्पष्ट रूप में अंकित है, जिससे ख़त्ताती कला में उसके गौरवान्वित होने का अनुमान किया जा सकता है। इसी महत्त्व के अन्य ख़त्तात मीर अमात के भानजे एवं शिष्य अब्दुर्रशीद दैलमी थे, जिनकी चर्चा गत पृष्ठों में आ चुकी है। उनका ऐसा नाम था कि नस्तालीक़ के अन्य उस्ताद भी उनके शागिर्द हो गये। एक अन्य कलाकार हाफ़िज़ नूरउल्लाह थे, जिन्होंने दिल्ली की जामा मस्जिद के कतबे लिखे। अब्दुल बाक़ी हद्दाद नस्ख़ लिखने में अद्वितीय थे। उन्होंने तीस पन्नों में क़ुर्आन लिखकर शाहजहाँ को समर्पित किया। शाही दरबार से बहुमूल्य पुरस्कार तथा 'याक़ूत-रक़म' की उपाधि प्राप्त है। शाहजहाँ ने उन्हें औरंगज़ेब का शिक्षक नियुक्त किया था। परन्तु वे दिल्ली में अधिक न रह सके और ईरान लौट गये। उनकी उच्च ख़त्ताती का एक नमूना 'हिमायल-शरीफ़' है, जो लाल क़िला में सुरक्षित है। उसके विषय में उनका लोक सम्मान कहावत बन गया—**'चूमता हाथ जो याक़ूत-रक़म याँ होता!'**

याक़ूत-रक़म के शिष्यों में मुहम्मद आरिफ़ ने विशेष ख्याति पायी है। क़ुर्आन की कुछ प्रतियाँ उन्हें यादगार बना गयीं। उनके शिष्यों में आबादउल्लाह, मुहम्मद अस्करी, मुहम्मद अफ़ज़ल तथा मिर्ज़ा अफ़ज़ल उल्लाह महत्त्वपूर्ण थे। याक़ूत-रक़म के एक शिष्य ज़ैनउद्दीन इस्मतउल्लाह ने क़ुर्आन लिखने हेतु एक विशेष रौशनाई बनायी। लम्बी आयु पायी, अवध के शासक शुजाउद्दौला (मृ० 1775 ई०) के दरबार से सम्बद्ध हो गये थे। उनके शिष्यों में ग़ुलाम हसन ख़ाँ उर्फ़ हाफ़िज़ कल्लू ख़ाँ नस्ख़ लिखने में उस्ताद थे। शाहजहाँ के शासनकाल के अन्य लब्धप्रतिष्ठ ख़त्तात सैय्यद अली ख़ाँ तबरेज़ी को 'ज़र्रीं-रक़म' की उपाधि थी। औरंगज़ेब ने उन्हें पुस्तकालय का अधीक्षक नियुक्त किया था, शहज़ादा कामबख़्श तथा शहज़ादा मुहम्मद आज़म के उस्ताद थे। औरंगज़ेब, जो स्वयं नस्ख़ और नस्तालीक़ लिखने में गुरुत्व रखता था, उनका बहुत सम्मान करता था। औरंगज़ेब के आदेशानुसार फ़ारसी कवि 'हाफ़िज़' का काव्य-संकलन लिखा। क़िता लिखने में अद्वितीय थे। उनकी अनेक वस्तुएँ उपलब्ध हैं। औरंगज़ेब द्वारा उपाधि प्राप्त 'रौशन-रक़म', हाजी इस्माईल आक़िल फ़रमान लिखने पर नियुक्त थे। एक अन्य ख़त्तात मीर्ज़ा जाफ़र को औरंगज़ेब के दरबार से 'किफ़ायत ख़ाँ' की उपाधि प्राप्त थी। शिकस्ता लिखने के उस्ताद थे।

मुग़ल दरबार से सम्बद्ध ख़त्तातों में अनेक विशेषज्ञों के नाम मिलते हैं। जैसे, किफ़ायत के पुत्र अब्दुल्लाह दरायत ख़ाँ, मुहम्मद मूसा ख़ाँ, मुहम्मद सादिक़ तथा

मुहम्मद ज़ाहिद को शिकस्त लिखने में विशेषता प्राप्त थी। मीर मुन्शी मीर्ज़ा हातिम बेग ने इन्शा लेखन पर एक पुस्तक भी लिखी है तथा हाजी नामदार अपने समय के जाने-माने ख़त्तात थे। दोनों ही फ़र्रुख़सियर (मृ० 1719 ई०) के दरबार से सम्बद्ध थे। मुहम्मद शाह (मृ० 1748 ई०) के दरबारी ख़त्तातों में मुहम्मद अफ़ज़ल लाहौरी क़ादिरी, आक़ा-ए-सानी कहलाते थे। नस्तालीक़ के माहिर थे। मुहम्मद मुक़ीम मीर अमाद के अनुयायी थे। नव्वाब मुरीद ख़ाँ, मुहम्मद सादिक़ तबातबाई, रेहान, सुल्स तथा नस्ख़ के उस्ताद थे। शिकस्त लिखने में भी माहिर थे। राय प्रेमनाथ खत्री, जो नव्वाब मुरीद ख़ाँ के प्रिय शिष्यों में थे, उनके शिष्य मौलवी हयात अली शिकस्ता लिखने में प्रवीण थे। शाहआलम द्वितीय (मृ० 1806 ई०) के काल में क़ाज़ी इस्मतउल्लाह की ख्याति थी, जो 'याक़ूत-रक़म' के शिष्य थे। उनके भाई फ़ैज़उल्लाह और पुत्र अब्दुल्लाह भी उच्चकोटि के ख़त्तात थे।

इस काल के प्रसिद्ध उर्दू कवि मीर 'सोज़' (मृ० 1798 ई०) भी नस्तालीक़ लेखन के अद्वितीय कलाकार थे। अपने जीवन के अन्तिम काल में लखनऊ चले गये थे। नव्वाब आसिफ़उद्दौला (मृ० 1797 ई०) के दरबार से सम्बद्ध हो गये थे, नव्वाब ने उनकी बड़ी आवभगत की और स्वयं उनका शिष्यत्व धारण किया। अकबरशाह द्वितीय के काल में अनेक ख़त्तातों नें ख्याति पायी। उनमें मीर मुहम्मद हुसैन, ग़ुलामी अली तथा ग़ुलाम मुहम्मद को विशेष महत्त्व प्राप्त है। ग़ुलाम मुहम्मद की पुस्तक 'तज़िकरा-ए-ख़ुशनवीसाँ' प्रसिद्ध है। मुग़ल साम्राज्य के आख़िरी बादशाह बहादुरशाह 'ज़फ़र' (मृ० 1862 ई०), जो प्रथम स्वतन्त्रता-संग्राम के नेतृत्व के आरोप में दण्डित हुए, उच्चकोटि के ख़त्तात थे। उनकी कला की यादगार एक वसली है, जिसमें नस्ख़ और तुग़रा को मिलाकर लिखा गया है, लाल क़िला में सुरक्षित है। इस काल के अन्य मनीषी मीर पंजाकश, सैय्यद मुहम्मद अमीर रिज़वी थे, जिनकी चर्चा हो चुकी है।

अवध में ख़त्ताती की स्वर्णिम परम्परा नव्वाब आसिफ़उद्दौला के शासनकाल से प्रारम्भ होती है। जब हाफ़िज़ नूरउल्लाह दिल्ली से लखनऊ आ गये तथा आसिफ़ी दरबार में सम्मानित हुए। उनका लेखन आसिफ़ी मस्जिद के कुएँ की जगत् तथा मस्जिद में वर्तमान है। मस्जिद तहसीन ख़ाँ की तारीख़ भी उन्हीं की लिखी हुई है। वे अब्दुर्रशीद दैलमी के शिष्य थे। दैलमी के अन्य नामवर शिष्यों में क़ाज़ी नेअमतउल्लाह लाहौरी तथा अबादउल्लाह बेग भी आसिफ़ी दरबार से सम्बद्ध थे। क़ाज़ी नेअमतउल्लाह शहज़ादों को ख़त्ताती कला में प्रशिक्षित करते थे। हाफ़िज़ अब्दुल्लाह के शिष्यों में हाफ़िज़ इब्राहीम, वजीहउद्दीन, मुहम्मद अब्बास, सैय्यद अहमद तबातबाई, अब्दुलसत्तार सन्देलवी, मुहम्मद मीर्ज़ा 'उन्स' तथा हुसैन मीर्ज़ा 'इश्क़' ने कला में उच्च स्थान प्राप्त किया। मीर 'इश्क़' की

कलाकारी का नमूना वह 'क़िता-ए-तारीख़' है, जो नव्वाब आसिफ़उद्दौला की क़ब्र के सिरहाने स्थित है। नेअमतउल्लाह के शिष्यों में मुहम्मद अशरफ़ तथा क़ुल अहमद को अधिक ख्याति मिली। नव्वाब सआदत अली ख़ाँ (मृ० 1814 ई०) के मीर-मुन्शी कालका प्रसाद 'नहीफ़' भी उच्चकोटि के कलाकार थे। उनके अतिरिक्त 'फ़साना-ए-अजायब' के लेखक रजब अली सुरूर तथा अवध-इतिहास 'क़ैसर-उल-तवारीख़' के लेखक सैय्यद मुहम्मद मीर, जो कमालउद्दीन हैदर के नाम से प्रसिद्ध हैं, भी उच्चकोटि के ख़त्तात थे। सैय्यद मुहम्मद मीर का लिखा हुआ कतबा लखनऊ के दरगाह हज़रत अब्बास में वर्तमान है। इसी काल के एक अन्य ख़त्तात नव्वाब सैय्यद मुहम्मद अली (मृ० 1887 ई०) ने क़ुर्आन की ख़त्ताती में ख्याति पायी। अवध के अन्तिम शासक वाजिद अली शाह के राजकाल (1848-56 ई०) के नामवर ख़त्तातों में 'जादू-रक़म' मौलवी बाक़िर अली थे, ख़त्ताती पर जिनकी पुस्तक 'पंच-निगारीन' प्रसिद्ध है। उनके अतिरिक्त गुलशन अली जौनपुरी, अमीरउल्लाह 'तसलीम', मुहम्मद अली 'ख़ुश-रक़म', हादी अली 'हफ़्त-रक़म' आदि अनेक नामी ख़त्तात हैं, जिनके विषय में लिखना सम्भव नहीं है, परन्तु मुन्शी देवीप्रसाद 'सहर' बदायूँनी को नज़रअन्दाज़ नहीं किया जा सकता, जिन्होंने 'नज़्मे-परवीन' तथा 'अज़रंगे-चीन' लिखकर ख़त्ताती कला को सर्वप्रिय बनाया। अवध ख़त्तातों में मुन्शी हादी अली लखनवी को इस कारण विशेषता प्राप्त है कि उनके शिष्यों में हामिद अली तथा शम्सउद्दीन 'एजाज़-रक़म' ने वर्तमान में ख़त्ताती कला को नया जीवन प्रदान किया। 'एजाज़-रक़म' ने ख़त्ताती कला पर पुस्तकें लिखीं तथा असंख्य शिष्य बनाये। उनके शिष्यों के भी असंख्य शिष्य हुए, जिनमें सैय्यद रज़ा हुसैन नक़वी 'मूजिज़-क़लम' को विशेष स्थान प्राप्त है। मूजिज़-क़लम ने भी ख़त्ताती कला पर विभिन्न पुस्तकें लिखी हैं।

उन्नीसवीं सदी के मध्य में इमाम वेरवी को पंजाब में विशेष ख्याति प्राप्त हुई, जो ईरान से कश्मीर फिर लाहौर आये थे तथा अपनी ईश-प्रदत्त प्रतिभा से सब पर छा गये। वहाँ के जाने-माने ख़त्तात उनके शिष्य हो गये। उनके एक शिष्य सैय्यद अहमद ने उस समय के शिक्षा-निदेशक कर्नल हालराइड (1860-70 ई०) के अनुरोध पर इमाम वेरवी के निर्देश एवं संशोधन-परिवर्द्धन को इकट्ठा किया, जिसे उन्होंने लन्दन भेजकर प्रकाशित करा दिया। सैय्यद अहमद स्वयं भी उच्चकोटि के ख़त्तात थे, उनके पुत्र नूर मुहम्मद भी ख़त्ताती कला में निपुण थे। उनके शिष्य मुहम्मद अब्दुल ग़नी उर्फ़ नत्थू कातिब ने कर्नल हालराइड के आदेशानुसार पाठ्य-पुस्तकें लिखने का आसान ख़त आविष्कार किया, जो 'सरकारी ख़त' कहा जाता था। उनकी इच्छा थी कि रोमन लिपि की तरह उर्दू भी दो लकीरों के बीच लिखी जा सके। इसके लिए उन्होंने मुन्शी

'एजाज़-रक़म' शम्सउद्दीन की सेवाएँ प्राप्त कीं तथा उनके विचार में ख़त्ताती कला में, जो अनेक अतिशयोक्तियाँ थीं, उनको काट दिया। 'एजाज़-रक़म' ने कर्नल हालराइड के संशोधन देखे, तो अत्यन्त क्रोधित हो उठे, किसी प्रकार समझा-बुझाकर उन्हें लखनऊ वापस भेजा जा सका। फिर यह काम नत्थू कातिब ने सरकार की इच्छा के अनुरूप कर दिया, जो पाठ्य-पुस्तकों में प्रचलित हो गया। उनके एक शिष्य का नाम भी अब्दुल ग़नी था, जिनके शिष्य दीन मुहम्मद से लाहौर में किताबत कला का वंश चला।

बीसवीं शताब्दी में ख़त्ताती कला को तीन पुस्तकों के प्रकाशन से अत्यन्त प्रोत्साहन मिला। प्रथम, मीर 'अनीस' का मरसिया—**'जब क़ता की मुसाफ़ते-शब आफ़ताब ने'** जिसको मिर्ज़ा मुहम्मद जवाद ने नस्तालीक़ में लाजवाब लिखा। द्वितीय, चुग़ताई का 'दीवाने-ग़ालिब' जिसकी सचित्र प्रति को मुहम्मद असद उल्लाह ने ख़त्तानी में अद्वितीय बना दिया तथा तृतीय, अल्लामा 'इक़बाल' का 'बाँगे-दरा' जिसको अब्दुल मजीद 'परवीन-रक़म' ने जली एवं रौशन नस्तालीक़ में लिखकर यादगार बना दिया। वर्तमान काल में सादिक़ैन ने सुलेखन-कला तथा चित्रकला के समन्वय से एक नवीन ख़त्ताती कला का आविष्कार किया, जिसको देश-विदेश में अत्यन्त सराहा गया। अनेक भवनों पर उनकी कलाकृतियाँ अंकित हैं। परन्तु वर्तमान में तीव्रगति से बढ़ती हुई कम्प्यूटर की सर्वप्रियता व्यावहारिक रूप में अवश्य प्रभावित हुई है। कलाओं का जिस रूप में व्यवसायीकरण हो रहा है, उसमें यदि ख़त्ताती कला की क्षति हो जाय, तो आश्चर्य की बात न होगी।

चित्रकला

प्राचीन अरब चित्रकला की चर्चा इस्लाम-पूर्व काबा से सम्बद्ध है कि उसकी दीवारों पर तत्कालीन विश्वासों के अनुसार ख़ुदाओं की मूर्तियाँ तथा चित्र अंकित थे, जिन्हें मुसलमानों ने मक्का-विजय (630 ई०) के अवसर पर हटा दिये। अब उनका कोई पता नहीं, वरन् असीरियन कला के कुछ नमूना असुरनसिरपाग द्वितीय (9वीं सदी ई० पू०) से मिलते हैं, जो ईराक़ के विभिन्न संग्रहालयों के अतिरिक्त यूरोप तथा अमेरिका के कुछेक संस्थानों में सुरक्षित हैं। यदि प्राचीन भारतीय पूजास्थलों की वास्तुकला और उनसे प्राप्त मूर्तियों का मेसोपोटामिया की मूर्तियों से तुलनात्मक अध्ययन किया जाय, तो भारत अरब सभ्यता के संयुक्त धरोहर के नये आयामों का संज्ञान हो सकता है, परन्तु मूर्ति निर्माण के अतिरिक्त मेसोपोटामिया की चित्रकला के नमूने नहीं मिलते, जिससे अत्यन्त असन्तोष उत्पन्न होता है, वरन् प्राप्त वस्तुओं से चित्रकला में उस काल के लोगों की रुचि

का अनुमान किया जा सकता है। उनकी मूर्तियों में चित्रकला के लक्षण देखे जा सकते हैं।

भारतीय चित्रकला की प्राचीनता 'नवप्रस्तर युग' (3000 ई० पू०) से स्थापित है। विभिन्न काल की चित्रकला के नमूने उत्तर एवं दक्षिण भारत में बाहुल्य से प्राप्त होते हैं जिनमें से कुछेक नमूनों की चर्चा कर देना आवश्यक है।[1] उत्तर भारत के नमूनों में उत्तर प्रदेश के मिर्ज़ापुर, मानिकपुर, बिहार के चक्रधरपुर, मध्यप्रदेश के रायगढ़, पंचमढ़ी, होशंगाबाद, ग्वालियर, दक्षिण भारत में, तमिलनाडु के अडकल, कुप्पगल्लू (विलारी) वसनवगुडी (बंगलौर) आदि। 'विलारी को प्राचीन मानव का केन्द्र कहा गया है। मिर्ज़ापुर इलाहाबाद से 90 किलोमीटर की दूरी पर पूर्व में स्थित है, जिसका अधिकांश भाग विन्ध्याचल की पहाड़ियों से घिरा हुआ है, जिसमें सोन नदी बहती है। चित्रकला के नमूने सोन नदी के तटीय क्षेत्रों से प्राप्त हुए हैं, जिनमें गेरुआ रंग में हाथियों के पकड़ने के चित्र, प्राचीन मानव के युद्ध के दृश्य, पशुओं के शिकार के दृश्य, विभिन्न पशुओं के चित्र आदि की विशेष रूप में चर्चा की जा सकती है।

मानिकपुर इलाहाबाद का निकटवर्ती स्थान है, जो 84 किलोमीटर की दूरी पर है। यहाँ पत्थरों पर खुदे हुए विभिन्न प्रकार के चित्र पाये गये हैं। चक्रधरपुर बिहार में टाटा नगर से 63 किलोमीटर की दूरी पर संजोई नदी के तट पर स्थित है। वहाँ एक नमूना प्राप्त हुआ है, जिसमें एक लेटे हुए व्यक्ति का चित्र है, जिसके निकट कुछ लोग बैठे हुए उसको निहार रहे हैं। मध्यप्रदेश की चित्रकला में विविधता अधिक है। उनकी संख्या भी अधिक है। वरन् दक्षिण भारत की चित्रकला के नमूने संख्या में कम हैं, उनका कार्यक्षेत्र भी सीमित है। अधिकांश जादू-टोना के प्रतीक प्रस्तुत किये गये हैं। नवप्रस्तर युग की चित्रकला प्राचीन मानव के सौन्दर्यबोध की प्रतीक है। चित्र रेखाओं से बनाये गये हैं, उनमें उभार सौन्दर्य तथा स्थायित्व उत्पन्न करने के विचार से नुकीले पत्थरों अथवा धारदार यन्त्रों की सहायता से लकीरों को गहरा कर दिया गया है। टेढ़ी-तिरछी रेखाओं से मानव शरीर की रूपरेखा बनायी गयी है। इन चित्रों में मानव भावनाओं का प्रतिबिम्ब भी है। रंगों में गेरुआ लाल तथा सफ़ेद रंग को अलग-अलग मिलाकर प्रयोग किया गया है।

सिन्धु घाटी की सभ्यता (2500-1500 ई० पू०) मानव इतिहास में उन्नयन के अध्याय खोलती है। हड़प्पा तथा मोहनजोदड़ो की खुदाई से जो अवशेष उपलब्ध हुए हैं, उनसे चित्रकला का संज्ञान नहीं मिलता, वरन् यह

---

1. प्रागैतिहासिक भारतीय चित्रकला, पृ० 63

अनुमान किया जा सकता है कि सभ्यता के विभिन्न पहलुओं के समान चित्रकारिता भी उन्नयन मार्गों में रही होगी। मिट्टी के बर्तनों पर साँप, मोर, बतख़ तथा ताड़ के पेड़ों के चित्रों से उनकी सुरुचि का अनुमान किया जा सकता है। इन चित्रों में काले और लाल रंगों का प्रयोग हुआ है। मानव आकृति मछुआरों, शिशुओं तथा माताओं के रूप में अंकित की गयी है। सिक्कों पर उभरी रेखाओं से चिह्न स्पष्ट है कि इनके अतिरिक्त टेराकोटा पशुओं, सवारियों, खिलौनों आदि में भी चित्रकला के चिह्न ढूँढ़े जा सकते हैं। तत्पश्चात् भारतीय सभ्यता वैदिक काल (1500 ई० पू०) से सम्बद्ध है, जिसमें आर्य जाति का आगमन विशेष है। इस काल का सांस्कृतिक इतिहास अस्पष्ट है, परन्तु ललितकलाओं तथा हस्तकला का वर्णन वेदों, ब्राह्मण ग्रन्थों, उपनिषदों, महाभारत और रामायण में मिलता है।[1] प्राचीन संस्कृत भाषा की प्राचीन साहित्यिक पुस्तकों में आंशिक रूप में चित्रकारिता का वर्णन मिलता है। वरन् कामसूत्र के प्रसिद्ध व्याख्याता यशोधर पण्डित (11वीं-12वीं सदी) ने चित्रकला के छह तत्त्व बताये हैं :

रूपभेदाः प्रमाणनि भावलावण्य भोजनम्।
सादृश्यं वर्णिकाभंग इति चित्रे षडङ्गकम्।।

प्राचीन भारतीय चित्रकला की पवित्र भूमि अजन्ता, जो औरंगाबाद (महाराष्ट्र) में वागुर्णा नदी के तट के अन्दरूनी चट्टान की 70 फ़ीट गुफाओं में 105 किलोमीटर उत्तर-पूर्व में स्थित है। मार्ग में वागुर्णा नदी को पार करना होता है। रास्ता टेढ़ा-मेढ़ा परन्तु प्राकृतिक दृश्यों से ओतप्रोत है। अन्तिम मोड़ पार करते ही लगभग 300 फ़ीट ऊँचा टीला पहाड़ से निकलता हुआ दीख पड़ता है। पर्वत के तराई में चन्द्ररूपी दायरा में 30 गुफाएँ हैं, जिनके बाहरी द्वारों पर महात्मा बुद्ध के चित्र बने हुए हैं। अजन्ता की प्रत्येक गुफा में मूर्तियाँ, स्ताम्भ तथा द्वार काटे गये हैं तथा भित्तियों पर चित्रकारी है। इस प्रकार ये गुफाएँ 'वास्तुकला', 'मूर्तिकला' एवं चित्रकला का उत्तम संगम हैं, परन्तु वास्तविक महत्त्व रंगों भरे चित्रों की है, जो अपने समय की सर्वश्रेष्ठ चित्रकला का प्रमाण बन गयी। भारत में बौद्धधर्म के पतन के बाद उनके बहुमूल्य सांस्कृतिक केन्द्र भी नष्ट-भ्रष्ट हो गये। अजन्ता की गुफाएँ अवहेलना की स्थिति में लगभग 1000 वर्षों तक जंगल में पड़ी रहीं। यहाँ तक कि 1817 ई० में संयोगवश मद्रासी सेना के अंग्रेज़ अफ़सरों ने पहले उसे देखा तथा 1819 में 'एशियाटिक सोसाइटी ऑफ़ ग्रेट-ब्रिटेन एण्ड ऑयरलैण्ड' ने इससे सम्बन्धित तथ्य सविस्तार प्रकाशित कर दिये।

---

1. भारत की चित्रकला, पृ० 63

अजन्ता के भित्तिचित्र अपने रंगरूप, स्पन्दित स्थितियों, जीवित एवं क्रियाशील भावनाओं तथा स्वाभाविक शैली के कारण अद्वितीय हैं। रंगों को स्थायित्व प्रदान करने हेतु गीली मिट्‌टी पर चित्रकला के लिए 'फ़ेरिस्को' तथा 'मोरल' की पद्धति अपनायी गयी है। फ़ेरिस्को पद्धति भित्तिचित्रों में अपनायी जाती है, परन्तु मोरल पद्धति का प्रयोग कपड़े और लकड़ी पर किया जा सकता है। 'टेम्परा पेण्टिंग' जो सफ़ेदा मिलाकर गाढ़े रंग से की जाती है, इसके उदाहरण यूनानी चित्रकला में भी मिलते हैं, परन्तु कुछेक विशेषज्ञों का विचार है कि अजन्ता ही टेम्परा तथा 'फ़िस्को' के सम्मिश्रण का आधार है।[1] अजन्ता के चित्र अद्वितीय हैं। अभिव्यक्ति एवं भावानुभूति की स्थितियाँ मानव आकृति को स्पष्ट करने में रेखाओं की प्रक्रिया, जीवन के विभिन्न दृश्यों का चित्रण, हाथ की उँगलियों से भावनाओं का वर्णन, महिलाओं के सौन्दर्य का चित्रण, सजावट, वस्त्र, बालों का गूँधना और सर्वाधिक आध्यात्मिक वातावरण अजन्ता के चित्रों को पवित्र दुआ के रूप में परिवर्तित कर देती है।

अजन्ता से प्राचीन भारतीय चित्रकला की परम्परा निरन्तर उन्नयन की ओर बढ़ती गयी। इसकी दूसरी मंज़िल बाघ के गुफाओं के चित्र हैं। इन गुफाओं की संख्या 9 है, जो मध्य प्रदेश के ज़िला धार में इन्दौर से लगभग 90 मील की दूरी पर वाधनी नदी के किनारे स्थित है। इसका रचनाकाल 350-450 ई० बताया जाता है।[2] इसमें चौथी गुफा चित्रकला के लिए अत्यन्त महत्त्वपूर्ण है, जो 'रंगमहल' के नाम से प्रसिद्ध है। इसी प्रकार मुम्बई के निकट 'बादामी की गुफाएँ' हैं। बादामी वाटापीपुरम् का प्राचीन नाम है। यह गुफाएँ बौद्ध भिक्षुओं की हो सकती हैं, परन्तु उनके चित्र बौद्धों के बनाये नहीं हो सकते। इन चार गुफाओं में विभिन्न सुन्दर चित्रों के चिह्न हैं। सबसे सुन्दर चित्र 'शिव-विवाह' का है, जिसमें शिवजी को भाव-विभोर होकर नृत्य करते हुए प्रस्तुत किया गया है। तमिलनाडु के पद्‌दकोटाई गुफाओं का निर्माण पल्लव के राजा महेन्द्रवर्मन ने 600-26 ई० में किया था। इनमें नृत्यकाओं के सुन्दर चित्र बनाये गये हैं। औरंगाबाद (महाराष्ट्र) से 15-16 मील पूर्व की ओर एलोरा स्थित है, जिसमें बौद्ध, जैन तथा हिन्दू तीनों धर्मों के चित्र वर्तमान हैं। इनका रचनाकाल 7वी-11वीं सदी के बीच बताया जाता है। एलीफ़ैण्टा की गुफाएँ पहाड़ों को काटकर बनायी गयी हैं। यह मुम्बई से सात मील की दूरी पर वर्तमान है। इनमें शिवजी की विभिन्न गतिविधियाँ प्रस्तुत की गयी हैं। उनके चित्र मिल गये हैं, मात्र कुछेक

1. A History of Fine Arts in India & Ceylon, p. 89
2. A History of Fine Arts in India & Ceylon, p. 205

चिह्न ही शेष रह गये हैं। पन्नामालाई के तलगिरीश्वर मन्दिर की दीवारों पर कुछ चित्र शेष रह गये हैं, जिसको राजवर्मन द्वितीय ने (695-722 ई०) में बनवाया था। इसको 'पल्लव चित्र' कहा जाता है। इसके आगे की जानकारी भारतीय चित्रकला की पुस्तकों से प्राप्त की जा सकती है। चूँकि प्रत्यक्ष रूप में भारतीय मुसलमानों की चित्रकला से इनका सम्बन्ध नहीं है, अतः इनका विस्तार प्रस्तुत करना हमारे कार्यक्षेत्र के बाहर है।

भारतीय मुस्लिम चित्रकला

भारत में मुसलमानों के सिन्ध आगमन से ही चित्रों की चर्चा मिलती है। अलबलाज़ुरी (मृ० 893 ई०) ने लिखा है कि मंसूर-बिन-हातिम ने भरूँच में राजा दाहिर और उसके वध करनेवाले चित्र देखे थे। एक कथन यह भी है कि सिन्धी चित्रकारों ने मुहम्मद-बिन-क़ासिम का चित्र बनाने का प्रस्ताव रखा था। नहीं कहा जा सकता कि ऐसा कोई चित्र बना अथवा नहीं। इन वक्तव्यों की पुष्टि हेतु कोई एक भी चित्र शेष नहीं रह गया है। इसी प्रकार सुल्तान महमूद ग़ज़नवी (मृ० 1030 ई०) के महलों की दीवारों पर बने हुए चित्र शेष नहीं हैं, वरन् उसके दरबारी कवि 'फ़र्रुख़ी' के काव्य में उनकी चर्चा विद्यमान है। इसी प्रकार चर्चा मिलती है कि 22 दिसम्बर, 1228 ई० को अब्बासी ख़लीफा मुसतंसिर-बिल्लाह का दूत सुल्तान इल्तुतमश (मृ० 1236 ई०) के लिए ख़लीफा की सनद लेकर दिल्ली आया, तो उसके आगमन में दिल्ली नगर को ख़ूब सजाया गया। इस सजावट में सुल्तान इल्तुतमश का एक चित्र भी लगाया गया था। फ़ीरोज़शाह तुग़लक (मृ० 1388 ई०) ने स्वयं लिखा है कि उसने अपने महलों में पशुओं के सभी चित्र मिटवा दिये और उनके स्थान पर प्रकृति का चित्रण कराया। इससे स्पष्ट होता है कि पूर्व के मुस्लिम सुल्तानों के महलों को जीवित प्राणियों के चित्रों से सजाया जाता था। परन्तु अतिवादिता ने जीवित प्राणियों के चित्रों पर प्रतिबन्ध लगा दिये। परन्तु निर्जीव प्राणियों अथवा प्राकृतिक दृश्यों का चित्रण होता रहा। अमीर ख़ुसरौ ने 'निहायत-उल-कमाल' में लिखा है कि दिल्ली क़िले के हज़ार स्तम्भों के विभिन्न भागों में बादशाहों के चित्र बने हुए थे। डॉ० आर० एण्टिंगगौसेन को अमीर ख़ुसरौ की एक पाण्डुलिपि के कुछ पृष्ठ प्राप्त हुए हैं, जिन पर चित्र बने हुए हैं। ये चित्र मध्य-एशिया के तुर्की शैली पर आधारित हैं, परन्तु उनमें जो बर्तन दिखाये गये हैं, उनके भारतीय होने में कोई सन्देह नहीं है। इसी प्रकार भवनों की साज-सज्जा बाद में बेगमपुर और खिड़की (दिल्ली) की मस्जिदों में दीख पड़ती है। चम्पानेर की मस्जिद के मीनार के निकट विश्रामगृह में अद्भुत चित्रकारी है, जिसमें इस्लामी पैग़म्बर के मेअराज पर

जाने की घटना का चित्रण किया गया है। मुम्बई के संग्रहालय में अवधी की कहानी लवरचन्दा की एक अद्भुत प्रति है, जिसका लेखनकाल जौनपुर के सुल्तान हुसैन शाह का काल (1557-69 ई०) बताया जाता है। उसकी शैली में तैमूर काल के ईरानी तत्त्व भारतीय चित्रकला के मूल तत्त्वों में समाविष्ट हो गये हैं। तैमूरी सुल्तानों के काल की चित्रकला की शैली को 'दबिस्ताने-हिरात' (हिरातपीठ) कहा गया है। भारतीय मुस्लिम चित्रकला इतनी प्रचलित हुई कि कालक आचार्य कथा तथा कल्पसूत्र की पाण्डुलिपियों के चित्र मुस्लिम बादशाहों, दरबारियों और सिपाहियों के समान हैं।

भारत में मुस्लिम चित्रकला को मुग़लों ने सम्मान प्रदान किया। बाबर (मृ० 1530 ई०) के जीवन का अधिकांश भाग युद्धभूमि की विभीषिकाओं के बीच बीता, लेकिन वह मन से सौन्दर्य एवं कला का प्रेमी था। 'बाबरनामा' में कुछेक ऐसी इमारतों की चर्चा सुरुचि से की गयी है, जिनकी दीवारों पर चित्र बने हुए थे। बाबर एक स्थान पर शीबानी ख़ाँ की भर्त्सना करते हुए लिखता है कि यह व्यक्ति इतना घमण्डी तथा असभ्य था कि विख्यात चित्रकार बहज़ाद की कला का विरोध करता था। हुमायूँ (मृ० 1556 ई०) ने 1545 ई० में काबुल-विजय किया, तो ईरान के दो बड़े चित्रकारों ख़्वाजा अब्दुल समद तथा मीर सैय्यद अली को अपने राजदरबार में सम्मिलित कर लिया। अगले वर्ष भारत पर पुनः विजय प्राप्त किया, तो इन कला-मनीषियों को अपने साथ दिल्ली लाया, परन्तु भाग्य ने राह खोटी कर दी एक वर्ष में ही परलोक सिधार गया। रचनात्मक प्रयोजन मन ही में रह गये। अकबर महान् (मृ० 1605 ई०) बुद्धिमत्ता में अद्वितीय था। उच्च-से-उच्चतर तथा तुच्छ-से-तुच्छतर बातों को गहराई से देखता था। उसने जीवन के अनेकानेक भागों में संशोधन, परिवर्तन एवं आविष्कार किये, देश की आर्थिक व्यवस्था पुनः संगठित की, साथ ही एक 'इबादतख़ाना' निर्मित कराया, जिसमें धार्मिक एवं शास्त्रीय समस्याओं पर संगोष्ठी होती, पुस्तकों के अनुवाद, ख़त्ताती तथा चित्रकला का प्रदर्शन होता। अबुल फ़ज़्ल ने लिखा है कि बादशाह को बाल्यकाल से ही चित्रकला के प्रति विशेष आकर्षण था और वह सदैव चित्रकारों को प्रोत्साहित करता था। उसकी छत्रच्छाया में चित्रकला ने उन्नति एवं नाम पैदा किया। प्रत्येक सप्ताह संग्रहालय का प्रबन्धक विभिन्न चित्रकारों की उपलब्धियाँ प्रस्तुत करता। उनको पुरस्कार दिये जाते, वेतन में वृद्धि होती। रंगसाज़ी में बड़ी तरक़्क़ी हुई। शीर्ष चित्रकार लोगों के चित्र उतारते, उनकी योग्यता, बहज़ाद तथा अन्य विदेशियों से आगे बढ़ गयी। शैली की सूक्ष्मता, भाव-भंगिमा के प्रतिबिम्ब तथा कलाकारिता उन्नयन के उस शिखर पर पहुँची जो पहले कभी नहीं थी। एक सौ नामवर चित्रकार बन गये। अन्य की गणना नहीं की जा सकती। भारत के अतिरिक्त जहाँ मुसलमानों में यह कार्य सम्भव नहीं था।

संसार में कहीं अन्य स्थानों पर भी इन चित्रकारों का समकक्षता सम्भव नहीं थी। इन सबके सिरमौर ख़्वाजा मीर सैय्यद अली तबरेज़ी थे।[1]

चित्रकला प्रेमियों को अबुल फ़ज़्ल का अनुग्रहीत होना चाहिए कि उसने अकबर के अनमोल 'निगार-ख़ाना' (चित्रालय) के दर्शन करा दिये। इस चित्रालय में तुच्छ भी महान् बन जाते थे। अबुल फ़ज़्ल ने लिखा है एक बार अकबर ने एक दास युवा को दीवारों पर कुछ रेखाएँ खींचते देखा, तुरन्त आदेश दिया कि इसको समुचित प्रशिक्षण प्रदान किया जाय, शीघ्र ही प्रथम श्रेणी के चित्रकारों में उसकी गणना होने लगी।[2] ईरानी चित्रकला में साज-सज्जा पर विशेष ध्यान दिया जाता था, मूल के समान होने पर बल नहीं था, परन्तु अकबर के चित्रालय के चित्रकारों ने यथार्थ को महत्त्व दिया, जिससे उनकी निजता स्पष्ट हुई, मुस्लिम चित्रकला का भारतीय चित्रकला से समन्वय हो गया। तत्पश्चात् के लिखे गये कतबों से स्पष्ट होता है कि अनेक अवसरों पर एक छोटा-सा चित्र भी कई-कई चित्रकार मिलकर बनाते हैं। कोई ख़ाका खींचता, दूसरा रंग भरता, आकार कोई अन्य चित्रकार निर्मित करता। चित्रकला में अकबर का यह आविष्कार बाद में यूरोप में भी प्रचलित हुआ कि शीर्ष चित्रकार अपने चित्रालयों में सहायकों तथा शिष्यों का सहयोग लेने लगे ताकि कम समय में अधिक-से-अधिक चित्र बनाया जा सके।

अकबरी शासनकाल (1556-1605 ई०) में सहस्त्रों फ़ारसी पाण्डुलिपियाँ चित्रों से अलंकृत की गयीं, जिनमें समसामयिक घटनाएँ, जीवनियाँ, इतिहास, कथाएँ तथा कहानियाँ सम्मिलित हैं। फ़ारसी तथा संस्कृत के कुछेक महत्त्वपूर्ण महाकाव्य भी चित्रित किये गये। वर्तमान में प्राप्त प्राचीनतम 'अनवार सुहैली' की प्रति है, जिस पर 1570 ई० अंकित है, लन्दन स्कूल ऑफ़ ओरियण्टल स्टडीज़ में सुरक्षित है। इस पाण्डुलिपि में चित्रकारिता उत्साहपूर्ण एवं विविधतापूर्ण है। पशुओं के चित्र स्वाभाविक हैं, परन्तु लेखनी स्वच्छन्दतापूर्ण है। चित्रकला की प्रथम बृहद् संयोजना 'दास्ताने-अमीर हमज़ा' की सचित्र पाण्डुलिपि तैयार करना है। इसमें बारह सौ बड़े चित्र तैयार हुए, सौ-सौ चित्रों के बारह खण्ड बनाये गये। चित्र 28 × 20 इंच वस्त्र पर बनाये गये। खेद है कि इनमें मात्र 125 चित्र ही शेष रह गये हैं, जो यूरोप के संग्रहालयों में बन्दी हैं। इन चित्रों में भारतीय-ईरानी शैली के समन्वय से एक नयी शैली का उदय हुआ है, जो विविधता एवं निजता में विशेष है। ये चित्र मीर सैय्यद अली तबरेज़ी के निर्देशन एवं पर्यवेक्षण में 1570-82 के बीच तैयार हुए थे। 'दास्ताने-अमीर हमज़ा' की तैयारी के बाद

1. आईने-अकबरी, पृ० 270
2. आईने-अकबरी, पृ० 254

उसी वर्ष 1582 में महाभारत के फ़ारसी अनुवाद को सचित्र करने की प्रक्रिया प्रारम्भ हुई, जो कलात्मक रूप में ऐतिहासिक सिद्ध हुई। चूँकि विषयवस्तु अत्यन्त व्यापक एवं विविध थी, जो धार्मिक आधार पर भी चिन्तन एवं कर्म हेतु प्रेरित करती थी। अतः स्थानीय चित्रकारों ने पूर्णरूपेण कलात्मक स्वतन्त्रता का प्रदर्शन किया। परिणामस्वरूप ऐसे अद्वितीय चित्र अस्तित्व में आये, जो ईरानी प्रभाव से स्वतन्त्र थे तथा पूर्णरूपेण भारतीय मुस्लिम चित्रकला का सर्वश्रेष्ठ उदाहरण हैं। इस महान् कार्य के सम्पन्न होने में छह वर्ष लग गये तथा 369 चित्र तैयार हुए। यह पुस्तक जयपुर के संग्रहालय में सुरक्षित है।

इसके अतिरिक्त इतिहास की अन्य पुस्तकें भी सचित्र की गयीं। उनमें रशीदउद्दीन की 'जाम्अ-उल-तवारीख़', 'तारीख़े-ख़ानदाने-तैमूरिया', 'बाबरनामा', 'अकबरनामा', 'शाहनामा', 'चंगेज़नामा' तथा 'ज़फ़रनामा' की चर्चा की जा सकती है। इनमें मात्र कुछ प्रतियाँ ही उपलब्ध हैं। जैसे, 'जाम्अ-उल-तवारीख़' की दो प्रतियाँ, एक पेरिस में दूसरी तेहरान में। 'अकबरनामा' की एक प्रति उपलब्ध है, जो लन्दन में है। 'बाबरनामा' की पाँच प्रतियाँ मिलती हैं, दो लन्दन में, एक-एक पेरिस, मास्को और दिल्ली में, अन्य सचित्र पाण्डुलिपियों का पता नहीं। साहित्य एवं काव्य की पुस्तकों में 'ख़म्सा-ए-निज़ामी', 'बहारिस्ताने-जामी', 'गुलिस्ताने-सादी', 'नल-दमन' आदि की चर्चा की जा सकती है।

अकबरी काल में मुग़ल चित्रकला को विशेष प्रकार की निजता प्राप्त हुई, जिसको स्थापित करने में विशेषकर काग़ज़ तैयार करने तथा रंग लगाने की तकनीक ने स्थायी कला रूप धारण कर लिया। मुग़ल चित्रकला में पहले भित्तिचित्र प्रक्रिया, जो वस्त्रों पर की जाती थी, 'दास्ताने-अमीर-हमज़ा' तथा तत्पश्चात् अन्य चित्रों में काग़ज़ पर होने लगी। पहले काग़ज़ ईरान से आयात होता था, फिर यहीं निर्मित होने लगा। काग़ज़ के पन्नों को तह देकर चिपकाया जाता, फिर कौड़ी से अच्छी तरह रगड़ा जाता, जिससे वह चिकना हो जाता। उस पर गेरू से ख़ाका बनाया जाता और हल्की स्याही से पक्का किया जाता। उस पर पुनः कौड़ी फेरी जाती। विभिन्न जड़ी-बूटियों का सम्मिश्रण तैयार किया जाता, जिसमें गोंद या शक्कर भी घोला जाता, उससे रंग तैयार होता, जिसकी सूक्ष्मता की स्थिति यह होती की तूलिका का साधारण-सा चिह्न भी दिखायी न देता। इसी 'रंग-आमेज़ी' (रंग-रचना) में ईरानी चित्रकला के समान रंगों की पच्चीकारी नहीं होती थी। उनमें सन्तुलन एवं स्वाभाविक शैली स्पष्ट रहती है, परन्तु ईरानी चित्रकला के समान प्रारम्भिक मुग़ल चित्रकला में आकृति के दो पक्ष होते थे। ईरान में मूल से अधिक साज-सज्जा पर बल दिया जाता। जैसे, आकाश का रंग सुनहरा तथा बाग़ीचे का रंग हरा होता, घोड़े इतने सूक्ष्म बनाये जाते कि परी मालूम होते। व़रन् वन में पशुओं का चित्रण किसी सीमा तक स्वाभाविक होता।

अकबरी काल की चित्रकला में पहले यह प्रभाव दीख पड़ते हैं। परन्तु अकबरी दरबार में ईसाई धर्म-प्रचारकों के प्रवेश पाने (1580 ई०) के बाद यूरोपीय प्रभाव दीख पड़ता है। इन ईसाई धर्म-प्रचारकों ने उपहारस्वरूप कुछ धार्मिक चित्र प्रस्तुत किये, जो 'फ़्लेमिश शैली' में तैयार किये गये थे, जिनमें शिकारी कुत्तों का शिकार ढूँढ़ते हुए, दुम हिलाना दिखाया गया था। अबुल फ़ज़्ल ने यूरोपीय प्रभाव को दूसरे रूप में स्वीकार किया है कि मुग़ल चित्रकारों के बनाये हुए चित्र यूरोपीय चित्रकारों की कलाकारिता के समकक्ष रखे जा सकते हैं। यद्यपि यूरोपियों की ख्याति समस्त जगत् में फैल चुकी है। यूरोपीय प्रभाव के अन्तर्गत ईरानी शैली के उच्च पर्वतीय क्षितिज के स्थान पर पाश्चात्य शैली की धरती से सम्बन्धित पृष्ठभूमि मुग़ल चित्रकला में स्थान पाने लगी। इस प्रकार अकबरी चित्रकला शताब्दियों के ऐतिहासिक क्रम एवं विकास की दस्तावेज है, जिसमें अजन्ता की भित्तिचित्र की प्राचीनता, ईरान की सूक्ष्मता एवं साज-सज्जा तथा यूरोप की फ़्लेमिश शैली एक साथ प्रकाशमान् है।

जहाँगीर (मृ० 1627 ई०) चित्रकला के संरक्षण में भी अकबर का उत्तराधिकारी था। यद्यपि उसके व्यक्तित्व में अकबर महान् की अपार व्यापकता, रचनात्मक योजनाबद्धता, नवीनता एवं आविष्कार युक्ति तथा ज्ञान-विज्ञान के प्रति असाधारण आकर्षण नहीं दीखता, परन्तु चित्रकारिता के प्रति उसकी सुरुचि स्पष्ट थी। जब वह शहज़ादा था, चित्रकारों को अपने निकट रखता था। राज्याभिषेक के बाद चित्रकारों के प्रति उसकी अभिरुचि और भी बढ़ी। जहाँगीर ने अपने समस्त महलों, बेगमों के महलों, दीवाने-ख़ास, दीवाने-आम प्रत्येक स्थान को चित्रों से सजा दिया। अजन्ता के अतुल्य चित्र गुफ़ाओं में पड़े थे, परन्तु उनकी जल-मिश्रित रंग से चित्रण की विधि सुशोभित हो उठी।

अकबरी दरबार के नामवर चित्रकारों में आक़ा रज़ा, फ़र्रुख़, अबुल हसन, मनोहर, बिशनदास, बालचन्द, गोवर्द्धन, दौलत आदि को जहाँगीर के संरक्षण में उच्च स्थान प्राप्त हुआ। बादशाह की यात्रा में चित्रकार भी साथ चलते थे। जहाँ कोई विशेष बात दीख पड़ी, चित्र बनाने का आदेश होता। एक बाज़ पक्षी की चर्चा करते हुए अपने 'तुज़ुक' में लिखता है : "**हम उसके सौन्दर्य तथा रंग के विषय में क्या लिख सकते हैं। इसके हर एक डैनों, पीठ तथा बग़ल में सुन्दर काले चिह्न बने हुए थे। यह कुछ असाधारण-सा था, इससे हमने उस्ताद मंसूर को, जिसकी पदवी नासिरुल-अस्त्र थी, आज्ञा दी कि इसका चित्र बनाकर सुरक्षित रखें। मीर शिकार को दो सहस्त्र रुपये देकर विदा कर दिया।**"[1]एक दूसरे

---

1. जहाँगीरनामा (अनु० ब्रजरत्नदास), पृ० 504

स्थान पर अबुल हसन के विषय में लिखा है : "**उसी दिन अबुल हसन चित्रकार ने, नादिरउज़्ज़माँ की पदवी दी गयी थी, हमारी राजगद्दी का चित्र जहाँगीरनामा के लिए प्रस्तुत कर हमारे सामने उपस्थित किया। यह चित्र प्रशंसा के योग्य था। इसलिए उस पर कृपाएँ की गयीं। उसकी कृति पूर्ण थी और वह चित्र अपने समय की एक प्रमुख वस्तु थी। इस समय यह अद्वितीय है। यदि आज उस्ताद अबुल हई तथा बिहज़ाद जीवित होते तो वे इसकी प्रशंसा करते। इसका पिता आक़ा रिज़ा हिरानी हमारी शाहज़ादगी के समय हमारी सेवा में आया था। इसकी तथा इसके पिता की कृतियों में कोई समानता नहीं है। (अर्थात् पुत्र बहुत बढ़-चढ़कर है।) दोनों को कोई भी एक कक्षा में नहीं रख सकता। हमारा सम्बन्ध उसके पालन करने में है। हमने उसके बाल्यकाल से वर्तमान काल में इस अवस्था को पहुँचाने तक उसको अपने निरीक्षण में रखा था। वास्तव में वह नादिरउज़्ज़माँ अर्थात् संसार या समय का अप्राप्य है। हमारे पिता के तथा हमारे राज्यकाल में चित्रकला में इन दो को छोड़कर कोई तीसरा नहीं था।**[1] तुज़ुक में जहाँगीर ने कला सम्बन्धी अपनी योग्यता का दावा इस प्रकार किया है : "**हमारे लिये चित्रकला की ओर रुचि और चित्रों के गुण-दोष विवेचन की शक्ति इतनी बढ़ गयी थी कि जब कोई कलाकृति, चाहे मृत कलाकार की हो या वर्तमान की हो, हमारे सामने बिना कलाकार का नाम बताये उपस्थित की जाती, तो हम तुरन्त बतला देते कि यह अमुक की कृति है और यदि एक ही चित्र में कई शबीहें होतीं और प्रत्येक भिन्न-भिन्न कलाकार की होतीं, तो भी हर एक का पता लगा लेते कि कौन किसका है। यदि एक ही मुख पर किसी अन्य व्यक्ति का नेत्र तथा भौं बनाया होता, तब भी हम कह देते कि किसने मुख बनाया है और किसने नेत्र तथा भौं।**"[2]

इन असाधारण दावों का खण्डन आज तक किसी ने नहीं किया है। बर्तानिया का दूत सर थामस रो ने 1617 ई० में ईस्ट इण्डिया कम्पनी को लिखा था कि बादशाह की सेवा में समर्पण हेतु उच्चकोटि के चित्र भिजवाओ और विशेष रूप में आग्रह किया था कि निम्नकोटि का कोई चित्र कदापि न भेजा जाय, क्योंकि बादशाह को चित्रों की बहुत बड़ी पहचान है। वही एक अन्य घटना लिखता है कि उसने जहाँगीर को एक उत्कृष्ट चित्र समर्पित किया। बादशाह ने उसकी पाँच वैसी ही प्रतिलिपियाँ तैयार करायीं और थामस रो को बुलाकर कहा इसमें अपना चित्र पहचानो। वह असमर्थ रहा, तो जहाँगीर ख़ूब हँसा और मूल चित्र को अलग कर दिया।[3]

---

1. जहाँगीरनामा (अनु० ब्रजरत्नदास), पृ० 432-33
2. जहाँगीरनामा (अनु० ब्रजरत्नदास), पृ० 433
3. Early Travels in India, p. 150

जहाँगीरी काल के सहस्त्रों अद्वितीय चित्र उपलब्ध हैं, उसके प्रसिद्ध एलबम का जवाब सम्भव नहीं, जिसको उसने अपने संरक्षण में 1505-14 ई० के बीच बालचन्द और गोवर्द्धन से तैयार कराया था। अब तक उसके 120 पृष्ठ ढूँढ़े जा सके। उनमें 28 पृष्ठ तेहरान (ईरान) के पुरातत्त्व विभाग के संग्रहालय में 'मुरक़्क़ा-ए-गुलशन' के नाम से संरक्षित हैं। 21 सचित्र पृष्ठ बर्लिन के राजकीय पुस्तकालय में हैं, जिसको चित्रकला के सुविख्यात आलोचक गोइटनर ने 1922 ई० में लन्दन से प्रकाशित कर दिया। इस एलबम के अन्य चित्रों का पता नहीं।

भारत-पाक सरकारें जो इन चित्रों की वास्तविक रूप में स्वामी हो सकती हैं, इनको प्राप्त करने से असमर्थ रही हैं। जहाँगीरी चित्र असंख्य हैं, उनके विषय भी असंख्य हैं। दरवेशों की सभा में बादशाह, मलिका, शहज़ादियाँ, फल-फूल, वृक्ष, नर-नारी, पक्षी, पशु आदि। परन्तु इनमें कुछेक ऐसे चित्र हैं, जिनको अद्वितीय माना गया है। जैसे, 'मुरक़्क़ा-ए-जहाँगीरी' में ख़ानख़ाना का चित्र, जिसे चित्रकार मनोहर ने बनाया था, राजा सूरजसिंह का चित्र, जिसे बिशनदास ने बनाया था तथा केशवदास का स्वयं अपना बनाया हुआ चित्र जहाँगीर ने 1613 ई० में अपने दूत शाहआलम के साथ बिशनदास को ईरान भेजा कि शाह अब्बास सफ़वी और उसके दरबार का चित्र बनाकर लाये, वह अद्वितीय चित्र बना लाया। इसी प्रकार फ़र्रुख़ बेग इब्राहीम आदिलशाह (मृ० 1558 ई०) के चित्र बनाकर लाया, तो जहाँगीर ने उसे पुरस्कृत करने के अतिरिक्त दो हज़ारी मनसब भी प्रदान किये। अकबरी चित्रकारों में मिसकीन पक्षियों तथा पशुओं के चित्र बनाने में अद्वितीय था। इस कला को जहाँगीरी काल में मन्सूर ने उच्च शिखर पर पहुँचाया। इसका आश्चर्यजनक उदाहरण गिरगिट का वह चित्र है, जो विनिस्टर के महल की शोभा बढ़ा रहा है।

जहाँगीरी चित्रकला में भारतीय परम्पराएँ अधिक स्पष्ट हैं। ईरानी चित्रकला के प्रभाव से बाहर निकलने का भाव स्पष्ट होता है। जैसे, ईरानी चित्रकला के विहंगम दृष्टि के स्थान पर प्राचीन भारतीय चित्रकला का धरती प्रधान सिद्धान्त प्रचलित हुआ। क्षितिज की चित्रकारिता की शैली भी विशेष रूप में परिवर्तित हुई। अब क्षितिजीय दृश्य कई-कई पेटियों में विभाजित कर दिया जाता है, जिनमें हर पेटी का दृश्य एक-दूसरे से कुछ सीमा में भिन्न होता है। जैसे पाँच रंगों के दृश्य प्रस्तुत किये जाने लगे। ईरानी चित्र तिकोन अथवा गोलाकार बनाये जाते थे। जहाँगीरी चित्रों के आकार लम्बाई-चौड़ाई में बराबर नहीं होते थे। ईरानी चित्रों में मनुष्य दृश्य से अलग होता, जहाँगीरी चित्रों में दृश्य से समन्वित होने पर बल होता, ईरानी चित्रों में मानव आकृतियाँ तीन-चौथाई प्रस्तुत की जाती थीं, परन्तु जहाँगीरी चित्रों में एक विशेष फ़ार्मूले के अन्तर्गत आड़ी बनायी जाने लगीं अर्थात्

चेहरा आड़ा, शरीर सामने, बाज़ू और पाँव आड़े यही रूप प्राचीन भारतीय चित्रों के अतिरिक्त मिस्र के चित्रों में भी दीख पड़ता है। जहाँगीरी चित्रों की एक अन्य विशेषता चित्र के चौड़े हाशिये हैं, जिनमें मनोहर नक़्क़ाशी के बीच पक्षियों तथा पशुओं के रंगीन चित्र बनाये जाते। कुछेक हाशियों ने जीवन की हल्की-फुल्की झलकियाँ पेश की जातीं। जैसे, दावत का आयोजन, मदिरा परोसना, तलवार चलाना तथा शिकार के दृश्य। इनमें बौद्धिक रूप में तादात्म्य रखा जाता। यदि पक्षी का चित्र होता, तो हाशिये पर भी पक्षियों के ही चित्र होते थे। एक और विशेष बात यह थी कि जहाँगीरी काल से पुस्तकों के चित्रण का प्रचलन बहुत कम हो गया था तथा उसके स्थान पर अलग से चित्र बनाने का प्रचलन होता था।

शाहजहाँ अपने शासनकाल (1627-57 ई०) में स्वभावतः वास्तुकला की ओर अधिक आकर्षित था, परन्तु उसने चित्रकला को राज संरक्षण से वंचित नहीं होने दिया। उसने भी एक बड़ा 'मुरक़्क़ा' (एलबम) अपने श्रेष्ठ चित्रकार फ़क़ीरउल्लाह ख़ाँ के माध्यम से सम्पन्न कराया, जिसमें शाही ख़ानदान, अमीरों, रईसों तथा अन्य राजकर्मियों के चित्र संकलित किये गये। इस काल में चित्रकारिता दरबारों से निकलकर बाज़ारों में प्रवेश कर गयी। राजकीय अधिकारी तथा अभिजात वर्ग के लोग अपना गौरव बढ़ाने के लिए चित्रकारों को नौकर रखते और इच्छानुसार चित्र बनवाते। फ्रांसिस बर्नियर 1656-68 ई० के बीच भारत में रहा, लिखता है : **''भारत में कला के समस्त गुण एवं सौन्दर्य जाता रहता यदि बादशाह और अमीर-उमरा चित्रकारों को मुलाज़िम न रखते कि उनके घरों में चित्र बनायें, बच्चों को शिक्षा दें तथा पुरस्कार की आशा में बढ़-चढ़कर परिश्रम करें। अतः जो चित्रकार उच्च शिखर को पहुँचते हैं वही हैं, जिनका संरक्षण बादशाह या अमीर-उमरा करते हैं और जो सिर्फ उनके लिए काम करते हैं।''**[1]

शाहजहाँनी काल की चित्रकला में ठहराव का भाव मिलता है, परन्तु सिद्धान्त एवं नियम परिपक्व एवं निश्चित दीख पड़ते हैं। चित्रकारिता के मूल में रचनाकारिता, साज-सज्जा, अतिशयोक्ति तथा दूरदर्शिता को मूल महत्त्व प्राप्त हो जाता है। चित्रों के प्रतिबिम्ब में सूक्ष्मता उभरती है, परन्तु भावनात्मक उत्कर्ष नहीं दीखता। संवेदना शिथिल होती दीखती है, अनावश्यक साज-सज्जा, बनावट आदि का बोलबाला होता, जिसका उत्कर्ष स्वर्ण का असाधारण प्रयोग है। हाशिये भद्दापन की सीमा तक चौड़े बनाये जाने लगे, जिनमें स्वर्णकारिता असाधारण रूप में की गयी। कला-प्रदर्शन एवं गुरुत्व स्थापना हेतु स्वयं अपने ऊपर कुछ

---

1. Travels in the Mughal Empire, p.53

नये प्रतिबन्ध आरोपित किये जाने लगे। चेहरे आमतौर पर आड़े बनाये जाते, शरीर और सिर में एक और साढ़े आठ दर निश्चित हुआ। हाथों को कुछ मोड़ों के रूप में बाँधा जाने लगा, परन्तु शाहजहाँनी काल की कुछ श्रेष्ठ कलाकृतियाँ अद्वितीय हैं। जैसे, एक चित्र में शाहजहाँ ईरानी दूत को दरबार में आने की अनुमति दे रहा है। एक अन्य चित्र जिसमें बादशाह राजसिंहासन पर शोभायमान् है अथवा बादशाह की सवारी के चित्र आदि।

औरंगज़ेब (मृ० 1707 ई०) की धार्मिक कठोरता को ध्यान में रखते हुए चित्रकला के विघटन का भय हो सकता था, परन्तु यह भय निराधार सिद्ध हुआ। मुग़ल बादशाहों में औरंगज़ेब के चित्रों का बाहुल्य है, उसके दरबार के चित्र, शिकार खेलने के चित्र, युद्धभूमि के चित्र, इबादत के चित्र, अध्ययन-मनन के चित्र आदि। इन चित्रों की एक विशेष बात यह है कि इनमें औरंगज़ेब की वृद्धावस्था दिखायी गयी है। सम्भव है कि अपनी आयु के अन्तिम पड़ाव पर उसकी चित्रकला के प्रति अभिरुचि जागृति हुई हो। पर्सी ब्राउन का कहना है कि समस्त प्रमाणों से यह स्थापित होता है कि कलाएँ औरंगज़ेब के शासनकाल में उसी प्रकार पनपती रहीं जैसे उसके पूर्व के बादशाहों के समय में, जो इतने प्रसिद्ध न थे और जितने चित्र इस काल के हम तक पहुँचे हैं वे पिछले काल के चित्रों से किसी प्रकार कम नहीं हैं। स्वयं इस बादशाह के इतने चित्र उपलब्ध हैं जितने जहाँगीर के। वरन् कलाकारिता का स्तर गिर गया है।[1]

मुग़ल साम्राज्य की राजनीतिक सीमाओं के बाहर भी चित्रकारिता सर्वप्रिय रही है, जिसमें विजयनगर शासन के अन्तिम काल (1570-1664 ई०) के नमूने लिपाक्षी (ज़िला अनन्तपुर) के मन्दिर की छत पर मिलते हैं, जो भित्तिचित्र पर आधारित हैं।[2] लिपाक्षी तथा अगन्दी के चित्र अजन्ता के भित्तिचित्रों की परम्परा स्पष्ट करते हैं, जो एक विशेष प्रकार की छाया 'सिलहोनेट' से ओतप्रोत है।[3] लिपाक्षी में वस्त्र एवं आभूषणों के प्रकार भी स्पष्ट किये गये हैं। विजयनगर के चित्रकला की परम्परा दकन की मुस्लिम सल्तनतों की चित्रकला में स्पष्ट दीख पड़ती है। सम्भव है कि विजयनगर के विघटन के बाद चित्रकारों का दल मुस्लिम सल्तनतों में हस्तान्तरित हो गया हो, क्योंकि वहाँ ललितकलाओं का संरक्षण व्यापक स्तर पर हो रहा था। विजयनगर पीठ के चित्रों में आकृतियों के अनुरूप वस्त्र आदि रखने का प्रचलन था। साथ-ही-साथ मूर्तिकला का भाव भी

---

1. Indian Painting under the Mughals, p. 35
2. Vijayanagar Six Centeanary Commernoration, Volume, p. 75-85
3. A Survey of Painting in the Deccan, p. 78

जीवित होता है। बीजापुर की चित्रकला का प्राचीनतम नमूना 'नुजूम-उल-उलूम' के अधिकार-क्षेत्र में रहा जो अब डबलिंग की चेस्टर ब्यटी लाइब्रेरी में वर्तमान है। इसमें चित्रों की बड़ी संख्या है। परन्तु इनमें बहुत ही कम चित्रों की प्रतियाँ अब तक प्रकाशित हो सकी हैं। इनमें हिन्दू धर्म विषयक चित्र भी हैं। उदाहरणार्थ, दुर्गा तथा काली के चित्र जिनमें सोने के भारी आभूषण तथा सुनहरी बादला तथा कमख़ाब के वस्त्र आँखों को लुभाते हैं। इनके अतिरिक्त इब्राहीम आदिलशाह द्वितीय के युवा अवस्था के दो चित्र भी हैं, जिनकी एक प्रति बरतानिया तथा दूसरी हैदराबाद में सुरक्षित हैं।[1] बीजापुर का एक अन्य छोटा-सा चित्र राष्ट्रीय संग्रहालय पेरिस में सुरक्षित है, जो 1600 ई० के पूर्व का है। यह चित्र अपनी कला में अद्‌भुत है, इसमें तीन व्यक्ति हैं, शहज़ादा सिंहासन पर विराजमान है, एक ओर वज़ीर और दूसरी ओर सेवक खड़ा है। सब अत्यन्त साफ़-सुथरा, सफ़ेद चोग़े धारण किये हैं, जिनके नीचे उनके लाल तथा हरे वस्त्र झलक रहे हैं।[2] इसके अतिरिक्त बर्लिन चित्रालय का एक चित्र जिसके कतबा में 'फ़र्मा-रवा-ए-दकन' अंकित है, विवादास्पद है कुछ उसे मुग़ल चित्रकला का नमूना बताते हैं। इनके अतिरिक्त अनेक चित्र हैं, जिनकी चर्चा विभिन्न पुस्तकों में मिलती है।[3]

आदिलशाहियों के शासनकाल (1490-1686 ई०) में भित्तिचित्रकला का विशेष रूप में विकास हुआ, परन्तु उनके अधिकांश नमूने नष्ट हो चुके हैं। दक्षिणी सीमा पर स्थित कुमाडगी में एक गुम्बद है, जो डाटदार छत के सुसज्जित स्तम्भों पर स्थित है, उत्कृष्ट कला का उदाहरण प्रस्तुत करता है।[4] अहमदनगर के चित्रकला की जानकारी नहीं मिलती, परन्तु हुसैन निजामशाह (मृ० 1565 ई०) तथा उसकी मलिका बेगम हुमायूँशाह की स्तुति में ग्यारह खण्डों की एक कविता है, जिसमें पूरे-पूरे पृष्ठों के बारह चित्र हैं। यह पाण्डुलिपि 1565-68 ई० के बीच की है। चित्रों की शैली 'नुजूम-उल-उलूम' की शैली के आधार पर है। यह पाण्डुलिपि इतिहास संशोधन मण्डल, पूना में सुरक्षित है। दुर्भाग्य से गोलकुण्डा के क़ुत्बशाही शासनकाल (1512-1689 ई०) के प्रारम्भिक काल का कोई चित्र उपलब्ध नहीं है। यद्यपि क़ुत्बशाही शासकों की ललितकलाओं के प्रति असाधारण अभिरुचि के आधार पर निश्चित है कि इस काल में उच्चकोटि के चित्रों का

---

1. A Survey of Painting in the Deccan, p.75
2. A Survey of Painting in the Deccan, p.73
3. Catalouge of Indian Collection, Part VI, No. 77
4. A Survey of Painting in the Deccan, p. 72

निर्माण हुआ होगा। अब तक के प्राप्त संज्ञान के आधार पर अनेक उत्कृष्ट कलाकृतियाँ न्यूयार्क के मैट्रोपोलेटिन म्यूज़ियम तथा ब्रूटलेन म्यूज़ियम तथा लन्दन की विक्टोरिया एवं अलबर्ट म्यूज़ियम में उपलब्ध हैं। हिंडोला-राग पर आधारित एक रागात्मक अनूठा चित्र जो वर्तमान में बड़ौदा संग्रहालय में है, कुछेक के विचार में गोलकुण्डा का है। यदि इसको स्वीकार कर लिया जाय, तो विदेशी संग्रहालयों में बन्दी बने चित्रों में सर्वाधिक प्राचीन चित्र 1580-90 ई० के हैं। लगभग इसी काल का एक सुन्दर चित्र बर्लिन के चित्र संग्रहालय में है, जिसमें शय्या पर लेटी हुई एक युवती बनायी गयी है। मुम्बई के प्रिन्स ऑफ़ वेल्स म्यूज़ियम में भी एक चित्र है, जिसमें मुहम्मद क़ुली क़ुत्बशाह की माताश्री बीबी जमाल तथा उसकी प्रेमिका भागमती एक साथ प्रस्तुत की गयी है। हैदराबाद के संग्रहालय में एक अन्य अद्‌भुत चित्र है, जिसमें एक युवा सो रहा है और दो दासियाँ उसकी सेवा में प्रस्तुत हैं। इसी प्रकार का एक उत्कृष्ट चित्र लन्दन के कॉमनवेल्थ लाइब्रेरी में भी मिलता है।[1]

इस काल के उत्तरी भारत के चित्रकारों की कलाकृतियों का उपर्युक्त चर्चित चित्र दकन के चित्रकारों से तुलनात्मक अध्ययन किया जाय, तो इनमें अनेक संयुक्त कलात्मक मूल्य ढूँढ़े जा सकते हैं, जो उत्तर भारत से दकन में मुग़लों द्वारा पहुँच सके। इनमें विशेषकर दकन में मुग़लों के आक्रमण के चित्रण के नमूनों की चर्चा की जा सकती है। इनका कलात्मक स्तर ऊँचा नहीं है, वरन् यह चित्र मात्र राजनीतिक घटनाओं के दस्तावेज़ बनकर रह गये। बहादुरशाह प्रथम (मृ० 1712 ई०) तथा फ़र्रुख़सियर (मृ० 1718 ई०) ने चित्रकला के विकास में कोई विशेष रुचि नहीं दिखायी। परन्तु मुहम्मद शाह (मृ० 1748 ई०) के शासनकाल में चित्रकला का पुनरुत्थान हुआ। इस काल का नैतिक पतन भी इन चित्रों से स्पष्ट है। महल के दृश्य, मेले-ठेले, प्रेम-लीलाएँ, भारतीय राग-रागिनियों के काल्पनिक चित्र आदि में कलाकारों ने अपनी सुरुचि दिखायी है। कुछेक चित्र साधना एवं ईश-वन्दना दर्शाते हैं। परन्तु उनमें भी ओछापन वर्तमान है, वरन् कला की परम्परागत प्रस्तुति आकृष्ट करती है, जिसमें साज-सज्जा पर विशेष बल है। रात की रोमानी रंगीनियाँ, प्राकृतिक दृश्य आदि में हल्के रंगों के प्रयोग से निराशा एवं पीड़ा के भाव उजागर होते हैं। यह मुग़ल चित्रकला का अन्तिम सँभाला था, परन्तु इसके बाद उत्तर भारत में चित्रकला का केन्द्र दिल्ली से लखनऊ परिवर्तित हो गया। नव्वाब शुजाउद्‌दौला (मृ० 1775 ई०) के फ़ैज़ाबादी दरबार तथा नव्वाब आसिफ़उद्‌दौला के लखनवी दरबार में चित्रकला अत्यन्त सूक्ष्म कला के रूप में सर्वप्रिय हुआ। नव्वाब सआदत अली ख़ाँ (मृ०

---

1. A Few Hindu Miniature Painters, p. 6

1814 ई०) के काल में चित्रकला की अवधी पीठ ने तीव्रतापूर्वक यूरोपीय चित्रकला से तादात्म्य स्थापित कर लिया तथा एक ऐसी आधुनिक पीठ की स्थापना हुई, जिसके मूल में भारतीयता थी परन्तु उसके रंग-रौग़न यूरोपीय थे।

मुग़ल चित्रकला तथा पाश्चात्य चित्रकला के सैद्धान्तिक एवं व्यावहारिक मूल्यों में आकाश-पाताल का अन्तर है। लखनऊ में चित्रकला को धर्म-निरपेक्ष रूप मिला। परन्तु यह अभिजात वर्ग में ही विकसित हो सकी। अभिजात वर्ग के व्यावहारिक जीवन में युद्ध, दृश्य, शिकार तथा पशुओं के चित्रों पर बल दिया जाता है। यूरोप का बौद्धिक आधार साधारणतया व्यापारिक दृष्टिकोण पर आधारित होता है। चित्र भी बाज़ार की अन्य वस्तुओं के समान क्रय-विक्रय के क्रम में रहा है। इसमें सन्देह नहीं कि भारतीय चित्रकला को शासकों तथा उनसे सम्बद्ध राजकर्मियों ने अपनी सुरुचि के आधार पर पोषित किया, जिससे इन चित्रों में उनके जीवन की छोटी-छोटी बातें भी प्रस्तुत हुई हैं, जो भारतीय इतिहास के अत्यन्त स्वर्णिम युग से सम्बन्धित हैं। बादशाहों की गतिविधियाँ, दरबारों की स्थितियाँ तथा तत्कालीन जनजीवन की पृष्ठभूमि इन चित्रों में मिल जाती है। जनसाधारण के जीवन की ऐसी झाँकियाँ भी मिलती हैं, जो अन्य स्थानों पर अप्राप्य हैं। ये चित्र एक प्रकार के ऐतिहासिक धरोहर हैं।

मुग़ल चित्रकला दरबारों के बाहर निकली, तो जनता के अत्यन्त निकट हो गयी। दिल्ली के बाहर लखनऊ, इलाहाबाद, अज़ीमाबाद तथा हैदराबाद की चित्रकला का 'क़लम' अलग हो गया, परन्तु दिल्ली के क़लम की केन्द्रीयता का सब पालन करते रहे। दिल्ली के क़लम में चिन्तन एवं कर्म की परिपक्वता, तकनीकी प्रौढ़ता तथा रंगों की सूक्ष्मता को मूल महत्त्व प्राप्त था। लखनऊ में कलात्मक प्रतिबिम्ब गोलाकार होते ताकि उनमें संवेदनशीलता तथा काव्यात्मकता का अनुभव अधिक हो सके। हैदराबाद में प्राचीन भारतीय चित्रकला की परम्परा, जो अजन्ता की कलात्मक धरोहर समेटे हुए थी, परन्तु ईरानी प्रभाव ने उसमें एक अलग तरह का क़लम पैदा कर दिया, जो भारत आर्य संस्कृति का संयुक्त आधार था। इलाहाबादी क़लम की विशेषता सूक्ष्मता के साथ ही पावनभाव उत्पन्न करने पर आधारित रही है। अज़ीमाबादी क़लम का कार्यक्षेत्र भोजपुरी तथा अवधी के क्षेत्रों तक फैला हुआ है। इस क़लम की विशेषता व्यावहारिक रूप में प्रचलित थी, जिसके चित्रों को 'फ़िरक़ा' कहा जाता है। इनके अतिरिक्त और भी अनेक क़लम हैं, जो विभिन्न विशेषताओं के आधार पर पहचाने जाते हैं।

मुग़ल चित्रकला के बाद के काल में चित्रकला की कई नवीन पीठिकाओं का जन्म हुआ, जो काँगड़ा, चम्बा, कश्मीरी, गढ़वाली तथा राजस्थानी विशेषकर जयपुरी के नाम से प्रचलित हुए। राय कृष्णदास ने उचित ही लिखा है कि मुग़ल चित्रकला की पीठ मानो रीढ़ की हड्डी है, भारत की विभिन्न पीठों के बीच।

यदि मुग़ल चित्रकला की पीठ न उजड़ती, तो पहाड़ी तथा राजस्थानी पीठ इस रूप में हमारे सामने न आती, जिसमें हम उनको पाते हैं।[1] काँगड़ा को पर्वतीय चित्रकला में उच्च स्थान प्राप्त है। साधारणतया पर्वतीय चित्रकला को ही काँगड़ा चित्रकला ही कहा जाता है। काँगड़ा क्षेत्र 1876 ई० तक मुग़ल राज्य के अधीन था, फिर 1809 ई० से सिक्खों के अधीनस्थ रहा। काँगड़ा चित्रकला के तीन केन्द्र थे, गुलेर, नूरपुर तथा टेरासुभानपुर। ये केन्द्र मुग़ल साम्राज्य के विघटन के बाद दिल्ली के चित्रकारों ने आबाद किये थे। स्थानीय पर्वतीय शैली में मुग़ल शैली के तत्त्व सम्मिलित करके अद्‌भुत चित्रकला के नमूने ही उपलब्ध नहीं कर दिये वरन् एक अलग चित्रकला पीठिका की स्थापना भी कर दी। चम्बा वास्तविक रूप में हिन्दू चित्रकला है, परन्तु उस पर मुग़ल प्रभाव ने अलग कलापीठ की मान्यता दिला दी। चम्बा की चित्रकला में भित्तिचित्र को पुनः सर्वप्रियता प्राप्त हुई।

कश्मीर प्राकृतिक दृश्यों का स्थायी विषय रहा है। अतः प्राचीन काल से कश्मीर में चित्रकला का अस्तित्व होना चाहिए। कई प्रकार की बातें कही जाती हैं, किसी 'होराज' (हंसराज) को प्राचीन कश्मीरी चित्रकार बताया जाता है तथा 740 ई० में कन्नौज विजय से कश्मीर में मध्यदेश के चित्रकारों के प्रवेश करने का अनुमान किया जाता है, परन्तु इतिहास इन अनुमानों का समर्थन नहीं करता। वर्तमान में कश्मीरी चित्रकला के जितने नमूने प्रकाश में आये हैं, सब-के-सब मुग़ल चित्रकला की एक नवीन पीठ की ओर संकेत करते हैं। ये नमूने वुडलेन लाइब्रेरी ऑक्सफ़ोर्ड में उपलब्ध हैं। इनके अतिरिक्त पोंछ (कश्मीर) के चार चित्र, लाहौर के सेण्ट्रल म्यूज़ियम में भी हैं। पोंछ की शैली का एक चित्र 'द्रौपदी चीरहरण' मिलता है।[2] गढ़वाली चित्रकला के मुग़ल चित्रकला की एक शाखा होने में कोई सन्देह नहीं है। शाहजहाँ का ज्येष्ठ सुपुत्र दाराशुकोह लाहौर के जंगलों में व्यस्त रहा कि उसका पुत्र सुलेमान शुकोह औरंगज़ेब के सेनानायक जयसिंह से पराजित होकर गढ़वाल भाग गया और कुछ वर्षों तक श्रीनगर में निवास करता रहा। उसके साथ शाहजहाँ के दरबार के दो चित्रकार रामदास और उसका पुत्र हरिदास भी थे। बाद में सुलेमान शुकोह को औरंगज़ेब ने बन्दी बना लिया तथा उसका वध कर दिया, परन्तु रामदास और हरिदास श्रीनगर में ही रह गये। जहाँ उनके वंशज वर्तमान में भी निवास करते हैं।[3] गढ़वाली शैली में चेहरे की बनावट

1. भारत की चित्रकला, पृ० 32
2. Indian Paintings in Punjab Hills., p. 35
3. हिमालय परिचय, पृ० 25

अन्य पहाड़ी शैलियों से भिन्न होती है। चेहरे आसान और सपाट बनाये जाते हैं, रेखाओं में गीतात्मकता का आभास होता है।

मुग़ल चित्रकला से सम्बन्धित पीठों में राजस्थानी को विशेष महत्त्व प्राप्त है। कालान्तर में राजस्थानी कला उन्नयन के शिखर तक पहुँची तथा अपनी निजता स्थापित करने में सफल हुई। राजस्थानी चित्रकला एक व्यापक नाम है, जिसमें जयपुर, जोधपुर, बीकानेर, मेवाड़, किशनगढ़, बूँदी, कोटा तथा मालवा के स्थानीय क़लम सम्मिलित हैं। कला विशेषज्ञों में कुछेक का विचार है कि राजस्थानी चित्रकला भारत में मुसलमानों के आगमन के पूर्व अस्तित्व में आ चुकी थी तथा वह अजन्ता चित्रकला के वंशज से है।[1] यदि इस ऐतिहासिक प्राचीनता को स्वीकार कर लिया जाय, जिसको स्थापित करने के लिए प्राचीन ऐतिहासिक नमूना अभी तक ढूँढ़ा नहीं जा सका है। इस स्थिति में भी इतना स्वीकार करने में किसी न्यायप्रिय व्यक्ति को संकोच नहीं हो सकता कि राजस्थानी चित्रकला अपने वर्तमान रूप में मुग़ल चित्रकला पर आधारित है। इसी आधार पर राजस्थानी चित्रकला की प्राचीनता के उत्साही प्रचारक डॉ० कुमारस्वामी उन्हें दो भागों में विभाजित करते हैं—मुग़ल क़लम तथा राजपूत क़लम। लेकिन मुग़ल प्रभाव से बाहर रहते हुए किसी राजपूत क़लम की ख़ोज करने से असमर्थ रहे, वरन् सत्य यह है कि राजस्थानी चित्रकला के सभी नमूने जहाँगीरी शासनकाल से सम्बन्धित हैं, जैसे प्रिन्स ऑफ़ वेल्स म्यूज़ियम में 'गीतगोविन्द' की सचित्र पाण्डुलिपि, नेशनल म्यूज़ियम दिल्ली में 'नायक-नायिकाएँ' आदि हैं। इनका समय 1640 ई० के लगभग है।

जहाँगीरी काल से राजस्थानी चित्रकला के वर्तमान क़लम का प्रारम्भ होना इस आधार पर भी स्वाभाविक है कि इसमें विशेष रूप में मुग़ल चित्रकला को स्थानीय रूप में ढालने का प्रयास किया तथा राजस्थान से इसको स्वाभाविक निकटता प्राप्त थी। उसकी माता तथा उसकी दो पत्नियाँ राजपूत थीं। राजस्थानी चित्रकला की प्राचीनतम मिसालों में उन भित्तिचित्रों की चर्चा की जा सकती है, जो आम्बेर, बीकानेर तथा उदयपुर के राजमहलों की दीवारों पर बने हुए हैं। ये चित्र 17वीं शताब्दी के हैं। राजस्थानी चित्रकला में मेवाड़, कृष्णागढ़, बीकानेर, बूँदी और विशेषकर जयपुर की चर्चा की जा सकती है। जयपुर के चित्र तो मुग़ल चित्रकला की प्रतिलिपि मात्र हैं। इन चित्रों में सौन्दर्यानुभूति के साथ-साथ अध्यात्म भी वर्तमान है। रागमाला, ऋतुओं के चित्र तथा राधा-कृष्ण के चित्र भावनाओं एवं संवेदनाओं के रूप में ढले हुए हैं।

---

1. Indian Art and Heritage, p. 39

लाहौर की सिक्ख पीठ भी मुग़ल चित्रकला का विस्तार ही है। इसकी परम्परा काँगड़ा से प्रारम्भ होती है। प्रारम्भ में ग्वालियर राज्य से कुछ चित्रकार लाहौर आये, जिनको स्थानीय शासकों ने प्रोत्साहित किया। लाहौरी क़लम किसी प्रकार की पेंचीदगी, दुरूहता तथा असाधारण सूक्ष्मता नहीं होती। इसमें काव्यात्मक भावनाएँ अथवा अध्यात्म भी नहीं दीखता, जो अन्य पीठों में अनिवार्य रूप में मिलता है। वरन् रंगों में चटक होता है, जो सिक्खों के भड़कीले वस्त्र, गहरे रंगों (नीले, हरे, नारंगी तथा लाल), पगड़ी, अस्त्र-शस्त्र, बैठने की कुर्सियों, गावतकियों तथा सिर पर छतरी तक सीमित हैं। अंग्रेज़ आधिपत्य (1841 ई०) के बाद लाहौर चित्रकला का प्रशिक्षण केन्द्र बन गया तथा 1857 ई० में म्यो आर्ट स्कूल स्थापित हुआ। 20वीं शताब्दी के दूसरे-तीसरे दशक में कई कलाकार उभरे, जो बंगाली चित्रकला के रसिया थे, परन्तु उन पर स्थानीय प्रभाव यथावत् बना रहा। लाहौर के लब्धप्रतिष्ठ चित्रकारों में जलालउद्दीन चुग़ताई तथा अब्दुर्रहमान चुग़ताई की विशेष रूप में चर्चा की जा सकती है। उन्होंने मुग़ल चित्रकला की मूल विशेषताओं को स्थानीय रूप-रंग में ढालकर ऐसी अद्भुत कलाकृतियाँ उत्पन्न कर दीं, जिनका समतुल्य मिलना सम्भव न हो सका। चुग़ताई क़लम को रंगों की सूक्ष्मता, रेखाओं की सुगमता तथा शैली की निजता में अन्तर्राष्ट्रीय ख्यातिप्राप्त है। उनके अतिरिक्त फ़ैज़ी रहमान ने रूप-चित्र तथा भित्ति-चित्र में, अल्लाह बख़्श ने प्रकृति-चित्रण में, शैख़ अहमद अपने चित्रों में अंग-प्रत्यंग उभारने में, अस्करी ने तैलीय चित्रों में, नागी ने रंगों के प्रयोग में, ज़ुबैदा आग़ा मलिक अमूर्तीकरण में विशेष हैं। इन सबमें सर्वश्रेष्ठ सादिक़ैन हैं, जिनको अन्तर्राष्ट्रीय ख्यातिप्राप्त है। उनके चित्रों में ख़त्ताती तथा मुसव्वरी दोनों का समागम हो गया है। उन्होंने अत्यन्त सफलतापूर्वक क़ुर्आन की आयतें, ख़त्ताती के सिद्धान्तों को अभीष्ट रखते हुए, चित्रकला में प्रदर्शित कर दी हैं। भित्तिचित्र में भी उनका समतुल्य मिलना कठिन है। सादिक़ैन को कालजयी चित्रकार एवं ख़त्तात के रूप में जाना जाता है।

19वीं शताब्दी के मध्य में लाहौर में उपर्युक्त आर्ट स्कूल के स्थापित होने से पूर्व 1850 ई० में चेन्नई (मद्रास), 1854 ई० में कोलकाता (कलकत्ता) तथा 1857 ई० में मुम्बई (बम्बई) में आर्ट स्कूल स्थापित हो चुके थे, जिनका उद्देश्य भारतीय कलाओं पर यूरोपीय कलाओं की श्रेष्ठता स्थापित करके चित्रकला के सुन्दर नमूनों को यूरोप की मण्डियों में बेचना था। यूरोप में भारतीय कलाओं विशेषकर चित्रकला की बड़ी माँग थी। अतः बाज़ार की माँग के आधार पर मुग़ल चित्रकला को ढालकर सस्ते एवं साधारण नमूने तैयार किये गये। इस प्रकार के चित्रकला को कम्पनी चित्रकला का नाम दिया जाता है। कुछेक इसे पटना (अज़ीमाबाद) क़लम भी कहते हैं। पटना उन दिनों यूरोपवासियों की मण्डी

बन गया था। अंग्रेज़ तथा ईस्ट-इण्डिया कम्पनी के अधिकारी एवं व्यापारी पटना में रहते थे, जो छोटे-बड़े रूप-चित्र, पक्षियों एवं पशुओं के चित्र, प्राकृतिक दृश्य आदि के चित्र बनवाते तथा उनका व्यापार करते। इस प्रकार के चित्र पटना तक सीमित नहीं थे वरन् बंगाल से सिन्ध तक तथा पंजाब से महाराष्ट्र तक बल्कि नेपाल तक फैले हुए थे। छोटे-बड़े रूप-चित्र अबरक के पन्नों पर पोस्टकार्ड साइज में अधिक प्रचलित थे।

कालान्तर में इन्हीं आर्ट स्कूलों में भारतीय चित्रकला के पुनरुत्थान का कार्य प्रारम्भ हुआ। कलकत्ता के आर्ट स्कूल में मुग़ल चित्रकला का स्थानीय बँगला चित्रकला से समन्वय करके बँगला चित्रकला को स्थायित्व प्रदान किया तथा कई नामवर चित्रकार उत्पन्न हुए। आधुनिक भारतीय चित्रकला के इतिहास में 1920 ई० की आयोजित चित्रकला प्रदर्शनी को विशेष महत्त्व प्राप्त है, जिसमें तत्कालीन अनेक नामवर चित्रकारों ने अपनी श्रेष्ठतम कलाकृतियाँ प्रस्तुत कीं। इसमें चित्रकला को पूर्णरूपेण स्थानीय परम्पराओं के आधार पर विकसित होने का अवसर प्रदान किया। यूरोपीय प्रयोग भी भारतीय प्रयोग के अंग बन गये।

वर्तमान में भारतीय मुस्लिम चित्रकारों में अनेक चित्रकार अन्तर्राष्ट्रीय ख्याति प्राप्त हैं, जिनमें कुछ ही का नाम लिया जा सकता है। के० एच० आरा के चित्रों की प्रदर्शनियाँ यूरोप तथा अमेरिका में हो चुकी हैं। विभिन्न प्रकार के रूप-चित्र बनाने तथा प्राकृतिक दृश्यों के चित्रण में अद्वितीय हैं। फूल-पत्तियाँ ईरानी क़लम में होती हैं। अब्दुर्रहमान अप्पाभाई आलमगीर महाराष्ट्र के सर्वश्रेष्ठ चित्रकार हैं। उनकी कला मुग़ल, राजपूत और पहाड़ी शैलियों के समागम से अस्तित्व धारण करती है, जिसका रचनात्मक आधार स्थानीय परम्पराओं के अनुरूप है, उन्होंने समुद्री मछुआरों के अद्भुत चित्र बनाये हैं। मक़बूल फ़िदा हुसैन वर्तमान युग के अन्तर्राष्ट्रीय ख्यातिप्राप्त सर्वश्रेष्ठ चित्रकार हैं। भारत तथा अन्तर्राष्ट्रीय सरकारों एवं संस्थाओं से अनेक बहुमूल्य पुरस्कार प्राप्त कर चुके हैं। भारत सरकार ने उन्हें पद्म-विभूषण की पदवी से अलंकृत किया तथा भारतीय राज्यसभा की सदस्यता भी प्रदान की है। उनकी कलाकृतियों में पाश्चात्य एवं प्राच्य कला का समावेश है। चित्रों में उनका प्रतीकात्मक चिन्तन स्पष्ट रहता है।

पच्चीकारी अथवा जड़तकला

पच्चीकारी अथवा जड़तकला को इस्लामी विद्वानों ने 'तकफ़ियत' कहा है अर्थात् किसी मूल्यवान् धातु को किसी साधारण धातु के अन्दर पच्ची करके जमा देना। इसी को 'ततईम' भी कहते हैं, जिसका अर्थ है पैबन्दकारी। इन

दोनों शब्दावलियों के बीच अन्तर यह है कि 'तकफ़ियत' धातु की पच्चीकारी को कहते हैं तथा 'ततईम' लकड़ी के काम में हाथी दाँत या आबनूस या सीप की पच्चीकारी को भी कहते हैं। धातु की पच्चीकारी करनेवाले को 'कुफ़्ती' तथा इस प्रकार के काम को 'कुफ़्त' कहते हैं। अरबी कुफ़्त फ़ारसी क्रिया 'कूबीदन' या 'कूफ़्तन' से उद्धृत है, जिसका अर्थ है कूटना। 'ज़र या तिला कूफ़्त' अर्थात् सोने की जड़तवाली वस्तु, 'सीम या नुक़रा कूफ़्त' अर्थात् चाँदी की जड़तवाली वस्तु अथवा 'मिस कूफ़्त' अर्थात् ताँबे की पच्चीकारीवाली वस्तु। 'कूफ़्तगर' अर्थात् सोने की पच्चीकारी करनेवाला। 'कूफ़्तगरी' अर्थात् सोने की पच्चीकारी। 'कूफ़्ता करदन्द' अर्थात् किसी बहुमूल्य धातु को किसी साधारण धातु में जड़ने को कहते हैं।

वास्तुकला में इसके दो उदाहरण हैं—ईरान में काशीकारी तथा भारत में संगमरमर या जवाहरात की नगीनाकारी या जड़त का काम। भारत में पच्चीकारी के श्रेष्ठ उदाहरण अलाई दरवाज़ा (1311 ई०) तथा ग़यासउद्दीन तुग़लक़ का मक़बरा (1325 ई०) में संगमरमर मात्र इसलिए प्रयोग किया गया है कि भवन के विशेष भाग (जैसे, बड़े दरवाज़े, दरीचे तथा मेहराबें) स्पष्ट हो जायँ। मुग़ल इमारतों में धीरे-धीरे सजावट पर बल दिया जाने लगा, अकबरी काल में आगरा का क़िला के दिल्ली दरवाज़ा (1566 ई०) में रंगीन चौके भी जड़े हुए हैं। जहाँगीरी महल दिल्ली, हुमायूँ का मक़बरा, फ़त्हपुरी सीकरी में जामा मस्जिद और बुलन्द दरवाज़ा (1570-80 ई०), जहाँगीरी दौर में अकबर का मक़बरा, आगरे में एतमादउद्दौला के मक़बरे का दरवाज़ा, शाहजहाँनी काल में ताजमहल का दरवाज़ा तथा दिल्ली एवं आगरा की जामा मस्जिदें, लाहौर की बादशाही मस्जिद आदि में इस कला का भरपूर प्रयोग हुआ है। किसी सीमा तक छोटे-छोटे आईने की जड़त का काम भी मुग़लों के महलों तथा ऐवानों की भीतरी दीवारों पर देखे जा सकते हैं।

भारत में बर्तनों की पच्चीकारी का एक विशेष रूप दकन में अधिक प्रचलित रहा, परन्तु लखनऊ, पूर्णियाँ तथा मुर्शिदाबाद में भी पच्चीकारी को विशेष महत्त्व प्राप्त रहा, जिसको 'बदरी' कहा जाता था। पाश्चात्य लेखकों ने इसे 'बिदरी' तथा 'बिदरे' लिखा है। वास्तविक रूप में यह कला बीदर से सम्बद्ध है, जो आन्ध्र प्रदेश का एक प्रमुख नगर है, जो किसी समय में इस कला का बड़ा केन्द्र था। कारीगर मुसलमान भी थे तथा हिन्दू। इस कला में गुलाबपाश, डिब्बे, प्याले, हुक़्क़े की फ़र्शियाँ बनाने का प्रचलन था, जो जस्ता और ताँबे की मिश्रित धातु से बनती थीं, जिस पर चाँदी की जड़त के बाद बर्तन को काला कर देते थे। पीतल तथा काँसे की अनेक वस्तुएँ, जो विभिन्न प्रकार की तथा नाना प्रकार के प्रयोग के लिए बनायी गयीं, उन पर पच्चीकारी के श्रेष्ठ

काम, यूरोप के विभिन्न संग्रहालयों में सुरक्षित हैं। कालान्तर में जब पीतल और काँसे की पच्चीकारी की कला विघटन की ओर थी उस समय भी विभिन्न देशों में तुर्की, ईरान, भारत आदि लोहे के हथियारों पर सोने और चाँदी की पच्चीकारी का फैशन फैल गया था।

धातुओं में पच्चीकारी का एक विशेष प्रकार यह है कि टकाई द्वारा सोने या चाँदी में इसका प्रयोग करते हैं। इसी प्रकार लकड़ी पर भी पच्चीकारी का काम सर्वप्रिय हुआ, जिसके तीन विशेष उदाहरण हैं, एक में साधारण रूप में हाथी दाँत की छोटी-छोटी इकाइयाँ और कोई मूल्यवान् लकड़ी जैसे आबनूस प्रयोग की जाती है। उन्हें मिलाकर जड़ाई के रूप में लकड़ी पर जमा दी जाती है। नाना प्रकार की पच्चीकारियाँ शुद्ध इस्लामी हस्तकला के अनुपम उदाहरण प्रस्तुत करती हैं, जिसमे शीशे पर मीनाकारी अथवा मिट्टी के बर्तनों पर विभिन्न प्रकार के तैल चित्रों का प्रयोग तथा चमक 'लस्टर' से सजावट, साधारण मैले-से रंग की वस्तु को गहरी चमकदार सतह उपलब्ध करा दी जाती है। इस प्रकार के प्रयोग से मानो उस वस्तु पर एक कालीन-सा बिछाकर और कालीन अपने-आपमें इस्लामी सुरुचि की द्योतक है, उसे गौरवान् एवं विशेष बना दिया जाता है।

गचकारी एवं संगतराशी

गचकारी एवं संगतराशी एक-दूसरे के पूरक हैं। इस्लाम में मूर्तिकला वर्जित है। इस्लामी इतिहास के प्रथम चरण 661 ई० तक संगतराशी एवं गचकारी को धार्मिक संरक्षण प्राप्त नहीं था, परन्तु इसके बाद जब इस्लामी शासन पैतृक साम्राज्य में परिवर्तित हो गया, तो इस्लामी सिद्धान्तों की अवहेलना प्रारम्भ हुई। अतः गचकारी एवं संगतराशी के नमूने उमैय्यावंशज तथा अब्बासीवंशज ख़लीफ़ाओं के महलों, भवनों तथा मस्जिदों में मिलते हैं। उमैय्यावंशज काल के वास्तु धरोहरों में दार-उल-मुश्ता के महल का नाम विशेष है, जो खलीफ़ाओं का ग्रीष्मकालीन निवास था। यह महल उर्दुन नदी के पास स्थित है। इस महल की संगतराशी जिस पर उच्च स्तर का टंकन है, बर्लिन के राष्ट्रीय संग्रहालय में वर्तमान है। इसके दरवाज़े के त्रिकोण में पशुओं, पक्षियों तथा मानव आकृति अंगूर के बेलों के बीच अंकित है। इसी प्रकार के अन्य अवशेष भी हैं। यह परम्परा अब्बासी शासनकाल में भी रही तथा न्यूयार्क, बर्लिन तथा स्ताम्बोल के संग्रहालयों की शोभा बढ़ा रहे हैं। इनमें ख़जूर के पत्ते अत्यन्त कुशलता से बनाये गये हैं। अब्बासी काल की वास्तुकला का परमोत्कर्ष सामरा तथा बग़दाद के शाहीमहल हैं। सामरा की खुदाई से पता चला है कि वहाँ वैभवशाली मस्जिदें, भवन, बाज़ार आदि थे। इनकी सजावट अंगूर तथा खजूर के पत्तों, सनोबर के

फलों तथा ज्यामितीय अंकों पर आधारित थी। मिस्र के फ़ातिमीवंशज शासनकाल में भी गचकारी द्वारा सजावट के उत्तम नमूने दीखते हैं। विशेषकर क़ाहिरा की जामा-उल-अज़हर तथा जामा-उल-हकम की चर्चा की जा सकती है, जिनमें पत्थर तथा गच पर कूफ़ी लिपि में लिखा गया है।

भारत के मुस्लिम शासनकाल में लाहौर, दिल्ली, आगरा, जौनपुर, अहमदाबाद और लखनऊ में अनेक भवन निर्मित हुए, जिनमें अरबी, ईरानी तथा भारतीय वास्तुकला के सम्मिश्रण से अद्वितीय शैली का जन्म हुआ। प्राचीन भवनों में दिल्ली की क़ुत्ब मस्जिद तथा क़ुत्बमीनार की चर्चा की जा सकती है। अफ़ग़ान शासनकाल में मस्जिदें अधिक सुन्दर निर्मित हुईं तथा उनमें संगमरमर की पच्चीकारी की गयी। जौनपुर की जामा मस्जिद, अटाला मस्जिद तथा लाल दरवाज़े की मस्जिद में इसके उत्तम नमूने देखने को मिलते हैं। इस काल की मस्जिदों के अतिरिक्त शासकों तथा धार्मिक महत्त्व के व्यक्तियों के मक़बरों में भी पत्थरों पर खुदाई तथा पच्चीकारी के उच्च उदाहरण मिलते हैं।

भारत में मुग़ल शासनकाल संगतराशी तथा गचकारी की कला का उत्कर्ष काल रहा अकबरी काल के भवनों में हुमायूँ का मक़बरा भारतीय इस्लामी वास्तुकला का सुन्दर नमूना है। इसके सुन्दर मेहराबों के पाये, पच्चीकारी से अत्यन्त सुन्दर दीखते हैं। अकबर महान् के विख्यात वास्तुकलात्मक प्रतीक फ़त्हपुर सीकरी के महल, मस्जिद तथा शेख सलीम चिश्ती का मक़बरा है। यह मक़बरा पूर्णरूपेण संगमरमर से निर्मित है। इन सुन्दर भवनों को एक कविता की संज्ञा देना उचित ही है। जहाँगीरी काल में जालन्धर की नूरमहल सराय, अनारकली का मक़बरा गचकारी के उत्कृष्ट उदाहरण हैं। जहाँगीर का मक़बरा, जिसे मलिका नूरजहाँ ने निर्मित कराया था, उसमें संगमरमर के मेहराब, मीनारों की बुर्जियाँ तथा क़ब्र की ताबीज़, जिस पर अल्लाह के नाम अंकित हैं, देखते ही बनती है। छत पर संगमरमर के चारख़ाने की महताबी बनी हुई है। पूरे भवन पर संगमरमर की पच्चीकारी हुई है। आगरा में एतमादउद्दौला का मक़बरा भी पूरी तरह संगमरमर से निर्मित है, जिसमें बहुमूल्य नगीनों से पच्चीकारी की गयी है।

शाहजहाँ काल में वास्तुकला में अत्यन्त सूक्ष्मता एवं माधुर्य दीखता है। कलात्मकता उत्कर्ष पर है। इसी काल में लाहौर की मस्जिद ईरानी शैली की गचकारी से हुई तथा ईंटों की दीवारों पर अत्यन्त सुन्दरतापूर्वक चित्रण किया गया है। आगरा के क़िला की महलसरा भी संगमरमर से निर्मित है तथा वास्तुकला की दृष्टि से श्रेष्ठ है। दीवाने-ख़ास का ऐवान अत्यन्त सुन्दर है, जिसमें रंग-बिरंग के जवाहरात जड़े हुए हैं। आगरा की मोती मस्जिद विश्व के सुन्दरतम मस्जिदों में है। वास्तुकला की दृष्टि से दिल्ली का लाल क़िला आगरा के क़िला पर वरीयता रखता है, जिसका दीवाने-आम वैभव एवं सौन्दर्य में अद्वितीय है। सबसे बढ़कर

आगरा का रौज़ा-ए-मुमताज़ महल है, जो ताजमहल के नाम से विख्यात है। इसके रचनात्मक सौन्दर्य, सन्तुलित अंगों, माधुर्य एवं वैभव का वर्णन शब्दों में करना सम्भव नहीं है। इसके विभिन्न अंग अतिसुन्दर संगमरमर में जड़े हुए, यशब, संगसितारा तथा ज़बरजद की तरह के मूल्यवान् नगीनों का जड़ाव कार्य अद्वितीय है। दिल्ली की जामा मस्जिद, आगरा की मोती मस्जिद से मिलती-जुलती है, परन्तु उससे बड़ी है। इसमें संगमरमर में संगसुर्ख़ का सम्मिश्रण देखते ही बनता है। औरंगज़ेब काल की कालजयी मस्जिद लाहौर में है, जिसमें संगमरमर के अतिसुन्दर तीन गुम्बद हैं।

दिल्ली तथा आगरा में शाही महलों तथा मस्जिदों के अतिरिक्त अन्य विस्तृत एवं विशाल भवन हैं, जो अधिकांश ईंट और साधारण पत्थरों से निर्मित हैं, परन्तु उन पर गच द्वारा उच्च श्रेणी की सजावट की गयी है। इमारतों की बड़ी संख्या तथा सजावट की कला के आधार पर दिल्ली और आगरा के बाद लखनऊ का कोई अन्य नगर मुक़ाबला नहीं कर सकता। इसकी अधिकांश इमारतें गचकारी का श्रेष्ठ उदाहरण प्रस्तुत करती हैं।

काठ-तक्षकला

इस्लामी शासनकाल के प्रारम्भिक काल में लकड़ी पर खुदाई के यूनानी तथा ईरानी शैलियों के सम्मिश्रण से इस्लामी काठ-तक्षकला का उदय हुआ। वर्तमान ईस्राइल में बैत-उल-मुक़द्दस की अक़सा-मस्जिद में लकड़ी के चौंकों में बेल के पत्ते अत्यन्त सुन्दर, जाम-क़ीरवान का मिम्बर, जो सम्भवतः अब्बासी ख़लीफ़ा हारून रशीद् के शासनकाल (786-809 ई०) में बग़दाद की काठ-तक्षकला का उत्कृष्ट उदाहरण है। मिस्री कारीगरों ने दसवीं शती ईस्वी के प्रारम्भ में अब्बासी शैली में मूलभूत परिवर्तन किया, जिससे लकड़ी की खुदाई अधिक गहरी होने लगी तथा सजावट में गोलाई पर बल दिया जाने लगा। फ़ातिमी शासनकाल (908-1160 ई०) में काठ-तक्षकला में पशुओं के चित्रों का प्रयोग दीखने को मिलता है। कुछेक चौखटों पर शिकार तथा राजदरबार के दृश्य भी दिखायो पड़ते हैं। इनमें चित्रों तथा बेलबूटों के परस्पर मेल से एक सुन्दर कलाकृति अस्तित्व में आती है, जो फ़ातिमी तक्षकला की विशेषता है। इसी प्रकार कुछेक उदाहरण ऐसे भी मिलते हैं, जिनमें अरबी शैली के अतिरिक्त अंगूर के पत्ते भी दिखायी पड़ते हैं। सीरिया में भी तक्षकला का प्रचलन था।

भारत में तक्षकला को मुस्लिम शासनकाल में प्रोत्साहन मिला। इसका विशेष केन्द्र कश्मीर था, जहाँ तक्षकला अपने उत्कर्ष को पहुँचा। श्रीनगर (कश्मीर) में जामा मस्जिद शाह हमदान पूरी तरह लकड़ियों से बनी हुई है तथा भारतीय

तक्षकला की कहानी कहती है। भारतीय तक्षकला का अद्वितीय उदाहरण चरार-शरीफ़ (कश्मीर) में शैख़-उल-आलम का मज़ार-शरीफ़ था, जिसके दर्शनार्थ सारे विश्व से यात्री एवं पर्यटक आते थे। पाकिस्तानी आतंकियों ने उसे जलाकर नष्ट क़र दिया, जिसको कश्मीरी मुसलमानों ने पुनः निर्मित किया है।

हाथी दाँत एवं हड्डी आभूषित कला

भारतीय मुसलमानों ने हाथी दाँत एवं हड्डी आभूषित कला में विशेष महत्त्व प्राप्त किया है। इसकी परम्परा अब्बासी शासनकाल में लकड़ी की तख़्तियों एवं पेटियों पर आभूषित कला के प्रयोग से प्रारम्भ हुई। तूलूनवंशीय शासनकाल में हड्डी के काम में भी इस शैली का प्रयोग किया जाने लगा, जो काठ-तक्षकला से समन्वित था। क़ाहिरा (मिस्र) के अरबी संग्रहालय में हाथी दाँत तथा हड्डी के काम से सुसज्जित वस्तुएँ संरक्षित हैं। फ़ातिमी शासनकाल में सन्दूक़ों के टुकड़ों पर हाथी दाँत आभूषित कला के उदाहरण मिलते हैं। हाथी दाँत के पटल पर संगीतकारों, नृत्यकाओं, शिकारियों तथा कुछेक पशुओं की आकृति अत्यन्त कलात्मकता से अंकित की जाती थी।

भारत में हाथी दाँत का काम डिब्बों, क़लमदानों, खिलौनों तथा छोटे सन्दूक़चों पर किया जाता है। इसकी कला के प्रसिद्ध केन्द्रों में दिल्ली, लखनऊ, मुर्शिदाबाद, अहमदाबाद, बंगलौर तथा श्रीनगर हैं। हाथी दाँत से आभूषण भी बनाये जाते हैं! छुरियों तथा चाक़ुओं के दस्तों पर भी हाथी दाँत आभूषित कला का प्रदर्शन होता है। अनेक प्रकार की वस्तुएँ हाथी दाँत आभूषित कला से बनायी जाती हैं। जैसे, ज़ेवर रखने के डिब्बे, इत्रदान आदि। सूरमेदानी, मालाएँ तथा बटन हाथी दाँत के भी बनते हैं तथा हड्डी के भी। मेज़ की कुर्सियाँ भी हाथी दाँत से सुसज्जित की जाती हैं। जड़ाऊ कला के प्रयोग में हड्डी या लकड़ी के टुकड़े किसी समतल वस्तु पर जड़ दिये जाते हैं। हाथी दाँत एवं हड्डी आभूषित कला अन्य हस्तकलाओं के समान मानव हाथों द्वारा निर्मित होते हैं। वर्तमान में मशीनों के प्रचलन से मानव हस्तकला को, जो आघात पहुँचा है, उससे हाथी दाँत एवं हड्डी आभूषित कला भी प्रभावित हुई है। फिर भी अनेक परिवार वर्तमान में भी इसे अपनी जीविका का साधन बनाये हुए हैं।

शीशा एवं बिल्लौर कला

इस्लाम-पूर्व काल से ही सीरिया में शीशासाज़ी तथा बिल्लौर के बर्तन बनाने का प्रचलन रहा है, क्योंकि वहाँ इसका उच्चकोटि का मसाला उपलब्ध रहा है।

इसी प्रकार मिस्र में भी शीशासाज़ी की कला रही है। इस्लाम के प्रारम्भिक काल में शीशे तथा बिल्लौर के बर्तनों में सुराहियाँ, गुलदान तथा प्याले बनाये जाते थे, जो घरेलू आवश्यकताओं में उपयोग किये जाते थे। साधारणतया तेल तथा इत्र रखने के लिए विशेष प्रचलन था। शीशासाज़ी में कटाई का काम बड़ी निपुणता से होता था। शीशे के कटोरे, लोटे आदि बनाये जाते हैं, जिनकी बड़ी कुशलता से कटाई की जाती है। इस प्रकार पक्षियों एवं पशुओं के चित्र भी बनाये जाते हैं। ईरान के दो नगर रय (शाह अब्दुल अज़ीम) तथा नीशापुर शीशासाज़ी के प्रमुख केन्द्र थे। तातारी आक्रमण में यह कला नष्ट हो गयी, परन्तु शाह अब्बास आज़म के शासनकाल (1587-1628 ई०) में इस कला को पुनर्जीवित किया गया। शीशे के आईने, सुराहियाँ तथा विभिन्न प्रकार के गुलदान शीराज़ तथा इस्फ़हान में बनते थे, जिनका रंग सफ़ेद, हरा, नीला आदि होता। वर्तमान में भी इन नगरों में जाम, सुराहियाँ, प्याले, गुलदान, खिड़कियों के शीशे तैयार होते हैं तथा ईरान ही नहीं पूरे विश्व में विख्यात हैं। इमारतों पर शीशे के काम का वैभवशाली उदाहरण मशहद-मुक़द्दस (ईरान) में इमाम रज़ा का रौज़ा है, जिसमें शीशे का अद्वितीय कलात्मक रूप दीखता है। रौज़ा के प्रांगण में अनेक मस्जिदें हैं, सभी शीशागिरी का अद्भुत उदाहरण प्रस्तुत करती हैं।

टंकन कला

टंकन कला को अरबी में 'मसकूकात' कहते हैं, जिसका अर्थ सिक्का बनाने का ठप्पा अथवा सिक्का ढालने का साँचा है, परन्तु व्यावहारिक रूप में इससे अभिप्राय सोने, चाँदी और ताँबे के सरकारी छाप के सिक्के हैं।[1] इस्लाम से पूर्व अरब में क़ैसर व किसरा के सिक्के प्रचलित थे, जिनको हरक़ुली, बोज़न्ती तथा किसरवी अथवा फ़ारसी कहा जाता था। इनके अतिरिक्त हमीर शासकों के सिक्के भी चलते थे। अरब इन सिक्कों को उनके भार के आधार पर तोलकर व्यापार करते थे। उसका भार जिससे क़ुरैश चाँदी तौलते थे, 'दिरहम' कहा जाता था तथा जिस भार से सोना तौलते थे, उसे 'दीनार' कहते थे। सिक्कों का यही चलन इस्लाम के बाद भी प्रचलित रहा। अरबों में भी कुछ ताँबे के सिक्के प्रचलित थे, जिन्हें 'हब्बा' अथवा 'दानिक' कहते थे।[2]

मुसलमानों के शासनकाल में सिक्के ढालने का कारण यह हुआ कि अब्बासी ख़लीफ़ा अब्दुल मलिक-बिन-मरवान (मृ० 705 ई०) के शासनकाल में

---

1. अलमुक़द्दमा, भाग-2, पृ० 638
2. तारीख़-उल-तमद्दुन-उल-इस्लामी, भाग-1, पृ० 140

सिक्के मिस्त्र में ढाले जाते थे, जो उस समय ईसाइयों के अधीनस्थ था। सिक्कों पर इस्लाम के विरुद्ध अपशब्द अंकित होते थे, जिसको ख़लीफ़ा अब्दुल मलिक ने ईसाई शासक से हटाने का अनुरोध किया, परन्तु उसने न केवल यह कि उसका अनुरोध अस्वीकार कर दिया बल्कि धमकाया कि अब मैं तुम्हारे रसूल के विषय में अपशब्द अंकित कराकर प्रचलित करूँगा। ख़लीफ़ा अत्यन्त भयभीत हो उठा, क्योंकि समस्त अर्थव्यवस्था उन्हीं ईसाई टंकन से प्राप्त सिक्कों के आधार पर चल रही थी। इतिहासकार दमीरी (मृ० 1405 ई०) ने लिखा है[1] कि इस समस्या के समाधान हेतु उसने इमाम मुहम्मद बाक़िर (मृ० 734 ई०) से प्रार्थना की, जिन्होंने स्वयं अपने संरक्षण में दिरहम और दीनार के सिक्के ढलवाये। सिक्के के एक तरफ़ इस्लामी कलमा तथा दूसरी ओर इस्लामी पैग़म्बर का शुभ नाम तथा टंकन वर्ष अंकित कराया तथा उनके भार भी निश्चित किये। टंकन हेतु अपनी देख-रेख में एक मशीन भी बनवायी ताकि सभी सिक्के एक भार के बनाये जा सकें। उसके बाद रोम के प्रचलित सिक्के इस्लामी प्रदेशों में अमान्य हो गये। बाद के काल में विभिन्न शासकों ने समय-समय पर अलग-अलग रूप में तथा विभिन्न भार के चाँदी तथा सोने के सिक्कों का टंकन कराया।

❑❑❑

---

1. हयात-उल-हैवान, भाग-1, पृ० 63

उपसंहार

प्रस्तुत पुस्तक में इस्लामी संस्कृति को मूलरूप में मुस्लिम समाज में इस्लामी प्रभाव के परिप्रेक्ष्य में समझने की चेष्टा की गयी है। यहाँ इस तथ्य को स्पष्ट कर देना आवश्यक है कि मुसलमानों के लिए इस्लाम मात्र ईश-वन्दना का माध्यम ही नहीं है, वरन् मुसलमानों का अक़ीदा और ईमान होने के साथ-ही-साथ एक विशेष जीवन-पद्धति का नाम है। वे क़ुर्आन को आसमानी ग्रन्थ मानते हैं, जो इस्लामी पैग़म्बर पर श्रुतिप्रकाश के रूप में उत्प्रेरित हुआ। दूसरा आधार इस्लामी पैग़म्बर का जीवन एवं कृतित्व है। इन्हीं के आधार पर समस्त धार्मिक समाधान प्राप्त होते हैं। कुत्सित एवं अधिमान्य तथा अनुज्ञेय एवं वर्जित विषयों का निर्धारण होता है। यही मानक इस्लामी संस्कृति हेतु भी है। इस्लामी संस्कृति में क़ुर्आन तथा इस्लामी पैग़म्बर के जीवन एवं कृतित्व को मानक माना गया है। पाश्चात्य में इस्लाम तथा मुसलमानों के विषय में अध्ययन करते समय उपर्युक्त तथ्य को अधिकांश ध्यान में नहीं रखा गया है, बल्कि संस्कृति के व्यावहारिक पक्ष को क़ुर्आन तथा पैग़म्बर के द्वारा स्थापित मानक पर न रखते हुए मुसलमानों के कार्यकलाप के आधार पर देखते हैं। अतः सही निष्कर्ष पाने में असमर्थ हो जाते हैं। धर्म-विश्वासों का अन्तर खाईं बनकर बीच में आ जाता है। उदाहरणार्थ, क़ुर्आन के विषय में प्रत्येक मुसलमान का मत है कि इसका प्रत्येक शब्द ईश्वर की ओर से उत्प्रेरित किया गया है। इस्लामी पैग़म्बर का मन्तव्य उनकी हदीसों के रूप में वर्तमान है। यद्यपि उनका मन्तव्य भगवदिच्छा के आधार पर ही है, परन्तु वे ईश्वर की वाणी के रूप में नहीं हैं। क़ुर्आन का सम्पादन इस्लामी पैग़म्बर के जीवनकाल में ही हो गया था। उसमें कोई शब्द घटाया-बढ़ाया नहीं गया है, जिस प्रकार अपने मूलरूप में श्रुतिप्रकाश हुआ था, अक्षरशः पुस्तक रूप में मुद्रित होने के अतिरिक्त विश्व भर में सहस्रों लोगों को कण्ठस्थ है। हदीसें बाद में एकत्र की गयीं। पाश्चात्य विद्वानों का मत भिन्न है, वे क़ुर्आन को श्रुतिप्रकाश के रूप में स्वीकार नहीं करते। अधिकांश पाश्चात्य विद्वान् क़ुर्आन तथा हदीस के बीच अन्तर भी नहीं कर पाते और दोनों को इस्लामी पैग़म्बर से सम्बद्ध करने की भयावह भूल कर बैठते हैं, जिससे इस्लामी संस्कृति के विषय में उनका संज्ञान एवं निष्कर्ष असत्य पर आधारित हो जाता है। हमारी चेष्टा रही है कि इस्लामी

संस्कृति का संश्लिष्ट अध्ययन प्रस्तुत करते समय क़ुर्आन तथा इस्लामी पैग़म्बर के जीवन एवं कृतित्व को अपना आधार बनायें।

संस्कृति को यदि हम मानव-समाज के विकास-क्रम में देखें, तो कई बार ऐसा हुआ है कि उच्च संस्कृति की समाप्ति के पश्चात् उसी के पोषक निम्नस्तरीय कार्यकलापों में लग गये, उनमें मूल्यों के प्रति जागरूकता का एहसास कम होता गया। अपनी जाति को ही सर्वश्रेष्ठ दल के रूप में स्थापित करने में लग गये। फिर उनके उप-दल बनते गये। मुसलमानों के साथ भी यही सब हुआ तथा उनकी संस्कृति भी उन्नति तथा विघटन के बीच हिचकोले खाती रही है। इस्लाम ने जाति, रंगभेद, लिंगभेद, वंशज आदि की सीमाएँ समाप्त करके समस्त मानव को एक आदम और हौव्वा की सन्तान बताया, परन्तु मुसलमान जातियों के आधार पर इतने विभाजित हुए कि उन जातियों की संख्या करना भी कठिन है। रंगभेद तथा लिंगभेद का आधार बढ़ता गया। कौन किस वंशज का है, अत्यन्त महत्त्वपूर्ण हो गया। अनेक प्रकार की नकारात्मक प्रवृत्ति मुस्लिम संस्कृति में भी देखने को मिलती है। हमने यथास्थान उनका विवेचन करने की चेष्टा की है।

सांस्कृतिक अध्ययन में इस तथ्य को भी ध्यान में रखना चाहिए कि विचारधाराएँ, विश्वास तथा चिन्तन किसी विशेष भौगोलिक सीमा में बँधकर नहीं रहते, वरन् देश, जाति, वंशज के बीच चलते हुए विश्व के एक भाग से दूसरे भाग में पहुँच जाते हैं। संस्कृति के स्थानीय तत्त्व सदैव भौगोलिक सीमाओं में बँधकर रहते हैं। प्रत्येक वर्ग का सांस्कृतिक चिन्तन, अन्य सांस्कृतिक चिन्तनों से आदान-प्रदान करता है। यदि किसी देश या क्षेत्र के सांस्कृतिक चिन्तन की चर्चा की जाय, तो उससे अभिप्राय उसकी सामाजिक स्थिति तथा उसके प्रभाव होते हैं। इस प्रकार के सांस्कृतिक प्रभाव साधारणतया भौतिक वस्तुओं के रूप में स्पष्ट होते हैं। परन्तु यदि सांस्कृतिक चिन्तन का आधार धार्मिक एवं संस्कारगत होता है, तो विभिन्न वर्गों के समान एहसास तथा मिज़ाज को एक साँचे में ढाल देते हैं। हो सकता है कि उनके धार्मिक विचार एवं सिद्धान्त एक-दूसरे के प्रतिकूल ही क्यों न हों। यही एहसास तथा मिज़ाज है, जो उस देश या क्षेत्र की सांस्कृतिक आत्मा कह सकते हैं, जिसको दूसरे शब्दों में संयुक्त सांस्कृतिक आधार भी कहा जा सकता है।

इस्लामी संस्कृति का वर्तमान सम्पन्न रूप हमारे सामने है, जो अनेक धर्मों, सम्प्रदायों एवं जातियों से आदान-प्रदान करता रहा है। प्राचीन इस्लामी सांस्कृतिक काल में यह आदान-प्रदान यूनानी, ईरानी, भारतीय तथा अरबी संस्कृतियों के समागम पर आधारित था। ईरानी तथा सिरियानी जातियों के अतिरिक्त अनेक महत्त्वपूर्ण मसीही, सायबी तथा भारतीय लेखकों एवं अनुवादकों द्वारा इस्लामी

विद्याएँ समुचित रूप में लाभान्वित हुईं। प्राचीन में जब इस्लाम आया, तो उस समय दुनिया में चार सर्वाधिक महत्त्वपूर्ण विद्या केन्द्र थे—स्कन्दरिया, यूनान, ईरान तथा भारत। इन्हीं चार केन्द्रों से समस्त विश्व में विद्याओं का विकास हुआ। यह भी शोध से पता लगा है कि ये चारों केन्द्र परस्पर एक-दूसरे के सम्पर्क में रहते थे तथा एक-दूसरे की सहायता करते थे। भारत की विशेषता यह थी कि उसकी विद्याएँ स्थापित थीं। चिकित्सा, दर्शन, गणित आदि में किसी अन्य देश का अनुसरण नहीं किया गया। सिकन्दर के भारत में आने के पूर्व भारतीय दर्शन पर यूनान के प्रभाव नहीं थे। स्कन्दरिया पुस्तकालय विश्व के प्राचीनतम विद्या केन्द्रों में है, जब उसका प्रारम्भ किया गया, तो पुस्तकों की प्राप्ति हेतु विभिन्न देशों में दूत भेजे गये, जिनमें भारत का नाम भी मिलता है, जिसकी चर्चा इब्न नदीम ने की है।[1]

आधुनिक युग में पाश्चात्य राजनीतिक आधिपत्य के कारण पाश्चात्य चिन्तन का विस्तार हुआ तथा उन्हें वरीयता प्राप्त हुई, जिसके आधार पर मुसलमानों के इतिहास में पहली बार उनके प्रभुत्व, प्रधानता एवं ज्ञान-विज्ञान के प्रति विभिन्न प्रकार के प्रश्न किये जाने लगे। यहाँ तक कि क़ुर्आन के विषय में भी नाना प्रकार के मत प्रकट किये गये। इस प्रकार के पाश्चात्य चिन्तन का सर्वाधिक प्रभाव पहले तुर्की तथा मिस्र पर हुआ, फिर भारतीय उपमहाद्वीप भी उसकी चपेट में आ गया। इन प्रश्नों में सर्वाधिक प्रचारित प्रश्न यह था कि इस्लामी ज्ञान-विज्ञान सिद्धान्त प्रकृति के अनुरूप है अथवा नहीं। क्या इसका विवेचन आधुनिक विज्ञान के आधार पर किया जा सकता है। क्या इस्लामी ज्ञान-विज्ञान आधुनिक प्रयोगों के आधार पर प्राप्त निष्कर्षों के अनुरूप है? जीवविज्ञान, समाजशास्त्र, मनोविज्ञान, मार्क्सवाद, अर्थशास्त्र तथा आधुनिक भौतिकी में विशेषकर अन्तरिक्ष एवं परमाणु में इस्लामी विज्ञान की कितनी सार्थकता शेष रह गयी है। गत डेढ़ सौ वर्षों में यूरोपीय ज्ञान-विज्ञान के आधिपत्य के कारण इस्लामी ज्ञान-विज्ञान पर निरन्तर प्रश्नचिह्न लगाये जाते रहे हैं। पाश्चात्य विद्वानों का एक दल इतिहासकारिता के नाम पर इस्लामी संस्कृति तथा इतिहास पर उसके भीतर पैठकर आक्रमण करता रहा है। उसने साबित करने का प्रयत्न किया है कि इस्लाम का ज्ञान-विज्ञान में विशेष योगदान नहीं है। यदि कुछ है, तो इस्लाम का न होकर यूनानियों, ईरानियों, ईसाइयों तथा यहूदियों से प्राप्त हुआ है। इसका एक भाग भारतीय भी है, जो पुस्तकों के अनुवाद से मुसलमानों को प्राप्त है।

यदि उपर्युक्त समस्याओं पर तटस्थतापूर्वक विचार किया जाय, तो इसके तीन पक्ष सामने आते हैं। प्रथम, पाश्चात्य के सामने पूर्णरूपेण समर्पण, दूसरे,

---

1. फ़ेहरिस, पृ० 348

खेदात्मक सुविधावादी प्रयत्न तथा तीसरे, सकारात्मक प्रयत्न। यूरोपीय ज्ञान-विज्ञान के आक्रमण में सबसे पहले तुर्की, ईरान तथा मिस्त्र ने हथियार डाल दिये। इन देशों में ऐसे विद्वान् उत्पन्न हुए, जिन्होंने इस्लाम को सत्य धर्म मानते हुए भी यूरोपीय विज्ञान तथा दर्शन के सामने नतमस्तक हो गये। भारत में सर सैय्यद ने यूरोपीय प्रकृतिवाद पर बल दिया। तुर्की में ज़यागोक अल्प तथा उसके सहयोगियों ने इस्लामी ज्ञान एवं समाज को त्याग देने पर बल दिया। मिस्त्र में मुफ़्ती मुहम्मद अब्दहू ने मध्यम मार्ग अपनाते हुए सामंजस्य पर बल दिया। क़ासिम अमीन और तहा हुसैन तथा बाद में हसनैन हैकर को पाश्चात्य चिन्तन ने आसक्त कर लिया। वरन् सैय्यद जमालउद्दीन अफ़ग़ानी का दृष्टिकोण सकारात्मक रहा। यद्यपि उनका कार्यक्षेत्र ज्ञान-विज्ञान से अधिक राजनीतिक था। फिर भी उन्होंने राजनीतिक ऊहापोह में धार्मिक चिन्तन के विषय में सामंजस्य बनाये रखा। मुफ़्ती मुहम्मद अब्दहू और उनके शिष्यों के लहजे में पहले पश्चात्ताप फिर द्विधावादिता ही नहीं विरोध भाव भी दीखता है। उन्होंने प्राकृतिक विद्याओं के सिद्धान्त एवं दर्शन को स्वीकार करके ऐसे विचार प्रस्तुत किये, जिनसे क़ुर्आनी मन्तव्यों की अवहेलना तो टाली जा सकती थी, परन्तु उसके द्वारा संचालित आध्यात्मिक संस्कृति के प्रबल आन्दोलन को घोर आघात पहुँचा। मिस्त्र में जैसे-जैसे वैज्ञानिक शिक्षा का विस्तार होता गया, आधुनिक दर्शन का प्रसार भी होता गया, जिससे द्विधावादिता का प्रचलन बढ़ा। परन्तु इसी बीच एक विचित्र स्थिति भी प्रस्तुत हुई कि पाश्चात्य वैज्ञानिक सिद्धान्तों की समालोचना एवं विश्लेषण स्वयं पाश्चात्य विद्वानों ने ही प्रारम्भ कर दिया। सर्वमान्य सिद्धान्तों में परिवर्तन-परिवर्द्धन हेतु पुस्तकें अस्तित्व में आयीं। इससे द्विधावादिता स्वयं खण्डित हो गयी। इधर पाश्चात्य में इस्लाम का अध्ययन उदारतापूर्वक होने लगा तथा इस्लाम के पक्षधर यूरोपीय विद्वानों का दल भी सामने आने लगा है, जिनमें ली बान, डरेप, ब्राउन, निकिल्सन, ब्रीफ़ाल्ट आदि विशेष उल्लेखनीय हैं। इन आधुनिक समालोचना एवं विश्लेषण के आधार पर मिस्त्र के आधुनिकतावादियों में इस्लामी संस्कृति तथा उसके ज्ञान-विज्ञान के पक्ष में सकारात्मकता उत्पन्न हुई।

भारतीय मुस्लिम सांस्कृतिक परिप्रेक्ष्य के पहले चरणों में यूरोपीय चिन्तन के प्रति समर्पण एवं पश्चात्ताप का भाव स्पष्ट दीखता है। सर सैय्यद अहमद ख़ाँ स्पष्ट रूप में पाश्चात्य प्रकृतिवाद के पोषक थे तथा अपने विचारों में किसी सीमा तक अतिवादी भी थे। उनके सहयोगियों में अधिकांश सुविधावादी दृष्टिकोण रखते थे। परन्तु सैय्यद अमीर अली ने अपनी बहुमूल्य पुस्तकों के माध्यम से वस्तुस्थिति को परिवर्तित करने का सफल यत्न किया, जिन्हें भारतीय मुस्लिम संस्कृति के पुनर्स्थापना का द्योतक कहा जा सकता है। उन्होंने यूरोपीय ज्ञान-विज्ञान की उन्नति की सराहना भी की तथा उसकी कटु आलोचना भी। उनके इस

चिन्तन ने आधुनिक परिवेश में सकारात्मक आन्दोलन का रूप धारण किया, तो इस आन्दोलन का सर्वाधिक महत्त्वपूर्ण हस्ताक्षर अबुल कलाम आज़ाद हुए, जिन्होंने इस्लामी संस्कृति की व्याख्या इस्लामी चिन्तन के आधार पर की। क़ुर्आन तथा इस्लामी पैग़म्बर के द्वारा प्रदान किये गये मार्ग की व्याख्या की। इस क्रम का एक महत्त्वपूर्ण नाम सर मुहम्मद इक़बाल है, जिन्होंने इस्लामी चिन्तन के आधार पर मुसलमानों में सांस्कृतिक जागरण उत्पन्न करने का प्रयत्न किया। परन्तु भारत में 1930 ई० के बाद जिस प्रकार के राजनीतिक आन्दोलन उठे तथा 1947 ई० में जिस प्रकार राजनीतिक ऊहापोह के बीच देश विभाजित हुआ, उसने इस्लामी सांस्कृतिक आन्दोलन को विशेष रूप में प्रभावित किया। यद्यपि 20वीं शती के कालजयी हस्ताक्षर इमाम ख़ुमैनी के नेतृत्व में इस्लामी क्रान्ति ने 11 फ़रवरी, 1979 ई० में इस्लामी संस्कृति के नये आयाम प्रस्तुत किये हैं, जिसका प्रभाव-क्षेत्र ईरान तक ही सीमित नहीं है। समस्त मुस्लिम जगत् में आशा के दीप प्रज्वलित हुए हैं। भारत और ईरान इस्लाम-पूर्व काल से सांस्कृतिक रूप में एक-दूसरे से जुड़े रहे हैं। मुस्लिम शासनकाल में परस्पर सहयोग का क्रम समस्त सांस्कृतिक एवं ज्ञान-विज्ञान सम्बन्धी आवश्यकताओं के आधार पर होता रहा है, जिसकी चर्चा प्रस्तुत पुस्तक में सविस्तार की गयी है।

□□□

सन्दर्भिका

अकबरनामा : अबुल फ़ज़्ल, अल्लामी (मृ० 1602 ई०) : (tr. H. Beveridge) कलकत्ता 1912 ई०

अकसीर-उल-इबादत-व-असरार-उल-शहादत : आक़ा दरबन्दी तबरेज़ 1877 ई०

अख़बार-उल-अख़यार : अब्दुल हक़ मुहद्दिस देहल्वी (मृ० 1642 ई०) (उर्दू अनुवाद : मुहम्मद फ़ाज़िल) दिल्ली

अगर अब भी न जागे तो : शम्स नावेद उस्मानी : रामपुर 1989 ई०

अज़रंगे-चीन : देवी प्रसाद : लखनऊ 1925 ई०

अजायब-उल-आसार-फ़िल-तराजिम-वउल-अख़बार : शैख़ अब्दुर्रहमान-बिन-हसन हनफ़ी (मृ० 1918 ई०) : बेरूत

अजायब-उल-मख़लूक़ात : अलक़ज़वीनी (मृ० 1349 ई०) : दमिश्क़ 1927 ई०

अदब-उल-इख़तेलाफ़-फ़ी-इस्लाम : तहा जाबिर (उर्दू अनुवाद) : दिल्ली 1985 ई०

अनवार-उल-क़ुर्आन : सैय्यद ज़ीशान हैदर जवादी (मृ० 2000 ई०) : लखनऊ, 1992 ई०

अनसाब-उल-अशराफ़ा : अलबलाज़ुरी, अहमद-बिन-यहया-बिन-जाबिर (मृ० 892 ई०) (tr. M. Schossinger & S.D.F. Goitein) यरोशलम : 1936-38 ई०

अयान-उल-शीआ : मुहसिन अमीन अमिली (मृ० 1951 ई०) : बेरूत 1960 ई०

अयून-उल-अख़बार : इब्न-कुतैबा अबू मुहम्मद अब्दुर्रहमान-बिन-मुस्लिम अलदीनावरी (मृ० 889 ई०) :(tr. e. Brockelmann) : बर्लिन 1908 ई०

अयून-उल-अनब्बा-फ़ी-तबक़ात-उल-अतिब्बा : इब्न-अबीअसीबा (मृ० 1270 ई०) (ed. A. Muller) : मिस्र 1882 ई०

अरबो-हिन्द-तअल्लुक़ात : सैय्यद सुलैमान नदवी (मृ० 1953 ई०) : इलाहाबाद 1930 ई०

अरहज-उल-मतालिब : उबैदउल्लाह अमृतसरी : लाहौर

अलअफ़सार-उल-अरबा : मुल्ला सद्रा मुहम्मद बिन-इब्राहीम-सद्रा-क़वामी शीराज़ी (मृ० 1640 ई०) : तेहरान

अलअमाली-ए-शैख़ सदूक़ : इब्न-बाबवय, अबूजाफ़र मुहम्मद-बिन-अब्दुल्लाह क़ुम्मी आमली (मृ० 991 ई०) (उर्दू-अनुवाद : अक़ायद-ए-शैख़ सदूक़-मुहम्मद एजाज़ हसन) लखनऊ 1928 ई० : तेहरान 1960 ई०

अलअसाबा-फ़ी-तमय्यज़-उल-सहाबा : इब्न-हजर, शिहाबउद्दीन अहमद, असक़लानी (मृ० 1448 ई०) : कलकत्ता 1856-73 ई० : मिस्र 1924 ई०

अलइक़्द-उल-फ़रीद : इब्न-अब्दरब्बो, अबू उमर अहमद-बिन-मुहम्मद : क़ाहिरा 1940 ई०

अलइमामा-वलसियासा : इब्न-क़ुतैबा अबू मुहम्मद अब्दुल्लाह-बिन-मुस्लिम अलदीनावरी (मृ० 889 ई०) : मिस्र 1924 ई०

अलइर्शाद-फ़ी-मुआरिफ़त हुज्जाज-उल्लाह-अला-इबादा : अलमुअल्लिम, शैख़ मुफ़ीद (मृ० 1022 ई०) : (tr. J. K. A. Howard) लंडन 1981 ई० : नजफ़ 1962 ई०

अलएहतेजाज : अलतबरसी फ़ज़्ल-बिन-हसन (मृ० 1153 ई०) : नजफ़ 1931 ई०

अलकश्शाफ़-अन-हक़ायक़-उल-तंज़ील : अलज़मख़शरी, अबुल क़ासिम जारउल्लाह महमूद-बिन-उमर (मृ० 1144 ई०) : कलकत्ता 1869 ई०

अलकाफ़ी : अलकुलैनी, अबूजाफ़र-बिन-याक़ूब (मृ० 939 ई०) : तेहरान 1972 ई०

अलख़सायस-फ़ी-मनाक़िब-अली-इब्न-अबीतालिब : अलनसअई, अब्दुर्रहमान (मृ० 915 ई०) : काकोरी (लखनऊ) 2000 ई०

अलनसरिया : अलमुबादी : मिस्र

अलजम्आ-बैन-उल-रिजाल-उल-सहीहैन : इब्न- अलक़ैसरानी, अबुलफ़ज़्ल मुहम्मद-बिन-ताहिर-बिन अली अलमक़दसी (मृ० 1000 ई०) : मिस्र

अलतमबीह-उल-इशराफ़ : अलमसऊदी, अबुल हसन अली (मृ० 957 ई०) : लाइडन 1894 ई०

अलतमबीह-वउल-रद-अला-अहल-उल-अहवा-वउल-बिदअ : अलमुलत्ती : इस्ताम्बोल 1936 ई०

अलफ़र्क-उल-शीआ : अलनौबख़्ती, अबू मुहम्मद हसन (मृ० 938 ई०) : इस्ताम्बोल 1931 ई०

अलफ़र्क-बैन-उल-फ़िराक़ : अलबग़दादी, अब्दुल क़ाहिर-बिन-ताहिर (मृ० 1037 ई०) (tr. Moslem Schisms and Sects : Halkin, Abraham S.) तेलअवीव 1935 ई०

अलफ़रायद-उद्दर्रिया : Arabic-English Dictionary : J. G. Hava : दिल्ली 1990 ई०

अलफ़िक़्ह-उल-अकबर : इमाम अबू हनीफ़ा (मृ० 767 ई०) : हैदराबाद 1903 ई०

अलफ़ूज़-उल-असग़र : इब्न-मिस्कवय (मृ० 1030 ई०) : क़ाहिरा

अलमुजतम्अ-उल-इन्सानी-फ़ी-ज़िल्ल-उल-इस्लाम : मुहम्मद अबू ज़ुहरा :

अलसक़ाफ़त-उल-इस्लामिया-फ़ी-उल-हिन्द : सैय्यद अब्दुल हई हसनी (मृ० 1923 ई०) : दमिश्क़ 1958 ई०

अलतहज़ीब-उल-तहज़ीब : इब्न-हजर, अलअसक़लानी (मृ० 1448 ई०) : हैदराबाद 1907 ई०

अलतारीख़ : अलयाक़ूबी, अहमद-बिन-अबीयाक़ूब (मृ० 897 ई०) : (tr. W.Th. Houtsms) : लाइडन 1883 ई०

अलदुर-उल-मंसूर-फ़ी-उल-तफ़सीर-बिल-मासूर : अलसुयूती जलालउद्दीन अब्दुर्रहमान अबीबकर शाफई (मृ० 1504 ई०) : मिस्र 1896 ई०

अलफ़ितना-उल-कुबरा : तहा हुसैन (मृ० 1973 ई०) (उर्दू अनुवाद : अब्दुल हमीद नुअमानी) : कराची 1978 ई०

अलफ़ेहरिस : इब्न-उल-नदीम, मुहम्मद-बिन-इस्हाक़ (मृ० 995 ई०) : (tr. D. Dodge) : न्यूयार्क 1970 ई० : (उर्दू अनुवाद : मुहम्मद इस्हाक़ भट्टी), लाहौर 1990 ई०

अलबिदाया-वअलनिहाया : इब्न-कसीर, अबुल फ़िदा, इस्माईल-बिन-उमर (मृ० 1373 ई०) : मिस्र 1924 ई०

अलमहसूल : नसअई, अब्दुर्रहमान (मृ० 915 ई०) : कानपुर 1880 ई०

अलमुअज्जिम-उल-फ़ेहरिस-लिअल्फ़ाज़-उल-क़ुर्आन-उल-करीम-बहाशिया-उल-मुसहफ़-उल-शरीफ़ : मुहम्मद फ़वाद अब्दुल बाक़ी : तेहरान : 1986 ई०

अलमुअर्रम्मीन : अलसजिस्तानी, अबुल हातिम सह्ल-बिन-उस्मान (मृ० 1331 ई०) : मिस्र 1950 ई०

अलमुक़द्दमा : इब्न-ख़लदून, अबूज़ैद अब्दुर्रहमान-बिन-मुहम्मद (मृ० 1406 ई०) (tr. Fraz Rosenthal) : लन्दन 1858 ई० (tr. M. Quatremere) : पेरिस 1958-68 ई०, (उर्दू अनुवाद) अहमद हुसैन उस्मानी : इलाहाबाद 1912-30 ई०

अलमुख़्तसर-फ़ी-अहवाल-उल-बशर : अबुल-फ़िदा, इस्माईल-बिन-उमर (1331 ई०) : मिस्र 1906 ई०

अलमुबाहिस-उल-मशरिक़्या-फ़ी-इल्म-उल-इसाहियात-वउल-तबीइयात : अलराज़ी, फ़ख़उद्दीन, (मृ० 1504 ई०), हैदराबाद 1953 ई०

अलमुर्तुज़ा : अबुल हसन अली नदवी (मृ० 1999 ई०) : दिल्ली 1988 ई०

अलमुबाहिस-उल-मशरिक़िया-फ़ी-इल्म-उल-इलाहियात-वउल-तबीइयात : अलराज़ी, फ़ख़उद्दीन (मृ० 1209 ई०) : हैदराबाद 1953 ई०

अलमुवत्ता : मालिक-बिन-अनस असबी (मृ० 795 ई०) सं० ज़रक़ानी) मिस्र 1863 ई०

अलमुसनद : अहमद-बिन-हम्बल (मृ० 855 ई०) : मिस्र 1895 ई० (उर्दू अनुवाद) : दिल्ली

अलमुसनद : असबही, मालिक-बिन-अनस (मृ० 795 ई०) : (उर्दू अनुवाद) : लाहौर

अलमुस्तदरक-उल-सहीहैन : अलहाकिम (मृ० 1040 ई०) (उर्दू अनुवाद) : लाहौर

अलयक़ीन-फ़ी-इमामा-अमीर-उल-मोमनीन : इब्न-ताऊस, रियाज़उद्दीन अली (मृ० 1265 ई०) : क़ुम 1950 ई०

अलसक़ाफ़त-उल-इस्लामिया : राग़िब-उल-तबाख़ (मृ० 1951 ई०) (उर्दू अनुवाद : 'तारीख़े-अफ़कारो-उलूमे-इस्लामी' : इफ़्तेख़ार अहमद बल्ख़ी) : दिल्ली 1997 ई०

अलसवायक़-उल-मुहर्रिक़ा-फ़ी-र्रद्दअला-अहलिल-रफ़्ज़-वअल-ज़नादक़ा : इब्न-हजर, अलहैसामी मक्की (मृ० 1566 ई०) : मिस्र 1955 ई०

अलसाफ़ी (शरह उसूल-उल-काफ़ी) : अलकुलैनी (मृ० 930 ई०) नवल किशोर प्रेस लखनऊ

अलसालिक-उल-मुमालिक : मुक़द्दसी, बशारी फ़िल्सतीनी : बेरूत 1906 ई०

अलरिजाल : अलकुश्शी, मुहम्मद-बिन-उमर : बम्बई 1899 ई०

अलरिसाला : अलशाफ़ई, मुहम्मद-बिन-इद्रीस (मृ० 819 ई०) : मिस्र (उर्दू अनुवाद) : दिल्ली

अलतमबीह-वल-अशराफ़ : अलमसऊदी, अबुल हसन अली (मृ० 956 ई०) : लाइडन 1894 ई०

अलतफ़हीमात-उल-इलाहिया : शाह वली उल्लाह मुहद्दिस देहल्वी (मृ० 1762 ई०) : बिजनौर 1936 ई०

अलतौहीद-उल-लज़ी-हूअलहक़-अल्लाह-उल-लअबीद : मुहम्मद-बिन-अब्दुल वहाब (मृ० 1872 ई०) (उर्दू अनुवाद : अब्दुल मालिक मुजाहिद) : दिल्ली

अलसक़ाफ़त-उल-इस्लामिया : राग़िब-उल-तबाख़ (मृ० 1951 ई०) (उर्दू अनुवाद : 'तारीख़े-अफ़कारो-उलूमे-इस्लामी' : इफ़्तेख़ार अहमद बल्ख़ी) : दिल्ली 1997 ई०

अलसुन्नन : अबूदाऊद, सुलैमान-बिन-अशअस-सिजिसतानी (मृ० 889 ई०) (उर्दू अनुवाद) : लखनऊ 1980 ई०

अलसुन्नन : इब्न-माजा अलक़ज़वीनी (मृ० 886 ई०) (उर्दू अनुवाद : अब्दुल हकीम 'अख़्तर') : दिल्ली 1953 ई०

अलसुन्नन : नसअई, अब्दुर्रहमान (मृ० 915 ई०) : कानपुर 1882 ई०

अहया-उलूम-उद्दीन : अलग़ज़ाली, अबूहामिद मुहम्मद (मृ० 1111 ई०) : मिस्र 1861 ई०

अहया-ए-सुन्ना : ग़ुफ़रान-मआब, सैय्यद दिलदार अली (मृ० 1820 ई०) : लुधियाना 1865 ई०

अहसन-उल-तवारीख़ : हसन बेग रोमलू : बड़ौदा 1931 ई०

आईने-अकबरी : अबुल फ़ज़्ल, अल्लामी (मृ० 1602 ई०) : (tr. I. H. Blochmann, II & III, H.S. Jarrett) : कलकत्ता 1884 ई०

आज का इंसान और इजतेमाई मुश्किलात : सैय्यद मुहम्मद बाक़िर-उल-सद्र (मृ० 1980 ई०) (उर्दू अनुवाद : ज़ीशान हैदर जवादी (मृ० 2000 ई०)) : तेहरान 1982 ई०

आलमगीर नामा : मुहम्मद क़ाज़ी : कलकत्ता 1868 ई०

आलाम-उल-मौक़ईन-अन-रब्बुल-आलमीन : इब्न-क़ीम, अलजौज़िया, शाम्सउद्दीन अबू अब्दुल्लाह (मृ० 1350 ई०) : मिस्र

आरा-अह्ल-उल-मदीनत-उल-फ़ाज़िला : अलफ़राबी, अबूनस्र : बेरूत 1959 ई०

आसार-उल-सनादीद : सर सैय्यद अहमद ख़ाँ (मृ० 1898 ई०) : दिल्ली 2000 ई०

इंकेशाफ़ाते-क़ुर्आन : (सं०) अब्दुल मजीद मिसबाही, सैय्यद बशारत शिकोह : मुम्बई 1991 ई०

इन्शा-ए-अबुल फ़ज़्ल : अबुल फ़ज़्ल, अल्लामी (मृ० 1602 ई०) : लखनऊ 1920 ई०

इल्म और इस्लाम : सैय्यद अहमद हिन्दी : लखनऊ 1938 ई०

इल्म-उल-फ़लक-तारीख़-इन्द-उल-अरब-फ़ी-उल-क़ुरून-उल-वुस्ता : सी० ए० नलीनो : रोम 1911 ई०

इस्लाम का निज़ामे-ज़िन्दगी : अली नक़ी : लाहौर 1958 ई०

इस्लाम के धार्मिक आयाम : जाफ़र रज़ा : इलाहाबाद 2011 ई०

इस्लामनामा : सैय्याद ख़ैरात हसन : लखनऊ 2012 ई०

इस्लाम : सिद्धान्त और स्वरूप : जाफ़र रज़ा : इलाहाबाद 2004 ई०

इस्लामी अध्यात्म : सूफ़ीवाद : जाफ़र रज़ा : इलाहाबाद 2004 ई०

इस्लामी उलूम का तअर्रुफ़ : शहीद मुतहरी : तेहरान 1996 ई०

इस्लामी तालिमात : सैय्यद मुजतबा हसन कामूँपुरी (मृ० 1974 ई०), अलीगढ़ 1960 ई०

इस्लामी निज़ामे-ज़िन्दगी और उसके बुनियादी तसव्वुरात : अबुल ओला मौदूदी (मृ० 1979 ई०) : दिल्ली 1960 ई०

इस्लामी राज्य बनाम मुस्लिम राज्य : जाफ़र रज़ा : इलाहाबाद 2004 ई०

उमदा-उल-क़ारी, शरह सहीह बुख़ारी : अलऐनी, बद्रउद्दीन (मृ० 1480 ई०) : दिल्ली

उर्दू क़लमी किताबों की वज़ाहती फ़ेहरिस्त : नसीरउद्दीन हाशिमी : हैदराबाद 1957 ई०

उर्दू दायरा-ए-मआरिफ़े-इस्लामिया : पंजाब विश्वविद्यालय, लाहौर 1962-80 ई०

उसूल-उल-तफ़सीर : इब्न-तैमियाँ (मृ० 1328 ई०) : दमिश्क़ 1870 ई०

उसूले-फ़लसफ़ा-वो-साइन्स : मुहम्मद हुसैन तबातबाई (मृ० 1981 ई०) : तेहरान

उसूले-फ़िक़्ह और शाह वलीउल्लाह : मज़हर बक़ा : इस्लामाबाद 1973 ई०

एख़लाक़े-नासिरी : ख़्वाजा नसीरउद्दीन तूसी (मृ० 1274 ई०) : लखनऊ 1891 ई०

एजाज़-उल-क़ुर्आन : मुस्तफ़ा सादिक़ अलराफ़ई : दिल्ली 1940 ई०

कंज़-उल-उम्माल-फ़ी-सुन्नत-उल-अक़वाल-वअलअलफ़ाज़ : अलाउद्दीनअली मुत्तक़ी-बिन-हिसामउद्दीन अलहिन्दी (मृ० 1567 ई०) : बेरूत 1981 ई०, हैदराबाद 1895 ई०

क़दीम-हुनर-वो-हुनरमन्दाने-अवध : असरार हुसैन : 1936 ई०

कलमाते-तय्याबात : मिर्ज़ा मज़हर जानजानाँ (मृ०1781 ई०) : दिल्ली 1970 ई०

क़वाम-उल-अक़ायद : मुहम्मद जमाल क़वाम (र0 1354 ई०) (अनु० निसार अहमद फ़ारूक़ी) : दिल्ली 1994 ई०

क़वायद-उल-अक़ायद : अत्तूसी, अबू जाफ़र मुहम्मद (मृ० 1067 ई०) : तेहरान 1886 ई०

कश्फ़-उल-ज़ुनून : हाजी ख़लीफ़ा (मृ० 1657 ई०) : (tr. Gustavus Flugel) : लन्दन 1835-58 ई०

कश्फ़-उल-महजूब : सैय्यद अली-बिन-उस्मान हजवेरी दातागंजबख़्श (मृ० 1072 ई०) (उर्दू अनुवाद : मुहम्मद अल्ताफ़ नीरवी) : दिल्ली 1992 ई०

कश्फ़-उल-मुज्जहा-लेसमरा-उल-मुहज्जा : इब्न-ताउस रियाज़उद्दीन अली (मृ० 1266 ई०) : नजफ़ 1950 ई०

क़ामूस-उल-मशाहीर : निज़ामी बदायूनी : बदायूँ 1926 ई०

किताब अजयाब-उल-हिन्द : बुज़ुर्ग-बिन-शह्रयार (मृ० 1729 ई०) : लाइडन 1886 ई०

किताब-अलअरबईन : फ़ख़्रउद्दीन राज़ी (मृ० 1209 ई०) : हैदराबाद 1934 ई०

किताब-अलआसार-उल-बाक़िया : अलबेरूनी, अबूरैहान (मृ० 1048 ई०) (tr. Chronology of Ancient Nations) लन्दन 1879 ई०

किताब-अलइर्शाद : इब्न-उल-मुअल्लिम, शैख़ मुफ़ीद (मृ० 1022 ई०) : नजफ़ 1950 ई०

किताब-अलख़िराज : अबू यूसुफ़ (मृ० 807 ई०) (उर्दू अनुवाद : निजात उल्लाह सिद्दीक़ी) : कराची 1966 ई०

किताब-अलमिलल-वअलनिहल : शह्रिस्तानी, अबुल फत्ह (मृ० 1153 ई०) (tr. W. Cureton) : लन्दन 1846 ई०)

किताब-फ़ी-तहक़ीक़ मआल-उल-हिन्द : अलबेरूनी, अबूरैहान (मृ० 1048 ई०) : (tr. E.C. Sachau: Alberuni's India) : लन्दन 1888 ई०

किताब-उल-इबर : इब्न-ख़लदून, अबूज़ैद अब्दुर्रहमान-बिन-मुहम्मद (मृ० 1406 ई०) : (उर्दू अनुवाद : अहमद हुसैन उस्मानी) : इलाहाबाद 1899-1930 ई०

किताब-उल-इस्तेग़ासा : अबुल क़ासिम कूफ़ी (मृ० 963 ई०) : तेहरान

किताब-उल-कामिल-फ़ी-तारीख़ : इब्न-असीर, इज़्ज़उद्दीन अबुलहसन अली जज़री (मृ० 1233 ई०) : (tr. C.J. Tornberg) (उर्दू अनुवाद : मुहम्मद अब्दुल ग़फ़ूर ख़ान) लाइडन 1851-76 ई०

किताब-अलतबक़ात-उल-कबीर : इब्न-सआद, अबू अब्दुल्लाह मुहम्मद-बिन-सअद अलबसरी (मृ० 844 ई०) : बेरुत 1957 ई० (tr. H. Sachau) : लन्दन 1915 ई० (उर्दू अनुवाद : राग़िब रहमानी) करांची 1987 ई०

किताब-अलतम्बीह-वउल-रदअला-अह्ल-उल-हवा-वउल-बिदअ : अबुल हुसैन अलमलती : लाइपर्ग 1936

किताब-अलफ़र्क़-बैन-उल-फ़िरक़ : अलबग़दादी, अबूमंसूर अब्द अलक़ाहिर इब्न-ताहिर (मृ० 1037 ई०) : (tr. Kate Chambersw Seelye) : न्यूयार्क 1920 ई०

किताब-अलफ़स्ल-फ़ी-उल-मिलल-वलअहवा-वअलनिहल : इब्न-हज़्म, अबूमुहम्मद अली-बिन-अहमद (मृ० 1064 ई०) : क़ाहरा 1899-1902 ई०

किताब-अलबुलदान : अलयाक़ूबी, इब्न-वाज़ह अहमद (मृ० 897 ई०) : (tr. G. Wiet) : लन्दन 1892 ई०

किताब-अलमनाक़िब : इब्न-शह्रआशोब रशीदउद्दीन अबूअब्दुल्लाह मुहम्मद-बिन-अली (मृ० 1192 ई०) : बम्बई 1895 ई०

किताब-अलमुआरिफ़ : इब्न-कुतैबा अबू-मुहम्मद अब्दुल्लाह-बिन-मुस्लिम (मृ० 889 ई०) : (tr. F. Wuestefeld) : 1850 ई०

किताब-अलमुहल्ली : इब्न-हज़्म अलज़ाहरी (मृ० 1064 ई०) : क़ाहरा 1960 ई०

किताब-अलमुहासिन : अलबर्क़ी : तेहरान 1985 ई०

किताब-अलमुहासिन वउल-अज़दाद : अलजाहिज़, उमर-बिन-बह्र (मृ० 868 ई०) (tr. G.Van Volten) लाइडन 1898 ई०

किताब-अलरिजाल : इब्न-दाऊद, तक़ीउद्दीन हसन : तेहरान 1964 ई०

किताब-अललम्आ : अबूनस्र सिराज (मृ० 989 ई०) : लखनऊ

किताब-अलशिफ़ा : इब्न-सीना (मृ० 1037 ई०) : लखनऊ 1920 ई०

क़िरअन-उस-सादीन : अमीर ख़ुसरौ (मृ० 1325 ई०) : कानपुर 1872 ई०

क़िसिस-अलउलमा : मीर्ज़ा अहमद सुलैमान तंकाबानी : लखनऊ, 1889 ई०

क़ौमी तहज़ीब का मस्अला : सैय्यद आबिद हुसैन (मृ० 1978 ई०) : दिल्ली 1980 ई०

ख़ितत-उल-शाम : मुहम्मद अली कुर्द (मृ० 1953 ई०) (उर्दू अनुवाद) : लाहौर 1986 ई०

ख़िलाफ़तो-मुलुकियत : अबुल ओला मौदूदी (मृ० 1979 ई०) : दिल्ली 1981 ई०

ख़ुलासा-उल-अहादीस : शैख़ अब्दुल हक़ मुहद्दिस (मृ० 1640 ई०) : दिल्ली

ख़ुलासा-उल-तवारीख़ : सुजान राय भण्डारी : दिल्ली 1918 ई०

ख़ुलासा-उल-हयात : मुल्ला अहमद-बिन-अब्दुल्लाह ठठवी (मृ० 1587 ई०) : लाहौर

ग़रायब-उल-क़ुर्आन :निज़ामउद्दीन हसन क़ुम्मी नीशापुरी (मृ० 922 ई०) : तेहरान

गुज़श्ता लखनऊ : अब्दुल हलीम 'शरर' (मृ० 1926 ई०) : लखनऊ

गुबारे-ख़ातिर : अबुलकलाम आज़ाद (मृ० 1958 ई०) : दिल्ली 1993 ई०

गुलज़ारे-आसिफ़या : ख़्वाजा ग़ुलाम हुसैन : हैदराबाद 1920 ई०

गुलज़ारे-शम्स : शाह शुजाअ मलिक : लाहौर 1919 ई०

गुलशने-इब्राहीमी : मुहम्मद क़ासिम हिन्दूशाह फ़रिश्ता (मृ० 1611 ई०) (उर्दू अनुवाद : तारीख़े-फ़रिश्ता) : देवबन्द 1983 ई०

चन्द तहक़ीक़ी मक़ाले : सैय्यद हसन : पटना 1976 ई०

चचनामा : फ़त्हनामा सिंध : इस्माईल-बिन-ताई : दिल्ली 1939 ई०

ज़ख़ीरा-उल-ख़्वानीन : शैख़ फ़रीद भक्खरी : कराची 1961 ई०

जला-उल-अयून : अलमजलिसी, मुहम्मद बाक़िर (मृ० 1699 ई०) : तेहरान 1953 ई०

जवाहर-उल-क़ुर्आन : अलग़ज़ाली, अबूहामिद मुहम्मद (मृ० 1111 ई०) : मिस्र 1875 ई०

जाम्अ-उल-फ़ज़ायल : इब्न-शह्‌रआशोब, रशीदउद्‌दीन अबू अब्दुल्लाह मुहम्मद-बिन-अली (मृ० 1192 ई०) : (उर्दू अनुवाद : ज़फ़र हसन) : लाहौर

जाम्अ-उल-बयान-फ़ी-तफ़सीर-उल-क़ुर्आनः अलतबरी,अबूजाफ़र मुहम्मद-बिन-जरीर (मृ० 923 ई०) : क़ाहरा 1902-03 ई०

जाम्अ-उल-शवाहिद : अबुल कलाम आज़ाद (मृ० 1958 ई०) : दिल्ली

जाम्अ-उल-शवाहिद-फ़ी-दख़ूल-ग़ैरमुस्लिम-फ़ी-उल-मसाजिद : अबुल कलाम आज़ाद (मृ० 1958 ई०) : दिल्ली 1923 ई०

जाम्अ-शिनासी इस्लामी : सैय्यद अली मुहम्मद : तेहरान

जाम्अ-उल-सहीह-उल-बुख़ारी : मुहम्मद-बिन-इस्माईल बुख़ारी (मृ० 870 ई०) (उर्दू अनुवाद : मिर्ज़ा हैरत देहल्वी) : देवबन्द 1906 ई०

जाम्अ-उल-सहीह-उल-तिरमिज़ी : इमाम मुहम्मद तिरमिज़ी (मृ० 892 ई०) : दिल्ली 1972 ई०

जाम्अ-उल-सहीह-उल-मिश्कात-उल-मसाबीह : मुहम्मद-बिन-अब्दुल्लाह-उल-ख़तीब (मृ० 1341 ई०) (उर्दू अनुवाद : मिश्कात शरीफ़ : अब्दुल हकीम 'अख़्तर') : दिल्ली 1987 ई०

जाम्अ-उल-सहीह-उल-मुस्लिम : मुस्लिम-बिन-हज्जाज नीशापुरी (मृ० 875 ई०) : (उर्दू अनुवाद : दायम जलाली) : दिल्ली 1998 ई०

जवाम्अ-ए-उल-हिकायत : मुहम्मद औफ़ी : (tr. Elliot & Dowson) : अलीगढ़ 1952 ई०

तंक़ीह-उल-अख़बार : मीर मुहम्मद माह, मुल्ला (मृ० 1725 ई०) : (पाण्डुलिपि) सज्जादिया लाइब्रेरी, उत्तराँव, ज़िला इलाहाबाद

तक़लीद : अली मुशकीनी अरदबेली : दिल्ली 1979 ई०

तक़वीमे-हिज्री-वो-ईस्वी : अबूनस्त्र मुहम्मद ख़ालिदी : दिल्ली 1977 ई०

तज़किरा : अबुल कलाम आज़ाद (मृ० 1958 ई०) (सं० मालिक राम) : दिल्ली 1998 ई०

तज़किरा-उल-अइम्मा : अलमजलिसी, मुहम्मद बाक़िर (मृ० 1699 ई०) : तेहरान 1944 ई०

तज़किरा-उल-अतिब्बा : हकीम सरफ़राज़ हुसैन : लखनऊ

तज़किरा-उल-औलिया : शैख़ फ़रीदउद्दीन अत्तार (मृ० 1221 ई०) (उर्दू अनु० तुफ़ैल अहमद जालन्धरी) : दिल्ली 1996 ई०

तज़किरा-ए-उलमा-ए-हिन्द : रहमान अली : लखनऊ 1914 ई०

तजदीदो-अहया-ए-दीन : अबुल ओला मौदूदी (मृ० 1979 ई०) : दिल्ली 1986 ई०

तफ़सीरे-क़ुर्आन : सैय्यद अली नक़ी नक़वी (मृ० 1988 ई०) : श्रीनगर 1982-89 ई०

तफ़सीर-फ़त्ह-उल-क़दीर : मुहम्मद अलशौकानी (मृ० 1839 ई०) : बेरूत 1974 ई०

तफ़सीरे-मज़हरी : क़ाज़ी सनाउल्लाह पानीपती (अनु० सआदत-अज़हरी : अब्दुल दायम जलाली) : दिल्ली

तफ़सीरों में इस्त्राइली रवायात : निज़ामउद्दीन : देवबन्द 1985 ई०

तनवीर-उल-अनसाब : सैय्यद ख़ैरात हसन (मृ० 1989 ई०) : इलाहाबाद 2008 ई०

तर्जमान-उल-क़ुर्आन : अबुल कलाम आज़ाद (मृ० 1958 ई०) : दिल्ली 1986 ई०

तहत-उल-अक़ूल-अन-आल-उर-रसूल : अलहरानी, अबू मुहम्मद हसन-बिन-अली (मृ० 1001 ई०) : तेहरान 1956 ई०

तर्जमा-ए-कलामे-इलाही : सैय्यद फ़रमान अली (मृ० 1915 ई०) : लखनऊ

तमद्दुने-अरब : सैय्यद अली बिलग्रामी (मृ० 1926 ई०) : दिल्ली

तह़ज़ीब-उल-इस्लाम : अलमजलिसी, मुहम्मद बाक़िर (मृ० 1699 ई०) (उर्दू अनु०) सैय्यद मक़बूल अहमद (मृ० 1921 ई०) : लखनऊ 2000 ई०

तह़ज़ीब-उल-कामिल-फ़ी-मआरिफ़-उल-रिजाल : इब्न हजर असक़लानी (मृ० 1448 ई०) : तेहरान 1877 ई०

तशरीह-उल-मूसीक़ी : मुहम्मद अकबर अरज़रानी : दिल्ली

तरतीबे-नुज़ूले-क़ुर्आने-मजीद : अजमल ख़ाँ : दिल्ली

तनवीरे-मजालिस : (सं०) जाफ़र रज़ा : इलाहाबाद 1958 ई०

तबक़ात-उल-अदिब्बा : इब्न अलअम्बारी (मृ० 977 ई०) : मिस्र

तबक़ात-उल-उमम : अबुल क़ासिम साअद-बिन-अहमद उन्दुलूसी (मृ० 1079 ई०) : लखनऊ

तबक़ाते-नासिरी : मिनहाज सिराज जुज़जानी (मृ० 1259 ई०) (tr. H.G. Raverty) : लन्दन 1881 ई०

तहरीके-पाकिस्तान और उलमा-ए-देवबन्द : मुहम्मद अकबरशाह बुख़ारी : कराची 1987 ई०

तरास-उल-अरब-उल-इल्मी-फ़ी-उल-रियाज़ीयात-वलफ़लक-मुख़लिसन : क़द्री हाफ़िज तूक़ान (मृ० 918 ई०) : क़ाहरा 1963 ई०

तारीख़-अर्रुसुल-वअलमुलूक : अलतबरी, अबीजाफ़र-मुहम्मद-बिन-जरीर-उल-तबरी (मृ० 923 ई०) : (उर्दू अनुवाद) : कराची

तारीख़-अलआदाब-उल-लुग़त-उल-अरबया : जर्ज़ी ज़ैदान (मृ० 1914 ई०) : क़ाहरा 1913 ई०

तारीख़-अलख़मीस-फ़ी-अहवाल-अनफ़स-नफ़ीस : हुसैन-बिन-मुहम्मद, अलदयार बकरी (मृ० 1558 ई०) : बेरूत

तारीख़-अलतमद्दुन-उल-इस्लामी : जर्जी ज़ैदान (मृ० 1914 ई०) : (उर्दू अनुवाद) दिल्ली

तारीख़-उल-ख़ुलफ़ा : जलालउद्दीन सुयूती (मृ० 1505 ई०) (tr. H.S. Jarrett) (उर्दू अनुवाद : 'बयान-उल-उमरा') : कलकत्ता 1881 ई०

तारीख़-अलबग़दाद : अलख़तीब बग़दादी (मृ० 1070 ई०) : मिस्र 1931 ई०

तारीख़ याक़ूबी : याक़ूबी इब्न-वाज़ह अहमद-बिन-अबी याक़ूब (मृ० 897 ई०)

तारीख़े-अइम्मा : सैय्यद अली हैदर : लखनऊ 1998 ई०

तारीख़े-अदबयाते-आलम : सैय्यद अब्दुल वहाब अशरफ़ी : दिल्ली 1991 ई०

तारीख़े-अदबयाते-मुसलमानाने-पाकिस्तानो-हिन्द : पंजाब यूनिवर्सिटी, लाहौर 1971-72 ई०

तारीख़े-अलफ़ी : अहमद-बिन-नस्रउल्लाह तथा अन्य (पाण्डुलिपि) बम्बई यूनिवर्सिटी लाइब्रेरी, मुम्बई

तारीख़े-अवध : मुहम्मद नज्म-उल-ग़नी ख़ाँ : मुरादाबाद 1910 ई०

तारीख़े-इस्लाम : सैय्यद अली नक़ी नक़वी (मृ० 1988 ई०) : निजामी प्रेस लखनऊ

तारीख़े-कर्बला-वहायरे-हुसैन : अलकिलीदार, अब्दुल जवाद : नजफ़ 1967 ई०

तारीख़े-क़ुत्बशाही : बुर्हानउद्दीन अहमद : दिल्ली 1929 ई०

तारीख़े-गुज़ीदा : हम्दउल्लाह मुस्तौफ़ी क़ज़वीनी (मृ० 1349 ई०) (tr. E.G. Browne) लन्दन 1910 ई०

तारीख़े-गोलकुण्डा : अब्दुल मजीद सिद्दीक़ी : हैदराबाद 1964 ई०

तारीख़े-जहाँगुशा : अलजुवैनी, अबुल मुआली अब्दुल मलिक शाफ़ई (मृ० 1283 ई०) (tr. The History of the World Conqueror : J. A. Boyle) मानचेस्टर 1958 ई०

तारीख़े-तमद्दुने-सिन्ध : मौलाई शैदाई : मुलतान 1959 ई०

तारीख़े-दकन-दर-अह्दे-वुस्ता-व-बहमनी-सल्तनत : अब्दुल मजीद सिद्दीक़ी : हैदराबाद 1940 ई०

तारीख़े-दावतो-अज़ीमत : अबुलहसन अली नदवी (मृ० 1999 ई०) : लखनऊ 1959 ई०

तारीख़े-नामा-ए-हिरात : सैफ़-बिन-मुहम्मद याक़ूब : कलकत्ता 1944 ई०

तारीख़े-फ़ातमीने-मिस्त्र : ज़ाहिद अली : हैदराबाद

तारीख़े-फ़ीरोज़शाही : अफ़ीफ़, शम्स सिराज : (हिन्दी अनुवाद : ख़िलजीकालीन भारत : सैय्यद अतहर अब्बास रिज़वी) : अलीगढ़ 1956 ई०

तारीख़े-फ़ीरोज़शाही : ज़ियाउद्दीन बरनी (मृ० 1357 ई०) (हिन्दी अनुवाद : सैय्यद अतहर अब्बास रिज़वी) : अलीगढ़ 1956 ई०

तारीख़े-यमीनी : ओतबी, अबूनस्त्र मुहम्मद : दिल्ली 1874 ई०

तारीख़े-रशीदी : मिर्ज़ा हैदर दोग़लात (मृ० 1551 ई०) (tr. D. Ross) : लन्दन 1898 ई०

तारीख़े-रेगिस्तान : रायचन्द : हैदराबाद 1953 ई०

तारीख़े-शेरशाही : अब्बास ख़ान सरवानी : (tr. Elliot & Dowson) : लन्दन 1936 ई०

तिब्बे-इस्लामी : रहबर फ़ारूक़ी : हैदराबाद, 1937 ई०

तुग़लक़नामा : अमीर ख़ुसरौ (मृ० 1325 ई०) : औरंगाबाद 1933 ई०

तुज़ुके-जहांगीरी : जहांगीर (हिन्दी अनुवाद : जहांगीरनामा : ब्रजरत्नदास) वाराणसी सं० 2047

तुहफ़ा-उल-किराम : क़ानेअ, अली शेर : हैदराबाद 1957 ई०

तुहफ़ा-उल-नुज़्ज़ार-फ़ी-ग़रायब-उल-अमसार-वअजायब-उल-असफ़ार : इब्न-बतूता, अबू अब्दुल्लाह मुहम्मद (मृ० १३७७ ई०) : (tr. C. Defremery and B.R. Sanguinetti) : पैरिस १८५३-५८ ई०

तौज़ीह-उल-मसाएल : सैय्यद अबुल क़ासिम ख़ुई (मृ० 1992 ई०) : लखनऊ

दकन के चन्द तहक़ीक़ी मज़ामीन : नसीरउद्दीन हाशिमी : हैदराबाद

दबिस्ताने-मज़ाहिब : मीरज़ा ज़ुलफ़िक़ार 'आज़र' सासानी 'मोबद' (tr. Daved Shea Anthony Troyer) लन्दन 1901 ई० (उर्दू सं०) रशीद अहमद जालन्धरी, लाहौर, 2002 ई०

दरबारे-अकबरी : मुहम्मद हुसैन आज़ाद (मृ० 1910 ई०) : लाहौर

नफ़हात-उल-उन्स : अब्दुर्रहमान जामी (मृ० 1492 ई०) : कानपुर : 1855 ई०

नयाबीअ-उल-मुवद्दत : शैख़ सुलैमान क़ंदोज़ी (मृ० 1853 ई०) : (उर्दू अनुवाद : मलिक मुहम्मद शरीफ़) : लखनऊ 2002 ई०

नराशंस और अन्तिम ऋषि : वेद प्रकाश उपाध्याय : इलाहाबाद

नहूज-उल-बलाग़ा : हज़रत अली-बिन-अबीतालिब (सं०) सैय्यद रज़ी (मृ० 1015 ई०) (उर्दू अनुवाद : जाफ़र हुसैन) : लखनऊ 1996 ई०

नाजो : वाजिद अली शाह (मृ० 1887 ई०) : कलकत्ता 1869 ई०

नादिराते-शाही : शाह आलम द्वितीय : रामपुर, 1944 ई०

नामवर मुस्लिम साइंसदाँ : हमीद अस्करी : लाहौर 1962 ई०।

नील-उल-अवतार-मिन-अहादीस-सैय्यद-उल-अख़बार शरह मुंतक़ी-उल-अख़बार : मुहम्मद-बिन-अली शौकानी (मृ० 1839 ई०) : मिस्र 1952 ई०

नुज़हत-उल-क़ुलूब : हम्द उल्लाह मुस्तौफ़ी कज़वीनी (मृ० 1349 ई०) (tr. G. Lestrange) : लन्दन 1919 ई०

नुज़हत-उल-ख़्वातिर : सैय्यद अब्दुल हई (मृ० 1923 ई०) : हैदराबाद 1957 ई०

नुजूम-उल-समा : मिर्ज़ा मुहम्मद अली : लखनऊ 1886 ई०

पादशाहनामा : अब्दुल मजीद लाहौरी : कलकत्ता 1866-72 ई०

प्रागैतिहासिक भारतीय चित्रकला : जगदीश गुप्त : दिल्ली 1967 ई०

फ़तवा-ए-जहाँगीरी : ज़ियाउद्दीन बर्नी (मृ० 1357 ई०) : लाहौर 1972 ई०

फ़लसफ़ा-इब्न-ख़ल्दून अलइजतेमाइया : तहा हुसैन (मृ० 1973 ई०) : मिस्र

फ़वायद-उल-फ़वाद : अमीर हसन ओला सिजज़ी (मृ० 1337 ई०) (उर्दू अनुवाद : ख़्वाजा हसन सानी निज़ामी) : दिल्ली 2001 ई०

फ़साना-ए-अजायब : रजब अली बेग 'सुरूर' (मृ० 1867 ई०) (सं० सैय्यद सुलैमान हुसैन) : लखनऊ

फ़िक्रे-बलीग़ : शाद अज़ीमाबादी (मृ० 1927 ई०) : (सं0 सैय्यद वहाब अशरफ़ी) : दिल्ली

फ़ुतूह-उल-बुलदान : अलबलाज़ुरी, अहमद-बिन-यहया-बिन-जाबिर (मृ० 892 ई०) (tr. Philip K. Hitti & F.C. Murgotten) (उर्दू अनुवाद : सैय्यद अबुलख़ैर मौदूदी) कराची

फ़ुतूहाते-फ़ीरोज़शाही : फ़ीरोज़शाह तुग़लक़ (मृ० 1388 ई०) : अलीगढ़ 1956 ई०

फ़ुसूल-उल-मुहिम्मा : इब्न-सबाग़ मालिकी (मृ० 1480 ई०) : मिस्र

फ़ैज़ाने-अबूतालिब : सैय्यद बद्रउल हसन आबिदी : वाराणसी 1987 ई०

बज़्मे-तैमूरिया : सलाहउद्दीन अब्दुर्रहमान : कराची 1989 ई०

बर्रे-अज़ीमे हिन्दो-पाक की मिल्लते-इस्लामिया : इश्तेयाक़ हुसैन क़ुरैशी : कराची 1967 ई०

बलाग़त-उल-हुसैन : अलहायरी, मुस्तफ़ा हसन अलमूसवी (उर्दू अनुवाद : मुहम्मद-बाक़िर) : लाहौर

बसात-उल-सलातीन : ग़ुलाम मुर्तुज़ा ज़ुबैरी : हैदराबाद 1893 ई०

बह्स-फ़ी-उल-इजतेहाद-वलतक़लीद-फ़ी-निहायत-उल-अफ़कार : मुहम्मद तक़ी बुरुजर्दी : तेहरान

बाबरनामा : बाबर, ज़हीरउद्दीन मुहम्मद (मृ० 1530 ई०) (tr. A.S. Beveridge) : दिल्ली 1970 ई०

बाबियतो-मिर्ज़ायत का तक़ाबुल : मिर्ज़ा अहमद अली अमृतसरी : लाहौर

बिसात-उल-सलातीन : इब्राहीम ज़ुबैरी : हैदराबाद

बिहार-उल-अनवार : अलमजलिसी, मुल्ला मुहम्मद बाक़िर (मृ० 1699 ई०) : तेहरान 1888 ई० (उर्दू अनु0) सैय्यद तैय्यब आग़ा मूसवी, हबीब-उल-सक़लैन नक़वी तथा सैय्यद हसन इमदाद, लखनऊ 2000-05 ई०

बुर्हाने-मुआसिर : सैय्यद अली तबातबाई : दिल्ली 1936 ई०

बृहस्पति : मुसलमान और भारतीय संगीत : दिल्ली

भारत का संविधान, 1950 ई०

भारत की चित्रकला : राय कृष्णदास : दिल्ली 1958 ई०

भारतीय संगीत का इतिहास : उमेश जोशी : फ़ीरोज़ाबाद 1957 ई०

भारतीय साहित्य में मुसलमानों का अवदान : जाफ़र रज़ा : इलाहाबाद 2009 ई०

मआदन-उल-मूसीक़ी : मुहम्मद करम इमाम : 1855 ई०

मआरिफ़ा-अख़बार-उर-रिजाल : अलकश्शी, मुहम्मद-बिन-उमर-बिन-अब्दुल अजीज़ : बम्बई

मज़हब और शाएरी : सैय्यद एजाज़ हुसैन (मृ० 1975 ई०) : कराची 1955 ई०

मकतूबाते-रब्बानी : शैख़ अहमद सरहिन्दी (मृ० 1625 ई०) : कराची 1972 ई०

मक़ातिल-उल-तालबीयीन : अबुल फ़रह इस्फ़हानी : तेहरान

मक़ालात-उल-इस्लामीन : अलअशअरी, अली-बिन-इस्माइल (मृ० 941 ई०) (Bibliothea Islamica (ed.) Hellmut Ritter) : इस्तम्बोल 1929-33 ई०

मजमूआ-ए-लेक्चरहा-ए-सरसैय्यद (मृ० 1898 ई०) (सं०मुन्शी सिराजउद्दीन) : अलीगढ़

मजमआ-उल-बयान : अलतबरसी, फ़ज़्ल-बिन-हसन (मृ० 1153 ई०) : तेहरान

मजमआ-बिहार-उल-अनवार-फ़ी-ग़रायब-उल-तंज़ील-व-लतायफ-उल-अख़बार : शैख़ मुहम्मद ताहिर : नवलकिशोर लखनऊ

मकाशफ़ाते-असरार, भूमिका : हसन अस्क़री : (अनु० मुहम्मद अफ़ज़ल उद्दीन निज़ामी) : हैदराबाद, 1982 ई०

मज़ाहिब-उल-इस्लाम : नज्म-उल-ग़नी : लखनऊ 1924 ई०

मजालिस-उल-मोमनीन : क़ाज़ी नूरउल्लाह शूशतरी (मृ० 1610 ई०) : तेहरान 1881 ई०

मजालिस-उल-नफ़ायस : अली असगर हिकमत : तेहरान 1314 हि० श०

मतला-उल-अनवार : अमीर ख़ुसरौ (मृ० 1325 ई०) : लखनऊ 1884 ई०

मध्य युग का इतिहास : ईश्वरी प्रसाद : इलाहाबाद, 1960 ई०

मनाक़िब-उल-अबीतालिब : इब्न-शह्रआशोब, अबूअब्दुल्लाह मुहम्मद (मृ० 1192 ई०) : नजफ़ 1956 ई०

मनाक़िबे-अह्लबैत : अज़ीज़ुल हक़ कौसर नदवी : वाराणसी

मलफ़ूज़ात : शाह अब्दुल अज़ीज़ : कराची 1960 ई०

मशरिक़ी-तमद्दुन का आख़िरी नमूना : अब्दुल हलीम 'शरर' (मृ० 1926 ई०) : लखनऊ

महबूबउज़्ज़मन, तारीख़े-औलिया-ए-दकन : मुहम्मद अब्दुल जब्बार मलिकापुरी : हैदराबाद

मानक हिन्दी कोश : रामचन्द्र वर्मा : हिन्दी साहित्य सम्मेलन : इलाहाबाद

मानसोल्लास : सोमेश्वर : ओरियेण्टल इन्स्टीट्यूट : बड़ौदा

मिनकिताब-उल-मूसीक़ी : अलफ़राबी (मृ० 950 ई०) : लाइडिन 1884 ई०

मिनहाज-उल-तालबीन : अलनूरी (मृ० 1902 ई०) : हैदराबाद

मिनहाज-उल-सुन्नत-वअलनबूवत : इब्न-तैमिया (मृ० 1328 ई०) (उर्दू अनुवाद) : लाहौर

मिफ़ताह-उल-सआदत : ताश कुबराज़ादा : हैदराबाद 1911 ई०

मुआसिर-उल-उमरा : शाहनवाज़ ख़ान सफ़वी : (उर्दू अनुवाद : मुहम्मद अयूब क़ादिरी) : लाहौर 1968-70 ई०

मुआसिर-उल-किरम : मीर ग़ुलाम अली आज़ाद बिलग्रामी :लाहौर 1971 ई०

मुआसिरे-आलमगीरी : मुहम्मद साक़ी मुस्तइद ख़ाँ : कलकत्ता 1871 ई०

मुआसिरे-दकन : सैय्यद अली असग़र बिलग्रामी : हैदराबाद 1924 ई०

मुआसिरे-रहीमी : अब्दुल बाक़ी निहावन्दी : कलकत्ता 1951 ई०

मुक़द्दमा-अलतफ़सीर : अलराग़िब-उल-इस्फ़हानी : क़ाहरा

मुक़द्दमा-ए-तफ़सीरे-क़ुर्आन : सैय्यद अली नक़ी नक़वी (मृ० 1988 ई०) : श्रीनगर 1976 ई०

मुक़द्दमा तफ़सीर-अलफ़ातहा : मुहम्मद अब्दहू (मृ० 1904 ई०) : मिस्र

मुक़द्दमा-फ़ी-उसूल-उल-तफ़सीर : इब्न-तैमियाँ (मृ० 1328 ई०) : दमिश्क़

मुक़द्दमा मुशकिलात-उल-क़ुर्आन : सैय्यद मुहम्मद अहमद रज़ा : दिल्ली 1938 ई०

मुग़ल राजमहलों का जीवन : भगवतीप्रसाद पान्थरी : इलाहाबाद 1960 ई०

मुज़हिब-उल-तफ़सीर-उल-इस्लामी : अब्दुल हलीम अलनज्जार : क़ाहरा 1955

मुफ़ातीह-उल-उलूम : मुहम्मद-बिन-अहमद-अलख़वारज़मी (मृ० 840 ई०) : लाइडिन 1889 ई०

मुफ़ातीह-उल-ग़ैब : फ़ख़्रउद्दीन राज़ी (मृ० 1209 ई०) : मिस्र 1891 ई०

मुफ़ताह-उल-सआदत : ताश कुबराज़ादा : हैदराबाद 1911 ई०

मुंतख़ब-उल-तवारीख़ : अब्दुल क़ादिर बदायूनी (मृ० 1615 ई०) (tr. Vol. I, G.S.A. Ranking, Vol. II, W.R. Lowf Vol. III, T.W. Haig) : कलकत्ता 1864-1925 ई० (उर्दू-अनुवाद) : लाहौर 1962 ई०

मुंतख़ब-उल-लुबाब : मुहम्मद हाशिम ख़ाफ़ी ख़ान (मृ० 1698 ई०) : कलकत्ता 1874 ई०

मुंतही-उल-उम्माल : शैख़ अब्बास क़ुम्मी : तेहरान 1969 ई०

मुतालआ-ए-क़ुर्आन : सैय्यद ज़ीशान हैदर जवादी (मृ० 2000 ई०) : लखनऊ 1992 ई०

मुरक़्क़ा-ए-देहली : दरगाह क़ुली ख़ाँ (मृ० 1710 ई०) : (अनु0 ख़्वाजा हसन निज़ामी) : दिल्ली

मुरूज-उल-ज़हब-वमआदिन-उल-जौहर : अलमसऊदी, अबुलहसन अली (मृ० 957 ई०) (सं०) अबुल फ़ज़्ल बेहक़ी (tr. W. H. Morley) : कलकत्ता 1862 ई० (उर्दू अनुवाद अख़्तर फ़तहपुरी) कराची 1985 ई०

मुवद्दत-उल-क़ुर्बा : ख़्वाजा सैय्यद अली हमदानी (मृ० 1384 ई०) (उर्दू अनुवाद : शरीफ़ हुसैन) : लाहौर

मुवाहिब-उल-वाहिब : शैख मुहम्मद जाफ़र अलनक़्दी : नजफ़ 1922 ई०

मुसतलहाते-वारसता : वारसता : लखनऊ 1888 ई०

मुसलमान और भारतीय संगीत : बृहस्पति : दिल्ली, 1978 ई०

मुसलमानों का उरूजो-ज़वाल : सईद अहमद अकबराबादी : दिल्ली 1947 ई०

मुसलमानों का रौशन मुस्तक़बिल : सैय्यद तुफ़ैल अहमद मंगलौरी : बदायूँ 1938 ई०

मुस्लिम सक़ाफ़त, हिन्दुस्तान में : अब्दुल मजीद सालिक : लाहौर 1957 ई०

मुहर्रमनामा : ख़्वाजा हसन निज़ामी (मृ० 1955 ई०) : दिल्ली 1953 ई०

मेरात-उल-ख़याल : शेरख़ाँ लोदी : 1831 ई०

मेराते-सिकन्दरी : सिकन्दर : बम्बई 1890 ई०

यज़ीदनामा : ख़्वाजा हसन निज़ामी (मृ० 1955 ई०) : दिल्ली 1953 ई०

यनाबीअ-उल-मुअद्दत : शैख़ सुलैमान क़ंदोज़ी : (उर्दू अनुवाद : मलिक मुहम्मद शरीफ़) : लखनऊ 2002 ई०

रजब अली बेग 'सुरूर', हयात और कारनामा : नैय्यर मसूद : इलाहाबाद 1967 ई०

रद्दे-वहबिया : सैय्यद अली नक़ी नक़वी (मृ० 1988 ई०) : बम्बई 1986 ई०

राजतरंगिणी (उर्दू अनुवाद : अच्छर चन्द) : श्रीनगर 1979 ई०

रिसायल इख़्वान-उल-सफ़ा व खल्लान-उल-वफ़ा व अह्ल-उल-अद्ल व अबना-उल-हम्द : क़ाहिरा 1928 ई०

रिसाला एतक़ादिया : इब्न-बाबवय शैख़ सदूक़ क़ुम्मी (मृ० 991 ई०) : तेहरान 1956 ई० (tr. Asaf A.A. Fyzee) : लन्दन 1942 ई०

रिसाला-जाम्अ-उल-मुहासिन : सलाहउद्दीन अलमुंजिद : बेरूत 1962 ई०

रिसाला-सियासत : मुहम्मद हुसैन हैकल (मृ० 1956 ई०) : मिस्र

रिसाला स्वानहउम्री : मिर्ज़ा मुहम्मद काज़िम : लखनऊ 1887 ई०

रिहला : इब्न-बतूता,अबू-अब्दुल्लाह मुहम्मद (मृ० 1369 ई०) (उर्दू अनुवाद : संफ़रनामा, कराची) (tr. H.A.R. Gibb) : कैम्ब्रिज 1958 ई०

रुक़्क़ाते-आलमगीरी : औरंगज़ेब आलमगीर (मृ० 1707 ई०) (सं० नजीब अशरफ़ नदवी) : आजमगढ़

रूह-उल-मआनी-फ़ी-तफ़सीर-उल-क़ुर्आन-उल-अज़ीम-वउल-सबअ-उल-मसानी : आलालूसी

रौज़ा-उल-अहबाब : जलालउद्दीन अताउल्लाह : लाहौर

रौज़ा-उल-सफ़ा : मीर ख़्वान्द (मृ० 1536 ई०) : बम्बई 1849 ई०

लवायज-उल-अहज़ान : सैय्यद महदी हसन : दिल्ली

लहूफ़-अला-क़तला-उल-तफ़ूफ़ इब्न-ताऊस, अली-बिन-जाफ़र-बिन-मुहम्मद (मृ० 1265 ई०) (उर्दू अनुवाद : **उसूफ़ :** बाक़िर हुसैन सादिक़) : लखनऊ 1902 ई०

वज़ीरनामा : मुहम्मद अमीर अली ख़ान : कानपुर, 1875 ई०

वफ़ायात-उल-अयान-व-अनबा-उज़्ज़मान : इब्न-ख़ल्लीकान, अहमद (मृ० 1282 ई०) : क़ाहिरा 1948 (tr. Baron MacGuckin de Slane, 4 vols., Paris 1842/71, reprint. 1961.)

वाक़याते-दार-उल-हुकूमत-दिल्ली : बशीरउद्दीन अहमद : दिल्ली 1919 ई०

वाक़याते-ममलकते-बीजापुर : बशीरउद्दीनअहमद : आगरा 1915 ई०

वाजिद अली शाह की अदबी-वो-सक़ाफ़ती ख़िदमात : कौकब-क़द्र सज्जाद अली मीरज़ा : दिल्ली 1995 ई०

विसातीन-उल-सलातीन : इब्राहीम ज़ुबैरी : हैदराबाद

वेदों और पुराणों के आधार पर धार्मिक एकता की ज्योति : वेद प्रकाश उपाध्याय : इलाहाबाद

वैदिक संस्कृति : गोविन्द चन्द्र पाण्डे : इलाहाबाद 2001 ई०

वैदिक धर्म और इस्लाम : सैय्यद एख़लाक हुसैन : दिल्ली 1990 ई०

शरह-उल-फ़िक़्ह-उल-अकबर : अली क़ारी : दिल्ली 1929 ई०

शरह-उल-सियर-उल-कबीर : अलसरख़सी (मृ० 1106 ई०) : मिस्र 1957 ई०

शरह-नहूज-उल-बलाग़ा : इब्न-अबीहदीद, इज़्ज़उद्दीन अब्दुल हामिद (मृ० 1258 ई०) : बेरूत 1950 ई०

शहीदे-इंसानियत : सैय्यद अली नक़ी नक़वी (मृ० 1988 ई०) : लखनऊ 1995 ई०

शाह मुहम्मद अजमल इलाहाबादी-वो-अदबे-फ़ारसी : सैय्यद अख़तर महदी : दिल्ली 1992 ई०

श्री शङ्कावतरणम् : (सं०) रामनरेश त्रिपाठी : वाराणसी 2003 ई०

संस्कृत और संस्कृति : राजेन्द्र प्रसाद : वाराणसी 1962 ई०

संगीत चिन्तामणि : बृहस्पति एवं सुमित्रा कुमारी : हाथरस

संगीत रत्नाकर : शार्ङ्गदेव : दिल्ली

सक़ाफ़ते-पाकिस्तान : शैख़ मुहम्मद इकराम : कराची प्र० सं०

सफ़रनामा-ए-फ़रंग : मिर्ज़ा अबूतालिब इस्फ़हानी : दिल्ली 1984 ई०

सफ़ीना-उल-औलिया : दारा शुकोह (मृ० 1658 ई०) : कानपुर 1900 ई०

सलाम-उल-मोक़ईन : इब्न-तैमिया (मृ० 1328 ई०) : दिल्ली

सियर-उल-औलया : सैय्यद सबाहउद्दीन अब्दुर्रहमान : आज़मगढ़

सियर-उल-मुताख़रीन : गुलाम हुसैन तबातबाई : लखनऊ 1886 ई०

सीरत : मुहम्मद-बिन-इसहाक़-बिन-यसार (मृ० 767 ई०) (शोध : मुहम्मद हमीद उल्लाह, उर्दू अनुवाद : नूर ईलाही) : दिल्ली 2000 ई०

सीरत-उन-नबी : सैय्यद सुलैमान नदवी : आजमगढ़ 1956 ई०

सीरत-उल-रसूल अल्लाह : इब्न-हिशाम, अबू मुहम्मद अब्दुल मलिक (मृ० 828 ई०) : क़ाहरा 1936 ई० (tr. The Life of Muhammad : Guillaume, A. : Karachi 1970 : उर्दू अनुवाद : अब्दुल जलील सिद्दीक़ी एवं ग़ुलाम रसूल 'मेह्र') : लाहौर

सुबहा-उल-मिर्जान फ़ी-फ़ज़ायल हिन्दुस्तान : मीर ग़ुलाम अली आज़ाद बिलग्रामी : बम्बई 1886 ई०

सौत-उल-मुबारक : वाजिद अली शाह : लखनऊ 1852 ई०

हदायक़-उल-हनफ़िया : फ़क़ीर मुहम्मद जहलमी : लखनऊ 1906 ई०

हदीक़ा-उल-आलम : अबुल क़ासिम : हैदराबाद 1861 ई०

हदीक़ा-उल-सलातीन : निज़ामउद्दीन : हैदराबाद 1961 ई०

हबीब-उल-सियर : ग़यासउद्दीन ख़ूंदमीर : बम्बई 1860 ई०

हमारी तहज़ीबी मीरास : सिफ़ारिश हुसैन रिज़वी : दिल्ली 1970 ई०

हमोरबी और बाबुली तहज़ीबो-तमद्दुन : मालिकराम : दिल्ली 1992 ई०

हयात-उल-क़ुलूब : अलमजलिसी, मुल्ला मुहम्मद बाक़िर (मृ० 1699 ई०) (tr. The Life and Religion of Muhmmad : J.L. Merrick) : बोस्टन 1850 ई०

हयात-उल-हैवान : अलदमीरी : मिस्र 1893 ई०

हयाते-मुहम्मद : मुहम्मद हुसैन हैकल (उर्दू अनुवाद : अबूयहया इमाम ख़ाँ) : दिल्ली 1988 ई०

हिमालय परिचय : राहुल सांकृत्यायन : दिल्ली

हिन्दुस्तान से नबी-ए-रहमत के तअल्लुक़ात : सलाम उल्लाह सिद्दीक़ी : वाराणसी 1994 ई०

हिन्दुस्तानी मुआशरा, अहदे-वुस्ता में कुँवर अशरफ़ अली : दिल्ली 1974 ई०

हिन्दुस्तानी मुसलमान : आईना-ए-अय्यामें : सैय्यद आबिद हुसैन (मृ० 1978 ई०) : दिल्ली

हिन्दुस्तानी मुसलमान और असरी मसामल : सैय्यद आबिद हुसैन (मृ० 1978 ई०) : दिल्ली 1972 ई०

हिन्दुस्तानी मुसलमान हुक्मरानों के तमद्दुनी जल्वे : सैय्यद सबाहउद्दीन अब्दुर्रहमान : आज़मगढ़ 1963 ई०

हिन्दू धर्मकोश : राजबली पाण्डेय : लखनऊ 1988 ई०

हुकमा-ए-इस्लाम : अब्दुस्सलाम नदवी : आज़मगढ़ 1956 ई०

हुक़ूक़-उल-इस्लाम : सनाउल्लाह पानीपती : (अनु० सलीमउद्दीन पानीपती) कराची 1965 ई०

हुकूमते-इस्लाम : ख़ुमैनी मूसवी (मृ० 1989 ई०), रूहउल्लाह : तेहरान 1980 ई०

हुदाद-उल-आलम : (tr. Minorsky) : लन्दन 1937 ई०

हुनरमन्दाने-अवध : सैय्यद इसरार हुसैन ख़ाँ : लखनऊ, 1936 ई०

हुमायूँनामा : गुलबदन बेगम (मृ० 1603 ई०) : (tr. A.S. Beveridge) : लन्दन 1912 ई०

हुस्न-उल-मुहाज़िरा-फ़ी-अख़बार-मिस्र-वलक़ाहिरा : जलालउद्दीन सुयूती (मृ० 1504 ई०) : मिस्र 1909 ई०

हैरतकदा-ए-आलम : रियाज़उद्दीन अहमद, इलाहाबाद 1993 ई०

A Survey of Painting in the Deccan : Strella Kramrisch : London 1937

A Companion to the Qur' an : Watt. W. Montgomery : London 1967

A Dictionary of Philosophy : M. Rosenthal and P. Yudin : Moscow 1967

A Digest of Mohammedan Law : Baillie, Neil B. E. : Lahore

A Few Hindu Miniature Painters : A. M Chughtai : 1934

A Glossary of the Tribes and Castes of the Punjab and North-West Frontier Provinces : Denzil Ibbetson, Edward Maclagan and H.A. Rose : Patiala 1970

A History of Fine Arts in India & Ceylon : Vincent A. Smith : Oxford 1930

A History of Islamic Law : Coulson : Edinburgh 1964

A Short History of India : Tara Chand : Allahabad 1960

A Short History of the Saracens : Syed Ameer Ali : Delhi 1998

A Socio-Intellectual History of the Isna Ashari Shi'is in India : Saiyid Athar Abbas Rizvi : Australia 1986

A Survey of Indian History : K.M. Panikar : London 1948

A Treasury of Traditional Wisdom : Perry, Whitall : London 1971

Administration of Justice in Medieval India : M. B. Ahamad : Aligarh 1941

Agrarian System of the Mughals : Irfan Habib : Aligarh 1963

Akbar and the Jesuits : Du Jarric : (tr. C.H. Payne) : London 1926

Akbar, The Great : A.L. Srivastva : Agra 1962-67

Akbar, The Great Mughal : V.A. Smit : Delhi 1917

An Advance History of India : R. C. Majumdar : New York 1960

An Empire Builder of the Sixteeth Century : L.F. Rushbrook Williams : London 1918

An Intellectual History of Islam in India : Aziz Ahmad ; Edinburg 1965

An Introduction of the History of the Speard of Islam : Abul Fazl Ezzati : Tehran 1994

An Introduction to Islam : Geijbels, M. : Rawalpindi 1977

An Introduction to Islamic Cosmological Doctrines : Nasr Sayyid Hossein : Cambridge 1960

An Introduction to Shi'i Islam : Moojan Momen : Oxford 1985

An Outline of the Cultural History of India : Abdul Latif : Hyderabad 1958

Ancedotes of Aurangzeb : J.N. Sarkar : Calcutta 1963

Anglo Mohammadan Law : Wilson : 6th Edition

Arabic, Arwi and Prsian in Sarandib and Tamil Nadu : Tayka Shuayb Ahmad : Madras 1993

Archaeologia (1951) 94 : Creswell, K.A.C. Primeelon : 1994

Architecture-The Behmani Succession State : History of Medieval Deccan : Z. A. Desai : (ed) H. K. Sherwani, P. M. Joshi (Hyderabad 1974)

Art of Islam : Burrckhardt, Titus : 1976

As Through a veil, Mystrical Poetry in Islam : Schimmel, Annemarie : New York 1982

Ask Those Who Know : Muhammad al-Tiyani al-Samawi : Tehran

Aspects of Islam : D.B. Macdonall : New York 1911

Autum of Fury : The Assassination of Sadat : Muhammad Herkal : (Gorgi Books) 1983

Catalogue of Mughal Paintings in Museum of Fine Arts, Boston : Coomaraswamy, A.K. : Boston 1930

Catalogue of Arabic Books in the British Museum : A.G. Ellis : Oxford 1894

Catalogue of Indian Miniatures : Wilkison J.V.S. : Bloomsbury 1936

Catalogue of Persian Manuscripts in the British Museum : C. Rieu : London 1879-95

Catalouge of Indian Collection : A. K. Coomarasswamy : New Delhi 1950

Chughtai's Indian Painting : Chughtai M.A.R. : Delhi 1951

Concise Encyclopaedia of Arabic Civilization : Ronart, Stephan and Nandy : Djakarta 1959

Cultural Anthropology : William A. Haviland 5th Ed. 1987

Culture : A Critical Review of Concepts and Definitions : A. L. Kroeber & Kluckhohn : New York 1953

Culture and Art of India : Radhakamal Mukerjee : London 1959

Culture and Conduct : Richard A. Barrets :1984

Dimensions of Islam : Schuon, Frithjof : London 1970

Early Medieval History of India : A.B. Pandey : Allahabad 1960

Early Muslim Architecture : K. A. Creswell : Oxford 1932

Early Travels in India (1583-1619) : W. Foster : London 1927

Embassay to the Court of Great Mughal : Thamas Roe : London 1930

Essays on History of Indo-Pak Music : Abdul Halim : Dacca 1962

Hindu Achievment in Exact Science : V. N. Sarkar : London 1918

History of Arabian Music : H. G. Farmer : London 1929

History of Aurangzeb : J.N. Sarkar (अनु० देवीप्रसाद) : Calcutta 1912

History of Indian & Eastern Architecture : James Fergusson : London 1967

History of Khaljis : K.S. Lal : Allahabad 1950

History of Medieval Deccan : (Ed.) H. K. Sherwani, P. M. Joshi : Hyderabad 1974

History of Qaraunah Turks in India : Ishwari Prasad : Allahabad 1936

History of Shahjahan of Delhi : B.P. Saksena : (Urdu tr. Syed Aejaz Husain): Delhi 2000

History of the Islamic Peoples : Brockelmann, Carl : London 1948

History of Tipu Sultan : Mohibul Hasan : (Urdu tr.) : Delhi 1998

History of World Civilization : Martin Lucas : London 1980

Ideals and Reality of Islam : Nasr, Seyyid Hossein : London 1966

In India (1668-1672) : John Marshall (ed. Shifat Ahmad Khan) : Oxford 1927

Incaralion : Annie Besant : Delhi 1930

Indian Architecture—The Islamic Period : Percy Brown : Bombay 1943

Indian Art in Relation to Culture : Datta B.N. : Calcutta 1965

Indian Art and Heritage : O. C. Ganguli : Calcutta 1957

Indian Art Mughal Miniatures : Lawrence George : London 1963

Indian History Congress—'New Hight on the Relation of the Early Mughal Rulers with their Nobility.' : Syed Nurul Hasan : 1944

Indian Islam : Murray T. Titus : London 1930

Indian Music : Fayzee Rahman Begum : London 1914

Indian Music : G. H. Ranade : Delhi 1970

Indian Muslim : Mohammad Mujeeb : (Urdu tr.) : Delhi 1998

Indian Painting under the Mughals : Percy Brown : New York 1975

Indian Paintings in Punjab Hills : W. G. Archer : London 1952

Indian Society : Ruben Leury : (Urdu tr.) : Delhi 1987

Influence of Islam on Indian Culture : Tara Chand : Allahabad 1963

Influence of Islam on Medieval Europe : Watt. W. Montgomery : Edinburgh 1972

Introdution to the Study of Musical Scales : Alain Danielon : London 1970

Iran and India, Through Ages : Firoz-i- Dawar : Bombay 1962

Islam and Muslims in South Asia : Iqtidar Husain Siddiqui : Delhi 1987

Islam in India and Pakistan : M.T. Titus : Calcutta 1959

Islam in Modern History : W.C. Smith : New York 1959

Islamic Civilization : D.S. Richards (ed.) : Oxford 1973

Islamic Philosophy and Theology : W. Montgomery Watt : Oxford 1956

Islamic Political Thought : Watt. M. Montgomery : Edinburgh 1968

Islamic Science : Nasr, Seyyed Hossein : London 1976

Islamic Society : Ruben Leuey (tr. Urdu) New Delhi 1987

Ithna 'Ashariya or The Twelve Shi'ah Imam : Rev. Canon Sell : Madras 1923

Jahangir and the Jesiuts : Ferno Guesrio (tr. C.H. Payne) : London 1930

Kashmir Under Sultans : Mohibul Hasan : Calcutta 1959

Knowledge Triumphant : F. Rosenthal : London 1970

Legacy of Islam : Thomas Arnold & Alfred Guillaume : London 1931

Mirza Ghalib's Dastanbuy : Khawaja Ahmad Faruqi : Delhi 1992

Modern Islamic Political Thoughts : Response of Shi'i and Sunni Muslims to the Twentieth Century : Hamid Enayat : London 1982.

Moghal Architecture of Fathpur Sikri : E. N. Smith : Allahabad 1894

Mohammed and Mohammadenism : R. Bosworth Smith : Princeton 1907

Moorish Culture in Spain : Burckardt, Titus : London 1972

Muhammad in World Scriptures : A. H. Vidyarthi : Columbia 2006

Muhammad's People : Schroeder, Eric : Portland 1955

Music of Hindostan : Fox Strangway : Oxford 1914

Muslim Devotion : Padwick, Constance E. : London 1961

Muslim Religious Institutions and their Role under the Qutb Shahs : Sadiq Naqvi : Hyderabad 1993

Mystic Life of Jesus : Spencer : London 1980

New Principles of Political Economy : Sismodi : 1819

On the Sensation of Tone : Helm Holtz (tr. Ellis Ribera) : London 1895

On the Sociology of Islam : Ali Shariati : Berkeley 1979

Our Culture : Chakravarti Rajagoaplachari : Bombay 1979

Our Indian Musalmans : H.V. Hunter : Calcutta 1945

Outlines of Muhammadan Law : Asaf A. A. Fyzee : New Delhi : 1978

Parties and Polities at the Mughal Court 1907-40 : Satish Chandra : Aligarh 1959

Persian Influence of Hindi : Hardeo Bahri : Allahabad 1960

Persian Literature, A Biographical Survey : C. A. Storey : London 1935-58

Primitive Culture : Edward Burentt Tylor : 1871

Progress and Poverty : Henry Jeorge : Buhl Das Leben Muhammeds (tr. H. N. Sehader) 1930

Prophecy in Islam : Rahman, Fazlur : London 1955

Qutb Shahi Ashur Khanas of Hyderabad City : Sadiq Naqvi : Hyderabad 1987

Ragas and Raginis : O. C. Gangoli : Bombay 1948

Ranjit Singh : Khushwant Sing : London 1962

Reconstruction of Religion Thoughts in Islam : Muhmmad Iqbal : London 1924 (Urdu tr. S. Nazir Niazi) Delhi 1994 (Urdu tr. Muhammad Samiul Haq) : Delhi 1994

Religious Policy of Mughal Emperors : S.R. Sharma : Bombay 1972

Rise and Fall of Mughal Empire : R.P. Tripathi : (Urdu tr.) Delhi 1989

Science of Culture : Leslie A. White 2nd Ed. 1969

Sexuality in Islam : Bouhdiba, Abdelwahah : London 1985

Society and History : Murtaza Mutahhari : Tehran 1997

Some Aspects of Medieval Gujrat : S.A.I. Tirmizi : Delhi 1968

Some Aspects of Muslim Administration : R.P. Tripathi : Allahabad 1956

Some Aspects of Religion and Politics in India During the Thirteenth Century : Khaliq Ahmad Nizami : Delhi 1974

Sources of Arabian Music : Bearsden : Scotland 1940

Story of Indian Music : O. Goswami : London 1959

Studies in Islamic Culture in the Indian Environment : Aziz Ahmad : Oxford 1964

Studies in Islamic Mysticism : Reynold Nicholson : London 1921

Studies in Muslim Ethics : D.M. Donaldson : London 1953

Studies in Oriental Musical Instruments : H. G. Farmer : London 1939.

Sufism in India : Syed Ameer Hasan Abidi : Delhi 1992

The Charm of Indian Art : Solomon : W.E.G. : London 1932

The Arabs, A Short History : Philip K. Hitti (London 1968)

The Art and Craft of India and Pakistan : Shanti Swarup : Bombay 1957

The Art of India and Pakistan : Leigh Ashton : London 1950

The Bahmanis of Deccan : Haroon Khan Sherwani : Delhi 1960

The Cambridge History of Islam : P.M. Holl (ed.) : Cambridge 1970

The Central Structure of the Mughal Empire : Ibne Hasan : Oxford 1936

The Commentary on his Journey to the Court of Akbar (1580-82) : Fr. A. Monserrate : (tr. J.S. Hoyland and S.N. Banerji) : Oxford 1922

The Concise Encyclopaedia of Islam (ed : Cyril Glasse) : London 1988

The Contribution of India to Arabic Literature : Zubaid Ahmad : Allahabad 1946

The Cultural Heritage of Pakistan : Sheikh Mohd. Ikram : Karanchi 1955

The Development of Metaphysics in Persia : Muhammad Iqbal : (Urdu tr. Falsafa-i-Ajam : Mir Hasanuddin) Hyderabad 1956

The Discovery of India : Jawaharlal Nehru, Calcutta, 1960

The Earliest Lives of Jesus : Robert M. Grant : London 1961

The Elements of Islamic Philosophy : Ali Mahdi Khan : Allahabad 1947

The Encyclopaedia of Islam : E. J. Brill : London 1913-1939

The Essence of Islam : Saiyed Jafar Reza : New Delhi 2012

The Fatimi Khilafate : O'Loary de Lacy, London 1923

The First Two Nawabs of Awadh : A.L. Srivastava : Lucknow 1933

The First Written Constitution of the World : Mohammed Hamidullah : Lahore 1975

The History of India as told by its own Historians : H.M. Elliot & J. Dawson : London 1936

The History of Jahangir : Beni Prasad (Urdu tr. Rahm Ali al Hashimi) : Delhi 2000

The Introduction to the History of Science : George Sarton : (अनु० नज़ीर नयाज़ी) Lahore n.d

The Islamic Dynastics : Clifford E. Bosworth : Edinburgh 1980

The Legacy of Islam : Shacht, Joseph, and Bosworth, C. E. : Oxford 1974

The Library of Chester Beatty : A Catalouge of Indian Miniaturess : Thomas W. Arnold and JVS Wilkinson :

The Making of Humanity : Robert Briffault : London 1919

The Mohammadan Dynasties : Stanley Lome-Poole : London 1894

The Muslim Commnunity of the Indo-Pakistan sub-continent (610-1974) : I.H. Qureshi, New York 1962

The Muslim Revivalist Movement in India in the Sixteenth an Seventeenth Centuries : Saiyed Athanr Abbas Rizvi : Agra 1965

The Mysties of Islam : Reynold Nicholson : London 1914

The New Encyclopaedia Britannica : Chicago 1995

The Origin of the Safawids : Shi'sm, Sufism and the Ghulat : Michel M. Mazaoui : Frei burger Islamica Studies Vol.III, Frang Steiner, Wiesbaden 1972

The Political Theory of Ibn Khaldun : M.M. Rabi : Leiden 1967

The Private Life an Eastern Queen : William Kinghton : London 1865

The Private Life of an Eastern King : William Knighton : London 1921

The Reconstruction of Religious Thought in Islam : Muhammad Iqbal (Urdu tr. S. Nazir Niazi & Muhammad Samiul Haq) Delhi 1994

The Renaissances of Islam : Adam Mez : London 1937

The Revealer, The Messenger, The Message : Muhmmad Baqir As-Sadr : Banglore

The Rise of Fatimids : Wladimir Ivanow : Oxford 1942

The Shi'a of India : John Norman Hollister : Delhi 1979

The Shi'ite Religion : Dwright M. Donaldson, London 1933

The Spirit of Islam : Syed Ameer Ali : Delhi 1997

The Spirit of Islamic Culture : Abdul Wahid, Lahore 1944

The Spriti of Islamic Culture : Abdul Wahid : Lahore 1944

The Traditions of Islam : Alfred Guillaume : Oxford 1924

The Two Oldest Islamic Cultures' Book and Arabic Folklore : F. Krenkow

The Voice of Human Justice : George Jordae (tr. M. Fazl Haq) : Karachi

Travels in Central Asia : H. Vambery : New York 1865

Travels in India : J.B. Tavernier : (tr. V. Ball) : London 1889

Travels in the Moghal Empire 1956-68 : Bernier, Francis : tr. Constable, A. rev. Smith V. A.; 2nd ed., London 1967

Ulema in Politics : I.H. Qureshi : Karachi 1972

Understanding Islam : Schuon, Frithjof : London 1963

Unity and Variety in Muslim Civilization : Von Grunebaum : Chicago 1955

Unknown Life of Jesus : Notovich Nicholas : 1898

Vijayanagar Six Centeanary Commernoration Volume 1937

Whither Islam : H.A.R. Gibb : London 1932

□□□

नामानुक्रमणी

❑❑❑